W0270971

Wessel
Salih
Speth
Hug
Lennartz
Waltermann

Betriebswirtschaft und Rechnungswesen – Controlling

für die Fachoberschule Wirtschaft
Klasse 12

Schmidthausen | Prause | Salih | Huesmann | Benen | Martin

Arbeitsheft FOS kompetenzorientiert

Betriebswirtschaft und ReWe | Controlling

Klasse 12

ISBN 978-3-8120-1588-2

Konzeption

Das Arbeitsheft richtet sich **exakt nach den Rahmenrichtlinien** für den berufsbezogenen Lernbereich **in der Fachoberschule** – Wirtschaft und Verwaltung (Schwerpunkt Wirtschaft) **in Niedersachsen.**

- → Die Lerngebiete werden in Form von **Lernsituationen** konkretisiert.
- → Das Arbeitsheft vertieft auf diese Weise den Gedanken der Kompetenzorientierung: **situationsbezogen – problemorientiert – kompetenzfördernd.**
- → Aufgrund seines **Workbook-Charakters** dokumentiert das Arbeitsheft den Kompetenzerwerb.
- → Die Lernsituationen des Arbeitsheftes sind passgenau **mit dem Merkur-Schulbuch abgestimmt.**
- → Ausgangspunkt für die Lernsituationen ist die **Goslarer Büromöbel AG,** ein Industriebetrieb **des fiktiven Gewerbeparks Goslar**, der im Merkur-Schulbuch anfangs vorgestellt wird.

Merkur
Verlag Rinteln

Wessel
Salih
Speth
Hug
Lennartz
Waltermann

Betriebswirtschaft und Rechnungswesen – Controlling

für die Fachoberschule Wirtschaft
Klasse 12

Merkur
Verlag Rinteln

Wirtschaftswissenschaftliche Bücherei für Schule und Praxis
Begründet von Handelsschul-Direktor Dipl.-Hdl. Friedrich Hutkap †

Verfasser:

Bernhard Wessel, Dipl.-Kfm. Dipl.-Hdl.

Ralf Salih, Dipl.-Handelslehrer

Dr. Hermann Speth, Dipl.-Handelslehrer

Hartmut Hug, Dipl.-Handelslehrer

Martina Lennartz, Dipl.-Math. oec.

Aloys Waltermann, Dipl.-Kfm. Dipl.-Hdl.

Fast alle in diesem Buch erwähnten Hard- und Softwarebezeichnungen sind eingetragene Warenzeichen.

Das Werk und seine Teile sind urheberrechtlich geschützt. Jede Nutzung in anderen als den gesetzlich zugelassenen Fällen bedarf der vorherigen schriftlichen Einwilligung des Verlages. Hinweis zu § 52a UrhG: Weder das Werk noch seine Teile dürfen ohne eine solche Einwilligung eingescannt und in ein Netzwerk eingestellt werden. Dies gilt auch für Intranets von Schulen und sonstigen Bildungseinrichtungen.

* * * * *

4., aktualisierte Auflage 2017

© 2009 by MERKUR VERLAG RINTELN

Gesamtherstellung:
MERKUR VERLAG RINTELN Hutkap GmbH & Co. KG, 31735 Rinteln

E-Mail: info@merkur-verlag.de
lehrer-service@merkur-verlag.de

Internet: www.merkur-verlag.de

ISBN 978-3-8120-**0588-3**

Vorwort

Das Lehrbuch thematisiert den **berufsbezogenen Lernbereich** für die Klasse 12 der Fachoberschule Wirtschaft und Verwaltung (Schwerpunkt Wirtschaft) des Landes Niedersachsen gemäß den **Rahmenrichtlinien 2014.** Es orientiert sich konsequent an den vorgegebenen **didaktischen Grundsätzen** und den **Zielformulierungen** mit den konkretisierenden Inhalten.

- Die Neuauflage berücksichtigt die mit dem Inkrafttreten des **Bilanzrichtlinie-Umsetzungsgesetzes (kurz: BilRUG)** einhergehenden Änderungen bei den **Umsatzerlösen** sowie bei der **Gewinn- und Verlustrechnung** nach § 275 II HGB mit dem Wegfall der Positionen „Außerordentliche Aufwendungen" und „Außerordentliche Erträge".
- Mit diesem Lehrbuch erwerben die Schülerinnen und Schüler Kompetenzen in den wirtschaftswissenschaftlichen Disziplinen **Betriebswirtschaft, Rechnungswesen** und **Informationsverarbeitung.**
- Die Orientierung der Lehr-/Lernprozesse an Wissenschaftsprinzipien dient dem Ziel der **Studierfähigkeit.**
- Um dem didaktischen **Konzept der Kompetenzorientierung** gerecht zu werden, bietet das Lehrbuch zum Einstieg in den jeweiligen Themenbereich **berufsbezogene Situationen** an. Den Situationen liegen betriebliche Problemstellungen in den eingangs vorgestellten Unternehmen aus dem fiktiven **„Industrie- und Gewerbepark Goslar"** (branchenübergreifend) zugrunde. Die daran anschließenden Handlungsaufgaben können die Schülerinnen und Schüler – nach Aneignung des entsprechenden Fachwissens – weitestgehend selbstständig bzw. in der Gruppe bearbeiten.
- Neben den in die Situationen eingebetteten Handlungsaufgaben gewährleisten weitere **Übungsaufgaben** und das mit dem Lernbuch abgestimmte **Arbeitsheft (Merkurbuch 1588)** den Erwerb einer umfassenden Handlungskompetenz.
- Die Lerninhalte werden zu Einheiten strukturiert, die sich jeweils in die Bereiche **Lernsituation** (mit Impulsen und kompetenzorientierten Handlungsaufgaben) – **Stoffinformation** – **Zusammenfassungen** – **Übungsaufgaben** gliedern. Viele Merksätze, Beispiele und Schaubilder verdeutlichen die praxisbezogenen Lerninhalte. Damit wird den Schülerinnen und Schülern die Aneignung komplexer Themen erleichtert.
- Zum Kompetenzerwerb gehört auch die computergestützte Handhabung von betrieblichen Prozessen. Der Aufbau und die Funktionsweise des **Datenbanksystems MS-Access®** wird erklärt und angewendet. Für rechnerische und grafische Lösungen betriebswirtschaftlicher Aufgaben optimieren die Schülerinnen und Schüler ihre Kompetenzen mit der **Tabellenkalkulation MS-Excel®**. Die Bearbeitungsschritte werden leicht nachvollziehbar mit vielen Bildschirmausdrucken veranschaulicht.
- Ein ausführliches **Stichwortverzeichnis** hilft dabei, Begriffe und Erläuterungen schnell aufzufinden.
- Für das Lerngebiet „12.4 Ergebnisse wirtschaftlicher Entscheidungsprozesse nationaler und internationaler Akteure beurteilen" (Merkurbuch 0589: **Volkswirtschaft** für die Fachoberschule Wirtschaft), den praktischen Umgang mit der **integrierten Unternehmenssoftware** Microsoft Dynamics NAV® (Merkurbuch 0581: Geschäftsprozesse – praxisorientierte Übungen mit einem ERP-Programm) sowie für die **Projektarbeit** (Merkurbuch 1030: Projektarbeit – fit für Ausbildung und Studium) stehen drei weitere Einzelbände zur Verfügung.

Wir wünschen Ihnen einen guten Lehr- und Lernerfolg!

Die Verfasser

Inhaltsverzeichnis

Kurzbeschreibung des Industrie- und Gewerbeparks Goslar und seiner Unternehmen

Lerngebiet 12.1: Projekte planen, durchführen und auswerten

Lerngebiet 12.2: Marktorientierte Absatzentscheidungen unter Einsatz kaufmännischer Steuerungsinstrumente treffen

Lerngebiet 12.5: Datenbankmanagementsysteme und Tabellenkalkulationsprogramme anwenden

Kurzbeschreibung des Industrie- und Gewerbeparks Goslar und seiner Unternehmen

1 Grundkonzept des Industrie- und Gewerbeparks Goslar

Die Stadt 38644 Goslar hatte zu Beginn des letzten Jahrzehnts einen Industrie- und Gewerbepark erschlossen. Im Norden des Stadtgebietes gelegen, umfasst er rund 90 ha und liegt in unmittelbarer Nähe eines Autobahnzubringers. Inzwischen sind die verfügbaren Flächen des Industrie- und Gewerbeparks zu etwa 70 % verkauft. Rund 30 Betriebe unterschiedlicher Art haben sich dort angesiedelt und beschäftigen ca. 1 200 Mitarbeiter.

Der Vorteil für die Unternehmen liegt darin, dass sie viele Dienste wie z. B.

- Notfalldienste (Werkfeuerwehr, ärztliche Versorgung),
- soziale Einrichtungen (Kindertagesstätten, Kantine),
- Logistik innerhalb des Parks sowie
- Ver- und Entsorgungseinrichtungen

vom Parkmanagement in Anspruch nehmen können. Büro- und Gewerbeflächen können mit wachsender Unternehmensgröße hinzugemietet werden.

2 Exemplarisches Unternehmensportrait der dort angesiedelten Weber Metallbau GmbH

Firma und Sitz:

Weber Metallbau GmbH
Alfred-Nobel-Straße 8
38644 Goslar

Kontaktdaten:

Telefon:	05321 992-0 (Zentrale)
Fax:	05321 992-1 (Zentrale)
E-Mail:	info@weber-metallbau-gmbh.de
Internet:	www.weber-metallbau-gmbh.de

Die Weber Metallbau GmbH ist ein größerer, mittelständischer Handwerksbetrieb und hat sich auf die Planung, Fertigung und Montage von Brandschutztüren, auf Fassadenbau aus Stahl und Glas, auf Geländer- und Treppenbau, Wintergärten, Gewächshäuser und diverse Sonderkonstruktionen spezialisiert.

In einem Nebenprogramm produziert sie auch Arbeitstische und Metallzäune. Dazu werden aus Blechstanzteilen Büroscheren und Ablage- bzw. Ordnungssysteme für Regale hergestellt.

Außengelände

Fertigungshalle

Firmengeschichte der Weber Metallbau GmbH

Das Unternehmen selbst hat eine lange Tradition, die bis ins 19. Jahrhundert zurückreicht. Johann Georg Weber übernahm 1952 die ehemalige Huf- und Wagenschmiede und machte daraus einen modernen Metallbaubetrieb. Seit 1987 leitet sein Sohn Hans-Jörg, ausgebildeter Metallbauer der Fachrichtung Konstruktionstechnik und Absolvent eines Studiengangs zum Fenster- und Fassadenbau, das Familienunternehmen und hat es seither konsequent zu einem führenden Stahl- und Metallbaubetrieb in der Region weiterentwickelt.

Im Jahre 2005 erfolgte die Ansiedlung im Industrie- und Gewerbepark Goslar, weil die ursprüngliche Gewerbefläche in der Zentrumsnähe zu klein geworden war. Der in diesem Zusammenhang erforderliche Kapitalbedarf konnte im gleichen Jahr durch die Gründung einer GmbH und die Aufnahme von Herrn Dr. Klaus Junginger als weiteren Gesellschafter teilweise bewältigt werden.

Dr. Junginger hat ein Studium der Betriebswirtschaft absolviert und ergänzt die Geschäftsführung durch seine betriebswirtschaftlichen Kenntnisse.

Produktprogramm der Weber Metallbau GmbH

Brandschutztüren

Fassade aus Stahl und Glas

Geländer- und Treppenbau

Wintergarten

2 Wessel u.a. - ISBN 978-3-8120-0588-3

Geschäftspartner der Weber Metallbau GmbH

Bankverbindungen

Nr.	Name des Kreditinstituts	BIC	IBAN
1	Sparkasse Goslar/Harz	NOLADE21GSL	DE70 2685 0001 0000 6485 54
2	Deutsche Bank in Goslar	DEUTDE2H268	DE76 2687 0032 0008 7263 39
3	Commerzbank in Goslar	COBADEFF268	DE34 2684 0032 0003 9936 54

Kunden

Die Auftraggeber kommen aus unterschiedlichen Bereichen. Ihre Ansprüche sind sehr vielfältig. Jeder Auftrag ist individuell und erfordert eine grundlegende Neuplanung und -kalkulation. Die Kostenvorteile durch die Herstellung größerer Stückzahlen eines einheitlichen Produktes können selten genutzt werden. Als Fertigungsorganisation liegt überwiegend Werkbank- und Werkstattfertigung vor.

Bereich	Angebotene Leistungen
Industrie und Gewerbe	Tragwerkskonstruktionen der verschiedensten Art, z.B. für Lagerhallen, Parkgebäude sowie Fassadenverkleidungen, Feuertreppen.
Öffentliche Hand (Kommunen, Landkreise)	Fassaden, Brandschutztüren, Treppen für öffentliche Gebäude wie Kindergärten, Schulen, Sportstätten, Fußgängerbrücken usw.
Private Bauträger	Z.B. Balkone, Unterkonstruktionen für Photovoltaikanlagen, Treppenkonstruktionen für innen und außen, Wintergärten, Gewächshäuser.
Nebenprogramm	Diverse Sonderkonstruktionen, Arbeitstische, Metallzäune.

Lieferer

Die Anzahl der Lieferer ist aufgrund des abgegrenzten Produktprogramms (Problemtreue) der Weber Metallbau GmbH sehr beschränkt. Die wichtigsten Zulieferer kommen aus folgenden Bereichen:

Bereich	Bezogene Leistungen
Metallgroßhandel	Bleche unterschiedlicher Stärke und Materialart, Stahlbänder, Rund- und Vierkantrohre, Stahlträger verschiedener Profile.
Glashandel	Einscheibensicherheitsglas (Schiebetüren, Trennwände, Duschen), Verbundsicherheitsglas (für erhöhten Sicherheitsbedarf, z.B. als Einbruchschutz), Isolierglas für den Fassadenbereich, Glas mit keramischem Siebdruck (ermöglicht hochwertige, repräsentative Raum- und Gebäudegestaltung).
Handel für Werkzeuge, Montage- und Befestigungsmaterial	Beschläge, Schrauben, Werkzeuge, Klebestoffe, Dichtungsmaterial, Schmiermittel, Fette, Reinigungsmaterial usw.

Organigramm der Weber Metallbau GmbH

Weber Metallbau GmbH

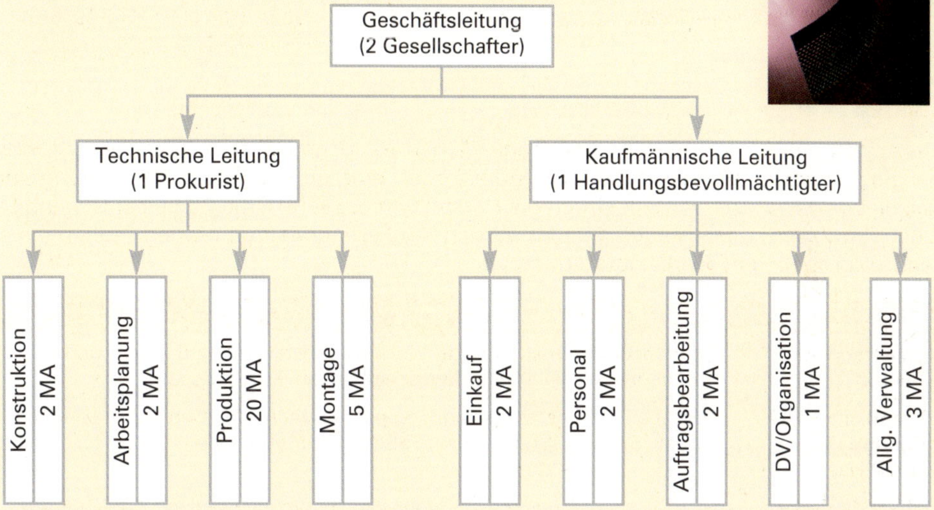

Gesellschaftsvertrag der Weber Metallbau GmbH

§ 1 Firma, Sitz

(1) Die Firma der Gesellschaft lautet: Weber Metallbau GmbH

(2) Sitz der Gesellschaft ist: 38644 Goslar, Alfred-Nobel-Str. 8

§ 2 Gegenstand des Unternehmens

(1) Gegenstand des Unternehmens ist die Fertigung und Montage von Brandschutztüren, Fassadenbau aus Stahl und Glas, Geländer- und Treppenbau, Wintergärten und Gewächshäusern sowie im Nebenprogramm Arbeitstische und Metallzäune.

(2) Die Gesellschaft darf Zweigniederlassungen errichten, sich an anderen Unternehmen beteiligen sowie andere Unternehmen gründen.

§ 3 Dauer der Gesellschaft

(1) Die Gesellschaft wird auf unbestimmte Dauer errichtet.

§ 4 Stammkapital, Stammeinlagen

(1) Das Stammkapital der Gesellschaft beträgt 750 000,00 EUR.

(2) Auf das Stammkapital übernehmen als ihre Stammeinlagen:

a) Hans-Jörg Weber: 400 000,00 EUR Nennbetrag

b) Dr. Klaus Junginger: 350 000,00 EUR Nennbetrag

§ 5 Geschäftsführer

(1) Die Gesellschaft hat einen oder mehrere Geschäftsführer.

(2) Die Bestellung und Abberufung von Geschäftsführern sowie deren Befreiung vom Wettbewerbsverbot erfolgt durch Gesellschafterbeschluss.

§ 6 Vertretung der Gesellschaft

(1) Ein alleiniger Geschäftsführer vertritt die Gesellschaft allein.

(2) Sind mehrere Geschäftsführer bestellt, so wird die Gesellschaft durch zwei Geschäftsführer gemeinsam vertreten oder durch einen Geschäftsführer in Gemeinschaft mit einem Prokuristen.

§ 7 Geschäftsführung

(1) Die Führung der Geschäfte der Gesellschaft steht mehreren Geschäftsführern gemeinschaftlich zu, sofern nicht durch Gesellschafterbeschluss etwas anderes bestimmt wird.

(2) Im Verhältnis zur Gesellschaft ist jeder Geschäftsführer verpflichtet, die Geschäftsführungsbeschränkungen einzuhalten, welche durch Gesetz, Gesellschaftsvertrag, Geschäftsführeranstellungsvertrag und Gesellschafterbeschlüsse festgesetzt sind oder werden.

(3) Geschäfte, die über den gewöhnlichen Betrieb der Gesellschaft hinausgehen, bedürfen der vorherigen Zustimmung durch Gesellschafterbeschluss.

§ 8 Gesellschafterbeschlüsse

(1) Jede 50,00 EUR Nennbetrag eines Geschäftsanteils gewähren eine Stimme.

(2) Sämtliche Gesellschafterbeschlüsse sind zu protokollieren.

(3) Das Protokoll ist von den Geschäftsführern zu unterzeichnen.

(4) Die Gesellschafter erhalten Abschriften.

§ 9 Geschäftsjahr und Jahresabschluss

(1) Geschäftsjahr ist das Kalenderjahr.

(2) Der Jahresabschluss ist von den Geschäftsführern in den ersten drei Monaten des Geschäftsjahres für das vergangene Geschäftsjahr aufzustellen.

§ 10 Gesellschafterveränderungen

(1) Das Ausscheiden eines Gesellschafters führt nicht zur Auflösung der Gesellschaft.

(2) Die verbleibenden Gesellschafter haben unverzüglich einen Beschluss zu den Modalitäten der Fortführung zu fassen.

§ 11 Wettbewerbsverbot

(1) Ein Gesellschafter darf ohne vorherigen zustimmenden Gesellschafterbeschluss in dem Geschäftsbereich des Gegenstandes der Gesellschaft keine Geschäfte machen.

(2) Das Verbot umfasst insbesondere auch direkte oder indirekte Beteiligung an Konkurrenzunternehmen oder deren Beratung.

§ 12 Schlussbestimmungen

(1) Bekanntmachungen der Gesellschaft werden im Bundesanzeiger veröffentlicht.

(2) Durch die Unwirksamkeit einzelner Bestimmungen dieses Vertrages wird die Wirksamkeit der übrigen Bestimmungen nicht berührt.

Goslar, den 14. Juli 2005

Den vorstehenden Vertrag beurkundet:

Hans-Jörg Weber
Unterschrift des Gesellschafters

Dr. Wilfried Beißner
Unterschrift des Notars

Dr. Klaus Junginger
Unterschrift des Gesellschafters

3 Überblick über weitere im Industrie- und Gewerbepark angesiedelte Unternehmen (Auswahl)

Unternehmen	Unternehmenszweck	Unternehmenstyp
Goslarer Büromöbel AG Industriepark 5 38644 Goslar 	Büromöbel, insbesondere ■ Schreibtische, ■ Bürostühle, ■ Büroschränke. **Hinweis:** Weitere Informationen zum Unternehmensprofil finden Sie im Merkur-Arbeitsheft 1588!	Industrie 
Stefan Osann e. Kfm. Industriepark 25 38644 Goslar 	■ Bürobedarf, ■ Computertechnik, ■ Drucker, ■ Kopiergeräte, ■ Business-Papier, ■ usw.	Handel 
MicroTex Technologies GmbH Alfred-Nobel-Straße 42 38644 Goslar 	Hersteller technischer Garne.	Industrie 
CLEAN-TEC OHG Alfred-Nobel-Straße 17 38644 Goslar 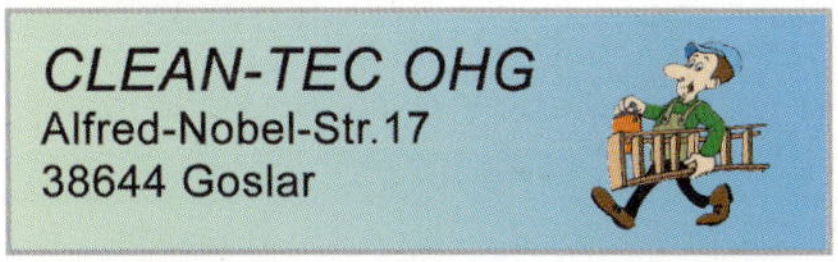	Facility Management, insbesondere ■ Gebäude-, Fassaden- und Fensterreinigung, ■ Grünanlagenpflege, ■ Hausmeisterservice.	Dienstleister 
Kramer GmbH Neuwerk 21 38644 Goslar 	■ Lagerhaltung, ■ Transport, ■ Logistik.	Dienstleister 

Unternehmen	Unternehmenszweck	Unternehmenstyp
Beauty Moments Emmy Reisacher e. Kfr. Neuwerk 10 38644 Goslar 	Kosmetikinstitut für Anti-Aging mit ■ Gesichtsbehandlung, ■ Sauerstofflifting, ■ Körper & Figur, ■ Wellnessmassagen.	Dienstleister 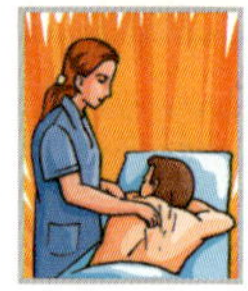
Motorenwerke Anton Thomalla GmbH Alfred-Nobel-Straße 24 38644 Goslar 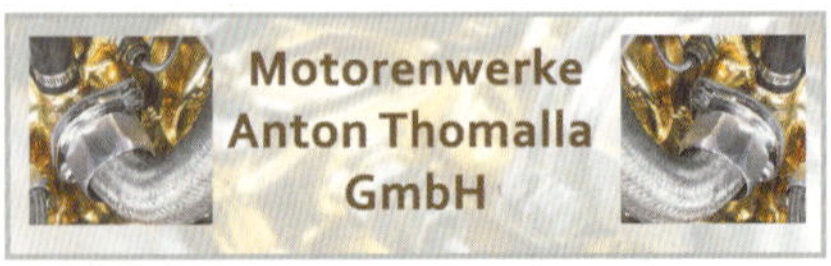	Herstellung von Motoren zum Betrieb von Blockheizkraftwerken.	Industrie 
Stolz & Krug OHG Industriepark 10 38644 Goslar 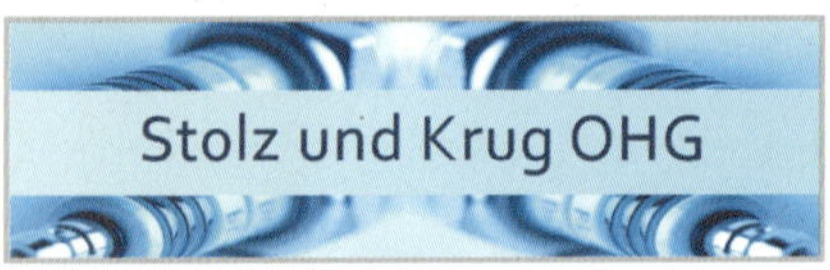	■ Reparatur, ■ An- und Verkauf von Kraftfahrzeugen samt Zubehör.	Handwerk 
Sport-Burr KG Sportartikelfabrik Neuwerk 15 38644 Goslar 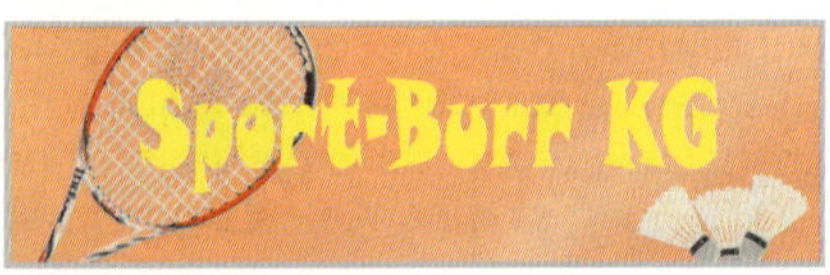	Herstellung von Winter- und Sommersportgeräten: ■ Skier, ■ Snow-Swinger, ■ Skibobs, ■ Tennisschläger, ■ Nordic-Walking-Stöcke.	Industrie 
Elektromotoren Jürgen Engel KG Industriepark 8 38644 Goslar 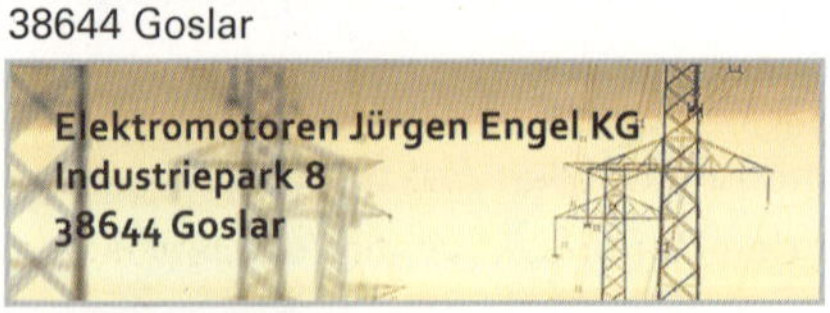	Herstellung von Motoren ■ Motoren für Bohrmaschinen ■ Motoren für Wasserpumpen ■ Bootsmotoren ■ Warnlampen	Industrie 

Lerngebiet 12.1: Projekte planen, durchführen und auswerten

LG 12.1 Lernsituation 1: Projektteilnehmer interviewen

Im Rahmen des Projektunterrichts werden wir arbeitsteilig vorgehen und mehrere Projektteams bilden. Die Teams sollen in stabiler Zusammensetzung gemeinsame Leistungen zu einer noch offenen Thematik erbringen. Daher ist es sinnvoll, etwas über die möglichen Vorstellungen der Projektteilnehmer zu erfahren.

HANDLUNGSAUFGABEN:

1. Notieren Sie sich 4 bis 5 Interviewfragen, die helfen können, etwas über die bisherigen Projekterfahrungen, Neigungen und thematischen Vorstellungen der Teilnehmer zu erfahren.
2. Setzen Sie sich in 3er-Gruppen zusammen, die der Projektleiter nach dem Zufallsprinzip bildet, um Peergroups[1] zu vermeiden. So zählt man z.B. bei 24 Schülern einer Klasse von 1 bis 8 ab und bildet damit 8 Interviewgruppen.
3. Jedes Gruppenmitglied übernimmt abwechselnd einmal die Rolle des Interviewers, während die beiden anderen antworten.
4. Abschließend einigen Sie sich auf einen Gruppensprecher, der die wesentlichen Ergebnisse der Interviewrunde in Kurzform dem Plenum vorträgt.

1 Projekt und Projektmanagement

1.1 Projekt als besondere Form der Arbeitsorganisation

Projekte sind eine häufige Art der Arbeitsorganisation in Wirtschaft, Verwaltung und Forschung. Die Entwicklungstrends der Produktionstechnik, der Organisationsstrukturen und des Verbraucherverhaltens durchlaufen insbesondere unter dem Einfluss der Informationstechnologie immer schnellere Zyklen. Daher werden neuartige Vorhaben außerhalb der formalen Organisation und alltäglichen Geschäftsabwicklung als Projekte in Angriff genommen. Für die Belange der gewerblichen Wirtschaft ist eine Anleitung „Projektmanagement DIN 69901:2009" entwickelt worden.

Das **Projekt nach DIN 69901** ist ein Vorhaben, das insgesamt durch die Einmaligkeit der Bedingungen gekennzeichnet ist, wie z.B.

- die Einmaligkeit der Zielvorgaben,
- die Einmaligkeit der zeitlichen, finanziellen und personellen Ausstattung,
- die Einmaligkeit der Abgrenzung gegenüber den Routineaktivitäten der jeweiligen Betriebseinheit,
- die Einmaligkeit der projektspezifischen Organisation und
- die Einmaligkeit der fachübergreifenden und neuartigen Aufgabenstellung.

1 Peergroup (engl.): Gruppe mit gleichen Interessen.

Die Sonderstellung der Projekte stellt spezielle Anforderungen an die Projektleitung und die Projektmitglieder in den Verfahrensweisen und Organisationsformen, die nicht mit bewährten Ablaufmustern und Routine gemeistert werden können. Die Lösung einer neuartigen Aufgabe erfordert besondere Anforderungen an die Fach-, Methoden- und Sozialkompetenz der Projektteilnehmer. Es muss eine gedeihliche Atmosphäre in der Zusammenarbeit gefunden werden. Diese Ungewissheit in der Aufgabenstellung und der personellen Konstellation birgt die Gefahr von groben Fehlern. Gescheiterte Projekte sind schließlich keine Seltenheit. Ein bewährtes Planungsmuster nach DIN 69901 bietet daher ein gewisses Maß an Risikobeherrschung, um auch außerhalb der verinnerlichten Erfahrung erfolgreich zu arbeiten.

Beispiele für neuartige Vorhaben:

- Errichtung eines Webshops
- Bau einer neuen Werkhalle
- IT-Projekt „papierlose Rechnungslegung"
- Einführung einer integrierten Unternehmenssoftware (ERP-System)

1.2 Projektarten

Projekte lassen sich nach verschiedenen Kriterien einteilen. Nach dem **Sachziel** unterscheidet man

- Investitionsprojekte in der Anlagen- und Bauwirtschaft,
- Forschungs- und Entwicklungsprojekte von Forschungs- und Erprobungseinrichtungen,
- Organisationsprojekte in der Informationstechnologie und der Verwaltung.

Nach der **Größenordnung** unterscheidet man **Projekte nach DIN 69901,** die immer eine beachtliche Größenordnung aufweisen. Diese Vorhaben sollen vollumfänglich nach den Grundsätzen des Projektmanagements gesteuert werden. Volumenmäßig darunter liegen **Klein- und Kleinstprojekte.** Daher ist nicht jedes Projekt, das als solches bezeichnet wird, auch ein Vorhaben im Sinne der DIN 69901.

Projektwürdig sind viele kleinere Vorhaben nicht. Es gibt zwar keine objektiven Kriterien, welche Einmalvorhaben die Bezeichnung „Projekt nach DIN 69901" verdienen, jedoch wird in der Standardliteratur[1] eine Kostengröße ab 50000,00 EUR als pragmatische Grenze genannt. Die Klein- und Kleinstprojekte als zeitlich befristete Arbeitsaufträge sollen sich in Anlehnung an das genormte Projektmanagement bestimmter Mindeststandards bedienen.

Minimalschema für „kleine" Projekte[2]
■ Offizielle Ernennung eines Projektleiters und des Projektteams
■ Schriftlicher Projektauftrag und schriftlich fixierte Projektdefinition (= Pflichtenheft)
■ Projektstartsitzung
■ Projektstrukturplan mit ausgefüllten Arbeitspaketbeschreibungen
■ Terminierung der Arbeitspakete: Balkenpläne oder Terminliste; laufende Aktualisierung
■ Definition von Meilensteinen (Anzahl > 2) mit zugeordneten Meilensteinergebnissen
■ Festlegung eines einfachen Berichtsformats und regelmäßige Projektstatussitzungen
■ Projektabschlusssitzung mit Abschlussbericht

1 Vgl. Schelle, Heinz: Projekte zum Erfolg führen, 6. Auflage, München 2010, S. 26.
2 Vgl. Schelle, Heinz: Projekte zum Erfolg führen, 6. Auflage, München 2010, S. 46.

Nach der **Stellung des Auftragsgebers** unterscheidet man **interne** und **externe Projekte.**

- Ist der Projektauftraggeber das eigene Unternehmen bzw. die eigene Verwaltung, spricht man von einem **internen Projekt,** also ein Vorhaben im eigenen Hause.
- Ist der Projektauftraggeber dagegen eine rechtlich selbstständige Einrichtung, liegt ein **externes Projekt** vor. Auftraggeber und Auftragnehmer schließen über ein externes Projekt einen Vertrag, den Projektauftrag.

1.3 Projektinitiative mittels Projektantrag und Projektauftrag

Anstöße für Projekte können aus dem betrieblichen Vorschlagswesen entstehen oder auch von vorgesetzten Instanzen angeordnet werden. Bevor Projektideen in die offizielle Phase treten, werden informelle Gespräche im Umfeld des Projektgegenstandes geführt, um die Notwendigkeit und Zweckmäßigkeit abzuschätzen. Zur Projektgründung von externen Projekten in der Privatwirtschaft werden kompetente Dienstleistungsunternehmen aufgefordert, Angebote zur Projektrealisierung abzugeben. Im Zuge von Verhandlungen zwischen Auftraggeber und Dienstleister wird in der Folge ein Projektauftrag erteilt.

Das typische Verfahren zur Ingangsetzung von internen Projekten und Projekten der öffentlichen Verwaltung ist der **Projektantrag.** Darunter ist nach DIN 69905 ein **„Antrag auf Projektgründung"** zu verstehen, um ein bestimmtes Vorhaben mittels Projektorganisation zu gestalten.

So vielfältig und einmalig wie Projekte sind, so unterschiedlich können Projektanträge ausgestaltet sein. Grundsätzlich sollen die erforderlichen Inhalte im angemessenen Detaillierungsgrad zusammengestellt werden. Der Projektantrag in der Form einer **Projektbeschreibung** soll mindestens festlegen:

- Projektgegenstand,
- Anlass für die Projektinitiative,
- Zielsetzungen und erwartete Ergebnisse,
- Begründung von Nutzen und Zweck,
- Beschreibung der Inhalte und der Grobstruktur,
- Abschätzung von Kosten und Personaleinsatz,
- Projektrisiken und Vorsorgemaßnahmen,
- Projektdauer.

Der Projektantrag dient im Sinne einer Projektdefinition als inhaltliche Grundlage für den angestrebten Projektauftrag. In einem häufig mehrstufigen Genehmigungsverfahren müssen die Beteiligten eine Einigung über die Machbarkeit und die nutzenstiftenden Ergebnisse erzielen. Dann wird dem Projektantrag vom Entscheidungsgremium mit den notwendigen Ergänzungen die Freigabe als Projektauftrag erteilt.

Der **interne Projektauftrag** ergänzt den Projektantrag mit der Benennung der freigegebenen Ressourcen an Personal und Finanzmitteln sowie den vorgesehenen Controlling-Maßnahmen. Dazu zählen die kalendermäßige Terminsetzung, die Kommunikations- und Berichtspflichten sowie die Prüf- und Abnahmeprozeduren. Darüber hinaus kann im Genehmigungsverfahren auch die ursprüngliche Projektbeschreibung abgeändert werden.

Der Projektauftrag hat bei externen Projekten eine vertragsrechtliche Relevanz als Dienstleistungs- oder Werkvertrag. Über die Erfüllung dieses Vertrages kann es zu gerichtlichen Auseinandersetzungen kommen. Aber auch bei internen Projekten soll die Verbindlichkeit des Projektauftrags zwischen der Leitung der Organisation und dem Projektleiter durch die Schriftform unterstrichen werden. Ausgestattet mit den erforderlichen Vollmachten kann der Projektleiter mit den vorbereitenden Planungen beginnen.

1.4 Projektphasen

Eine erprobte Vorgehensweise ist die Übernahme des Projektmanagement-Phasenmodells nach DIN 69901 nicht nur für die Projektsteuerung durch den Projektleiter, sondern auch für die vielfältigen Aktivitäten der Projektteilnehmer im Verlaufe der Projektdurchführung. Dementsprechend wird ein komplexes Projekt zur praktischen Handhabung in **5 Projektphasen** strukturiert. Das sind abgegrenzte Projektzeiträume mit klar definierten Zielen und bestimmten Teilergebnissen als Phasenabschluss. Das Teilergebnis ist sodann die Arbeitsgrundlage für die Folgephase.

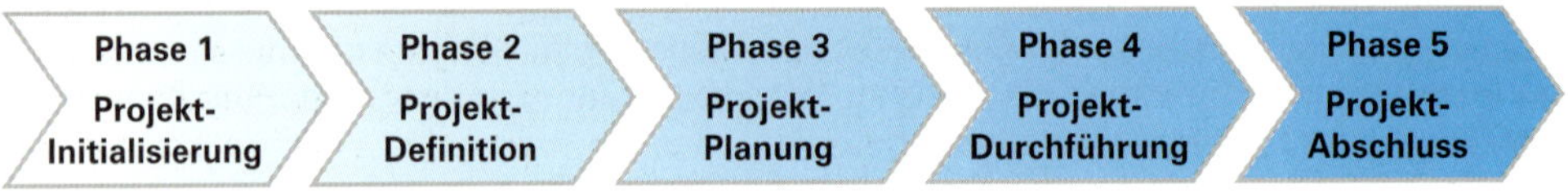

1.5 Grundlagen des Projektunterrichts

1.5.1 Unterrichtsprojekte und Projektmanagement

(1) Unterrichtsprojekt

Unterrichtsprojekte können den normgerechten Projekten von Wirtschaft und Verwaltung nicht gleichgestellt werden. Projektarbeiten in der Schule erreichen niemals eine DIN-würdige Größenordnung. Auch die Themenstellung von Unterrichtsprojekten fällt nicht unbedingt in das Kategorienraster von „offiziellen" Wirtschafts- und Verwaltungsprojekten. Es geht nicht um Rationalisierungsvorhaben oder Gewinnziele, höchstens als Randerscheinungen.

In Unterrichtsprojekten müssen nicht unbedingt innovative Prozesse mit neuartigen Lösungen entwickelt werden. In inhaltlicher Ausrichtung, Zielsetzung und Größenordnung weichen Unterrichtsprojekte von normkonformen Wirtschaftsprojekten ab.

- Das **Unterrichtsprojekt** ist ein **handlungs- und produktorientiertes Vorhaben** zum beruflichen Kompetenzerwerb.
- Das **Thema einer Projektarbeit** behandelt vielschichtige, komplexe Zusammenhänge, die Raum für entdeckendes und problemlösendes Lernen geben.
- Die anzuwendende **Methode des Projektunterrichts** hebt sich deutlich von üblichen lehrerzentrierten Unterrichtsformen ab.

Das Projektteam wird von einer gemeinsamen Zielsetzung geleitet. Lern- und Arbeitsschritte werden gemeinsam geplant, durchgeführt und reflektiert. **Der schülerorientierte Projektprozess hat die gleiche Wertigkeit wie die Fertigstellung eines Projektprodukts.** In diesem Sinne sind Unterrichtsprojekte ein Übungsterrain für den zukünftigen beruflichen Ernstfall in Wirtschaft und Verwaltung. Mit der Vermittlung einer Projektkompetenz erwerben die Projektteilnehmer die Fähigkeit, in der betrieblichen Praxis an Unternehmensprojekten gestaltend mitzuwirken.

(2) Projektmanagement

Die **DIN-Norm 69901 „Projektmanagement"** bietet eine Handlungsanleitung für die Herangehensweise, um komplexe Aufgaben zu erfassen, zu ordnen und adressatengerecht darzustellen. Die Arbeitsweise geschieht nicht als Einzeltätigkeit, sondern im Projektteam, das in planmäßiger Zusammenarbeit handelt und solidarische Verantwortung für die Gruppenleistung übernimmt.

Das Instrumentarium des Projektmanagements zeigt Wege auf, sich fachliches Wissen planmäßig anzueignen und Probleme zielorientiert, methodengeleitet und selbstständig zu lösen. Die Herangehensweise und Aufgabenwahrnehmung nach den Regeln und mit den Instrumenten des Projektmanagements sind ein wertvolles Training für künftige Berufssituationen und über den Berufsbereich hinaus.

Das „Minimalschema für ‚kleine' Projekte" auf S. 24 zeichnet die Struktur vor. Die schrittweise Umsetzung wird in den folgenden Kapiteln dargelegt.

1.5.2 Projekt-Initialisierung und Projekt-Definition

(1) Projekt-Initialisierung

Phase 1
Projekt-Initialisierung

Sie haben die Interviewrunde der Lernsituation 1 mit hoffentlich vielen neuen Eindrücken absolviert und haben sicherlich schon ungefähre Vorstellungen, wie Ihr Projekt ablaufen soll. Vielleicht haben Sie auch Vorsätze entwickelt, was Sie auf keinen Fall mittragen möchten. Sie können sich vorstellen, dass auch die anderen Teilnehmer ähnliche Überlegungen angestellt haben. Nun gilt es in der Phase 1, aus einer Vielzahl von Vorstellungen ein konsensfähiges **Projektthema** zu entwickeln.

Vorgehensweise

Setzen Sie die **Metaplantechnik** ein, die mittels einer Kartenabfrage Themen sammelt, zur Verdeutlichung visualisiert und schließlich auf einer Pinnwand systematisiert. Damit schaffen Sie sich die Grundlage für eine stringente Diskussion und Entscheidungsfindung.

Ablauf der Metaplanmethode[1]

1. Im Moderatorenkoffer der Schule finden Sie Stifte und Karten.
2. Im Klassenraum bilden Sie einen großen Stuhlkreis mit einer Öffnung für die Aufstellung einer Pinnwand. Ersatzweise kann auch die Tafel verwendet werden.
3. Sie beschriften 2 Karten mit Ihren Wunschthemen. Bei kleineren Klassen können es auch 3 Karten sein.
4. Ihre beschrifteten Karten werfen Sie für alle lesbar auf den Fußboden in der Kreismitte.
5. In einer kurzen Überlegungsphase sichten alle die vorgeschlagenen Projektthemen.
6. Wiederholungen oder nahezu deckungsgleiche Karten werden gestapelt, sodass sich die Menge der offenen Karten verringert.
7. Ihr Moderator – also die Lehrkraft, die das Projekt leitet – entwickelt mit Ihnen Kategorien, die als zusammenfassende Überschriften für die Karten dienen werden.
8. Ihr Moderator beschreibt längliche Karten, sogenannte Schlipse, mit den gefundenen Kategorien und heftet sie als Überschriften an die Pinnwand bzw. mit Klebestreifen an die Tafel.
9. Als Nächstes befestigt jeder Projektteilnehmer seine Karten geordnet unter die zutreffenden Überschriften. Mit der Anhäufung entstehen sogenannte Cluster (Klumpen) als sortierte Ideensammlung.
10. Die Clusterbildung wird noch einmal im Plenum diskutiert und ggf. werden Karten umgesteckt.

11. Zur Favoritenbildung erhalten Sie vom Moderator einen grünen und einen gelben Klebepunkt. Den grünen Punkt kleben Sie zum Cluster Ihrer ersten Wahl, mit dem gelben Punkt markieren Sie Ihre nachrangige zweite Wahl.
12. In einer Abschlussdiskussion entscheidet sich das Plenum für Themen aus dem favorisierten Cluster bzw. für eine neu formulierte Kompromisslösung eines Themenspeichers.
13. Zum Einstieg in die weitere Projektplanung ist eine grobe Vorstellung über die Ziele und das Endprodukt des Projektes zu skizzieren. Sie verständigen sich also auf eine **Projektskizze**.

Plausibilitätsbetrachtung

Die in die engere Auswahl gestellten Projektideen bzw. deren Projektskizze werden einer Plausibilitätsbetrachtung unterzogen, ob unter den gegebenen Rahmenbedingungen ein respektables Ergebnis erreicht werden kann. Zu hinterfragen ist dabei die Optimierung des „Magischen Dreiecks" des Projektmanagements aus Sachziel, Termin- und Ressourcenziel.

Die Magie des **Projektmanagement-Dreiecks** ergibt sich aus den auseinanderdriftenden Bedingungen. Will man z. B. für ein motivierendes und relevantes Projekt ein vorzeigbares Ergebnis erzielen, reicht der schulische Zeitrahmen u. U. nicht aus und/oder die erforderlichen Informationen und Materialien sind mit einem angemessenen Arbeitsaufwand

1 Vgl. Schelle, Heinz: Projekte zum Erfolg führen, 6. Auflage, München 2010, S. 46.

umfänglich nicht zu beschaffen und auszuwerten. Die Erfahrungen Ihres Projektleiters sind Ihnen bei der Einschätzung dieser verflixten Zauberformel sicherlich eine große Hilfe, damit keine unrealistischen Zielvorstellungen in Bezug auf die Machbarkeit entstehen.

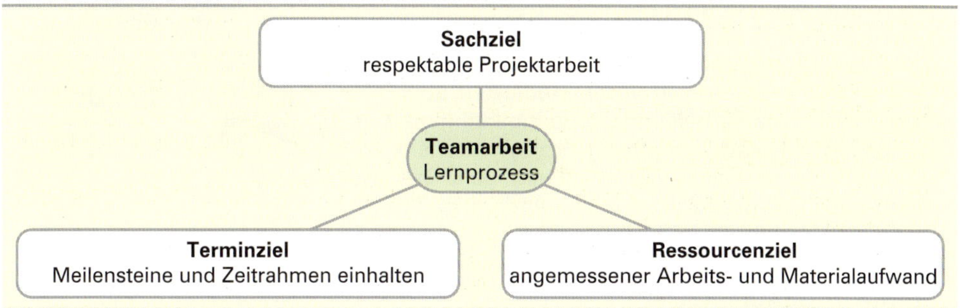

(2) Projekt-Definition

Phase 2
Projekt-Definition

Zur Projekt-Definition gehört eine eingehendere Auseinandersetzung mit der Projektskizze als Ausgangsbasis. Vorrangig ist es, sich Klarheit über das Projektziel und das Projektergebnis zu verschaffen. Letzteres ist in aller Regel eine konkret zu beschreibende Projektarbeit.

Beispiele für Projektarbeiten:

- Informationsbroschüre über die Fachoberschule Wirtschaft im Rahmen der berufsbildenden Schule in Kooperation mit einer Berufsschulklasse für Marketingkommunikation und einer Werbeagentur,
- ein Businessplan zur Unternehmensgründung in Kooperation mit Start-up-Unternehmen und Kammern,
- eine Informationsveranstaltung „Andere Klamotten – Upcycling gebrauchter Bekleidung und nachhaltiger Bekleidungseinkauf" mit Modenschau in Kooperation mit der Bekleidungskammer des Roten Kreuzes und dem örtlichen Bekleidungshandel,
- eine Ausstellung „Anders Essen – saisonaler und regionaler Einkaufskorb für eine gesunde Ernährung" mit Verkostung und in Kooperation mit einer Krankenkasse und ökologischen Erzeugern.

In Kenntnis der zukünftigen Ergebnisse können Zeitrahmen und Arbeitsaufwand seriös eingeschätzt werden. Mit einer Beschreibung der **Grobstruktur** werden Inhalte und Kooperationsvorhaben bereits festgeschrieben und die zu erreichenden Erfolgsziele bekommen ein erstes Profil. Die bisher geleistete inhaltliche Auseinandersetzung in verschiedenen Aktions- und Sozialformen ist ein Wegbereiter dafür, dass das Vorhaben in eine breite Konsensbildung und Akzeptanz für das Projekt mündet.

Die Projekt-Definition dient bei externen Projekten, die einen außerschulischen Auftraggeber haben, der Abklärung der gegenseitigen Vorstellungen und Zielsetzungen. Der externe Auftraggeber und das schulische Projektteam verständigen sich auf eine einheitliche Linie, die in einem formalen **Projektauftrag** mündet. Unterrichtsprojekte als kreativentdeckendes Lernen haben aber im Regelfall keinen externen Auftraggeber, sodass in den allermeisten Fällen Phase 1 und Phase 2 zur Erstellung der Grobstruktur im Zusammenhang erfolgen können. In diesen Fällen fungiert der Projektleiter als Auftraggeber. Die Verbindlichkeit des Projektauftrags wird durch die Schriftform untermauert.

LG 12.1 Lernsituation 2: Im Projektteam kommunizieren

Im Rahmen des Projektunterrichts werden Sie arbeitsteilig vorgehen und mehrere Projektteams bilden. Die Teams sollen in stabiler Zusammensetzung gemeinsame Leistungen zur Ausarbeitung der Projektskizze erbringen. Sie sollen sich vorab Gedanken über eine harmonische Teamarbeit und Gruppenbildung machen, um Befindlichkeitsstörungen im Projektunterricht vorzubeugen. Dazu bilden Sie erstmalig ganz bewusst Peergroups als Vorentscheidung für endgültige Projektteams.

HANDLUNGSAUFGABEN:[1]

1. Bilden Sie nach eigener Wahl Peergroups von 4–6 Mitgliedern!
2. Diskutieren Sie in Ihrer Gruppe die folgenden Hinweise für die Teamarbeit! Bewerten Sie alle Aussagen mit folgenden Prädikaten: **zentrale Werte, wichtige Werte** oder **weniger wichtige Werte!**

   - Jedes Teammitglied ist für das Gruppenergebnis mitverantwortlich.
   - Jeder arbeitet mit und bemüht sich um bestmögliche Ergebnisse.
   - Jeder ist gegenüber dem Team für die übernommenen Aufgaben verantwortlich.
   - Wir diskutieren jeweils über den „richtigen" Weg.
   - Jeder darf und soll seine Meinung frei äußern.
   - Wir akzeptieren die Meinungen der anderen.
   - Jeder lässt den gerade Sprechenden ausreden.
   - Jeder sollte offen über seine Befindlichkeit im Team sprechen.

3. Sie können bei Bedarf weitere Aspekte hinzufügen oder einige Punkte streichen, die Sie für überflüssig halten.
4. Ordnen Sie Ihr Ergebnis übersichtlich auf einem Plakat oder einer Pinnwand!
5. Werben Sie im Plenum für die Meinung Ihrer Gruppe, was eine „gute Gruppenarbeit" ausmacht!

2 Planung und Durchführung eines Projekts

2.1 Planung eines Projekts

2.1.1 Entwicklung eines Projektstrukturplans

Phase 3
Projekt-Planung

Um die Komplexität eines Projektes zu reduzieren, ist es angebracht, das Gesamtvorhaben in überschaubare Teilprojekte zu zerlegen. Damit nimmt die Transparenz für alle Beteiligten zu und es werden Entwicklungsschritte sichtbar. Der **Projektstrukturplan** nach DIN 69901 ist das zentrale Dokument für eine Projektsystematik.

1 Vgl. Niedersächsisches Kultusministerium: Materialien zur Integration von Lerngebieten in der kaufmännischen Berufsbildung durch die Methode des Projektunterrichts, Hannover 1996, S. 14f.

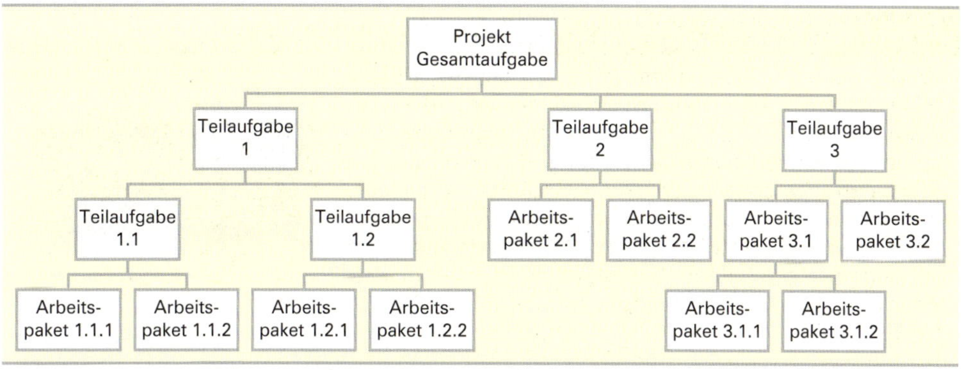

Der Projektstrukturplan mit der Gesamtaufgabe, seinen Teilprojekten und Arbeitspaketen wird als hierarchisches Baumdiagramm in Top-Down-Weise heruntergebrochen. Das Projektthema als **Gesamtaufgabe** wird Schritt für Schritt in **Teilaufgaben,** diese wiederum in **Arbeitspakete** aufgegliedert. Die Teilprojekte können als Themenspeicher aufgefasst werden, aus denen Unterthemen in Form von handhabbaren Arbeitspaketen geschnürt werden. Das Baumdiagramm zeigt die logischen Zusammenhänge und Abhängigkeiten auf.

- Ein **Arbeitspaket** ist die kleinste, sinnvolle Teilaufgabe, die zusammenhängende Aktivitäten bündelt. Arbeitspakete müssen präzise **voneinander abgegrenzt** sein, **kontrollierbare Aufgabenstellungen** beinhalten und einem Team **verantwortlich zugeordnet** werden.
- Vorausschauend sind Arbeitspakete die **Bausteine** für die folgende **Ablauf- und Zeitplanung.**

Bei einer **objektorientierten Gliederung** sind die Teilprojekte und Arbeitspakete bestimmte Produkte, die zu erstellen sind.

Beispiele:

- Fragebogen für Interviews,
- Projektdokumentation,
- Powerpoint-Präsentation.

Bei einer **verrichtungsorientierten Gliederung** sind die Teilprojekte und Arbeitspakete notwendige Tätigkeiten zur Abwicklung des Projekts.

Beispiele:

- Umfrage durchführen,
- Recherchen mit Internet,
- Sitzungen abhalten.

In der Praxis ergibt sich in aller Regel eine Mischung beider Gliederungsprinzipien, u.U. nur bedingt durch die Art der Formulierung. Für die weitere Verlaufsplanung identifiziert der Projektstrukturplan die arbeitsteilige Aufgabengliederung.

2.1.2 Festlegen der Arbeitspakete

Für das Füllen von Arbeitspaketen mit konkreter Substanz sind die erforderlichen Aktivitäten zu ermitteln. Welche Aufgaben sind es wert und welche Wege sollen beschritten werden, um ein respektables Projektergebnis zu erzielen? Dies ist bei umfangreichen Vorhaben das Ergebnis von Plenumssitzungen, bei denen Kreativitätstechniken wie die

Methode 6-3-5 erfolgversprechend sind. Diese Methode fördert die Entwicklung von Ideen und sammelt Vorschläge in einem schriftlichen Rundschreibeverfahren. Daher spricht man auch von Brainwriting.

Vorgehensweise:[1]

1. Auftrag definieren.
2. Arbeitsblätter verteilen (siehe Muster).
3. 6 Schüler tragen je 3 Ideen/Lösungsvorschläge in die oberste Zeile ein.
4. Nach maximal 5 Minuten reicht jeder das Arbeitsblatt an den Nachbarn weiter.
5. Der Nachbar füllt die zweite Zeile mit 3 Ideen/Lösungsvorschlägen aus.
6. Jeweils nach weiteren 5 Minuten wird das Arbeitsblatt insgesamt 5 Mal weitergereicht bis alle 6 Zeilen mit je 3 Ideen/Lösungsvorschlägen ausgefüllt sind.

Aufgabenstellung
....

Vorgehensweise
Die **6** Personen Ihrer Gruppe erhalten jeweils dieses Arbeitsblatt. Finden Sie **3** Ideen zum gestellten Thema und schreiben Sie diese in die erste Reihe. Geben Sie dann dieses Blatt an Ihren linken Nachbarn weiter, der dann auf Ihrem Blatt die zweite Reihe mit seinen Ideen ausfüllt, ... Im weiteren Verlauf sollten Sie versuchen, neben eigenen Ideen die Vorschläge Ihrer Vorgänger weiterzuentwickeln. Die Runde ist beendet, wenn Ihr erstes Blatt wieder bei Ihnen angekommen ist.

Person	Idee 1	Idee 2	Idee 3
1			
2			
3			
4			
5			
6			

Im Ergebnis liegen 6 Arbeitsblätter mit jeweils 6 · 3 Ideen vor. In der Summe haben 6 Gruppenmitglieder in 30 Minuten 6 · 6 · 3 = 108 Ideen produziert. Nun darf man nicht erwarten, dass 108 geniale Vorschläge auf den Tisch kommen. Erfahrungsgemäß erfolgt durch den Rotationsrhythmus eine gegenseitige Anregung, sodass gerade die letzten Zeilen die wertvollsten Gedanken enthalten. Daher sortieren Sie den Ideensturm in einer Auswertungsphase nach Nützlichkeitskriterien, beispielsweise klassifizieren Sie nach

- verwendbaren Vorschlägen,
- erneut zu prüfenden Vorschlägen,
- abgelehnten Vorschlägen.

Die als realisierbar erachteten Ideen werden in **Vorgangslisten** zur Zusammenstellung von Arbeitspaketen aufgenommen. Danach ist die Ideensammlung keineswegs ein Abfallprodukt. Im Verlauf der Projektrealisierung kann es durchaus vorkommen, dass einst verworfene Einfälle ihre spätere Verwendungsmöglichkeit zeigen.

Bei der Definition und Abgrenzung der Arbeitspakete ist es ratsam, nicht zu kleinschrittig vorzugehen, denn wegen der Einmaligkeit von Projekten sind nicht alle Details planbar. Den Teams werden mehrere Arbeitspakete übertragen, die in der Summe für die Teamgröße und den Arbeitsaufwand angemessen sind. In der Terminplanung setzt jedes Arbeitspaket automatisch einen Zieltermin (Meilenstein) zur kurzfristigen Erfolgssicherung.

1 Abbildung in Anlehnung an Korte: Projektarbeit – fit für Ausbildung und Studium, 2. Auflage, Rinteln 2014.

2.1.3 Bildung von Projektteams

Die Arbeitspakete bilden die Vorlage für die Bildung von Projektteams, denen die sach- und termingerechte Erfüllung verantwortlich übertragen wird. Die Gruppenmitglieder müssen sich also darüber im Klaren sein, dass sie über einen längeren Zeitraum ohne permanente Lehrersteuerung ein gemeinsames Teamergebnis erzielen sollen. Die individuelle Schüler-Lehrer-Kommunikation tritt zurück zugunsten einer Schüler-Schüler-Kommunikation in der Arbeitsgruppe.

Ein **Projektteam** besteht idealerweise aus 4–6 Personen, deren Fähigkeiten sich ergänzen. Die Teammitglieder engagieren sich für die übertragenen Sachaufgaben und Leistungsziele in einem selbst organisierten Arbeitseinsatz. Dafür tragen sie die gemeinsame Verantwortung.

Um diese Lernumgebung erfolgreich zu gestalten, müssen die Projektmitarbeiter fachlich geeignet, kooperativ eingestellt und konfliktfähig sein bzw. sich diese Eigenschaften im Laufe des Projektes aneignen.

2.1.4 Ablauf- und Zeitplan

Der Ablauf- und Zeitplan legt die logische und zeitliche Abfolge der Arbeitspakete unter Berücksichtigung der bestehenden Abhängigkeiten fest. Eine übersichtliche Zeitplanung lässt sich mit einfachen Mitteln als **Balkendiagramm** erstellen.

Das **Balkendiagramm** ist nach **DIN 69901** „ein graphischer Zeitplan, dessen Vorgänge und Arbeitspakete durch waagerechte Balken von zeitproportionaler Länge dargestellt sind."

Das folgende Schaubild visualisiert mit horizontalen Balken als Zeitlinie ausschnittsweise die ersten Projektwochen eines Schuljahres unter Berücksichtigung der Herbstferien.

Projektschritt Arbeitspaket (AP)	Projekt-Team	KW 36	KW 37	KW 38	KW 39	KW 40	KW 41	KW 42	KW 43	KW 44	KW 45	KW 46	KW 47
Projektplanung	Plenum												
AP 1.1.1	Team 1					▼		▼					
AP 1.1.2	Team 1												
AP 1.2.1	Team 1												
AP 1.2.2	Team 1												
AP 2.1	Team 2					▼						▼	
AP 2.2	Team 2												

Erläuterung:

Erkennbar sind die parallel auszuführenden Arbeitspakete. Andere können erst sequenziell angestoßen werden, wenn bestimmte Vorgänge abgeschlossen sind. Die zeitliche Staffelung wird mit kalendermäßigem Anfangs- und Endtermin in Abhängigkeit von den fachlichen Erfordernissen und/oder den personellen Kapazitäten versehen. Die aufgestellten Meilensteine (▼) sind Gegebenheiten mit hohem Aufmerksamkeitsgrad. In unserem Beispiel treffen sich die Projektteilnehmer nach Abschluss der Plenumsphase in der 40. Kalenderwoche zu ihrer ersten Gruppensitzung. Jeweils zum Abschluss eines Arbeitspaketes werden überprüfbare Zwischenstände festgestellt. Team 1 legt am Ende der 42. KW seinen ersten Zwischenstand vor, Team 2 berichtet am Ende der 46. KW über sein Zwischenergebnis.

3 Wessel u.a. - ISBN 978-3-8120-0588-3

Der **Meilenstein** ist in einem Phasenplan ein terminlicher Fixpunkt, der nach DIN 69901 ein **Ereignis besonderer Bedeutung** anzeigt. Er signalisiert den Projektteilnehmern eine hohe Dringlichkeit. Meilensteine dienen im Projektverlauf dazu, Ziele, Termine und Prioritäten zu setzen und deren Einhaltung zu kontrollieren.

Der Meilenstein als Anfangs-, Zwischen- und Endstation ist ein geeignetes Instrument der Projektsteuerung (Controlling) für den Projektleiter. Mögliche Störungen werden durch überprüfbare Zwischenziele frühzeitig offengelegt und der Projektleiter kann rechtzeitig Korrekturmaßnahmen einleiten.

Für die Durchführungsphase steht jetzt ein durchdachtes Planungsgerüst zur Verfügung:

- der Projektstrukturplan mit seinen Arbeitspaketen,
- die Arbeitspakete sind mit Vorgängen und Aktivitäten gefüllt,
- der Ablauf- und Zeitplan ist die Richtschnur für die Teamarbeit.

Die Einmaligkeit eines Projektes bedingt jedoch Unwägbarkeiten, die in letzter Konsequenz nicht planbar sind. Daher unterliegen alle Planungsinstrumente einer ständigen Optimierung als Konsequenz aus neuen Erkenntnissen in der praktischen Durchführung. Die graduelle Nachsteuerung eines Projektes während der Durchführungsphase ist daher kein Planungsmangel, sondern eine Herausforderung für eine aktuelle, flexible Arbeitsweise.

2.2 Durchführung eines Projekts

2.2.1 Kick-off-Meeting

Phase 4
Projekt-Durchführung

Die Phase der Projekt-Durchführung ist durch die ergebnisorientierte Zusammenarbeit der Mitglieder im Team und den begleitenden Einsatz von Projektsteuerungsmaßnahmen durch den Projektleiter geprägt. Alles ist gesagt, jetzt muss gehandelt werden! Das **Kick-off-Meeting** als erste Teamsitzung stellt den Anstoß dar.

Beim Kick-off-Meeting des Teams wird geklärt:

- die Einhaltung von Regularien wie regelmäßiges Treffen mit obligatorischer Anwesenheit,
- die Einrichtung eines Berichtswesens mit dem Anlegen eines Projektordners für Planungsunterlagen, Sitzungsprotokolle und Zwischenberichte,
- die Vorbereitung für Materialsammlungen nach Arbeitspaketen sortiert,
- die federführende Übernahme von Aktivitäten durch bestimmte Teammitglieder, ohne dass die Gesamtverantwortung des Teams abgegeben wird.

2.2.2 Recherchieren, Informieren und Dokumentieren

Die Teams realisieren Schritt für Schritt die detaillierten Planungen. Sie wenden verschiedene Methoden der Informationsbeschaffung an, nehmen Kontakte mit angedachten externen Projektpartnern auf, führen Interviews und Expertenbefragungen, tätigen außerschulische Erkundungen und dokumentieren ihre Erkenntnisse.

Die **Internetrecherche** nimmt erfahrungsgemäß eine beliebte Priorität bei der Informationssuche ein. Die Vielfalt der Angebote verleitet zu einem wahllosen „Surfen". Die Problematik der Auswahl muss gelöst werden. Für die Datenerhebung im Internet ist die Seriosität und Aktualität der Quellen eine unverzichtbare Forderung verbunden mit einem Quellennachweis.

Beiträge von Bildungsportalen, Hochschulen und weiteren öffentlich-rechtlichen Einrichtungen gehören hierbei zur ersten Wahl. Akzeptabel sind die Onlineportale der überregionalen Qualitätspresse (Die Welt, Frankfurter Allgemeine Zeitung, Frankfurter Rundschau, Süddeutsche Zeitung, Der Spiegel). Das Leserportal Wikipedia ist durchaus als Ort der Ideenentwicklung geeignet. Es ist jedoch eine reine Sekundärquelle, die ihre Beiträge quasi aus zweiter Hand schöpft. Damit ist Wikipedia nur bedingt zitierfähig.

Während über das Internet in aller Regel Erkenntnisse von allgemeiner Bedeutung erschlossen werden, sind geeignete Informationen über die Mikrokosmen[1] der nächsten Umgebung im Internet selten verfügbar.

Beispiel für eine Projektaufgabe:

Ist das Lebens- und Genussmittel-Sortiment des Schulkiosks und der Schulcafeteria eher den Nachfragewünschen der jugendlichen Käufer angepasst oder spielen Aspekte einer gesunden Ernährung eine ausschlaggebende Rolle?

Eine derartige erkenntnisleitende Fragestellung lässt sich sinnvoll nur als Kombination von Primärerhebungen beim speziellen Käuferpublikum der Schule und Sekundärerhebungen mit allgemeingültigen Aussagen über eine gesunde Ernährung lösen.

- Bei **Primärerhebungen** werden die Daten originär an der Informationsquelle erfasst (Beispiel: Nachfragewünsche der Schüler).
- Bei **Sekundärerhebungen** werden die Daten aus veröffentlichten Quellen zusammengestellt (Beispiel: Aussagen über gesunde Ernährung).

Ein probates Instrument der Erhebung von Primärdaten ist die **Befragung** bzw. das **Interview**. Voraussetzung für verwertbare Ergebnisse ist eine durchdachte Strategie mit standardisierten Fragen. Eine laxe Herangehensweise nach dem Motto: „Wir fragen mal die Leute." ist völlig inakzeptabel. Die folgenden Schaubilder[2] geben den Ablaufplan für eine fundierte Befragung vor (siehe folgende Seiten).

---

1 Mikrokosmos: kleine Welt des Menschen; gemeint sind hier Klassen- und Schulgemeinschaften.

2 Quelle: Niedersächsisches Kultusministerium, Materialien zur Integration von Lerngebieten in der kaufmännischen Berufsbildung durch die Methode des Projektunterrichts, Hannover 1996, S. 19f. Ein ausgearbeitetes Beispiel für einen Fragebogen und weitere methodische Anleitungen finden Sie im Lerngebiet 12.2, Kapitel 3.6 Datenerhebungsverfahren und Methoden der Informationsgewinnung, S. 86ff.

Informationsbeschaffung durch Umfragen

(1) Vorbereitung einer Umfrage

Festlegung von ...

Ziel

- welche Informationen?
- für welchen Zweck?

Art

- mündlich? (Protokollierung der Aussagen – wie: schriftlich? Video? Tonband)?
- telefonisch?
- schriftlich? (Antwortmöglichkeiten vorgeben oder nicht?)

Auswertung

- mit/ohne Arbeitsplatzcomputer (AC)?
- notwendige Hilfsmittel?
- Ergebnisdarstellung

Fragen

- Reihenfolge der Fragen genau überlegen
- Beginn mit leichter Einstiegsfrage
- Fragen in jedem Fall schriftlich festhalten, auch bei mündlicher Umfrage
- Fragen kurz, eindeutig und leicht verständlich formulieren
- offene Fragen stellen (W-Fragen: wer, was, wo, wann, warum, ...), wenn „Dinge" in eigenen Worten ausgedrückt werden sollen
- geschlossene Fragen stellen, wenn aus vorgegebenen Antwortalternativen gewählt werden soll, z. B.
  - Alternativfragen: 2 Auswahlmöglichkeiten (z. B. „Tragen Sie Jeans?" „Ja" oder „Nein")
  - Mehrfachwahlfragen: aus mehreren Antwortmöglichkeiten die eine/mehrere richtige heraussuchen (z. B. „Welche Jeansmarke tragen Sie?" „H.I.S", „Levis" usw.)
  - Skalierungen: die eigene Meinung aus einem Spektrum von Aussagen auswählen (z. B. „Wie bewerten Sie das Jeansangebot in Ihrem Ort?" „Ausgezeichnet", „Gut", „Zufriedenstellend" usw.)

Umfragepersonen

- welche Personen (Alter, Geschlecht, Beruf, ...) – Zielgruppe?
- wieviele Personen (Totalerhebung oder repräsentative Stichprobe ➢ Auswahl nach dem Zufallsprinzip?) (➢ Terminvereinbarungen mit ausgewählten Personen treffen, v. a. bei voraussichtlich länger dauernden Gesprächen)

Informationsbeschaffung durch Umfragen

(2) Durchführung einer Umfrage

Gesprächsatmosphäre positiv gestalten

- sich vorstellen
- Aufgabe/Anlass für das Gespräch umreißen
- freundlich sein
- Gesprächspartnerin bzw. -partner nach Möglichkeit namentlich ansprechen
- zuhören/Interesse zeigen (Rückfragen, Körpersprache)

Umgang mit befragten Personen

- keine Beeinflussung der befragten Personen
- Meinungsäußerungen nicht kommentieren
- Anonymität wahren (= keine Namen auf die Fragebögen)
- nicht zu schnell reden
- deutlich sprechen
- auf das sprachliche Niveau der Gesprächspartnerin bzw. des Gesprächspartners einstellen
- Augenkontakt halten
- für das Gespräch danken

(3) Auswertung und Dokumentation

Auswertung

- alle Aussagen berücksichtigen/keine Aussagen wegfallen lassen
- Aussagen strukturieren/„ähnliche" Aussagen zusammenfassen
- Ergebnisse interpretieren

Dokumentation

- übersichtliche Darstellung der Umfrageergebnisse
- Beachtung der Grundregeln der Visualisierung bzw. Präsentation

Neben dem Festhalten der themenbezogenen Ergebnisse ist die Dokumentation des Projektablaufs ein unverzichtbares Begleitinstrument. In standardisierten **Ergebnisprotokollen** (siehe nachfolgende Seite) werden die Teamleistungen notiert und Zwischenstände festgehalten. Durch die Summe der Einzelinformationen verschafft sich der Projektleiter einen Gesamtüberblick über den Grad des Projektfortschritts und -gelingens.

Zwar sind Terminverzögerungen nie ganz auszuschließen. Jedoch behält der Projektleiter den Ablauf- und Zeitplan als zentrale Planungsgröße fest im Blick. Zweckmäßig ist daher die Einplanung von Zeitreserven, sogenannten **Puffern,** damit auftretende Probleme nicht sofort den Endtermin gefährden. Gibt es auf dem Weg zum Fertigstellungstermin eine Kette von Arbeitspaketen ohne Puffer, liegt ein **kritischer Weg** vor. Höchste Aufmerksamkeit gilt den Arbeitspaketen auf dem kritischen Weg, da eine Verzögerung automatisch den pünktlichen Projektabschluss verhindert.

Ergebnisprotokoll

Teamprotokoll		
Projektname:		
Datum:	Ort:	von bis Uhr
Teilnehmer/innen:		
Ziele der Arbeitssitzung:		

Sitzungsverlauf		
Nr.	Tagungsordnungspunkt	erledigt? ✓

Maßnahmen, die sich aus der Arbeitssitzung ergeben:		
was?	wer?	bis wann?

Termin der nächsten Sitzung:	
Unterschrift Protokollant/in:	Unterschrift Projektleiter/in:

Quelle: Korte: Projektarbeit – fit für Ausbildung u. Studium, 2. Aufl., Rinteln 2014.

2.2.3 Projektbegleitende Kommunikation

Die Kommunikation zwischen Team und Projektleitung findet planmäßig zu den Meilensteinen am Schlusspunkt eines Arbeitspaketes statt. Einige **organisatorische Fixpunkte**, an denen die Projektarbeit ganz bewusst unterbrochen wird, sollten für alle Teams gemeinsam angesetzt werden. Im Plenum werden Fortschrittsberichte abgegeben, um sich abzustimmen, dass letztlich ein Gesamtwerk entsteht. Die Teams decken Lücken in ihrer Arbeit auf und vermeiden Doppelarbeit. Das ist die sachliche Perspektive.

Genauso wichtig ist ein Austausch über soziale Aspekte der Lernorganisation und die Erfahrungen mit den selbstgesteuerten Lernmethoden. In einer **Metainteraktion**[1] thematisiert die Gruppe ihre Umgangsformen, drückt das Projektthema bewusst an den Rand. Anlässe sind Abweichungen vom Projektplan inhaltlicher und terminlicher Art. Dahinter verstecken sich häufig Beziehungsstörungen in der Gruppe, die als solche von den Betroffenen gar nicht artikuliert werden. Der Projektleiter hat hier die schwierige Aufgabe des Konfliktmoderators.

1 Über das Sachthema hinausgehend.

Für den Einstieg in eine gruppendynamische Aussprache ist ein **Fragebogen zur Befindlichkeit** hilfreich. Über eine Offenlegung der verdeckten Vorbehalte soll neues Verständnis erweckt und eine motivierende Weiterarbeit angestoßen werden.

Einschätzung der heutigen Projektarbeit

Arbeitsauftrag:

1. Füllen Sie diesen Bogen in den nächsten 5 Minuten allein aus.
2. Vergleichen Sie anschließend Ihre Einschätzungen/Antworten mit denen der übrigen Gruppenmitglieder. Diskutieren Sie über Abweichungen.

Bitte ankreuzen

Heute …	ja	nein	?
1 habe ich mich in der Gruppe wohlgefühlt.			
2 hat jemand aus meiner Gruppe „genervt“.			
3 haben mir die anderen geholfen, wenn ich darum gebeten habe.			
4 haben alle in etwa gleichviel gearbeitet.			
5 wurde intensiv gearbeitet.			
6 bin ich mit den Arbeitsergebnissen der Gruppe zufrieden.			
7 war mir ständig klar, was ich zu tun hatte.			
8 habe ich nichts dazugelernt.			
9 konnte ich meine Gedanken und Meinungen voll einbringen.			
10 bin ich mit der Zusammenarbeit mit meiner Lehrkraft voll zufrieden.			

Heute fand ich gut:

Heute fand ich nicht gut:

Ich würde gern in unserer Gruppe folgendes anders haben:

Quelle: Niedersächsisches Kultusministerium, Materialien zur Integration von Lerngebieten in der kaufmännischen Berufsausbildung durch die Methode des Projektunterrichts, Hannover 1996, S. 41.

LG 12.1 Lernsituation 3: Szenarien einer „unwirklichen“ Präsentation

Die Grundlagen für eine gelungene Präsentation der Projektarbeit werden bereits in der Erarbeitungsphase gelegt. Die Teamleistung für ein adressatengerechtes Projektergebnis muss auch in der Präsentation ihren angemessenen Ausdruck finden. Bei der Fragestellung und deren Umsetzung „Wie überzeugen wir?“ oder sogar: „Wie begeistern wir unseren Auftraggeber?“ kann schon mal etwas weniger gut gelingen.

Was alles schief gehen könnte, schildert in geballter Form der folgende konstruierte Fall:

Das Projektteam tritt zur Präsentation vor die Klasse. Ein Teammitglied bemüht sich um den Laptop, die anderen stellen sich beobachtend in eine Ecke. Der Referent klickt sich durch die Ordnerstruktur seines USB-Sticks und findet innerhalb kurzer Zeit tatsächlich die gesuchte Powerpoint-Präsentation. Nun erscheint die erste Folie: Eine artige Begrüßung und das Thema der Präsentation. Sodann setzt der Referent zögerlich zum Vortrag an. Schließlich ist die Situation nicht alltäglich. Im Publikum kommt eine gewisse Neugierde auf, nicht überall, aber spürbar.

Der Referent klickt nahtlos hintereinander seine Folien durch und zitiert dabei aus dem Abschlussbericht. Währenddessen stehen die übrigen Teammitglieder mangels Beschäftigung gelangweilt herum und flüstern gelegentlich miteinander, was ja kaum stört. Unerwartet unterbricht ein Zuhörer den Folienreigen und richtet eine Verständnisfrage an den Vortragenden. Dieser kann darauf nicht eingehen und verweist auf ein anderes Gruppenmitglied. Die Frage muss wiederholt werden, weil das „fachlich zuständige" Gruppenmitglied gerade nicht zugehört hat.

Zum Vortragshöhepunkt wird ein Feuerwerk der Farben abgebrannt, um den Bedeutungsgehalt der Botschaft zu unterstreichen. Es wird kreativ demonstriert, wie variationsreich der Folienhersteller mit der Technik des Programms vertraut ist. So beeindruckt beispielsweise ein nachtschwarzer Folienhintergrund mit aufflammenden Lämpchen und angesagter Geräuschuntermalung. Die Kombination erzeugt eine gewisse Disco-Atmosphäre zum Projektthema „Unser Bildungsgang Fachoberschule Wirtschaft und Verwaltung".

Zur weiteren Abwechslung wendet sich der Referent öfter der rückwärtigen Projektionsfläche zu und liest seine Folien dem Publikum vor. Die Folien dienen nur noch dem Vortragenden als Leitfaden, der diesen Texten nichts Weiteres hinzufügt bzw. gar nichts hinzufügen kann, weil es nicht sein arbeitsteiliges Spezialgebiet ist. Viel zu spät bemerkt der Referent, dass es im Publikum unruhig wird und kaum noch jemand zuhört. Seine Konzentration auf den ungeübten Vortrag verhindert jedoch einen Strategiewechsel. Die übrigen Teammitglieder stehen scheinbar unbeteiligt in einer Ecke, da sie die Verantwortung für den Vortrag an das Teammitglied abgegeben haben.

Nach der letzten Folie verschwinden alle schleunigst auf ihre hinteren Plätze. Dort erwarten sie eine wohlwollende Reaktion des Projektleiters, da das Team zum Präsentationstermin tatsächlich vollständig erschienen ist und schließlich eine Leistung abgeliefert hat.

IMPULS:

Diese konstruierte Vorstellung wird es in einer derartigen Zusammenballung nicht geben. Jede Szene allein betrachtet, kann sich jedoch in Präsentationen immer wieder einschleichen. Welche Mängel in der obigen Präsentationsschilderung fallen Ihnen spontan auf?

HANDLUNGSAUFGABEN:

Arbeiten Sie das folgende Kapitel durch und verwenden Sie die Aufzeichnungen aus dem Unterricht zur Bearbeitung der Handlungsaufgaben!

1. Welche Planungsfehler stellen Sie fest? Machen Sie jeweils Verbesserungsvorschläge!
2. Welche Mängel des Lern- und Leistungsverhaltens der Gruppe erkennen Sie?
3. Welche Mängel im Medieneinsatz sind offensichtlich!
4. Welche Verhaltensmängel des Referenten und der Gruppe allgemein sind auffällig?

3 Abschluss eines Projekts

3.1 Abschlussbericht

3.1.1 Leitlinien des Abschlussberichts

Phase 5
Projekt-Abschluss

Jedes Projektteam dokumentiert seine Ergebnisse in einem Abschlussbericht. Die Vorbereitungen für die Abschlussdokumentation sollten schon während der Erarbeitungsphase berücksichtigt werden, damit am Ende keine unbedachte Hektik ausbricht.

Anhand folgender Leitfragen lässt sich der **Abschlussbericht** systematisch aufbauen:

1. Was ist das Thema bzw. der Gegenstand der Dokumentation?
2. Unter welcher Fragestellung bzw. mit welchem Erkenntnisinteresse wird das Thema untersucht (Einleitung)?
3. Welche Aspekte des Themas wurden mit welchen Methoden erkundet (Hauptteil)?
4. Zu welchem Resümee kommt das Team in Bezug auf die einleitende Problemstellung (Schluss)?

Mit dem Abschlussbericht werden die vielfältigen Beiträge einer umfassenden Arbeitsphase gebündelt und als Kernaussagen schriftlich festgehalten. Der Abschlussbericht konzentriert sich auf Schwerpunkte in exakt und knapp gehaltenen Ausführungen. Weitergehende Erläuterungen werden als Anlagen zum intensiveren Studium beigefügt.

3.1.2 Formalien des Abschlussberichts

Mit dem Abschlussbericht legt die Projektgruppe dar, dass sie in der Lage ist, nach wissenschaftlichen Grundsätzen zu arbeiten. Um den Realitätsgehalt der dargelegten Inhalte zu belegen, sind die angewandten Methoden der Informationsbeschaffung und die Quellen offen zu legen.

Der Aufbau des Berichts folgt einem allgemein anerkannten Schema:

- **Deckblatt** mit folgenden Angaben: Bildungsgang, Klasse und Lerngebiete, Projektthema, Namen der Projektmitglieder als Verfasser, Projektleiter, Ort und Abgabetermin.
- **Inhaltsverzeichnis** mit nummerischer Gliederung

Beispiel:

1	Einleitung
2	Kapitel 1
2.1	Kapitel 1, Abschnitt 1
2.2	Kapitel 1, Abschnitt 2
2.3	Kapitel 1, Abschnitt 3
2.3.1	Kapitel 1, Abschnitt 3, Unterpunkt 1
2.3.2	Kapitel 1, Abschnitt 3, Unterpunkt 2
2.4	Kapitel 1, Abschnitt 4
3	Kapitel 2
3.1	Kapitel 2, Abschnitt 1
3.2	Kapitel 2, Abschnitt 2
4	Schlussteil

Die Anzahl der Kapitel hängt von der Anzahl der Aspekte ab, die im Hauptteil thematisiert werden.

- **Literaturverzeichnis**

Beispiele:

Korte, Anna Maria: Projektarbeit – fit für Ausbildung und Studium, 2. Auflage, Rinteln 2014
Schemel, Ingo: Projektkompetenz für Einsteiger, 2. Auflage, Rinteln 2006
Niedersächsisches Kultusministerium (Hrsg.): Materialien zur Integration von Lerngebieten in der kaufmännischen Berufsausbildung durch die Methode des Projektunterrichts, Hannover 1996

- **Anlagenverzeichnis**

Beispiele:

Anlage 1: Leerformular Fragebogen
Anlage 2: Tabelle Fragebogenauswertung
Anlage 3: Erkundungsprotokoll
Anlage 4: Protokoll Expertenbefragung

3.1.3 Regelkonformes Zitieren im Abschlussbericht

Der Abschlussbericht dient der Darstellung der eigenen Aktivitäten, Erkenntnisse und Ideen. Werden jedoch Informationen aus fremden Quellen übernommen, muss zitiert werden. Das gilt ausnahmslos für Texte, Fotos, Videos, Grafiken, Tabellen und Formulare.

Regelkonformes Zitieren ist ein wichtiger Aspekt einer Arbeit nach wissenschaftlichen Grundsätzen. Alles, was keine eigene gedankliche Kreation ist, muss mit der Quellenangabe kenntlich gemacht werden. **Plagiate,** also die Verwendung fremder Werke ohne Ursprungsangabe, sind eine Täuschung und führen zur Abwertung einer Abschlussarbeit!

Zitate dienen der Unterstützung der eigenen Leistungen, sie ersetzen diese aber nicht. Daraus folgt, dass die Aneinanderreihung von Zitaten oder das Zitieren in längeren Passagen nicht zweckdienlich ist. Für das Zitieren von Texten gibt es unterschiedliche Möglichkeiten.

Beim **direkten Zitat** wird der exakte Wortlaut in allen Einzelheiten aus der Informationsquelle übernommen. Das wörtliche Zitat wird in Anführungszeichen gesetzt und am Ende mit einer Hochzahl markiert. Diese verweist auf die Quellenangabe in Form einer Fußnote.

Beispiel:

1 Korte, Anna Maria: Projektarbeit – fit für Ausbildung und Studium, 2. Auflage, Rinteln 2014, S. 11.

Das direkte Zitat wird benutzt, wenn nur der originale Wortlaut die wesentliche Bedeutung wiedergibt bzw. die Formulierung eine sprichwörtliche Meisterleistung ist. Das wörtliche Zitat darf den Zusammenhang der Ursprungsquelle nicht verfälschen.

Beim **indirekten Zitat** werden die Textstellen nur sinngemäß wiedergegeben. Bei diesem Umschreiben bzw. Paraphrasieren wird der ursprüngliche Wortlaut des Verfassers entweder in indirekter Rede wiedergegeben oder der Inhalt in eigene Worte gefasst. Das Ende des zitierten Sinnabschnitts wird ebenfalls mit einer Hochzahl markiert und in der zugehörigen Fußnote die Quelle angegeben. Die Quellenangabe beginnt mit dem Kürzel „Vgl."

für „Vergleiche". Sinngemäße Zitate lassen dem Verwender gewisse Gestaltungsspielräume, insbesondere bei der Wiedergabe längerer Passagen. Aber auch hier gilt, dass der Sinn nicht entstellt werden darf.

Beim **Zitieren von Internetquellen** sind besondere Bedingungen zu bedenken. Die Quelle kann sich sehr rasch verändern oder gar verschwinden. Analog zu gedruckten Texten erfolgt die Quellenangabe mit Autor und Titel des zitierten Werks sowie zusätzlich mit dem vollständigen Internetpfad einschließlich Datum des Zugriffs. Damit wird dem flüchtigen Charakter von Onlinedokumenten Rechnung getragen.

Beispiel:

Quelle: Günter Drews, Norbert Hillebrand: Methoden im Projektmanagement, http://www.gpm-ipma.de/know_how/fach_und_projektgruppen/methoden_im_projektmanagement.html (27.01.2014)

3.2 Projektpräsentation

Die **Präsentation** ist der wirksamste Ausdruck eines Projekts. Deswegen ist es zu schade, wenn sie nur vor der eigenen Klasse stattfindet. Laden Sie sich Publikum in den Konferenzsaal der Schule ein! Das erhöht den Ernstcharakter ganz enorm. Der einfachste Schritt ist die Einladung an Parallelklassen desselben Bildungsganges. Oder haben Sie gar Kontakte zu einem Unternehmen, das als Projektpartner sein Firmenforum zur Verfügung stellt? Allemal bedeutungsvoll ist die Teilnahme Ihrer externen Projektpartner, die mit Interesse das Ergebnis der Recherchen verfolgen können.

3.2.1 Vorbereitung

Bedenken Sie: In eine Präsentation läuft man nicht einfach hinein! Eine Präsentation einschließlich der umgebenden Bedingungen wird ablaufmäßig geplant.

(1) Projektauftrag und Erwartungshaltung des Publikums

Die Präsentation soll die erkenntnisleitende Fragestellung und Zielsetzung des Projektauftrags vermitteln. Sie soll auf den fachlichen Hintergrund der Zuhörer zugeschnitten sein und in Bezug auf Umfang und Details auf die Erwartungen des Publikums eingehen. Dadurch wird erreicht, dass die Zuhörer dem Referenten aufmerksam folgen können und sich weder langweilen noch den „roten Faden“ verlieren.

(2) Wichtige Voraussetzungen klären

Zur Planungsgrundlage gehört die Klärung folgender Punkte:

- Vor welchen Personen wird die Präsentation durchgeführt (Alter, Vorkenntnisse, Erwartungen der Zuhörer und des Veranstalters bzw. des Projektleiters)?
- Ist der Vortragsraum für die Anzahl der erwarteten Teilnehmer angemessen?
- Wie viel Zeit ist für die Präsentation vorgesehen?
- Sind die erforderlichen technischen Hilfsmittel vor Ort einsatzbereit?
- Falls es mehrere Präsentationen gibt: Können geeignete Übergänge zwischen den Präsentationen geschaffen werden?
- Wünscht der externe Veranstalter oder der Projektleiter vorab eine Präsentationsunterlage?

Damit eine Präsentation erfolgreich ist, muss der Inhalt fachlich aufbereitet sein. Nehmen Sie als Anhaltspunkt Ihren Abschlussbericht, den Sie für die Präsentation auf Kernaussagen und anschauliche Beispiele durchforsten. Durch den Einsatz visueller und/oder auditiver Medien[1] unterstützt der Referent seinen Vortrag, bei dem er seine Sprache und Körperhaltung gezielt einsetzt.

1 visuelles Medium: sichtbares Mittel; auditives Medium: hörbares Mittel.

(3) Ablauf der Präsentation planen

Einstieg	Der Einstieg sollte gut geplant und geübt werden, da der erste Eindruck oft darüber entscheidet, ob beim Publikum Interesse oder Ablehnung erzeugt wird. Der Einstieg besteht aus einer **Begrüßung** der Zuhörer, einer **Vorstellung** der eigenen Person und aller anderen an der Präsentation beteiligten, dem **Grund der Präsentation** und einer **Ablaufübersicht** mit behandelten Themen, Zeitabschnitten, Frage- oder Diskussionsteil und geplanten Pausen.
Hauptteil	Im Hauptteil der Präsentation werden alle gesetzten Ziele inhaltlich abgearbeitet. Dies erfolgt durch Aussagen und Behauptungen, die belegt oder bewiesen werden, durch aufschlussreiche Diagramme, Argumente, Lösungsvorschläge oder Schlussfolgerungen.
Abschluss	Die Präsentation kann durch eine Zusammenfassung, einen Ausblick, eine offene Frage, ein Zitat oder eine Anekdote beendet werden. Da den Zuhörern das Ende des Vortrags am besten im Gedächtnis bleibt, sollte man den Schluss gut nutzen. Man kann nochmals seine wichtigsten Aussagen kurz wiederholen und einen Appell (Aufruf) an das Publikum richten. Ganz zum Schluss bedankt man sich beim Publikum für die geschenkte Aufmerksamkeit.

3.2.2 Grundlegende Präsentationsregeln

Das Gelingen einer Präsentation hängt sehr stark davon ab, welchen Eindruck der Redner beim Publikum hinterlässt. Das heißt, auch eine fachlich und inhaltlich sehr gute Präsentation erzielt die optimale Wirkung auf die Zuhörer erst in Verbindung mit geschickt eingesetzten rhetorischen und körpersprachlichen Mitteln.

(1) Körpersprache einsetzen

Die Körpersprache ist die **Sprache „ohne Worte"**. Sie erfolgt normalerweise unbewusst, unwillkürlich und unbeabsichtigt. Die Körpersprache trifft Aussagen, vermittelt Botschaften.

Zur Körpersprache gehören

- Blickkontakt,
- Mimik,
- Gestik,
- Körperhaltung.

Blickkontakt

Der direkte Blickkontakt ist eines der wichtigsten Mittel, um Verbindung zum Publikum aufzunehmen und zu halten. Ein Blick kann ruhig, freundlich, ablehnend, gelangweilt usw. sein.

Zuhörer, die während einer Präsentation selten oder gar nicht angeschaut werden, sind oft unaufmerksamer, weil sie sich vom Redner nicht beachtet und angesprochen fühlen.

Mimik

Unter Mimik versteht man den Gesichtsausdruck, d.h. das Mienen- und Gebärdenspiel des menschlichen Gesichts.

Mimik spielt sich zwischen der Stirn und dem Kinn ab. Sie ist die Bewegung des Gesichts. Das Gesagte wird unbewusst oder bewusst durch Mimik unterstrichen. Bei der Präsentation sollte keine einstudierte, starre Mimik eingesetzt werden. Eine positive Wirkung auf das Publikum hat eine natürliche, abwechslungsreiche Mimik: Der Gesichtsausdruck ist mal interessiert, mal überrascht, mal lächelnd usw.

Gestik

Unter Gestik versteht man die Ausdruckbewegungen des Körpers, insbesondere von Kopf, Arm, Hand und den Fingern.

Gesten verstärken das Gesagte und sollten mit diesem übereinstimmen. Setzt man sie während der gesamten Präsentation auf die gleiche Weise ein, lässt die Wirkung auf das Publikum nach. Die Körperhaltung (sitzen, stehen,. . .) wirkt sich auf die Gestik und ihre Wirkung aus.

Körperhaltung

Auch die Körperhaltung, d.h. die Bewegung des Kopfes, des Oberkörpers und der Beine, vermittelt deutliche Signale.

Für die Präsentation sollte eine offene und sichere Körperhaltung angenommen werden. Beim Sprechen wendet man sich dem Publikum zu und nimmt eine lockere, möglichst natürliche Haltung an, ohne die Arme und Beine zu verschränken. Hektisches Hin- und Herlaufen und Herumzappeln lenkt die Zuhörer vom Vortrag ab.

Bei einer Präsentation ist es üblich zu stehen.

(2) Sprache einsetzen

■ Verständlichkeit

Die Präsentation muss von den Zuhörern inhaltlich verstanden werden. Aus diesem Grund hängt es von der Fachkompetenz des Publikums ab, welche Fachbegriffe im Vortrag verwendet werden können. Fremdwörter sollten nur verwendet werden, wenn es keine entsprechenden deutschen Begriffe gibt oder sie jedem geläufig sind.

Kurze und vollständige Sätze erleichtern die Aufnahmefähigkeit. Bewusst gesetzte Pausen geben dem Publikum die Möglichkeit, kurz über das Gesagte nachzudenken und es zu verarbeiten oder sich wieder zu konzentrieren. Die Aussprache des Redners sollte natürlich, deutlich und klar sein.

■ Modulation der Stimme

Die Präsentation wirkt auf den Zuhörer lebendiger und abwechslungsreicher, wenn der Referent seine Stimme in Melodie, Klangfarbe, Lautstärke und Betonung variiert (Modulation). Der Vortrag wird dynamischer und das Publikum hat einen höheren Unterhaltungswert. Das Sprechtempo darf weder zu schnell noch zu langsam sein.

(3) Formale Aspekte beachten

■ Design

Bei einer Präsentation wird das Publikum mit sehr vielen Informationen versorgt. Kombiniert der Referent Worte oder Tabellen mit Bildern oder Übersichten, werden beide Gehirnhälften der Zuhörer angesprochen und die Informationsaussagen verstärkt.

Ob die Visualisierung, also die bildliche Darstellung, für den Zuhörer von Nutzen ist, hängt von der Einhaltung folgender Vorgaben ab:

✔ Die Seiten oder die Präsentationsfolien müssen gut lesbar sein.

Beispiel:

Auf einem Blatt Papier die Schriftgrößen 12 pt (Standardtext) bis 16 pt (Überschriften) und für eine Powerpointfolie mindestens 24 pt (Standardtext) bis 40 pt (für den Folientitel) benutzen. Schriftarten, die auf Bildschirmen gut lesbar sind, sind Calibri, Tahoma, Verdana oder andere schnörkellose Schriften. Die meisten Betriebe haben feste Vorgaben in Bezug auf Schriftart, -größe und zu verwendenden Farben bei einer Präsentation („Corporate Design").

Gut geeignete Schriften:
- Schriftart Verdana
- Schriftart Tahoma
- Schriftart Calibri

Weniger gut geeignete Schriften:
- Schriftart Times New Roman
- *Schriftart Monotype Corsiva*
- Schriftart Tekton Pro

✔ Die Seiten müssen übersichtlich aufgebaut sein.

Beispiel:

Die Schriftgrößen und Hervorhebungen (Unterstreichung, fette oder kursive oder farbige Schrift) sollten gezielt und sparsam eingesetzt werden. Die Informationsmenge pro Seite sollte sich auf wenige Sachpunkte beschränken. Durch Hauptüberschriften (Titel) und Untertitel kann man Kernaussagen und Informationen strukturieren.

✔ Bei einem leicht getönten Hintergrund der Präsentationsfolie kann der Text besser gelesen werden.

Beispiel:

Schwarze Schrift auf pastellfarbenem Hintergrund ist angenehm zu lesen.	Ein weißer Hintergrund wirkt oft sehr grell.	Ein Hintergrund in intensiven Farben oder mit Farbverlauf lenkt ab.

✔ Durch farbige Schrift können Wörter hervorgehoben werden. Dabei muss man auf ausreichend Kontrast zwischen Schriftfarbe und Hintergrund achten.

Beispiel:

Wie sehr fällt Ihnen diese Farbe im Gegensatz zu dieser Farbe auf?	Auf weißem Hintergrund wirken eingesetzte Farben anders als auf farbigem Hintergrund	Hier sehen Sie eine Schrift auf dunklerem Hintergrund.

✔ Eine inhaltliche Überfrachtung muss vermieden werden. Bei sehr viel Text muss sich der Leser zu sehr konzentrieren, um die wichtigen Informationen herauszufiltern.

Medieneinsatz

Die Wahl der Medien für die Präsentation hängt von verschiedenen Faktoren ab:

- Besteht das Publikum aus einer kleinen oder großen Gruppe?
- Wird ein sachlicher Fachvortrag gehalten oder werden Argumente eher emotional dargeboten?
- Welcher Raum mit welchen Lichtverhältnissen steht zur Verfügung?
- Wie viel Vorbereitungszeit hat man für die Präsentation?
- Welche Medien stehen zur Verfügung, welche müssen beschafft werden (Kosten und Beschaffungsdauer beachten)?

Durch eine entsprechende Wahl der Medien kann man **verschiedene Sinnesorgane** beim Publikum **ansprechen.** Menschen verarbeiten Informationen unterschiedlich. Manchen reicht es, aufmerksam zuzuhören, andere müssen alles lesen und die nächste Gruppe braucht, falls möglich, Modelle, die man am besten anfassen kann.

Wählt man folglich für seine Präsentation Medien, die mehrere Sinnesorgane ansprechen, dann versorgt man bei den Zuhörern die unterschiedlichen „Lerntypen" mit den gleichen Inhalten.

Ein kurzer **Überblick über die wichtigsten Medien** für eine Präsentation.

- Mithilfe eines **Overheadprojektors** können vorbereitete Folien aufgelegt oder während der Präsentation beschrieben bzw. ergänzt werden. Der Vorteil dieses Mediums ist, dass es fast überall vorhanden ist, die Vorbereitung erfordert keinen großen Aufwand, es können Teile der Folie ab- oder aufgedeckt werden und der Redner ist dem Publikum zugewandt.

Eine Weiterentwicklung des Overheadprojektors ist der **Visualizer.** Mit ihm können farbige Abbildungen und sogar Gegenstände gefilmt und projiziert werden.

- Ein **Flipchart** ist ein großer Block auf einem Standgestell. Die Blätter werden von Hand beschrieben, können vorbereitet oder während des Vortrags beschrieben werden. Aufgrund der Größe (DIN A1) ist dieses Medium für Präsentationen in einer kleineren Gruppe geeignet. Ein Flipchart ist sehr kostengünstig. Durch spontane Skizzen oder den Einsatz verschiedener Farben kann der Vortrag interessanter gestaltet werden.
- **Videos** oder **Filme** können bestimmte Sachverhalte realitätsgetreu wiedergeben. Zum Vorführen des Films kann man ein Fernsehgerät benutzen oder das Video in eine PowerPoint-Präsentation einbetten und mithilfe eines **Beamers** projizieren.
- Mit einem **Computer** und der Hilfe eines Programms zur Erstellung von Präsentationen können Tabellen, Bilder, kurze Videos und Texte beliebig aneinandergefügt werden. Der Computer sollte immer im Wechsel mit anderen Medien eingesetzt werden, damit sich die Aufmerksamkeit des Publikums wieder auf den Referenten richtet und der Vortrag nicht zu eintönig wird.

3.3 Projektreflexion und Projektbeurteilung

Die Präsentation ist der Abschluss der Arbeitsphasen, aber nicht das Ende des Projekts. Nach der Präsentation bietet sich ein kritischer **Projektrückblick** an. Der Blickpunkt auf das Projektergebnis wird dabei erweitert auf den Projektprozess und die Lernsituation im Team. Über gelungene Abläufe und geglückte Teamgemeinschaften sollte man sich freuen. Aber auch aus Abwegen und Stolpersteinen jeglicher Art lassen sich Lerneffekte für zukünftige Projekte in Studium und Beruf erzielen.

Zur Auswertung des Projektunterrichts bietet sich eine Metainteraktion an, um die Ergebnisse und das Projektlernen zu reflektieren. Als Grundlage und Einstieg in ein Reflexions- und Beurteilungsgespräch des Teams mit dem Projektleiter eignet sich die individuelle Stellungnahme eines jeden Teammitglieds.

4 Wessel u.a. - ISBN 978-3-8120-0588-3

In dem Bericht sollte auf folgende Fragen eingegangen werden:

Warum haben Sie das Thema gewählt?
■ Wie hat Ihre Gruppe die Themen-/Aufgabenstellung bewältigt? ■ Was haben Sie in welcher Reihenfolge gemacht? ■ Welche Aufgaben haben Sie übernommen? Warum gerade diese? ■ Welche Schwierigkeiten gab es bei der Beschaffung des benötigten Informationsmaterials und dessen Auswertung? Wie haben Sie diese gelöst?
Wie war die Zusammenarbeit in der Gruppe?
■ Wie wurde festgelegt, wer was macht? ■ Haben Sie einander geholfen? Hat sich dabei jemand besonders ausgezeichnet? ■ Gab es Streit? Wie wurde er beigelegt? ■ Haben alle in etwa gleichviel gemacht? ■ Haben Sie sich wohlgefühlt in Ihrer Gruppe? Begründen Sie kurz.
Was hat die Projektarbeit gebracht?
■ Was haben Sie gelernt? ■ Hat sich Ihr Verhältnis zu Ihren Mitschülerinnen und Mitschülern verändert? Wenn ja, wie und worauf ist dies zurückzuführen?
Was war an der Projektarbeit nicht so gut?
■ Wie würden Sie die Arbeit Ihrer Gruppe bzw. ihre individuelle Arbeit bewerten? Begründen Sie jeweils, – welche Note würden Sie Ihrer Gruppe für die geleistete Arbeit geben? – welche Note würden Sie sich selbst geben?

Quelle: Niedersächsisches Kultusministerium, Materialien zur Integration von Lerngebieten in der kaufmännischen Berufsausbildung durch die Methode des Projektunterrichts, Hannover 1996, S. 47.

Zum Abschluss eines Projektunterrichts gehören die Überprüfung und Bewertung des Lernerfolges, um festzustellen, mit welchem Prädikat die Ziele des Lerngebietes erreicht wurden. Die Leistungsbewertung soll keine einmalige, punktuelle Abschlussfunktion haben, sondern die Schüler während der gesamten Projektdauer als Ansporn für ein optimales Gelingen des Projektes dienen. Die Beurteilungskriterien sind daher zu Projektbeginn offen und klar festzulegen. Aus der Bedeutung der Teamarbeit im Projekt wird deutlich, dass neben kognitiven[1] auch soziale Kriterien Eingang in eine mehrschichtige Bewertung finden. Neben der Gruppenleistung werden auch individuelle Leistungsmerkmale in eine Notenfindung einfließen.

Als **projektbegleitende Leistungsmerkmale** für eine Notenfindung bieten sich die Auswertung der Meilensteine und die Aussagen der Teamprotokolle an. Es stellen sich folgende Fragen:

- Ist der Prozess der Arbeitsplanung mit einer geeigneten Informations- und Materialbeschaffung gelungen?
- Sind verbindliche Termine eingehalten worden?
- Hat das Team unter Einbeziehung aller Gruppenmitglieder kooperiert?
- Gab es eine zweckmäßige und gleichgewichtige Arbeitsteilung?
- Sind mögliche Konflikte thematisiert worden, ggf. mit Einbeziehung des Projektleiters als Mediator?[2]

1 Kognitiv: verstandesmäßig.

2 Mediator (lat.): Vermittler, Streitschlichter.

Als **ergebnisorientierte Leistungsmerkmale** für eine Notenfindung liefern der Abschlussbericht und die Präsentation hinreichende Angaben. Es stellen sich folgende Fragen:

- Sind im Abschlussbericht die Inhalte sachlich richtig und in der angemessenen Vollständigkeit wiedergegeben?
- Entspricht die Form und Fassung des Abschlussberichts den üblichen Standards für Abschlussarbeiten?
- Ist in der Präsentation insgesamt eine verständliche Anschaulichkeit des Projekts gelungen?
- War die Präsentation belebend durch einen Wechsel von Medien und Referenten?
- Waren die medialen Gestaltungselemente mit Text, Grafik und Foto präzise und thematisch angemessen?
- Wirkte das Auftreten der Referenten ansprechend durch Zuwendung zum Publikum, durch flüssige und verständliche Sprache, durch Mimik und Gestik?

Zusammenfassung

- Ein **Projekt nach DIN 69901** ist ein Wirtschaftsvorhaben, das insgesamt durch die Einmaligkeit der Bedingungen gekennzeichnet ist und sich von alltäglichen Routineaufgaben deutlich abhebt. Unternehmensprojekte dieser Art dienen der Rationalisierung und dem Gewinnziel.
- Das **Unterrichtsprojekt** ist ein handlungs- und produktorientiertes Vorhaben zum beruflichen Kompetenzerwerb.
- Das **Thema einer Projektarbeit** behandelt vielschichtige, komplexe Zusammenhänge für entdeckendes und problemlösendes Lernen.
- Die **DIN-Norm 69901 „Projektmanagement"** bietet eine Handlungsanleitung in der Herangehensweise, um komplexe Aufgaben im Projektunterricht zu meistern.
- **Projektfindungsprozess:**

Was erwarten wir?	Wir entwickeln einen kreativen Ideensturm!	Wir überprüfen die Ideen auf Machbarkeit (Plausibilitätsstudie).	Wir einigen uns auf ein Projektthema.	Wir machen uns zielstrebig ans Werk!

- **5-Phasenmodell eines Projekts:**

Projektphase	Aktivität	Ergebnisse/Instrumente
Phase 1: Projekt-Initialisierung	■ Aus Projektideen ein Projektthema entwickeln.	■ Projektskizze, z. B. mittels Metaplantechnik.

Projektphase	Aktivität	Ergebnisse/Instrumente
Phase 2: Projekt-Definition	■ Projektziele und Projektergebnis beschreiben, ■ Machbarkeit bewerten, ■ Projektauftrag erteilen.	■ Grobstruktur und Endprodukt-Definition.
Phase 3: Projekt-Planung	■ Projektstrukturplan und Vorgangsliste erstellen, ■ Ablauf- und Zeitplan mit Meilensteinen anlegen, ■ Arbeitspakete als zusammenhängende Teilaufgaben formulieren, ■ Projekthandbuch anlegen, ■ Bildung von Projektteams.	■ Projektstrukturplan als Baumdiagramm, ■ Zeitplan als Balkendiagramm, ■ Arbeitspakete, ■ Projekthandbuch, ■ Kreativitätsmethode 6-3-5 als Brainwriting.
Phase 4: Projekt-Durchführung	■ Recherchieren – Informieren – Dokumentieren, ■ Sekundärforschung aus veröffentlichten Quellen, ■ Primärforschung als eigene Datenerhebung, ■ Projektsteuerung durch den Projektleiter.	■ Kick-off-Meeting, ■ Metainteraktionen, ■ Dokumentation des Projektverlaufs in Teamprotokollen.
Phase 5: Projekt-Abschluss	■ Abschlussbericht erstellen, ■ Projektpräsentation vortragen, ■ Projekt reflektieren, ■ Projekt beurteilen.	■ Abschlussbericht, ■ Fragebogen zur Projektreflexion, ■ Projektnote.

- **Tipps für eine wirkungsvolle Präsentation**

  - Proben Sie Ihre Ablaufplanung im Team vollständig durch!
  - Erstellen Sie sich einen Stichwortzettel, den Sie während des Vortrags durchaus offen benutzen!
  - Wechseln Sie die Darstellungsformen und Medien unter Einsatz von Sprache, Text, Bild, Grafiken und evtl. Ton!
  - Wechseln Sie die Referenten! Soweit abschnittsweise sinnvoll referieren alle Teammitglieder.
  - Die Referenten treten offensiv, aber freundlich auf!
  - Fordern Sie das Publikum zum Nachfragen bzw. zu Diskussionsbeiträgen auf!
  - Reden Sie in kurzen und verständlichen Sätzen!
  - Halten Sie Blickkontakt zum Publikum, wenn Sie reden!
  - Unterstützen Sie die Wirkung Ihrer Worte durch Mimik und Gestik!
  - Bleiben Sie zum Ende des Vortrags am Referentenplatz und fragen Sie nach Rückmeldungen!
- Lassen Sie dem Publikum Zeit, über Eindrücke nachzudenken und setzen Sie gegebenenfalls Impulse!

Übungsaufgaben

1 Lösen Sie die Handlungsaufgaben aus der Lernsituation 3!

2 Sie planen als Kleinstprojekt eine Klassen-Exkursion und wählen als Ziel eine Betriebsbesichtigung der Meyer-Werft in Papenburg. Zu Ihrem Planungsauftrag gehören die schulischen Vorbereitungen, die Organisation der Fahrt, die Betriebsbesichtigung und ein zusätzliches Freizeitangebot.

Aufgaben:

1. Schreiben Sie einen Projektauftrag!
2. Führen Sie eine Internetrecherche als Planungsgrundlage durch!
3. Erstellen Sie eine chronologische Vorgangsliste nach folgendem Muster:

Ablaufplan	Vorgangsliste		
Nr.	Vorgangsbezeichnung	Termin/Zeit	Anmerkung
1			
2			

3 Befassen Sie sich mit den Grundlagen der Projektplanung!

1. Nennen Sie die Projektphasen in ihrer zeitlichen Reihenfolge!
2. Was versteht man unter einem Arbeitspaket?
3. Für welchen Zweck wird das Balkendiagramm eingesetzt?
4. Meilensteine übernehmen eine wichtige Funktion in der Ablaufplanung.
   Erläutern Sie die Bedeutung!

4 Sven Wagner ist in seinem Freundeskreis dafür bekannt, dass er nahezu jede Sportart kennt und viele auch selbst ausübt. Der gelernte Sport- und Fitnesskaufmann möchte sich deshalb im Gewerbepark Goslar/Harz mit einem Spezialgeschäft für Trend-, Extrem- und Funsportarten (z.B. Bungeejumping, Freeclimbing, Nordic Walking, Inlineskating oder Zorbing) selbstständig machen. Er plant, neben den Sportartikeln auch Kurse und Reisen zu entsprechenden Veranstaltungen anzubieten.

Aufgaben:

1. Entwickeln Sie mit der Kreativitätstechnik 6-3-5 eine Ideenfülle, wie Sven Wagner seine Zielgruppe der Trend-, Extrem- und Funsportler mit Maßnahmen der Werbung und Verkaufsförderung am besten erreichen und ansprechen kann!
2. Sortieren Sie Ihre Vorschläge mit der Metaplantechnik nach folgenden Kategorien:

- Schlips 1: einfach, schnell und kostengünstig umsetzen
- Schlips 2: planmäßig umsetzen unter Berücksichtigung der Finanzierbarkeit
- Schlips 3: vorläufig zurückstellen wegen ungeklärter Kosten, Machbarkeit, Finanzierbarkeit oder Wirksamkeit
- Ablage: offensichtlich nicht verwendungsfähig

Lerngebiet 12.2: Marktorientierte Absatzentscheidungen unter Einsatz kaufmännischer Steuerungsinstrumente treffen

LG 12.2 Lernsituation 1: Anpassung an Marktverhältnisse

Die Weber Metallbau GmbH hat sich von einem traditionellen Handwerksbetrieb als Huf- und Wagenschmiede zu einem florierenden Werkstatt- und Montagebetrieb entwickelt. Mit einem völlig neuen Produktprogramm und eigenen konstruktionstechnischen Entwicklungen erinnert fast nichts mehr an die Gründerzeiten. Mit dem Wegbrechen der alten Kundengruppen ist der Handwerksbetrieb nicht untergegangen, sondern hat sich schrittweise neu aufgestellt. Nicht die industrielle Massenfertigung für einen anonymen Markt war die Überlebenschance, sondern die Besinnung auf die handwerklichen Stärken einer kundenspezifischen Fertigung. Eine strategisch handelnde Unternehmensführung ermöglichte das Wachstum des Betriebes bis hin zu Exporten in den nahen Euroraum. Das wichtigste „Kapital" dabei ist die Verlässlichkeit auf eine qualifizierte Stammbelegschaft.

Impuls:

Welche Managementfehler sind der Weber Metallbau GmbH im Vergleich zur nebenstehenden Pleiteanalyse offensichtlich nicht unterlaufen? Schildern Sie Ihre Eindrücke!

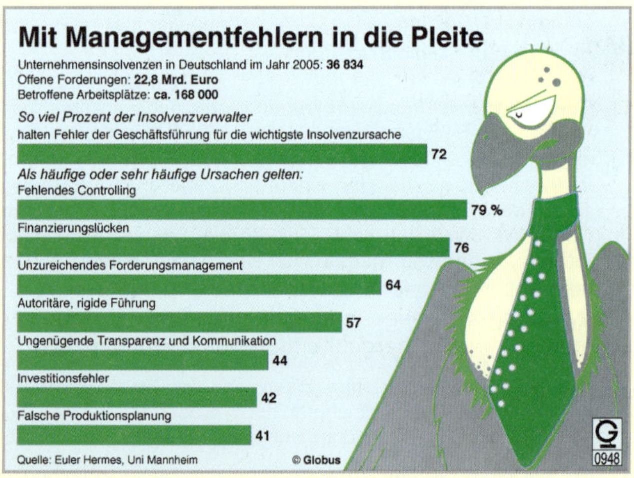

Handlungsaufgaben:

Arbeiten Sie die folgenden Kapitel des Lehrbuches durch und verwenden Sie die Aufzeichnungen aus dem Unterricht zur Bearbeitung der Handlungsaufgaben!

Wie hat sich die Weber Metallbau GmbH laut Unternehmensportrait (siehe S. 15) und obiger Situationsschilderung den Marktverhältnissen angepasst, und zwar

1. in strategischer Ausrichtung?
2. in der Unternehmensorganisation?
3. in der Leistungssteigerung?

1 Marktorientierte Unternehmenssteuerung

1.1 Begriff Markt

Aus Marketingsicht ist die konsequente Ausrichtung aller Entscheidungen an den Erfordernissen des Marktes zwingend notwendig. Kenntnisse über den Markt und die dort herrschende Wettbewerbssituation sind daher für jedes Unternehmen von zentraler Bedeutung.

> Ökonomisch betrachtet versteht man unter **Markt** den Ort, an dem Angebot und Nachfrage aufeinandertreffen.

Der Markt ermöglicht den **Anbietern,** ihre Güter entsprechend ihren Zielvorstellungen anzubieten und sich über die Nachfrage zu informieren. Den **Nachfragern** hingegen bietet der Markt die Möglichkeit, sich über das Angebot zu informieren und ihre Kaufentscheidung unter Berücksichtigung der Nutzenmaximierung zu treffen.

Letztlich erfolgt über den Markt ein **Ausgleich** zwischen den **entgegengesetzten** Interessen von Anbietern und Nachfragern, da sich als Ergebnis des Marktgeschehens **ein** Preis (der so genannte Gleichgewichtspreis) bildet, über den die unterschiedlichen Zielsetzungen der Marktteilnehmer „ausbalanciert" werden **(Selbststeuerungsmechanismus des Marktes).**

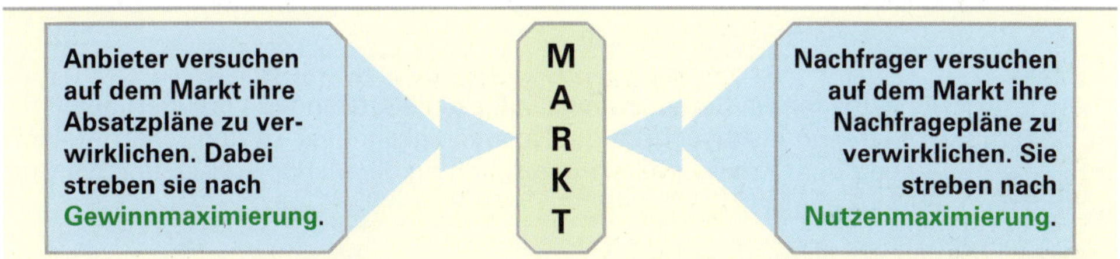

Da sich die Marktverhältnisse ständig ändern, unterliegen die Unternehmen einem permanenten Wandlungsprozess. Auf der Anbieterseite treten neue Wettbewerber in den Markt ein und erfolgreiche Unternehmen expandieren. Auf Seiten der Nachfrager kommt es zu Nachfrageverschiebungen, die neue Entwicklungen anstoßen, währenddessen das Kaufinteresse nach althergebrachten Gütern verkümmert.

1.2 Herausforderungen durch Liberalisierung und Globalisierung der Märkte

1.2.1 Ausgangssituation

Das Umfeld von Unternehmen hat sich in vielen Branchen und Märkten grundlegend verändert – vor allem in Richtung eines stetigen Wandels. Die Dynamik dieser Umwälzungen gefährdet akut die langfristigen Überlebenschancen vieler Unternehmen, sofern sie sich diesem Prozess nicht anpassen können. Wichtige Faktoren, die das Umfeld verändern, sind in der nachfolgenden Tabelle zusammengestellt.

Veränderungsfaktoren	Erläuterungen
Liberalisierung	Die **zunehmende Liberalisierung**[1] der Märkte führt zu einer erheblichen Intensivierung des Wettbewerbs, zu einem Markt mit differenzierten Produkten, niedrigeren Preisen und als Folge hiervon zu einer hohen Innovationsdynamik bei Produkten und Dienstleistungen, die auf Kundenforderungen ausgerichtet ist.
Globalisierung	Die **Globalisierungstendenz**[2] der Märkte durchbricht in vielen Branchen alle bisher bestehenden nationalen und regionalen Grenzen. Der Wert von nationalen und regionalen Marktanteilen sinkt deswegen zusehends.
Innovationen	Aufgrund der **Innovationsgeschwindigkeit** in vielen Technologien verkürzen sich die Produktlebenszyklen dramatisch. Es wird mehr denn je erforderlich sein, sich mit einer innovativen Produktentwicklung diesem Trend anzupassen.
Marktveränderungen	Die **Märkte brechen** zusehends **auseinander,** da sich auch Konsumentenwünsche nicht mehr eindeutig abgrenzen und einigen Grundfaktoren zurechnen lassen. Der Wert, eine führende Position in einem Markt zu besitzen, sinkt deswegen ebenso.
Unternehmenskonzentration	Als Gegenpol zum Auseinanderbrechen der Märkte nimmt die weltweite **Konzentrationstendenz** immer noch zu. Große Forschungs- und Entwicklungsvorhaben in Technologiebranchen können nur noch von großen Konzernen oder Konsortien[3] bewältigt werden. Die Wettbewerbsintensität wird damit weiterhin steigen.

Diese Entwicklungstendenzen führen zwangsläufig zu tiefgreifenden Veränderungen. Die Veränderungen betreffen insbesondere die Notwendigkeit einer strategischen Ausrichtung, die Anpassung der Unternehmensorganisation an die Marktprozesse und die Steigerung der Leistungsfähigkeit.

1.2.2 Maßnahmen der Unternehmen zur Anpassung an sich verändernde Märkte

(1) Strategische Ausrichtung

Im Zuge der vielfältigen Strömungen von technologischen Entwicklungen und sich verändernden Marktverhältnissen hat die Unternehmensleitung ein aussichtsreiches Geschäftsfeld zu besetzen, das mit dem Fähigkeitsprofil des Unternehmens übereinstimmt. Man spricht hier von einem **ressourcen-** und **kompetenzbasierten Geschäftsfokus,**[4] d.h. einem Kerngeschäft, das mit geeigneten Produktionsmitteln und besonderen Fähigkeiten der Belegschaft ausgestattet ist.

1 Die Liberalisierung bezieht sich auf die Aufhebung reglementierender Marktstrukturen, wie die Vorgabe anzubietender Produkte, Festsetzung von Preisen, Beschränkung regionaler Angebote und Ausschluss oder Beschränkung von Wettbewerb durch staatlich geschützte Monopole.
Der Begriff der Liberalisierung darf nicht mit dem Begriff Privatisierung verwechselt werden. Der Vorgang der Privatisierung bezieht sich auf den Wechsel der Eigentümerverhältnisse von staatlichem Eigentum in privatwirtschaftliches Eigentum.

2 Erdweite Ausdehnung. Globus (lat.): Kugel, Erdkugel, Erde.

3 Konsorte: Mitglied, Genosse. Konsortium: Zusammenschluss von Personen oder Unternehmen zur Durchführung eines Sondergeschäfts.

4 Fokus (lat.): Brennpunkt.

Mit einem spezialisierten Produktprogramm etabliert sich ein klar profiliertes Unternehmen als kompetenter Problemlöser auf dem Markt. Auf diese Weise erlangt es eine strategische Überlegenheit im Wettbewerb und sichert sich einen langfristigen Unternehmenserfolg. Andere Strategien mit breit diversifizierten Produktsparten haben sich im Allgemeinen nicht behaupten können.

Beispiel:

Der ehemalige Vorstandschef der Daimler-Benz AG, Edzard Reuter, versuchte in den 1990er Jahren aus dem Automobilbauer einen integrierten Technologiekonzern mit mehreren Sparten zu schaffen. Dazu erwarb er u.a. das Luft- und Raumfahrtunternehmen Dornier, den Haushaltsgerätehersteller AEG und gründete das Telekommunikationsunternehmen debitel AG. Die Vision der Integration misslang jedoch und führte zur Verzettelung mit einem unklaren Unternehmensbild. Auf keinem Gebiet gelang die technologische Führerschaft. Inzwischen ist die Rückkehr auf das ursprüngliche Kerngeschäft mit Autos längst vollzogen und der Mercedes-Stern erstrahlt in neuem Glanz.

(2) Anpassung der Unternehmensorganisation an Marktprozesse

Der organisatorische Aufbau eines Unternehmens muss auf die strategischen Ziele ausgerichtet und mit den angetroffenen Marktprozessen abgestimmt sein, d.h. der **Organisationsaufbau** eines Unternehmens muss **auftrags- und kundenorientiert** sein und sich weniger stark an den unternehmensinternen Aufgaben orientieren.

Es gilt, die vom Markt ausgelösten Unternehmensaufgaben (z.B. Auftragserteilung eines Kunden, Abgabe eines Angebots durch den Verkäufer) in zusammenhängende Folgen von Tätigkeiten (Geschäftsprozesse) zu gliedern (z.B. Auftrag abwickeln, Material beschaffen). Damit soll eine marktorientierte Unternehmensorganisation geschaffen werden, die die Funktionsabläufe vom Vorlieferanten bis zum Endkunden in sinnvolle (sich wiederholende) betriebliche Abläufe gliedert **(Konzept der Geschäftsprozesse)** und informationstechnisch vernetzt (z.B. durch ERP-gestützte Informationssysteme).

(3) Leistungssteigerung und Kostenmanagement

Exemplarisch werden folgende Maßnahmen kurz vorgestellt:

Innovationsmanagement

Ziel des Innovationsmanagements ist es, sich auf die Anforderungen der Kunden, die sich im Zeitablauf wandeln, mit verbesserten Produkten und Dienstleistungen ständig neu einzustellen. Besser zu sein als die Wettbewerber lautet die Maxime. Die Zunahme des Innovationswettbewerbs wird z.B. durch folgende Faktoren charakterisiert:

- Einsatz technischer Innovationen zur Differenzierung gegenüber Wettbewerbern,
- zunehmende Anteile neuer („junger“) Produkte im Produktprogramm der Unternehmen,
- Steigerung der Innovationsgeschwindigkeit,
- Verkürzung von Produktlebenszyklen[1] am Markt,
- Verkürzung der Zeitspanne zwischen Entdeckung/Erfindung und Anwendung (time-to-market) in marktfähigen Produkten und Dienstleistungen.

1 Siehe S. 101ff.

Um ein erfolgreiches Innovationsmanagement zu betreiben, reicht es nicht aus, eine Innovationsabteilung einzurichten. Gefordert ist vielmehr, dass das **Management** und **alle Mitarbeiter** eines Unternehmens akzeptieren, dass eine ihrer Aufgaben darin besteht, ständig einen Strom von großen und kleinen Innovationen hervorzubringen, der dem Unternehmen in den einzelnen Geschäftsfeldern eine Absicherung und erfolgreiche Positionierung[1] im Wettbewerb ermöglicht.

Das Ingangsetzen dieses Prozesses erfordert die Festlegung übergeordneter Unternehmensziele und deren Kommunikation, die Ausrichtung des gesamten Geschäftssystems auf Innovation und Steuerung durch Controllingmaßnahmen.

Marketing und Kundenbetreuung

Die Entwicklung des Marktes, den Nutzen des Käufers in den Mittelpunkt des unternehmerischen Handelns zu stellen, führt dazu, dass weniger die Produktion und ihre Gestaltung **(Technikorientierung)**, sondern der Absatz der erzeugten Produkte zur Hauptaufgabe der Unternehmen wird. Dies erfordert für das Erreichen der Unternehmensziele zunehmend die Ausrichtung aller Unternehmensfaktoren auf die tatsächlichen und die zu erwartenden Bedürfnisse der Abnehmer **(Marktorientierung)**. Die Konzeption, die alles Planen und Handeln konsequent auf die gegenwärtigen und zukünftigen Erfordernisse der Märkte ausrichtet, bezeichnet man als **Marketing.**

Markt- und kostenorientierter Leistungserstellungsprozess

Um den ständigen Änderungen der Marktanforderungen begegnen zu können, ist es notwendig, dass das Unternehmen auf der Grundlage von Marktanalysen Kernkompetenzen aufbaut, die den Bereich der Leistungserstellung zu einer langfristigen Quelle von **Wettbewerbsvorteilen** machen. Dabei müssen insbesondere folgende Fragen beantwortet werden:

- Wie können die Leistungsprozesse optimal gestaltet werden?[2]
- Welche produktionsspezifische Leistungsfaktoren bestimmen den Markterfolg eines Produktes?
- Welche Produkte, Dienstleistungen und Vorleistungen müssen selbst hergestellt werden, um am Markt bestehen zu können?
- Auf welcher Basis soll mit den Zulieferern zusammengearbeitet werden?

Die letzten drei Fragen stellen das Management vor die strategisch bedeutsame Entscheidung der Fertigungstiefe **(Wertschöpfung)**. Für die Entscheidung, in welchem Umfang Leistungen im eigenen Unternehmen erstellt werden, sind neben der Kosten-/Nutzen-Relation auch strategische Aspekte zu berücksichtigen. Es ist zu analysieren, inwieweit z. B. eine Baugruppe eine wichtige Quelle für die Erringung von Wettbewerbsvorteilen ist und daher selbst produziert werden sollte. Weiterhin stellt sich die Frage, ob mit der Fremdvergabe ein Know-how-Verlust verbunden sein könnte. Die Frage der Höhe der Wertschöpfung (Make-or-Buy-Analyse)[3] ist daher ein zentrales Element bei einer auf Kernfähigkeiten ausgerichteten Strategie.

1 Position: Lage, Stellung.
2 Siehe Lerngebiet 12.3.
3 Siehe S. 351.

(4) Flexibilisierung der Fertigungstechnik

Um das Spannungsverhältnis zwischen Leistungserstellung und Absatz zu mildern, geht die Entwicklung der Fertigungstechnik dahin, die Fertigungssysteme zu flexibilisieren.[1] Unter **flexiblen Fertigungssystemen** versteht man mehrere Bearbeitungszentren (z.B. Industrieroboter), die über ein elektronisch gesteuertes Transportsystem miteinander verbunden sind und von einem übergeordneten Informations- und Steuerungssystem gelenkt werden. Flexible Fertigungssysteme sind in der Lage, unterschiedliche Aufträge (z.B. verschiedene Gerätetypen) automatisch zu fertigen.

Zusammenfassung

- Unter dem Begriff **Markt** versteht man den ökonomischen Ort, an dem sich Angebot und Nachfrage treffen.
- **Herausragende Zielsetzung** bei der Grundeinstellung des Unternehmens gegenüber dem Markt ist die **Kundenorientierung.**
- **Liberalisierung** und **Globalisierung** erfordern tiefgreifende Veränderungen bei den betroffenen Unternehmen.

Veränderungsbedarf aufgrund von Liberalisierung und Globalisierung →	Anpassung der Unternehmensorganisation an die Markterfordernisse →	Marktorientierte Unternehmensorganisation
		ERP-gesteuerte Informationssysteme
		Konzept der Geschäftsprozesse
	Strategische Ausrichtung →	Formulierung eines Geschäftsfokus
		Festlegung einer Unternehmensphilosophie und Ableitung entsprechender (konformer) Unternehmensziele
	Leistungssteigerung →	Innovationsmanagement
		Marketing- und Kundenbetreuung
		Markt- und kostenorientierter Leistungsprozess
		flexible Fertigungstechnik

1 Flexibel: beweglich, anpassungsfähig.

Übungsaufgaben

5 1. Erklären Sie die Ausgleichsfunktion des Marktes!

2. Liberalisierung und Globalisierung bringen für die Abnehmer ohne Zweifel einen hohen Nutzenzuwachs. Dies insbesondere durch niedrige Preise, differenziertere Leistungen und Produkte sowie hohe Innovationsdynamik, die auf Kundenanforderungen ausgerichtet sind.

   Aufgaben:

   2.1 Beschreiben Sie die Konsequenzen dieser Entwicklung für die betroffenen etablierten Unternehmen!

   2.2 Wählen Sie eine der Konsequenzen aus und machen Sie einen Lösungsvorschlag!

3. „Ein Unternehmen soll sich auf das Kerngeschäft konzentrieren und die übrigen Geschäfte ausgliedern und von anderen Betrieben ausführen lassen." In einem solchen Fall spricht man von Outsourcing.

   Aufgabe:

   Führen Sie jeweils zwei Gründe an, die für bzw. gegen diese Meinung sprechen!

4. Eine Reduzierung der Leistungstiefe (Fertigungstiefe) bietet ein großes Potenzial für Kostensenkungen, eine Verringerung der Durchlaufzeiten und eine Steigerung der Flexibilität!

   Aufgabe:

   Nehmen Sie kritisch Stellung zu dieser Aussage!

6 Lösen Sie die Handlungsaufgaben aus der Lernsituation 1!

1.3 Marktwirtschaftliche Unternehmensziele

1.3.1 Begriff Unternehmensziele

Unternehmensziele geben der Unternehmensleitung, den Bereichs- und Gruppenleitern bzw. den Mitarbeitern eine Orientierung für die Steuerung und Kontrolle der betrieblichen Prozesse.

Unternehmensziele beschreiben einen zukünftigen, erstrebenswerten Zustand des Unternehmens, den der zuständige Entscheidungsträger anzustreben hat.

Die Zielformel **SMART** fasst kompakt und einprägsam zusammen, welche Eigenschaften Unternehmensziele haben sollen. Dabei steht jeder Buchstabe für eine bestimmte Eigenschaft.

S	spezifisch, simpel	Das Ziel soll genau beschrieben, einfach formuliert und für alle nachvollziehbar sein.
M	messbar	Festgelegte Kennzahlen müssen es erlauben, dass die Erreichung des Ziels gemessen werden kann.
A	akzeptiert	Das formulierte Ziel muss übereinstimmen mit den Wertvorstellungen des Unternehmens.
R	realistisch	Das Ziel darf nicht utopisch und damit demotivierend sein. Vielmehr benötigen die Mitarbeiter das Gefühl, dass das Ziel erreichbar ist.
T	terminiert	Der Zeithorizont, in welchem das Ziel zu erreichen ist, muss festgelegt sein.

Beispiel: Unternehmensziele der Sportartikelfabrik Sport-Burr KG

Kundenbedürfnisse im Mittelpunkt

Wir nehmen die Interessen unserer Kunden ernst und streben hohe Kundenzufriedenheit und langfristige Kundenbeziehungen an.

Wirtschaftlich solide und verantwortungsvoll

- Wir setzen hohe Maßstäbe an die Qualität der eigenen Leistung und an den Service. Wir entwickeln unsere Produkte kundenorientiert und innovativ. Wir möchten Erwartungen übertreffen.
- Bei der Gewinnerzielung übernehmen wir soziale und ökologische Verantwortung gegenüber den im Unternehmen tätigen Menschen, den Kapitalgebern und Kunden.
- Wir streben die langfristige Sicherung und finanzielle Unabhängigkeit unseres Unternehmens an.

Wir anerkennen unsere Mitarbeiter

Wir erreichen unsere Erfolge durch kompetente Mitarbeiter, deren Qualifikation wir intensiv fördern. Der Führungsstil ist von dem Ziel einer hohen Arbeitsmotivation und Arbeitsqualität geprägt.

Verantwortungsvoller Umgang mit der Natur

Wir berücksichtigen bei unseren Planungen und Investitionsentscheidungen systematisch ökologische Anforderungen des Umwelt- und Klimaschutzes.

Soziale Verantwortung in der Region

Wir sehen uns als gute Bürger, die sich für das soziale und kulturelle Leben insbesondere in der Harz-Region engagieren. Wir fördern daher ausgewählte Projekte und Initiativen.

1.3.2 Arten von Unternehmenszielen

Die Ziele der Unternehmen sind dreifacher Art: Zum einen möchten die Unternehmen einen Erfolg erzielen **(ökonomische Ziele),** zum anderen tragen die Unternehmen Verantwortung gegenüber ihren Mitarbeitern **(soziale Ziele)** und gegenüber der Umwelt **(ökologische Ziele)**.

Betrachtet man das Unternehmen unter dem Gesichtspunkt des angestrebten Erfolgs, so ist festzuhalten: Das Unternehmen ist ein

- ökonomisches,
- ökologisches und
- sozial (viele Interessengruppen befriedigendes)

verantwortlich handelndes System.

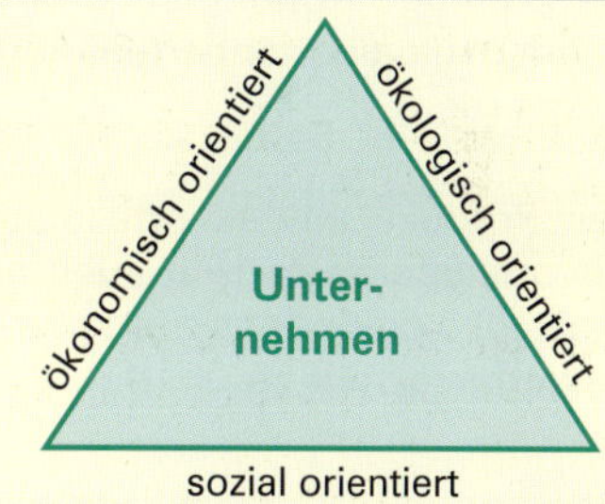

(1) Ökonomische (wirtschaftliche) Ziele

Als Wesensmerkmal unternehmerischer Tätigkeit in der Marktwirtschaft gilt in der Theorie in aller Regel das **Gewinnstreben** als Ausdruck der wirtschaftlichen Zielsetzung. In einer empirischen[1] Untersuchung von Unternehmenszielen in der Industrie werden die wirtschaftlichen Zielsetzungen in drei Kern-(Basis-)Ziele unterteilt:[2]

Marktziele	Sie definieren die Stellung, die das Unternehmen im Markt einzunehmen anstrebt. Hierzu zählen z.B. das Streben nach Marktanteilsvergrößerung, das Erreichen bestimmter Wachstumsziele, das Streben nach Prestige und Macht.

1 Empirik: Lehre, die allein die Erfahrung als Erkenntnisquelle gelten lässt.

2 Vgl. Nieschlag, Dichtl, Hörschgen: Marketing, 17. Aufl., Berlin 1994, S. 882.

Ertragsziele	Es handelt sich hier um Ziele, die sich in Ziffern ausdrücken lassen, wie z. B. die Höhe des angestrebten Gewinns, die Rentabilität des eingesetzten Kapitals oder die geplante Umsatzentwicklung.
Leistungsziele	Diese Zielvorgaben charakterisieren die angestrebten Leistungsschwerpunkte des Unternehmens. Hierzu können z. B. gerechnet werden: das Streben nach einem hohen Qualitätsstandard durch ein Qualitätsmanagement, die Verpflichtung gegenüber einer Familientradition oder die Sicherung von Arbeitsplätzen aus sozialer Verantwortung gegenüber der Gesellschaft.

(2) Ökologische[1] Ziele

Die zunehmenden Belastungen der natürlichen Umwelt durch Emissionen und die notwendige Schonung der nicht regenerierbaren Ressourcen (Roh- und Energiestoffe) erfordern eine konsequente Recyclingwirtschaft.[2]

Die ökologischen Probleme sowie verschärfte Umweltschutzgesetze haben den Zwang zur „Ökologisierung" der Wirtschaft verstärkt. Außerdem ist das Umweltbewusstsein der Konsumenten gestiegen, sodass Umweltkriterien stärker in Kaufentscheidungen einfließen. Neben diesen Anpassungszwängen erkennen immer mehr Unternehmen den Umweltschutz auch als Markt- und Wettbewerbsfaktor. Da das Marketing an der Schnittstelle zwischen Markt und Unternehmen angesiedelt ist, ist es von dieser Entwicklung besonders betroffen und muss sich daher gegenüber der Ökologieproblematik öffnen.

- Aufgabe des **ökologieorientierten Marketings** ist es, Produkte mit innovativen Lösungen für den Umweltschutz erfolgreich auf den Märkten durchzusetzen.
- Die bisherige Abnehmer- und Wettbewerbsorientierung des Marketings muss in einem ökologieorientierten Marketing um den **Faktor Ökologieorientierung** erweitert werden.

Weist ein Produkt Umweltvorteile auf, so bedeutet dies keinesfalls, dass der Kunde diese Umweltvorteile automatisch auch als Kundenvorteile übernimmt. Eine zentrale Zielsetzung eines ökologieorientierten Marketings ist es daher, **Umweltvorteile in Kunden- und Wettbewerbsvorteile** zu überführen.

(3) Soziale Ziele

Neben wirtschaftlichen und ökologischen Zielen verfolgen die Unternehmen auch soziale Ziele. Von sozialen Zielen wird dann gesprochen, wenn ein Unternehmen zum einen die Arbeitsplatzerhaltung in den Mittelpunkt seiner Unternehmenspolitik stellt und zum anderen seinen Mitarbeitern freiwillige Sozialleistungen gewährt. Durch die Zahlung von freiwilligen Sozialleistungen möchte das Unternehmen insbesondere das Folgende erreichen:

- **Wirtschaftliche Besserstellung der Arbeitnehmer** (z. B. Urlaubsgeld, Wohnungshilfe, Zuschüsse zur Werkskantine, Jubiläumsgeschenke).
- **Ausgleich familiärer Belastungsunterschiede** (z. B. Familienzulage, Geburts- und Heiratsbeihilfen).

1 Die **Ökologie** ist die Wissenschaft von den Wechselwirkungen zwischen den Lebewesen untereinander und ihren Beziehungen zur übrigen Umwelt.

2 To recycle (engl.): wieder in den Kreislauf (Produktionskreislauf, Stoffkreislauf) zurückführen.

- **Altersabsicherung und Absicherung gegen Risiken des Lebens** (z. B. Pensionszahlungen, Krankheitsbeihilfen, Beihilfe zur Rehabilitation).
- **Förderung geistiger und sportlicher Interessen** (z. B. Werksbücherei, Kurse zur Weiterbildung, Sportanlagen).

Die Verfolgung sozialer Ziele wird den Arbeitgebern aber auch gesetzlich vorgeschrieben, insbesondere durch das **Arbeitsschutzrecht.**[1] Ziel des Arbeitsschutzrechts ist, die Gesundheit der Mitarbeiter bei ihrer Arbeit zu schützen, die betriebliche Unfallgefahr möglichst zu vermeiden und die Arbeitgeber zu einer menschengerechten Gestaltung der Arbeitsplätze und Arbeitsabläufe zu veranlassen.

Mit den sozialen Zielen verfolgen die Betriebe in aller Regel auch wirtschaftliche Ziele. Die am häufigsten anzutreffenden **wirtschaftlichen Motive,** die ein Unternehmen mit der Gewährung freiwilliger betrieblicher Sozialleistungen verfolgt, sind Steigerung der Leistung der Arbeit, Bindung der Arbeitnehmer an das Unternehmen, Sicherung von Einflussmöglichkeiten auf die Arbeitnehmer, Steuerersparnisse bzw. Steuerverschiebungen.

Zusammenfassung

- **Unternehmensziele** beschreiben einen zukünftigen Zustand des Unternehmens, den die Entscheidungsträger anstreben. Dabei wird zwischen ökonomischen, ökologischen und sozialen Zielen unterschieden.
- Die **ökonomischen Ziele** lassen sich in drei Basisziele untergliedern, und zwar in **Marktziele** (Macht, Einfluss, Umsatz, Marktanteil), **Ertragsziele** (Gewinn, Rentabilität) und in produkt- und gesellschaftsbezogene **Leistungsziele** (Angebotsqualität, soziale Verantwortung, Sicherung des Unternehmensbestands).
- Um die immer knapper werdenden nicht regenerierbaren/natürlichen Ressourcen (z. B. primäre Roh- und Energiestoffe) und die Mülldeponien zu schonen, muss die Unternehmenspolitik **ökologische Ziele** formulieren, die auf einen möglichst **sparsamen Einsatz von Stoffen** und den **Einsatz von abfallarmen Stoffen** zur Vermeidung und Minderung von zu entsorgenden Reststoffen ausgerichtet sind.
- Aufgabe des **„ökologieorientierten" Marketings** ist es, umweltgerechte Produkte erfolgreich am Markt durchzusetzen.
- **Soziale Unternehmensziele** verfolgen den Zweck, den Arbeitnehmern eine umfassende Besserstellung zukommen zu lassen. Sie können vom Arbeitgeber freiwillig erbracht oder gesetzlich vorgeschrieben sein.

Übungsaufgabe

7

1. Arbeiten Sie hieraus
   1.1 welche ökonomischen Ziele,
   1.2 welche ökologischen Ziele,
   1.3 welche sozialen Ziele

   sich die Sportartikelfabrik Sport-Burr KG gesetzt hat!
2. Welche Aufgabe kommt dem ökologieorientierten Marketing zu?
3. In welchen Fällen sollte ein ökologisch orientiertes Marketing betrieben werden?

1 Zum **Arbeitsschutzrecht** zählen insbesondere das Arbeitszeitgesetz [ArbZG], Mutterschutzgesetz [MuSchG], Jugendarbeitsschutzgesetz [JArbSchG], Arbeitsschutzgesetz [ArbSchG], Arbeitssicherheitsgesetz [ArbSichG], Produktsicherheitsgesetz [ProdSG] und die Sozialgesetzbücher [SGB I bis XI].

LG 12.2 Lernsituation 2: Entstehung der Marketingkonzeption

Zur Mitte des letzten Jahrhunderts, kurz nach dem Ende des 2. Weltkriegs, lag die deutsche Wirtschaft in Trümmern. Die Gründer der Goslarer Büromöbel AG waren ursprünglich Tischler von Beruf und fingen in den Anfangstagen ihres Unternehmens in einer kleinen Schreinerwerkstatt im Zentrum von Goslar an, Schreibtische zu bauen. Da ein Mangel an Gütern jeder Art herrschte, war es egal, was ein Produzent herstellte. Käufer fanden sich immer. Das Goslarer Möbelunternehmen verkaufte in der Folge sehr viele Schreibtische, erweiterte sein Angebot und wuchs so schnell, dass es Mitte der neunziger Jahre in eine AG umgewandelt wurde. 2005 siedelte das Unternehmen in den neu gegründeten Goslarer Gewerbepark um. Es errichtete dort neue Fertigungsanlagen und ein Verwaltungsgebäude.

Impuls:

Mit dem einsetzenden „Wirtschaftswunder" in Deutschland und dem damit einhergehenden Wohlstand der deutschen Bevölkerung gab es Mitte der sechziger Jahre immer mehr Unternehmen, die auch Möbel bzw. Schreibtische herstellten.

Ende der achtziger Jahre öffneten sich viele Grenzen nach Asien und zum osteuropäischen Raum. Gleichzeitig wurden die Transportkosten, auch für große Entfernungen, immer günstiger. Dies führte dazu, dass die Welt „kleiner" wurde, und ermöglichte es vielen ausländischen Produzenten, ihre Produkte auf den deutschen Märkten anzubieten. Diese neue Konkurrenzsituation führte dazu, dass die Goslarer Büromöbel AG auf vielen Märkten ihre Produkte nicht mehr absetzen konnte.

Interpretieren Sie die Schaubilder!

Handlungsaufgaben:

Arbeiten Sie die folgenden Kapitel des Lehrbuches durch und verwenden Sie die Aufzeichnungen aus dem Unterricht zur Bearbeitung der Handlungsaufgabe!

1. Erklären Sie, welchen Einfluss die individuellen Bedürfnisse und Wünsche der Kunden bei der Gründung des Unternehmens hatten!
2. Überlegen Sie sich Möglichkeiten, wie die Goslarer Büromöbel AG Marktanteile zurückerobern könnte!

2 Grundlagen einer Marketingkonzeption

2.1 Grundeinstellungen von Industrieunternehmen gegenüber dem Markt

Grundaufgabe eines jeden Industrieunternehmens ist es, den Absatz seiner Ideen, Waren und Dienstleistungen so zu organisieren, dass es auf dem gewählten Markt erfolgreich ist. Bei der Frage, wie das zu bewerkstelligen ist, stehen der Unternehmensleitung prinzipiell zwei Vorgehensweisen zur Führung des Unternehmens zur Wahl. Zum einen kann sie das Unternehmen und die **Produktion der Erzeugnisse** zum **Ausgangspunkt des unternehmerischen Handelns** bestimmen **(Produktionskonzeption)**[1] und zum anderen kann sie die **Bedürfnisse der Kunden** zum **Ausgangspunkt des unternehmerischen Handelns** bestimmen **(Marketingkonzeption)**.[2]

(1) Produktionskonzeption

Die Produktionskonzeption geht davon aus, dass die Märkte noch nicht gesättigt sind. Die Denkrichtung lautet: Material beschaffen – kostengünstig und mit den geforderten Eigenschaften produzieren – so gut wie möglich verkaufen. Die Vorgehensweise bei der **Produktionskonzeption** verläuft somit **von innen nach außen in Materialflussrichtung**: Der Ausgangspunkt ist die Fertigung; das Bezugsobjekt sind die Produkte des Unternehmens; sie bedürfen intensiver Verkaufsunterstützungsmaßnahmen, um durch genügend Umsatz einen Gewinn zu erzielen.[3]

Ausgangspunkt	Orientierung an	Durchführung betont	Erfolgsmaßstab
Fertigung	Produkten	Produktion, Verkauf und Verkaufsförderung	Gewinn durch genügend Umsatz

(2) Marketingkonzeption

Die Vorgehensweise bei der **Marketingkonzeption** verläuft **von außen nach innen**: Ausgangspunkt ist der Absatzmarkt; das Bezugsobjekt sind die Kundenbedürfnisse, die es in allen Unternehmensbereichen zu berücksichtigen gilt, um einen Gewinn durch Zufriedenstellung der Kunden zu erzielen.

Orientierung an den Kundenbedürfnissen heißt, dass das Unternehmen die Eigenschaften seiner Produkte und die Kundenbedürfnisse in Einklang zu bringen sucht und dabei die Kunden mehr zufriedenstellt, als die Konkurrenz es vermag.

1 **Konzeption**: Grundvorstellung, Leitprogramm.
2 **Marketing** (engl.): Markt machen, d.h. einen Markt für seine eigenen Produkte schaffen bzw. ausschöpfen.
3 Quelle: Kotler, P., Bliemel, F.: Marketing-Management, 8. Aufl., Stuttgart 1995, S. 26.

5 Wessel u.a. - ISBN 978-3-8120-0588-3

Ausgangspunkt	Orientierung an	Durchführung betont	Erfolgsmaßstab
Markt	Kundenwünsche	Koordination von Verkauf und Produkt	Gewinn durch zufriedene Kunden

2.2 Entwicklung vom Verkäufer- zum Käufermarkt und der Begriff Marketing

(1) Entwicklung vom Verkäufer- zum Käufermarkt

Durch die zunehmende Sättigung der Bedürfnisse, den technischen Fortschritt und die Liberalisierung der Märkte kommt es derzeit zu einem **Überhang des Leistungsangebots.** Die Märkte entwickeln sich vom **Verkäufermarkt** zum **Käufermarkt.**

- Der **Verkäufermarkt** ist ein Markt, in dem die Nachfrage nach Gütern größer ist als das Güterangebot. Es besteht ein **Nachfrageüberhang.** Die **Marktmacht** hat der **Verkäufer.**
- Der **Käufermarkt** ist ein Markt, in dem das Angebot an Gütern größer ist als die Nachfrage nach Gütern. Es besteht ein **Angebotsüberhang.** Die **Marktmacht** hat der **Käufer.**

Der Wandel vom Verkäufer- zum Käufermarkt führt dazu, dass weniger die Produktion und ihre Gestaltung, sondern der Absatz der erzeugten Produkte zur Hauptaufgabe der Unternehmen wird. Diese Veränderungen bleiben nicht ohne nachhaltige Auswirkungen auf die Durchführung des Absatzes. Während zu Zeiten des Verkäufermarktes vorrangig die Verteilung der Erzeugnisse das Problem war, kommt es nun darauf an, den Absatzmarkt systematisch zu erschließen. Dies erfordert für das Erreichen der Unternehmensziele zunehmend die Ausrichtung aller Unternehmensfunktionen auf die tatsächlichen und die zu erwartenden Kundenbedürfnisse. Für diese Führungskonzeption wird das aus dem Amerikanischen übernommene Wort **Marketing** verwendet.

(2) Begriff Marketing

Die Marketingkonzeption besagt, dass der Schlüssel zur Erreichung des gesetzten Unternehmensziels darin liegt, die Bedürfnisse und Wünsche des Kunden zu ermitteln und diese dann wirksamer und wirtschaftlicher zufriedenzustellen als die Mitbewerber. Oberstes **Ziel des Marketings** ist die **Kundenzufriedenheit.**

Schlagworte zum Marketing

- Erfülle Kundenbedürfnisse auf profitable Art!
- Entdecke Kundenwünsche und erfülle sie!
- Wir richten es, wie Sie es wollen!
- Bei uns sind Sie der Boss!

Ein zufriedener Kunde

- kauft mehr und bleibt länger „treu",
- kauft bevorzugt vom gleichen Unternehmen, wenn dieses neue oder verbesserte Produkte bringt,
- denkt und spricht gut über das Unternehmen und seine Produkte,
- beachtet Marken, Werbe- und Preisangebote der Mitbewerber weniger stark,
- bietet dem Unternehmen gern neue Ideen zu Produkt und Service an.

- **Marketing** ist eine Konzeption, bei der alle Aktivitäten eines Unternehmens konsequent auf die Erfüllung der Kundenbedürfnisse ausgerichtet sind.
- Ziel der Marketingkonzeption ist die **Kundenzufriedenheit.**

Die eindimensionale Zielsetzung der Kundenzufriedenheit lässt sich jedoch nur in einem mehrdimensionalen Umfeld verwirklichen. Ganzheitlich betrachtet ist **Marketing eine marktorientierte Führungskonzeption,** die die Beziehungen zwischen dem Unternehmen und dessen marktwirtschaftlichem Umfeld erfasst und analysiert. Neben den Kunden zählen zum Erkenntnisgegenstand des Marketings vor allem die Konkurrenten, die Absatzmittler und -helfer sowie die Lieferer. Im weiteren Umfeld sind die wirtschaftliche und gesellschaftspolitische Lage, der technologische Fortschritt und zunehmend die Globalisierung der Märkte von Bedeutung. In erweiterter Betrachtungsweise ist Marketing eine Konzeption des Planens und Handelns, bei der alle Aktivitäten eines Unternehmens zielorientiert auf die gegenwärtigen und künftigen Erfordernisse der Märkte ausgerichtet werden.[1]

2.3 Marketingziele

(1) Begriff Marketingziele

Marketingziele formulieren eine angestrebte künftige **Marktposition,** die vor allem durch den **Einsatz der absatzpolitischen Instrumente** erreicht werden soll.

(2) Kriterien zur Festlegung von Marketingzielen

Bei der Festlegung eines Marketingziels gilt es, Folgendes zu beachten:

- Inhalt, Ausmaß und zeitlicher Bezug sind möglichst genau zu bestimmen, um die Wirksamkeit der in Betracht gezogenen Maßnahmen beurteilen zu können (Grundsatz der Operationalisierung).[2]

Beispiel:

Der Umsatz für das Erzeugnis Füllhalter ist ohne Erhöhung der Mitarbeiterzahl durch die Erschließung der Discounter als neuer Absatzweg innerhalb von einem Jahr um 4 % zu steigern.

1 Vgl. Weis, H.C.: Marketing, 10. Auflage, Ludwigshafen 1997, S. 19.

2 Operationalisiert besagt, dass die Zielbeschreibung aus einem **Inhalts-** und einem **Verhaltensteil** bestehen muss. Beispiel: Die Umsatzsteigerung von 10 % **(Inhaltsteil)** soll durch die Einstellung von zwei neuen Mitarbeitern im Außendienst **(Verhaltensteil)** erreicht werden.

- Marketingziele dürfen nicht isoliert voneinander definiert werden, vielmehr sind stets alle Ziele als Ganzes zu berücksichtigen. Grundsätzlich können drei Arten von Zielbeziehungen auftreten:

Zielbeziehungen	Erläuterungen	Beispiele
Zielharmonie	Die Umsetzung des Ziels 1 fördert die Verwirklichung des Ziels 2.	Ein positives Firmenimage steigert den Umsatz und fördert zugleich das Ziel der Gewinnmaximierung.
Zielkonflikt	In dem Maß, in dem Ziel 1 erreicht wird, geht dies zulasten des Ziels 2.	Das Streben nach technischer Perfektion geht in aller Regel zulasten der Rentabilität; das Ziel, die Werbekosten zu senken, ist konfliktär zum Ziel, den Marktanteil für ein Produkt auszudehnen.
Keine Zielbeziehung	Das Ziel 1 wird völlig unabhängig von Ziel 2 erreicht.	Produktanpassung an die Bedürfnisse des Marktes und der Ausbau des Management-Trainee-Programms.

(3) Gliederung der Marketingziele nach der Messbarkeit

Je nachdem, ob die Marketingziele rechnerisch bestimmbar sind, untergliedert man in ökonomische (quantitative) und in psychografische (qualitative) Marketingziele.

Zielarten	Erläuterungen	Beispiele
Ökonomische (quantitative) Marketingziele	Ökonomische Marketingziele zielen darauf ab, die wirtschaftliche Situation eines Unternehmens zu verbessern. Ökonomische Marketingziele sind quantitative Ziele, d.h., sie sind rechnerisch bestimmbar.	■ Umsatzziele, ■ Gewinnziele, ■ Wachstumsziele, ■ Marktanteilsziele, ■ Kostenziele, ■ Marktführerschaft.
Psychografische[1] (qualitative) Marketingziele	Die Verfolgung psychografischer Ziele soll beim Nachfrager eine Präferenz[2] für das Unternehmen und/oder seine Produkte erzeugen. Psychografische Marketingziele sind qualitative Ziele, d.h., sie sind rechnerisch nicht bestimmbar.	■ Bekanntheitsgrad, ■ Image,[3] ■ Vertrauen, ■ Qualität der Erzeugnisse, ■ Zuverlässigkeit, ■ Corporate Identity.[4]

(4) Beispiel für die Festlegung von Marketingzielen

Auf der Grundlage des folgenden Beispiels soll gezeigt werden, wie eine Ableitung von Marketingzielen aus Unternehmenszielen erfolgen kann.

Beispiel:

Aus den Unternehmenszielen (vgl. S. 61) leitet die Sport-Burr KG folgende allgemeine Marketingziele ab:

- Wir bieten eine hohe Produkt- und Servicequalität an.
- Unsere Produkte sind zertifiziert und unsere Produktionsverfahren ressourcensparend und umweltfreundlich.

1 Psychologie: Seelenlehre, Seelenkunde.
2 Präferenz: Bevorzugung (z.B. eines Verkäufers oder eines Produktes).
3 Image: Ansehen.
4 Corporate Identity ist das Erscheinungsbild eines Unternehmens in der Öffentlichkeit und bei seinem Personal.

- Wir streben eine Erhöhung unseres Marktanteils am Gesamtmarkt für Sommer- und Wintersportgeräte an.
- Wir bieten attraktive Preise, die in der Regel unter denen der Mitbewerber liegen.
- Die Rentabilität und damit die Sicherung des Unternehmens steht im Vordergrund. Kein Verkauf um jeden Preis.
- Wir halten die vereinbarten Liefertermine ein, schaffen Vertrauen und streben langfristige Kundenbindungen an.

Aufgabe:

Formulieren Sie unter Berücksichtigung der Marketingziele für das Produktprogramm Wintersportgeräte preispolitische, produktpolitische, distributionspolitische und werbepolitische Teilziele!

Lösung:

Marketingziele für das Produktprogramm Wintersportgeräte (Auswahl)

Preispolitische Teilziele	Produktpolitische Teilziele	Distributionspolitische Teilziele	Werbepolitische Teilziele
▪ Preisunterbietung der Konkurrenz um mindestens 3 % und höchstens 5 % bei vergleichbaren Sportgeräten. ▪ Forderung eines umsatzmaximalen Preises in Abhängigkeit von örtlichen Gegebenheiten. ▪ Preisdifferenzierung. ▪ …	▪ Hochwertige, den Konkurrenzunternehmen mindestens gleichwertige Produktqualität. ▪ Modernes, mit den Kundenbedürfnissen abgestimmtes Design. ▪ Hohe Funktionalität der Sportgeräte. ▪ Produktdifferenzierung. ▪ …	▪ Übernahme von 10 Sportgeschäften nahe der Ballungszentren innerhalb von 5 Jahren. ▪ Senkung der Logistikkosten um 10 % innerhalb von 2 Jahren. ▪ Steigerung des Marktanteils um jeweils 2 % pro Jahr. ▪ Einrichtung einer zentralen Serviceabteilung. ▪ Direktverkauf über das Internet. ▪ …	▪ Innovation und Zertifizierung der Sportgeräte hervorheben. ▪ Vertrauen bei den Kunden stärken. ▪ Deutlich machen, dass die Sportgeräte den Sportgeschäften (Kunden) beste Verkaufschancen bieten. ▪ Hohes Verantwortungsbewusstsein gegenüber Kunden und Gesellschaft herausstellen. ▪ Mit Spitzensportlern, die die Sportgeräte benutzen, Werbeveranstaltungen durchführen und damit das Unternehmensimage steigern. ▪ …

2.4 Marktpositionierung auf einem Zielmarkt

(1) Markteintritt

Erste Aufgabe eines Unternehmens, das mit einem Produkt in einen Markt eindringen möchte, ist die Bestimmung des relevanten Marktes (Zielmarktes).

> Der **relevante Markt (Zielmarkt)** ist die Gesamtheit der möglichen Käufer für ein Produkt.

Ist der Zielmarkt definiert, gilt es, diesen zu analysieren. Hierbei sind insbesondere folgende Fragen zu klären:

- Wie hoch sind die **Markteintrittsschranken** für einen Interessenten?

  Beispiele:

  Hohe Markteintrittsbarrieren sind z.B. spezifisches Know-how; Patente; hoher Kapitalbedarf für die Produktion und/oder Vermarktung; hohe Kundenloyalität; Kontrolle über Beschaffungsmärkte oder Absatzkanäle (spezielles Vertriebssystem); niedriges Preisniveau.

  Hohe Markteintrittsbarrieren erschweren den Markteintritt.

- Besitzt ein **Konkurrent** auf dem Zielmarkt eine **ausgeprägte Marktmacht?**
- Kann das auf dem Zielmarkt zu platzierende Produktangebot **Marktgeltung** beanspruchen und vergleichsweise **hohe Preise** erzielen?
- Wie hoch sind die **Marktaustrittsbarrieren** für die sich im Zielmarkt befindlichen Unternehmen?

  Beispiele:

  Hohe Marktaustrittsbarrieren sind z.B. Sozialkosten durch Personalabbau; langlebiger und spezialisierter Maschinenpark; langfristige Bereitstellung von Ersatzteilen; Vertragsstrafen bei Bruch von Kauf- und Lieferverträgen; Imageverlust durch Aufgabe des Geschäftsbereichs; Geschäftsbereich ist ein schwer verzichtbarer Teil eines Produktprogramms usw.

  Hohe Marktaustrittsbarrieren erschweren den Markteintritt.

(2) Strategien für eine Marktpositionierung

Ein Unternehmen, das in einen Markt eindringt, kann z.B. folgende Marktpositionen anstreben: Marktführer, Herausforderer, Mitläufer oder Nischenbesetzer.[1]

Marktführer	Der Marktführer hält in der Regel den größten Marktanteil am Zielmarkt (ca. 40%), ist führend bei Preisänderungen, innovativen Produkten, im Vertriebsnetz und bei der Absatzförderung. Die Konkurrenz orientiert sich an ihm, sie fordert ihn heraus, kopiert ihn oder meidet ihn.

1 Die Ausführungen lehnen sich an Kotler, P., Bliemel, F.: Marketing-Management, 8. Aufl., Stuttgart 1995, S. 597ff. an.

Herausforderer	Unternehmen, die im Zielmarkt den zweitgrößten Marktanteil halten (ca. 30 %), bezeichnet man als Herausforderer. Sie können entweder den Marktführer bekämpfen – beispielsweise durch aggressives Streben nach Marktanteilsgewinnen – oder sich als Mitläufer mit ihrer Stellung begnügen und alle gewagten Marketingstrategien vermeiden.
Mitläufer	Von einem Mitläufer wird gesprochen, wenn sein Marktanteil ca. 20 % beträgt. Jeder Mitläufer möchte den Zielmarkt durch individuelle Wettbewerbsvorteile (z. B. Standort, Service, Qualität, Finanzierung) ansprechen. Mitläufer sind durch die Herausforderer ständig gefährdet. Auch der Mitläufer muss eine Wachstumsstrategie für sich festlegen – allerdings eine, die nicht zu Vergeltungsaktionen der Konkurrenz führt.
Nischenbesetzer	Nischenbesetzer sind kleinere Unternehmen mit einem Marktanteil von ca. 10 %, die sich auf bestimmte Teilmärkte beschränken. Durch Spezialisierung besetzen sie Marktnischen, die von den größeren Unternehmen entweder übersehen oder vernachlässigt werden.

2.5 Aufgaben des Marketings

Die Bewältigung der Marketingaufgaben ist als ein Prozess zu verstehen, der sich in folgende Phasen untergliedern lässt:

Phasen des Marketingprozesses	Erläuterungen
Marktforschung	In dieser Phase gilt es, die gegenwärtige und zukünftige Situation des Unternehmens, des Marktes und des Umfeldes planmäßig und systematisch zu erforschen.
Planung der Marketingstrategie	Im Allgemeinen werden vier Marketing-Instrumentenbündel unterschieden, die es je nach Marktgegebenheiten zu kombinieren gilt: ▪ Produktpolitik ▪ Kontrahierungspolitik (Entgeltpolitik) ▪ Kommunikationspolitik ▪ Distributionspolitik Der Einsatz einer bestimmten Marketingstrategie (Marketingmaßnahme) hängt insbesondere von zwei Faktoren ab: ▪ von dem „Lebensalter" der Produkte **(Konzept des Produkt-Lebenszyklus)** und ▪ vom Marktanteil des Produkts und den damit verbundenen Wachstumsaussichten **(Marktwachstums-Marktanteil-Portfolio).**
Entwicklung einer Marketingkonzeption	Im Rahmen des Marketingkonzepts wird die Art und Weise festgelegt, wie das Unternehmen das absatzpolitische Instrumentarium einsetzt. Die jeweilige Kombination der Marketinginstrumente bezeichnet man als **Marketing-Mix.**
Marketing-Controlling	Diese Phase liefert der Unternehmensleitung zum einen Informationen über den Grad der Zielverwirklichung. Hierzu werden insbesondere Kennziffern herangezogen, die aufzeigen sollen, ob die angestrebten Ziele erreicht wurden. Zum anderen gibt das Marketing-Controlling Auskunft über weiteren Planungs- und Handlungsbedarf.

Zusammenfassung

- Gegenüber dem Markt können die Unternehmen zwischen zwei Grundeinstellungen wählen: die **Produktionskonzeption** und die **Marketingkonzeption.**
- Herausragende Zielsetzung bei der Grundeinstellung des Unternehmens gegenüber dem Markt ist die **Orientierung an den Kundenbedürfnissen** (Marketingkonzeption).
- **Marketing** ist eine Konzeption, bei der alle Aktivitäten eines Unternehmens konsequent auf die Erfüllung der Kundenbedürfnisse ausgerichtet sind.
- Ziel der Marketingkonzeption ist die **Kundenzufriedenheit.**
- **Marketingziele** formulieren eine angestrebte, künftige **Marktsituation,** die vor allem durch den Einsatz der absatzpolitischen Instrumente erreicht werden soll.
- Marketingziele leiten sich aus den **Unternehmenszielen** ab.
- Marketingziele sind möglichst **operationalisiert** zu formulieren.
- Marketingziele müssen stets das **Zielsystem als Ganzes** berücksichtigen.
- Unter mehreren als wünschenswert erkannten Zielen kann ein **Zielkonflikt** (Konkurrenzbeziehung) oder eine **Zielharmonie** bestehen.
- Das Eindringen eines Unternehmens mit einem Produktangebot in einen Markt ist umso einfacher, je **niedriger** die **Markteintrittsschranken** und die **Marktaustrittsbarrieren** sind.
- Grundsätzlich kann ein Unternehmen im Markt z.B. folgende vier **Marktpositionen** anstreben:
  - Marktführer
  - Herausforderer
  - Mitläufer
  - Nischenanbieter
- **Marketingaufgaben** sind als ein Prozess zu verstehen, der in folgenden Phasen abläuft:
  - (1) **Marktforschung,**
  - (2) **Planung der Marketingstrategien** (Produktpolitik, Kontrahierungspolitik, Kommunikationspolitik, Distributionspolitik),
  - (3) **Entwicklung einer Marketingkonzeption (Marketing-Mix)** und
  - (4) **Marketing-Controlling.**

Übungsaufgaben

8
1. Erklären Sie, welche Gründe für das Entstehen des Marketings maßgebend waren!
2. Charakterisieren Sie den Begriff Marketing mit eigenen Worten!
3. Erläutern Sie, worin sich die Marketingkonzeption von der Produktionskonzeption unterscheidet!

9
1. Die Ziele, die im Marketing angestrebt werden, leiten sich aus den Unternehmenszielen ab.

   Aufgabe:

   Erklären Sie diesen Sachverhalt anhand von zwei selbst gewählten Beispielen!

2. Erläutern Sie, in welchen Zielbeziehungen zueinander Marketingziele stehen können!

3. Auszug aus dem Konjunkturbericht eines Marktforschungsinstituts:

> Das Marktforschungsinstitut sieht „erhebliche Abwärtsrisiken" für die deutsche Konjunktur. In seinem Bericht zur wirtschaftlichen Lage erklärt das Institut, die deutsche Wirtschaft entwickele sich mit merklich gedämpfter Dynamik. „Die Stimmung bei den Unternehmern hat sich weiter verschlechtert."
>
> Der Anstieg der Erwerbstätigkeit sei erstmals seit zweieinhalb Jahren zum Erliegen gekommen. Dadurch würden auch die Impulse für den privaten Konsum kleiner, der gleichwohl die Konjunktur auch in der zweiten Jahreshälfte weiter stützen werde.

Aufgabe:

Lesen Sie den Konjunkturbericht sorgfältig durch und interpretieren Sie, welche Auswirkungen der Konjunkturbericht auf die Marketingziele der Sport-Burr KG haben könnte!

4. 4.1 Überlegen Sie sich zwei Möglichkeiten, wie ein Herausforderer seinen Marktanteil erhöhen kann!

   4.2 Welche Voraussetzungen sind Ihrer Meinung nach erforderlich, damit sich ein Nischenbesetzer am Markt behaupten kann? Nennen Sie zwei Voraussetzungen!

10 Lösen Sie die Handlungsaufgaben aus der Lernsituation 2!

LG 12.2 Lernsituation 3: Absatzmärkte erforschen

Die Goslarer Büromöbel AG stellt unter anderem seit einigen Jahren den in der Höhe elektrisch verstellbaren Schreibtisch „e-Desk" her. Ein neues, noch vielseitiger verstellbares Schreibtischmodell soll auf den Markt gebracht werden.

GB Goslarer Büromöbel AG

Impuls:

Marktforschung im Internet

Knecht und Käufer

Marktforschung? Entwicklungskosten? Ideen? Von wegen. Viele Unternehmen lassen ihre Aufgaben lieber günstig im Netz erledigen – von den eigenen Kunden.

Von Angelika Slavik

Die Sache mit dem Glitzerzeug ist kompliziert. Ist es ein Kaufanreiz, wenn Duschgel schimmert? Sollte es dazu auch noch blau sein? Rosa? Oder kauft es dann keiner mehr, der älter als sieben Jahre alt ist?

Früher haben sie sich bei der Drogeriekette dm immer viele Gedanken gemacht, wenn die Eigenmarke Balea mit einem neuen Produkt auf den Markt kommen sollte. Es wurde eine Menge Zeit investiert, Marktforschung, Studien, Fokusgruppen, wie die meisten Unternehmen das eben so machen. Das kostet ganz ordentlich, aber die Gefahr, den Geschmack der Zielgruppe nicht zu treffen, ist dann immer noch nicht gebannt. Trotz des ganzen Aufwands. Diesmal aber soll das alles ganz anders laufen: Es soll billiger werden und schneller und am Ende sollen die Kunden ganz verrückt sein nach dem Zeug – weil sie es ja schließlich auch selbst entwickelt haben. Beim Online-Netzwerk Facebook.

Seit ein paar Wochen basteln Konsumenten dort am neuen Duschgel. Sie streiten über Inhaltsstoffe, Namen und über das Glitzerzeug natürlich. Immer wieder wird über die einzelnen Vorschläge abgestimmt. Am Ende werde das Produkt genau so im Regal stehen, wie die Facebook-Nutzer es haben wollen, heißt es bei dm. Derzeit ganz vorne: Blau, mit „samtiger Konsistenz", wie es heißt. Und, ganz genau: mit Glitzerzeug.

Catharina van Delden ist die Gründerin der Firma Innosabi, ein Unternehmen, das sich auf sogenannte Open-Innovation-Prozesse spezialisiert hat. Sie organisiert also Aktionen, mit denen Unternehmen ihre Entwicklungsprozesse öffnen: für externe Berater natürlich, aber immer öfter auch für Kunden. „Für die Firmen ist das eine gute Möglichkeit, mit geringem finanziellen Aufwand herauszufinden, was die Zielgruppe eigentlich wirklich will", sagt van Delden. Und es ist ein ziemlich einfaches Konzept, Kosten einzusparen: Marktforschung? Hat sich erübrigt. Produkttests? Machen die Kunden zu Hause. Marketing? Erledigen sie auch gleich mit – etwa wenn sie ihre Freunde einladen zum Duschgel-Testen oder zur Diskussion bei Facebook.

„In den meisten Fällen entsteht bei den Konsumenten eine enge, sehr emotionale Bindung an das Produkt, das sie selbst mitgestaltet haben", sagt van Delden. Anders ausgedrückt: Die Kunden übernehmen erst die ganze Arbeit. Und dann fühlen sie sich dem Produkt auch noch verpflichtet und wollen nicht mehr bei der Konkurrenz kaufen.

Kann Wirtschaft schöner sein? …

Quelle: http://www.sueddeutsche.de/digital/marktforschung-im-internet-knecht-und-kaeufer-1.1084568

Sie sind Assistent in der Marketingabteilung der Goslarer Büromöbel AG. In einer Konferenz, die in der nächsten Woche stattfindet, soll die Entscheidung über die Einführung des elektrisch verstellbaren Schreibtisches „e-Desk" weiter vorangetrieben werden. Ihr Abteilungsleiter legt Ihnen gerade den obigen Artikel der Süddeutschen Zeitung auf den Schreibtisch. „Wäre das nicht auch ein Weg für uns? Denken Sie bis zur nächsten Konferenz mal darüber nach! Ich möchte gerne Ihr Urteil dazu hören."

Handlungsaufgaben:

Arbeiten Sie die folgenden Kapitel des Lehrbuchs durch und verwenden Sie die Aufzeichnungen aus dem Unterricht zur Bearbeitung der Handlungsaufgaben!

1. Geben Sie den Konferenzteilnehmern einen vergleichenden Überblick über die Datenerhebungsverfahren und Methoden der Informationsgewinnung!
2. Erläutern Sie den Teilnehmern die in dem obigen Artikel beschriebene Art der Marktforschung und beurteilen Sie die Tauglichkeit dieses Verfahrens für den elektrisch verstellbaren Schreibtisch der Goslarer Büromöbel AG!
3. Die Marketingabteilung der Goslarer Büromöbel AG möchte die Marktforschung vor der Einführung des neuen Schreibtischmodells möglichst kostengünstig durchführen. Der Leiter der Marketingabteilung erwartet von Ihnen zur Konferenz einen begründeten und schriftlich ausgearbeiteten Vorschlag darüber, welches Datenerhebungsverfahren bzw. welche Methode der Informationsgewinnung am ehesten geeignet ist!

3 Marktforschung

3.1 Begriff Marktforschung und die Träger der Marktforschung

(1) Begriff Marktforschung

Unternehmen, die ohne grundlegende Kenntnisse der Märkte und ohne sinnvolle Abstimmung der Marketinginstrumente Produkte auf den Markt bringen, laufen Gefahr, auf ihren Produkten ganz oder teilweise „sitzen zu bleiben“.

Werden hingegen **vor** dem Verkauf der Produkte Marktinformationen (z. B. über Kundenwünsche, Kaufkraft der Kunden, Verhalten der Konkurrenten, die Lage auf den Beschaffungsmärkten und allgemeine Marktdaten) beschafft, sind die Aussichten wesentlich besser, die Absatzpläne zu verwirklichen.

Marktforschung ist die systematische Erforschung, Beschaffung und Aufbereitung von Marktinformationen.

(2) Träger der Marktforschung

Die Träger der Marktforschung sind die Großbetriebe mit ihren wissenschaftlichen Stäben, wissenschaftliche Institute und vor allem Marktforschungsinstitute.

Marktforschungsinstitute sind gewerbliche Einrichtungen und Unternehmen, die sich im Auftrag von Industrie und Handel der Meinungsforschung und der Marktforschung widmen.

Beispiele:

EMNID-Institut GmbH & Co. KG, Bielefeld; Institut für Demoskopie Allensbach GmbH, Allensbach (Bodensee); INFRA-TEST-Marktforschung, Wirtschaftsforschung, Motivforschung, Sozialforschung GmbH & Co. KG, München.

3.2 Gebiete der Marktforschung

Marktforschung geschieht durch Marktanalyse und Marktbeobachtung.

(1) Marktanalyse

Die **Marktanalyse** untersucht die Marktgegebenheiten zu einem **bestimmten Zeitpunkt.**

Eine Marktanalyse wird z. B. vorgenommen, wenn **neue Produkte** oder **weiterentwickelte Produkte** auf den Markt gebracht werden sollen. **Untersuchungsgegenstände** sind z. B.:

- Anzahl der Personen, Unternehmen und Verwaltungen, die als Käufer infrage kommen,
- Einkommens- und Vermögensverhältnisse der mutmaßlichen Käufer,
- persönliche Meinung der (möglichen) Käufer zum angebotenen Produkt,
- Beschaffung von Daten über die Konkurrenzunternehmen, die den zu untersuchenden Markt bereits beliefern (z. B. deren Preise, Lieferungs- und Zahlungsbedingungen, Qualitäten der angebotenen Erzeugnisse, Werbung).

(2) Marktbeobachtung

- Die **Marktbeobachtung** hat die Aufgabe, Veränderungen auf den Märkten **laufend** zu erfassen und auszuwerten.
- Beobachtet werden zum einem die vorhandenen bzw. neu zu gewinnenden **Kunden**, und zum anderen das Verhalten der Konkurrenzunternehmen.

Die **Fragestellungen** lauten z. B.:

- Wie entwickelt sich die Zahl der Nachfrager, wie die mengen- und wertmäßige Nachfrage nach einem bestimmten Produkt?
- Wie entwickeln sich die Einkommen, wie die Vermögensverhältnisse der Abnehmer?
- Wie verändert sich die Einstellung der Käufer zum angebotenen Produkt?
- Wie reagieren die Konkurrenzunternehmen auf absatzpolitische Maßnahmen (z.B. Preisänderungen, Werbemaßnahmen)?

Ziel der Marktbeobachtung ist die Ermittlung von Tendenzen, Veränderungen sowie Trends innerhalb eines bestimmten Zeitraums.

(3) Marktprognose

Marktanalyse und Marktbeobachtung haben letztlich den Zweck, das **Marktrisiko zu vermindern.** Dies ist nur möglich, wenn die Gegenwartsentscheidungen der Geschäftsleitung auf Daten beruhen, die die zukünftige Entwicklung auf den Märkten mit einiger Sicherheit aufzeigen können.

Marktprognosen sind Vorhersagen über künftige Entwicklungen am Absatzmarkt, z. B. über den Absatz bestimmter Produkte oder Leistungen.

Eine wichtige Aufgabe der Marktprognose ist es auch, für die einzelnen Produkte jeweils eine **Entwicklungsprognose** zu erstellen. Hierzu wird der bisherige Absatz des Produkts statistisch erfasst und daraus ein zu erwartender **Absatztrend** abgeleitet.

3.3 Kunden als zentrale Marktteilnehmer

3.3.1 Bedarfsforschung

Ein vom Markt her gesteuertes Unternehmen kann nicht umhin, den Kunden zum Dreh- und Angelpunkt all seiner Überlegungen zu machen. Um das Unternehmen auf die verschiedenen Absatzbedingungen der Kundengruppen ausrichten zu können, sammeln die Unternehmen Informationen über ihre Kunden. Man spricht hier von **Bedarfsforschung**.

In der nachfolgenden Übersicht werden beispielhaft einige Bereiche angeführt, über die Informationen benötigt werden. Aus den gewonnenen Daten erstellt das Unternehmen dann ein **Kundenprofil**. Das Kundenprofil hat besondere Bedeutung für den **Absatz der Waren,** für die **Risikosituation des Unternehmens** und es zeigt die **Abhängigkeit des Unternehmens von einzelnen Abnehmern** auf.

Bereiche (Beispiele)	**Benötigte Informationen**	
	Privatpersonen	**Unternehmen**
Wer sind unsere Käufer und welche potenziellen[1] Käufer kaufen nicht bei uns?	Wohnort, Alter, Beruf, Familienstand, Einkommens- und Besitzverhältnisse u. Ä.	Unternehmensgröße, Wirtschaftszweig, Abnehmerstufe (Hersteller, Wiederverkäufer, Großverbraucher), Unternehmensform, finanzielle Ausstattung (z. B. anhand von Bilanzen) u. Ä.
Welches Kaufverhalten haben die Kunden entwickelt?	■ Welche Mengen, Qualitäten, Preislagen, Größen, Einheiten usw. werden bevorzugt? ■ Wie hoch ist der durchschnittliche Kaufbetrag? ■ Wann kaufen die Kunden (Stunde, Wochentag, Monat, Jahreszeit)? ■ Wie bzw. durch wen lassen sich die Betroffenen zu Einkäufen anregen? ■ Welche Gewohnheiten bestehen beim Verbrauch/Gebrauch der erworbenen Güter? ■ ...	■ Welche Unternehmen kommen als Abnehmer in Betracht? ■ Wer ist für den Einkauf zuständig (Anzahl der entscheidenden Personen, Abteilungen, ...)? ■ Bestehen kapitalmäßige Verflechtungen oder sonstige Bindungen an andere Unternehmen? ■ Welchen Jahresbedarf hat ein bestimmter Abnehmer? Wie viel wurde bisher von uns bezogen? ■ Wo hat ein potenzieller Kunde bisher eingekauft? Bestehen langfristige Verträge? ■ Wie verhält es sich mit der Zahlungsmoral des Kunden? ■ ...
Welche Größenordnungen liegen bei den verschiedenen Kundengruppen vor?	■ Zahl der potenziellen Kunden (Personen, Haushalte). ■ Wie entwickelt sich die Zahl der Jugendlichen, Arbeitnehmer, Rentner, Haushalte, ...? ■ Welche Veränderungen der Lebensbedingungen sind zu erwarten? ■ ...	■ Anzahl der Unternehmen als potenzielle Kunden. ■ Gliederung der Unternehmen nach Größe, Rechtsform, Branche, ... ■ Entwicklung der Gesamtwirtschaft, von bestimmten Branchen, Einfluss der Globalisierung, ... ■ Welche Teilmärkte sind bereits gesättigt? ■ ...

1 **Potenziell:** möglich, denkbar.

3.3.2 Marktsegmentierung[1] nach Zielgruppen

(1) Grundlegendes

In der Regel setzt sich ein Gesamtmarkt aus einer Vielzahl von tatsächlichen und potenziellen Kunden zusammen, die – bezogen auf das Produktprogramm eines Unternehmens – unterschiedliche Bedürfnisse haben. Es ist daher sinnvoll, wenn ein Unternehmen intern die Kunden hinsichtlich ihres Kaufverhaltens in Gruppen **(Segmente, Cluster)** aufteilt **(segmentiert)**, die weitgehend homogen[2] sind, sich von anderen Gruppen aber deutlich unterscheiden. Durch die Marktsegmentierung kann das Unternehmen differenzierte, auf die Kunden abgestimmte Marktleistungen erbringen.

- **Marktsegmentierung** bedeutet die Aufteilung des Gesamtmarktes in Teilmärkte.
- Die Marktteilnehmer innerhalb eines Teilmarktes bilden in Bezug auf mindestens ein Kriterium eine **homogene** Gemeinschaft. Die Teilnehmer eines Teilmarktes unterscheiden sich deutlich von denen eines anderen Teilmarktes.
- Die einzelnen Teilmärkte können mit **spezifischen Marketingprogrammen** zielgerichteter bearbeitet werden.
- Die Marktsegmentierung ist eine **Konzeption zur Markterfassung und Marktbearbeitung.**

(2) Kriterien zur Marktsegmentierung

Bei der Segmentierung des Marktes kann nach verschiedenen Kriterien vorgegangen werden. In der betriebswirtschaftlichen Literatur wird die Marktsegmentierung üblicherweise nach geografischen, psychografischen, demografischen und soziodemografischen Kriterien sowie nach Kriterien des beobachtbaren Kaufverhaltens vorgenommen.

Bereich	Beispiele
Geografische Marktsegmentierung Der Markt wird nach räumlichen Gesichtspunkten aufgegliedert.	Aufteilung nach Bundesländern, Großstädten, Regierungsbezirken, Wohngebietstypen (gekennzeichnet durch homogene Lebensstile und Kaufverhaltensmuster) u.Ä.
Psychografische Marktsegmentierung Der Markt wird nach gleichartigen Käuferschichten aufgegliedert. Erfasst wird die gleichartige Käuferschicht, indem übereinstimmende Persönlichkeitsmerkmale ermittelt werden.	Persönlichkeitsmerkmale sind etwa die allgemeine grundsätzliche Einstellung der Verbraucher, die Persönlichkeitsstruktur der Konsumenten, ihre Wertvorstellungen, ihre Interessen, ihre soziale Orientierung, ihre Risikobereitschaft, Lebensstil, Nutzenerwartungen u.Ä.
Demografische[3] Marktsegmentierung Der Markt wird nach demografischen Kriterien aufgedeckt.	**Demografische Kriterien,** wie Geschlecht, Alter, Familienstand, soziale Schicht, Haushaltsgröße, Zahl der Kinder usw.

1 Segment: Teilstück, Abschnitt.

2 Homogen (lat.): gleichartig.

3 **Demografie:** Beschreibung der wirtschafts- und sozialpolitischen Bevölkerungsentwicklung.

Bereich	Beispiele
Sozioökonomische Marktsegmentierung Der Markt wird nach sozioökonomischen Kriterien aufgedeckt.	**Sozioökonomische Kriterien,** wie Ausbildung, Beruf, Einkommen usw.
Marktsegmentierung nach dem beobachtbaren Kaufverhalten	■ **Produktbezogene Verhaltensmerkmale,** wie Markentreue, Kaufrhythmus, bevorzugte Packungsgröße, Kauf bestimmter Preisklassen, Reaktion auf Sonderangebote usw. ■ **Einkaufsstättenwahl,** wie Einkauf im Fachgeschäft, beim Discounter, Supermarkt; Geschäftstreue u.Ä.

Hauptziel der Marktsegmentierung ist es, einen hohen Übereinstimmungsgrad zwischen den Bedürfnissen der Zielgruppen und den angebotenen Marktleistungen zu erreichen.

3.4 Wettbewerber als zentrale Marktteilnehmer

3.4.1 Konkurrenzforschung

Bevor ein Unternehmen in den Markt eintritt bzw. sich mit seinen Produkten neu positioniert, muss es die Wettbewerbersituation analysieren. Dabei reicht es nicht aus, lediglich die aktuell auf dem Markt agierenden Konkurrenten in die Untersuchung einzubeziehen. Es gilt vielmehr, auch potenzielle Wettbewerber sowie Unternehmen, die Substitutionsprodukte[1] herstellen und vertreiben, zu analysieren.

Die **Konkurrenzforschung** hat insbesondere folgende Informationen zu erheben:

- Benennung der Konkurrenzunternehmen und Bestimmung ihrer Größe und Marktanteile,
- Erkundung der Absatzstrategien auf den Wettbewerbsmarkt (Produkt- und Preispolitik, Werbung, Absatzorganisation).

3.4.2 SWOT-Analyse

(1) Grundlegendes

Um festzustellen, wie das eigene Unternehmen gegenüber den Wettbewerbern aufgestellt ist und wo die Chancen und Risiken auf dem Markt liegen, stehen dem Unternehmen mehrere Methoden zur Verfügung.

Hilfreich hierfür ist z.B. die **SWOT-Analyse.**[2] Dabei richtet man einerseits den Blick auf die **unternehmensinternen Faktoren** und untersucht im Rahmen der **Stärken-Schwächen-Analyse** die Stärken und Schwächen des eigenen Unternehmens im Vergleich zu seinen Wettbewerbern.

1 Substitution: Stellvertretung.
Beispiel Behälterglasindustrie. Die in diesem Wirtschaftszweig agierenden Unternehmen stehen nicht nur mit ihresgleichen im Wettbewerb, sondern auch mit solchen, die Blechdosen (z.B. Bierdosen), Kartons (z.B. Milch), Aluminiumbehältnisse (z.B. Fruchtsaft) und Plastikgebinde (z.B. Joghurt) vermarkten.

2 **SWOT** steht für **S**trengths (Stärken), **W**eaknesses (Schwächen), **O**pportunities (Chancen) und **T**hreats (Gefahren).

Die **Chancen-Risiko-Analyse** ergänzt die SWOT-Analyse, indem sie das **Marktumfeld** betrachtet und versucht, mögliche Entwicklungen auf dem Markt aufzudecken, die genutzt oder bewältigt werden müssen.

Eine Kombination der Ergebnisse von Stärken-Schwächen-Analysen mit der Chancen-Risiken-Analyse führt zur **SWOT-Analyse** (**S**trengths, **W**eaknesses, **O**pportunities, **T**hreats).

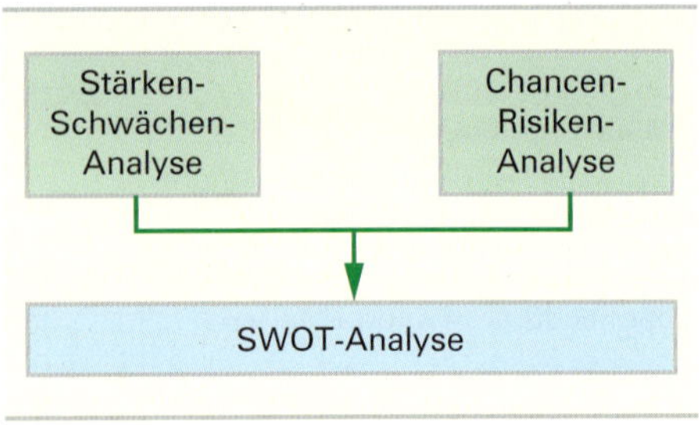

(2) Stärken-Schwächen-Analyse

Die **Stärken-Schwächen-Analyse** beinhaltet die Bewertung der wesentlichen Vorteile (Stärken) und Nachteile (Schwächen) eines Unternehmens im Vergleich zu seinen wichtigsten Wettbewerbern.

Ziel der Stärken-Schwächen-Analyse ist es, auf den jeweiligen Geschäftsfeldern wettbewerberbezogene Handlungsspielräume aufzuzeigen. Zur Durchführung der Stärken-Schwächen-Analyse empfiehlt sich eine dreistufige Vorgehensweise:

- Festlegung, Erfassung und Bewertung der **eigenen strategischen Potenziale** (z. B. der finanziellen, technischen und organisatorischen Ausstattung sowie der Verfügbarkeit von Ressourcen wie Energie, Rohstoffen, Infrastruktur u. Ä.).
- Ermittlung der **Stärken und Schwächen der wichtigsten Wettbewerber.**
- Visualisierung der Resultate dieser Gegenüberstellung anhand eines **Stärken-Schwächen-Profils.**

Typische Fragestellungen zum Finden ...

... der **Stärken:** ■ Was gelingt uns besser als den Mitbewerbern? ■ Wo haben wir Alleinstellungsmerkmale? ■ Wo werden wir vom Markt als besonders stark wahrgenommen? ■ Wo haben wir schützende Rechte? ■ Welche/-s unserer Fähigkeiten/Produkte ist für unseren Unternehmenserfolg von herausragender Bedeutung?	... der **Chancen:** ■ Welche gesetzlichen, politischen, technologischen und demografischen Veränderungen kommen auf unsere Kunden zu? ■ Was davon ist positiv für uns? ■ Welche Bedürfnisse haben unsere Kunden jetzt und in der Zukunft? ■ Entwickeln sich Trends, die für uns interessant sind? ■ Auf welchen Märkten sind wir bis jetzt schlecht vertreten? ■ Wo bestehen für Mitbewerber hohe Eintrittsbarrieren in den Markt?
... der **Schwächen:** ■ Was gelingt uns weniger gut als den Mitbewerbern? ■ Wo vergeuden wir zu viel Ressourcen (Zeit, Material, Energie)?	... der **Risiken:** ■ Welche gesetzlichen, politischen, technologischen und demografischen Veränderungen können eine Gefahr für uns bedeuten? ■ Wie verhalten sich die Wettbewerber? ■ Zeichnen sich Entwicklungen ab, die bedrohend für uns sein könnten?

Die Visualisierung der Resultate erfolgt anhand eines Stärken-Schwächen-Profils.

Potenziale

Unternehmensführung
- Unternehmenskultur und -philosophie
- Ziele und erkennbare Strategien
- System der Mitarbeiter-Motivation
- ...

Produktion
- Fertigungstechnische Ausstattung
- Elastizität der Produktionsanlagen
- Qualität der Fertigungsplanung/-steuerung
- ...

Forschung und Entwicklung
- Intensität und Wirksamkeit der F&E
- Know-how
- Einführung neuer Kommunikationstechnologien
- ...

Marketing
- Organisation des Vertriebs
- Standort der Vertriebsniederlassung
- Stellung der Produkte im Lebenszyklus
- ...

Personal
- Altersstruktur der Belegschaft
- Ausbildungsstand
- Qualifikation/Motivation der Führungskräfte
- ...

Finanzen
- Eigenkapitalausstattung
- Finanzieller Überschuss
- Möglichkeiten der Fremdfinanzierung
- ...

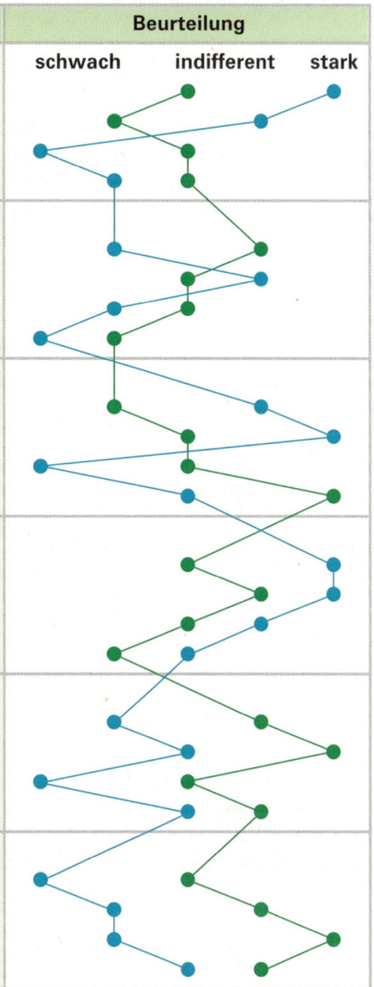

Stärken-Schwächen-Profil eines Unternehmens im Verhältnis zu einem wichtigen Wettbewerber

Legende: ● Eigenes Unternehmen ● Wichtiges Konkurrenzunternehmen

Quelle: Nieschlag, R.; Dichtl, E.; Hörschgen, H.: Marketing, 19. Aufl., Berlin 2002, S. 114.

Über die Stärken-Schwächen-Analyse gelingt es, die Hauptstärken herauszuarbeiten, auf denen eine erfolgreiche Strategie aufgebaut werden kann. Zudem werden die Hauptschwächen deutlich, die zur Vermeidung von Misserfolgen beseitigt werden müssen.

6 Wessel u.a. - ISBN 978-3-8120-0588-3

(3) Chancen-Risiken-Analyse

Im Rahmen der Chancen-Risiken-Analyse versucht das Unternehmen, mögliche Entwicklungen aus dem Markt und aus dem weiteren Umfeld (z.B. technischer Fortschritt, politisch-rechtliche Gegebenheiten, ökonomische Situation, gesellschaftspolitische Lage) aufzudecken. Eine solche Analyse versetzt ein Unternehmen in die Lage, rechtzeitig strategische Entscheidungen vornehmen zu können. Außerdem kann das Unternehmen seine Möglichkeiten nutzen, die negativen Ereignisse zu verhindern, d.h. ihrem Eintreten (z.B. durch Lobbyarbeit) aktiv entgegenzuwirken.

Aufgabe der **Chancen-Risiko-Analyse** ist es, die Entwicklungen aus dem Markt und dem weiteren Umfeld aufzudecken, die die Stärken und Schwächen des Unternehmens betreffen.

Beispiel: Chancen und Risiken für einen Automobilhersteller

Chancen	Risiken
▪ Entwicklung eines Kompaktwagens mit extrem niedrigem Benzinverbrauch ▪ Entwicklung eines Autos mit extrem niedrigen Abgaswerten bei gleichzeitig hoher Leistung ▪ Entwicklung eines leistungskräftigen elektrischen Autos mit hoher Reichweite und leichten Batterien ▪ Attraktivitätsverlust der öffentlichen Verkehrsmittel	▪ Entwicklung eines Kompaktwagens mit extrem niedrigem Benzinverbrauch und Abgaswerten durch einen Konkurrenten ▪ Zunehmende Verbraucherakzeptanz von einfachen Fahrzeugen zu niedrigen Preisen von Wettbewerbern aus „Niedriglohnländern" ▪ Drastische Geschwindigkeitsbeschränkungen und Einführung autofreier Tage ▪ Anhaltende Treibstoffverknappung in Verbindung mit Mineralölsteuererhöhungen

Quelle: Meffert, H.: Marketing-Grundlagen marktorientierter Unternehmensführung, 9. Aufl., Wiesbaden 2000, S. 66.

(4) Ziele der SWOT-Analyse

Die SWOT-Analyse führt die Stärken-Schwächen-Analyse und die Chancen-Risiken-Analyse in einer Matrix zusammen. Durch deren Analysen können die Entscheidungen der Unternehmensführung präziser getroffen werden.

- So kann z.B. festgestellt werden, dass die Kompetenzen des Unternehmens genau die Entwicklung und spezifischen Anforderungen des Marktes treffen (siehe Feld 1 im folgenden Beispiel). In diesem Fall hat das Unternehmen alle Anstrengungen zu unternehmen, die Chance zu einem Durchbruch in neue Marktdimensionen zu nutzen.
- Die Analyse kann aber auch deutlich machen, dass eine bestimmte Marktchance nicht genutzt werden kann, weil sie die Ressourcen des Unternehmens übersteigt oder mit dem spezifischen Ressourcenprofil der Unternehmung nicht vereinbar ist (siehe Feld 3 des Beispiels).

Die **SWOT-Analyse** stellt sicher, dass für anstehende Marketingentscheidungen alle Daten aus Unternehmung, Markt und Umfeld erfasst werden. Sie ist ein wichtiges Instrument, um Marketingstrategien zu entwickeln.

Beispiel: SWOT-Analyse am Beispiel des Volkswagen Konzerns

Unternehmensexterne Faktoren / Unternehmensinterne Faktoren	Chancen	Risiken
Stärken	① ■ Starke Nachfragebelebung bei verbrauchsgünstigen TDI-(Diesel-)Motoren als Folge einer drastischen Mineralölsteuererhöhung ■ Nachfrageverlagerung von Oberklasse- zu Mittelklasse-Pkws aufgrund wachsender Preissensibilität der Verbraucher (Downsizing)	② ■ Die chinesische Regierung erlaubt zahlreichen Konkurrenten den Aufbau von Fabriken in China ohne weitere Auflagen ■ Schwächen der Marke Volkswagen aufgrund umfassender Verwendung von Gleichteilen bei allen Konzerngesellschaften. VW, Seat und Skoda werden austauschbar (Mehrmarkenstrategie wird zu einem Risiko statt zu einer Chance)
Schwächen	③ ■ Starkes Markenanteilswachstum leistungsstarker Sport- und Fun-Pkw ■ Nachfragesteigerung bei zweisitzigen, elektrisch betriebenen Stadtautos aufgrund technischer Innovationen außerhalb des Unternehmens	④ ■ Starkes Nachfragewachstum in der Kompaktwagenklasse in den USA aufgrund steigender Benzinpreise und schlechter Wirtschaftsentwicklung. Geringe Partizipation am US-Marktwachstum wegen niedrigem VW-Marktanteil in den USA

Quelle: Meffert, H.: Marketing-Grundlagen marktorientierter Unternehmensführung, 9. Aufl., Wiesbaden 2000, S. 68.

Zur SWOT-Analyse ist **kritisch anzumerken,** dass sie vor allem dazu geeignet ist, einzelne Geschäftsfelder eines Unternehmens zu beurteilen. Sie ermöglicht jedoch keine aussagefähige Gesamtanalyse über die verschiedenen Tätigkeitsbereiche des Unternehmens und deren zukünftige Entwicklung im Markt. Ein Verfahren, das eine Gesamtübersicht eines Unternehmens erlaubt, stellt die **Portfolio-Analyse** dar.[1]

3.4.3 Benchmarking

Der Ansatz des Benchmarkings vergleicht die eigene Leistungsfähigkeit in Bezug auf Produkte, Prozesse, strategisches Vorgehen usw. mit den aus Kundensicht **besten Unternehmen (Best-practice-Unternehmen).** Für die Abbildung des Best-practice-Unternehmens setzt man vielfach Kennzahlen ein. Der Vergleich der Kennzahlen offenbart den Abstand

1 Siehe S. 104ff.

zum Best-practice-Unternehmen, die sogenannte „Leistungslücke“. Benchmarking bedeutet im Management, einen Referenzpunkt zur Selbsteinschätzung zu finden.[1]

- **Benchmarking** ist ein Planungsinstrument, das dazu dient, das **eigene Unternehmen** mit dem **besten Mitbewerber** (Best-practice-Unternehmen) zu vergleichen.
- Bei der Gegenüberstellung mit dem Best-practice-Unternehmen vergleicht man z. B. **Produkte, Dienstleistungen, Produktionsverfahren, Prozesse** und **Methoden.**
- Für den Vergleich setzt man vielfach **Kennzahlen** ein.

Benchmarking ist ein **kontinuierlicher Prozess.** Es gilt, ständig die Besten der Besten zu finden und in zwischenbetriebliche Vergleiche einzubinden. Benchmarking ist somit kein einmalig durchzuführendes Projekt. **Ziel des Benchmarkings** ist es, von den „Klassenbesten“ zu lernen und deren Leistungen für das eigene Unternehmen nutzbar zu machen, um so selbst zum besten Unternehmen aufzusteigen. Durch die ständigen und systematischen Vergleiche soll im Unternehmen eine dauerhaft kreative Unruhe geschaffen werden, die große Sprünge im Leistungsniveau auslöst.

3.5 Quantitative Marktforschung

(1) Grundlegendes

Um die Marktsituation als Ganzes oder auch die Positionierung des eigenen Unternehmens am Markt besser beurteilen zu können, liefert die quantitative Marktforschung Marktkennzahlen. Hierzu gehören die Kennzahlen **Marktpotenzial,**[2] **Marktvolumen, Absatzpotenzial** und **Absatzvolumen.** Die ersten der beiden Kennzahlen charakterisieren den Markt, die beiden anderen die Situation des eigenen Unternehmens. Weitere wichtige Erkenntnisse lassen sich dadurch gewinnen, indem man die oben bezeichneten Kennzahlen zueinander in Beziehung setzt.

(2) Marktpotenzial, Marktvolumen, Absatzpotenzial, Absatzvolumen

Marktgröße	Kurzbeschreibung	Erläuterungen
Marktpotenzial	Als Marktpotenzial bezeichnet man die Menge der Erzeugnisse (Sach- oder Dienstleistungen) für eine bestimmte Produktgattung, die langfristig abgesetzt werden kann, bis der Markt gesättigt ist.	Es handelt sich um eine theoretische Zielgröße, welche die absolute Aufnahmefähigkeit des Marktes zeigt, wenn alle potenziellen Kunden über die erforderliche Kaufkraft verfügen und ein Kaufbedürfnis besteht. Das Marktpotenzial wird in erster Linie durch folgende Faktoren bestimmt: ■ die Zahl möglicher Nachfrager ■ die Bedarfsintensität ■ die Markttransparenz[3] ■ die Marktsättigung ■ die Marketingaktivitäten der Anbieter

1 Benchmark bedeutet „Referenzpunkt“ in der Geodäsie, also in der Erd-, Land- und Feldmessung.

2 Potenzial: möglich; die bloße Möglichkeit bezeichnend.

3 Transparent: durchsichtig. Markttransparenz: Marktübersicht (z.B. der Käufer und Verkäufer).

Marktgröße	Kurzbeschreibung	Erläuterungen
Marktvolumen	Das Marktvolumen kennzeichnet die gegenwärtige realisierte Absatzmenge einer ganzen Branche für eine bestimmte Produktgattung.	Es handelt sich um den Teil des Marktpotenzials, den alle Wettbewerber dieser Branche zusammen tatsächlich erzielt haben.
Absatzpotenzial	Das Absatzpotenzial ist diejenige Menge, welche ein Unternehmer für sich als realistisch betrachtet.	Es handelt sich ebenfalls – wie beim Marktpotenzial – um eine theoretische Zielgröße, allerdings beschränkt auf die Möglichkeit eines Unternehmens. Die Höhe des Absatzpotenzials wird beeinflusst durch ■ das bisherige Absatzvolumen, ■ die gegebene Produktionskapazität, ■ die vorhandene Kaufkraft ■ das Verhalten der Konkurrenten auf dem Markt und ■ den Preis und die Produktqualität im Vergleich zu Konkurrenzprodukten.
Absatzvolumen	Das Absatzvolumen kennzeichnet die gegenwärtige realisierte Absatzmenge eines Unternehmens für eine bestimmte Produktgattung.	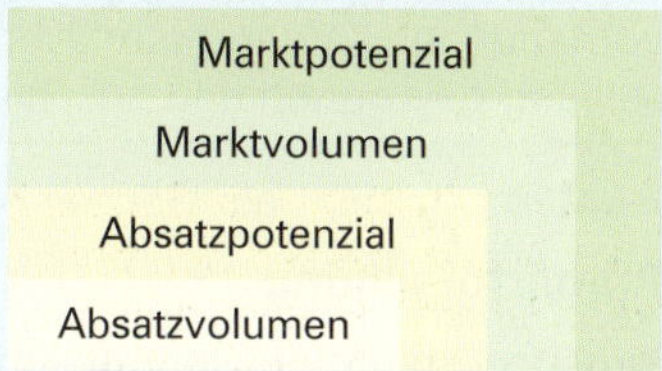

(3) Zusammenhang zwischen Marktpotenzial und Marktvolumen, Absatzpotenzial und Absatzvolumen

Gliedert man die bisher angesprochenen Begriffe danach auf, ob sie den **Gesamtmarkt betreffen** oder ob sie sich auf das **Unternehmen beziehen,** so können folgende Zusammenhänge festgestellt werden:

Marktpotenzial Möglicher Gesamtabsatz bis zur Sättigung des Marktes	**Marktvolumen** Tatsächlicher Gesamtabsatz auf dem Markt	Bezugsgröße: gesamter Markt
Absatzpotenzial Möglicher Absatz eines Unternehmens	**Absatzvolumen** Tatsächlicher Absatz eines Unternehmens	Bezugsgröße: einzelnes Unternehmen
Theoretische Zielgröße	Realisierte Größe	

Weitere Erkenntnisse lassen sich dadurch gewinnen, indem diese Größen zueinander in Beziehung gesetzt werden, z. B.

$$\text{Sättigungsgrad des Marktes} = \frac{\text{Marktvolumen} \cdot 100}{\text{Marktpotenzial}}$$

$$\text{Marktanteil} = \frac{\text{Absatzvolumen} \cdot 100}{\text{Marktvolumen}}$$

3.6 Datenerhebungsverfahren und Methoden der Informationsgewinnung

3.6.1 Datenerhebungsverfahren

(1) Begriffsdefinitionen

Informationen über Marktdaten (z.B. über die Kunden eines Unternehmens) können unmittelbar am Markt erhoben oder es kann auf bereits vorhandenes Datenmaterial zurückgegriffen werden. Im ersten Fall spricht man von **Primärforschung**[1] **(Feldforschung).** Sie ermittelt **Primärdaten.** Im zweiten Fall spricht man von **Sekundärforschung**[2] **(Schreibtischforschung).** Sie geht von Daten aus, die häufig bereits für andere Zwecke ermittelt worden sind. Man bezeichnet diese Daten als **Sekundärdaten.**

- Das **Datenerhebungsverfahren** gibt an, ob die Informationen auf Primärdaten oder auf Sekundärdaten beruhen.
- Eine **Primärforschung (Feldforschung)** liegt vor, wenn unmittelbar am Markt Informationen gezielt zu einer bestimmten Fragestellung gewonnen und anschließend ausgewertet werden.
- Von **Sekundärforschung (Schreibtischforschung)** spricht man, wenn aus bereits vorhandenen Zahlenmaterialien (Daten) Informationen zu einer bestimmten Fragestellung gewonnen und anschließend ausgewertet werden.

(2) Primärforschung

Die Primärforschung gewinnt die Informationen direkt an ihrem Entstehungsort. Voraussetzung für die Gewinnung von Marktinformationen (z.B. über die Kunden) ist eine möglichst umfassende und genaue Planung aller erforderlichen Einzelschritte.

Der **Ablauf einer Primärerhebung** umfasst vier Phasen:

Phasen	Erläuterungen	Beispiel
Phase der Problemformulierung	Es ist zu klären, worin das Marketingproblem besteht. Anschließend sind die Erhebungsziele zu formulieren.	Rückgang von Bestellungen und Umsatzeinbruch. Erhebungsziel: Rückgewinnung von Kunden.
Phase der Informationsgewinnung	Auswahl der Methoden, mit denen die gewünschten Daten gewonnen werden sollen.	Befragung der Kundenmeinung über das Image des Unternehmens, der Qualität und Aktualität der Produkte mithilfe von Fragebögen und Interviews.
Phase der Informationsverarbeitung	Die gewonnenen Informationen werden aufbereitet, ausgewertet, interpretiert und dokumentiert.	Die Produkte haben mindere Qualität und sind technisch veraltet. Außerdem fehlt ein modernes Design.
Phase der Ergebnispräsentation	Die dokumentierten Ergebnisse werden den zuständigen Entscheidungsträgern präsentiert.	Der Geschäftsführung werden die Informationen mit einem Vorschlag zur Verbesserung der Produkte präsentiert.

1 **Primär:** an erster Stelle stehend, vorrangig.
2 **Sekundär:** an zweiter Stelle stehend, zweitrangig.

(3) Sekundärforschung

Gegenstand der Sekundärforschung ist die Beschaffung und Zusammenstellung des bereits vorhandenen Datenmaterials. Die Daten können aus **internen und externen Informationsquellen** stammen. Diese Form der Informationsgewinnung ist im Vergleich zur Gewinnung von Primärdaten schneller und kostengünstiger. Außerdem erweitert die Verfügbarkeit weltweiter elektronischer Netze (z.B. Internet) und Datenbanken die Möglichkeiten der Sekundärforschung, bei vergleichweise geringen Kosten, erheblich. Darüber hinaus sind bestimmte Daten (z.B. volkswirtschaftliche Gesamtgrößen, Branchenkennziffern, Entwicklungszahlen) auf anderem Wege für das einzelne Unternehmen praktisch nicht zugänglich.

Einen **Überblick über Quellen der Sekundärforschung** zeigt die folgende Aufstellung:

I. Unternehmensinterne Quellen

- Umsatz- und Absatzstatistik,
- Auftragsstatistik,
- Kundendatei, Kundenkorrespondenz, Berichte des Einkaufs,
- Vertreter- und Kundendienstberichte,
- Kostenrechnung,
- Berichte aus früheren Sekundär- und Primäruntersuchungen.

II. Unternehmensexterne Quellen

- Amtliche Quellen
  (z.B. Berichte des Statistischen Bundesamtes: Daten zur Entwicklung von Bevölkerung, Verbrauch, Preisen, Einkommen, Umsatz und Produktion einzelner Wirtschaftszweige, Konkurse, usw.; Statistische Landesämter: regionale Wirtschafts- und Bevölkerungsdaten; Kommunale statistische Ämter: Wirtschafts- und demografische Daten auf Kreis- und Stadtebene),
- Internationale Organisationen
  (z.B. EU, UN, OECD),
- Staatliche oder halbstaatliche Einrichtungen
  (z.B. Bundesversicherungsanstalt, IHK, Krankenkassen, Kraftfahrzeugbundesamt),
- Verbände und Organisationen
  (z.B. Zentralausschuss der Werbewirtschaft, Ring Deutscher Makler, Architektenkammer, Deutscher Direktmarketing Verband),
- Firmenveröffentlichungen
  (z.B. Geschäftsberichte, Prospekte),
- Wirtschaftswissenschaftliche Institute, Hochschulen, Fachzeitschriften u.Ä.,
- Online-Dienste
  (z.B. Ifo-Institut, statistische Ämter, Börsen, Suchhilfen im WWW),
- Externe Datenbanken.

3.6.2 Methoden der Informationsgewinnung

Methoden der Informationsgewinnung sind alle **Erhebungsinstrumente,** mit denen **Primärdaten** erfasst werden.

!

Im Folgenden werden drei Methoden der Informationsgewinnung skizziert:

- **Beobachtung,**
- **Befragung,**
- **Panelerhebung.**

(1) Beobachtung

Bei der Beobachtung werden bestimmte Tatbestände im Augenblick ihres Auftretens planmäßig erfasst, ohne dass der Beobachtete darüber informiert wird. Die Beobachtung kann sich auf einen **Sachverhalt** oder auf das **Verhalten von Personen** beziehen.

Der wesentliche **Vorteil der Beobachtung** ist, dass das Geschehen im Moment der Handlung festgehalten wird, unter Berücksichtigung der speziellen Ausgangssituation.

Beispiele:

- Entwicklung des Produktbestandes,
- Kundenzählung zu bestimmten Tageszeiten,
- Verweildauer von Passanten vor einem Werbeplakat,
- Gesichtsmimik bei Produkttests,
- Zeitdauer beim Verkauf eines Produkts,
- Verweildauer eines Nutzers auf einer Internetseite (Clickstream).

Ein wesentlicher **Nachteil der Beobachtung** ist, dass sie die subjektive Wahrnehmung des Beobachtenden enthält, was zu erheblichen Verzerrungen führen kann **(„Beobachtungseffekt")**. Zudem ist die Beobachtung zur **Messung bestimmter subjektiver Sachverhalte** wie Meinungen, Präferenzen[1] und Einstellungen nicht geeignet.

(2) Befragung

Die Befragung dient dazu, ausgewählten Personen zu vorgegebenen Sachverhalten Auskunft geben zu lassen. Durch die Befragung lassen sich Tatbestände ermitteln, die man nicht beobachten kann. Zwei wichtige **Voraussetzungen** müssen im Falle einer Befragung gegeben sein:

- die **Auskunftswilligkeit,** d.h. die Bereitschaft des Befragten, überhaupt zu antworten.
- die **Auskunftsfähigkeit,** d.h., der Befragte muss die Fragen verstehen, sich ausdrücken können und die Fähigkeit besitzen, über das betreffende Problem angemessen urteilen zu können.

Eine Befragung kann schriftlich, mündlich oder telefonisch erfolgen.

Schriftliche Befragung	Hier werden den Versuchspersonen **Fragebögen** zugeschickt, die sie nach Beantwortung ausgefüllt zurücksenden sollen. Da bei der schriftlichen Befragung keine Verständnis- bzw. Nachfragen möglich sind, sollte ein Fragebogen nur eingesetzt werden, wenn die Verständlichkeit hinreichend getestet wurde. Die **Rücklaufquoten** liegen je nach Thema, Zielgruppe und Aktivierungsangebot (z.B. Teilnahme an einer Verlosung) zwischen 10 und 50 Prozent. Ein wesentlicher **Nachteil des Fragebogens** ist, dass sich die Erhebungssituation nicht kontrollieren lässt, sodass die Fragebögen eventuell gar nicht von den Zielpersonen ausgefüllt werden.

1 **Präferenz:** Vorrang, Vorzug.

Beispiel:

Fragebogen eines Schuhhauses zur Ermittlung des Unternehmensimages

Kundenbefragung Mo ☐ Di ☐ Mi ☐ Do ☐ Fr ☐ Sa ☐ Uhrzeit: 9-12 ☐ 12-16 ☐ 16-20 ☐

Sehr geehrte Kundin, sehr geehrter Kunde,

Ihre Meinung ist uns wichtig. Bitte beantworten Sie uns einige Fragen, damit wir in Zukunft **noch besser auf Ihre Wünsche eingehen** können.

Für Ihre Hilfe möchten wir uns herzlich bei Ihnen bedanken.

	Ihre persönliche Erwartung				**Erfüllung**			
	sehr wichtig	wichtig	weniger wichtig	nicht wichtig	☺☺	☺	😐	☹
1. Gestaltung der Schaufenster	☐	☐	☐	☐	☐	☐	☐	☐
2. Gestaltung der Verkaufsräume	☐	☐	☐	☐	☐	☐	☐	☐
3. aktuelles, modisches Angebot	☐	☐	☐	☐	☐	☐	☐	☐
4. freundliches, hilfsbereites Personal	☐	☐	☐	☐	☐	☐	☐	☐
5. fachkundige, ehrliche Beratung	☐	☐	☐	☐	☐	☐	☐	☐
6. hohe Warenqualität	☐	☐	☐	☐	☐	☐	☐	☐
7. übersichtliche Warenpräsentation	☐	☐	☐	☐	☐	☐	☐	☐
8. gutes Preis-/Leistungsverhältnis	☐	☐	☐	☐	☐	☐	☐	☐
9. Sauberkeit des Geschäfts	☐	☐	☐	☐	☐	☐	☐	☐

10. Die Wartezeiten sind: ☐ angemessen ☐ zu lang

11. Reklamationen (soweit beurteilbar) werden ☺☺ ☐ ☺ ☐ 😐 ☐ ☹ ☐ abgewickelt.

12. Anlass für meinen Besuch heute ist:

☐ ein geplanter/gezielter Kauf	☐ ein interessantes Warenangebot im Schaufenster
☐ ich wollte mich nur umschauen	☐ ein interessantes Warenangebot in der Eingangszone
☐ Sonstiges:	☐ Ihre Werbung

13. Ihr Angebot an .... finde ich (soweit beurteilbar ankreuzen):

	☺☺	☺	😐	☹
Damenschuhe	☐	☐	☐	☐
Herrenschuhe	☐	☐	☐	☐
Kinderschuhe	☐	☐	☐	☐
Sportschuhe	☐	☐	☐	☐
Hausschuhe	☐	☐	☐	☐

14. Als welchen Modetyp würden Sie sich bezeichnen? (Mehrfachnennungen möglich)

❑ jugendlich ❑ sportiv ❑ modebewusst

❑ flippig ❑ elegant ❑ klassisch

15. Meine Lieblingsmarken bei Schuhen sind: ....

Folgende Marken wünsche ich mir zusätzlich: ....

16. Wurden Sie über ergänzende Artikel (Pflege etc.) informiert? ❑ ja ❑ nein

17. Mein Besuch in diesem Geschäft hat mir Spaß gemacht:

❑ ohne Einschränkung ❑ trifft nicht zu

❑ mit Einschränkung ❑ Warum nicht: ....

18. Dieses Geschäft würde ich weiterempfehlen:

❑ ohne Einschränkung ❑ trifft nicht zu

❑ mit Einschränkung ❑ Warum nicht: ....

19. Wegen folgender Faktoren bin **ich lieber Kunde bei Ihnen** als bei Ihrer Konkurrenz:

....

20. Wegen folgender Faktoren bin **ich lieber Kunde bei Ihrer Konkurrenz** als bei Ihnen:

....

21. Für Ihre **Kritik/Anregungen/Wünsche** (Ware/Service) sind wir dankbar:

....

....

Alter:		**Geschlecht:**	**Kunde:**
❑ bis 25	❑ 46 – 55	❑ weiblich	❑ Ich bin Stammkunde/in
❑ 26 – 35	❑ 56 – 65	❑ männlich	❑ Ich kaufe gelegentlich hier
❑ 36 – 45	❑ über 65		❑ Ich bin das erste Mal hier

Für Ihre Hilfe möchten wir uns herzlich bei Ihnen bedanken.

Mündliche Befragung	Bei ihr werden die Informationen durch **Interviewer** erhoben. Der Interviewer füllt im Beisein des Befragten den standardisierten Fragebogen aus. Persönliche Interviews werden insbesondere bei komplexeren Fragestellungen eingesetzt, die der Befragte auf Anhieb oder ohne Hilfe des Interviewers nicht beantworten könnte. Ein **wesentlicher Nachteil** des Interviews besteht darin, dass das Befragungsergebnis durch die **Befragungssituation** (z. B. Zeitpunkt, Ort der Befragung) und durch den **Interviewer selbst** (z. B. sein Sprachstil, sein äußeres Erscheinungsbild, Alter, Geschlecht) verzerrt werden kann **(Interviewereffekt).**
Telefonische Befragung	Bei ihr wird der Kontakt zwischen Interviewer und Befragten telefonisch hergestellt. Wie beim persönlichen Interview sind Rückfragen möglich. Marktforschungsinstitute führen Telefoninterviews nur noch mit CATI (Computer Assisted Telephone Interview) durch. Dabei wird die Verbindung zur Versuchsperson mit einem an einen Computer angeschlossenen Wählsystem hergestellt. Die Fragen des Fragebogens werden durch den Interviewer vom Bildschirm abgelesen und die Antworten gleich in den Computer eingegeben. Ein **wesentlicher Nachteil** ist, dass auf Fragen mit umfangreichen Antworten verzichtet werden muss und optische Hilfen bei der Beantwortung nicht gegeben werden können.

(3) Panelerhebung

Wenn der Absatz eines Produktes ständigen Schwankungen unterliegt, ist es sinnvoll, eine **Befragung in gleicher Weise** mit **denselben Versuchspersonen** zu **verschiedenen Zeitabschnitten** durchzuführen. Diese Vorgehensweise bezeichnet man als **Panelerhebung.** Mit der Panelerhebung können Veränderungen, die bei ein und derselben Person bzw. Personengruppe auftreten, festgestellt werden.

Beispiel: Verbraucherpanel[1]

Beim Haushaltspanel[2] füllen ausgewählte Haushalte einen Berichtsbogen mit Datum des Einkaufs, der Einkaufsstätte und des gekauften Produktes[3] (Produktgruppe, Marke, Preis, Menge usw.) für festgelegte Zeitabschnitte aus.

Mithilfe des Haushaltspanels können Käuferzahlen, Einkaufsmengen, Zusammensetzung von Einkäufen, Durchschnittspreise, Marktanteile usw. ermittelt werden.

1 Neben dem Verbraucherpanel unterscheidet man z.B. noch die **Medienpanels** (sie untersuchen die Werbeaktivitäten der Hersteller) oder das **Fernsehpanel** (es erfasst bei ausgewählten Haushalten, welches Fernsehprogramm gerade eingeschaltet ist).

2 Neben dem Haushaltspanel wird auch ein **Individualpanel** zur Gewinnung von Informationen über den persönlichen Bedarf eingesetzt.

3 Die Produkte werden in der Regel per Handscanner erfasst.

Zusammenfassung

- Vom Markt her gesteuerte Unternehmen brauchen Informationen über ihre Kunden und die Mitbewerber. Die Daten werden von der **Marktforschung** ermittelt.
- Die **Marktforschung** bedient sich wissenschaftlicher Methoden, um die Gegebenheiten und die Entwicklungen auf den Absatzmärkten zu erforschen. Dies geschieht durch **Marktanalyse** und **Marktbeobachtung.**
- **Marktsegmentierung** ist die interne Aufteilung eines Gesamtmarktes in homogene und untereinander sich deutlich unterscheidende Zielgruppen zur Bearbeitung der Marktsegmente mit segmentspezifischen Marketingprogrammen.
- Die **Beurteilung** der **Leistung des eigenen Unternehmens** durch die Kunden erfolgt immer in **Beziehung zur Konkurrenz.**
- Die **Wettbewerberanalyse** hat die **aktuellen** und **potenziellen Wettbewerber** sowie die **Hersteller von Substitutionsprodukten** zu umfassen.
- Die **Stärken-Schwächen-Analyse** beinhaltet die Bewertung der wesentlichen Vorteile (Stärken) und Nachteile (Schwächen) eines Unternehmens im Vergleich zu seinen wichtigsten Wettbewerbern.
- Ziel der **Chancen-Risiko-Analyse** ist es, die Entwicklungen aus dem Markt und dem weiteren Umfeld aufzudecken, die die Stärken und Schwächen des Unternehmens betreffen.
- Die Kombination der Ergebnisse von Stärken-Schwächen-Analyse und Chancen-Risiko-Analyse ermöglicht die **SWOT-Analyse.** Sie ist ein wichtiges Instrument, um Marketingstrategien zu entwickeln.
- Das **Benchmarking** ist ein Planungsinstrument. Es dient dem systematischen, meist kennzahlengestützten Vergleich des eigenen Unternehmens mit den besten Mitbewerbern (Best-practice-Unternehmen). Benchmarking ist als **ständiger Prozess** einzurichten.
- Die **Marktsituation** wird durch folgende Marktgrößen gekennzeichnet: das **Marktpotenzial,** das **Marktvolumen,** den **Marktanteil,** das **Absatzpotenzial,** das **Absatzvolumen** sowie die **Marktsegmentierung.**
- Eine wichtige **Aufgabe der Marktforschung** ist die **Kundenstruktur** zu ermitteln.
- Informationen über Kunden werden mithilfe von **Datenerhebungsverfahren** gewonnen. Die Datenerhebungsverfahren geben an, ob die Informationen auf Primärdaten oder auf Sekundärdaten beruhen.
- **Primärforschung** liegt vor, wenn unmittelbar am Markt Informationen gewonnen und anschließend ausgewertet werden.
- Von **Sekundärforschung** spricht man, wenn aus bereits vorhandenen Daten Erkenntnisse für die Marktanalyse, Marktbeobachtung und Marktprognose gewonnen werden.
- **Methoden der Informationsgewinnung** sind alle Erhebungsinstrumente, mit denen Primärdaten erfasst werden. Wichtige Methoden der Informationsgewinnung sind
  - Beobachtung,
  - Befragung und
  - die Panelerhebungen.

Übungsaufgaben

11 1. Um eine Entscheidung treffen zu können, soll Marktforschung betrieben werden. Informationen können mithilfe der Primärforschung oder mithilfe der Sekundärforschung beschafft werden.

1.1 Erläutern Sie die Begriffe Primärforschung und Sekundärforschung!

1.2 Begründen Sie, welche der beiden oben genannten Methoden kostengünstiger ist!

1.3 Erklären Sie, aus welchen Gründen sollten Sekundärerhebungen vorgenommen werden, bevor Primärerhebungen durchgeführt werden!

1.4 Beschreiben Sie den Ablauf einer Primärforschung!

1.5 Beschreiben Sie jeweils an einem Beispiel die Vor- und Nachteile der internen und der externen Informationsbeschaffung!

2. Der französische Käsehersteller Dubois S.A. möchte die neue Käsesorte „Tête de Chèvre" auf den deutschen Markt bringen. Um die Absatzchancen zu untersuchen, wird intensive Marktforschung betrieben.

Aufgaben:

2.1 Erläutern Sie, warum die Marktforschung die Grundlage für Entscheidungen im Marketing liefert!

2.2. Erläutern Sie, warum der Käsehersteller vor allem Primärforschung betreiben muss!

2.3 Begründen Sie, warum die Dubois S.A. zunächst vor allem Marktanalyse (und nicht Marktbeobachtung) betreiben muss!

3. Welche Vorteile ergeben sich für ein Unternehmen aus einer Marktsegmentierungsstrategie?

4. Grenzen Sie die Begriffe Marktpotenzial und Absatzpotenzial sowie Markt- und Absatzvolumen ab!

5. Was versteht man unter dem Begriff Marktanteil eines Unternehmens? Verdeutlichen Sie Ihre Ausführungen mit einem selbst gewählten Beispiel!

12 1. 1.1 Beschreiben Sie den Inhalt der Stärken-Schwächen-Analyse!

1.2 Interpretieren Sie das auf S. 81 abgebildete Stärken-Schwächen-Profil!

1.3 Inwiefern wird die Stärken-Schwächen-Analyse durch die Chancen-Risiken-Analyse ergänzt?

1.4 Interpretieren Sie für die nachfolgenden Abbildungen jeweils die beiden Quadranten, die Ihrer Meinung nach am wichtigsten für das Unternehmen sind!

Abbildung 1:

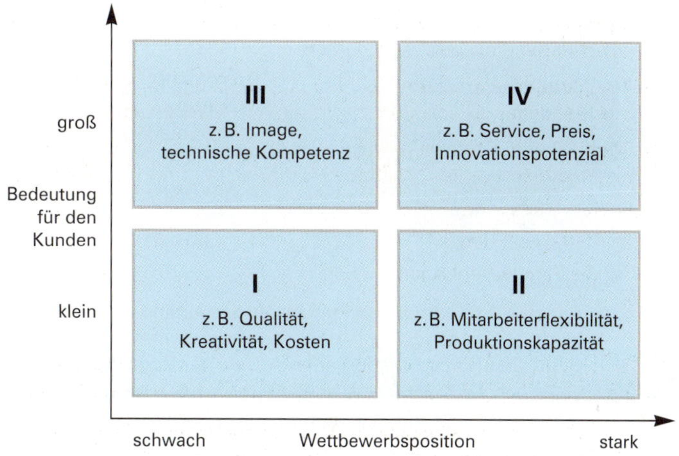

Abbildung 2:

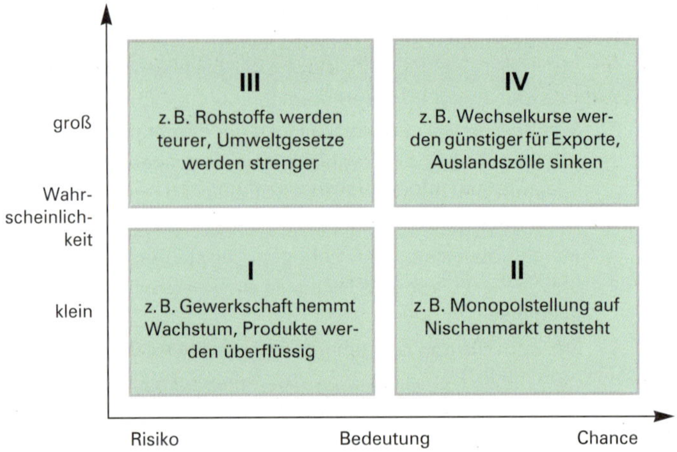

2. Erläutern Sie den Begriff Benchmarking!
3. Beschreiben Sie die Bedeutung der SWOT-Analyse!

13 Die Bewältigung der Marketingaufgaben vollzieht sich in idealtypischen Phasen.

Aufgabe:

Nennen Sie diese Phasen in ihrer chronologischen Abfolge und skizzieren Sie jeweils ihre grundlegenden Aufgaben!

14 Die Goslarer Büromöbel AG ist mit dem Absatz ihrer Rollcontainer unzufrieden. Sie möchte deshalb eine Befragung bei ausgewählten Bürofachgeschäften durchführen, um zu erfahren, warum die Rollcontainer nur schleppend verkauft werden. Die Goslarer Büromöbel AG produziert ihre Rollcontainer ausschließlich in Holz.

Beispiel für Form und Daten eines Rollcontainers:

Form

Daten

Material:	Holz, E_1-Gütespanplatte mit Melaminharzbeschichtung
Maße:	B 42 cm x T 48 cm x H 68 cm
Gewicht:	34 kg
Schube:	3 mit einer Hängeregistratur
Schubladen:	auf Rollauszügen geführt mit Auszugssperren
Montage:	montiert
Preis:	458,00 EUR
Lieferzeit:	14 Tage

Aufgaben:

1. Bilden Sie Gruppen und entwickeln Sie einen Fragebogen mit bis zu 10 Fragen! Der Fragebogen ist so zu gestalten, dass aus den Antworten erkennbar wird, welche Gründe entscheidend sind für den mangelnden Absatz der Rollcontainer.
2. Der Kauf von Rollcontainern soll in 10 großen Bürofachgeschäften beobachtet werden. Entwerfen Sie eine Anweisung für die Kundenbeobachtung!

15 Die Molkerei Emsland AG möchte ihr Produktprogramm optimieren und beauftragt ein Marktforschungsinstitut in einer Langzeitstudie die Kaufgewohnheiten der Verbraucher (Art der Milchprodukte, Menge, bevorzugte Preisstellung, Geschmacksrichtungen ...) zu erforschen.

Aufgaben:

1. Beschreiben Sie, um welche Form der Informationsgewinnung es sich handelt!
2. Begründen Sie, ob eine Marktbeobachtung oder eine Marktanalyse vorliegt!
3. Erläutern Sie, auf welche Bereiche des Marketings die ermittelten Ergebnisse Auswirkungen haben können!

16 1. Stellen Sie die Vor- und Nachteile einer persönlichen, telefonischen und schriftlichen Befragung einander gegenüber!

2. Erläutern Sie den Unterschied zwischen einer Befragung und einer Panelerhebung!

3. Gesetzt den Fall, eine Fluggesellschaft führt eine Befragung durch und richtet die folgenden sechs Fragen an die Flugreisenden:

   3.1 *„Wie hoch ist Ihr auf die nächsten hundert EUR aufgerundetes Jahreseinkommen?"*

   3.2 *„Fliegen Sie gelegentlich oder öfter?"*

   3.3 *„Finden Sie unsere Fluggesellschaft angenehm? Ja ( ) Nein ( )"*

   3.4 *„Wie viele TV-Werbespots von Fluggesellschaften haben Sie diesen Monat und im Vormonat gesehen?"*

   3.5 *„Welche Eigenschaften sind, wenn Sie Fluggesellschaften beurteilen, besonders herausragend und bestimmend?"*

   3.6 *„Halten Sie es für richtig, wenn die Regierung das Fliegen besteuert und damit vielen Menschen diese Erfahrung vorenthält?"*

   Aufgabe:

   Beurteilen Sie die Fragestellungen!

4. Die Sportartikelfabrik Sport-Burr KG möchte eine mündliche Befragung ihrer Kunden durchführen. Ziel ist es, vom Kunden Informationen über Qualität, Haltbarkeit, Preis-Leistungs-Verhältnis, Termintreue und Kundendienst zu erfahren.

   Aufgaben:

   4.1 Entwickeln Sie in der Gruppe einen Interview-Fragebogen, gleichen Sie diesen mit anderen Gruppen ab und führen Sie das Interview durch!

   4.2 Beobachten Sie das Interviewgespräch und beschreiben Sie, welchen Einfluss der Interviewer auf das Befragungsergebnis ausgeübt hat!

17 Lösen Sie die Handlungsaufgaben aus der Lernsituation 3!

LG 12.2 Lernsituation 4: Produkt-Lebenszyklen bestimmen

Die Motorenwerke Anton Thomalla GmbH produzieren Motoren zum Betrieb von Blockheizkraftwerken in jeder Größe.

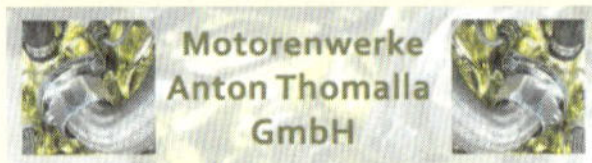

60 % des Umsatzes erzielen sie mit Motoren für Kleinblockheizkraftwerke für Einfamilienhäuser, die sie erst vor vier Jahren entwickelt hatten.

Mehrere Konkurrenzunternehmen produzieren im Moment die gleiche Art von Motoren.

Impuls:

Viele Produkte haben nur eine begrenzte Lebensdauer von der Markteinführung bis zur Aufgabe des Produkts.

Erläutern Sie, weshalb es für einen Produzenten wichtig ist, die Lebensdauer seiner Produkte, d. h. den Zeitabschnitt, in dem das Produkt Gegenstand von Angebot und Nachfrage ist, zu kennen!

Handlungsaufgabe:

Arbeiten Sie das folgende Kapitel des Lehrbuchs durch und verwenden Sie die Aufzeichnungen aus dem Unterricht zur Bearbeitung der Handlungsaufgabe!

Recherchieren Sie im Internet die Produktlebensdauer von einem iPhone 3, Nivea Creme und einem VW Golf. Präsentieren Sie Ihre Ergebnisse!

4 Produktpolitik

4.1 Begriff Produkt

Das **Produkt** stellt die Leistung (Sachgüter und/oder Dienstleistungen) eines Anbieters dar, die dieser erbringt, um die Bedürfnisse und Ansprüche der Abnehmer zu befriedigen.

Die Gesamtheit der Leistungen eines Unternehmens bildet dessen **Produktprogramm**. Der ökonomische Erfolg eines Anbieters ist umso größer, je besser die von ihm angebotene Leistung die Bedürfnisse der Nachfrager befriedigen.

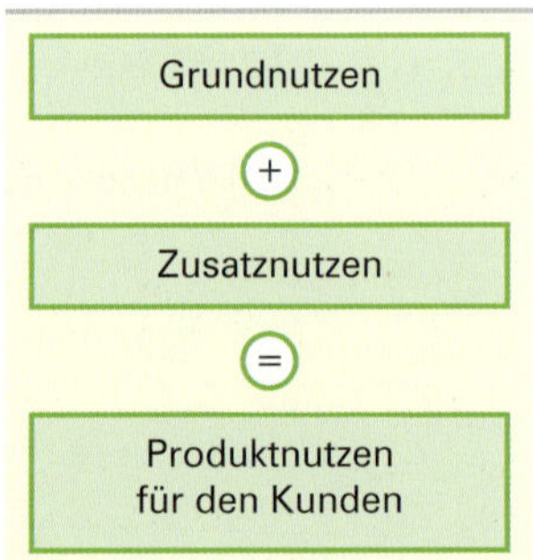

Inwieweit das Produkt den Bedürfnissen entspricht, ist immer eine subjektive Entscheidung der Nachfrager. Insoweit umfasst das Produkt einen **Grundnutzen (objektiven Nutzen),** z. B. ein T-Shirt dient der Bekleidung, und einen **Zusatznutzen (subjektiven Nutzen),** z. B. das T-Shirt einer bestimmten Marke befriedigt das Modebewusstsein bzw. das Geltungsstreben des Trägers.

> Aus der **Sicht des Marketings** stellt ein **Produkt** (Sachgüter und/oder Dienstleistungen) eine Summe von nutzenstiftenden Eigenschaften dar.

4.2 Entscheidungen zum Produktprogramm

4.2.1 Überblick

Bei der Erstellung eines Produktprogramms sind insbesondere folgende **zentrale Fragestellungen** zu lösen:

- Mit welchen neuen Produkten kann das Unternehmen am Markt expandieren **(Produktinnovation)?**
- Mit welchen Anpassungen kann die Position des Unternehmens am Markt gefestigt werden **(Produktmodifikation, Produktvariation, Produktrelaunch)?**
- Welches Erzeugnis soll aus dem Produktprogramm entfernt werden **(Produkteliminierung)?**

4.2.2 Produktinnovation[1]

Unter **Produktinnovation** versteht man die Aufnahme eines völlig neuen Produktes in das Produktprogramm als Ergebnis von Forschung und Entwicklung.

Die Überlegung hierzu ist, dass einerseits dem technischen Fortschritt Rechnung getragen werden muss, andererseits muss auf veränderte Kundenwünsche reagiert werden, weil sich sonst Nachfrageverschiebungen zugunsten der Mitbewerber ergeben. Die Produktinnovation verschafft dem Pionierunternehmen eine zeitweilige Alleinstellung auf dem Markt. Erfolgreiche Innovationen werden in aller Regel von Nachfolgern als sogenannte „Me-too-Strategie" kopiert.

4.2.3 Produktdiversifikation[2]

Unter **Produktdiversifikation** versteht man die Erweiterung des Produktprogramms durch Aufnahme weiterer Produkte, um zusätzliche Märkte zu erschließen, auf denen man bisher nicht tätig war.

Um die Wirkung der produktpolitischen Maßnahmen zu veranschaulichen, wird angenommen, dass ein Hersteller die beiden Erzeugnisgruppen A und B produziert mit den jeweiligen Varianten A_1 und A_2 bzw. B_1, B_2 und B_3.

A_1 A_2 B_1 B_2 B_3

Das Erzeugnisangebot erhält eine Ausweitung in der Breite, hier die Erzeugnisgruppe C mit den Varianten C_1 und C_2. Die Angebotspalette wird gezielt ausgedehnt durch neue Produkte auf neuen Märkten. Damit erhält das Unternehmen ein weiteres „Standbein" auf dem Markt. Diese Handlungsstrategie beruht auf der Erkenntnis, dass eine Risikostreuung notwendig ist und dadurch erreicht wird, dass der Umsatz aus mehreren voneinander

1 **Innovation:** Einführung von etwas Neuem; Neuerung.

2 **Diversifikation:** Veränderung, Vielfalt.

7 Wessel u.a. - ISBN 978-3-8120-0588-3

unabhängigen Quellen geschöpft wird. Die Produktdiversifikation kann ein wirksames Mittel zur Wachstumssicherung des Unternehmens sein.

Grafisch lässt sich damit die Produktdiversifikation gegenüber der Ausgangssituation wie folgt darstellen:

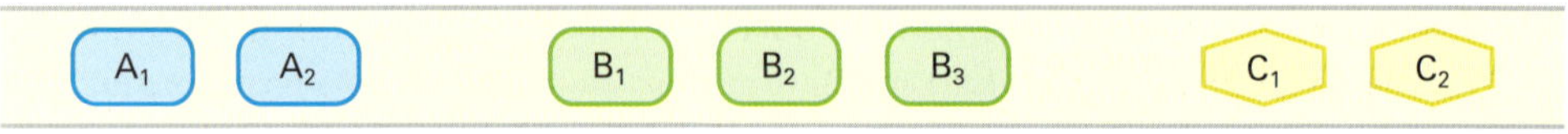

4.2.4 Produktdifferenzierung

Bei der **Produktdifferenzierung** wird das **Grundprodukt** technisch, im Erscheinungsbild oder im Statuswert (Image) **verändert.** Es wird eine Mehrzahl von Produkten mit variierenden Merkmalen auf den Markt gebracht, um eine **zusätzliche** Nachfrage zu schaffen, wobei die Hauptcharakteristika der Produkte **gleichartig** bleiben.

Die Produktdifferenzierung lässt sich grafisch im Vergleich zur Ausgangssituation wie folgt darstellen:

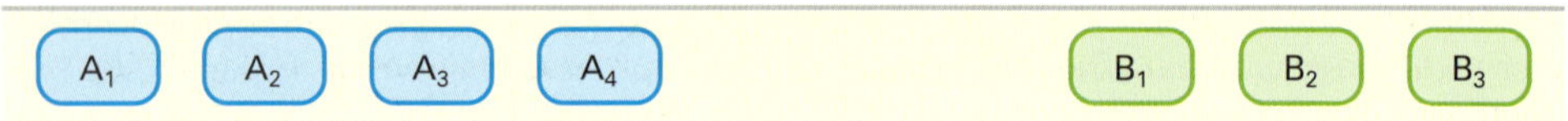

Die Motivation für die Produktdifferenzierung liegt darin, dass bisher noch nicht erreichte Käuferschichten durch die verschiedenen Produktvarianten eines bereits auf dem Markt vorhandenen Produkts angesprochen werden können, welches in der Regel auf denselben Fertigungsmaschinen hergestellt werden kann. Es handelt sich um eine Ausweitung des Erzeugnisangebots, da das bisherige Erzeugnis nicht ersetzt, sondern durch weitere ergänzt wird. Das Basisprodukt wird in seinem wesentlichen Zweck nicht verändert. Eine Differenzierung des Produkts erfolgt auch häufig über Dienstleistungen, um sich von den Erzeugnissen der Konkurrenz abzuheben, z.B. über besondere Leistungen des Kundendienstes, über Finanzdienstleistungen, kürzere Lieferzeiten.

4.2.5 Produktmodifikation[1] (Produktvariation)

Bei der **Produktmodifikation (Produktvariation)** wird das Produkt in seinen Eigenschaften und Nutzenkomponenten verändert (modifiziert), damit es in den Augen der Verbraucher weiterhin attraktiv erscheint.

Grafisch lässt sich die Produktmodifikation gegenüber der Ausgangssituation folgendermaßen darstellen:

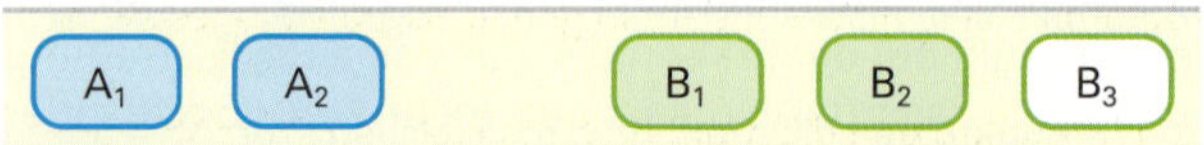

Das Produkt B_3 hat neue Eigenschaften, es wurde modifiziert.

1 **Modifikation**: Abwandlung, Veränderung.

Die Motivation für die Produktmodifikation ergibt sich durch die Änderung des Nachfrageverhaltens in einem Marktbereich. Geänderte rechtliche Rahmenbedingungen, technischer Fortschritt, verbesserte Produkte der Konkurrenz, Änderung des Geschmacks, neue Formensprache machen eine Anpassung der Produkte notwendig. Ziel ist es, die Lebensdauer für ein Erzeugnis möglichst zu verlängern. Die mühsam aufgebauten positiven Einstellungen der Käufer zu einem Produkt lassen sich mit relativ geringem Aufwand auch auf das Nachfolgemodell übertragen.

4.2.6 Produktrelaunch[1]

Die grundlegende Neuausrichtung eines Produktes bezeichnet man als **Produktrelaunch.** Die Neupositionierung einer althergebrachten Marke wird mit aktuellen nutzenstiftenden Werten aufgeladen und im Markt als Trend der Zeit präsentiert.

Haben sich die wandelnden Bedürfnisse der Kunden von den nutzenstiftenden Eigenschaften eines Produktes sehr weit entfernt, ist eine grundsätzliche Neuausrichtung erforderlich. Eine umfangreiche Produktüberarbeitung soll neue Begeisterung im Kundenkreis auslösen und ein Abgleiten in die Degeneration verhindern. Das Produktrelaunch als weitergehende Generalüberholung geht als Neustart immer mit einer kaufmotivierenden Werbekampagne einher. Die Abgrenzung zur Produktmodifikation ist in der Praxis fließend.

4.2.7 Produkteliminierung

Unter **Produkteliminierung** versteht man die Herausnahme von Erzeugnissen und/oder Dienstleistungen aus dem Produktprogramm.

Grafisch ergibt sich bei der Eliminierung einer Variante folgende Situation:

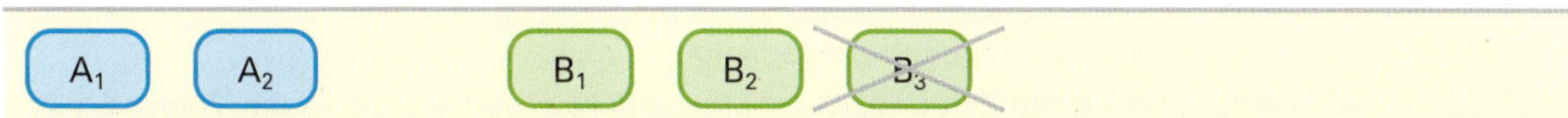

Der Eliminierung unterliegen insbesondere Produkte in der Endphase des „Lebenszyklus" oder jene, die sich nach der Markteinführung als Flops erwiesen haben.

Zusammenfassung

- Die Änderung des Produktprogramms durch Aufnahme neuer Produkte bezeichnet man als **Produktinnovation.**
- Bei der Erstellung des Produktprogramms sind insbesondere folgende zentrale Fragestellungen zu lösen:
  - Mit welchen weiteren Produkten **(Produktdiversifikation)** bzw. mit welchen Produktveränderungen **(Produktdifferenzierung)** kann die Position des Unternehmens am Markt gefestigt werden?

1 **Relaunch:** Neugestaltung.

- Mit welchen Anpassungen kann die Produktlebenskurve verlängert werden **(Produktmodifikation, -variation, -relaunch)?**
- Welches Erzeugnis soll aus dem Produktprogramm entfernt werden **(Produkteliminierung)?**

Übungsaufgaben

18 1. Erläutern Sie die folgenden Maßnahmen der Produktpolitik: Produktdifferenzierung, Produktinnovation, Produkteliminierung!

2. Ein Unternehmer erzeugt als einziges Produkt ein Vitamingetränk, das in Portionsfläschchen zu drei Stück pro Packung über Fitnesscenter vertrieben wird.

   Aufgabe:

   Geben Sie jeweils ein konkretes Beispiel dafür an, wie das Unternehmen Produktdifferenzierung, Mehrmarkenpolitik[1] und Produktdiversifikation durchführen könnte!

3. Ein Unternehmen produziert Futter für Haustiere. In der letzten Rechnungsperiode wurde das Vogelfutter „Schrill" eliminiert.

   Aufgabe:

   Nennen Sie Gründe, die zu dieser Maßnahme geführt haben könnten!

4. 4.1 Erläutern Sie, warum Unternehmen durch eine umweltverträgliche Produktpolitik einen Wettbewerbsvorteil erlangen können!

   4.2 Nennen Sie drei Beispiele für eine umweltverträgliche Produktpolitik! Geben Sie auch an, welchen Zweck die genannten Maßnahmen verfolgen!

19 Die Angebotspalette der Flügge GmbH setzt sich aus eigenen Erzeugnissen (Dübel) und Handelswaren (Bohrmaschinen) zusammen. In einer Abteilungsleiterkonferenz wird über eine Verbesserung des Produktprogramms gesprochen.

Aufgaben:

1. Die Leiterin der Vertriebsabteilung, Frau Lanz, möchte das Angebotsprogramm erweitern. Sie schlägt vor, nicht nur Plastikdübel herzustellen, sondern auch Gips- und Metalldübel. Die Kapazität des Unternehmens müsse allerdings erweitert werden.

   1.1 Wie kann man diese Erweiterung der Angebotspalette bezeichnen?

   1.2 Erklären Sie, welchen Zweck bzw. welche Zwecke Frau Lanz mit ihrem Vorschlag verfolgt!

2. In der oben genannten Konferenz sagt Frau Lanz, dass das Angebotsprogramm keine feststehende Größe sein dürfe. Es müsse vielmehr immer wieder infrage gestellt und verändert werden.

   Warum muss sich die Unternehmensleitung ständig überlegen, ob das Angebotsprogramm bereinigt und durch die Aufnahme neuer Produkte ergänzt werden soll?

3. Der Leiter des Fertigungsbereichs, Herr Moll, meint, dass die Aufgabe eines Erzeugnisses leichter sei als die Aufnahme neuer Erzeugnisse in das Produktprogramm.

   Beurteilen Sie diese Aussage!

1 Das Produkt wird unter verschiedenen Namen (Marken) angeboten.

4.3 Analyse des Produktprogramms

Die meisten Unternehmen bieten in ihrem Produktprogramm mehrere Produkte an. Für die Unternehmensleitung stellt sich daher die Frage,

- **welches Produkt** man besonders fördern will und
- in welchem **Umfang** man **Marketinginstrumente** einsetzen soll.

Die Lösung dieser Fragestellungen hängt insbesondere von zwei Faktoren ab:

- vom „Lebensalter" der Produkte **(Konzept des Produkt-Lebenszyklus)** und
- vom Marktanteil des Produkts sowie den damit verbundenen Wachstumsaussichten **(Marktwachstum-Marktanteil-Portfolio).**

4.3.1 Konzept des Produkt-Lebenszyklus

(1) Grundlegendes zum Konzept des Produkt-Lebenszyklus

Hat ein Unternehmen ein neues Produkt entwickelt, steht es vor der Frage, mit welchen Marketingmaßnahmen es am Markt eingeführt und anschließend begleitet und gefördert werden soll. Die betriebswirtschaftliche Theorie hat hierzu das Konzept des Produkt-Lebenszyklus entwickelt, das die „Lebensdauer" eines Produkts in verschiedene Phasen einteilt, und für jede der Phasen ein entsprechendes **Marketingziel** vorschlägt.

Das **Modell des Lebenszyklus von Produkten** möchte den „Lebensweg" eines Produkts, gemessen an Umsatz und Gewinnhöhe, **zwischen der Markteinführung** des Produkts und dem **Ausscheiden aus dem Markt** darstellen.

(2) Phasen des Produkt-Lebenszyklus

Der **Lebenszyklus eines Produkts** lässt sich in **vier unterscheidbare Phasen** gliedern.

- **Einführungsphase**

Die Einführungsphase beginnt mit dem Eintritt des Produkts in den Markt. In dieser Phase dauert es einige Zeit bis die Kunden ihr bisheriges Konsumverhalten geändert haben und das Produkt am Markt eingeführt ist. In diesem Stadium werden zunächst **Verluste** oder nur **geringe Gewinne** erwirtschaftet, da das Absatzvolumen niedrig und die Aufwendungen für die Markteroberung hoch sind. Handelt es sich um eine **Produktinnovation,** gibt es zunächst noch keine Wettbewerber.

Um dem Produkt den Durchbruch auf dem Markt zu ermöglichen, ist die **Werbung** das wirksamste Instrument. Daneben gilt es, das Distributionsnetz auszubauen. Allgemeine Aussagen zur Preispolitik sind schwierig. In der Regel wird so verfahren, dass **Massenkonsumartikel** für eine befristete Einführungszeit zu einem **niedrigen Preis** angeboten werden und bei **höherwertigen Gebrauchsgütern** eine **„Abschöpfungsstrategie"** betrieben wird, bei der man später dann die Preise langsam senkt. Das neue Produkt wird meist nur in der **Grundausführung** hergestellt.

Marketingziel in der **Einführungsphase** ist es, das Produkt bekannt zu machen und Erstkäufe herbeizuführen.

Wachstumsphase

Die Wachstumsphase tritt ein, wenn die Absatzmenge rasch ansteigt. Die Mehrheit der infrage kommenden Kunden beginnt zu kaufen. Die Chance auf hohe Gewinne lockt neue Konkurrenten auf den Markt. Die **Preise** bleiben aufgrund der regen Nachfrage **stabil** oder **fallen nur geringfügig**. Da sich die Kosten der Absatzförderung auf ein größeres Absatzvolumen verteilen und zudem die Fertigungskosten aufgrund der größeren Produktionszahlen sinken, **steigen die Gewinne** in dieser Phase.

Die Werbung wird in dieser Phase noch nicht nennenswert herabgesetzt. Die Preise werden erhöht, sofern bei Markteintritt eine Niedrigpreispolitik betrieben wurde bzw. abgesenkt, wenn zunächst eine Hochpreispolitik vorgenommen wurde. In der Produktpolitik wird in der Regel so verfahren, dass über **Produktdifferenzierungen** mit neuen Ausstattungsmerkmalen und aktuellen Design zusätzliche Kundengruppe angesprochen werden.

Marketingziel in der **Wachstumsphase** ist es, einen größtmöglichen Marktanteil zu erreichen.

Reife- und Sättigungsphase

Die Reife- und Sättigungsphase lässt sich in drei Abschnitte untergliedern. Im ersten Abschnitt **verlangsamt sich das Absatzwachstum,** im zweiten Abschnitt kommt es zur **Marktsättigung,** sodass der Umsatz in etwa konstant bleibt. Im dritten Reifeabschnitt wird der **Prozess des Absatzrückgangs** eingeleitet. Die Kunden fangen an, sich anderen Produkten zuzuwenden. Dies führt in der Branche zu Überkapazitäten und löst einen verschärften Wettbewerb aus. Die Gewinne gehen zurück. Die schwächeren Wettbewerber scheiden aus dem Markt aus.

Die Wettbewerber versuchen in der Reife- und Sättigungsphase insbesondere durch **Produktmodifikationen** wie Qualitätsverbesserungen (z.B. bessere Haltbarkeit, Zuverlässigkeit, Geschmack, Geschwindigkeit) und **Verbesserung der Produktausstattung** (z.B. Schiebedach, heizbare Sitze, Klimaanlage) neue Nachfrager zu gewinnen. Daneben werden **preispolitische Maßnahmen** (z.B. Sonderverkauf, hohe Rabatte, Hausmarken zu verbilligten Preisen) und servicepolitische Maßnahmen (z.B. Einrichtung von Beratungszentren, kürzere Lieferzeiten, großzügigere Lieferungs- und Zahlungsbedingungen) ergriffen. Außerdem werden **spezielle Werbemaßnahmen** für **Produktrelaunches** eingesetzt, um bestehende Präferenzen[1] zu erhalten bzw. neue aufzubauen.

Marketingziel in der **Reife- und Sättigungsphase** ist es, einen größtmöglichen Gewinn zu erzielen, indem die Umsatzkurve „gestreckt" wird, bei gleichzeitiger Sicherung des Marktanteils. Da die hohen Kosten der Markteinführung und des Wachstums weitestgehend entfallen, verspricht diese Phase eine hohe Rentabilität.

1 **Präferenz:** Bevorzugung (z.B. bestimmte Produkte und/oder Verkäufer).

Rückgangsphase (Degenerationsphase)

In der Rückgangsphase **sinkt die Absatzmenge** stark ab und **Gewinne** lassen sich nur noch **in geringerem Umfang** bzw. gar **nicht mehr erwirtschaften.** Die Anzahl der Wettbewerber sinkt. Die übrig gebliebenen Anbieter **verringern systematisch ihr Produktprogramm,** die Werbung wird zunehmend eingeschränkt, die **Distributionsorganisation wird ausgedünnt**. Die Preise werden oft angehoben, soweit sie von produkttreuen Stammkunden akzeptiert werden. Auch starke Preissenkungen können sinnvoll sein, um den Abverkauf zu beschleunigen.

Als Ursachen für einen Rückgang der Absatzzahlen können der technische Fortschritt, ein veränderter Verbrauchergeschmack oder Änderungen in der Einkommensverteilung, die ihrerseits zu Verschiebungen der Bedarfsstrukturen führt, angesehen werden.

Marketingziel in der **Rückgangsphase** ist es, die Kosten zu senken und gleichzeitig den möglichen Gewinn noch „mitzunehmen".

(3) Gesamtdarstellung

Den Beginn und das Ende der einzelnen Abschnitte festzulegen ist Ermessenssache. Je nach Produkttyp ist die Dauer der einzelnen Phasen und der Verlauf der Umsatz- und Gewinnkurven unterschiedlich. Der abgebildete Kurvenverlauf ist daher als ein Spezialfall unter verschiedenen möglichen Verläufen anzusehen.

Umsatz- und Gewinnverlauf im Produkt-Lebenszyklus

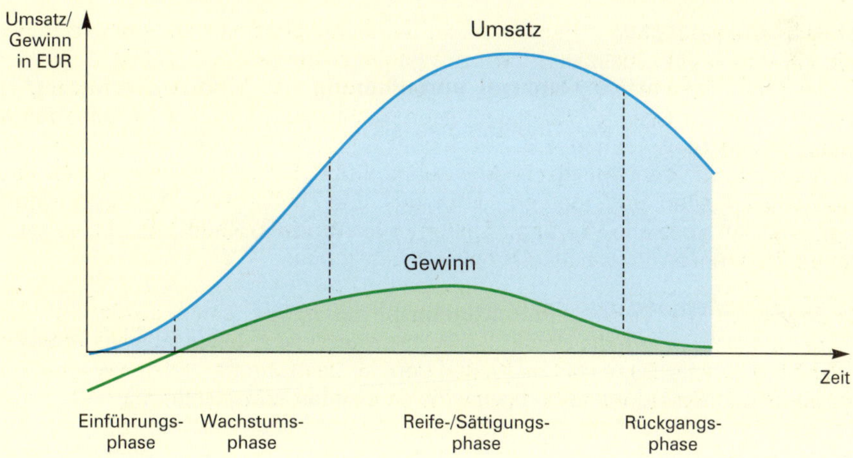

Die charakteristischen Merkmale der Produkt-Lebenszyklus-Phasen sind in der nachfolgenden Übersicht zusammengestellt.[1]

	Phasen des Produkt-Lebenszyklus			
	Einführungsphase	Wachstumsphase	Reife- und Sättigungsphase	Rückgangsphase
Merkmale				
Produktprogram	Innovation, Diversifikation	Differenzierung	Modifikation, Relaunch	Elimination
Absatzvolumen	gering	schnell ansteigend	Spitzenabsatz	rückläufig
Kosten	hohe Kosten pro Kunde	durchschnittliche Kosten pro Kunde	niedrige Kosten pro Kunde	niedrige Kosten pro Kunde
Gewinne	negativ	steigend	hoch	fallend
Konkurrenten	nur einige	Zahl der Konkurrenten nimmt zu	gleichbleibend, Tendenz nach unten setzt ein	Zahl der Konkurrenten nimmt ab
Marketingziele	Produkt bekannt machen, Erstkäufe herbeiführen	größtmöglicher Marktanteil	größtmöglicher Gewinn bei gleichzeitiger Sicherung des Marktanteils	Kostensenkung und „Gewinnmitnahme"
Marketinginvestitionen	sehr hoch	hoch (degressiv ansteigend)	mittel (sinkend)	gering
Kernbotschaft der Werbung	neu, innovativ	Bestätigung des Verhaltens	verlässlich, bewährt	Schnäppchen

4.3.2 Portfolio-Analyse

4.3.2.1 Konzept der Portfolio-Analyse und -Planung

Die Portfolio-Analyse[2] sieht das Unternehmen als eine Gesamtheit von strategischen Geschäftseinheiten (SGE).

- Eine **strategische Geschäftseinheit (SGE)** umfasst eine genau abgrenzbare Gruppe von Produkten, für die es einen eigenen Markt und spezifische Konkurrenten gibt.
- Die **Portfolio-Methode** untersucht die gegenwärtige Marktsituation einer strategischen Geschäftseinheit sowie deren Entwicklungsmöglichkeit und stellt dies grafisch dar.
- Mithilfe der Portfolio-Methode lassen sich **Strategien** entwickeln, mit deren Hilfe das Management eines Unternehmens entscheidet, welche **strategischen Geschäftseinheiten (SGE)** gefördert, welche erhalten und welche abgebaut werden.

1 Die Tabelle ist angelehnt an Kotler, P., Bliemel, F.: Marketing-Management, 8. Aufl., Stuttgart 1995, S. 586.

2 **Portfolio** (hier): schematische Abbildung zusammenhängender Faktoren im Bereich der strategischen Unternehmensführung.

4.3.2.2 Marktwachstum-Marktanteil-Portfolio[1]

(1) Aufbau

Die **Vier-Felder-Portfolio-Matrix,** die dem Marktwachstum-Marktanteil-Portfolio zugrunde liegt, gliedert die SGE nach den Kriterien **Marktanteil** und **Marktwachstum** in eine Matrix ein. In der Matrix können die einzelnen SGE vier grundlegend unterschiedliche Positionen einnehmen, die in der Portfolio-Terminologie mit den Bezeichnungen **Questionmarks, Stars, Cashcows** und **Poor Dogs** belegt werden.

- Die **horizontale Achse** zeigt den (relativen) **Marktanteil der strategischen Geschäftseinheit** auf, d.h. den eigenen Marktanteil im Verhältnis zu dem größten Konkurrenten. Der Marktanteil dient als Maßstab für die Stärke des Unternehmens im Markt. Er wird wie folgt berechnet:

$$\text{Relativer Marktanteil} = \frac{\text{Umsatzerlöse} \cdot 100}{\text{Umsatz des größten Konkurrenten}}$$

- Die **vertikale Achse** zeigt den **Grad der Wachstumsphase** (Marktwachstum) der Produkte an. Es wird wie folgt berechnet:

$$\text{Marktwachstum} = \frac{\text{erwartete Umsatzerhöhung des Gesamtmarktes}}{\text{derzeitiger Umsatz des Gesamtmarktes}}$$

(2) Darstellung des Modells im Einzelnen

■ Questionmarks (Fragezeichen)

Hierunter versteht man Produkte, die neu auf dem Markt sind. Der relative Marktanteil ist (noch) gering. Man verspricht sich bei ihnen gute Wachstumschancen. Sie sollen daher besonders stark gefördert werden, was bedeutet, dass die Questionmarks einen hohen Finanzmittelbedarf haben. Der Begriff „Fragezeichen" ist äußerst treffend, denn die Unternehmensleitung muss sich nach einer gewissen Zeit fragen, ob sie weiterhin viel Geld in diese SGE stecken oder den fraglichen Markt verlassen soll.

Strategieempfehlung: Offensivstrategie

1 Dieser Portfolio-Ansatz wurde von dem amerikanischen Beratungsunternehmen „Boston-Consulting-Group" entwickelt.

Stars (Sterne)

Aus dem anfänglichen „Fragezeichen", das Erfolg hat, wird ein „Star". Ein „Star" ist der Marktführer in einem Wachstumsmarkt. Er erfordert umfangreiche Finanzmittel, um mit dem Marktwachstum Schritt halten zu können. Im Allgemeinen bringen „Stars" schon Gewinne. Die generelle Strategie heißt, den Marktanteil leicht zu erhöhen bzw. zu halten.

Strategieempfehlung: Investitionsstrategie

Cashcows (Kühe, die bares Geld bringen)

Da der Markt kaum wächst, kommt es darauf an, durch gezielte Erhaltungsinvestitionen die erreichte Marktposition zu halten. Dadurch lassen sich Finanzmittel erwirtschaften. Cashcows stellen deshalb die Finanzquelle eines Unternehmens dar. Man lässt sie so lange „laufen", wie sie noch Gewinn bringen.

Strategieempfehlung: Abschöpfungsstrategie

Poor Dogs (arme Hunde)

Sie weisen nur noch einen geringen Marktanteil und eine geringe Wachstumsrate auf. Es bestehen keine Wachstumschancen mehr. Die Produktion der Poor Dogs sollte eingestellt werden.

Strategieempfehlung: Desinvestitionsstrategie[1]

Beachte:

Der **Marktanteil** und das **Marktwachstum eines Produkts** sind immer auch aus der **Sicht der Mitbewerber** zu sehen.

- Wird z. B. ein Produkt von einem Unternehmen neu in den Markt eingeführt (Questionmark), so trifft es in aller Regel auf gleichartige Produkte von Mitbewerbern, die bereits auf dem Markt sind und dort eventuell schon die Stellung eines Stars besitzen. Das neue Produkt muss sich daher seinen Marktanteil erobern, indem es Mitbewerber teilweise oder ganz aus dem Markt drängt oder sich einen neuen Markt schafft.
  Umgekehrt muss sich ein Produkt, das bereits als Cashcow auf dem Markt ist, gegen „Angriffe" der Mitbewerber behaupten, die neue Produkte auf den Markt bringen.
- Bei der Auswahl der Marketingstrategie hat das Unternehmen somit immer zu berücksichtigen, dass der Mitbewerber mit einer Gegenstrategie antwortet, damit sich seine Produkte am Markt behaupten können.

1 **Desinvestition:** Verringerung des Bestandes an Gütern.

(3) Beziehungen zwischen der Portfolio-Analyse und dem Konzept des Produkt-Lebenszyklus

Die folgende Matrix zeigt, dass durch die Portfolio-Analyse das Konzept des Produkt-Lebenszyklus ergänzt wird. Die Darstellung verdeutlicht den Zusammenhang zwischen den beiden Konzeptionen sowie die inhaltliche Aussage des Marktwachstum-Marktanteil-Portfolios.

Marktwachstum / Marktanteil	niedrig	hoch
hoch	**„Fragezeichen"** **Lebenszyklus:** Einführungs- bzw. frühe Wachstumsphase **Strategie:** Offensivstrategie **Planungsziel:** Marktanteil des Produkts erhöhen oder Aufgabe	**„Sterne"** **Lebenszyklus:** Wachstumsphase **Strategie:** Investitionsstrategie **Planungsziel:** Marktanteil halten bzw. leicht ausbauen
niedrig	**„Arme Hunde"** **Lebenszyklus:** Späte Reife- bzw. Degenerationsphase oder Flops in der Einführungsphase **Strategie:** Desinvestitionsstrategie **Planungsziel:** Abbau des Marktanteils bzw. Aufgabe des Produkts	**„Melkkühe"** **Lebenszyklus:** Reifephase **Strategie:** Abschöpfungsstrategie **Planungsziel:** Marktanteil halten bzw. leicht ausbauen

(4) Generelle Zielsetzung des Modells

Nachdem das Unternehmen alle seine strategischen Geschäftseinheiten in die Marktwachstum-Marktanteil-Matrix eingeordnet hat, gilt es festzustellen, ob das Portfolio ausgeglichen ist.

Das Portfolio ist dann **ausgeglichen,** wenn das Wachstum eines Unternehmens gesichert ist und ein Risikoausgleich zwischen den verschiedenen SGE besteht. Ein Portfolio wäre dann **nicht ausgeglichen,** wenn in der Matrix zu viele „arme Hunde" oder „Fragezeichen" bzw. zu wenig „Sterne" und „Melkkühe" existieren.

Ziel eines Unternehmens muss es sein, die einzelnen **SGE so zu positionieren,** dass es zu einer möglichst optimalen Kombination von **„kapitalliefernden" SGE** (Stars und Cashcows) in **zurückgehenden Märkten** und **„kapitalverbrauchenden" SGE** (Questionsmarks) in **Wachstumsmärkten** kommt. Nur in diesem Fall kann der Unternehmenserfolg langfristig als gesichert angesehen werden.

(5) Beurteilung des Marktwachstum-Marktanteil-Portfolios

Vorteile	Nachteile
Der Unternehmensleitung wird z. B. dazu verholfen, ▪ zukunfts- und strategieorientiert zu denken, ▪ die aktuelle Geschäftssituation zu erfahren, ▪ Chancen und Risiken zu erkennen, ▪ die Planungsqualität zu steigern, ▪ die Kommunikation zwischen der Unternehmensleitung und den einzelnen strategischen Geschäftseinheiten zu verbessern, ▪ die anstehenden Probleme schneller auszumachen, ▪ die schwachen Geschäftseinheiten zu eliminieren und die vielversprechenden durch gezielte Investitionen zu fördern.	▪ Eine Eingliederung der SGE in die Matrix hängt von der Gewichtung der einzelnen Faktoren ab und diese ist teilweise subjektiv. Man kann also eine SGE in eine gewünschte Position hineinmanipulieren. ▪ Es kann geschehen, dass sich die Unternehmensleitung zu stark auf die Wachstumsmärkte konzentriert und dabei andere Geschäftseinheiten vernachlässigt. ▪ Die Verflechtungen zwischen den einzelnen SGE bleiben völlig unberücksichtigt. Es kann somit riskant sein, für eine SGE unabhängige, von den übrigen Bereichen „losgelöste" Entscheidungen zu treffen. Eine solche Entscheidung kann nämlich für eine SGE eine positive und für eine andere SGE eine negative Wirkung haben.

Zusammenfassung

- Aus Sicht des Marketings stellt ein **Produkt** eine Summe von **nutzenstiftenden Eigenschaften** dar.
- In Zeiten gesättigter Märkte rücken bei der **Gestaltung des Produktprogramms** absatzwirtschaftliche Überlegungen in den Vordergrund, wie z. B. Kaufmotive, Zusatznutzen, Marktnischen.
- Produktpolitische Entscheidungen orientieren sich am **Lebenszyklus eines Erzeugnisses.** Das Nachfolgeprodukt muss am Markt eingeführt werden, solange sich das aktuelle Erzeugnis noch in der Reifephase befindet.
- Die **Portfolio-Analyse** ist ein Instrument der strategischen Planung. Sie ergänzt die Erkenntnisse aus der Lebenszyklusanalyse und unterstützt die Unternehmensleitung bei programmpolitischen Entscheidungen.

Übungsaufgaben

20

1. Erklären Sie, welche Zielsetzung das Konzept des Produkt-Lebenszyklus verfolgt!
2. Wie kann der Lebenszyklus eines Produkts verlängert werden? Beantworten Sie diese Frage, indem Sie ein Beispiel bilden!
3. Die Lebensmittel Schelzig AG hat einen neuen Vollmilch-Schoko-Riegel auf den Markt gebracht. Der Schoko-Riegel hat die Einführungsphase glänzend überstanden und befindet sich jetzt am Beginn der Wachstumsphase.

   Aufgabe:

   Formulieren Sie mindestens drei Marketingstrategien, die in der Wachstumsphase von Bedeutung sind!

21 Lösen Sie die Handlungsaufgabe aus der Lernsituation 4!

22
1. Beschreiben Sie die Grundidee der Portfolio-Methode!
2. Skizzieren Sie die Grundaussage der vier strategischen Geschäftseinheiten des Marktwachstum-Marktanteil-Portfolios!
3. Beschreiben Sie die generelle Strategie, die in den einzelnen Matrix-Feldern jeweils angemessen ist!
4. Die acht Kreise in dem vorgegebenen Marktwachstum-Marktanteil-Portfolio symbolisieren die acht Geschäftseinheiten der Chemie Leverkusen AG.

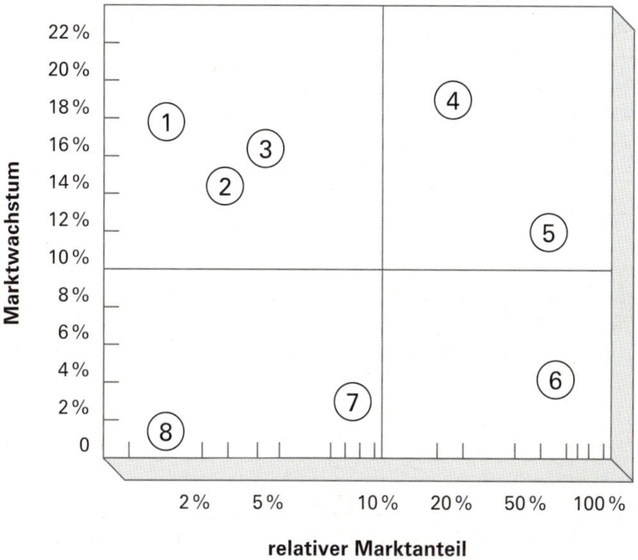

Hinweis:

- Die **vertikale Achse** zeigt das jährliche Marktwachstum der einzelnen Märkte.
- Die **horizontale Achse** zeigt den Marktanteil im Verhältnis zu dem des größten Konkurrenten.

(Nachweis: Kotler/Bliemel: Marketing-Management, S. 99)

Aufgabe:

Bewerten Sie die langfristigen Erfolgsaussichten der Chemie Leverkusen AG!

5. Übertragen Sie das Portfolio von Aufgabe 4 (ohne Kreise) in Ihr Hausheft. Tragen Sie anschließend die folgenden Daten der Limonadenwerke Leberer GmbH in das Portfolio ein:

Nr.	Produkt	Marktanteil	Marktwachstum
1	Zitronengetränk	40 %	16 %
2	Orangengetränk	5 %	14 %
3	Multivitaminsaft	2 %	12 %
4	Grapefruitsaft	8 %	5 %
5	Apfelsaft	20 %	6 %

Aufgaben:

5.1 Beurteilen Sie das Produktprogramm der Limonadenwerke Leberer GmbH!

5.2 Formulieren Sie Empfehlungen für die zukünftig anzuwendenden Marketingstrategien!

6. Erklären Sie, worin sich das Marktwachstum-Marktanteil-Portfolio von der Theorie der Lebenszyklen der Produkte unterscheidet!

23 Die Goslarer Büromöbel AG stellt Büromöbel verschiedener Arten her. Die Marketingabteilung analysiert das Produktportfolio der Goslarer Büromöbel AG, um sinnvolle Strategien in Bezug auf die zukünftige Produktpolitik zu entwickeln. Aus Übersichtsgründen wird im Folgenden nur das Produktportfolio der Regalsysteme betrachtet.

Die folgenden Daten stehen Ihnen als Mitarbeiter der Marketingabteilung zur Verfügung:

Produkt-gruppe	Eigener Marktanteil	Marktanteil des Haupt-konkurrenten	Relativer Marktanteil	Marktwachs-tum	Umsatz in Mio. EUR
Regalsystem „Basic"	6,4 %	8,9 %	0,7	4,5 %	12
Regalsystem „Trend"	4,5 %	3,7 %	1,2	4,8 %	17
Regalsystem „Design"	9,3 %	6,6 %	1,4	2,1 %	24
Regalsystem „Boss"	8,7 %	2,4 %	3,6	1,3 %	22
Regalsystem „Luxus"	6,2 %	2,2 %	2,8	3,9 %	14

Das durchschnittliche Marktwachstum bei Regalystemen beträgt 3,2 %.

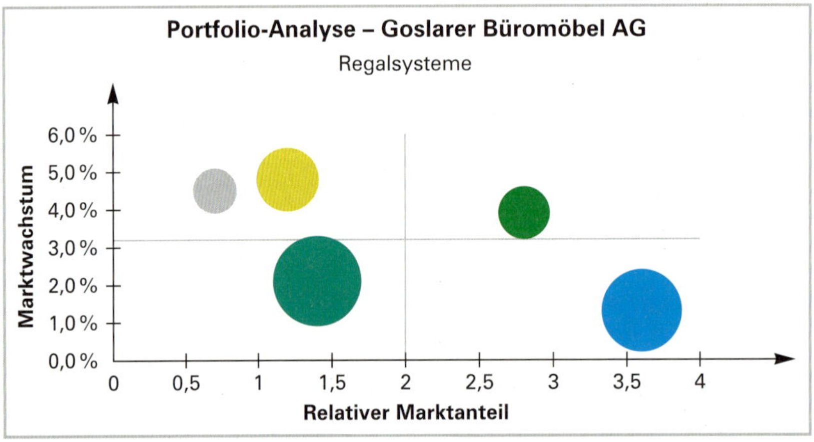

Aufgaben:

1. Erläutern Sie, in welcher Phase des Produktlebenszyklus sich das Regalsystem „Design" befindet!
2. Geben Sie als Mitarbeiter der Marketingabteilung eine begründete Empfehlung für eine Portfolio-Strategie im Hinblick auf die Regalsysteme „Boss" und „Luxus" ab!

LG 12.2 Lernsituation 5: Preise gestalten

Die Sportartikelfabrik Sport-Burr KG stellt qualitativ hochwertige Nordic-Walking-Stöcke als Marktführer her. Sie produziert und verkauft jährlich 12000 Nordic-Walking-Stöcke. Die Nordic-Walking-Stöcke werden zu einem Einheitspreis von 38,00 EUR angeboten. Dieser Preis deckt alle Kosten ab und enthält einen Gewinn von 1,81 EUR. Die Konkurrenten bieten ähnliche Nordic-Walking-Stöcke zu Preisen zwischen 34,90 EUR und 35,99 EUR an.

Impuls:

Welche Art Preispolitik betreibt die Sport-Burr KG?

Handlungsaufgaben:

Arbeiten Sie die folgenden Kapitel des Lehrbuchs durch und verwenden Sie die Aufzeichnungen aus dem Unterricht zur Bearbeitung der Handlungsaufgaben!

Die Sport-Burr KG möchte den Verkaufspreis (Barverkaufspreis) auf 41,80 EUR anheben. Die Abteilung „Marktforschung" warnt: Der (mengenmäßige) jährliche Absatz wird von bisher 12000 Stück auf 11000 Stück zurückgehen. (Die fixen Kosten betragen 175000,00 EUR monatlich, die variablen Kosten 20,00 EUR je Stück.)

1. Wie entscheidet die Sport-Burr KG, wenn sie vorrangig das Ziel vor Augen hat, einen möglichst großen Marktanteil zu erobern?
2. Wie entscheidet die Sport-Burr KG, wenn sie nach dem kurzfristigen Gewinnmaximierungsprinzip handelt? Belegen Sie Ihre Antwort mit Zahlen!
3. Fiele die Entscheidung zu 2. anders aus, wenn aufgrund der Preiserhöhung der Absatz um 3000 Stück zurückginge?

5 Kontrahierungspolitik (Entgeltpolitik)

Unter **Kontrahierungspolitik** werden im Folgenden alle **marketingpolitischen Instrumente** zusammengefasst, die der **Preisstrategie** und der **Preispolitik** zugerechnet werden.

5.1 Preisstrategien

Unter **Preisstrategien** versteht man ein planvolles Vorgehen zur Durchsetzung eines bestimmten Preisniveaus auf dem Markt.

(1) Hochpreisstrategie

Bei der **Hochpreisstrategie** versucht der Anbieter langfristig einen hohen Preis für seine Produkte zu erzielen, indem er die Produkte mit einer „Prämie" ausstattet, z.B. gleichbleibend hoher Qualitätsstandard, hohes Image, Distribution in Exklusivläden bzw. Beratungszentren, langfristige Garantiezeiten für Ersatzteile, Reparaturservice innerhalb 24 Stunden u.Ä. Diese Art der Hochpreisstrategie bezeichnet man als **Prämienpreisstrategie.** Voraussetzung für diese Preisstrategie ist, dass das Produkt eine Alleinstellung hat und die Preiselastizität[1] der Nachfrage zumindest sehr gering ist.

Beispiele:

Champagner, Hummer, Kaviar, Tafelsilber, Rolls-Royce, Porsche, Rolex-Uhren, Cartier-Schmuck, Bogner-Kleidung usw.

(2) Niedrigpreisstrategie

Bei der **Niedrigpreisstrategie** strebt der Anbieter an, dass der geforderte Preis dauerhaft unter dem Preis vergleichbarer Produkte liegt. Ziele einer Niedrigpreisstrategie können sein: Verdrängung von Wettbewerbern, Verhinderung des Markteintritts neuer Anbieter, Auslastung der Kapazität, Aufbau eines Niedrigpreisimages. Die Niedrigpreisstrategie wird vor allem zur **Verkaufsförderung (Promotion)** von Massenwaren, die keinen hohen Serviceanspruch haben, herangezogen. Diese Art von Preisstrategie bezeichnet man als **Promotionspreispolitik.**[2]

Beispiele für Unternehmen, die eine Niedrigpreisstrategie betreiben, sind:

Aldi, Norma, OBI, H&M, Ratiopharm (Herstellung von Generika).[3]

Die Festsetzung eines niedrigen Preises ist zweckmäßig,

- wenn die Preissensibilität[4] des Marktes hoch ist,
- niedrige Preise ein Marktwachstum hervorrufen und
- ein niedriger Preis den Markteintritt von Konkurrenten verhindert.

(3) Preisstrategien für die Einführungsphase eines Produkts

Die **Skimming-Strategie**[5] setzt, insbesondere bei Innovationsgütern, den Einführungspreis zunächst hoch an, um die Forschungs- und Entwicklungskosten schnell abzudecken. Das Unternehmen senkt den Preis aber jedesmal, wenn der Absatz zurückgeht, um jeweils die nächste Schicht preisbewusster Kunden für sich zu gewinnen. Ziel dieser Preisstrategie ist das Abschöpfen des Marktes.

Die **Penetrationspreispolitik**[6] versucht dagegen mit kurzfristig niedrigen Preisen für neue Produkte schnell einen hohen Marktanteil zu erreichen. Nach der Markteinführung werden die Preise dann angehoben.

---

1 Die **Preiselastizität der Nachfrage** ist das Verhältnis einer **prozentualen Nachfrageänderung** für ein bestimmtes Gut zu einer **prozentualen Preisänderung** dieses Gutes. **Beispiel:** Bei einer geringen Preiselastizität der Nachfrage führt eine Preiserhöhung nur zu einer geringen Nachfrageänderung.

2 **Promotion:** Förderung.

3 Werden Medikamente, deren Schutzrechte abgelaufen sind, in der gleichen Zusammensetzung wie das Original hergestellt, so spricht man von **Generikapräparaten.**

4 **Sensibilität:** Empfindlichkeit; sensibel: empfindsam, feinfühlig.

5 **To skim:** abschöpfen, absahnen.

6 **Penetration** (lat.): Durchdringung, Durchsetzung.

5.2 Preispolitik

Preispolitik ist das Bestimmen der Absatzpreise.

Ein zentrales Problem der Preispolitik besteht in der Frage, welche Kriterien (z.B. Kosten, Wettbewerber, Verhalten der Kunden) ein Verkäufer bei der Bestimmung des Angebotspreises berücksichtigen soll. Diese Frage stellt sich einem Investitionsgüterhersteller, der z.B. eine Mobilfunkanlage im Wert von 300 Mio. EUR verkauft, ebenso wie einem kleinen Einzelhändler, der den Preis für eine Zahnbürste festlegen muss und sich für 1,20 EUR entscheidet.

Für die Preisfindung haben sich insbesondere drei Entscheidungskriterien als nützlich erwiesen:

- die **kostenorientierte Preisfindung,**
- die **nachfrageorientierte (abnehmerorientierte) Preisfindung** und
- die **wettbewerbsorientierte (konkurrenzorientierte) Preisfindung.**

5.2.1 Kostenorientierte Preispolitik

- Sollen im Unternehmen **alle anfallenden** Kosten auf die Erzeugnisse verteilt werden, so spricht man von einer **Vollkostenrechnung.**[1]
- Werden hingegen zunächst nur solche Kosten berücksichtigt, die in einem direkten Verursachungszusammenhang mit den Erzeugnissen stehen **(variable Kosten),** handelt es sich um eine **Teilkostenrechnung.**

Das nachfolgende Beispiel stellt eine Kalkulation auf **Vollkostenbasis** dar.

Beispiel:

Bei der Weber Metallbau GmbH geht eine Anfrage nach einer Fassadengestaltung aus Stahl und Glas ein. Es soll ein verbindliches Preisangebot gemacht werden.

Der Auftrag für die Fassadengestaltung erfordert 50000,00 EUR Fertigungsmaterial und 60000,00 EUR Fertigungslöhne.

Die Gemeinkostenzuschlagsätze betragen:

Materialgemeinkostenzuschlag	5 %	Gewinnzuschlag	7,5 %,
Fertigungsgemeinkostenzuschlag	150 %	Kundenskonto	2 %,
Verwaltungsgemeinkostenzuschlag/ Vertriebsgemeinkostenzuschlag	15 %	Kundenrabatt	10 %.

Aufgabe:

Berechnen Sie den Angebotspreis!

1 Die Vollkosten- und die Teilkostenrechnung werden in den Kapiteln 9–14 dargestellt.

8 Wessel u.a. - ISBN 978-3-8120-0588-3

Lösung:

	100 %	Materialeinzelkosten	50 000,00 EUR	
	5 %	+ Materialgemeinkosten	2 500,00 EUR	
	105 %	= **Materialkosten**		52 500,00 EUR
100 %		Fertigungslöhne	60 000,00 EUR	
150 %		+ Fertigungsgemeinkosten	90 000,00 EUR	
250 %		= **Fertigungskosten**		150 000,00 EUR
	100 %	**Herstellkosten**		202 500,00 EUR
	15 %	+ Verwaltungs- und Vertriebsgemeinkosten		30 375,00 EUR
100 %	115 %	= **Selbstkosten**		232 875,00 EUR
7,5 %		+ Gewinn		17 465,63 EUR
107,5 %	98 %	= **Barverkaufspreis**		250 340,63 EUR
	2 %	+ Kundenskonto		5 108,99 EUR
90 %	100 %	= **Zielverkaufspreis**		255 449,62 EUR
10 %		+ Kundenrabatt		28 383,29 EUR
100 %		= **Angebotspreis**		283 832,91 EUR

5.2.2 Nachfrageorientierte Preispolitik

(1) Überblick

Um eine nachfrageorientierte Preispolitik betreiben zu können, bedarf es zuverlässiger Informationen über die Wechselwirkung zwischen der **Höhe des Preises** und der **zu erwartenden Nachfrage**. Mithilfe einer **Preis-Absatz-Funktion**[1] wird die Veränderung der Nachfragemenge nach einem Gut bei sich verändernden Preisen erfasst.

In den nachfolgenden Beispielen werden die Daten der Preis-Mengenentwicklung jeweils vorgegeben. Es werden zwei abnehmerorientierte preispolitische Maßnahmen (Entscheidungen) vorgestellt:

- die Festlegung der **preispolitischen Obergrenze** und
- die **Preisdifferenzierung.**

(2) Festlegung der preispolitischen Obergrenze

Bei Preisänderungen ist im Normalfall mit folgenden Nachfragerreaktionen zu rechnen: Bei Preiserhöhungen springen die Kunden ab, bei Preissenkungen werden neue Kunden gewonnen.

1 Die **Preis-Absatz-Funktion** gibt an, welche Menge ein einzelner Anbieter jeweils zu einem von ihm festgesetzten Preis absetzen kann.

Beispiel:

Die Weber Metallbau GmbH bietet ihren Artikel 220437 „Büroschere" an. Aufgrund exakter Marktforschung kennt sie die Reaktionen ihrer Kunden auf Preisänderungen. Sie stellt fest, dass sie sich einer normalen Nachfrage gegenübersieht, d.h., bei Preiserhöhungen nimmt die mengenmäßige Nachfrage ab, bei Preissenkungen nimmt sie zu.

Die fixen Kosten für die Produktion der Büroschere belaufen sich auf 10000,00 EUR je Periode, die variablen Kosten auf 6,00 EUR je Stück. Der Verkaufserlös beträgt 10,00 EUR je Stück. Die Preis-Mengenentwicklung (Nachfragefunktion) ist der nachfolgenden Tabelle (Spalte 1 und 2) zu entnehmen.

Aufgabe:

Ermitteln Sie die preispolitische Obergrenze!

Lösung:

Erlös/St. in EUR	Absetzbare Menge	Umsatz in EUR	Kosten fK: 10000,00 EUR vK: 6,00 EUR/St.	Gewinn/ Verlust in EUR
13,00	2000	26000,00	22000,00	4000,00
12,50	2500	31250,00	25000,00	6250,00
12,00	3000	36000,00	28000,00	8000,00
11,50	3500	40250,00	31000,00	9250,00
11,00	4000	44000,00	34000,00	10000,00
10,50	4500	47250,00	37000,00	10250,00
10,00	5000	50000,00	40000,00	10000,00
9,50	5500	52250,00	43000,00	9250,00
9,00	6000	54000,00	46000,00	8000,00
8,50	6500	55250,00	49000,00	6250,00

Ergebnis:

Den maximalen Gewinn in Höhe von 10250,00 EUR erzielt die Weber Metallbau GmbH bei einem Preis von 10,50 EUR pro Stück.

(3) Preisdifferenzierung

Begriff Preisdifferenzierung und die Auswirkungen von Preisdifferenzierungen

Die **Preisdifferenzierung** hat das Ziel, den Gewinn zu erhöhen, indem das anbietende Unternehmen Teilmärkte bildet, auf welchen unterschiedliche Preise verlangt werden.

Die Bildung der **Teilmärkte** setzt voraus, dass es gelingt, jene Kunden, die bereit sind, den höheren Preis zu bezahlen, am Übergang zum günstigeren Teilmarkt zu hindern. Die Abgrenzung der Teilmärkte wird in erheblichem Maße dadurch erleichtert, dass sich die

Konsumenten nicht konsequent rational[1] verhalten, sondern sich z. B. aus Prestigegründen in teurere Teilmärkte einordnen (z. B. bei Preisdifferenzierung in Verbindung mit Produktdifferenzierung).

Beispiel:

Angenommen, es gelingt, aus dem Gesamtmarkt (vgl. S. 115) zwei Teilmärkte zu bilden, auf welchen ein Preis von 12,00 EUR (Teilmarkt I, z. B. Verkauf über die Bürofachgeschäfte) und ein Preis von 10,50 EUR (Teilmarkt II, z. B. Direktverkauf an die Unternehmen) verlangt werden kann.

Aufgabe:

Ermitteln Sie, ob durch die Bildung von zwei Teilmärkten eine Gewinnsteigerung eintritt!

Lösung:

	Erlöse ohne Preisdifferenzierung in EUR	Erlöse mit 2 Teilmärkten und differenzierten Preisen in EUR	
Umsatzerlös	47 250,00	TM I (3 000 · 12,00) TM II (1 500 · 10,50)	36 000,00 15 750,00 51 750,00
Kosten	37 000,00		37 000,00
Gewinn	10 250,00		14 750,00
Gewinnsteigerung			4 500,00

Arten der Preisdifferenzierung

Begriffe	Beispiele
Preisdifferenzierung in Verbindung mit Produktdifferenzierung	Relativ geringfügige Produktunterschiede mit erheblich unterschiedlichem Prestigewert, z. B. Ausstattung, Lackierung, PS-Zahl eines Pkw
Preisdifferenzierung nach Abnehmergruppen oder nach Verwendungszweck	Strom für private Haushalte – Strom für gewerbliche Verbraucher; normale Fahrkarten – Schülerfahrkarten; Alkohol – Spiritus; Dieselkraftstoff – Heizöl
Räumliche Preisdifferenzierung	Pkw-Preise im Ausland günstiger als im Inland Benzin an Autobahntankstellen ist teurer als an einer Tankstelle in einer Stadt
Zeitliche Preisdifferenzierung	Haupt- und Nebensaison Tag-/Nachtstrom
Zeitlich gestaffelte Preisdifferenzierung	Ein erfolgreiches Buch wird zunächst als Leinenband, dann in Halbleinen und anschließend als Taschenbuch verkauft
Preisdifferenzierung durch Bildung von Herstellerpräferenzen	Schaffung eines Markennamens, Bildung von Erst- und Zweitmarken, Herstellermarke, Händlermarke
Preisdifferenzierung nach Abnahmemenge	Großabnehmer erhalten Sonderpreise im Vergleich zu Kleinabnehmern, insbesondere im Energiesektor (Aluminiumherstellung)

1 **Rational:** vernünftig.

5.2.3 Wettbewerbsorientierte Preispolitik

Unter **wettbewerbsorientierter (konkurrenzorientierter) Preispolitik** versteht man das Ausrichten des eigenen Preises an den Preisstellungen der Konkurrenten, wobei vor allem der **Leitpreis** (Preis des Preisführers, Branchenpreis) sowie die **oberen und unteren Preisgrenzen** der Wettbewerber von Bedeutung sind.

(1) Orientierung am Leitpreis

Sich auf einen Preiswettbewerb einzulassen, stellt keine sinnvolle Maßnahme dar, wenn die Wettbewerber stark und willens sind, ihre Preispositionen auf Biegen und Brechen zu verteidigen. In solchen Fällen ist es sinnvoll, sich den Preisvorgaben des Preisführers[1] bzw. dem Branchenpreis[2] unterzuordnen und sich durch andere Leistungsmerkmale (z.B. andere Qualitätsabstufungen, Sondermodelle, besondere Vertriebswege) von der Konkurrenz abzuheben. Wird der Branchenpreis bzw. der Preis des Preisführers für die eigene Preisfindung herangezogen, dann ändert das Unternehmen immer dann seine Preise, wenn der Preisführer dies tut bzw. der Branchenpreis sich ändert. Eine Preisänderung erfolgt dagegen nicht, wenn sich lediglich seine eigene Nachfrage- oder Kostensituation ändert.

Die Preisbildung nach Leitpreisen ist relativ beliebt. Wenn ein Unternehmen seine eigenen Kosten nur schwer ermitteln kann oder wenn Wettbewerbsreaktionen Ungewissheit auslösen, dann sieht es die Ausrichtung des eigenen Preises an den Konkurrenzpreisen als zweckmäßige Lösung an.

(2) Unter- und Überbietung des Leitpreises

Unterbietung des Leitpreises	■ Die Unterbietung des Leitpreises ist für ein Unternehmen nur bis zur **kurzfristigen (absoluten) Preisuntergrenze** des Produkts sinnvoll. Sie liegt dort, wo die Summe der dem Produkt direkt zurechenbaren Kosten **(variable Kosten)** noch gedeckt ist. Kurzfristig kann das Unternehmen nämlich die fixen Kosten außer Acht lassen, denn diese fallen an, ob ein Verkauf getätigt wird oder nicht. ■ Langfristig hingegen kann ein Unternehmen nicht mit Verlusten produzieren, es muss zumindest (gesamt-)kostendeckend arbeiten. Die **langfristige Preisuntergrenze** wird daher durch die Selbstkosten je Produkteinheit bestimmt.
Überbietung des Leitpreises	■ Die Überbietung des Leitpreises ist prinzipiell nur möglich, wenn das Produkt hinsichtlich seiner **Innovation** oder seiner **Alleinstellung** aufgrund seiner Ausstattungselemente im Markt eine Sonderstellung einnimmt. ■ Gleiches gilt, wenn sich das Unternehmen wegen seines **Images** oder seiner **Trendstellung** von den anderen Unternehmen abhebt. Da es sich hier um Einzelfälle handelt, wird hierauf nicht weiter eingegangen.

1 Als **Preisführer** bezeichnet man einen Anbieter, dem sich bei Preisänderungen die übrigen Anbieter anschließen. Preisführer treten insbesondere in oligopolistischen Marktstellungen wie bei Öl, Stahl, Papier oder Kunstdünger auf.

2 Von einem **Branchenpreis** spricht man dann, wenn mehrere Unternehmen den Preis mit ihrer Marktmacht bestimmen. Diese Preisfindung herrscht vor allem auf oligopolistischen und polypolistischen Märkten mit homogenen Gütern vor.

Zusammenfassung

- Unter **Preisstrategien** versteht man ein planvolles Vorgehen zur Durchsetzung eines bestimmten Preisniveaus auf dem Markt.
- Als grundsätzliche Preisstrategien können gewählt werden:
  - **Hochpreisstrategie (Prämienstrategie).** Sie versucht langfristig einen hohen Preis für die Produkte zu erzielen, indem die Produkte mit einer „Prämie" ausgestattet werden.
  - **Niedrigpreisstrategie (Promotionspreispolitik).** Hier versucht der Unternehmer, dass der Preis für sein Produkt dauerhaft unter dem Preis vergleichbarer Produkte liegt.
- In der Einführungsphase eines Produkts kann die **Skimming-Strategie** (Einführungspreis zunächst hoch) oder die **Penetrations-Strategie** (Einführungspreis zunächst niedrig) herangezogen werden.
- Unter der **Preispolitik** versteht man das Herab- oder Heraufsetzen der Absatzpreise mit der Absicht, den Absatz und/oder Gewinn zu beeinflussen.
- Die **Preispolitik** kann **kostenorientiert, nachfrageorientiert** oder **wettbewerbsorientiert** ausgerichtet sein.
  - Die **kostenorientierte Preispolitik** richtet sich an den betrieblichen Daten aus, d.h., die angefallenen Kosten bestimmen den Verkaufspreis. Es sind insbesondere zwei Berechnungsmethoden zu unterscheiden: die **Vollkostenrechnung** und die **Teilkostenrechnung.**
  - Die **nachfrageorientierte Preispolitik** bestimmt den Preis mithilfe der Preis-Absatz-Funktion eines Produkts, d.h., es wird die Veränderung der Nachfragemenge nach dem Produkt bei variierenden Preisen erfasst. Nachfrageorientierte preispolitische Maßnahmen (Entscheidungen) sind z.B. die Festlegung der **preispolitischen Obergrenze** und die **Preisdifferenzierung.**
  - Die **wettbewerbsorientierte Preispolitik** richtet die Preisgestaltung an den Preisstellungen der Konkurrenten aus, wobei vor allem der **Leitpreis** sowie die **oberen** und **unteren Preisgrenzen** der Wettbewerber von Bedeutung sind.

Übungsaufgaben

24

1. Ein Unternehmen steht vor der Entscheidung, eine Zahncreme unter neuer Marke einzuführen.

   Aufgaben:

   1.1 Erläutern Sie, nach welchen Kriterien der Einführungspreis bestimmt werden könnte!

   1.2 Treffen Sie eine begründete Entscheidung, für welchen Weg der Preisbestimmung Sie sich einsetzen würden!

2. Ein Hersteller von Skibindungen beabsichtigt, eine neuartige elektronische Skibindung auf den Markt zu bringen.

   Aufgaben:

   2.1 In der Einführungsphase plant das Unternehmen, eine Abschöpfungsstrategie anzuwenden. Erläutern Sie den Begriff!

   2.2 Welche Gründe könnten das Unternehmen zur Wahl dieser preispolitischen Strategie veranlasst haben?

3. Erklären Sie, wodurch sich die Skimming-Strategie von der Prämienpreisstrategie unterscheidet!
4. Wäre es Ihrer Meinung nach im vorliegenden Fall sinnvoll, dem Unternehmen zu raten, eine Penetrationspreispolitik zu betreiben? Begründen Sie Ihre Meinung!
5. Nennen Sie die Ziele, die mit einer Niedrigpreisstrategie verbunden sind!

6. Bei der Preisfestsetzung kann es für das Unternehmen vorübergehend sinnvoll sein, die Preise unter die allgemein angekündigte und geforderte Preisfestsetzung abzusenken.
   Begründen Sie die Richtigkeit der Aussage anhand von zwei selbst gewählten Beispielen!

25 Lösen Sie die Handlungsaufgaben aus der Lernsituation 5![1]

LG 12.2 Lernsituation 6: Kommunikation gestalten

Emmy Reisacher, die Inhaberin des Einzelhandelsunternehmens Beauty Moments Emmy Reisacher e. Kfr., möchte den Umsatz ihres Kosmetikinstituts erhöhen. Da der Industrie- und Gewerbepark Goslar nicht über eine ausreichende Anzahl von Laufkundschaft verfügt, muss sie das Interesse von Neukunden auf eine andere Art wecken.

Frau Reisacher warb bisher immer mit kleinen Anzeigen in dem Goslarer Anzeiger für ihre Dienstleistungen. Eine gute Freundin empfiehlt ihr, etwas kreativer und innovativer zu sein, um ihr Institut einer breiteren Öffentlichkeit bekannt zu machen. Daraufhin informiert sich Frau Reisacher in Büchern und im Internet über aktuelle marketingpolitische Maßnahmen.

IMPULS:

Jeder Tablet-Computer ist eine Abspielfläche für digitale Anzeigen. Das klingt so schlicht, doch um dieses Geschäft umfassend zu betreiben, muss man eine komplexe Datenwirtschaft beherrschen und mit Dutzenden von Technologiefirmen zusammenarbeiten. Deren Aufgabe ist es, immer genauere Profile von Nutzergruppen zu erstellen, um dem Ideal näherzukommen, jedem Verbraucher nur noch die für ihn nützliche Werbung zu liefern. Dafür sammeln die Firmen alte Datenbestände aus der Zeit vor dem Internet und führen sie mit Profildaten zusammen, die jeder Nutzer am Computer, auf seinem Smartphone und auf dem iPad hinterlässt.

Quelle: http://www.zeit.de/2012/48/Medien-Zeitung-Journalismus/seite-3

Für welche Unternehmen ist die in dem Artikel erwähnte Werbung sinnvoll?

HANDLUNGSAUFGABEN:

1. Frau Reisacher möchte für ihr Kosmetikinstitut eine Werbeanzeige in einer Zeitung aufgeben. Format: 50 mm hoch, 2-spaltig (88 mm breit). Zur Wahl stehen:
   - der **Goslarer Anzeiger.** Dies ist eine regionale Tageszeitung, die auch überregionale und internationale Informationen über Wirtschaft, Politik und Sport enthält. Jede Ausgabe wird von etwa 5 Personen gelesen.
   - das **Goslarer Wochenblatt.** Dies ist vorwiegend ein Anzeigenblatt mit einem nur geringen redaktionellen Anteil. Es wird wöchentlich einmal an alle lokalen Haushalte kostenlos verteilt. Jede Ausgabe wird im Durchschnitt von 2 Personen gelesen.

1 **Hinweis zur Lösung: Fixe Kosten** sind Kosten, die sich bei der Änderung der Produktionsmenge in ihrer **absoluten Höhe nicht verändern. Variable Kosten** sind Kosten, die sich bei Änderung der Produktionsmenge in ihrer **absoluten Höhe** (im vorgegebenen Fall **proportional**) verändern.

Um die Kosten einer Werbeanzeige in verschiedenen Zeitungen vergleichen zu können, ermittelt man den sogenannten Tausenderpreis.[1]

Entscheiden Sie unter Berücksichtigung der unten aufgeführten Mediadaten begründet, in welcher der beiden örtlichen Zeitungen das Inserat aufgegeben werden soll. Legen Sie Ihrer Entscheidung nicht nur die absoluten Kosten einer Anzeige und den Tausenderpreis zugrunde, sondern beziehen Sie auch qualitative Aspekte in Ihre Entscheidung ein! Folgende **Mediadaten** sind bekannt:

	Goslarer Anzeiger	**Goslarer Wochenblatt**
Auflage	36 000 erscheint werktäglich	78 000 erscheint 1 x wöchentlich
Kosten einer Anzeige	2,03 EUR je mm, 1-spaltig	1,54 EUR je mm, 1-spaltig

2. Gestalten Sie die Werbeanzeige für das Kosmetikinstitut in dem oben genannten Format!

6 Kommunikationspolitik

- Unter **Kommunikationspolitik**[2] werden im Folgenden alle marketingpolitischen Maßnahmen zusammengefasst, die das Unternehmen und seine Produkte in der Öffentlichkeit darstellen und bekannt machen.
- Die **Kommunikationspolitik** setzt sich aus
  - der **Werbung,**
  - der **Verkaufsförderung,**
  - der **Öffentlichkeitsarbeit** und
  - neueren Formen der Kommunikationspolitik **(Sponsoring, Produkt-Placement, Direktmarketing** und **Eventmarketing)** zusammen, wobei die Grenzen mitunter fließend sind.

6.1 Werbung

6.1.1 Begriff und Grundsätze der Werbung

(1) Begriff Werbung

Unter **Werbung** versteht man alle Maßnahmen mit dem Ziel, bestimmte Botschaften an Personen heranzutragen, um auf ein Erzeugnis und/oder eine Dienstleistung aufmerksam zu machen und Kaufwünsche zu erzeugen.

1 **Tausenderpreis** $= \frac{\text{Preis der Werbeanzeige} \cdot 1000}{\text{Höhe der Auflage} \cdot \text{Leser pro Ausgabe}}$

2 Unter Kommunikation versteht man die Übermittlung von Informationen von einem Sender zu einem Empfänger.

(2) Grundsätze der Werbung

Klarheit und Wahrheit	Die Werbung muss für den Kunden klar und leicht verständlich sein. Sie sollte sachlich unterrichten, die Vorzüge eines Artikels eindeutig herausstellen, keine Unwahrheiten enthalten und nicht täuschen. Falsche Informationen (Versprechungen) führen zu Enttäuschungen und langfristig zu Absatzverlusten. Eine irreführende Werbung ist verboten [§ 5 UWG].
Wirksamkeit	Die Werbung muss die Motive der Umworbenen ansprechen, Kaufwünsche verstärken und letztlich zum Kauf führen. Eine wichtige Voraussetzung für eine wirksame Werbung ist eine genaue Bestimmung der Zielgruppe.
Einheitlichkeit, Stetigkeit, Einprägsamkeit	Die Werbung sollte stets einen gleichartigen Stil aufweisen (bestimmte Farben, Symbole, Figuren, Slogans), um beim Kunden einen Wiedererkennungseffekt zu erzielen. Durch die regelmäßige Wiederholung der Werbebotschaft wird deren Einprägsamkeit erhöht.
Wirtschaftlichkeit	Die Aufwendungen der Werbung finden ihre Grenzen in ihrer Wirtschaftlichkeit. Die Werbung ist dann unwirtschaftlich, wenn der auf die Werbung zurückzuführende zusätzliche Ertrag niedriger ist als der Aufwand.
Soziale Verantwortung	Die Werbung darf keine Aussagen oder Darstellungen enthalten, die gegen die guten Sitten verstoßen oder ästhetische, moralische oder religiöse Empfindungen verletzen. Die rechtliche Umsetzbarkeit von Werbemaßnahmen hängt insbesondere von den Bestimmungen des Gesetzes gegen den unlauteren Wettbewerb [UWG] ab.

6.1.2 Werbeplan

Um den Erfolg der Werbung sicherzustellen und um die Werbemaßnahmen kontrollieren zu können, ist für jede Form der Werbung das Aufstellen eines Werbeplans notwendig.

(1) Überblick

Im Werbeplan sind insbesondere folgende Fragen zu beantworten:

- Welche **Art der Werbung** soll durchgeführt werden?
- Welche **Werbemittel** und **Werbeträger** sind einzusetzen?
- Welche Beträge können für die Werbung eingesetzt werden **(Werbeetat)?**
- Welche **Streuzeit** wird festgesetzt?
- Welche **Streugebiete** und **Streukreise** sind auszuwählen?

(2) Arten der Werbung

Beispielhaft werden im Folgenden zwei Formen der Werbung angeführt.

Werbung nach der Anzahl der Umworbenen

Direktwerbung	Es werden einzelne Personen, Unternehmen, Behörden usw. unmittelbar (z. B. durch Handelsvertreter und Handlungsreisende) oder durch Werbebriefe angesprochen.
Massenwerbung	Die **gezielte Massenwerbung** möchte eine bestimmte Gruppe durch die Werbung ansprechen (z. B. eine Berufs- oder Altersgruppe, die Nichtraucher, die Autofahrer). Die **gestreute Massenwerbung** wird mithilfe von Massenmedien (Rundfunk, Fernsehen, Zeitungen) betrieben.

Werbung nach der Anzahl der Werbenden

Alleinwerbung (Einzelwerbung)	Sie geht von einem einzelnen Unternehmen aus. Sie kann von einer eigenen Werbeabteilung, einem Werbeunternehmen oder von einem Marketingberater durchgeführt werden.
Verbundwerbung (Sammelwerbung)	Sie liegt vor, wenn mehrere Unternehmen (z. B. Hersteller, Handelsunternehmen) gemeinsam eine Werbeaktion durchführen (z. B. gemeinsame Messestände, gemeinsame Plakate). Die Namen der beteiligten Unternehmen werden bekannt gemacht.
Gemeinschaftswerbung	Hier tritt ein ganzer Wirtschaftszweig (z. B. die deutsche Milchwirtschaft) als Werber auf. Die Namen der beteiligten Unternehmen bleiben unbekannt.

(3) Werbemittel und Werbeträger

Werbemittel

Werbemittel sind Kommunikationsmittel (z. B. Wort, Bild, Ton, Symbol), mit denen eine Werbebotschaft dargestellt wird (z. B. Anzeige, Rundfunkspot, Plakate usw.).

Je nachdem, **welche Sinne angesprochen** werden sollen, gliedert man die Werbemittel in:

optische Werbemittel	Sie wirken auf das Sehen des Umworbenen (z. B. Plakate, Anzeigen, Schaufensterdekorationen, E-Mails und Short Message Service [SMS]).
akustische Werbemittel	Sie sprechen das Gehör an (z. B. Verkaufsgespräch, Werbevorführungen, Werbespots im Radio).
geschmackliche Werbemittel	Hier soll der Kunde durch eine Kostprobe von der Güte der Ware überzeugt werden. Die Kostproben sprechen den Geschmackssinn an.
geruchliche Werbemittel	Sie wirken auf den Geruchssinn der Kunden (z. B. Parfümproben).

Werden die verschiedenen Werbemittel kombiniert (z. B. Lebensmittelproben können gesehen und gekostet werden, Stoffproben können gesehen und gefühlt werden), so spricht man von **gemischten Werbemitteln.** Sie sind besonders werbewirksam, weil sie verschiedene Sinne des Menschen ansprechen.

Werbeträger

> Der **Werbeträger** ist das Medium, durch das ein Werbemittel an den Umworbenen herangetragen werden kann.

Wichtige Werbeträger (Streumedien) sind:

Werbeträger

- **Printmedien**
  - Zeitungen, Zeitschriften
  - Werbebrief, Kundenzeitschrift
  - Prospekte, Kataloge
- **Hörfunk**
  Fernsehen
  Kino
- **Plakatanschlagstellen**
  Nah- und Fernverkehrsmittel
  Bandenwerbung
- **Internet**
  CD-Werbung
- **Werbegeschenke**
  z. B. Einkaufstasche mit Firmenaufdruck

(4) Werbeetat

Da die Werbung in manchen Wirtschaftszweigen erhebliche Mittel verschlingt – der Prozentsatz der Werbekosten am Umsatz liegt in der deutschen Wirtschaft zwischen 1 % und 20 % –, ist ein genauer Haushaltsplan (Etat, Budget) für die Werbung aufzustellen. Die Höhe des Werbeetats kann sich nach der jeweiligen Finanzlage des Unternehmens, nach dem Werbeaufwand der Konkurrenz oder nach dem erwarteten Werbeerfolg richten.

Richtet sich der Werbeetat nach der jeweiligen Finanzlage des Unternehmens, die wiederum eng mit dem Umsatz zusammenhängt, spricht man von **zyklischer**[1] **Werbung.** Das bedeutet, dass bei steigenden Umsätzen mehr, bei fallenden Umsätzen weniger geworben wird. Diese zyklische Werbung ist jedoch im Allgemeinen wenig sinnvoll, weil gerade dann geworben wird, wenn der Umsatz ohnedies steigt, die Werbung jedoch unterlassen wird, wenn der Umsatz fällt.

Aus diesem Grund wird die **antizyklische Werbung** empfohlen. Sinkt der Umsatz, werden die Werbeanstrengungen verstärkt, steigt der Umsatz, werden sie verringert. Die antizyklische Werbung erfüllt den Zweck, einen gleichbleibenden Absatz und Gewinn zu sichern.

Ist der Werbeetat festgelegt, ist die Frage zu klären, wie die zur Verfügung stehenden Werbegelder auf die einzelnen Produktgruppen aufzuteilen sind. Hier kann das Unternehmen auf die **Portfolio-Analyse** zurückgreifen, und die Geldmittel nach der Marktsituation der einzelnen Produktgruppen zuordnen.

---

1 **Zyklus:** regelmäßig wiederkehrende Erscheinung.

Beispiel:

Sieht die Geschäftsleitung für Produkte, die die Stellung eines Questionsmarks oder Stars innehaben, gute Wachstumschancen, so wird sie diesen Produkten einen hohen Werbebetrag zuweisen (Offensiv- bzw. Investitionsstrategie). Dagegen werden Cashcows weniger stark beworben, da hier eine Abschöpfungsstrategie sinnvoll ist.

(5) Streuzeit

Das Festlegen der **Streuzeit** besagt, dass in der Werbeplanung Beginn und Dauer der Werbung sowie der zeitliche Einsatz der Werbemittel und Werbeträger bestimmt werden.

Grundsätzlich hat ein Unternehmen drei Möglichkeiten für die zeitliche Planung von Werbeaktionen:

- **einmalig** bzw. **zeitlich begrenzt** und intensiv zu werben,
- **regelmäßig** zu werben (pro Tag, pro Woche, pro Monat),
- in **unregelmäßigen Abständen** kurz, aber intensiv zu werben.

Vergleicht man die Wirkung von kurzzeitigen Werbeaktionen mit Werbeaktionen, die über einen längerfristigen Zeitraum angelegt sind, so gilt: Je länger und je häufiger geworben wird, desto schneller treten wirtschaftliche Werbewirkungen ein.

Die **Vergessenskurve** aus der Lernforschung zeigt, dass binnen weniger Stunden 50 % der empfangenen Informationen bereits wieder vergessen sind.

Vergessenskurve bei Werbeabbruch nach einmaliger Veröffentlichung

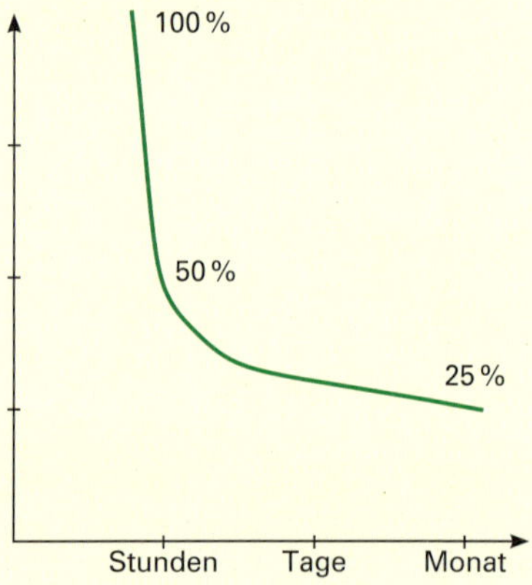

(6) Streukreis und Streugebiet

- Der **Streukreis** beschreibt den Personenkreis, der umworben werden soll. Der Personenkreis wird häufig noch nach **Zielgruppen** (z. B. Berufs-, Alters-, Kaufkraftgruppen, Geschlecht) untergliedert.
- Das **Streugebiet** (Werbeverbreitungsgebiet) ist das Gebiet, in welchem die Werbemaßnahmen durchgeführt werden sollen.

Streugebiete sind deswegen festzulegen, weil Art und Umfang des Bedarfs in den einzelnen Gebieten (beispielsweise sei auf die andersartigen Bedürfnisse von Stadt- und Landgemeinden hingewiesen) unterschiedlich sein können.

Ein **Beispiel für einen einfachen Werbeplan** finden Sie auf S. 125.

Werbeplan einschließlich der Werbeetatplanung für das 2. Quartal:

Goslarer Büromöbel AG

Nr.	Werbemaßnahme[1]	Reichweite in Tsd.	Umfang/ Dauer	Anzahl der Werbemaßnahmen	Kosten für 1 000 Kontakte	Kosten für Gestaltung/Druckvorlagen/Dekoration insg.	Kosten für Werbeverbreitung insg.	Werbedispositionen:[2]		
								April	Mai	Juni
1.	Anzeigen Titel/Ausgaben									
	1.1 Tageszeitung	180	$^1/_4$ Seite	10	8,40	1 800,00	16 920,00	2	2	3
	1.2 Anzeigenblatt	210	$^1/_2$ Seite	4	5,10	2 200,00	6 484,00	1	1	1
2.	Prospekte Titel/Ausgaben									
	2.1 Gewerbliche Büromöbel	22	6 Seiten	2	5,40	7 200,00	7 437,60	1		
	2.2 Schulmöbel für Kinderzimmer	22	4 Seiten	2	4,10	4 400,00	4 580,40			1
3.	Hörfunk Sender									
	3.1 Regio TV 1 3.2 Regio TV 2	3 300 2 400	30 Sekunden 45 Sekunden	5 8	1,12 1,30	380,00 290,00	2 228,00 2 786,00	1 2	1 2	1 2

1 Der Werbeplan kann problemlos um weitere Werbemaßnahmen erweitert werden.

2 Soll der Werbeplan für ein ganzes Jahr gelten, ist die Spalte „Werbedispositionen“ auf 12 Monate zu erweitern.

6.1.3 Bedeutung der Werbung

Die wichtigsten Argumente für und gegen die Werbung werden im Folgenden einander gegenübergestellt.

Argumente für die Werbung	Argumente gegen die Werbung
Die Werbung hilft, den Absatz zu sichern und zu steigern. Sie trägt damit zur Erhaltung bzw. Wiedergewinnung der Vollbeschäftigung bei.	Die Werbung verbraucht Milliardenbeträge, die für dringendere volkswirtschaftliche Aufgaben ausgegeben werden könnten.
Die Werbung informiert den Kunden über neue Entwicklungen.	Die Werbung suggeriert und manipuliert den Verbraucher. Sie verführt ihn zu Kaufentschlüssen.
Die Werbung kann ihren Zweck, nämlich den Kunden zum Kaufentschluss zu bringen, nur durch verstärkten mengenmäßigen Einsatz der Werbemittel erreichen.	Die Werbung ist selten kreativ (schöpferisch), häufig einfallslos und primitiv.
Die Werbung trägt dazu bei, den Absatz zu steigern. Aufgrund des Gesetzes der Massenproduktion sinken die Stückkosten und damit die Preise.	Die Überfülle an Werbebotschaften führt dazu, dass sie bei den Umworbenen überhaupt nicht mehr ankommen. Die Wirkung der Werbung ist gering. Es ist daher besser, die Preise zu senken und auf die Werbung zu verzichten.
Die Werbung fördert die Konkurrenz, weil sie die Markttransparenz erhöht.	Die Werbung gefährdet den Wettbewerb, weil es sich nur finanzstarke Unternehmen leisten können, ständig riesige Summen für die Werbung auszugeben.

6.2 Verkaufsförderung

- Die Verkaufsförderung hat das Ziel, durch **Maßnahmen am Ort des Verkaufs (Point of Sale)** den Umsatz anzukurbeln.
- Die Aktionen sind **kurzfristig** und dienen der **Profilierung des Unternehmens.**

(1) Salespromotion[1]

Sie beinhaltet in der Regel eine **enge Zusammenarbeit zwischen Händler und Hersteller** – zu beiderseitigem Vorteil. Während der Hersteller durch die persönliche Ansprache der Zielgruppe (in der Regel Stammkunden des Händlers) wenig Streuverlust erleidet, profitiert der Händler vom Image einer großen Herstellermarke. Der Spielraum möglicher Salespromotion-Aktionen ist dabei sehr vielfältig. In der Regel lassen sich jedoch umsatz-, produkt- und imagebezogene Zielvorstellungen harmonisch miteinander verbinden.

1 **Salespromotion** (engl.): Verkaufsförderung; to promote: fördern, befördern, vorantreiben.

Beispiele:

Eine Parfümerie lädt zu einer Typ- und Hautberatung ein und hat als Berater einen Visagisten eines Kosmetikherstellers im Haus.

In einem Haushaltswarengeschäft demonstriert ein bekannter Koch im Rahmen einer Kochvorführung die Verwendung von Küchengerätschaften eines bestimmten Herstellers. Zugleich werden Bücher dieses Kochs verkauft und zudem führt das Haushaltswarengeschäft eine Umtauschaktion „Alt gegen Neu" für Kochtöpfe dieses Herstellers durch. Jeder Kochtopf – gleich welcher Marke – wird beim Kauf eines neuen Kochtopfs dieses einen Herstellers mit 8,00 EUR vergütet.

(2) Merchandising

Der englische Begriff „merchandise" bedeutet Warenvertrieb, Verkauf, Vertriebsstrategie. Häufig wird der Begriff inzwischen mit dem gleichgesetzt, was man international als „Licensing" bezeichnet. Dies ist ein Marketingkonzept, bei welchem rund um ein Hauptprodukt Ableger desselben (Storys, Figuren, CDs, Trikots, Schlüsselanhänger, Fahnen usw.) vertrieben werden. Vorreiter dieses Konzeptes war der Walt-Disney-Konzern. Heute handelt es sich bei dem Hauptprodukt in der Regel um einen Kinofilm. Dies ist der klassische Bereich des Merchandising. Inzwischen sind auch andere Bereiche wie der Sport (Formel 1, Bundesliga), Autohersteller oder auch der Kulturbereich (Musicals) angesichts der Kürzung öffentlicher Mittel davon betroffen.

Der Kerngedanke besteht darin, durch Merchandising zusätzlich Produkte zu vermarkten, indem von beliebten bzw. bekannten Charakteren oder Produkten deren besondere Qualitätsvorstellung und Image auf die Ablegerprodukte übertragen werden. Ein positives Image wird also von einem Medium auf ein anderes übertragen.

Beispiele:

So trägt der Fan eines Bundesligaclubs einen Schal „seines" Vereins, der Besucher des Musicals ein T-Shirt, das es nur dort zu kaufen gibt und das Kind schläft in der Bettwäsche mit Motiven von Harry Potter. Und auch die Lebensmittelindustrie verwendet Packungsaufdrucke oder beigefügte Plastikfiguren, um ihre Produkte attraktiver zu machen.

6.3 Public Relations (Öffentlichkeitsarbeit)

Die **Public Relations** wirbt für den guten Ruf, das Ansehen eines Unternehmens oder einer Unternehmensgruppe in der Öffentlichkeit (Verbraucher, Lieferer, Kunden, Gläubiger, Aktionäre, Massenmedien, Behörden usw.).

Mithilfe der Öffentlichkeitsarbeit soll z. B. gezeigt werden, dass ein Unternehmen besonders fortschrittlich, sozial oder ein guter Steuerzahler ist oder dass es die Belange des Umweltschutzes in besonderem Maße berücksichtigt.

Beispiele:

Mittel der Public-Relations-Politik sind u.a. die Abhaltung von Pressekonferenzen, Tage der offenen Tür, Einrichtung von Sportstätten und Erholungsheimen, Spenden, Zeitungsanzeigen („Unsere Branche weist die Zukunft") oder Rundfunk- und Fernsehspots („Es gibt viel zu tun, packen wir's an!").

6.4 Neuere Formen der Kommunikationspolitik

Kommunikations-form	Erläuterungen	Beispiele
Sponsoring	Beim Sponsoring stellt der Sponsor dem Gesponserten Geld oder Sachmittel zur Verfügung. Dafür erhält er Gegenleistungen, die zur Erreichung der Marketingziele beitragen sollen.	Trikotwerbung für einen Fußballclub; Förderung einer Kunstausstellung oder eines Konzerts; Unterstützung sozial Benachteiligter; Starten von Natur- und Artenschutzaktionen.
Produkt-Placement	Beim Product-Placement werden Produkte werbewirksam in die Handlung eines Kino- oder Fernsehfilms, eines Videos oder eines Rundfunkprogramms integriert, wobei das Marketing verschleiert wird, der Auftraggeber dafür aber bezahlen muss. Ziel des Product-Placements ist es, über das positive Image des ausgewählten Programms und der darin auftretenden Schauspieler einen Imagetransfer auf das Werbeobjekt zu erreichen. Der Bekanntheitsgrad von bereits eingeführten Marken soll dabei erhöht und neu eingeführte Produkte sollen vorgestellt werden.	In einem Spielfilm isst eine bekannte Schauspielerin zum Frühstück ein Müsli, wobei die Marke deutlich erkennbar ist; Platzierung eines bestimmten Autotyps in einem Film.
Direktmarketing	Direktmarketing umfasst alle Maßnahmen, die ein Unternehmen einsetzt, um mit dem Empfänger einen Kontakt herzustellen.	Werbung per E-Mail; Zusendung einer Nachricht per Post; Anruf durch ein Callcenter; Zusendung einer Kundenzeitschrift.
Eventmarketing	Eventmarketing ist eine erlebnisorientierte Darstellung des Unternehmens und seiner Produkte in einer Mixtur aus Showaktionen, die den Erwartungshorizont der Zielgruppe treffen.	Ein Autohaus stellt ein neues Modell im Rahmen eines Familientages mit Essen, Trinken, Probefahrten, Spiele für Kinder, einer Band und einem bekannten Rennfahrer vor.

Zusammenfassung

- Die **Werbung** hat zum Ziel, bisherige und mögliche (potenzielle) Abnehmer auf die eigene Betriebsleistung (Waren, Erzeugnisse, Dienstleistungen) aufmerksam zu machen und Kaufwünsche zu erhalten bzw. zu erzeugen.
- Die **Public Relations** werben für den guten Ruf (das „Image") eines Unternehmens.
- Unter **Salespromotion** versteht man verkaufsfördernde Maßnahmen, bei denen in der Regel Händler und Hersteller zusammenarbeiten. Zielgruppe können daher der Handel sein (Verkäuferschulung, Beratung, Schaufensterdekoration, Displaymaterial) oder auch der Endkunde (Beratung, Produktproben, Preisausschreiben).

- **Merchandising** bedeutet, dass ein Nebenprodukt (Figur, CD, Bettwäsche, Schlüsselanhänger, Bekleidung usw.) rund um ein Hauptprodukt (Sportler, Roman- oder Filmfigur) vertrieben wird.
- Zu den modernen Kommunikationsmitteln gehören z.B. das **Sponsoring**, das **Product-Placement**, das **Direktmarketing** und das **Eventmarketing.**

Übungsaufgaben

26 Die Lorenz OHG stellt Haushaltsgeräte her. Weil der Absatz an Geschirrspülmaschinen stagniert, soll die Produktpalette erweitert werden.

Aufgaben:

1. Die Geschäftsleitung der Lorenz OHG beschließt, einen neuen, energiesparenden „Ökospüler" auf den Markt zu bringen.
   1.1 Schlagen Sie der Geschäftsleitung begründet drei Werbemittel bzw. -medien vor, die geeignet sind, das neue Produkt erfolgreich auf den Markt zu bringen!
   1.2 In der Diskussion über die durchzuführenden Werbemaßnahmen fallen auch die Begriffe Streukreis und Streugebiet. Definieren Sie diese Begriffe!
   1.3 Nach Meinung der Geschäftsleitung soll vor allem Massenwerbung und Alleinwerbung betrieben werden. Nennen Sie noch weitere Arten der Werbung a) nach der Zahl der Umworbenen und b) nach der Anzahl der Werbenden!
   1.4 Begründen Sie, warum die Lorenz OHG die unter 1.3 genannten Werbearten bevorzugt!
2. Die Geschäftsleitung der Lorenz OHG prüft, ob auch Maßnahmen der Verkaufsförderung ergriffen werden sollen.
   2.1 Erläutern Sie, welche Maßnahmen zur Verkaufsförderung gehören!
   2.2 Schlagen Sie der Geschäftsleitung der Lorenz OHG Maßnahmen aus dem Bereich Salespromotion vor, um den Absatz des „Ökospülers" zu fördern!
3. Zur Absatzförderung trägt auch die Öffentlichkeitsarbeit – also Maßnahmen der Public Relations – bei.

   Beurteilen Sie diese Aussage!
4. Ein Autohändler plant eine Werbeaktion zur Vorstellung des „Autos des Jahres".
   4.1 Stellen Sie ein Veranstaltungsprogramm auf für ein Marketing-Event in der Ausstellungshalle und auf dem Freigelände des Automobilhändlers!
   4.2 Beschreiben Sie wie Ihr Veranstaltungsprogramm die Aspekte Information, Emotion, Aktion und Motivation an die Zielgruppe vermitteln will!

27 Lösen Sie die Handlungsaufgabe aus der Lernsituation 6!

9 Wessel u.a. - ISBN 978-3-8120-0588-3

LG 12.2 Lernsituation 7: Distribution gestalten

Frau Reisacher, die Inhaberin des Einzelhandelsunternehmens Beauty Moments Emmy Reisacher e.Kfr., hat eine weitere Geschäftsidee, um ihren Umsatz zu erhöhen.

Bisher bietet sie ihre hochwertigen Bio-Kosmetikprodukte, die sich sehr gut verkaufen, nur in ihrem Kosmetikinstitut im Industrie- und Gewerbepark Goslar an. Um mehr Kunden mit diesen Produkten zu erreichen, möchte sie einen Internet-Kosmetikshop eröffnen.

Impuls:

Autor	Nachricht
Emmy85	Verfasst am: 15.03.20.. Titel: Neuer Kosmetik Online Shop
Anmeldungsdatum: 15.03.20.. Beiträge: 1	Hey bin neu hier im Forum und würde gerne auch meinen Kosmetikshop kurz vorstellen. Vielleicht findet ihr ja was schönes. Für Kritik an der Seite bin ich auch immer offen =). www.beautymoments.de

Welche Methode wird von Frau Reisacher hier gewählt, um Kunden auf ihren Online-Kosmetikshop aufmerksam zu machen?

Handlungsaufgabe:

Arbeiten Sie die folgenden Kapitel des Lehrbuchs durch und verwenden Sie die Aufzeichnungen aus dem Unterricht zur Bearbeitung der Handlungsaufgabe!

Recherchieren Sie im Internet nach vier weiteren Foren, in denen Händler beliebiger Produkte auf ihre Onlineshops hinweisen! Stellen Sie ein Forum vor, dessen Aufbau, Design und Strategie Sie für besonders gelungen halten. Begründen Sie Ihre Auswahl!

7 Distributionspolitik

Distribution heißt Verteilung der Produkte. Die Distributionspolitik befasst sich mit der Frage, auf welchem Weg das Produkt an den Käufer herangetragen werden kann.

Aufgabe der Distributionspolitik ist es, die **Absatzwege** festzulegen, die **Absatzorganisation** aufzubauen und die **Durchführung des Gütertransports (Absatzlogistik)**[1] zu planen und abzuwickeln.

7.1 Absatzwege

Die Entscheidung über den Absatzweg legt fest, wie der Vertrieb der Produkte organisiert werden soll. Das kann zum einen ohne Einschaltung des Handels oder unter Einschaltung des Handels erfolgen.

1 Auf die Absatzlogistik wird im Folgenden nicht eingegangen.

Die Ausführungen behandeln schwerpunktmäßig

- die **Gründe** für die **Wahl eines bestimmten Absatzweges** und
- die **besonderen Formen des Absatzweges.**

7.1.1 Direkte Absatzwege

(1) Werkseigener Absatz

Der werkseigene Absatz erfolgt durch die Geschäftsleitung oder durch Mitarbeiter und kann zentral oder dezentral aufgebaut sein.

Zentraler Absatz	Ein zentraler Absatz liegt vor, wenn ein Unternehmen nur **eine Verkaufseinrichtung** besitzt. Beim zentralen Absatz sind die Vertriebskosten verhältnismäßig niedrig. Die fehlende Kundennähe bewirkt jedoch häufig, dass nicht alle Absatzchancen wahrgenommen werden können.
Dezentraler Absatz	Ein dezentraler Absatz ist gegeben, wenn ein Unternehmen **mehrere Verkaufsniederlassungen** an Orten mit hohem Bedarf unterhält. Der **Vorteil** ist, dass die Verkaufschancen voll ausgenutzt werden können und Transportwege verkürzt werden; andererseits entstehen hohe (vor allem fixe) Vertriebskosten.

(2) Handlungsreisender

Handlungsreisende[1] sind **kaufmännische Angestellte,** die damit betraut sind, außerhalb des Betriebs Geschäfte **im Namen** und **für Rechnung des Arbeitgebers** zu vermitteln oder abzuschließen.

Für den Hersteller hat der Absatz der Produkte über Handlungsreisende z.B. folgende **Vorteile:**

- Als weisungsgebundener Angestellter steht der Handlungsreisende **ständig zur Verfügung.**
- Die Anzahl der Kontaktaufnahmen zu Stammkunden bzw. potenziellen Kunden kann von der **Geschäftsleitung gesteuert** werden.
- Durch intensive betriebliche Schulung hat der Handlungsreisende sehr gute Produktkenntnisse.
- Durch die Verbundenheit (Identifikation) des Handlungsreisenden mit dem Unternehmen und seinen Produkten kann ein **hoher Verkaufserfolg** erzielt werden.
- Über die Besuchsberichte erhält die Geschäftsleitung **wertvolle Marktinformationen.**
- Durch den ständigen Kontakt mit den Kunden können **Produktmängel rechtzeitig erkannt** und beseitigt sowie **Kundenanregungen zur Verbesserung des Produkts** aufgegriffen werden.
- Eine **intensive Beratung** und die **Durchführung von Serviceleistungen** beim Verkauf von erklärungs- und serviceintensiven Produkten wird erleichtert.
- Durch den Handlungsreisenden wird das **Unternehmen direkt vertreten,** da dieser als Repräsentant des Unternehmens auftritt.

1 Das HGB spricht vom **Handlungsgehilfen.**

Von **Nachteil** ist, dass bei zurückgehendem Absatz der Arbeitgeber hohe fixe Kosten (Fixum[1] und Spesen) zu tragen hat, da die Gehälter nicht ohne Weiteres gekürzt werden können. Der Aufbau einer unternehmenseigenen Absatzorganisation mit Handlungsreisenden ist daher nur sinnvoll, wenn ein Absatzgebiet voll erschlossen ist.

(3) Verkaufsniederlassungen und Vertriebsgesellschaften

Großunternehmen können eigene **Verkaufsniederlassungen** einrichten. Diese stellen „Verkaufsfilialen" dar. Preis- und verkaufspolitische Anweisungen erteilt die Zentrale.

Es können auch eigene **Vertriebsgesellschaften** (meist in der Rechtsform der GmbH) gegründet werden. Sie sind zwar rechtlich selbstständig, wirtschaftlich jedoch vom Gesamtunternehmen abhängig.

(4) Electronic Commerce

Begriff E-Commerce

Electronic Commerce bezeichnet Geschäftsvorgänge, bei denen die Beteiligten auf elektronischem Wege, insbesondere auf dem Weg über das Internet, ihre Geschäfte anbahnen und abwickeln.

Man unterscheidet dabei verschiedene Partner-Transaktionen:

B2C	Business to Consumer. Die Geschäftsbeziehung berührt auf der Verkäuferseite ein Unternehmen, auf der Käuferseite eine Privatperson.
B2B	Business to Business. Beide Partner sind Unternehmen.
B2A/B2G	Business to Administration/Business to Government, z.B. Steuererklärungen, Steuervoranmeldungen über das Programm **Elster** (**El**ektronische **St**euer**er**klärungen), Anträge auf Erlass eines Mahnbescheides, Ausschreibungen für Handwerksleistungen.

Arten des E-Commerce

Der elektronische Commerce kann in verschiedenen Ausbaustufen betrieben werden. Die verschiedenen Ausbaustufen werden im Folgenden kurz dargestellt.

Internet als Informationsquelle

Spezialisierte Informationsanbieter	Beispiele hierfür sind die Fahrplanauskünfte der Deutschen Bahn AG, Telefonnummern, Wetterdienste, Börsen- und Wirtschaftsinformationen.
Portale	Portale sind Eingangspforten ins Internet, die z.B. von Providern erstellt werden (z.B. T-Online) oder auch von Suchmaschinen (z.B. Google).

1 **Fixum:** Festes Gehalt; Mz: die Fixa.

Webvertising

Dies setzt sich zusammen aus Web-Advertising (Web-Reklame). Hierbei wird das Internet genutzt als Instrument zur Information der Kunden und zur Kommunikation mit ihnen als systematisch geplanter Teil der betrieblichen Kommunikationspolitik. Das Unternehmen stellt seine Produkte im Internet dar, bietet E-Mail- und Kontaktadressen, Gästebücher und ein Forum zum Austausch von Meinungen und Fragen an.

Electronic Shopping

Hierbei werden Produkte über das Internet an private Endkunden (B2C) oder an Unternehmen verkauft (B2B). Der Vertrieb erfolgt dabei über den traditionellen Weg via Post bzw. die Paketdienste oder ebenfalls über das Internet, z. B. bei Software.

Vor- und Nachteile des Electronic Shopping		
	für Käufer	**für Verkäufer**
Vorteile	■ permanente Öffnungszeiten ■ rasche Suche nach Produkten durch Shop-eigene Suchmaschinen ■ umfangreiches Angebot ■ bequem von zu Hause aus erreichbar, keine Fahrten notwendig, keine Parkplatzsuche, Ware wird ins Haus gebracht ■ einfache Preisvergleiche	■ weltweites Absatzgebiet ■ Kundeninformationen als Basis für „one-to-one“-Marketing fallen quasi als „Abfallprodukt“ an ■ aufwendige Warenpräsentation und Ladeneinrichtung entfällt
Nachteile	■ in Deutschland zum Teil immer noch Befangenheit bezüglich der Sicherheit beim Zahlungsvorgang ■ Einkaufserlebnis entfällt ■ kein Berühren des Produkts möglich ■ keine persönliche Produktberatung durch qualifiziertes Verkaufspersonal	■ hohe Unsicherheit ■ hohe Anfangsinvestitionen

Electronic Data Interchange

Dies ist ein Verfahren des zwischenbetrieblichen Datenaustausches. Erkennt z. B. das Warenwirtschaftssystem des Kunden die Notwendigkeit einer Nachbestellung, dann werden die Bestelldaten direkt in das Warenwirtschaftssystem des Verkäufers eingeschleust. Eingriffe von Hand entfallen auf beiden Seiten. Dies führt zu einer Verringerung der Personalkosten und der Vermeidung von Übertragungsfehlern. Bisher allerdings werden solche Transaktionen vorwiegend innerhalb geschlossener Netze durchgeführt. Offene Netze, wie das Internet, verfügen noch nicht über die erforderlichen Sicherheitsstandards.

7.1.2 Indirekte Absatzwege

(1) Grundlegendes

Zur Vermeidung der hohen Kosten durch ein eigenes Vertriebssystem wird der Vertrieb häufig selbstständigen Kaufleuten übertragen, die als Vertragshändler, Franchisenehmer oder Absatzmittler tätig werden. Diese Vertriebsorgane werden durch Verträge an den Hersteller gebunden. Sie tragen als selbstständige Kaufleute ihre Geschäftskosten selbst und erhalten vom Hersteller entweder eine Umsatzprovision oder eine Gewinnspanne von ihrem Warenverkauf.

(2) Vertragshändler

Der **Vertragshändler** ist ein **rechtlich selbstständiger Händler,** der sich vertraglich dazu verpflichtet, die Ware für einen Hersteller in **eigenem Namen** und auf **eigene Rechnung** zu verkaufen.

In der Regel wird dem Vertragshändler vom Hersteller das Recht eingeräumt, dass er die Waren innerhalb eines bestimmten Gebiets allein verkaufen kann. Der Vertragshändler erhält dadurch einen Gebietsschutz (Exklusivvertrieb) und kann den bekannten Namen des Herstellers für die Werbung nutzen. Im Gegenzug verzichtet dann der Vertragshändler häufig darauf, Konkurrenzprodukte zu verkaufen.

Beispiel:

Eine Bäckerei wird Vertragshändler für Jakobs-Kaffee und verzichtet gleichzeitig darauf, Kaffee von anderen Herstellern zu verkaufen. Der Kaffeehersteller stellt die Kaffeemaschinen und das Kaffeegeschirr.

Als rechtlich selbstständiger Händler erzielt der Vertragshändler durch den Warenverkauf eine Gewinnspanne. Er erhält keine Provision vom Hersteller.

(3) Franchising

- **Begriff Franchising**

Beim **Franchising** handelt es sich um vertraglich geregelte Kooperationen[1] zwischen rechtlich selbstständigen Unternehmen. Es ist ein besonderes Vertriebsbindungssystem, das in der Praxis zahlreiche Ausprägungsformen besitzt.

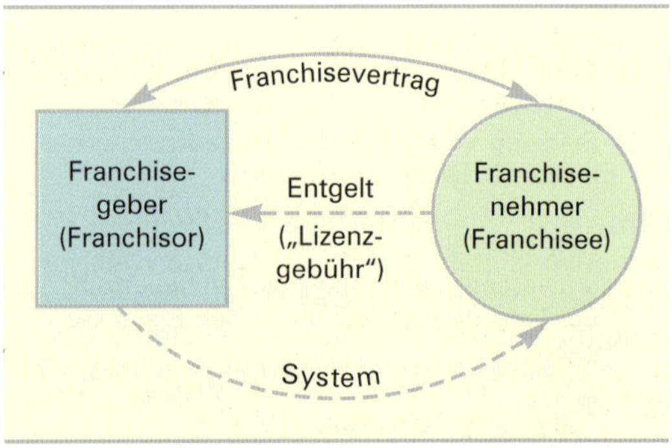

Der Franchisevertrag (im Grunde ein ganzes Bündel vereinbarter Rechte und Pflichten) wird zwischen dem **Franchisegeber** (meist ein Hersteller) und dem **Franchisenehmer** (z. B. ein Handels- oder ein sonstiger Dienstleistungsbetrieb) abgeschlossen.

1 **Kooperation**: Zusammenarbeit verschiedener Partner.

Merkmale des Franchisings

Folgende **Merkmale,** die nicht vollständig auf jedes System zutreffen müssen, sind zu nennen:

- die Franchisenehmer bleiben **rechtlich selbstständig** und handeln in **eigenem Namen** und auf **eigene Rechnung;**
- der Franchisegeber erteilt dem Franchisenehmer das Recht, gegen Entgelt (beim Handel meist in die Warenpreise einkalkuliert) seine **Marke** und seine **Symbole,** seine **Marktkenntnisse** und seine **Waren** absatzpolitisch zu verwerten;
- der Franchisenehmer verpflichtet sich, die **Absatz- und Betriebsorganisationsrichtlinien** des Franchisegebers zu befolgen;
- der Franchisegeber hat **Kontroll- und Weisungsrechte;** er verpflichtet sich andererseits, den Franchisenehmer zu beraten und zu unterstützen;
- alle Franchisenehmer treten auf dem Markt einheitlich (z. B. Aufmachung der Ladengeschäfte) auf, sodass der **Eindruck eines Filialsystems** erweckt wird.

Leistungen aus dem Franchisevertrag

Der **Franchisegeber** entwickelt die Produkt-, Sortiments-, Verpackungs- und Servicekonzeption (z. B. Garantieleistungen, Kundendienst) und stellt sie dem Franchisenehmer zur Verfügung. Er führt Marktforschungsmaßnahmen durch, schult die Inhaber und Mitarbeiter der Franchisenehmerbetriebe, entwickelt Verkaufsförderungsaktionen und führt diese durch, gibt Richtlinien für das Rechnungswesen oder übernimmt die Aufgaben des Rechnungswesens (Buchführung, Statistik, Kalkulation).

Der **Franchisenehmer** setzt sein eigenes Kapital ein, entrichtet seine Franchisegebühren, beteiligt sich an den allgemeinen Kosten (z. B. Kosten der Werbung), setzt seine Arbeitskraft allein für den Franchisegeber ein und pflegt die Beziehungen zu den Kunden.

Beispiele:

McDonald's, Burger King, Back-Werk, Tchibo, Hallo Pizza, Blume 2000, OBI

Vor- und Nachteile des Franchisings

Vorteile	Nachteile
■ Absatzwirksames, weil einheitliches und werbewirksames Absatzkonzept; ■ Stärkung von Kleinunternehmen zu marktstarken Gruppen; ■ rationelle (kostensparende) Nutzung einer zentralen EDV-Organisation; ■ umfassende Beratung und Unterstützung der Franchisenehmer durch den Franchisegeber; ■ rasche Durchdringung des Marktes, weil Franchising Aufbaukapital spart; ■ erleichtert Möglichkeit, sich selbstständig zu machen, da ausgereiftes Systemwissen vollständig zur Verfügung gestellt wird.	■ Gefahr der Marktsättigung durch immer gleichbleibendes und als uniform empfundenes Angebot; ■ beim Franchising zwischen Hersteller und Einzelhandel wird der Großhandel ausgeschaltet; ■ starke Abhängigkeit des Franchisenehmers; deswegen Gefahr, dass Waren auch von anderen Lieferern bezogen werden; Gründung von verbundunabhängigen Unternehmen durch die Franchisenehmer, um sich aus der Vertriebsbindung teilweise zu lösen; ■ verstärkte Tendenz zur Monotonie der Märkte, damit geringer Wettbewerb.

(4) Handelsvertreter

- **Handelsvertreter** sind **selbstständige Gewerbetreibende,** die ständig damit betraut sind, **im Namen** und **für Rechnung eines anderen Unternehmers** Geschäfte zu vermitteln oder abzuschließen [§ 84 I, S. 1 HGB].
- Der Handelsvertreter wird aufgrund eines **Vertretungsvertrags (Agenturvertrag)** tätig. Der Vertretungsvertrag ist auf **Dauer** ausgerichtet.

Die Entscheidung, ob Handelsvertreter oder Handlungsreisende eingesetzt werden sollen, hängt – neben anderen Faktoren – auch davon ab, wie hoch der erwartete bzw. geplante Umsatz ist.

Beispiel:

Ein Unternehmen steht vor der Wahl, entweder Handlungsreisende oder Handelsvertreter einzusetzen. Die Handlungsreisenden erhalten ein Fixum von insgesamt 12000,00 EUR im Monat und 4 % Provision, die Handelsvertreter lediglich 8 % Umsatzprovision. Es stellt sich die Frage, von welchem Umsatz an sich der Einsatz von Reisenden lohnt.

Grafische Lösung

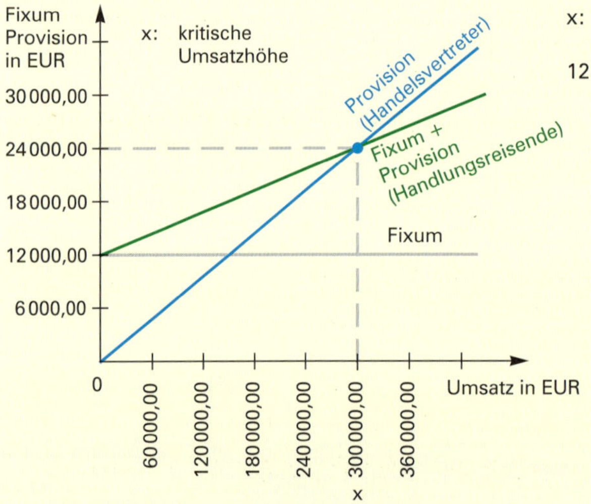

Mathematische Lösung

x: gesuchter Umsatz (kritische Umsatzhöhe)

$$12000 + 0{,}04\,x = 0{,}08\,x$$
$$0{,}04\,x = 12000$$
$$4\,x = 1200000{,}00$$
$$x = \underline{\underline{300000{,}00}}$$

Liegt der Umsatz über 300000,00 EUR monatlich, lohnt sich der Einsatz von Handlungsreisenden; liegt er darunter, ist der Einsatz von Handelsvertretern kostengünstiger.

- Bei einem **geringen Umsatz** ist es **häufig günstiger,** mit **Handelsvertretern** zu arbeiten, da **Kosten nur anfallen,** wenn **Aufträge hereingebracht** werden.
- Bei **höheren Umsätzen** ist im Regelfall der Einsatz von **Handlungsreisenden günstiger.**

Weitere Faktoren, die **für den Einsatz von Handelsvertretern** sprechen, sind:

- Kleine Unternehmen stützen sich auf Handelsvertreter, wenn sie sich **keinen eigenen Außendienst** leisten können.
- Auch große Unternehmen setzen Handelsvertreter ein, wenn sie neue Absatzgebiete **ohne zusätzliche Personalkosten** erschließen wollen.
- Handelsvertreter mit **speziellen Warenkenntnissen** bzw. **Kenntnissen in einer Region** können damit beauftragt werden, Waren zu prüfen, zu beschaffen, zu lagern und anschließend an den Auftraggeber zu senden.
- Die **Vergütung** des Handelsvertreters ist **leistungsabhängig.** Er hat daher ein besonderes hohes Interesse am Verkauf der Waren.
- Da der Handelsvertreter in der Regel verschiedene Unternehmen vertritt, kann er eventuell ergänzende Produkte von anderen Herstellern übernehmen, um so auf einem bestimmten Gebiet ein **breites Produktprogramm** anbieten zu können.
- Aufgrund der **räumlichen Nähe zu den Kunden** kann er gezielt neue Kunden gewinnen.
- Die **Kündigung eines Agenturvertrages** ist mit **weniger Schwierigkeiten verbunden** als die Kündigung eines Arbeitsverhältnisses (z. B. kein Kündigungsschutzgesetz, keine Tarifverträge, kein Mitspracherecht des Betriebsrats).

Faktoren, die **gegen den Einsatz von Handelsvertretern** sprechen, sind:

- Vertritt der Handelsvertreter verschiedene Hersteller, so hat er oft **geringe spezifische Warenkenntnisse** bezüglich der einzelnen Produkte.
- Eine **Kontrolle** des Handelsvertreters ist **nur eingeschränkt möglich.**
- Der Hersteller wird nur indirekt vertreten, sodass darunter der **persönliche Kontakt** zwischen Hersteller und Kunden **leiden kann.**

7.2 Absatzorganisation

Die **Absatzorganisation** regelt die Zuständigkeiten für den Absatz im Betrieb.

Die Verteilung der Zuständigkeiten für den Absatz im Betrieb kann

- produktorientiert,
- kundenorientiert oder
- gebietsorientiert

geregelt sein.

■ **Produktorientierung**

Bei der produktorientierten Absatzorganisation unterstehen dem Verkaufsleiter (Marketingleiter) verschiedene Abteilungen, die für den Absatz der Produktgruppen zuständig sind.

■ **Kundenorientierung**

Hier wird die Absatzorganisation auf verschiedene Abnehmergruppen ausgerichtet.

Beispiele:

Inländische Kunden – ausländische Kunden; Klein-, Mittel- und Großabnehmer; Einzelhandelsbetriebe – Großhandelsbetriebe; Endverbraucher – Wiederverkäufer.

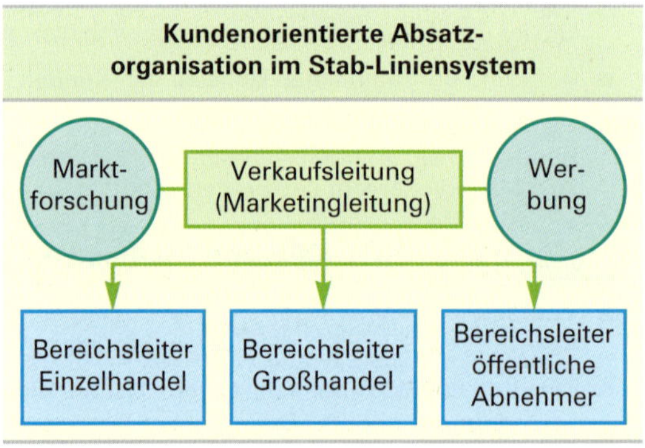

■ **Gebietsorientierung**

Die gebietsorientierte Absatzorganisation richtet Vertriebsabteilungen ein, die auf bestimmte Absatzgebiete (Regionen) spezialisiert sind.

Beispiel:

Bundesländer, Nord- und Süddeutschland, europäische Länder usw.

Welche Art der inneren Absatzorganisation ein Betrieb bevorzugt, hängt in erster Linie davon ab, in welchem der drei Merkmale die größten Unterschiede festgestellt werden. Ein Hersteller von sehr unterschiedlichen Produkten (z.B. Wohnzimmer, Schlafzimmer, Büromöbel) wird eher eine produktorientierte Organisation bevorzugen, während ein Hersteller von Baumaschinen, die er in Europa, in Nordamerika und im asiatischen Raum absetzt, eher eine gebietsorientierte Organisation wählt.

Zusammenfassung

- Nach den Absatzwegen unterscheidet man zwischen **direkten Absatzwegen** und **indirekten Absatzwegen.**
  - Zu den **direkten Absatzwegen** zählt der Verkauf über
    - werkseigenen Absatz
    - Handlungsreisende
    - Verkaufsniederlassungen
    - Vertriebsgesellschaften
    - E-Commerce
  - Zu den **indirekten Absatzwegen** zählt der Verkauf über
    - Vertragshändler
    - Franchising
    - Handelsvertreter
    - Kommissionär.
- Die **Absatzorganisation** regelt die Zuständigkeiten für den Absatz im Betrieb.
- Die Verteilung der Zuständigkeiten für den Absatz im Betrieb kann **produkt-, kunden-** oder **gebietsorientiert** geregelt sein.

Übungsaufgaben

28 Die Geschäftsleitung der Sport-Burr KG steht vor der Entscheidung, entweder Handelsvertreter oder Handlungsreisende einzusetzen. Für die Handlungsreisenden muss sie monatlich insgesamt 20000,00 EUR Fixum zahlen. Die Handlungsreisenden erhalten 4% Umsatzprovision, die Handelsvertreter 9%. Der erwartete Monatsumsatz beträgt durchschnittlich 500000,00 EUR.

Aufgaben:

1. Weisen Sie rechnerisch nach, ob der Einsatz von Handlungsreisenden oder von Handelsvertretern kostengünstiger ist!
2. Ermitteln Sie zeichnerisch den kritischen Umsatz!
3. Nennen Sie Gründe, die – unabhängig von Kostenüberlegungen –
   3.1 für die Einstellung von Handlungsreisenden,
   3.2 für den Einsatz von Handelsvertretern sprechen!

29 1. Nennen und beschreiben Sie mindestens fünf wesentliche Merkmale des Franchisings!
2. Nennen Sie Ihnen bekannte Franchising-Systeme!
3. Arbeiten Sie – eventuell in Gruppen – wesentliche Vor- und Nachteile des Franchisings heraus, und zwar
   3.1 für den Franchisegeber,
   3.2 für den Franchisenehmer,
   3.3 für die Kunden des Franchisenehmers!

30 1. Die MicroTex Technologies GmbH rechnet aufgrund der erstellten Marktprognose mit einer beträchtlichen Umsatzsteigerung. Aus diesem Grund soll der bisherige Absatzweg, Verkauf der technischen Garne durch Handelsvertreter, überdacht werden. Es soll untersucht werden, ob der Einsatz von Handlungsreisenden sinnvoll ist.

– Kosten für Handelsvertreter:	9% Umsatzprovision.
– Kosten für Handlungsreisende:	monatliche fixe Kosten (Fixum und Spesen) 3500,00 EUR und 3% Umsatzprovision.

Aufgaben:

1.1 Berechnen Sie den kritischen Umsatz!

1.2 Wie viel EUR betragen die Kosten der beiden Absatzmittler bei einem geschätzten Jahresumsatz von 1,0 Mio. EUR? Begründen Sie Ihre Entscheidung rechnerisch!

1.3 Erläutern Sie vier Gesichtspunkte, die außer den Kosten bei der Entscheidung für den günstigsten Absatzmittler zu berücksichtigen sind!

1.4 Schlagen Sie der Geschäftsleitung den nach Ihrer Meinung für den Verkauf der neuen Geschirrspülmaschinen geeignetsten Absatzmittler vor. Berücksichtigen Sie dabei Ihre Lösungen zu den Aufgaben 1.2 und 1.3!

2. 2.1 Beschreiben Sie, welche Aufgaben die Distributionspolitik zu lösen hat!

   2.2 Zeigen Sie auf, welche Absatzwege grundsätzlich möglich sind!

   2.3 Sie sind Distributionsmanager eines Textilunternehmens. Ihnen wird der Auftrag übertragen, für das spezielle Produkt „Jagdbekleidung" einen Distributionsplan zu erstellen.

   Aufgabe:

   Entwickeln Sie unter Verwendung der verschiedenen distributionspolitischen Instrumente eine Distributionsvariante!

31 Die Möbelfabrik Schreiner GmbH besitzt eine zentrale Verkaufsniederlassung in Neustadt.

Aufgaben:

1. Wie bezeichnet man diese Art der (äußeren) Absatzorganisation?
2. Beschreiben Sie die Vorteile, die diese Organisationsform besitzt!
3. Die Geschäftsleitung der Schreiner GmbH diskutiert die Frage, ob nicht noch zwei weitere Verkaufsniederlassungen in anderen Landesteilen errichtet werden sollen.

   3.1 Benennen Sie diese Art der (äußeren) Absatzorganisation!

   3.2 Erläutern Sie, welchen Vorteil die Schreiner GmbH hätte, wenn sie weitere Verkaufsniederlassungen unterhielte!
4. Die Geschäftsleitung der Möbelfabrik Schreiner GmbH unterhält sich auch über Fragen der inneren Absatzorganisation.

   Entwickeln Sie einen Vorschlag, wie die innere Absatzorganisation gestaltet werden kann, wenn die Möbelfabrik Schreiner GmbH Kunden in Nordrhein-Westfalen und Sachsen mit Wohn- und Schlafzimmern, Hoteleinrichtungen und Büromöbeln beliefert!
5. Die Möbelfabrik Schreiner GmbH verkauft ihre Produkte sowohl an Großhändler, Einzelhändler und Hotels als auch an Privatleute.

   5.1 Erläutern Sie, welche Absatzwege beschritten werden!

   5.2 Erläutern Sie die Vor- und Nachteile der von Ihnen genannten Absatzwege!

32 Lösen Sie die Handlungsaufgabe aus der Lernsituation 7!

LG 12.2 Lernsituation 8: Marketingkonzeption (Marketing-Mix) entwickeln

Eine von der Goslarer Büromöbel AG durchgeführte Marktforschungsaktion für einen neuen, noch vielseitiger elektrisch verstellbaren Schreibtisch ergab, dass eine relativ große Nachfrage vorhanden wäre. Aus diesem Grund soll die Marketingabteilung eine Marketingkonzeption mit geeigneten Marketinginstrumenten entwickeln und der Geschäftsleitung vorlegen.

Impuls:

Bevor die Goslarer Büromöbel AG das fertige Produkt am Markt anbietet, sollte sie bestimmte Vorarbeiten leisten. Welche sind das?

Handlungsaufgabe:

Arbeiten Sie die folgenden Kapitel des Lehrbuchs durch und verwenden Sie die Aufzeichnungen aus dem Unterricht zur Bearbeitung der Handlungsaufgabe!

Erstellen Sie eine Marketingkonzeption für das neue Schreibtischmodell „e-Desk Vario+"!

Vorgaben bzw. Informationen, die Sie für Ihre Marketingkonzeption berücksichtigen müssen, sind:

- Die Zielgruppe für den Schreibtisch „e-Desk Vario+" sind Unternehmen, die anspruchsvolle Büromöbel benötigen.
- Die Produktgestaltung ist frei, es werden aber nur hochwertige Materialien verwendet.
- Die Herstellungskosten betragen maximal 500,00 EUR.
- Der eigene Marktanteil des alten Schreibtischmodells „e-Desk" beträgt 9,2 %, der relative Marktanteil (bezogen auf den Marktanteil des Hauptkonkurrenten) 2,7 %.
- Das Werbebudget, das zur Verfügung steht, wurde mit Umsatzzahlen des alten Schreibtischmodells bestimmt und beträgt 480 000,00 EUR.
- Die Distribution des alten Schreibtischmodells erfolgt über einen Online-Shop und Vertragshändler.
- Die Kommunikationspolitik muss die Zielgruppe berücksichtigen (Business-to-Business).

8 Marketinginstrumentarium einsetzen und steuern

8.1 Entwicklung einer Marketingkonzeption (Marketing-Mix)

(1) Begriff

Unter einer **Marketingkonzeption** versteht man die individuelle Art und Weise, wie ein Unternehmen das Marketinginstrumentarium einsetzt. Die jeweilige Kombination der Marketinginstrumente bezeichnet man als Marketing-Mix.

(2) Produktidee, -planung und -einführung

Beispiel:

Die Seifenfabrik Gabriele Schwarz e. Kfr. hat bereits von mehreren Großhändlern – die ihrerseits die Erfahrungen der Einzelhändler wiedergaben – gehört, dass die Seife „Omega" deswegen nicht den gewünschten Erfolg gehabt hätte, weil sie a) zu teuer, b) ohne spezifischen Duft und c) in einer wenig ansprechenden Verpackung angeboten würde.

Die Marketingleitung der Seifenfabrik Gabriele Schwarz e. Kfr. plant daher, eine „neue" Seife gleichen Namens zu entwickeln, zu testen und – bei entsprechendem Erfolg – baldmöglichst auf den Markt zu bringen. Dies sollte nicht allzu schwer sein, denn „in der Schublade" befinden sich genügend Vorschläge zur Gestaltung von Seifen (Produktideen), die von der eigenen Entwicklungsabteilung erarbeitet wurden.

Im Rahmen der Produktentwicklung wird zunächst eine Auswahl aus den verschiedenen Produktvorschlägen (Produktideen) getroffen (Ideenselektion). Man entscheidet sich für den Vorschlag D, d. h. für eine Seife, die vor allem Männer ansprechen soll. Die Wirtschaftlichkeitsanalyse ergibt, dass der zu erwartende Umsatzzuwachs höher als der Kostenzuwachs sein wird, wenn statt der „alten" Seife das „neue" Erzeugnis auf den Markt kommt.

Marktuntersuchungen haben ergeben, dass Kosmetikprodukte für Männer häufig von Frauen gekauft und danach verschenkt werden. Die Werbebotschaft und die Produktgestaltung muss sich also an beide Käufergruppen wenden. Im Rahmen der Produktgestaltung sollen daher sowohl die Verpackung als auch die Seife selbst eine eckige, kantige Form erhalten. Die Farbgebung soll kräftig, die Duftnote männlich-herb sein. Bei der Werbung will man sich besonders an die weiblichen Kundinnen

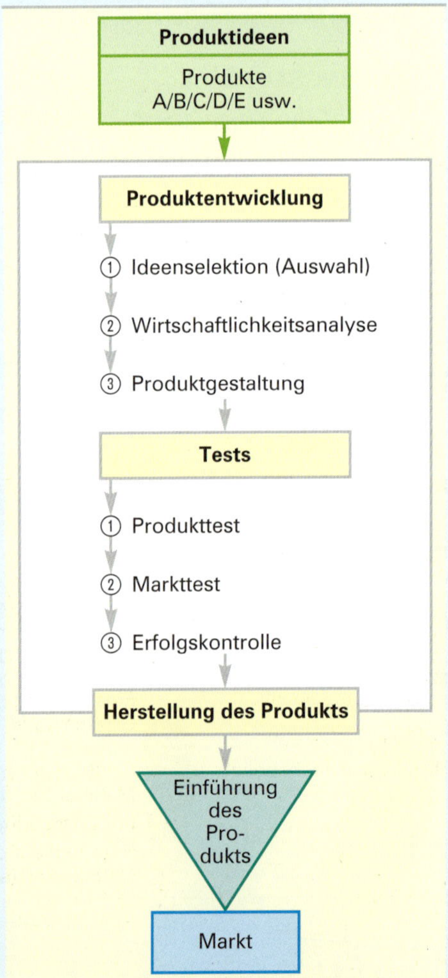

Von der Produktidee zum Markt

als die Träger der Kaufentscheidung wenden mit der Aussage: *„Kaufen Sie ihm Omega – bevor es eine andere tut!"*

Dabei soll die Verpackung jedoch nicht zu teuer (zu luxuriös) aussehen. Vielmehr soll der Eindruck erweckt werden, dass es sich um eine täglich zu verwendende Seife handelt.

Nach Abschluss der Produktentwicklung geht die Seife – zunächst in einer kleinen Serie (Stückzahl) – in Produktion. Da man kein Risiko eingehen will, möchte man das Produkt auf zweifache Weise testen. Zunächst soll untersucht werden, ob das Produkt tatsächlich den gesetzten Normen (z.B. Duftnote, Farbe) entspricht **(Produkttest)**. Zum anderen soll in Erfahrung gebracht werden, wie die neue Omega-Seife bei den Kunden „ankommt". Zu diesem Zweck beliefert die Seifenfabrik Gabriele Schwarz e.Kfr. einen Großhändler, der seinerseits einige wenige Einzelhandelsgeschäfte an bestimmten Orten beliefert **(Testmärkte)**.

Da die Omega-Seife den gesetzten Normen entspricht und auf den Testmärkten ein Umsatzplus von 30 % gegenüber dem Umsatz der „alten" Seife zu verzeichnen ist (das Ergebnis der **Erfolgskontrolle** also positiv ist), entschließt sich die Geschäftsleitung, die neue Seife allgemein einzuführen.

(3) Marketing-Mix

Die Seifenfabrik Gabriele Schwarz e.Kfr. unterscheidet sich nicht nur durch das von ihr hergestellte Produkt von ihren Konkurrenzunternehmen, sondern auch durch den ergänzenden individuellen Einsatz weiterer Marketinginstrumente wie z.B. Preispolitik, Distributionspolitik und Kommunikationspolitik.

Beispiel:

Marketing-Mix zweier Seifenfabriken (Ausschnitt)

Marketinginstrumente	Marketing-Mix der Seifenfabrik Schwarz e.Kfr.	Marketing-Mix der Seifenfabrik Weiß GmbH
Produktpolitik (einschließlich Gestaltung der Verpackung)	Form: kantig; Farbe: kräftig; Duft: herb; Verpackung: Karton.	Form: weich, gerundet; Farbe: pastell; Duft: zart; Verpackung: Plastikdose.
Preispolitik	Durchschnittspreis	Preis überdurchschnittlich
Distributionspolitik	Einschaltung des Großhandels	Direktbelieferung des Einzelhandels
Kommunikationspolitik	Großhandel stellt Display-Material zur Verfügung; nur Zeitschriftenwerbung; Hinweise auf die männliche Note der Seife.	Rundfunk-, Fernseh- und Zeitschriftenwerbung; Hinweise auf Eignung der Seife für die Schönheitspflege.

(4) Marktwachstum-Marktanteil-Portfolio und Marketing-Mix

Überträgt man die zunächst allgemein gehaltenen Handlungsstrategien der Portfolio-Analyse (siehe S. 104ff.) auf den einzusetzenden Produkt-, Distributions-, Entgelt- und Kommunikationsmix, so ergeben sich nunmehr deutlich konkretere Handlungsstrategien, und es können folgende Aussagen getroffen werden:

Strategie-Elemente	Portfolio-Kategorien			
	Fragezeichen	**Sterne**	**Melkkühe**	**Arme Hunde**
Produktmix	Produktspezialisierung	Produktionsprogramm ausbauen, diversifizieren	Unterschiedliche Marken und Modelle anbieten	Programmbegrenzung (keine neuen Produkte, Aufgeben ganzer Linien)
Distributionsmix	Distributionsnetz aufbauen	Distributionsnetz ausbauen, z. B. Tankstellen	Distributionsnetz weiter verstärken	Distributionsnetz selektiv abbauen
Kontrahierungsmix	Tendenzielle Niedrigpreise	Anstreben von Preisführerschaft	Preisstabilisierung	Tendenziell fallende Preise
Kommunikationsmix	Stark forcieren, auf allen Ebenen Einführungswerbung mit dem Ziel, „Neukunden“ zu gewinnen	Aktiver Einsatz von – Werbemitteln, – Zweitmarken	Werbung, die auf Bestätigung des Verhaltens abzielt, Verbesserung des Kundendienstes	Zurückgehender Einsatz des kommunikationspolitischen Instrumentariums

8.2 Marketing-Controlling

8.2.1 Begriff Controlling

Der Begriff Controlling ist von dem angelsächsischen Wort „to control“ abgeleitet und kann mit steuern, führen und kontrollieren übersetzt werden. Der Ausdruck Controlling darf also nicht dazu verleiten, ihn inhaltlich ausschließlich mit kontrollieren gleichzusetzen.

Controlling ist eine Methode, die den Entscheidungs- und Steuerungsprozess von Führungskräften durch die Bereitstellung entsprechender Informationen unterstützt.

8.2.2 Kennziffern beim Marketing-Controlling

Durch die Verwendung von Kennziffern im Marketing soll die Vielzahl der Daten, die im Rahmen des Rechnungswesens sowie bei der Erhebung von Marktinformationen anfallen, zu wenigen zentralen Messgrößen zusammengefasst werden. Die Auswahl der Kennziffern hat dabei so zu erfolgen, dass diese die Entwicklung des Unternehmens in zentralen Bereichen aufzeigen.

Kennziffern sind Verhältniszahlen oder absolute Zahlen, die in verdichteter Form einen Überblick über die Leistung des gesamten Unternehmens oder einzelner Teilbereiche geben.

Grundsätzlich lassen sich nach der **Erfassbarkeit der Kennziffern** zwei Gruppen unterscheiden:

Arten von Kennziffern	Erläuterungen	Beispiele
Quantitative Kennziffern	Diese Kennziffern geben **messbare Sachverhalte** aus Unternehmens- oder Marktdaten wieder.	Entwicklung des Umsatzes, Höhe des Marktanteils, Verlauf der Marketingkosten, Höhe des erzielten E-Commerceanteils.
Qualitative Kennziffern	Diese Kennziffern möchten **nicht messbare Marktentwicklungen** erfassen.	Einstellung der Kunden zum Unternehmen, Kundenzufriedenheit, wahrgenommene Produktqualität, festgestelltes Beschwerdeverhalten gegenüber dem Unternehmen oder Dritten (z.B. Medien, Verbraucherschutzeinrichtungen), Markentreue, Wiederkaufsrate.

8.2.3 Aufgaben der Marketing-Kennziffern

(1) Überwachung und Beaufsichtigung

Um wettbewerbsfähig zu bleiben, ist es für jedes Unternehmen von grundsätzlicher Bedeutung zu erfahren, ob die Plandaten **erreicht wurden,** die es sich im Rahmen der Marketing-Planung vorgenommen hatte. Da sich zwischen Planung und den tatsächlich erzielten Ergebnissen immer Abweichungen ergeben, muss analysiert werden, worauf die in den Kennziffern erfassten Abweichungen zurückzuführen sind. Abweichungen von Plandaten werden in der Praxis in einem **Bericht** an die Geschäftsleitung festgehalten.

Beispiele:

Es ist zu überprüfen, ob sich Umsatz, Gewinn, Marktanteil, Bekanntheitsgrad der Produkte der Planung entsprechend entwickelt haben.

(2) Planung und Steuerung

Ergebnisse, die sich aus der Überwachung der Marketingaktivitäten ergeben, sind anschließend mit dem Prozess der Planung zu verknüpfen. Es gilt zu überprüfen – insbesondere dann, wenn das erwartete Ergebnis nicht eingetreten ist –, ob die **gewählte Strategie** untauglich ist, ob ein **falsches Ziel** gesetzt wurde, oder ob die vorhandene **Datenbasis unzureichend** war.

Die Marketing-Kennziffern geben den Controllern die Möglichkeit,

- **Unternehmensstrategien** zu entwickeln,
- **Plandaten** festzulegen,
- **Plandaten** zu kontrollieren,
- **Abweichungen** zu analysieren,
- **Berichte** zu erstellen.

10 Wessel u.a. - ISBN 978-3-8120-0588-3

Die Unterstützungsfunktion des Controllings endet mit Analysen und Empfehlungen. Die Entscheidung selbst wird letztendlich aber von der Unternehmensführung getroffen. Nur mithilfe eines problemadäquaten und zielführenden Informationssystems können die Entscheidungsträger die **Steuerung als zukunftsgerichtetes Ressort** wirksam ausfüllen.

8.2.4 Beispiele für Marketing-Kennziffern

Zweck der nachfolgend angeführten Marketing-Kennziffern ist, einerseits den Marketingbereich zu überwachen und andererseits Daten zu liefern, die der **Planung und Steuerung des Unternehmens** dienen. Durch einen Vergleich von realen Ist-Zuständen mit den geplanten Soll-Größen wird die Zielerreichung der Marketingstrategie gemessen. Mittels einer Abweichungsanalyse können Fehler erkannt und Verbesserungsmaßnahmen eingeleitet werden. Die Auswahl der Kennziffern aus einer Fülle von möglichen Messgrößen ist betriebsindividuell.

(1) Kennziffer Absatzsteigerung

Die Absatzsteigerung wird am Absatz des vergangenen Jahres gemessen, ausgedrückt in Prozent. Es handelt sich hierbei um eine Mengengröße, also einer quantitativen, ökonomischen Kennziffer.

Beispiel Plansoll:

Bis zum Ende des Jahres wollen wir den Absatz unserer E-Bikes im Inland um 15% steigern.

$$\textbf{Absatzsteigerung} = \frac{\text{Absatzsteigerung (Stück, Liter ...)} \cdot 100}{\text{Absatz des vergangenen Jahres}}$$

Die Kennziffer gibt Auskunft darüber, um welche Verkaufsmenge der Absatz prozentual erhöht werden konnte.

(2) Kennziffer Marktanteil

Der Marktanteil ist der Anteil des eigenen Absatzes (Absatzvolumen) gemessen am Gesamtabsatz aller Unternehmen auf einem Teilmarkt innerhalb einer Periode (Marktvolumen), ausgedrückt in Prozent.

Beispiel Plansoll:

Bis zum Ende des Jahres wollen wir im Inland für unsere Mountainbikes einen Markanteil von 20% erreicht haben.

$$\textbf{Marktanteil (mengenorientiert)} = \frac{\text{Absatzvolumen} \cdot 100}{\text{Marktvolumen}}$$

$$\textbf{Marktanteil (wertorientiert)} = \frac{\text{Umsatz} \cdot 100}{\text{Gesamtumsatz des Marktes}}$$

Diese quantitative Kennziffer gibt Auskunft darüber, in welchem Maße das eigene Unternehmen das Marktvolumen bzw. den Gesamtumsatz des Marktes ausschöpfen und sich damit gegen die Mitbewerber erfolgreich durchsetzen konnte.

(3) Kennziffer Bekanntheitsgrad

Der Bekanntheitsgrad sagt etwas darüber aus, wie viele der Befragten einen Gegenstand (Produkt, Marke, Unternehmen) kennen. Die Steigerung des Bekanntheitsgrades gehört zu den psychografischen Marketingzielen als qualitative Kennziffer. Dies sind Merkmale wie Werte, Motive, Einstellungen oder Interessen der Kunden. Aus deren Kenntnis kann man Rückschlüsse auf die Bedürfnisse der Kunden ziehen.

Beispiel Plansoll:

Wir wollen innerhalb von 3 Jahren in unserer Region einen Bekanntheitsgrad von 25 % erreichen.

$$\textbf{Bekanntheitsgrad} = \frac{\text{Anzahl der Befragten, die einen Gegenstand kennen} \cdot 100}{\text{Anzahl aller Befragten}}$$

Maggi, Coca-Cola und Niveau haben z.B. einen Bekanntheitsgrad von nahezu 100%. Allerdings sagt der Bekanntheitsgrad nur etwas darüber aus, wie viele der Befragten einen Gegenstand kennen. Er sagt noch nichts darüber aus, ob die Befragten auch eine positive Einstellung gegenüber diesem Gegenstand haben.

(4) Kennziffer Sympathiegrad

Der Sympathiegrad drückt die Wertschätzung der Kunden für das Produkt, die Dienstleistung oder die Marke aus. Die Steigerung des Sympathiegrades gehört ebenfalls zu den psychografischen Marketingzielen der qualitativen Art. Daraus lassen sich Aussagen über das künftige Kundenverhalten ableiten.

Beispiel Plansoll:

Wir wollen innerhalb von 3 Jahren in unserer Region einen Sympathiegrad von 90% erreichen.

$$\textbf{Sympathiegrad} = \frac{\text{Anzahl jener, die den Gegenstand mögen} \cdot 100}{\text{Anzahl jener, die den Gegenstand kennen}}$$

Der Sympathiegrad ist eine Kennzahl, die den Bekanntheitsgrad verfeinert.

8.2.5 Regelkreis des Controllings

Geschäftsprozesse stehen nicht still, der Markt ruht nicht. Planungen müssen weiterentwickelt oder revidiert und neue Ziele gesetzt werden. Daher ist das **Controlling ein ständiger, regulierender Kreislauf.** Die grundlegenden Funktionen dieses **Regelkreises mit Planung, Kontrolle und Information** werden im Leistungserstellungsprozess immer wieder durchlaufen und ermöglichen den Leitungsinstanzen eine zielgerichtete, der tatsächlichen Entwicklung angepasste Steuerung der Geschäftsprozesse.

Steuerung der Geschäftsprozesse

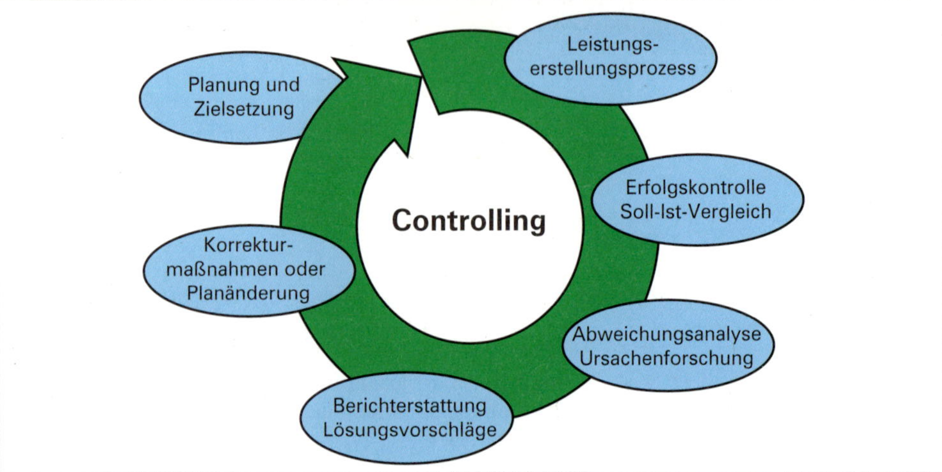

Zusammenfassung

- **Marketing-Mix** ist die betriebsspezifische Kombination, wie ein Unternehmen das Marketinginstrumentarium einsetzt.
- Kennziffern im **Marketing-Controlling** überprüfen zum einen die Erfolgsfaktoren eines Unternehmens und liefern zum anderen Daten zur Planung und Steuerung der zukünftigen Unternehmensentwicklung.
- **Kennziffern** fassen Daten so zusammen, dass sie einen Überblick über die Leistung des gesamten Unternehmens oder einzelner Teilbereiche geben.
- Beim **Soll-Ist-Vergleich** werden Plandaten (Soll-Werte) mit den tatsächlich erzielten Ergebnissen (Ist-Werte) verglichen. Durch die **Analyse der Soll-Ist-Abweichungen** sollen Fehlentwicklungen erkannt und Plandaten nötigenfalls korrigiert werden.
- Controlling ist ein ständiger, regulierender Kreislauf. Die grundlegenden Funktionen des **Controlling-Regelkreises** mit Planung, Kontrolle und Information ermöglichen den Leitungsinstanzen eine angepasste Steuerung der Geschäftsprozesse.

Übungsaufgaben

33

1. Erläutern Sie, was unter einem Marketingkonzept zu verstehen ist!
2. Erklären Sie, warum eine eigenständige Produktgestaltung dazu beitragen kann, den preispolitischen Spielraum eines Unternehmens zu vergrößern!
3. Beschreiben Sie die Aufgaben, die Kennziffern im Marketing-Controlling übernehmen!
4. Erläutern Sie, wodurch sich die quantitativen Kennziffern von den qualitativen Kennziffern unterscheiden!

5. Die Weber Metallbau GmbH hat sich von einem Handwerksbetrieb zu einem florierenden mittelständischen Industriebetrieb entwickelt. Daher ist eine zukunftsorientierte Planung mit begleitender Kontrolle der Planungsziele erforderlich. Weichen die tatsächlichen Geschäftsprozesse von den Zielen ab, so müssen die Leitungsinstanzen informiert werden, um rechtzeitig entgegenzusteuern.

   Aufgabe:

   Beschreiben Sie die Aufgaben eines funktionierenden Controllings in der Weber Metallbau GmbH!

34 Lösen Sie die Handlungsaufgaben aus der Lernsituation 8!

35 Die Sport-Burr KG stellt regelmäßig Statistiken über ihre Absatzzahlen wie die folgende auf und vergleicht die erreichten Ist-Werte mit den geplanten Soll-Werten der Marketingplanung:

Absatzstatistik für das Verkaufsgebiet Nord						
Artikel-Nr.	Vorjahr	Berichtsjahr	Änderung absolut	Änderung relativ	Plan-Soll	Controlling-Bericht
3815	2200 Paar	2398 Paar			+ 10 %	
3816	1520 Paar	1596 Paar			+ 10 %	
3817	3625 Paar	4060 Paar			+ 10 %	

Aufgaben:

1. Übertragen Sie die obige Tabelle in Ihr Hausheft und berechnen Sie die Absatzsteigerungen in absoluten Zahlen und prozentual!
2. Als Controlling-Bericht geben Sie eine kurze Anmerkung zur Planerfüllung!

36 Die Geschäftsleitung der Goslarer Büromöbel AG möchte von der Marketingabteilung Informationen über die Marktposition des Unternehmens haben.

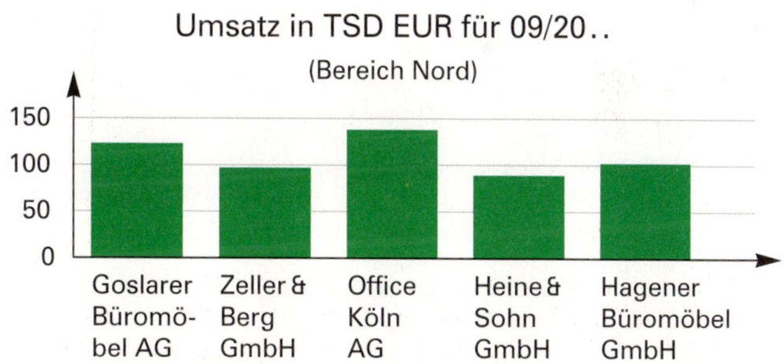

Aufgaben:

1. Interpretieren Sie die Grafik!
2. Berechnen Sie den Umsatzmarktanteil der Goslarer Büromöbel AG und der vier Konkurrenzfirmen mithilfe der folgenden Tabelle:

Firma	**Umsatz in TSD EUR**
Goslarer Büromöbel AG	123
Zeller & Berg GmbH	97
Office Köln AG	138
Heine & Sohn GmbH	89
Hagener Büromöbel GmbH	102
Gesamt	549

3. Stellen Sie die Marktanteile der Büromöbelhersteller in einem Kreisdiagramm grafisch dar!
4. Beschreiben Sie die Möglichkeiten, die die Marketing-Kennziffern der Marketingabteilung (den Controllern) ermöglichen!

LG 12.2

Lernsituation 9: Unternehmensgewinn und Betriebsgewinn voneinander abgrenzen

Impuls:

Die Süßholz GmbH und die Dark & Sweet GmbH haben sich jeweils auf die Herstellung von Lakritzschnecken spezialisiert. Für das abgelaufene Quartal liegen die folgenden Unternehmensdaten vor:

	Süßholz GmbH	Dark & Sweet GmbH
Umsatzerlöse	900 000,00 EUR	900 000,00 EUR
Aufwendungen für die Leistungserstellung (Lakritzproduktion)	900 000,00 EUR	800 000,00 EUR
Erträge aus dem Verkauf von Wertpapieren	200 000,00 EUR	–
Steuernachzahlung für das vorangegangene Geschäftsjahr	–	200 000,00 EUR
Unternehmensergebnis	?	?

Beurteilen Sie, welches Unternehmen erfolgreicher gewirtschaftet hat!

Handlungsaufgaben:

Arbeiten Sie die nachfolgenden Kapitel des Lehrbuches durch und verwenden Sie die Aufzeichnungen aus dem Unterricht zur Beantwortung der Handlungsaufgaben!

Die Goslarer Büromöbel AG legt folgende Auszüge aus der Gewinn- und Verlustrechnung vor:

GB Goslarer Büromöbel AG

1. Quartal 20.. (Auszug):

Umsatzerlöse	4 800 000,00 EUR
sonstige betriebliche Erträge	300 000,00 EUR
Materialaufwand	1 700 000,00 EUR
Personalaufwand	1 500 000,00 EUR
Abschreibungen	400 000,00 EUR
sonstige betriebliche Aufwendungen	100 000,00 EUR

2. Quartal 20.. (Auszug):

Aufwendungen für Roh-, Hilfs- und Betriebstoffe	1 200 000,00 EUR
Aufwand für Energie	300 000,00 EUR
Personalkosten	2 000 000,00 EUR
Steuernachzahlung für das vergangene Geschäftsjahr	150 000,00 EUR
Zinsaufwendungen	100 000,00 EUR
Büromaterial	200 000,00 EUR
Abschreibungen auf Sachanlagen	400 000,00 EUR
Umsatzerlöse	3 900 000,00 EUR
Erträge aus dem Verkauf von Wertpapieren	450 000,00 EUR
Erträge aus Versicherungsentschädigungen	180 000,00 EUR

1. Berechnen Sie das Betriebsergebnis für das erste Quartal 20..!

2. Erläutern Sie, warum es nicht möglich ist, die Gründe für diese Betriebsentwicklung im Einzelnen aufzuzeigen!
3. Formulieren Sie schlagwortartig, welche weiteren Angaben Sie für eine genauere Analyse des Betriebsergebnisses bräuchten!
4. 4.1 Berechnen Sie das Betriebs- und das Unternehmensergebnis für das zweite Quartal 20..!

   4.2 Ordnen Sie das Ergebnis Ihrer Berechnungen aus der Sicht der Geschäftsführung ein!
5. Stellen Sie die Merkmale der Buchführung einerseits und der Kosten- und Leistungsrechnung andererseits systematisch gegenüber!

9 Aufgaben und Grundbegriffe der Kosten- und Leistungsrechnung

9.1 Überblick

Nach dem **Informationsempfänger** unterscheidet man in externes Rechnungswesen und internes Rechnungswesen.

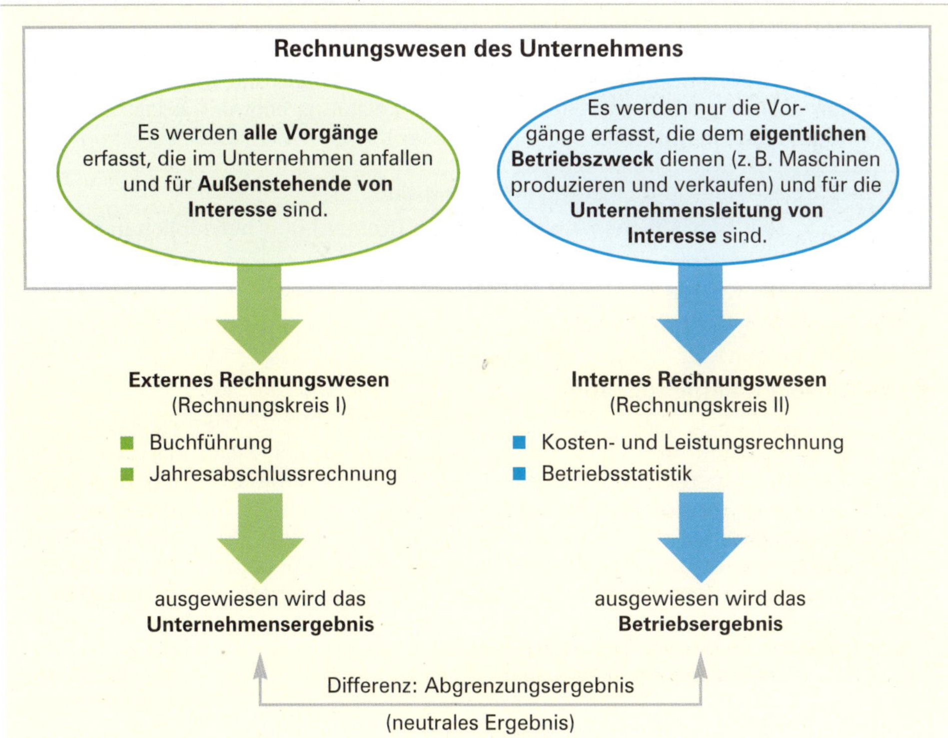

Struktur des betrieblichen Rechnungswesens[1]

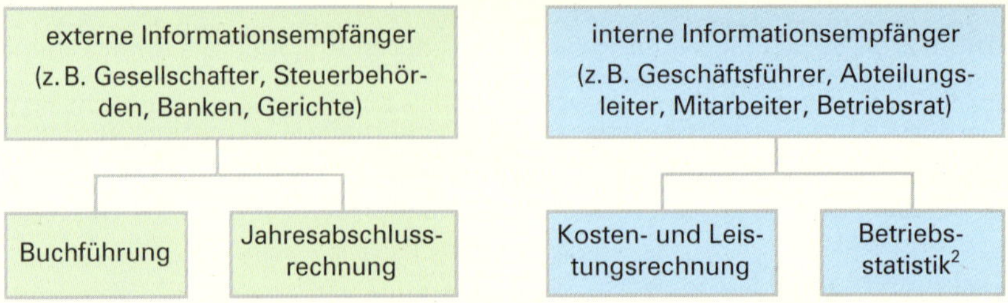

9.2 Aufgaben der Kosten- und Leistungsrechnung

In der **Buchführung** werden **alle** angefallenen **Aufwendungen** und **Erträge** unter Beachtung handels- und steuerrechtlicher Vorschriften festgehalten. Sie erfasst damit die Beziehungen zwischen dem Unternehmen und außenstehenden Dritten **(externes Rechnungswesen).** Nach Abschluss der Aufwendungen und Erträge wird auf dem Gewinn- und Verlustkonto das Gesamtergebnis des Unternehmens **(Unternehmensergebnis)** ermittelt.

Die **Kosten- und Leistungsrechnung** ermittelt – weitestgehend unabhängig von gesetzlichen Vorschriften – nur die erbrachten **betrieblichen Erträge (Leistungen)** und die dafür angefallenen **betrieblichen Aufwendungen (Kosten).** Die Differenz zwischen Leistungen und Kosten ergibt das **Betriebsergebnis.** Außerdem weist die Kosten- und Leistungsrechnung die Kosten und Leistungen getrennt (z. B. nach Erzeugnissen, Abteilungen, Verantwortlichen) aus und ermittelt so deren Beitrag zum Betriebsergebnis. Sie liefert der Geschäftsleitung **Informationen** für die **Vorbereitung** und **Kontrolle von Produktionsentscheidungen.** Zusammengefasst: Die Kosten- und Leistungsrechnung erfasst das innerbetriebliche Geschehen **(internes Rechnungswesen).**

Aufgaben der Kosten- und Leistungsrechnung sind:

- Erfassung aller **betrieblichen Aufwendungen (Kosten)** und **betrieblichen Erträge (Leistungen).**
- Ermittlung der **Kosten** und **Preise** für **einzelne Erzeugnisse.**
- Bereitstellen von Informationen zur **Vorbereitung** und **Kontrolle von Produktionsentscheidungen.**
- Ermittlung des **Betriebsergebnisses.**

Da die Ziele der Kosten- und Leistungsrechnung nicht mit den Zielen der Buchführung übereinstimmen, können auch deren Inhalte nicht übereinstimmen. Daher muss neben der Buchführung ein zweiter Rechnungskreis eröffnet werden, der entsprechend seiner Zielsetzung als Kosten- und Leistungsrechnung (KLR) bezeichnet wird. Obschon die KLR von dem Zahlenmaterial der Buchführung ausgeht, müssen bestimmte Werte der Buchführung ausgesondert, anders oder zusätzlich verrechnet werden. Das bedingt sowohl eine Klärung der inhaltlichen **Abgrenzung** der in beiden Rechnungskreisen unterschiedlichen Begriffe als auch eine Klärung des rechnungstechnischen Ablaufs für den Übergang von der Buchführung zu der Kosten- und Leistungsrechnung.

1 Quelle: Angelehnt an Steger, I.: Kosten- und Leistungsrechnung, 3. Aufl., München 2001, S. 6.

2 Auf dieses Gebiet des Rechnungswesens wird im Folgenden nicht eingegangen.

Übungsaufgabe

37
1. Das externe und interne Rechnungswesen haben unterschiedliche Zielsetzungen. Erläutern Sie diese Aussage!
2. Erklären Sie, warum neben der Buchführung eine Kosten- und Leistungsrechnung erforderlich ist!
3. 3.1 Nennen Sie den Rechnungsbereich, dem die Begriffe Aufwendungen und Erträge zuzuordnen sind!

   3.2 Nennen Sie das Begriffspaar der Kosten- und Leistungsrechnung!
4. Stellen Sie dar, wie man

   4.1 das Unternehmensergebnis und

   4.2 das Betriebsergebnis ermittelt!
5. Erläutern Sie, warum die Gewinn- und Verlustrechnung als Informationsinstrument zur Analyse des Betriebsgeschehens nicht ausreicht!

9.3 Grundbegriffe der Kosten- und Leistungsrechnung in Abgrenzung zu den Begriffen der Buchführung

Die Betriebswirtschaftslehre hat für die Buchführung und die Kosten- und Leistungsrechnung eine eigene Terminologie[1] entwickelt. Es handelt sich um zwei Begriffspaare.

Begriffspaare	
der Buchführung	der Kosten- und Leistungsrechnung
Aufwand Ertrag	Kosten Leistung

9.3.1 Begriffe der Buchführung: Aufwand und Ertrag

Der Begriff **Aufwand** erfasst **alle Geschäftsvorfälle,** die das **Eigenkapital mindern.** Der Begriff **Ertrag** erfasst **alle Geschäftsvorfälle,** die das **Eigenkapital erhöhen.** Dabei spielt es keine Rolle, ob die Ursache für die angefallenen Aufwendungen und Erträge in der Verfolgung des eigentlichen Betriebszweckes zu sehen ist oder ob es sich um Aufwendungen und Erträge handelt, die mit der Herstellung und dem Verkauf von Erzeugnissen nicht oder nur mittelbar in einem Zusammenhang stehen.

- **Aufwendungen** sind alle in Geld gemessenen **Wertminderungen des Eigenkapitals** innerhalb einer Abrechnungsperiode.
- **Erträge** sind alle in Geld gemessenen **Wertzugänge des Eigenkapitals** innerhalb einer Abrechnungsperiode.

Gesamte Erträge des Unternehmens	–	Gesamte Aufwendungen des Unternehmens	=	Unternehmensergebnis

1 **Terminologie:** Fachwortschatz.

9.3.2 Begriffe der Kosten- und Leistungsrechnung: Kosten und Leistung

In der Kosten- und Leistungsrechnung werden nur die Aufwendungen und Erträge erfasst, die ursächlich im Zusammenhang mit der Verfolgung des eigentlichen Betriebszweckes stehen, der bei Industriebetrieben in der Herstellung, der Lagerung und dem Verkauf der Güter zu sehen ist.

Die **betrieblichen Aufwendungen (Zweckaufwendungen)** bezeichnet man als **Kosten,** die **betrieblichen Erträge (Zweckerträge)** als **Leistungen.**

- **Kosten** sind der betriebliche und relativ regelmäßig anfallende Güter- und Leistungsverzehr innerhalb einer Abrechnungsperiode zur Erstellung betrieblicher Leistungen, gemessen in Geld.
- **Leistungen** sind die betrieblichen und relativ regelmäßig anfallenden Wertzugänge innerhalb einer Abrechnungsperiode, gemessen in Geld.

Leistungen (betriebliche Erträge)	–	Kosten (betriebliche Aufwendungen)	=	Betriebsergebnis

9.3.3 Inhaltliche Abgrenzung zwischen den Begriffen Aufwendungen und Kosten

(1) Neutrale Aufwendungen und Grundkosten

Die Aufwendungen der Buchführung können betrieblich bedingt sein oder mit dem eigentlichen Betriebszweck nichts zu tun haben.

- Die **Kosten,** die **gleichzeitig einen Aufwand** darstellen, nennt man **Grundkosten.**
- **Aufwendungen,** die **nicht betrieblich** bedingt sind oder aus anderen Gründen nicht als Kosten verrechnet werden sollen, bezeichnet man als **neutrale Aufwendungen.**

Art der neutralen Aufwendungen	Beispiele
Betriebsfremde Aufwendungen sind alle Aufwendungen, die mit dem eigentlichen Betriebszweck nichts zu tun haben.	Verluste aus Wertpapierverkäufen, Reparaturkosten an nicht betrieblich genutzten Gebäuden, Abschreibungen auf Finanzanlagen, Aufwendungen aus Beteiligungen.
Periodenfremde Aufwendungen sind Aufwendungen, die zwar betrieblich sind, deren Verursachung aber in einer vorangegangenen Geschäftsperiode liegt.	Steuernachzahlungen, Nachzahlungen von Gehältern, Garantieverpflichtungen für Geschäfte aus dem vorangegangenen Geschäftsjahr.
Außergewöhnliche Aufwendungen sind betriebliche Aufwendungen, die ungewöhnlich hoch oder äußerst selten sind.	Verluste aus Enteignungen, Verluste aus nicht durch Versicherungen gedeckten Katastrophenfällen.
Aufwendungen aus einer **Umstrukturierung des Vermögens.**	Verluste aus dem Abgang von Gegenständen des Sachanlagevermögens (Verkauf von Anlagegütern unter dem Buchwert).

Die **neutralen Aufwendungen** werden in der **Kosten- und Leistungsrechnung** entweder **gar nicht** oder **nicht** in der in der **Buchführung ausgewiesenen Höhe** berücksichtigt.

(2) Zusatzkosten

Neben der Tatsache, dass es **Aufwendungen** gibt, die **keine Kosten darstellen,** nämlich die neutralen Aufwendungen, gibt es auch **Kosten,** die **keine Aufwendungen** sind. Es handelt sich dabei um die **Zusatzkosten**. Ein Beispiel hierfür ist der **kalkulatorische Unternehmerlohn.**[1]

Zusatzkosten sind Kosten, für die es **keine Aufwendungen** innerhalb der Buchführung gibt **(aufwandslose Kosten).**

neutrale Aufwendungen	betriebliche Aufwendungen	
	Grundkosten	Zusatzkosten

9.3.4 Inhaltliche Abgrenzung zwischen den Begriffen Erträge und Leistungen

(1) Neutrale Erträge und Grundleistungen

Die Erträge der Buchführung können betrieblich bedingt sein oder mit dem eigentlichen Betriebszweck nichts zu tun haben.

- Die **Leistungen,** die **gleichzeitig einen Ertrag** darstellen, nennt man **Grundleistungen.**
- **Erträge,** die **nicht betrieblich bedingt** sind oder aus anderen Gründen **nicht als Leistungen verrechnet** werden sollen, bezeichnet man als **neutrale Erträge.**

Art der neutralen Erträge	Beispiele
Betriebsfremde Erträge sind alle Erträge, die mit dem eigentlichen Betriebszweck nichts zu tun haben.	Erträge aus Wertpapieren des Umlaufvermögens, Zinserträge, Erträge aus Beteiligungen, Erträge aus Finanzanlagen.
Periodenfremde Erträge sind Erträge, die zwar betrieblich sind, deren Verursachung aber in einer vorangegangenen Geschäftsperiode liegt.	Steuerrückerstattungen, Eingang einer bereits abgeschriebenen Forderung.

1 Vgl. hierzu S. 165f.

Art der neutralen Erträge	Beispiele
Außergewöhnliche Erträge sind Erträge, die ungewöhnlich hoch oder äußerst selten sind.	Erträge aus Gläubigerverzicht, Steuererlass, Erträge aus Schenkungen.
Erträge aus einer **Umstrukturierung des Vermögens.**	Erträge aus dem Abgang von Vermögensgegenständen (Verkauf von Anlagegütern über dem Buchwert).

Die **neutralen Erträge** werden in der **Kosten- und Leistungsrechnung** entweder **gar nicht** oder **nicht** in der in **der Buchführung ausgewiesenen Höhe** berücksichtigt.

(2) Zusatzleistungen

Neben der Tatsache, dass es **Erträge** gibt, die **keine Leistungen darstellen,** nämlich die neutralen Erträge, gibt es auch **Leistungen,** die **keine Erträge** sind. Es handelt sich um die **Zusatzleistungen.** Ein Beispiel für Zusatzleistungen sind Verkaufsprodukte, die verschenkt werden.

Zusatzleistungen sind Leistungen, für die es **keine Erträge** innerhalb der Buchführung gibt **(ertragslose Leistungen).**

neutrale Erträge	betriebliche Erträge	
	Grundleistungen	Zusatzleistungen

9.3.5 Unternehmensergebnis, Betriebsergebnis und neutrales Ergebnis

In der Erfolgsrechnung der **Buchführung** wird aus der Differenz zwischen Erträgen und Aufwendungen das **Unternehmensergebnis** ermittelt.

In der **Kosten- und Leistungsrechnung** wird aus der Differenz zwischen Leistungen und Kosten das **Betriebsergebnis** ermittelt.

Stellt man den neutralen Erträgen die neutralen Aufwendungen gegenüber, so erhält man das **neutrale Ergebnis.**

- Erträge – Aufwendungen = Unternehmensergebnis
- neutrale Erträge – neutrale Aufwendungen = neutrales Ergebnis
- Leistungen – Kosten = Betriebsergebnis

Unternehmensergebnis – neutrales Ergebnis = Betriebsergebnis

Übungsaufgaben

38 1. Erklären Sie mit eigenen Worten, was unter Leistungen einerseits und Kosten andererseits zu verstehen ist! Bilden Sie je zwei Beispiele!

2. Ermitteln Sie, bei welchen der genannten buchhalterischen Begriffe es sich um Begriffe der Kostenrechnung handelt!

   Abschreibungen auf Sachanlagen; Kosten für Ausgangsfrachten; Zinsaufwendungen; Umsatzsteuer auf den Verkauf von Erzeugnissen; Arbeitgeberanteil zur Sozialversicherung; Aufwendungen für bezogene Waren; Aufwendungen für Roh-, Hilfs- oder Betriebsstoffe; Aufwendungen für Kommunikation.

3. Ermitteln Sie, bei welchen der genannten buchhalterischen Begriffe es sich um Begriffe der Leistungsrechnung handelt!

   Umsatzerlöse für Waren; aktivierte Eigenleistungen; Rabatt beim Einkauf von Rohstoffen; Zinserträge; andere sonstige betriebliche Erträge; Umsatzerlöse für eigene Erzeugnisse.

39 1. Unterscheiden Sie zwischen Aufwand und Kosten! Nennen Sie je zwei Beispiele!

2. Unterscheiden Sie zwischen Ertrag und Leistung! Nennen Sie je zwei Beispiele!

3. Geben Sie bei den nachfolgenden Aufwandsarten an, ob es sich um betriebliche oder neutrale Aufwendungen handelt!

   Gehaltszahlungen, Aufwendungen für bezogene Waren, Verkauf eines Anlagegutes unter dem Buchwert, Abschreibungen auf Sachanlagen, hoher Forderungsausfall durch die Zahlungsunfähigkeit eines Kunden, Aufwendungen für die Altersversorgung der Arbeitnehmer, Verluste durch Brandschäden, die nicht durch eine Versicherung gedeckt sind, Arbeitgeberanteil zur Sozialversicherung, Mietzahlung für die Garage des Betriebs-Lkw, Aufwendungen für Rohstoffe, Steuernachzahlung für das vergangene Geschäftsjahr, Zahlung der Grundsteuer für das Betriebsgebäude, Zahlung der Gebäudeversicherung für ein nicht betriebsnotwendiges Gebäude.

4. Geben Sie bei den nachfolgenden Ertragsarten an, ob es sich um betriebliche oder neutrale Erträge handelt!

   Umsatzerlöse für Waren, Erträge aus Beteiligungen, Erträge aus dem Verkauf von Wertpapieren, Zinserträge, unerwarteter Eingang für eine bereits abgeschriebene Forderung, Steuerrückvergütung für das vergangene Geschäftsjahr, Umsatzerlöse für eigene Erzeugnisse, Verkauf eines Anlagegutes über dem Buchwert, selbst hergestellte Regale für die Verwendung im eigenen Betrieb.

5. Nennen Sie ein Beispiel für Zusatzkosten!

6. Beschreiben Sie, welches das besondere Merkmal für Zusatzkosten ist!

40 Lösen Sie die Handlungsaufgaben aus der Lernsituation 9!

LG 12.2

Lernsituation 10: In einer Ergebnistabelle die neutralen Aufwendungen und Erträge von den Kosten und Leistungen abgrenzen

Der Buchhaltung der Motorenwerke Anton Thomalla GmbH entnehmen wir für den Monat September 20.. folgende Aufwendungen und Erträge:

Konten	TEUR
5000 Umsatzerlöse für eigene Erzeugnisse	1920
5100 Umsatzerlöse für Waren	201
5410 Sonstige Erlöse aus Anlagenabgängen	84
5500 Erträge aus Beteiligungen	45
5710 Zinserträge	6
6000 Aufwendungen für Rohstoffe	495
6060 Aufwendungen für Waren	17
6200 Löhne	768
6300 Gehälter	195
6400 Arbeitgeberanteil zur Sozialversicherung	210
6520 Abschreibungen auf Sachanlagen	90
6850 Reisekosten	18
6979 Anlagenabgänge	15
7000 Betriebliche Steuern	53
7400 Abschreibungen auf Finanzanlagen	24

Impuls:

Nennen Sie die Aufwendungen und Erträge, die keine Kosten und keine Leistungen sind!

Handlungsaufgaben:

Arbeiten Sie die folgenden Kapitel des Lehrbuches durch und verwenden Sie die Aufzeichnungen aus dem Unterricht zur Beantwortung der Handlungsaufgaben!

1. Übernehmen Sie die angegebenen Aufwendungen und Erträge der Buchführung in die Ergebnistabelle! Hierbei ist zu beachten, dass von den Abschreibungen auf Sachanlagen 7 TEUR auf ein vermietetes, nicht betriebsnotwendiges Gebäude entfallen. Darüber hinaus stimmen bilanzielle und kalkulatorische Abschreibungen überein. Im Konto 7000 Betriebliche Steuern sind 10 TEUR Nachzahlungen für das Vorjahr enthalten.
2. Ermitteln Sie das Unternehmensergebnis, das Ergebnis aus unternehmensbezogener Abgrenzung und das Betriebsergebnis!

10 Abgrenzungsrechnung

10.1 Grundstruktur einer Ergebnistabelle

Die Abgrenzung der Aufwendungen der Buchführung in **betriebliche Aufwendungen,** die in die Kosten- und Leistungsrechnung einfließen, von den **neutralen Aufwendungen,** die nicht als Kosten verrechnet werden sollen, sowie die Verrechnung von **Anderskosten**[1] und **Zusatzkosten**[1] erfolgt über die sogenannte **Ergebnistabelle (Abgrenzungstabelle).**

Für die **Abgrenzungsrechnung** hat sich als übliches Verfahren das sogenannte **Zweikreissystem** durchgesetzt. Die **Buchführung** stellt den **Rechnungskreis I** dar, die **Abgrenzungsrechnung** und die **Betriebsergebnisrechnung** erscheinen im **Rechnungskreis II.**

Grundstruktur einer Ergebnistabelle									
Rechnungskreis I: Buchführung				**Rechnungskreis II: Kosten- und Leistungsrechnung**					
Erfolgsrechnung				Abgrenzungsrechnung				Betriebsergebnisrechnung	
Erfolgskonten der Klassen 5 bis 7				unternehmensbezogene Abgrenzungen		kostenrechnerische Korrekturen			
Kto-Nr.	Kontobezeichnung	Aufwand	Ertrag	neutraler Aufwand	neutraler Ertrag	betriebl. Aufwand	verrechn. Kosten	Kosten	Leistungen
Summen:									
Salden (Ergebnisse):									
				Ergebnis aus unternehmensbezogenen Abgrenzungen:		Ergebnis aus kostenrechnerischen Korrekturen:			
		Unternehmensergebnis		**– Neutrales Ergebnis (Abgrenzungsergebnis)**				**= Betriebsergebnis**	

1 Vgl. hierzu S. 163ff.

10.2 Unternehmensbezogene Abgrenzungen

Um das Verständnis für die Abgrenzungstechnik zu erleichtern, werden die unternehmensbezogene Abgrenzungsrechnung und die Abgrenzung in Form der kostenrechnerischen Korrekturen zunächst nacheinander behandelt und erst danach werden die beiden Stufen zusammengefasst.

Ausgangspunkt sind die **Zahlenwerte der Buchführung,** wie sie sich auf dem GuV-Konto beim Abschluss niederschlagen. Diese Werte werden unverändert in den **Rechnungskreis I** der Ergebnistabelle übernommen.

Die eigentliche Abgrenzung erfolgt im **Rechnungskreis II.** Dabei werden die Zahlen der Buchführung, die in den Rechnungskreis I übernommen wurden, unter dem Gesichtspunkt betrieblich oder neutral sortiert.

- Die **betrieblichen Aufwendungen (Kosten)** und die **betrieblichen Erträge (Leistungen)** werden in die **Betriebsergebnisrechnung** des Rechnungskreises II übertragen.
- Die **neutralen Aufwendungen und Erträge** werden innerhalb des Rechnungskreises II in die **unternehmensbezogene Abgrenzung** übernommen.

Auf diese Weise sind die **betrieblichen Erfolge** und die **Erfolge aus unternehmensbezogener Abgrenzung** getrennt erfasst.

Für die **Berechnung des Betriebsergebnisses** unter Berücksichtigung der unternehmensbezogenen Abgrenzungen gilt:

Unternehmens-ergebnis	–	Ergebnis aus unternehmens-bezogener Abgrenzung	=	Betriebs-ergebnis

Beispiel:

Die Sportartikelfabrik Sport-Burr KG weist beim Quartalsabschluss auf dem GuV-Konto folgende Werte aus

Gewinn- und Verlustkonto
Sport-Burr KG

Soll			Haben
6000 Aufw. f. Rohstoffe	480 000,00	5000 Umsatzerlöse f. eig. Erz.	750 000,00
6200 Löhne	135 000,00	5490 Periodenfremde Erträge	43 800,00
6700 Mieten, Pachten	5 610,00	5710 Zinserträge	17 950,00
6800 Büromaterial	48 950,00		
6850 Reisekosten	9 460,00		
6990 Periodenfremde Aufwend.	25 750,00		
7400 Abschr. a. Finanzanlagen	2 850,00		
Unternehmensergebnis	104 130,00		
	811 750,00		811 750,00

Aufgabe:

Ermitteln Sie mithilfe einer Ergebnistabelle das Unternehmensergebnis, das Ergebnis aus unternehmensbezogener Abgrenzung und das Betriebsergebnis!

Lösung:

Ergebnistabelle									
Rechnungskreis I: Buchführung				**Rechnungskreis II: Kosten- und Leistungsrechnung**					
Erfolgsrechnung				Abgrenzungsrechnung				Betriebsergebnisrechnung	
Erfolgskonten der Klassen 5 bis 7				unternehmensbezogene Abgrenzungen		kostenrechnerische Korrekturen			
Kto-Nr.	Kontobezeichnung	Aufwand	Ertrag	neutraler Aufwand	neutraler Ertrag	betriebl. Aufwand	verrechn. Kosten	Kosten	Leistungen
5000	UErl. f. eig. Erzeugn.		750 000,00						750 000,00
5490	Periodenfr. Erträge		43 800,00		43 800,00				
5710	Zinserträge		17 950,00		17 950,00				
6000	Aufw. f. Rohstoffe	480 000,00						480 000,00	
6200	Löhne	135 000,00						135 000,00	
6700	Mieten, Pachten	5 610,00						5 610,00	
6800	Büromaterial	48 950,00						48 950,00	
6850	Reisekosten	9 460,00						9 460,00	
6990	Periodenfr. Aufw.	25 750,00		25 750,00					
7400	Abschr. a. Finanzanl.	2 850,00		2 850,00					
Summen:		707 620,00	811 750,00	28 600,00	61 750,00			679 020,00	750 000,00
Salden (Ergebnisse):		104 130,00		33 150,00				70 980,00	
		811 750,00	811 750,00	61 750,00	61 750,00			750 000,00	750 000,00
		Unternehmensergebnis:		Ergebnis aus unternehmensbezogenen Abgrenzungen:		Ergebnis aus kostenrechnerischen Korrekturen:		**Betriebsergebnis:**	

Unternehmensergebnis	–	**Neutrales Ergebnis**	=	**Betriebsergebnis**
104 130,00 EUR	–	33 150,00 EUR	=	70 980,00 EUR

Erläuterungen zur unternehmensbezogenen Abgrenzung:

- Alle betrieblichen Aufwendungen und betrieblichen Erträge werden im Rechnungskreis II als Kosten und Leistungen in die Betriebsergebnisrechnung übernommen. Als Saldo ergibt sich das Betriebsergebnis.
- Die neutralen Aufwendungen und Erträge werden im Rechnungskreis II in die unternehmensbezogene Abgrenzung übernommen und dadurch von der Betriebsergebnisrechnung abgegrenzt, weil sie das Betriebsergebnis verfälschen würden. Auf das Beispiel bezogen, betrifft das
  - **auf der Ertragsseite**: die **periodenfremden Erträge** sowie die **Zinserträge**.
  - **auf der Aufwandsseite**: die **periodenfremden Aufwendungen** sowie die **Abschreibungen auf Finanzanlagen.** Als Saldo ergibt sich das Ergebnis aus unternehmensbezogenen Abgrenzungen.
- Die Ergebnisse aus dem Rechnungskreis II müssen mit dem Ergebnis aus dem Rechnungskreis I übereinstimmen.

11 Wessel u.a. - ISBN 978-3-8120-0588-3

Übungsaufgaben

41 Übertragen Sie die nachfolgende Ergebnistabelle in Ihr Hausheft! Berechnen Sie aufgrund der vorliegenden Werte das Unternehmensergebnis, das Ergebnis aus unternehmensbezogener Abgrenzung und das Betriebsergebnis!

Buchführung			Abgrenzungsrechnung unternehmensbezogene Abgrenzung		Betriebsergebnis-rechnung	
Konten	Aufwend.	Erträge	neutrale Aufwend.	neutrale Erträge	Kosten	Leistungen
5000 Umsatzerlöse für eig. Erzeugnisse 6000 Aufw. f. Rohstoffe ⋮						
	581 980,00	654 710,00	23 705,00	39 140,00	558 275,00	615 570,00

42 Die Industriewerke Holzer & Wetzel OHG weisen für den Monat Juli in der Buchführung folgende Aufwendungen und Erträge aus:

Konten	Beträge
5000 Umsatzerlöse für eigene Erzeugnisse	1 050 000,00 EUR
5190 Sonstige Umsatzerlöse	3 175,00 EUR
5480 Erträge aus der Herabsetzung von Rückstellungen	26 000,00 EUR
5500 Erträge aus Beteiligungen	25 820,00 EUR
6000 Aufwendungen für Rohstoffe	580 510,00 EUR
6200/6300 Löhne/Gehälter	120 750,00 EUR
6400 Arbeitgeberanteil zur Sozialversicherung	48 690,00 EUR
6520 Abschreibungen auf Sachanlagen	60 510,00 EUR
6800 Büromaterial	28 525,00 EUR
6900 Versicherungsbeiträge	30 970,00 EUR
6930 Verluste aus Schadensfällen	12 500,00 EUR
7400 Abschreibungen auf Finanzanlagen	72 980,00 EUR

Aufgaben:

1. Übernehmen Sie die angegebenen Aufwendungen und Erträge in eine Ergebnistabelle!
2. Ermitteln Sie das Unternehmensergebnis, das Ergebnis aus unternehmensbezogener Abgrenzung und das Betriebsergebnis!

43 Lösen Sie die Handlungsaufgaben aus der Lernsituation 10!

10.3 Kostenrechnerische Korrekturen

10.3.1 Grundlegendes

Auch diese Stufe der Abgrenzung betrachten wir zunächst isoliert. Das Beispiel wird deshalb so ausgewählt, dass nur kostenrechnerische Korrekturen vorzunehmen sind.

Im Rahmen der kostenrechnerischen Korrekturen werden alle Aufwendungen und Erträge erfasst, die aus Gründen der Stetigkeit und Vergleichbarkeit der Kosten anders verrechnet werden **(Anderskosten).** Daneben werden hier die Kosten verrechnet, für die es in der Buchführung keinen Aufwandsposten gibt **(Zusatzkosten).**

- Aufwendungen, die in der Kosten- und Leistungsrechnung mit einem **anderen Betrag** als in der Buchführung angesetzt werden, bezeichnet man als **Anderskosten.**
- **Zusatzkosten** sind Kosten, für die es **keine Aufwendungen** innerhalb der Buchführung gibt.
- **Anderskosten** und **Zusatzkosten** bilden zusammen den Umfang der **kalkulatorischen Kosten.**

10.3.2 Anderskosten

(1) Kalkulatorische Abschreibung

Für die **Kosten- und Leistungsrechnung (KLR)** muss die **tatsächliche Wertminderung** angesetzt werden, da ansonsten die Kostenrechnung ungenau wird. Für die Berechnung der Abschreibungshöhe in der **Buchführung** sind jedoch **handelsrechtliche Vorschriften** vorgegeben. Dies bedeutet, dass die Abschreibungsbeträge in erster Linie bestimmt werden durch finanzpolitische Strategien des Gesetzgebers und im Hinblick auf den tatsächlichen Werteverzehr zu hoch oder zu niedrig sein können.

Beispiel:

Ein Kombiwagen mit Anschaffungskosten von 45 000,00 EUR wird buchhalterisch linear über 6 Jahre mit jeweils $16\frac{2}{3}$% abgeschrieben. Aufgrund der laufenden Preiserhöhungen muss in der Kostenrechnung von den Wiederbeschaffungskosten in Höhe von 51 000,00 EUR abgeschrieben werden. Die bilanzielle Abschreibung beträgt somit 7 500,00 EUR, die kalkulatorische Abschreibung 8 500,00 EUR, sodass zusätzliche Kosten von jährlich 1 000,00 EUR entstehen.

Da die Berechnung der Abschreibungshöhe innerhalb der Erfolgsrechnung nach anderen Kriterien vorgenommen wird als in der KLR, müssen wir zwischen **kalkulatorischer** und **bilanzieller Abschreibung** unterscheiden.

- Die **bilanzielle Abschreibung** wirkt sich in der **Buchführung** aus,
- die **kalkulatorische Abschreibung** in der **Kosten- und Leistungsrechnung.**

Kalkulatorische Abschreibungen sind Kosten, die – unabhängig von gesetzlichen Vorschriften – den **tatsächlichen** Werteverzehr des Anlagevermögens möglichst genau erfassen.

(2) Kalkulatorische Zinsen

Die **gezahlten Zinsen** für das aufgenommene **Fremdkapital** stellen einen betrieblichen Aufwand dar. Da der Unternehmer jedoch auch für das von ihm eingebrachte Eigenkapital eine Verzinsung beanspruchen kann, müssen in den Verkaufspreis auch Zinsen für das Eigenkapital eingerechnet werden. Die **kalkulatorischen Zinsen** erfassen somit die Verzinsung des **gesamten betrieblichen Kapitals,** und zwar unabhängig davon, ob es sich um Eigen- oder Fremdkapital handelt. Abgezogen werden allerdings die dem Unternehmen zinslos zur Verfügung stehenden Fremdmittel. Dieses sogenannte **Abzugskapital** setzt sich z.B. aus Verbindlichkeiten aus Lieferungen und Leistungen oder aus Anzahlungen von Kunden zusammen.

	Gesamtes Unternehmensvermögen
–	nicht betriebliches Vermögen[1]
=	vorläufiges betriebliches Vermögen
–	Abzugskapital
=	betriebliches Kapital

Kalkulatorische Zinsen sind die **Kosten** für die **Nutzung des betrieblichen Kapitals.**

(3) Kalkulatorische Wagnisse

Jede unternehmerische Tätigkeit ist mit dem Risiko des Scheiterns verbunden und kann damit zu Verlusten führen. Dieses allgemeine **Unternehmenswagnis** (z.B. Nachfrageverschiebungen, technischer Fortschritt, politische Ereignisse, Konjunkturschwankungen) kann in der KLR **nicht berücksichtigt** werden. Es wird durch den Gewinn abgegolten.

Kalkulatorisch zu erfassen sind die **einzelnen betrieblichen Wagnisse** (z.B. Forderungsausfälle, Währungsverluste, Garantieleistungen, Diebstahl, Überalterung der Erzeugnisse), sofern sie nicht durch eine Fremdversicherung abgedeckt sind.

Wagnisverluste treten in der Praxis nur von Fall zu Fall und in unterschiedlicher Höhe auf. Sie werden in der Buchführung als Aufwand gebucht und beeinflussen damit das Unternehmensergebnis. Um eine Stetigkeit in der KLR zu erreichen, werden die vorausschaubaren Einzelwagnisse ermittelt und gleichzeitig als **kalkulatorischer Wagniszuschlag** auf die Rechnungsperioden verrechnet. Auf diese Weise werden Zufallseinflüsse von der KLR ferngehalten. Sofern ein Einzelwagnis durch eine Fremdversicherung abgedeckt ist, entfällt der Ansatz eines kalkulatorischen Wagniszuschlags.

1 Hierzu zählen z.B. nicht betrieblich genutzte Grundstücke, stillgelegte Betriebsanlagen.

Beispiel:

Der Aufwand für vertragliche Garantieleistungen und Kulanz bei der Goslarer Büromöbel AG betrug in den vergangenen 3 Jahren 150 000,00 EUR bei einem Werkstoffeinsatz von 6 Mio. EUR. Das bedeutet, dass 2,5 % des Werkstoffeinsatzes als kalkulatorischer Wagniszuschlag anzusetzen sind. Beträgt der Werkstoffeinsatz im 1. Quartal 1 480 000,00 EUR, so sind 37 000,00 EUR an kalkulatorischen Wagnissen in die KLR einzurechnen.

Kalkulatorische Wagnisse sind Kosten für nicht versicherte Einzelwagnisse.

10.3.3 Zusatzkosten

(1) Kalkulatorischer Unternehmerlohn

Die Arbeit des Unternehmers schlägt sich nicht bei allen Rechtsformen der Unternehmen als Aufwand in der Buchführung nieder. Ein Einzelunternehmer bzw. der mitarbeitende Gesellschafter einer Personengesellschaft (z. B. OHG-Gesellschafter, Komplementär) erhält für seine Arbeitsleistung kein Gehalt. Sie ist durch den Gewinn abgegolten. Demgegenüber zahlen vergleichbare Unternehmen aufgrund ihrer Rechtsform (z. B. GmbH) Geschäftsführergehälter, die sich als Aufwand niederschlagen.

Es ist daher – sowohl unter dem Gesichtspunkt einer exakten Kostenerfassung in der KLR als auch unter dem Gesichtspunkt der Vergleichbarkeit der Kostenstrukturen unterschiedlicher Unternehmen – unerlässlich, diese unternehmerische Tätigkeit in Geld zu bemessen und als Kosten zu erfassen. Die Höhe sollte dabei nach dem Leistungseinsatz des Unternehmers bestimmt werden und sich am jeweils bestehenden Lohnniveau ausrichten. Der kalkulatorische Unternehmerlohn stellt seinem Wesen nach Zusatzkosten dar, denn ihm steht kein Aufwand gegenüber.

Der **kalkulatorische Unternehmerlohn** erfasst bei Einzelunternehmen und Personengesellschaften die Kosten für die Arbeitsleistung der mitarbeitenden Unternehmer.

(2) Kalkulatorische Miete

Gelegentlich stellt ein Unternehmer Räume des Privatvermögens auch für betriebliche Zwecke zur Verfügung. Würde er solche Räume anmieten, müssten Mietkosten gezahlt werden. Obwohl keine Mietzahlungen anfallen, ist es unter kostenrechnerischen Gesichtspunkten gerechtfertigt, in der Kostenrechnung einen der ortsüblichen Miete entsprechenden Betrag (kalkulatorische Miete) anzusetzen.

Vom Unternehmer unentgeltlich überlassene Privaträume für betriebliche Zwecke sind in der Kostenrechnung mit der ortsüblichen Miete **(kalkulatorischen Miete)** anzusetzen.

Für die **Berechnung des Betriebsergebnisses** unter Berücksichtigung der kostenrechnerischen Korrekturen gilt:

Unternehmensergebnis – Ergebnis aus kostenrechnerischen Korrekturen = Betriebsergebnis

Beispiel:

Die Sportartikelfabrik Sport-Burr KG weist beim Quartalsabschluss auf dem GuV-Konto folgende Werte aus:

Gewinn- und Verlustkonto Sport-Burr KG

Soll		Haben	
6000 Aufw. f. Rohstoffe	230400,00	5000 Umsatzerlöse. f. eig. Erz.	547820,00
6150 Vertriebsprovisionen	20320,00		
6160 Fremdinstandsetzung	6940,00		
6200 Löhne	85000,00		
6520 Abschreib. auf Sachanlagen	10870,00		
6700 Mieten, Pachten	12500,00		
6800 Büromaterial	46810,00		
6850 Reisekosten	9480,00		
7510 Zinsaufwendungen	6450,00		
Unternehmensergebnis	119050,00		
	547820,00		547820,00

Angaben für kostenrechnerische Korrekturen:

- Statt der gezahlten Zinsen in Höhe von 6450,00 EUR werden kalkulatorische Zinsen in Höhe von 9780,00 EUR angesetzt.
- Statt der bilanziellen Abschreibungen in Höhe von 10870,00 EUR sollen kalkulatorische Abschreibungen in Höhe von 8950,00 EUR in Ansatz gebracht werden.
- Für die Abgeltung der Arbeitskraft des Komplementärs wird mit einem kalkulatorischen Unternehmerlohn in Höhe von 50000,00 EUR gerechnet.

Aufgaben:

1. Erstellen Sie eine Ergebnistabelle unter Berücksichtigung der Angaben für die kostenrechnerischen Korrekturen!
2. Ermitteln Sie das Unternehmensergebnis, das Ergebnis aus kostenrechnerischen Korrekturen sowie das Betriebsergebnis!

Lösungen:

Ergebnistabelle									
Rechnungskreis I: Buchführung				**Rechnungskreis II: Kosten- und Leistungsrechnung**					
Erfolgsrechnung				Abgrenzungsrechnung				Betriebsergebnisrechnung	
Erfolgskonten der Klassen 5 bis 7				unternehmensbezogene Abgrenzungen		kostenrechnerische Korrekturen			
Kto-Nr.	Kontobezeichnung	Aufwand	Ertrag	neutraler Aufwand	neutraler Ertrag	betriebl. Aufwand	verrechn. Kosten	Kosten	Leistungen
5000	UErl. f. eig. Erzeugn.		547820,00						547820,00
6000	Aufw. f. Rohstoffe	230400,00						230400,00	
6150	Vertriebsprovisionen	20320,00						20320,00	
6160	Fremdinstandsetzung	6940,00						6940,00	
6200	Löhne	85000,00						85000,00	
6520	Abschr. a. Sachanl.	10870,00				10870,00	8950,00	8950,00	
6700	Mieten, Pachten	12500,00						12500,00	
6800	Büromaterial	46810,00						46810,00	
6850	Reisekosten	9480,00						9480,00	
7510	Zinsaufwendungen	6450,00				6450,00	9780,00	9780,00	
	Kalk. U.-Lohn						50000,00	50000,00	
Summen:		428770,00	547820,00			17320,00	68730,00	480180,00	547820,00
Salden (Ergebnisse):		119050,00				51410,00		67640,00	
		547820,00	547820,00			68730,00	68730,00	547820,00	547820,00
		Unternehmensergebnis:		Ergebnis aus unternehmensbezogenen Abgrenzungen:		Ergebnis aus kostenrechnerischen Korrekturen:		**Betriebsergebnis:**	

Unternehmensergebnis	–	**Neutrales Ergebnis**	=	**Betriebsergebnis**
119050,00 EUR	–	51410,00 EUR	=	67640,00 EUR

Erläuterungen zu den kostenrechnerischen Korrekturen:

■ **Zu den Anderskosten**

Sollen die **Abschreibungen** in der KLR anders verrechnet werden als in der Buchführung, dann wird zunächst der Betrag der Buchführung in Höhe von 10870,00 EUR als betrieblicher Aufwand in den Bereich der kostenrechnerischen Korrekturen übernommen. Der Betrag der kalkulatorischen Abschreibungen wird mit 8950,00 EUR als Kosten in der Betriebsergebnisrechnung erfasst und als verrechnete Kosten bei den kostenrechnerischen Korrekturen gegengebucht. Unter der Annahme, dass die verrechneten Kosten über die kalkulierten Preise in das Unternehmen zurückfließen, stellen die 8950,00 EUR einen Ertrag dar. In Gegenüberstellung zum betrieblichen Aufwand von 10870,00 EUR saldiert sich ein Verlust von 1920,00 EUR aus kostenrechnerischen Korrekturen. Bei den **Zinsaufwendungen** ergibt die Gegenüberstellung von betrieblichem Aufwand und verrechneten Kosten dagegen einen Gewinn von 3330,00 EUR aus kostenrechnerischen Korrekturen.

■ **Zu den Zusatzkosten**

Für den **kalkulatorischen Unternehmerlohn** gibt es in der Buchführung keinen Aufwandsposten. Daher kann kein betrieblicher Aufwand in die kostrenrechnerischen Korrekturen übernommen werden. Vielmehr wird der kalkulatorische Unternehmerlohn als Kosten in der Betriebsergebnisrechnung erfasst und als verrechnete Kosten bei den kostenrechnerischen Korrekturen gegengebucht.

■ **Zu dem Ergebnis aus kostenrechnerischen Korrekturen**

Die Summe der einzelnen Differenzen, um die die verrechneten Kosten von den Aufwendungen der Buchführung abweichen, stellt das Ergebnis aus kostenrechnerischen Korrekturen dar. Da im vorliegenden Beispiel die als Erträge erfassten verrechneten Kosten höher sind als die auf der Aufwandsseite erfassten Aufwendungen der Buchführung, stellt das Ergebnis aus kostenrechnerischen Korrekturen einen Gewinn dar, der in unserem Beispiel 51410,00 EUR beträgt. Um diese Differenz weicht das Betriebsergebnis vom Unternehmensergebnis ab. Da in Höhe dieser Differenz in der KLR mehr Kosten verrechnet wurden, als es den erfassten Aufwendungen in der Buchführung entspricht, ist das Betriebsergebnis um diese Differenz kleiner als das Unternehmensergebnis.

Übungsaufgaben

44

1. Stellen Sie fest, welcher Posten zu den kalkulatorischen Kosten gehört!
   1.1 Betriebsstoffverbrauch;
   1.2 Reparaturen am PC;
   1.3 Vertreterprovision;
   1.4 Unternehmerlohn für den Einzelunternehmer.
2. Erklären Sie den Begriff Anderskosten und bilden Sie hierzu zwei Beispiele!
3. Erklären Sie, wodurch sich Anderskosten von Zusatzkosten unterscheiden!

45

1. Erläutern Sie, warum in der Kosten- und Leistungsrechnung kalkulatorische Abschreibungen angesetzt und nicht die in der Buchführung erfassten bilanziellen Abschreibungen übernommen werden!
2. Erläutern Sie, warum es unter kostenmäßigen Gesichtspunkten berechtigt ist, für den Einzelunternehmer und für die mitarbeitenden Gesellschafter einer OHG jeweils entsprechende Kosten für deren Arbeitsleistung anzusetzen!
3. Erklären Sie, welchem Zweck die Verrechnung kalkulatorischer Kosten dient!

46

1. Die Kurt Metzger OHG beliefert vorwiegend Supermärkte mit haltbaren Wurstwaren. Aus dem Rechnungswesen liegen folgende Informationen vor:

Aktiva — Vorläufige Bilanz zum 31. Dez. 20.. in EUR — Passiva

Aktiva	EUR	Passiva	EUR
Gebäude	330000,00	Gesellschafter Metzger	500000,00
Maschinen	735000,00	Gesellschafter Heinzler	220000,00
Betr.- u. Geschäftsausstattung	180000,00	Darlehen	885000,00
Umlaufvermögen	615000,00	Verbindl. a. Lief. u. Leist.	255000,00
	1860000,00		1860000,00

Ergänzungen zur vorläufigen Bilanz: Die kalkulatorischen Restwerte des gesamten Anlagevermögens betragen Ende 20.. 1110000,00 EUR. Der kalkulatorische Unternehmerlohn des Gesellschafters Kurt Metzger wird mit 70000,00 EUR angesetzt. Die Verbindlichkeiten aus Lieferungen und Leistungen sind zutreffend angesetzt. Im Umlaufvermögen sind in Höhe von 80000,00 EUR nicht betriebsnotwendige Wertpapiere enthalten. Zu berücksichtigen sind noch Anzahlungen von Kunden in Höhe von 10000,00 EUR.

Aufgabe:

Berechnen Sie die kalkulatorischen Zinsen bei einem Zinssatz von 9%!

2. Die MicroTex Technologies GmbH hat bei Zielverkäufen von 18 Mio. EUR in den letzten vier Jahren insgesamt 468 000,00 EUR Forderungsausfälle.

   Aufgaben:

   2.1 Berechnen Sie den kalkulatorischen Wagnissatz!

   2.2 Der Jahresumsatz für das kommende Geschäftsjahr wird auf 4,8 Mio. EUR geschätzt. Davon sind voraussichtlich 410 000,00 EUR Barverkäufe. Berechnen Sie, mit welchem Betrag die kalkulatorischen Wagnisse im ersten Quartal anzusetzen sind!

3. Erklären Sie, warum die kalkulatorischen Zinsen in der Regel höher angesetzt werden als die tatsächlich gezahlten Zinsen!

4. Erläutern Sie, in welcher Höhe der kalkulatorische Unternehmerlohn angesetzt wird!

47 Die Buchführung eines Industriebetriebes weist für den Monat Mai folgende Aufwendungen und Erträge auf (Auszug):

5000	Umsatzerlöse für eigene Erzeugnisse	470 000,00 EUR
6000	Aufwendungen für Rohstoffe	300 000,00 EUR
6200/6300	Löhne, Gehälter	100 000,00 EUR
6520	Abschreibungen auf Sachanlagen	20 000,00 EUR
6700	Mieten, Pachten	2 000,00 EUR
6850	Reisekosten	4 000,00 EUR
7020/7030	Grundsteuer, Kfz-Steuer	30 000,00 EUR
7510	Zinsaufwendungen	15 000,00 EUR

Angaben zur Kosten- und Leistungsrechnung

1.	Kalkulatorische Abschreibungen auf Sachanlagen	35 000,00 EUR
2.	Kalkulatorische Zinsen	36 000,00 EUR
3.	Kalkulatorischer Unternehmerlohn	12 000,00 EUR

Aufgabe:

Erstellen Sie eine Ergebnistabelle und ermitteln Sie das Unternehmensergebnis, das Ergebnis aus kostenrechnerischen Korrekturen sowie das Betriebsergebnis!

48 In einem Industrieunternehmen sind folgende Sachverhalte gegeben:

1. Das betriebliche Kapital beträgt 2 470 000,00 EUR. Der kalkulatorische Zinssatz wird mit 8 % angesetzt. Die tatsächlich gezahlten Fremdkapitalzinsen (Konto 7510 Zinsaufwendungen) betragen im Geschäftsjahr 84 700,00 EUR.

2. Der Unternehmerlohn wird mit 120 000,00 EUR festgesetzt.

3. Der kalkulatorische Wagniszuschlag beträgt 48 000,00 EUR. Während des Geschäftsjahres sind Schadensfälle (Konto 6930 Verluste aus Schadensfällen) in Höhe von 72 000,00 EUR eingetreten.

4. Auf den Fuhrpark mit Anschaffungskosten in Höhe von 200 000,00 EUR werden aus steuerlichen Gründen 20 % bilanzmäßig abgeschrieben (Konto 6520 Abschreibungen auf Sachanlagen). Die kalkulatorische Abschreibung beträgt 15 % von den Wiederbeschaffungskosten in Höhe von 230 000,00 EUR.

5. Das Unternehmen rechnet mit einer kalkulatorischen Miete in Höhe von 30 000,00 EUR.

6. Die Umsatzerlöse für eigene Erzeugnisse (Konto-Nr. 5000 Umsatzerlöse für eigene Erzeugnisse) betragen 500 000,00 EUR.

Stellen Sie die Vorgänge in einer Ergebnistabelle dar!

10.4 Zusammenfassende Darstellung einer Abgrenzungsrechnung

10.4.1 Betriebsergebnis mit unternehmensbezogener Abgrenzung und kostenrechnerischen Korrekturen

Für die Berechnung des Betriebsergebnisses werden im folgenden Beispiel die zunächst getrennt dargestellten Abgrenzungsstufen zusammengefasst.

Unternehmensergebnis − Ergebnis aus unternehmensbezogener Abgrenzung − Ergebnis aus kostenrechn. Korrekturen = Betriebsergebnis

Beispiel:

Die Sportartikelfabrik Sport-Burr KG weist beim Quartalsabschluss auf dem GuV-Konto folgende Werte aus:

Gewinn- und Verlustkonto Sport-Burr KG

Soll		Haben	
6000 Aufw. f. Rohstoffe	710400,00	5000 Umsatzerlöse f. eig. Erz.	1297820,00
6150 Vertriebsprovisionen	20320,00	5490 Periodenfr. Erträge	43800,00
6160 Fremdinstandsetzung	6940,00	5710 Zinserträge	17950,00
6200 Löhne	220000,00		
6520 Abschreib. a. Sachanlagen	10870,00		
6700 Mieten, Pachten	18110,00		
6800 Büromaterial	95760,00		
6850 Reisekosten	18940,00		
6930 Verl. a. Schadensfällen	20000,00		
6979 Anlagenabgänge	2850,00		
6990 Periodenfr. Aufwendungen	5750,00		
7510 Zinsaufwendungen	6450,00		
Unternehmensergebnis	223180,00		
	1359570,00		1359570,00

Angaben für die kostenrechnerischen Korrekturen

- Statt der gezahlten Zinsen in Höhe von 6450,00 EUR sollen kalkulatorische Zinsen in Höhe von 9780,00 EUR angesetzt werden.
- Statt der bilanziellen Abschreibungen in Höhe von 10870,00 EUR sollen kalkulatorische Abschreibungen in Höhe von 8950,00 EUR in Ansatz gebracht werden.
- Der kalkulatorische Unternehmerlohn für die Abgeltung der Arbeitskraft des Komplementärs beträgt 50000,00 EUR.

Aufgaben:

1. Erstellen Sie eine Ergebnistabelle unter Berücksichtigung der Angaben für die kostenrechnerischen Korrekturen!
2. Ermitteln Sie das Unternehmensergebnis, das Ergebnis aus unternehmensbezogener Abgrenzung, das Ergebnis aus kostenrechnerischen Korrekturen sowie das Betriebsergebnis!

Lösungen:

Ergebnistabelle									
Rechnungskreis I: Buchführung				Rechnungskreis II: Kosten- und Leistungsrechnung					
Erfolgsrechnung				Abgrenzungsrechnung				Betriebsergebnisrechnung	
Erfolgskonten der Klassen 5 bis 7				unternehmensbezogene Abgrenzungen		kostenrechnerische Korrekturen			
Kto-Nr.	Kontobezeichnung	Aufwand	Ertrag	neutraler Aufwand	neutraler Ertrag	betriebl. Aufwand	verrechn. Kosten	Kosten	Leistungen
5000	UErl. f. eig. Erz.		1 297 820,00						1 297 820,00
5490	Periodenfr. Erträge		43 800,00		43 800,00				
5710	Zinserträge		17 950,00		17 950,00				
6000	Aufw. f. Rohstoffe	710 400,00						710 400,00	
6150	Vertriebsprovisionen	20 320,00						20 320,00	
6160	Fremdinstandsetzung	6 940,00						6 940,00	
6200	Löhne	220 000,00						220 000,00	
6520	Abschr. a. Sachanl.	10 870,00				10 870,00	8 950,00	8 950,00	
6700	Mieten, Pachten	18 110,00						18 110,00	
6800	Büromaterial	95 760,00						95 760,00	
6850	Reisekosten	18 940,00						18 940,00	
6930	Verl. a. Schadensf.	20 000,00		20 000,00					
6979	Anlagenabgänge	2 850,00		2 850,00					
6990	Periodenfr. Aufw.	5 750,00		5 750,00					
7510	Zinsaufwendungen	6 450,00				6 450,00	9 780,00	9 780,00	
	Kalk. U.-Lohn						50 000,00	50 000,00	
Summen:		1 136 390,00	1 359 570,00	28 600,00	61 750,00	17 320,00	68 730,00	1 159 200,00	1 297 820,00
Salden (Ergebnisse):		223 180,00		33 150,00		51 410,00		138 620,00	
		1 359 570,00	1 359 570,00	61 750,00	61 750,00	68 730,00	68 730,00	1 297 820,00	1 297 820,00
		Unternehmensergebnis:		Ergebnis aus unternehmensbezogenen Abgrenzungen:		Ergebnis aus kostenrechnerischen Korrekturen:		**Betriebsergebnis:**	

Unternehmensergebnis	–	**Neutrales Ergebnis**	=	**Betriebsergebnis**
223 180,00 EUR	–	84 560,00 EUR	=	138 620,00 EUR

10.4.2 Die Abgrenzungsrechnung als Bindeglied der Rechnungskreise I und II

Der Kaufmann ist gemäß handels- und steuerrechtlichen Bestimmungen verpflichtet, eine Finanzbuchhaltung zu führen (externes Rechnungswesen). Das verwendete Datenmaterial, insbesondere die aufgezeichneten Aufwendungen und Erträge, sind grundsätzlich für betriebsinterne Zwecke der Kostenkalkulation verwendungsfähig. Die steuerrechtlichen Prioritäten der Buchführung weichen allerdings von den Zurechnungsprinzipien einer betriebsinternen Kosten- und Leistungsrechnung ab, die nur planvolle Erfolgsvorgänge mit folgenden Eigenschaften verwendet:

- betriebsbedingt,
- periodengerecht und
- in verursachungsgerechter Höhe.

Nur so entsteht eine die tatsächlichen Verhältnisse widerspiegelnde Kosten- und Leistungsrechnung (internes Rechnungswesen).

Das Datenmaterial der Finanzbuchführung (Rechnungskreis I) wird daher nur gefiltert in die Kosten- und Leistungsrechnung (Rechnungskreis II) übertragen. Das geschieht außerhalb der Buchführung in der Abgrenzungsrechnung mithilfe der Ergebnistabelle.

Vorgehensweise
1. Betriebsbedingte und periodengerechte Aufwendungen und Erträge in verursachungsgerechter Höhe werden unverändert als Kosten und Leistungen in die Betriebsergebnisrechnung übertragen.
2. Neutrale Aufwendungen und Erträge (betriebsfremd, periodenfremd, außerordentlich, Umstrukturierung des Vermögens) werden in der unternehmensbezogenen Abgrenzung herausgefiltert.
3. Betriebsbedingte Aufwendungen in korrekturbedürftiger Höhe sowie aufwandslose Kosten (kalkulatorische Kosten) werden bei den kostenrechnerischen Korrekturen abgegrenzt und gefiltert in die Betriebsergebnisrechnung übernommen.

Zur Abstimmung der beiden Rechnungskreise muss die Summe der Teilergebnisse aus dem Rechnungskreis II (Ergebnis aus unternehmensbezogener Abgrenzung, Ergebnis aus kostenrechnerischen Korrekturen, Betriebsergebnis) dem Rechnungskreis I (Unternehmensergebnis) entsprechen.

Übungsaufgaben

49 Die Buchführung eines Industriebetriebes weist folgende Quartalszahlen aus:

Kto.-Nr.	Konten	Beträge
5000	Umsatzerlöse für eigene Erzeugnisse	1 500 700,00 EUR
5420	Entnahme von Gegenständen	15 500,00 EUR
5490	Periodenfremde Erträge	8 500,00 EUR
5500	Erträge aus Beteiligungen	28 000,00 EUR
5710	Zinserträge	5 100,00 EUR
6000	Aufwendungen für Rohstoffe	767 900,00 EUR
6140	Frachten und Fremdlager	31 500,00 EUR
6200/6300	Löhne, Gehälter	204 400,00 EUR
6400	Arbeitgeberanteil zur Sozialversicherung	84 370,00 EUR
6520	Abschreibungen auf Sachanlagen	52 430,00 EUR
6710	Leasing	28 910,00 EUR
6800	Büromaterial	48 700,00 EUR
6930	Verluste aus Schadensfällen	18 800,00 EUR
7020	Grundsteuer	32 850,00 EUR
7400	Abschreibungen auf Finanzanlagen	26 500,00 EUR
7510	Zinsaufwendungen	12 870,00 EUR

Angaben zur Kosten- und Leistungsrechnung:

- In den Löhnen ist eine Lohnnachzahlung in Höhe von 24 300,00 EUR enthalten. Im Arbeitgeberanteil zur Sozialversicherung entspricht das einem Betrag von 4 680,00 EUR
- Kalkulatorische Abschreibungen auf Sachanlagen 41 800,00 EUR
- Kalkulatorische Wagnisse 15 000,00 EUR
- In dem Betrag für die Grundsteuer ist eine Steuernachzahlung in Höhe von 28 000,00 EUR enthalten
- Kalkulatorische Zinsen 42 800,00 EUR
- Kalkulatorischer Unternehmerlohn 34 000,00 EUR

Aufgabe:

Ermitteln Sie mithilfe einer Ergebnistabelle das Unternehmensergebnis, die Abgrenzungsergebnisse und das Betriebsergebnis!

50 Die Buchführung eines Industriebetriebes weist folgende Quartalszahlen aus:

Kto.-Nr.	Konten	Beträge
5000	Umsatzerlöse für eigene Erzeugnisse	841 200,00 EUR
5410	Sonstige Erlöse aus Anlagenabgängen	42 200,00 EUR
5500	Erträge aus Beteiligungen	21 750,00 EUR
5710	Zinserträge	4 800,00 EUR
6000	Aufwendungen für Rohstoffe	391 850,00 EUR
6140	Frachten und Fremdlager	22 400,00 EUR
6200/6300	Löhne, Gehälter	198 420,00 EUR
6400	Arbeitgeberanteil zur Sozialversicherung	24 760,00 EUR
6520	Abschreibungen auf Sachanlagen	19 540,00 EUR
6750	Kosten des Geldverkehrs	4 700,00 EUR
6800	Büromaterial	21 890,00 EUR

Kto.-Nr.	Konten	Beträge
6930	Verluste aus Schadensfällen	17400,00 EUR
7020	Grundsteuer	8890,00 EUR
7400	Abschreibungen auf Finanzanlagen	7380,00 EUR
7510	Zinsaufwendungen	12100,00 EUR

Angaben zur Kosten- und Leistungsrechnung:

- Die Aufwendungen für Rohstoffe werden in der KLR mit festen Verrechnungspreisen* in Höhe von 370500,00 EUR erfasst.
- Kalkulatorische Abschreibungen auf Sachanlagen 18700,00 EUR
- In den Kosten für Büromaterial ist eine Rechnung aus der vergangenen Rechnungsperiode in Höhe von 1500,00 EUR enthalten.
- Kalkulatorische Wagnisse 21100,00 EUR
- In der Grundsteuer ist eine Nachzahlung in Höhe von 2000,00 EUR enthalten.
- Kalkulatorische Zinsen 28900,00 EUR
- Kalkulatorischer Unternehmerlohn 28700,00 EUR

Aufgabe:

Ermitteln Sie mithilfe einer Ergebnistabelle das Unternehmensergebnis, die Abgrenzungsergebnisse und das Betriebsergebnis!

* **Anmerkung:** Um Schwankungen in der Kalkulation, die sich durch mehr oder weniger zufallsabhängige Preisschwankungen im Einkauf ergeben können, zu vermeiden, verwenden Industriebetriebe in der Kosten- und Leistungsrechnung auch feste Verrechnungspreise für die Werkstoffe. Diese werden nur dann verändert, wenn sich die Marktpreise entscheidend nach oben oder unten verändern.

10.5 Zwischen Voll- und Teilkostenrechnung unterscheiden

Die Kostenrechnung bedient sich, je nach angestrebtem Ziel, verschiedener **Abrechnungssysteme,** die Gegenstand der folgenden Kapitel sind.

Vollkostenrechnung	Ziel der Vollkostenrechnung ist es, alle innerhalb einer Abrechnungsperiode angefallenen Kosten den Kostenträgern[1] zuzurechnen. Es wird angestrebt, die Kosten über einen zumindest kostendeckenden Verkaufspreis wiederzuerwirtschaften.
Teilkostenrechnung (Deckungsbeitragsrechnung)	Die Teilkostenrechnung geht vom erzielbaren Marktpreis aus und zieht hiervon zunächst die Kosten ab, die direkt mit der Beschaffung, der Produktion und dem Absatz zusammenhängen (variable Kosten). Ein verbleibender Ertragsüberschuss (Deckungsbeitrag) dient dann dazu, die Kosten, die unabhängig von einem einzelnen Auftrag anfallen (fixe Kosten), abzudecken.

Um den vielfältigen Aufgaben gerecht zu werden, muss die Kostenrechnung im Wesentlichen drei Grundfragen beantworten, wofür jeweils unterschiedliche Teilbereiche der Vollkostenrechnung zuständig sind.

1 Kostenträger sind die Leistungseinheiten, für die Kosten angefallen sind.

Welche Kosten sind angefallen?	Diese Frage betrifft die systematische Erfassung aller Kosten, die bei der Erstellung und Verwertung betrieblicher Leistungen (Kostenträger) entstehen. Diese Frage betrifft den Teilbereich der **Kostenartenrechnung**.
An welchen Stellen im Betrieb sind die Kosten angefallen?	Die Beantwortung dieser Frage fällt in den Bereich der **Kostenstellenrechnung**.
Wer hat die Kosten zu tragen?	Bei dieser Frage geht es im Wesentlichen um das Problem der verursachungsgerechten Zurechnung der entstandenen Kosten auf die Kostenträger (Erzeugnisse). Diese Frage betrifft den Teilbereich der **Kostenträgerrechnung**.

LG 12.2

Lernsituation 11: Leitfaden für den Aufbau der Vollkostenrechnung erfassen und die in einem Unternehmen anfallenden Kosten nach Kostenarten gliedern

Die Unternehmen stehen in der Marktwirtschaft im Wettbewerb zueinander. Ob ein Unternehmen erfolgreich ist, hängt u. a. vom Preis des angebotenen Produkts ab. Für die Existenz des Unternehmens ist dabei wesentlich, dass mit den Verkaufserlösen alle anfallenden Kosten gedeckt sind und darüber hinaus ein angemessener Gewinn erzielt wird.

Die Aufgabe der Kosten- und Leistungsrechnung ist es, alle Informationen bereitzustellen, die zur **Ermittlung der Verkaufspreise** und zur **Beurteilung der Wirtschaftlichkeit der Produktionstätigkeit** eines Unternehmens notwendig sind. Um diese Ziele zu erreichen, hat sich in der Kosten- und Leistungsrechnung folgende Vorgehensweise durchgesetzt:

Ermittlung der Verkaufspreise:

- Erfassung der Kosten und Leistungen durch Abgrenzung von den in der Buchhaltung ermittelten Aufwendungen und Erträgen **(Abgrenzungsrechnung)**.
- Gliederung der ermittelten Kosten nach Kostenarten **(Kostenartenrechnung)**.
- Erfassung der Kostenarten am Ort ihrer Entstehung **(Kostenstellenrechnung)**.
- Zuordnung der Kosten auf die Leistungen, z. B. Produkte **(Kostenträgerrechnung)**.
  Wird der **Preis einer Produkteinheit** ermittelt, spricht man von **Kostenträgerstückrechnung,** werden die anfallenden **Kosten für einen Abrechnungszeitraum** berechnet, und deren Beitrag zum Betriebsergebnis ermittelt, liegt eine **Kostenträgerzeitrechnung** vor.

Beurteilung der Wirtschaftlichkeit der Produktionstätigkeit:

- Die errechneten Produktpreise beruhen immer auf erwarteten Kosten **(Normalkosten)**. Sie müssen nachträglich den tatsächlich entstandenen Kosten **(Istkosten)** gegenübergestellt werden **(Kostenkontrolle)**.
- Die aus der „Rückschau" gewonnenen Daten müssen anschließend dazu genutzt werden, ein zukunftsorientiertes **Informations-, Planungs-, Überwachungs- und Steuerungskonzept** zur Führung des Unternehmens zu entwickeln **(Controlling)**.

Impuls:

Die Rohstoffkosten und die Bürokosten stehen zur Erfassung und Verteilung auf die einzelnen Produkte an.

Unterbreiten Sie einen Vorschlag, wie diese Kosten erfasst und auf die einzelnen Produkte verteilt werden könnten!

Handlungsaufgaben:

Arbeiten Sie die folgenden Kapitel des Lehrbuches durch und verwenden Sie die Aufzeichnungen aus dem Unterricht zur Bearbeitung der Handlungsaufgaben!

1. Lesen Sie das schrittweise Vorgehen in der Kosten- und Leistungsrechnung sorgfältig durch und geben Sie in freier Rede Ihren Mitschülern einen kurzen Überblick über den Aufbau der Kosten- und Leistungsrechnung!

2. Lasse Birkner absolviert zurzeit ein Praktikum bei der MicroTex Technologies GmbH. Derzeit ist er in der Abteilung Kostenerfassung tätig. In dieser Abteilung wird er von Alex Rufnik betreut. Alex Rufnik ist ein begeisterter Kostenrechner und schwärmt davon, auf Basis der Kostenrechnung die gesamte Preiskalkulation der MicroTex-Produkte durchführen zu können. Er beauftragt Lasse, die im folgenden Schema aufgeführten Kosten den unterschiedlichen Kostenarten zuzuordnen.

   Unterstützen Sie Lasse, indem Sie diese Zuordnung vornehmen! Präsentieren und begründen Sie die von Ihnen vorgenommene Zuordnung!

Kostenarten / Kosten	Einzelkosten	Sondereinzelkosten		Gemeinkosten	fixe Kosten	variable Kosten
		Fertigung	Vertrieb			
Verbrauch von Stahl und Beton						
Verbrauch von Schmiermitteln						
Konstruktionszeichnung für eine neue Garnmaschine						
Ausgangsfracht für einen Großkunden						
Brennstoffe/Energie						
Aufw. für Kommunikation						
Kfz-Versicherung						
kalk. Abschreibungen						
Fertigungslöhne						
Miete für eine weitere Lagerhalle						
Vertriebsprovision für einen Handelsvertreter						
Kosten für Entsorgung						
Spezialwerkzeug für eine Sonderanfertigung						

3. Erklären Sie, welchen Sachverhalt das nebenstehende Schema ausdrückt!

fixe Kosten (K_{fix})	Gemeinkosten
variable Kosten (K_v)	Einzelkosten

11 Kostenartenrechnung

<table>
<tr><th colspan="5">Ermittlung des Verkaufspreises</th><th colspan="2">Beurteilung der Wirtschaftlichkeit der Produktionstätigkeit</th></tr>
<tr><td rowspan="2">Abgrenzungsrechnung</td><td rowspan="2">Kostenartenrechnung</td><td rowspan="2">Kostenstellenrechnung</td><td colspan="2">Kostenträgerrechnung</td><td colspan="2">Kostenkontrolle bei</td></tr>
<tr><td>Kostenträgerzeitrechnung</td><td>Kostenträgerstückrechnung</td><td>Kostenträgerzeitrechnung</td><td>Kostenträgerstückrechnung</td></tr>
</table>

Die **Kostenartenrechnung** hat die Aufgabe, alle Kosten einer Abrechnungsperiode nach Arten eindeutig, periodengerecht und vollständig zu erfassen.

11.1 Gliederung der Kosten nach der Zurechenbarkeit auf Kostenträger

(1) Einzelkosten (direkte Kosten)

Einzelkosten (direkte Kosten) sind Kostenarten, die den Erzeugnissen **direkt** zugerechnet werden können.

Beispiele:

Die wichtigsten **Einzelkosten** sind die **Aufwendungen für Rohstoffe** sowie die **Fertigungslöhne.** Daneben sind zu unterscheiden:

- **Sondereinzelkosten der Fertigung**: Das sind Kosten für Sonderfertigungen oder zusätzliche Sonderwünsche der Besteller. Ferner zählen hierzu sonstige auftrags- oder serienweise erfassbare Kosten z. B. für Spezialwerkzeuge, Modelle, Stücklizenzgebühren usw.
- **Sondereinzelkosten des Vertriebs**: Das sind insbesondere Vertreterprovisionen, Spezialverpackungen, besondere Transportkosten, Zölle.

(2) Gemeinkosten (indirekte Kosten)

Gemeinkosten (indirekte Kosten) sind Kostenarten, die gemeinsam für alle Erzeugnisse anfallen und daher **nicht unmittelbar** einem **einzelnen Kostenträger** zugerechnet werden können.

Beispiele:

Gehälter, soziale Abgaben des Arbeitgebers, Mieten, betriebliche Steuern, Energiekosten, Werbe- und Reisekosten, Abschreibungen, Verbrauch von Betriebsstoffen, Verbrauchswerkzeuge, Instandhaltung.

12 Wessel u.a. - ISBN 978-3-8120-0588-3

- Die **Einzelkosten** können den Erzeugnissen **direkt** zugeordnet werden.
- **Gemeinkosten** fallen für alle Erzeugnisse gemeinsam an. Sie können den einzelnen Erzeugnissen nur **indirekt** zugerechnet werden.

11.2 Gliederung der Kosten nach der zeitlichen Erfassung

Istkosten	Normalkosten
■ Sind die **tatsächlich angefallenen** Kosten einer abgelaufenen Rechnungsperiode. ■ Erfassen **alle Zufallsschwankungen** (z. B. Preisschwankungen, Streiks, Großreparaturen). ■ Ermöglichen, durch den Vergleich mit den Normalkosten die Kostenentwicklung zu kontrollieren **(Nachkalkulation).**	■ Sind **Durchschnittswerte** der Istkosten mehrerer Abrechnungsperioden. ■ **Gleichen** die im Zeitablauf auftretenden **Schwankungen** der Kosten **aus.** ■ Angebote werden überwiegend zu Normalkosten kalkuliert **(Vorkalkulation).**

11.3 Gliederung der Kosten in Abhängigkeit von der Beschäftigung

Betrachtet man die Gesamtkosten einer Geschäftsperiode, so stellt man fest, dass sich ein Teil der Kosten bei einer Veränderung der Beschäftigung nicht verändert, andere Kosten sich jedoch verändern. Es sind daher zwei Arten von Kosten zu unterscheiden: die **fixen Kosten** und die **variablen Kosten.**

(1) Fixe Kosten

Fixe Kosten sind Kosten, die sich bei Änderung des Beschäftigungsgrades in ihrer **absoluten Höhe nicht verändern.**

Beispiele:

Raummiete, Gehälter der Angestellten, Löhne für die Überwachung des Betriebes, Abschreibungen, Versicherungsbeiträge, Grundsteuern.

Fixe Kosten fallen an, unabhängig davon, ob und wie viel Leistung das Unternehmen erstellt. Man nennt sie daher auch **Kosten der Betriebsbereitschaft.**

(2) Variable Kosten

Variable Kosten sind die Kosten, die sich bei Änderung des Beschäftigungsgrades in ihrer **absoluten Höhe verändern.**

Beispiele:

Leistungsabhängige Löhne, Verbrauch von Werkstoffen, Treibstoffen, Büromaterial, Versicherungsbeiträge, Reparaturen.

Übungsaufgaben

51 1. 1.1 Beschreiben Sie mit eigenen Worten die Aufgaben der Kostenartenrechnung!

1.2 Nennen Sie das Kriterium nach dem die Aufgliederung der Kosten in Einzel- und Gemeinkosten erfolgt!

1.3 Erläutern Sie, warum die Unternehmen möglichst viele Kostenarten als Einzelkosten zu erfassen versuchen!

1.4 Ordnen Sie die folgenden Kostenarten den Einzelkosten bzw. Gemeinkosten zu!

Miete für den Ausstellungsraum, Aufwendungen für bezogene Waren, Kraftfahrzeugsteuer, freiwillige soziale Aufwendungen, Gehälter, Aufwendungen für Rohstoffe, Abschreibungen auf Sachanlagen, Werbeanzeigekosten für ein Sonderangebot, Zustellentgelt für Warenlieferungen an einen Kunden, Provisionsaufwendungen, Aufwendungen für Betriebsstoffe, kalkulatorische Abschreibungen.

2. Erklären Sie an zwei Beispielen den Unterschied zwischen Einzel- und Gemeinkosten!

3. Für die Reparatur eines Elektromotors rechnet das Unternehmen mit folgenden Kosten:

Materialkosten 140,20 EUR, Lohnkosten 77,50 EUR. Die angefallenen Gemeinkosten werden pauschal mit 80 % auf die Summe aus Material- und Lohnkosten aufgeschlagen. Für die Rücksendung des Elektromotors fallen Frachtkosten in Höhe von 19,70 EUR an. Die Reparatur wird zum Selbstkostenpreis ausgeführt.

Aufgaben:

3.1 Berechnen Sie den Reparaturpreis, den das Unternehmen seinem Kunden in Rechnung stellt!

3.2 Berechnen Sie den Reparaturpreis, wenn das Unternehmen einen Gewinn von 12 % erwirtschaften möchte!

4. Definieren Sie die Begriffe Istkosten und Normalkosten mit eigenen Worten!

5. Die Verwendung der Istkosten eignet sich vor allem für die Nachkalkulation, die der Normalkosten dagegen für die Vorkalkulation.

Aufgabe:

Begründen Sie diese richtige Aussage!

52 1. Ermitteln Sie, welche der angeführten Kostenarten fixe Kosten sind!

Frachtkosten beim Verkauf von Erzeugnissen, linearer Abschreibungsbetrag für die Lagerausstattung, Bankzinsen für einen Kontokorrentkredit, Bezugskosten beim Einkauf von Betriebsstoffen, Miete für ein Großlager, Aufwendungen für Rohstoffe, Personalkosten, Vertreterprovision, Verpackungs- und Transportkosten.

2. Die variablen Kosten für eine Erzeugnisgruppe betragen bei einem Absatz von 2600 Stück 23140,00 EUR. Die fixen Kosten der Erzeugnisgruppe betragen bis zu einem Umsatz von 2800 Stück 8500,00 EUR. Der Listenverkaufspreis beträgt je Stück 14,80 EUR. Der Verlauf der variablen Kosten ist proportional.

Aufgaben:

2.1 Berechnen Sie den Betriebsgewinn/Betriebsverlust bei einem Absatz von

2.1.1 1200 Stück bzw.

2.1.2 2500 Stück!

2.2 Berechnen Sie die jeweiligen Stückkosten!

53 Lösen Sie die Handlungsaufgaben aus der Lernsituation 11!

LG 12.2 Lernsituation 12: In einem BAB die Summe der Gemeinkosten je Kostenstelle und Zuschlagssätze ermitteln

Lasse Birkner hat in der Abteilung Kostenerfassung mithilfe von Alex Rufnik die Problematik der Kostenaufgliederung kennengelernt. Es bereitet ihm nun keine Schwierigkeiten mehr, angefallene Kosten ihrer jeweiligen Kostenart zuzuordnen. An einem Montagmorgen hakt Alex Rufnik noch einmal nach:

Alex Rufnik: *Na, Lasse, das ist doch prima, dass Sie jetzt in der Lage sind, alle Kosten, die in der MicroTex Technologies GmbH täglich anfallen, den Kostenarten zuzuordnen, oder?*

Lasse Birkner: *Na ja, Herr Rufnik, das ist schon gut. Aber ehrlich gesagt, weiß ich nicht so recht, was wir mit diesen Informationen jetzt anfangen sollen. Sie sprachen doch davon, mithilfe der Kostenrechnung die Preise kalkulieren zu können. Was hilft mir da die Unterteilung in Einzel- und Gemeinkosten?*

Alex Rufnik: *Nun ja, das müssen Sie im Gesamtzusammenhang sehen, Lasse. Durch die Zuordnung der Kosten auf die einzelnen Kostenarten haben Sie die Kosten nur aufgegliedert. Um die Gemeinkosten aber beeinflussen zu können, müssen Sie wissen,* ***wo*** *sie entstanden sind und* ***wer*** *sie zu verantworten hat. Dazu ist es sinnvoll, das Unternehmen in Kostenbereiche (Kostenstellen) aufzuteilen. Aber bevor ich weiterrede: Unterbreiten Sie mir doch einen Vorschlag, wie man in unserem Unternehmen Kostenbereiche bilden könnte. Ich gebe Ihnen dazu einen Tipp: Denken Sie an die Funktionsbereiche eines Industriebetriebs.*

IMPULS:

Helfen Sie Lasse Birkner, die Frage von Alex Rufnik zu beantworten!

HANDLUNGSAUFGABEN:

Arbeiten Sie die folgenden Kapitel des Lehrbuches durch und verwenden Sie die Aufzeichnungen aus dem Unterricht zur Bearbeitung der Handlungsaufgaben!

Alex Rufnik legt Lasse Birkner den nachfolgenden BAB der MicroTex Technologies GmbH vor, der die Gemeinkosten des Monats Februar enthält.

	Zahlen der KLR	Material	Fertigung	Verwaltung	Vertrieb
Hilfsstoffkosten	145 700,00	2 050,00	129 450,00	3 500,00	10 700,00
Betriebsstoffkosten	22 400,00	1 700,00	14 400,00	4 100,00	2 200,00
Gehälter	130 500,00	4 100,00	98 900,00	18 600,00	8 900,00
Sozialkosten					
Mieten, Pachten	84 200,00	650 m²	2 720 m²	330 m²	510 m²
Büromaterial	91 100,00	3	2	11	4
Sonst. betr. Kosten	70 560,00	3	4	2	3
Kalk. Abschreibungen		2	8	4	1
Kalk. Wagnisse	45 800,00	2	4	2	2

Weitere Angaben:

■ Verbrauch von Fertigungsmaterial:	1 046 553,80 EUR
■ Fertigungslöhne:	560 702,50 EUR
■ Die Sozialkosten betragen 80 % der Gehaltssumme.	
■ Kalkulatorische Abschreibungen je Jahr:	
auf das Betriebsgebäude 2 % von den Anschaffungskosten	3 100 000,00 EUR
auf die technischen Anlagen und Maschinen 10 % vom Buchwert	1 690 600,00 EUR
auf den Fuhrpark 15 % vom Wiederbeschaffungswert	600 000,00 EUR

1. Erstellen Sie den Betriebsabrechnungsbogen!
2. Berechnen Sie den Zuschlagssatz je Kostenstelle für den Monat Februar!
3. Ermitteln Sie die Selbstkosten der Rechnungsperiode!

12 Kostenstellenrechnung

<table>
<tr><th colspan="5">Ermittlung des Verkaufspreises</th><th colspan="2">Beurteilung der Wirtschaftlichkeit der Produktionstätigkeit</th></tr>
<tr><td rowspan="2">Abgrenzungsrechnung</td><td rowspan="2">Kostenartenrechnung</td><td rowspan="2">Kostenstellenrechnung</td><td colspan="2">Kostenträgerrechnung</td><td colspan="2">Kostenkontrolle bei</td></tr>
<tr><td>Kostenträgerzeitrechnung</td><td>Kostenträgerstückrechnung</td><td>Kostenträgerzeitrechnung</td><td>Kostenträgerstückrechnung</td></tr>
</table>

12.1 Begriff und Aufgabe der Kostenstellenrechnung

Die **Kostenstellenrechnung** erfasst die Kostenarten an den Stellen im Betrieb, an denen sie entstanden sind.

Aufgabe der Kostenstellenrechnung ist die **Weiterverrechnung der einzelnen Kosten auf die Kostenträger** (z. B. Erzeugnisse).

- Da die **Einzelkosten** bei der Zurechnung auf den Kostenträger keine Probleme bereiten und auch keiner besonderen Kontrolle bedürfen, geht es bei der **Kostenstellenrechnung** um die **Erfassung und Verteilung der Gemeinkosten.**
- Ein großer Teil der **Gemeinkosten** kann aufgrund der vorliegenden Belege, auf denen die Kostenstelle vermerkt ist, **direkt** auf die entsprechenden Kostenstellen verteilt werden **(Kostenstelleneinzelkosten).** Der andere Teil wird **indirekt** mithilfe von Umrechnungsschlüsseln auf die Kostenstellen verteilt **(Kostenstellengemeinkosten).**

12.2 Bildung von Kostenstellen

Um die Gemeinkosten erfassen, kontrollieren und auf die Kostenträger verteilen zu können, muss der Betrieb in Kostenbereiche gegliedert werden. Nach der Leistungserstellung eines Industriebetriebes werden **vier Kostenbereiche (Hauptkostenstellen)**[1] gebildet:

- **Material**
- Fertigung
- Verwaltung
- Vertrieb

Es ist darauf zu achten, dass die Kostenstellen räumlich, organisatorisch und verantwortungsmäßig abgegrenzte Teilbereiche des Betriebes darstellen.

Eine **Kostenstelle** ist ein räumlich, organisatorisch und verantwortungsmäßig abgegrenzter Teilbereich eines Betriebes zur Erfassung der Gemeinkosten am Ort ihrer Entstehung.

12.3 Durchführung der Kostenstellenrechnung mithilfe des Betriebsabrechnungsbogens (BAB)

12.3.1 Begriff und Aufbau des Betriebsabrechnungsbogens

Technisches Mittel für die ordnungsmäßige Erfassung der angefallenen Gemeinkosten und ihre Verrechnung auf die Kostenstellen und die Kostenträger ist der **Betriebsabrechnungsbogen.**

Der **Betriebsabrechnungsbogen (BAB)** ist eine tabellarische Form der Kostenstellenrechnung.

Der **Betriebsabrechnungsbogen** hat folgende Grundstruktur:

Auf der rechten Hälfte des BABs werden horizontal die **einzelnen Kostenstellen** angeordnet. Auf der linken Seite werden vertikal die von der Kostenartenrechnung übernommenen **Gemeinkosten** aufgelistet. Bei der Verteilung der Kostenarten auf die Kostenstellen wird in einer Zwischenspalte ein Hinweis darauf gegeben, auf welcher Grundlage die Verteilung der jeweiligen Gemeinkostenart auf die verschiedenen Kostenstellen erfolgen soll. Man spricht daher auch von **Verteilungsgrundlage** bzw. von **Verteilungsschlüssel.**

Gemeinkostenarten	EUR	Verteilungsgrundlage	Kostenstellen			
			Material	Fertigung	Verwaltung	Vertrieb

Für den Industriebetrieb kann man Kostenstellen nach

- **Erzeugnisgruppen** (z. B. Schreibtische, Bürostühle, Aktenschränke) oder
- **Funktionen** (z. B. Material, Fertigung, Verwaltung, Vertrieb)

bilden.

1 Eine Untergliederung der Hauptkostenstellen wird im Folgenden aus Vereinfachungsgründen nicht vorgenommen.

12.3.2 Problem der Verrechnung der Gemeinkosten auf die Kostenstellen

(1) Direkte Verrechnung (Kostenstelleneinzelkosten)

Es gibt Gemeinkosten, die einen direkten Bezug zu den einzelnen Kostenstellen haben und sich daher auch direkt auf die einzelnen Kostenstellen verrechnen lassen. Man nennt sie **Kostenstelleneinzelkosten.**

Beispiele:

- Gehälter, Sozialkosten mithilfe von Gehaltslisten.
- Stromkosten mithilfe von Zählern.
- Abschreibungen einzelner Anlagegüter mittels Anlagendatei.
- Materialgemeinkosten mithilfe von Materialentnahmescheinen.
- Instandhaltung anhand von Belegen.

(2) Indirekte Verrechnung (Kostenstellengemeinkosten)

Bei einem großen Teil der Gemeinkosten wird eine direkte Verrechnung nicht möglich sein. Dann bleibt nur noch die Möglichkeit, die angefallenen Kosten mithilfe eines **Verteilungsschlüssels** auf die einzelnen Kostenstellen umzulegen. Dabei hängt die verursachungsgerechte Verteilung von der Wahl eines verursachungsgerechten Verteilungsschlüssels ab.

Der Verteilungsschlüssel sollte so gewählt werden, dass ein hohes Maß an Abhängigkeit zwischen dem Verteilungsschlüssel und den zu verrechnenden Kosten besteht. Im Idealfall – und der wird hier unterstellt – ist die Abhängigkeit proportional.

Beispiele:

- Miete, Heizung nach m^2 bzw. m^3 der einzelnen Kostenstellen.
- Kfz-Kosten nach km.
- Unfallversicherung nach Anzahl der Beschäftigten je Kostenstelle.

Die **Verteilung der Gemeinkosten** erfolgt entweder

- direkt aufgrund der einer Kostenstelle zurechenbaren Belege **(Kostenstelleneinzelkosten)** oder
- indirekt über Verteilungsschlüssel **(Kostenstellengemeinkosten).**

12.3.3 Aufstellung eines Betriebsabrechnungsbogens

Beispiel:

Die Elektromotoren Jürgen Engel KG produziert in Werkhalle 1 kleine Elektromotoren zum Antrieb von Bohrmaschinen.

Die Kostenartenrechnung der Elektromotoren Jürgen Engel KG weist für den Monat Januar folgende Gemeinkosten aus:

Betriebsstoffkosten	10000,00 EUR	Betriebssteuern	2500,00 EUR
Gehälter	9000,00 EUR	Kalk. Abschreibungen	12000,00 EUR
Sozialkosten	1300,00 EUR	Energiekosten	3000,00 EUR
Instandhaltung	11500,00 EUR	Sonstige Kosten	4800,00 EUR

Für die Erstellung des BAB ist folgender Verteilungsschlüssel zu verwenden:

Gemeinkosten	I Material	II Fertigung	III Verwaltung	IV Vertrieb
Betriebsstoffk. lt. Entnahmesch.	2700,00	5300,00	100,00	1900,00
Gehälter lt. Gehaltsliste	400,00	1000,00	5400,00	2200,00
Sozialkosten	1	2	7	3
Instandhaltung lt. Arbeitsstunden	20	84	2	9
Betriebssteuern	–	4	1	–
Kalk. Abschreibungen	1	7	3	1
Energiekosten lt. kWh	4000	40000	10000	6000
Sonstige Kosten lt. Belegen	1	6	2	3

Aufgabe:

Stellen Sie einen BAB auf und verteilen Sie aufgrund der Vorgaben die Gemeinkosten auf die einzelnen Kostenstellen!

Lösung:

Betriebsabrechnungsbogen (BAB)

Gemeinkosten	Zahlen der KLR	Verteilungs-schlüssel	Kostenstellen			
			I Material	II Fertigung	III Verwaltung	IV Vertrieb
Betriebsstoffkosten	10000,00	Entnahmescheine	2700,00	5300,00	100,00	1900,00
Gehälter	9000,00	Gehaltsliste	400,00	1000,00	5400,00	2200,00
Sozialkosten	1300,00	1 : 2 : 7 : 3	100,00	200,00	700,00	300,00
Instandhaltung	11500,00	Arbeitsstunden	2000,00	8400,00	200,00	900,00
Betriebssteuern	2500,00	0 : 4 : 1 : 0	–	2000,00	500,00	–
Kalk. Abschreibungen	12000,00	1 : 7 : 3 : 1	1000,00	7000,00	3000,00	1000,00
Energiekosten	3000,00	Kilowatt-Std.	200,00	2000,00	500,00	300,00
Sonst. Kosten	4800,00	1 : 6 : 2 : 3	400,00	2400,00	800,00	1200,00
Summe der Gemeinkosten	54100,00	aufge-schlüsselt	6800,00	28300,00	11200,00	7800,00

Erläuterungen:

Die vertikal aufgelisteten Gemeinkosten werden der Kostenartenrechnung entnommen und **direkt** aufgrund von **Belegen** (Entnahmescheine, Gehaltslisten, Stromzähler, Arbeitsstunden) oder **indirekt** aufgrund bestimmter **Verteilungsschlüssel,** wobei der Einfachheit halber hier teilweise Verhältniszahlen angegeben wurden, auf die Kostenstellen verrechnet.

Übungsaufgabe

54

1. Nennen Sie die wichtigsten Aufgaben der Kostenstellenrechnung!
2. Erläutern Sie den Begriff Kostenstelle!
3. Ein kleiner Industriebetrieb arbeitet mit vier Kostenstellen, die den Funktionsbereichen Material, Fertigung, Verwaltung und Vertrieb entsprechen. Laut Kostenrechnung sind die im Monat Oktober entstandenen Gemeinkosten den Kostenstellen wie folgt zuzuordnen:

	Zahlen der KLR	Kostenstellen			
		I Material	II Fertigung	III Verwaltung	IV Vertrieb
Kostenstelleneinzelkosten lt. Belegen					
Betriebsstoffe	50 000,00	10 000,00	35 000,00	2 500,00	2 500,00
Gehälter	180 000,00	15 000,00	30 000,00	100 000,00	35 000,00
Fremdreparaturen	100 000,00	5 000,00	80 000,00	10 000,00	5 000,00
Kalk. Abschreibung	92 000,00	12 000,00	49 000,00	23 400,00	7 600,00
Kostenstellengemeinkosten lt. Verteilungsschlüssel					
Hilfslöhne	36 000,00	1	4	–	1
Stromkosten	12 000,00	5 000 kWh	40 000 kWh	10 000 kWh	5 000 kWh
Betriebssteuern	49 000,00	1	3	2	1
Kalk. Unternehmerlohn	10 000,00	1	4	3	2

Aufgabe:

Ermitteln Sie die Summe der Gemeinkosten je Kostenstelle!

4. Nennen Sie die Arten von Gemeinkosten, die sich hinsichtlich der Problematik ihrer Verteilung unterscheiden lassen!
5. Nennen Sie beispielhaft einige Gemeinkosten und geben Sie dafür die mögliche Verteilungsgrundlage an!
6. Erklären Sie, welcher Grundsatz bei der Wahl eines Verteilungsschlüssels beachtet werden muss!

12.3.4 Ermittlung der Zuschlagssätze für die Gemeinkosten

(1) Wahl der Zuschlagsgrundlagen (Bezugsgrößen)

Es ist in der Praxis üblich, die im Materialbereich anfallenden Gemeinkosten **(Materialgemeinkosten)** entsprechend den **Materialeinzelkosten,** die in der Fertigung anfallenden Gemeinkosten **(Fertigungsgemeinkosten)** entsprechend den **Fertigungslohnkosten** auf die einzelnen Kostenträger zu verrechnen. Dabei werden die jeweiligen Gemeinkosten in Prozenten zu den gewählten Zuschlagsgrundlagen ausgedrückt und mit diesen Zuschlagssätzen werden die einzelnen Gemeinkostenarten bei der Kalkulation erfasst.

Während zwischen Materialgemeinkosten und Materialeinzelkosten sowie zwischen Fertigungsgemeinkosten und Fertigungslöhnen eine Abhängigkeit unterstellt werden kann, ist die Wahl der Zuschlagsgrundlage für die **Verwaltungs- und Vertriebsgemeinkosten** wesentlich problematischer. In Ermangelung geeigneter Bezugsgrößen wählt man für diese Gemeinkosten als gemeinsame Zuschlagsgrundlage die **Herstellkosten der Rechnungsperiode.**

(2) Berechnung der Zuschlagssätze für die Gemeinkosten

Beispiel:

Die Kostenartenrechnung eines Industriebetriebes weist für den Monat Januar folgende Kosten aus:

Verbrauch von Fertigungsmaterial	85000,00 EUR	Sozialkosten	1300,00 EUR
Hilfsstoffkosten	6000,00 EUR	Instandhaltung	11500,00 EUR
Betriebsstoffkosten	4000,00 EUR	Betriebssteuern	2500,00 EUR
Fertigungslöhne	56600,00 EUR	Kalk. Abschreibungen	12000,00 EUR
Gehälter	9000,00 EUR	Energiekosten	3000,00 EUR
		Sonstige Kosten	4800,00 EUR

Bezugsgrößen für die Gemeinkosten:

- Die Materialgemeinkosten sind auf den Verbrauch von Fertigungsmaterial zu beziehen.
- Die Fertigungsgemeinkosten sind auf die Fertigungslöhne zu beziehen.
- Die Verwaltungs- und Vertriebsgemeinkosten werden auf die Herstellkosten der Rechnungsperiode bezogen.

Für die Erstellung des BAB ist folgender Verteilungsschlüssel zu verwenden:

Gemeinkostenarten	I Material	II Fertigung	III Verwaltung	IV Vertrieb
Hilfsstoffkosten lt. Entnahmescheinen	1800,00	3000,00	–	1200,00
Betriebsstoffkosten lt. Entnahmescheinen	900,00	2300,00	100,00	700,00
Gehälter lt. Gehaltsliste	400,00	1000,00	5400,00	2200,00
Sozialkosten	1	2	7	3
Instandhaltung lt. Arbeitsstunden	20	84	2	9
Betriebssteuern	–	4	1	–
Kalk. Abschreibungen	1	7	3	1
Energiekosten lt. kWh	4000	40000	10000	6000
Sonstige Kosten lt. Belegen	1	6	2	3

Aufgaben:

1. Verteilen Sie aufgrund der angegebenen Verteilungsschlüssel die Gemeinkosten auf die einzelnen Kostenstellen!
2. Ermitteln Sie für jede Kostenstelle die Zuschlagssätze für die Gemeinkosten!
3. Ermitteln Sie die Selbstkosten der Rechnungsperiode (Monat: Januar)!

Lösungen:

Zu 1.: Verteilung der Gemeinkosten mithilfe des Betriebsabrechnungsbogens (BAB)

Gemeinkostenarten	Zahlen der KLR	Verteilungs-schlüssel	Kostenstellen			
			I Material	II Fertigung	III Verwaltung	IV Vertrieb
Hilfsstoffkosten	6000,00	Entnahmescheine	1800,00	3000,00	–	1200,00
Betriebsstoffkosten	4000,00	Entnahmescheine	900,00	2300,00	100,00	700,00
Gehälter	9000,00	Gehaltsliste	400,00	1000,00	5400,00	2200,00
Sozialkosten	1300,00	1 : 2 : 7 : 3	100,00	200,00	700,00	300,00
Instandhaltung	11500,00	Arbeitsstunden	2000,00	8400,00	200,00	900,00
Betriebssteuern	2500,00	0 : 4 : 1 : 0	–	2000,00	500,00	–
Kalk. Abschreibungen	12000,00	1 : 7 : 3 : 1	1000,00	7000,00	3000,00	1000,00
Energiekosten	3000,00	Kilowatt-Std.	200,00	2000,00	500,00	300,00
Sonst. Kosten	4800,00	1 : 6 : 2 : 3	400,00	2400,00	800,00	1200,00
Summe der Gemeinkosten	54100,00	aufge-schlüsselt	6800,00	28300,00	11200,00	7800,00
	Zuschlagsgrundlagen:					
	Verbrauch v. Fertigungsmat.		85000,00			
	Fertigungslöhne			56600,00		
	Herstellkosten der Rechnungs-periode				176700,00	176700,00
	Zuschlagssätze[1]		8 %	50 %	6,34 %	4,41 %

Zu 2.: Ermittlung der Zuschlagssätze

■ **Zuschlagssatz für die Materialgemeinkosten**

Es wird unterstellt, dass die Materialgemeinkosten (MGK) vom Verbrauch der Materialeinzelkosten abhängen. Daher werden die MGK für ihre Verrechnung auf die Kostenträger in Prozenten zum Verbrauch von Fertigungsmaterial angegeben.

Verbrauch von Fertigungsmaterial	85000,00 EUR ≙	100 %
MGK	6800,00 EUR ≙	x %

$$x = \frac{100 \cdot 6800}{85000} = \underline{\underline{8\,\%}}$$

Der MGK-Zuschlagssatz von 8 % besagt, dass immer dann, wenn für 100,00 EUR Fertigungsmaterial verbraucht wurde, parallel und gleichzeitig 8,00 EUR Gemeinkosten im Materialbereich (z.B. Einkauf, Warenabnahme ...) anfallen.

$$\text{MGK-Zuschlagssatz} = \frac{100 \cdot \text{Materialgemeinkosten}}{\text{Verbrauch von Fertigungsmaterial}}$$

■ **Zuschlagssatz für die Fertigungsgemeinkosten**

Die Fertigungsgemeinkosten werden auf die aufgewendeten Fertigungslöhne bezogen. Dabei wird unterstellt, dass die anfallenden Fertigungsgemeinkosten von der Höhe der aufgewendeten Fertigungslöhne abhängen. Dies ist in der Praxis **nur bedingt der Fall,** und zwar insbesondere dann nicht, wenn der Betrieb maschinenintensiv ist.

Fertigungslöhne	56600,00 EUR ≙	100 %
FGK	28300,00 EUR ≙	x %

$$x = \frac{100 \cdot 28300}{56600} = \underline{\underline{50\,\%}}$$

$$\text{FGK-Zuschlagssatz} = \frac{100 \cdot \text{Fertigungsgemeinkosten}}{\text{Fertigungslöhne}}$$

1 Mit diesen Zuschlagssätzen werden im Rahmen der Kalkulation die verschiedenen Gemeinkosten anteilmäßig erfasst.

■ **Zuschlagssatz für die Verwaltungsgemeinkosten**

Bei der Höhe der Verwaltungs- und Vertriebsgemeinkosten wird eine Abhängigkeit von der Höhe der Herstellkosten der Rechnungsperiode unterstellt.

Berechnung der Herstellkosten der Rechnungsperiode

	Verbrauch von Fertigungsmaterial	85000,00 EUR	
+	Materialgemeinkosten (MGK)	6800,00 EUR	
	Materialkosten		91800,00 EUR
	Fertigungslöhne	56600,00 EUR	
+	Fertigungsgemeinkosten (FGK)	28300,00 EUR	
	Fertigungskosten		84900,00 EUR
	Herstellkosten der Rechnungsperiode		176700,00 EUR

Herstellkosten der Rechnungsperiode	176700,00 EUR	≙ 100 %
VerwGK	11200,00 EUR	≙ x %

$$x = \frac{100 \cdot 11200}{176700} = \underline{\underline{6{,}34\,\%}}$$

$$\text{VerwGK-Zuschlagssatz} = \frac{100 \cdot \text{Verwaltungsgemeinkosten}}{\text{Herstellkosten der Rechnungsperiode}}$$

■ **Zuschlagssatz für die Vertriebsgemeinkosten**

Herstellkosten der Rechnungsperiode	176700,00 EUR	≙ 100 %
VertrGK	7800,00 EUR	≙ x %

$$x = \frac{100 \cdot 7800}{176700} = \underline{\underline{4{,}41\,\%}}$$

$$\text{VertrGK-Zuschlagssatz} = \frac{100 \cdot \text{Vertriebsgemeinkosten}}{\text{Herstellkosten der Rechnungsperiode}}$$

Zu 3.: Ermittlung der Selbstkosten der Rechnungsperiode (Monat: Januar)

Aufgrund der Zahlenangaben des Beispiels ergeben sich die Selbstkosten der Rechnungsperiode durch folgende Berechnung:

	Herstellkosten der Rechnungsperiode	176700,00 EUR
+	Verwaltungsgemeinkosten	11200,00 EUR
+	Vertriebsgemeinkosten	7800,00 EUR
	Selbstkosten der Rechnungsperiode	195700,00 EUR

Übungsaufgaben

55

1. Erklären Sie, wie die Kostenstellenrechnung im Gesamtbereich der Kosten- und Leistungsrechnung eingeordnet ist!
2. Beschreiben Sie den rechnungstechnischen Ablauf der Kostenstellenrechnung!
3. Erläutern Sie, worauf bei der Einrichtung von Kostenstellen besonders zu achten ist!

4. Die Kostenartenrechnung eines Industriebetriebs weist für den Monat Januar folgende Kosten aus, die wie folgt aufzuteilen sind:

	Zahlen der KLR	Material	Fertigung	Verwaltung	Vertrieb
Betriebsstoffkosten	36 000,00	12 000,00	Rest	–	–
Gehälter	90 000,00	7 500,00	7 500,00	37 500,00	Rest
Sozialkosten	30 000,00	2	2	3	3
Kalk. Abschreibungen	48 000,00	2	4	3	1
Steuern	45 000,00	1	4	4	1
Sonstige Kosten	210 000,00	1	5	6	2

Verbrauch von Fertigungsmaterial: 300 000,00 EUR

Fertigungslöhne: 180 000,00 EUR

Aufgaben:

4.1 Erstellen Sie den Betriebsabrechnungsbogen!

4.2 Berechnen Sie den Zuschlagssatz je Kostenstelle für den Monat Januar!

56 Die Papierfabrik Schleipen GmbH hat für den Monat Dezember folgende Gemeinkosten ermittelt, die in der vorgegebenen Weise auf die vier Kostenstellen verrechnet wurden:

	Zahlen der KLR	Verteilungsgrundlage	Material	Fertigung	Verwaltung	Vertrieb
Betriebsstoffkosten	21 000,00	Entnahmescheine	2 700,00	16 900,00	–	1 400,00
Gehälter	56 900,00	Gehaltsliste	3 500,00	4 800,00	35 200,00	13 400,00
Sozialkosten	25 200,00	Gehaltsliste	2 100,00	2 600,00	15 400,00	5 100,00
Versicherungen	7 794,00	2 : 3 : 3 : 1				
Instandhaltung	5 400,00	Arbeitsstunden	900,00	3 100,00	1 200,00	200,00
Betriebl. Steuern	8 748,00	1 : 3 : 1 : 1				
Energiekosten	9 600,00	kWh	1 200,00	5 700,00	1 700,00	1 000,00
Kalk. Abschreib.	13 800,00	Vermögenswerte	2 400,00	9 300,00	1 500,00	600,00
Kalk. Zinsen	6 900,00	Vermögenswerte	1 200,00	4 650,00	750,00	300,00

Verbrauch von Fertigungsmaterial: 38 200,00 EUR

Fertigungslöhne: 67 527,50 EUR

Aufgaben:

1. Stellen Sie aufgrund der Vorgaben den BAB auf!
2. Erweitern Sie den BAB durch Angabe der Zuschlagssätze in den einzelnen Kostenstellen!
3. Kalkulieren Sie die Selbstkosten der Rechnungsperiode!

57 Für die Zwecke der Betriebsabrechnung ist ein Industriebetrieb in vier Kostenstellen eingeteilt: Material, Fertigung, Verwaltung und Vertrieb.

Aus den Zahlen der Kosten- und Leistungsrechnung ergeben sich folgende Gemeinkostenbeträge:

	TEUR
Hilfslöhne	500
Gehälter	1 000
Gesetzlicher Sozialaufwand	500
Stromkosten	100
Raumkosten	300
Kalk. Abschreibungen auf Anlagen	500
Kalk. Zinsen auf Anlage- und Umlaufvermögen	900

Aufgaben:

1. 1.1 Berechnen Sie mithilfe eines Betriebsabrechnungsbogens die Gemeinkosten der vier Kostenstellen unter Verwendung der nachfolgend genannten Schlüssel:

	Material	Fertigung	Verwaltung	Vertrieb
Hilfslöhne	40 %	40 %	12 %	8 %
Gehälter	20 %	20 %	32 %	28 %
Gesetzlicher sozialer Aufwand nach der Zahl der Mitarbeiter	160	560	152	128
Stromverbrauch im Verhältnis	2	6	1	1
Raumkosten nach Fläche in m^2	500	1500	600	400
Anlagevermögen TEUR	1500	3000	300	200
Umlaufvermögen TEUR (Material- und Erzeugnisbestände)	3000	2000	4000	1000

   1.2 Berechnen Sie die vier Zuschlagssätze (auf- bzw. abgerundet auf volle Prozentsätze)!

   Zusatzangaben hierfür: Verbrauch von Fertigungsmaterial 4850 TEUR
   Fertigungslöhne 1000 TEUR

2. Der MGK-Zuschlagssatz in einem Industrieunternehmen beträgt 9%.

   Aufgabe:

   Beschreiben Sie den Sachverhalt, der durch diesen Zuschlagssatz zum Ausdruck kommt!

58 1. Das Verursachungsprinzip ist ein wichtiges Prinzip bei der Verteilung der Gemeinkostenarten. Nennen Sie die Art der Verteilung, die am ehesten dem Verursachungsprinzip entspricht!

1.1 Verteilung nach Zuschlagssätzen.

1.2 Verteilung nach zuvor festgelegten Prozentsätzen.

1.3 Verteilung aufgrund von Belegen.

1.4 Gleichmäßige Verteilung aller Gemeinkosten auf die einzelnen Kostenstellen.

2. Nennen Sie die Aufgabe, die die Kostenstellenrechnung erfüllt!

2.1 Sie ermittelt für jede Kostenstelle das Betriebsergebnis.

2.2 Sie gliedert die Aufwendungen auf in unternehmens- und betriebsbezogene Aufwendungen.

2.3 Sie ermittelt den Verkaufspreis für ein Produkt.

2.4 Sie erfasst für die einzelnen Betriebsabteilungen die Gemeinkosten.

2.5 Sie errechnet für jede Kostenstelle die angefallenen Aufwendungen.

Aufgabe:

Übertragen Sie jeweils die richtige(n) Aussage(n) in Ihr Hausheft!

59 Lösen Sie die Handlungsaufgaben aus der Lernsituation 12!

12.3.5 Ermittlung der Gemeinkostenzuschlagssätze unter Berücksichtigung der Bestandsveränderungen

(1) Grundlegendes

Bisher haben wir die Verwaltungs- und Vertriebsgemeinkosten auf die **Herstellkosten der Rechnungsperiode** bezogen. Dabei haben wir unterstellt, dass die hergestellten Erzeugnisse im gleichen Geschäftsjahr verkauft worden sind. Werden nicht alle Erzeugnisse verkauft (Bestandsmehrung der Fertigerzeugnisse[1]) oder werden Erzeugnisse noch zusätzlich aus dem Lager verkauft (Bestandsminderung der Fertigerzeugnisse[1]), so ändern sich Herstellkosten der verkauften Ware um die Höhe der Bestandsveränderungen. Die Herstellkosten unter Berücksichtigung der Bestandsveränderungen bezeichnet man als **Herstellkosten des Umsatzes (Herstellkosten der verkauften Erzeugnisse).**

Als **Bezugsgrundlage** für die Ermittlung des Zuschlagssatzes für die **Verwaltungs-** und **Vertriebsgemeinkosten** wählen wir die **Herstellkosten des Umsatzes (Herstellkosten der verkauften Erzeugnisse).**

(2) Berechnung der Herstellkosten des Umsatzes

Einbeziehung von Bestandsmehrungen an fertigen Erzeugnissen[2]

Eine **Bestandsmehrung** an fertigen Erzeugnissen bedeutet, dass innerhalb der Geschäftsperiode mehr Produkte hergestellt als verkauft wurden. Ein Teil der Produkte wanderte in das Lager, wodurch sich der Lagerbestand erhöht hat. Um von den Herstellkosten der Rechnungsperiode zu den Herstellkosten des Umsatzes (Herstellkosten der verkauften Erzeugnisse) zu gelangen, müssen die Bestandsmehrungen von den Herstellkosten der Rechnungsperiode abgezogen werden:

	Herstellkosten der Rechnungsperiode (Herstellkosten der produzierten Erzeugnisse)
–	Bestandsmehrungen bei fertigen Erzeugnissen
=	Herstellkosten des Umsatzes (Herstellkosten der verkauften Erzeugnisse)

Einbeziehung von Bestandsminderungen an fertigen Erzeugnissen

Eine **Bestandsminderung** bedeutet, dass innerhalb der Geschäftsperiode mehr Güter verkauft wurden als hergestellt worden sind. Neben den in der Periode hergestellten Produkten wurden auch Lagerbestände verkauft. Dadurch vermindert sich der Lagerbestand. Um zu den Herstellkosten des Umsatzes zu gelangen, müssen die Bestandsminderungen zu den Herstellkosten der Rechnungsperiode hinzuaddiert werden.

	Herstellkosten der Rechnungsperiode (Herstellkosten der produzierten Erzeugnisse)
+	Bestandsminderungen bei fertigen Erzeugnissen
=	Herstellkosten des Umsatzes (Herstellkosten der verkauften Erzeugnisse)

Da sich die Bestandsveränderungen bei fertigen Erzeugnissen in unterschiedliche Richtungen bewegen können und die Bestandsveränderungen bei den unfertigen Erzeugnissen in der gleichen Weise einbezogen werden müssen, fassen wir die **Berechnung der Herstellkosten des Umsatzes** in folgendem Schema zusammen:

1 Dies gilt auch für die Bestandsveränderungen bei unfertigen Erzeugnissen.

2 Da die Einbeziehung von fertigen und unfertigen Erzeugnissen in der gleichen Weise erfolgt, gehen wir, weil das leichter vorstellbar ist, von fertigen Erzeugnissen aus.

Herstellkosten der Rechnungsperiode (Herstellkosten der produzierten Erzeugnisse)
– Bestandsmehrungen
+ Bestandsminderungen
= Herstellkosten des Umsatzes (Herstellkosten der verkauften Erzeugnisse)

Beispiel:

Die Kostenartenrechnung eines Industriebetriebes weist für das 1. Quartal folgende Daten aus:

Verbrauch von Fertigungsmaterial	256 000,00 EUR
Materialgemeinkosten	32 000,00 EUR
Fertigungslöhne	695 825,00 EUR
Fertigungsgemeinkosten	672 300,00 EUR
Verwaltungsgemeinkosten	77 000,00 EUR
Vertriebsgemeinkosten	64 800,00 EUR

Bestandsangaben:

	Unfertige Erzeugnisse (UE)	Fertige Erzeugnisse (FE)
Anfangsbestände	175 000,00 EUR	214 000,00 EUR
Schlussbestände lt. Inventur	140 000,00 EUR	236 000,00 EUR

Aufgaben:

1. Berechnen Sie für jede Kostenstelle die Zuschlagssätze für die Gemeinkosten!
2. Ermitteln Sie die Selbstkosten des Umsatzes für das 1. Quartal!

Hinweise:

Die Materialgemeinkosten sind auf den Verbrauch von Fertigungsmaterial, die Fertigungsgemeinkosten auf die Fertigungslöhne, die Verwaltungsgemeinkosten und die Vertriebsgemeinkosten auf die Herstellkosten des Umsatzes zu beziehen.

Lösungen:

Zu 1.: Berechnung der Zuschlagssätze

Gemeinkosten insgesamt	Kostenstellen			
	Material	Fertigung	Verwaltung	Vertrieb
846 100,00	32 000,00	672 300,00	77 000,00	64 800,00
	256 000,00 (≙ 100 %)	695 825,00 (≙ 100 %)	1 669 125,00 (≙ 100 %)	1 669 125,00 (≙ 100 %)
	12,5 %	96,62 %	4,61 %	3,88 %

Zu 2.: Berechnung der Selbstkosten des Umsatzes

Verbrauch v. Fertigungsmaterial	256 000,00 EUR
+ MGK	32 000,00 EUR
+ Fertigungslöhne	695 825,00 EUR
+ FGK	672 300,00 EUR
Herstellkosten der Rechnungsperiode	1 656 125,00 EUR
+ Bestandsminderung UE	35 000,00 EUR
– Bestandsmehrung FE	22 000,00 EUR
Herstellkosten des Umsatzes	1 669 125,00 EUR
+ Verwaltungsgemeinkosten	77 000,00 EUR
+ Vertriebsgemeinkosten	64 800,00 EUR
Selbstkosten des Umsatzes	1 810 925,00 EUR

Übungsaufgabe

60 1. In einem Industriebetrieb werden der KLR bzw. der Buchführung folgende Zahlen entnommen: Verbrauch von Fertigungsmaterial 310700,00 EUR, MGK 24856,00 EUR, Fertigungslöhne 205800,00 EUR, FGK 174930,00 EUR, SEKF 22900,00 EUR, VerwGK 81310,46 EUR, VertrGK 48047,09 EUR.

	Fertige Erzeugnisse (FE)	Unfertige Erzeugnisse (UE)
Anfangsbestand	175600,00 EUR	25800,00 EUR
Schlussbestand lt. Inventur	150100,00 EUR	46400,00 EUR

Aufgabe:
Berechnen Sie die Zuschlagssätze für die Gemeinkosten!

2. Im BAB eines Industrieunternehmens wurden für die Kostenstellen folgende Gemeinkosten errechnet:

Material	Fertigung	Verwaltung	Vertrieb
25625,00	671646,00	247202,10	156094,67

Für den gleichen Zeitraum wurden außerdem folgende Daten ermittelt: Verbrauch von Fertigungsmaterial 205000,00 EUR, Fertigungslöhne 471000,00 EUR, Bestandsmehrung an fertigen Erzeugnissen 51000,00 EUR, Bestandsminderung an unfertigen Erzeugnissen 35000,00 EUR.

Aufgabe:
Berechnen Sie die Zuschlagssätze für die Gemeinkosten!

3. In einem Industriebetrieb fallen folgende Gemeinkosten an, die wie folgt aufzuteilen sind:

	Zahlen der KLR	Verteilungsschlüssel			
		Material	Fertigung	Verwaltung	Vertrieb
Hilfs- u. Betriebsstoffkosten	67200,00	3	12	1	–
Energie	78300,00	2	5	1	1
Hilfslöhne	23800,00	3	4	–	–
Gehälter	91200,00	1	2	7	2
Sozialkosten	43510,00	4	6	7	2
Fremdreparaturen	24150,00	1	5	1	–
Steuern	63000,00	1	4	1	1
Kalkulatorische Kosten	88200,00	2	8	3	1

Verbrauch von Fertigungsmaterial: 683416,66 EUR; Fertigungslöhne 196795,08 EUR

Bestände an fertigen und unfertigen Erzeugnissen:

	FE	UE
Anfangsbestand	58600,00 EUR	18800,00 EUR
Schlussbestand lt. Inventur	45100,00 EUR	24400,00 EUR

Aufgaben:

3.1 Erstellen Sie den Betriebsabrechnungsbogen!

3.2 Berechnen Sie den Zuschlagssatz je Kostenstelle!

3.3 Erstellen Sie die Gesamtkalkulation für die Selbstkosten der verkauften Erzeugnisse!

13 Wessel u.a. - ISBN 978-3-8120-0588-3

12.3.6 Aufstellung eines mehrstufigen Betriebsabrechnungsbogens

12.3.6.1 Bildung von Hilfskostenstellen

(1) Begriff Hilfskostenstellen

Der mehrstufige BAB enthält neben den bisherigen **Hauptkostenstellen** (Material, Fertigung, Verwaltung und Vertrieb), die ihre Leistungen an die Kostenträger abgeben, noch **Hilfskostenstellen** (auch **Vorkostenstellen** genannt), die ihre Leistungen an andere Kostenstellen abgeben **(innerbetriebliche Leistungsverrechnung)**.

Beispiel:

Ein Elektrogerätehersteller unterhält eine Kantine, die Frühstück und einen Mittagstisch anbietet und allen Mitarbeitern offensteht. Die Hilfskostenstelle Kantine gibt ihre Leistungen somit an alle Kostenstellen ab. Die Kosten der Kantine sind daher auf alle Kostenstellen (z.B. nach der Anzahl der Mitarbeiter, die eine Mahlzeit einnehmen) aufzuteilen.

Hilfskostenstellen geben ihre Leistungen an andere Kostenstellen ab. Die auf sie entfallenden Kosten werden daher vor der Berechnung der Gemeinkostenzuschlagssätze auf andere Kostenstellen umgelegt.

Der mehrstufige BAB differenziert die Gemeinkosten gegenüber dem einstufigen BAB und erhöht dadurch dessen Aussagekraft.

(2) Arten von Hilfskostenstellen

Art der Hilfskostenstelle	Erläuterungen	Beispiele
Allgemeine Hilfskostenstellen	Die allgemeinen Hilfskostenstellen dienen dem Gesamtbetrieb, d.h., ihre Leistungen werden von allen oder fast allen Kostenstellen in Anspruch genommen. Aus diesem Grund sind die Kosten der allgemeinen Hilfskostenstellen entsprechend der Inanspruchnahme auf die übrigen Kostenstellen zu verteilen.	Grundstücke und Gebäude, betriebseigene Strom- und Wasserversorgung, Werkfeuerwehr, soziale Einrichtungen (Kantine, Erholungsheim, Sportplätze).
Besondere Hilfskostenstellen	Die besonderen Hilfskostenstellen geben ihre Leistungen nur an bestimmte Hauptkostenstellen weiter. Die anfallenden Kosten dieser Hilfskostenstellen sind deshalb nur auf die ihnen übergeordneten Hauptkostenstellen umzulegen. Es ist vor allem üblich, den Fertigungsstellen besondere Hilfskostenstellen (Fertigungshilfskostenstellen) vorzuschalten.	Konstruktionsbüro, Arbeitsvorbereitung, Modellfertigung für die Fertigung, Versandabteilung, Lehrwerkstätte, Werkzeugmacherei.

12.3.6.2 Umlage der Hilfskostenstellen (Vorkostenstellen) auf die Hauptkostenstellen

Die **Umlage der Hilfskostenstellen (Vorkostenstellen)** kann in Abhängigkeit von den organisatorischen Gegebenheiten durch **direkte Verrechnung (Belege)** oder **indirekte Verrechnung (Schlüssel)** nach dem Stufenleiterverfahren erfolgen.

Die **allgemeinen Hilfskostenstellen** geben in der Regel Gemeinkosten auch an die besonderen Hilfskostenstellen ab. Deshalb muss die Umlage der Werte der allgemeinen Hilfskostenstellen vor der Umlage der Werte der besonderen Hilfskostenstellen stattfinden.

Beispiel:

Ein erweiterter BAB weist vor der Umlage der Vorkostenstellen folgende Zahlen auf:

Gemeinkostenarten	Kosten lt. KLR	Kostenstellen						
		Allgem. Hilfskostenstelle	Material	Fertigungshilfskostenstelle	Fertigung I	Fertigung II	Verwaltung	Vertrieb
Summe der Gemeinkosten	244 100,00	15 000,00	31 000,00	33 000,00	74 000,00	50 000,00	31 850,00	9 250,00

Die Werte der allgemeinen Hilfskostenstelle werden in der Reihenfolge der oben genannten übrigen Kostenstellen im Verhältnis 2 : 2 : 3 : 4 : 3 : 1 umverteilt. Die Gemeinkostensumme der Fertigungshilfskostenstelle wird auf die Fertigungshauptkostenstellen I und II im Verhältnis 4 : 3 umgelegt.

Aufgabe:

Ermitteln Sie jeweils die Summen der Gemeinkosten in den einzelnen Hauptkostenstellen!

Lösung:

Gemeinkostenarten	Kosten lt. KLR	Kostenstellen						
		Allgem. Hilfskostenstelle	Material	Fertigungshilfskostenstelle	Fertigung I	Fertigung II	Verwaltung	Vertrieb
Summe der Gemeinkosten	244 100,00	15 000,00	31 000,00	33 000,00	74 000,00	50 000,00	31 850,00	9 250,00
Umlage der allgem. Hilfskostenstelle		→	2 000,00	2 000,00	3 000,00	4 000,00	3 000,00	1 000,00
Zwischensumme			33 000,00	35 000,00	77 000,00	54 000,00	34 850,00	10 250,00
Umlage der Fertigungshilfskostenstelle				→	20 000,00	15 000,00		
Summe			33 000,00		97 000,00	69 000,00	34 850,00	10 250,00

Übungsaufgaben

61 Die Chemischen Werke Goslar AG haben in der ersten Stufe folgende Gemeinkostensummen für die Kostenstellen ermittelt:

	Kosten lt. KLR	Allgem. Hilfskostenstelle Wasserwerk	Material	Fertigungshilfskostenstelle Labor	Fertigung I	Fertigung II	Verwaltung	Vertrieb
Summe der Gemeinkosten	3850000,00	345000,00	600000,00	360000,00	810000,00	1250000,00	405000,00	80000,00

Die Gemeinkosten des Wasserwerkes sollen im Verhältnis des Wasserverbrauchs umgelegt werden: Material 10 m^3, Labor 60 m^3, Fertigung I 1000 m^3, Fertigung II 1200 m^3, Verwaltung 20 m^3, Vertrieb 10 m^3. Die Kosten des Labors verteilen sich auf die Fertigungshauptstellen I und II im Verhältnis 1 : 3.

Aufgabe:

Ermitteln Sie jeweils die Gemeinkosten in den einzelnen Hauptkostenstellen!

62 Der erweiterte BAB der Wolfsburger Werkzeug GmbH weist für den Monat Oktober folgende Zahlen aus:

	Kosten lt. KLR	Allgem. Hilfskostenstelle Heizzentrale	Material	Fertigungshilfskostenstelle Arbeitsvorbereitung	Fertigung I	Fertigung II	Verwaltung	Vertrieb
Summe der Gemeinkosten	728000,00	48000,00	72000,00	72000,00	96000,00	240000,00	120000,00	80000,00

Die Gemeinkosten der Heizzentrale sind auf die anderen Kostenstellen im Verhältnis 2 : 2 : 6 : 9 : 8 : 5 umzuverteilen. Die Umverteilung der Fertigungshilfskostenstelle orientiert sich an den Fertigungsstunden. Fertigung I: 1080 Std., Fertigung II: 3920 Std.

Aufgabe:

Welche Gemeinkostensummen entfallen jeweils auf die Hauptkostenstellen?

12.3.6.3 Aufstellung eines mehrstufigen Betriebsabrechnungsbogens unter Berücksichtigung von Bestandsveränderungen mit Ermittlung der Zuschlagssätze

Beispiel:

Die Vereinigten Industriewerke GmbH stellen zwei Erzeugnisse her: Holzwaren und Metallwaren. Zur Erstellung des BAB liegen folgende Daten vor:

Gemeinkosten-arten	Zahlen der KLR	Kostenstellen							
		Allgemeiner Kostenbereich		I Material	II Fertigung			III Verwaltung	IV Vertrieb
I. Verteilung der Gemeinkosten auf die Kostenstellen		Kantine	Fuhrpark		Reparaturen Instandhaltung	Fertigung Holzwaren	Fertigung Metallwaren		
Hilfs- und Betriebsstoffe	66 000,00	1 400,00	800,00	1 100,00	700,00	24 000,00	36 000,00		2 000,00
Gehälter . . .	64 900,00	7 200,00	4 200,00	3 700,00	5 100,00	12 000,00	11 000,00	15 400,00	6 300,00
Summe der Gemeinkosten	846 100,00	32 000,00	42 800,00	24 800,00	84 000,00	240 500,00	310 400,00	63 200,00	48 400,00
II. Umlage der Kosten der allgemeinen Hilfskostenstellen									
Kantine			2	1	1	3	3	3	3
Fuhrpark				2	1	4	4	3	4
III. Umlage der Kosten der besonderen Hilfskostenstellen									
Reparaturen/Instandhaltung						2	3		

Einzelkosten: Verbrauch von Fertigungsmaterial 256 000,00 EUR, Fertigungslöhne Holzwaren 365425,00 EUR, Fertigungslöhne Metallwaren 330400,00 EUR.

Bestandsveränderungen: Bestandsminderung an unfertigen Erzeugnissen 35000,00 EUR, Bestandsmehrungen an fertigen Erzeugnissen 22000,00 EUR.

Hinweis: Die Materialgemeinkosten sind auf den Verbrauch von Fertigungsmaterial, die Fertigungsgemeinkosten auf die Fertigungslöhne, die Verwaltungsgemeinkosten und die Vertriebsgemeinkosten sind auf die Herstellkosten des Umsatzes zu beziehen.

Aufgaben:

1. Erstellen Sie den BAB anhand der vorgegebenen Daten und berechnen Sie die Zuschlagssätze auf zwei Stellen nach dem Komma!
2. Berechnen Sie die Selbstkosten des Umsatzes!

Lösungen:

Gemeinkostenarten	Zahlen der KLR	Kostenstellen							
		Allgemeiner Kostenbereich		I Material	II Fertigung			III Verwaltung	IV Vertrieb
		Kantine	Fuhrpark		Reparaturen Instandhaltung	Fertigung Holzwaren	Fertigung Metallwaren		
Hilfs- und Betriebsstoffe	66 000,00	1 400,00	800,00	1 100,00	700,00	24 000,00	36 000,00		2 000,00
Gehälter . . .	64 900,00	7 200,00	4 200,00	3 700,00	5 100,00	12 000,00	11 000,00	15 400,00	6 300,00
Summe der Gemeinkosten vor der Kostenumlage	846 100,00	32 000,00	42 800,00	24 800,00	84 000,00	240 500,00	310 400,00	63 200,00	48 400,00
		→	4 000,00	2 000,00	2 000,00	6 000,00	6 000,00	6 000,00	6 000,00
			46 800,00						
			→	5 200,00	2 600,00	10 400,00	10 400,00	7 800,00	10 400,00
					88 600,00	256 900,00	326 800,00		
					→	35 440,00	53 160,00		
				32 000,00		292 340,00	379 960,00	77 000,00	64 800,00
				256 000,00 (≙ 100 %)		365 425,00 (≙ 100 %)	330 400,00 (≙ 100 %)	1 669 125,00 (≙ 100 %)	1 669 125,00 (≙ 100 %)
				12,5 %		80 %	115 %	4,61 %	3,88 %

Berechnung der Selbstkosten des Umsatzes:

	Verbrauch von Fertigungsmat.	256 000,00 EUR
+	MGK	32 000,00 EUR
+	Fertigungslöhne Holzwaren	365 425,00 EUR
+	FGK Holzwaren	292 340,00 EUR
+	Fertigungslöhne Metallwaren	330 400,00 EUR
+	FGK Metallwaren	379 960,00 EUR
	Herstellkosten der Abrechnungsperiode	1 656 125,00 EUR
+	Bestandsminderung UE	35 000,00 EUR
–	Bestandsmehrung FE	22 000,00 EUR
	Herstellkosten des Umsatzes	1 669 125,00 EUR
+	Verwaltungsgemeinkosten	77 000,00 EUR
+	Vertriebsgemeinkosten	64 800,00 EUR
	Selbstkosten des Umsatzes	1 810 925,00 EUR

Übungsaufgaben

63

	Kostenstellen						
	Allgem. Kostenbereich		Material-verwaltung	Fertigung		Verwaltung	Vertrieb
	Energie	Fuhrpark		Kunststoffverarbeitung	Holzverarbeitung		
Gemeinkosten insgesamt in TEUR	5190	5404	8700	89500	107800	65800	49500
Zuschlagsgrundlagen			Verbr. von Fert.-Mat. 116000	Fertigungslöhne 72764	Fertigungslöhne 126824	Herstellkosten der Rechnungsperiode	Herstellkosten des Umsatzes

Weitere Angaben

- Verteilung der Kostenstelle Energie: 1 : 2 : 4 : 5 : 1 : 2
- Verteilung der Kostenstelle Fuhrpark: 2 : 9 : 10 : 1 : 3
- Mehrbestand an Fertigerzeugnissen: 38940 TEUR.

Aufgaben:

1. Errechnen Sie in den Hauptkostenstellen jeweils die Zuschlagssätze für die Gemeinkosten!
2. Ermitteln Sie die Selbstkosten des Umsatzes!

64 Eine Maschinenfabrik produziert zwei Maschinengruppen. Zur Erstellung des BAB liegen folgende Daten vor:

	Zahlen der KLR in EUR	Allgemeiner Kostenbereich		Material	Fertigung			Verwaltung	Vertrieb
		Energiezentrale	Kantine		Techn. Büro	Masch.-gruppe A	Masch.-gruppe B		
Gemeinkostenmaterial	52000,00				12000,00	18000,00	22000,00		
Energiekosten	32000,00								
Gehälter u. Hilfslöhne	140000,00	3	2	2	1	8	10	5	4
Sozialkosten	52500,00	3	2	2	1	8	10	5	4
Bürokosten	30000,00	1	1	1	2	2	2	5	1
Abschreibungen	96000,00								
Steuern u. Abgaben	10000,00	2	1	2	2	3	5	3	2
Umlage des allgemeinen Kostenbereichs:									
Energiezentrale			2	1	1	6	5	3	2
Kantine				1	2	7	6	3	1
Umlage der besonderen Hilfskostenstelle:									
Technisches Büro						2	3		

Verbrauch von Fertigungsmaterial: 363302,00 EUR
Fertigungslöhne Maschinengruppe A: 105720,00 EUR
Fertigungslöhne Maschinengruppe B: 157399,20 EUR

	UE	FE
Anfangsbestände	105700,00	398510,00
Schlussbestände lt. Inventur	96900,00	423720,00

Weitere Angaben zum BAB

Die Gemeinkosten Energie sind nach kWh und die Abschreibungen sind nach den investierten Werten zu verteilen:

Kostenstellen	Verbrauchte kWh	Investierte Werte je EUR
Energiezentrale	1400	40000,00
Kantine	1200	32000,00
Material	800	24000,00
Technisches Büro	500	58000,00
Maschinengruppe A	14200	380000,00
Maschinengruppe B	13100	836000,00
Verwaltung	6100	165000,00
Vertrieb	2700	65000,00

Aufgabe:

Erstellen Sie den BAB anhand der vorgegebenen Daten und berechnen Sie die Zuschlagssätze!

65

	Allgemeiner Bereich	Materialbereich			Fertigungsbereich		Verwaltungsbereich			Vertriebsbereich
	Reparaturabteilung		Lehrwerkstatt	Arbeitsvorbereitung	Produktion I	Produktion II	Personalabteilung	Ausbildung kfm. Angestellte	Verwaltung	
Gemeinkosten insgesamt in TEUR	44100	12850	8200	5748	134241	157413	21400	32550	79600	66880
Zuschlagsgrundlagen		122381			146400	130750			Herstellkosten der Rechnungsperiode	Herstellkosten des Umsatzes

Weitere Angaben

- Verteilung der Kostenstelle Reparaturabteilung: 1 : 1 : 2 : 6 : 4 : 1 : 0 : 2 : 1.
- Verteilung der Kostenstelle Lehrwerkstatt auf die Produktion I und II: 3 : 2.
- Verteilung der Kostenstelle Arbeitsvorbereitung auf die Produktion I und II: 3 : 1.
- Verteilung der Kostenstelle Personalabteilung auf Ausbildung kfm. Angestellte und Verwaltung: 2 : 1.
- Verteilung der Kostenstelle Ausbildung kfm. Angestellte auf die Kostenstelle Verwaltung.
- Bestandsminderung an fertigen Erzeugnissen: 17140 TEUR.

Aufgaben:

1. Errechnen Sie die Zuschlagssätze für die Gemeinkosten!
2. Bestimmen Sie die Selbstkosten des Umsatzes!
3. Aus welchem Grund ist die Bildung
   3.1 von allgemeinen Hilfskostenstellen und
   3.2 die Aufteilung des Fertigungsbereichs in besondere Hilfskostenstellen sinnvoll?

LG 12.2

Lernsituation 13: Stellung der Kostenträgerrechnung in der Kosten- und Leistungsrechnung erkennen und ein Kostenträgerblatt erstellen

Lasse Birkner ist im Rahmen seines Praktikums nach wie vor in der Abteilung Kostenerfassung der MicroTex Technologies GmbH im Einsatz. Am frühen Freitagnachmittag verabschiedet er sich von Alex Rufnik ins Wochenende. Alex Rufnik lässt Lasse Birkner aber nicht so einfach gehen, sondern spricht ihn freundlich an:

Alex Rufnik: *Lasse, Sie sind ja nur noch in der kommenden Woche in meiner Abteilung. Sind Sie denn mit dem Einblick, den Sie hier in die Kostenrechnung bislang bekommen haben, zufrieden?*

Lasse Birkner: *Also, im Großen und Ganzen schon … Was mir allerdings immer noch nicht klar ist, ist die Sache mit der Preiskalkulation. Ich interessiere mich ja insbesondere für den Absatz der Produkte. Da hätte ich schon gern erfahren, wie ich durch die Kostenrechnung zur Bestimmung des Verkaufspreises komme. Das ist ja dann auch fürs Marketing sehr wichtig. Ich weiß jetzt zwar, wie man die Kosten nach Kostenarten gliedert, ich habe auch verstanden, wie ich die Gemeinkosten im BAB auf die Kostenstellen verteilen muss und auf dieser Basis Zuschlagssätze errechnen kann. Aber wie komme ich jetzt von da zum Verkaufspreis eines einzelnen Produkts?*

Alex Rufnik: *Im Grunde haben Sie es selbst in der Hand, den letzten Schritt zu machen. Sie müssen nur Ihre bisherigen Erkenntnisse zusammenführen. Ich schlage vor, dass wir uns das an einem Beispiel noch einmal deutlich machen. Bevor wir zur eigentlichen Kalkulation kommen, machen wir dabei aber noch einen kleinen Umweg über die sogenannte Kostenträgerzeitrechnung. Natürlich nur, wenn Sie die $^3/_4$ Stunde von Ihrem anstehenden Wochenende noch opfern möchten …*

Lasse Birkner: *Na, wenn Sie sich die Zeit für mich nehmen, dann nehme ich sie mir natürlich auch!*

Alex Rufnik: *Ich habe eine Grafik vorbereitet, die unsere bisherige gemeinsame Arbeit zusammenfasst.*

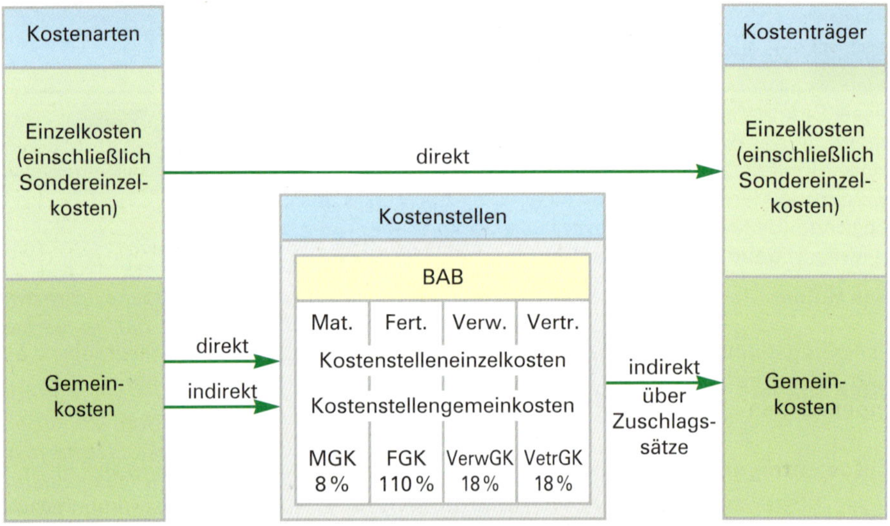

IMPULS:

Beschreiben und interpretieren Sie anstelle von Lasse Birkner das vorliegende Schema und tragen Sie Ihr Ergebnis vor!

HANDLUNGSAUFGABE:

Arbeiten Sie die folgenden Kapitel des Lehrbuches durch und verwenden Sie die Aufzeichnungen aus dem Unterricht zur Bearbeitung der Handlungsaufgabe.

Die Kosten- und Leistungsrechnung der MicroTex Technologies GmbH stellt für die verschiedenen Typen von Garnmaschinen unterschiedliche Motoren her. In der Vorkalkulation, in der die Gemeinkosten mit Normalzuschlagssätzen ermittelt werden, ergeben sich für das vierte Quartal folgende Werte:

	Für Typ AX_2	Für Typ AX_3
Nettoverkaufserlöse	792 322,00 EUR	404 700,00 EUR
Verbrauch an Fertigungsmaterial	210 700,00 EUR	106 300,00 EUR
Fertigungslöhne	140 500,00 EUR	72 100,00 EUR
MGK-Zuschlagssatz	8 %	8 %
FGK-Zuschlagssatz	166 %	166 %
VerwGK-Zuschlagssatz	11,5 %	11,5 %
VertrGK-Zuschlagssatz	7,2 %	7,2 %
SEKF	6 500,00 EUR	2 200,00 EUR
SEKV	5 200,00 EUR	3 400,00 EUR

Stellen Sie das Kostenträgerblatt auf und berechnen Sie das Betriebsergebnis insgesamt und bezogen auf die beiden Kostenträger!

13 Kostenträgerrechnung

13.1 Allgemeines zur Kostenträgerrechnung

Ermittlung des Verkaufspreises					**Beurteilung der Wirtschaftlichkeit der Produktionstätigkeit**	
Abgren-zungs-rechnung	Kosten-arten-rechnung	Kosten-stellen-rechnung	Kostenträgerrechnung		Kostenkontrolle bei	
			Kostenträ-gerzeit-rechnung	Kostenträ-gerstück-rechnung	Kostenträ-gerzeitrech-nung	Kostenträ-gerstück-rechnung

Die Leistungseinheiten, für die Kosten angefallen sind, nennt man **Kostenträger,** weil sie die Kosten zu tragen haben. Als Kostenträger können einzelne **Produkte** oder **Produktgruppen** dienen.

- **Kostenträger** sind Leistungseinheiten, für die Kosten angefallen sind.
- Als Kostenträger können einzelne **Produkte** oder auch die Zusammenfassung gleichartiger Produkte zu einer **Produktgruppe** dienen.

Die Hauptaufgabe der Kostenträgerrechnung besteht darin, festzustellen, wie viel Kosten auf die einzelnen Kostenträger entfallen.

- Bezieht sich diese Zurechnung der Kosten auf die einzelnen Kostenträger auf eine **Abrechnungsperiode** (Monat, Jahr), spricht man von einer **Kostenträgerzeitrechnung.** In ihr können sowohl das Betriebsergebnis insgesamt als auch die auf Kostenträger bezogenen Teilergebnisse ermittelt werden.
- Sollen die Kosten lediglich für einen **einzelnen Auftrag** (ein einzelnes Stück) berechnet werden, spricht man von der **Kostenträgerstückrechnung,**[1] die auch als **Kalkulation** bezeichnet wird.

Die **Kostenträgerrechnung** verteilt die **Kosten** verursachungsgerecht auf die **Kostenträger.**

13.2 Kostenträgerzeitrechnung

13.2.1 Inhalt und Aufgaben der Kostenträgerzeitrechnung

(1) Grundlegendes

Bei der Kostenträgerzeitrechnung werden die **Selbstkosten der Rechnungsperiode** ermittelt und den **Nettoverkaufserlösen der Rechnungsperiode** gegenübergestellt. Die **Differenz** zwischen den **Nettoverkaufserlösen der Rechnungsperiode** und den **Selbstkosten der Rechnungsperiode** ergibt das **Betriebsergebnis.** Technisches Hilfsmittel zur Berechnung des Betriebsergebnisses ist das **Kostenträgerblatt.**

1 Vgl. hierzu S. 207ff.

- Bei der **Kostenträgerzeitrechnung** werden die ermittelten **Selbstkosten der Rechnungsperiode** den **Nettoverkaufserlösen der Rechnungsperiode** gegenübergestellt.
- Die **Differenz** zwischen den erzielten **Nettoverkaufserlösen der Rechnungsperiode** und den **Selbstkosten der Rechnungsperiode** ergibt das **Betriebsergebnis.**

Grundlage der Kalkulation **während der Rechnungsperiode** sind die **Normalkosten.** Nach **Abschluss einer Rechnungsperiode** (z.B. eines Monats) muss festgestellt werden, ob die tatsächlich entstandenen Kosten **(Istkosten)** auch gedeckt worden sind.[1]

(2) Ermittlung von Normalzuschlagssätzen

Die Verrechnung der Gemeinkosten auf die Kostenträger auf der Basis von Normalkosten erfolgt mithilfe von Normalzuschlagssätzen. Diese ergeben sich aus den Durchschnittswerten der Istkostenzuschlagssätze vergangener Geschäftsperioden.

Beispiel:

Für das erste Halbjahr liegen folgende monatliche Ist-Fertigungsgemeinkostensätze vor:

Januar:	57,8 %	März:	58,5 %	Mai:	62,7 %
Februar:	60,1 %	April:	59,8 %	Juni:	56,9 %

Aufgabe:

Berechnen Sie aus den sechs vorliegenden Istzuschlagssätzen den Normalzuschlagssatz für die Fertigungsgemeinkosten!

Lösung:

$$\text{Normalzuschlagssatz} = \frac{57{,}8\,\% + 60{,}1\,\% + 58{,}5\,\% + 59{,}8\,\% + 62{,}7\,\% + 56{,}9\,\%}{6} = \underline{\underline{59{,}3\,\%}}$$

Mithilfe der Normalzuschlagssätze lassen sich jetzt die Normalgemeinkosten berechnen. Damit wird eine **Vorkalkulation**, z.B. zur Erstellung einer Preisliste oder zur Abgabe des Angebots, möglich.

13.2.2 Rechnerischer Ablauf der Kostenträgerzeitrechnung (Kostenträgerblatt) mit Normalkosten

Beispiel:

Die Kosten- und Leistungsrechnung eines Industrieunternehmens, das die Produkte A und B herstellt, weist für den Monat Oktober in der Vorkalkulation, in der die Gemeinkosten mit Normalzuschlagssätzen verrechnet werden, folgende Gesamtdaten auf, die sich in der vorgegebenen Weise auf die beiden Produkte verteilen.

Verbrauch von Fertigungsmaterial 480000,00 EUR, Fertigungslöhne 210000,00 EUR, Nettoverkaufserlöse für das Produkt A 820000,00 EUR, für das Produkt B 640000,00 EUR.

Die Normalzuschlagssätze betragen: MGK 10 %, FGK 85 %, VerwGK 18 %, VertrGK 7 %.

Die Sondereinzelkosten der Fertigung für das Produkt A betragen 8100,00 EUR. Die Sondereinzelkosten des Vertriebs für das Produkt A betragen 3800,00 EUR, für das Produkt B 1000,00 EUR.

1 Zum Kostenträgerblatt mit Ist- und Normalkosten siehe Kapitel 13.4, S. 222ff.

Aufgaben:

1. Stellen Sie die Kostenträgerzeitrechnung (das Kostenträgerblatt) auf, berechnen Sie das Betriebsergebnis und schlüsseln Sie dieses auf die beiden Kostenträger auf!
2. Berechnen Sie die Wirtschaftlichkeitsfaktoren der Produktgruppe insgesamt und von den beiden Produkten!

Lösungen:

Zu 1.: Erstellung des Kostenträgerblatts

Ziffer	Bezeichnungen	Beträge der Rechn.-Periode	Produkt A	Produkt B
1 2	Verbrauch von Fertigungsmaterial + 12 % Materialgemeinkosten	480 000,00 57 600,00	280 000,00 33 600,00	200 000,00 24 000,00
3	**Materialkosten** (1 + 2)	537 600,00	313 600,00	224 000,00
4 5 6	Fertigungslöhne + 85 % Fertigungsgemeinkosten + Sondereinzelkosten der Fertigung	210 000,00 178 500,00 8 100,00	120 000,00 102 000,00 8 100,00	90 000,00 76 500,00
7	**Fertigungskosten** (4 + 5 + 6)	396 600,00	230 100,00	166 500,00
8 9 10 11	**Herstellkosten der Rechnungs-periode** (3 + 7) + 18 % Verwaltungsgemeinkosten + 7 % Vertriebsgemeinkosten + Sondereinzelkosten des Vertriebs	934 200,00 168 156,00 65 394,00 4 800,00	543 700,00 97 866,00 38 059,00 3 800,00	390 500,00 70 290,00 27 335,00 1 000,00
12	**Selbstkosten der Rechnungsperiode** (9 + 10 + 11)	1 172 550,00	683 425,00	489 125,00

13	Nettoverkaufserlöse	1 460 000,00	820 000,00	640 000,00
12	– Selbstkosten der Rechnungsperiode	1 172 550,00	683 425,00	489 125,00
14	= **Betriebsergebnis** (13 – 12)	287 450,00	136 575,00	150 875,00

Zu 2.: Berechnung der Wirtschaftlichkeitsfaktoren

	Produktgruppe insgesamt	Produkt A	Produkt B
$\text{Wirtschaftlichkeitsfaktor} = \frac{\text{Leistungen}}{\text{Kosten}}$	$\frac{1\,460\,000}{1\,172\,550} = \underline{\underline{1{,}24}}$	$\frac{820\,000}{683\,425} = \underline{\underline{1{,}20}}$	$\frac{640\,000}{489\,125} = \underline{\underline{1{,}31}}$

Erläuterung:

Liegt der Wirtschaftlichkeitsfaktor bei 1, so werden die Betriebskosten gedeckt. Beträgt er < 1, besteht ein Betriebsgewinn. Beträgt er > 1, liegt ein Betriebsverlust vor.

Übungsaufgaben

66
1. Erläutern Sie den Begriff Kostenträger!
2. Nennen Sie zwei Aufgaben der Kostenträgerrechnung!
3. Nennen Sie die beiden Arten der Kostenträgerrechnung und erläutern Sie kurz deren Zielsetzung!

4. Erörtern Sie die Vorteile der Kalkulation mit Normalkosten!
5. Ein Industriebetrieb stellt die Produkte A und B her. In der Vorkalkulation, in der die Gemeinkosten mit Normalzuschlagssätzen ermittelt werden, ergeben sich für den Monat Januar folgende Daten:

	Für Produkt A:	**Für Produkt B:**
Nettoverkaufserlöse	1 120 700,00 EUR	1 895 400,00 EUR
Verbrauch von Fertigungsmaterial	220 300,00 EUR	378 400,00 EUR
Fertigungslöhne	271 800,00 EUR	425 850,00 EUR
MGK-Zuschlagssatz	11 %	11 %
FGK-Zuschlagssatz	160 %	160 %
VerwGK-Zuschlagssatz	13 %	13 %
VertrGK-Zuschlagssatz	8 %	8 %

Aufgabe:

Stellen Sie das Kostenträgerblatt auf und berechnen Sie das Betriebsergebnis insgesamt und bezogen auf die beiden Kostenträger!

67 Eine Werkzeugfabrik produziert u. a. Bohrmaschinen und Schleifmaschinen. In der Kosten- und Leistungsrechnung wurden für die vergangene Rechnungsperiode folgende Werte ermittelt:

	Beträge der Rechnungsperiode	Produkte	
		Bohrmaschinen	Schleifmaschinen
Fertigungsmaterial	194 400,00	151 200,00	43 200,00
Fertigungslöhne	478 800,00	378 000,00	100 800,00
Materialgemeinkosten	48 600,00		
Fertigungsgemeinkosten	574 560,00		
Verwaltungsgemeinkosten	103 709,00		
Vertriebsgemeinkosten	64 818,00		
Umsatzerlöse	1 734 502,00	1 383 934,00	350 568,00

Aufgaben:

1. Berechnen Sie die Gemeinkostenzuschlagssätze!
2. Ermitteln Sie das Betriebsergebnis für die Rechnungsperiode und den Anteil der Bohr- und Schleifmaschinen am Gesamtergebnis!
3. Berechnen Sie die Wirtschaftlichkeitsfaktoren der Bohr- und Schleifmaschinen!

68 Lösen Sie die Handlungsaufgabe aus der Lernsituation 13!

13.3 Kostenträgerstückrechnung

<table>
<tr><th colspan="5">Ermittlung des Verkaufspreises</th><th colspan="2">Beurteilung der Wirtschaftlichkeit der Produktionstätigkeit</th></tr>
<tr><td rowspan="2">Abgrenzungsrechnung</td><td rowspan="2">Kostenartenrechnung</td><td rowspan="2">Kostenstellenrechnung</td><td colspan="2">Kostenträgerrechnung</td><td colspan="2">Kostenkontrolle bei</td></tr>
<tr><td>Kostenträgerzeitrechnung</td><td>Kostenträgerstückrechnung</td><td>Kostenträgerzeitrechnung</td><td>Kostenträgerstückrechnung</td></tr>
</table>

13.3.1 Grundlegendes

Die **Kostenträgerstückrechnung (Kalkulation)** ermittelt die Kosten für ein **Produkt** bzw. eine **Produktgruppe.**

Werden unterschiedliche Produkte hergestellt – und davon gehen wir im Folgenden aus – ist eine **individuelle Kostenermittlung** für jedes Produkt bzw. für jede Produktgruppe erforderlich. Diese Form der Kostenträgerstückrechnung bezeichnet man als **Zuschlagskalkulation.** Da bei der Zuschlagsrechnung **alle Kosten,** die bei der Herstellung des Produktes anfallen, in die **Preisberechnung eingehen,** liegt eine **Vollkostenrechnung** vor.

Der **Verfahrensablauf einer Zuschlagskalkulation** ist folgender:

- Die **Einzelkosten** werden aus der Kostenartenrechnung **direkt** den Kostenträgern zugerechnet. Das betrifft im Wesentlichen das Fertigungsmaterial und die Fertigungslöhne.
- Die in der Kostenstellenrechnung erfassten **Gemeinkosten** werden den Kostenträgern **indirekt** über Zuschlagssätze zugeordnet.

13.3.2 Angebotskalkulation (Vorkalkulation)

Um einen Verkauf tätigen zu können, ist es in der Praxis oft notwendig, ein Angebot mit einem verbindlichen Angebotspreis abzugeben. Das Unternehmen ist dann gezwungen, vor Beginn der Produktion eine Angebotskalkulation vorzunehmen. Die Angebotskalkulation ist in der Regel eine **Vorwärtskalkulation.**[1]

Bei der Berechnung der Vorwärtskalkulation werden die Einzel- und Gemeinkosten unterschiedlich ermittelt und eingerechnet:

Zu den Einzelkosten	■ Bei einer Angebotskalkulation kann der **Verbrauch von Fertigungsmaterial** aufgrund von Stücklisten[2] ermittelt werden. Die benötigten Preise ergeben sich aus vorliegenden Preisen der Vergangenheit bzw. derzeitigen Angebotspreisen, wobei die zu erwartenden Preisänderungen zu berücksichtigen sind. ■ Die **Lohnkosten** ergeben sich aufgrund der Fertigungszeiten, bei denen auf Erfahrungen der Vergangenheit bzw. auf vorhandene Zeitvorgaben zurückgegriffen werden kann. Zu erwartende Lohnänderungen sind auch hier zu berücksichtigen.
Zu den Gemeinkosten	Die Gemeinkosten werden über Zuschlagssätze einkalkuliert. Diese werden innerhalb des Betriebsabrechnungsbogens ermittelt. Da man bei einer Angebotskalkulation nicht bis zum Abschluss der laufenden Geschäftsperiode warten kann, wird mit Normalzuschlagssätzen gearbeitet.

Beispiel:

Eine Maschinenfabrik errechnet zur Abgabe eines Angebots für eine Abfüllmaschine den Listenverkaufspreis. Es wird mit folgenden Kosten kalkuliert:

Verbrauch von Fertigungsmaterial	17200,00 EUR	SEKF	1400,00 EUR
Fertigungslöhne	21400,00 EUR	SEKV	890,00 EUR

1 Zur Kostenkontrolle durch Gegenüberstellung von Ist- und Normalkosten siehe Kapitel 13.5, S. 225f.

2 Die **Stücklisten** geben die Teile an, die für die Produktion der Erzeugnisse notwendig sind.

Normalzuschlagssätze: MGK 9 %, FGK 110 %, VerwGK 18 %, VertrGK 6 %.

Bei der Angebotskalkulation der Abfüllmaschine sollen 15 % Gewinn, 7 % Vertreterprovision (vom Zielverkaufspreis), 10 % Kundenrabatt und 2 % Skonto einkalkuliert werden.

Aufgabe:

Berechnen Sie den Listenverkaufspreis (Nettoverkaufspreis)!

Lösung:

Vorwärtskalkulation

	100 %	Materialeinzelkosten	17 200,00 EUR	
	9 %	+ Materialgemeinkosten	1 548,00 EUR	
		Materialkosten		18 748,00 EUR
100 %	←	Fertigungslöhne	21 400,00 EUR	
110 %		+ Fertigungsgemeinkosten	23 540,00 EUR	
		Zwischensumme	44 940,00 EUR	
		+ Sondereinzelkosten der Fertigung (SEKF)	1 400,00 EUR	
		Fertigungskosten		46 340,00 EUR
	100 %	**Herstellkosten**		65 088,00 EUR
	18 %	+ Verwaltungsgemeinkosten	11 715,84 EUR	
	6 %	+ Vertriebsgemeinkosten	3 905,28 EUR	
		+ Sondereinzelkosten des Vertriebs (SEKV)	890,00 EUR	16 511,12 EUR
100 %	←	**Selbstkosten**		81 599,12 EUR
15 %		+ Gewinn		12 239,87 EUR
→	91 %	**Barverkaufspreis**		93 838,99 EUR
	7 %	+ Vertreterprovision		7 218,38 EUR
	2 %	+ Kundenskonto		2 062,40 EUR
90 %	100 %	**Zielverkaufspreis**		103 119,77 EUR
10 %		+ Kundenrabatt		11 457,75 EUR
100 %		**Listenverkaufspreis (Nettoverkaufspreis)**		114 577,52 EUR

Erläuterungen zur Berechnung von Vertreterprovision, Kundenskonto und Kundenrabatt:

Kundenskonto und Vertreterprovision. Die Kunden erwarten im Allgemeinen bei Zahlung innerhalb der Skontofrist einen Preisnachlass. Soll dieser Preisnachlass nicht zulasten des Gewinnes gehen, muss er im Angebotspreis vorher einkalkuliert werden.

Da der Kunde den Skonto vom Zielverkaufspreis berechnet, dieser also aus der Sicht des Kunden 100 % ausmacht, entspricht der Barverkaufspreis aus der Sicht des Anbieters dem verminderten Grundwert (100 % – Prozentsatz des Skontos). Der Skonto muss also durch eine „im Hundertrechnung“ auf den Barverkaufspreis aufgeschlagen werden.

Da auch eine evtl. noch anfallende Vertreterprovision den Gewinn schmälern würde, muss auch diese vorher einkalkuliert werden. Beide Prozentsätze können zusammengefasst werden. Beträgt z. B. die Vertreterprovision 7 % und der Kundenskonto 2 %, entspricht der vorläufige Verkaufspreis 91 %.

Kundenrabatt. Aus den gleichen Gründen muss auch der vom Kunden erwartete Rabatt in den Angebotspreis einkalkuliert werden. Da der Kunde den Rabatt durch eine „vom Hundertrechnung“ vom Angebotspreis (Nettoverkaufspreis, Listenverkaufspreis) abzieht, muss der Anbieter ihn durch eine „im Hundertrechnung“ aufschlagen. Soll z. B. der Kundenrabatt 10 % betragen, entspricht der Zielverkaufspreis bei der Angebotskalkulation 90 %.

Übungsaufgabe

69 1. Eine Fensterfabrik soll ein Angebot für die Lieferung eines Fensters bestimmter Größe abgeben. Bei günstigem Angebot wird die Bestellung einer größeren Menge in Aussicht gestellt.

Aufgrund der betrieblichen Unterlagen liegen folgende Kalkulationsdaten vor:

Verbrauch von Fertigungsmaterial 44,30 EUR, Fertigungslöhne 61,25 EUR, Sondereinzelkosten der Fertigung 157,66 EUR. Die Normalzuschlagssätze für die Gemeinkosten betragen: Materialgemeinkosten 6,7 %, Fertigungsgemeinkosten 157,4 %, Verwaltungsgemeinkosten 16,4 %, Vertriebsgemeinkosten 9,8 %. Außerdem sollen einkalkuliert werden: 12,5 % Gewinn, 5 % Kundenrabatt, 3 % Kundenskonto und 8 % Vertreterprovision.

Aufgabe:

Erstellen Sie das Angebot!

2. Für die Ermittlung des Angebotspreises für einen Kühlschrank liegen bei der Frost GmbH folgende Kalkulationsunterlagen vor:

Verbrauch von Fertigungsmaterial 275,80 EUR, Fertigungslöhne 330,40 EUR, Normalzuschlagssätze für MGK 35 %, FGK 85 %, VerwGK 20 %, VertrGK 18 %. Der Gewinnaufschlag wird mit 25 % angesetzt. Außerdem sollen noch 10 % Rabatt und 2 % Skonto einkalkuliert werden.

Aufgabe:

Berechnen Sie den Angebotspreis!

3. Zur Herstellung einer Spezialmaschine rechnet ein Industriebetrieb mit folgenden Kosten: Verbrauch von Fertigungsmaterial 8420,00 EUR; Fertigungslöhne 3720,00 EUR. Aus der Kostenstellenrechnung werden die folgenden Zuschlagssätze (Normalzuschlagssätze) entnommen: Materialzuschlag (MGK) 10,5 %, Lohnzuschlag (FGK) 145 %, Verwaltungs- und Vertriebsgemeinkostenzuschlag 13,7 %. Die Sondereinzelkosten der Fertigung betragen 890,00 EUR.

Aufgaben:

3.1 Berechnen Sie die Selbstkosten!

3.2 Die Maschine wird unter Einrechnung von 12 % Gewinn, von 15 % Kundenrabatt und 2 % Kundenskonto angeboten.
Berechnen Sie den Listenverkaufspreis!

4. Im BAB einer Möbelfabrik wurden für die Kostenstellen folgende Gemeinkosten errechnet:

Material	Fertigung	Verwaltung	Vertrieb
9180,00 EUR	179400,00 EUR	60955,92 EUR	37693,50 EUR

Für den gleichen Zeitraum wurden außerdem folgende Daten ermittelt: Fertigungslöhne 195000,00 EUR, Verbrauch von Fertigungsmaterial 108000,00 EUR.

Aufgaben:

4.1 Berechnen Sie die Zuschlagssätze für die Gemeinkosten!

4.2 Ermitteln Sie mit den errechneten Zuschlagssätzen den Listenverkaufspreis für eine Büroanbauwand, wenn mit folgenden Daten gerechnet wird: Fertigungsmaterial 480,00 EUR, Fertigungslöhne 760,00 EUR, SEKF 120,00 EUR, Gewinnzuschlag 20 %, Kundenskonto 3 %, Vertreterprovision 9 %, Kundenrabatt 15 %!

14 Wessel u.a. - ISBN 978-3-8120-0588-3

13.3.3 Rückwärtskalkulation (retrograde Kalkulation)

Liegt der Listenverkaufspreis aufgrund der gegebenen Markt- bzw. Konkurrenzsituation fest, so eignet sich das Kalkulationsschema in umgekehrter Richtung **von unten nach oben** zur Errechnung der aufwendbaren Materialeinzelkosten **(retrograde Kalkulation; Rückwärtskalkulation)**. Dabei werden bei vorgegebenen Kalkulationsbedingungen die Materialeinzelkosten errechnet, die höchstens gezahlt werden dürfen, um den angestrebten Gewinn zu erreichen.

Beispiel:

Aufgrund der Marktsituation muss die Maschinenfabrik Ottmar Zeh OHG einen Schleifautomaten zum Listenverkaufspreis in Höhe von 127480,00 EUR anbieten. Die Maschinenfabrik muss branchenüblich 10 % Kundenrabatt und 2 % Kundenskonto gewähren. Die einzurechnende Vertreterprovision vom Zielverkaufspreis beläuft sich auf 7 %. Es soll ein Gewinn von 15 % erzielt werden.

Es wird mit folgenden Kosten kalkuliert:

Fertigungslöhne 19800,00 EUR, SEKF 900,00 EUR, SEKV 940,00 EUR

Zuschlagssätze lt. BAB dieser Abrechnungsperiode:

MGK 8,5 % FGK 108 % VerwGK 19 % VertrGK 6,8 %

Aufgabe:

Ermitteln Sie, wie viel EUR die Materialeinzelkosten höchstens betragen dürfen!

Lösung:[1]

100 %		Materialeinzelkosten	27038,94 EUR	
8,5 %		− Materialgemeinkosten	2298,31 EUR	
108,5 %		**Materialkosten**		29337,25 EUR
	100 %	Fertigungslöhne	19800,00 EUR	
	108 %	+ Fertigungsgemeinkosten	21384,00 EUR	
	208 %	Zwischensumme	41184,00 EUR	
		+ Sondereinzelkosten d. Fertigung	900,00 EUR	
		Fertigungskosten		42084,00 EUR
100 %		**Herstellkosten**		71421,25 EUR
19 %		− Verwaltungsgemeinkosten	13570,04 EUR	
6,8 %		− Vertriebsgemeinkosten	4856,64 EUR	18426,68 EUR
125,8 %		Zwischensumme		89847,93 EUR
		− Sondereinzelkosten des Vertriebs		940,00 EUR
	100 %	**Selbstkosten**		90787,93 EUR
	15 %	− Gewinn		13618,19 EUR
91 %	115 %	**Barverkaufspreis**		104406,12 EUR
7 %		− Vertreterprovision	8031,24 EUR	
2 %		− Kundenskonto	2294,64 EUR	10325,88 EUR
100 %	90 %	**Zielverkaufspreis**		114732,00 EUR
	10 %	− Kundenrabatt		12748,00 EUR
	100 %	**Listenverkaufspreis (Nettoverkaufspreis)**		127480,00 EUR

Ergebnis: Die Materialeinzelkosten dürfen höchstens 27038,94 EUR betragen.

1 Die Rechenzeichen verstehen sich aus der Sicht der Rückwärtsrechnung.

Allgemeiner Rechenweg:

- Stellen Sie zuerst das Kalkulationsschema von **oben nach unten** auf und tragen Sie die in der Aufgabe vorgegebenen Prozentsätze und EUR-Beträge ein.
- Überlegen Sie bei jedem Rechenschritt, ob es sich bei der Rückwärtsrechnung um eine Rechnung **vom Hundert** (Kundenrabatt, Vertreterprovision, Kundenskonto) oder **auf Hundert** (Gewinn, VerwGK, VertrGK, MGK) handelt.
- **Sonderfall: Berechnung der Fertigungskosten.** Sofern Sondereinzelkosten der Fertigung vorliegen, müssen zunächst die Fertigungskosten in einer Zwischenrechnung im Rahmen einer Vorwärtskalkulation ermittelt (Fertigungslöhne + Fertigungsgemeinkosten = Zwischensumme + Sondereinzelkosten der Fertigung) und von den in der Rückwärtsrechnung ermittelten Herstellkosten subtrahiert werden.
- **Überprüfen** Sie das Ergebnis durch eine **Vorwärtskalkulation.**

Übungsaufgabe

70 1. Aufgrund der starken Konkurrenz können wir eine Maschine für höchstens 55000,00 EUR verkaufen. Es liegen folgende Kalkulationsdaten vor:

Fertigungslöhne	4800,00 EUR
Sondereinzelkosten des Vertriebs	300,00 EUR
Sondereinzelkosten der Fertigung	500,00 EUR

Kundenskonto	2 %	Verwaltungsgemeinkosten	10 %
Vertriebsgemeinkosten	15 %	Fertigungsgemeinkosten	450 %
Gewinnzuschlag	12,5 %	Kundenrabatt	10 %
Materialgemeinkosten	25 %	Vertreterprovision (vom Zielverkaufspreis)	3 %

Aufgabe:

Berechnen Sie die aufwendbaren Kosten für das Fertigungsmaterial!

2. Eine Druckerei erhält eine Anfrage, ob ein Posten Prospekte zu einem Nettopreis von 15500,00 EUR gedruckt werden kann.

Somit entsteht die Frage, wie viel EUR dürfen die Papierkosten höchstens betragen, wenn folgende Kosten anfallen:

Fertigungslöhne 2800,00 EUR, FGK 94 %, MGK 8 %, SEKF 560,00 EUR, VerwGK 18 %, VertrGK 7 %. Der Kunde erwartet einen Nachlass von 2 % Skonto.

Aufgabe:

Berechnen Sie die höchstmöglichen Papierkosten, wenn ein Gewinn von 10 % erwirtschaftet werden soll!

3. Der neue Wohnwagen „Family" soll den Händlern zum Listenverkaufspreis von 24450,00 EUR angeboten werden. Die Kalkulationssätze des Wohnwagenherstellers sind: 7 % Materialgemeinkosten, 110 % Fertigungsgemeinkosten, 10 % Verwaltungsgemeinkosten, 6 % Vertriebsgemeinkosten, 9 % Gewinn, 2 % Kundenskonto und 20 % Kundenrabatt. Die anfallenden Fertigungslöhne betragen 4360,00 EUR.

Aufgabe:

Ermitteln Sie, wie viel EUR das erforderliche Fertigungsmaterial kosten darf!

13.3.4 Differenzkalkulation

Häufig verhindert es die „Marktlage“, dass der Unternehmer weder die Kosten seines Materialeinsatzes noch seinen Listenverkaufspreis gestalten kann. In diesem Fall muss es das Ziel der Kalkulation sein festzustellen, ob der so erwirtschaftete Gewinn ausreichend ist.

Wird die Höhe des anfallenden Gewinnes errechnet, sprechen wir von **Differenzkalkulation.**[1] Da sowohl die **Kosten** als auch der **Listenverkaufspreis** festliegen, muss von **beiden** Werten aus mit dem Rechenweg begonnen werden, und zwar einmal als **Vorwärtskalkulation** (von den Materialeinzelkosten bis zu den Selbstkosten) und zum anderen als **Rückwärtskalkulation** (vom Listenverkaufspreis bis zum Barverkaufspreis).

Beispiel:

Bei der Herstellung eines Wäschetrockners fielen 280,00 EUR Materialeinzelkosten und 160,00 EUR Fertigungslöhne an. Es wird mit folgenden Zuschlagssätzen gerechnet: MGK 11 %, FGK 120 %, VerwGK 10,5 %, VertrGK 6 %, SEKV 40,00 EUR.

Aufgabe:

Ermitteln Sie, mit welchem Gewinn in EUR und in Prozent der Hersteller rechnen kann, wenn er 12 % Vertreterprovision (vom Zielverkaufspreis), 3 % Kundenskonto und 15 % Kundenrabatt einrechnet und einen Listenverkaufspreis von 1 259,00 EUR ansetzt!

Lösung:

100 %		Materialeinzelkosten	280,00 EUR		**Vorwärtskalkulation**
11 %		+ Materialgemeinkosten	30,80 EUR		
		Materialkosten		310,80 EUR	+
→	100 %	Fertigungslöhne	160,00 EUR		
	120 %	+ Fertigungsgemeinkosten	192,00 EUR		
		Fertigungskosten		352,00 EUR	
100 %	←	**Herstellkosten**		662,80 EUR	
10,5 %		+ Verwaltungsgemeinkosten	69,59 EUR		
6 %		+ Vertriebsgemeinkosten	39,77 EUR	109,36 EUR	**Berechnung des Gewinnzuschlagssatzes**
		Zwischensumme		772,16 EUR	
		+ Sondereinzelk. d. Vertriebs (SEKV)		40,00 EUR	
→	100 %	**Selbstkosten**		812,16 EUR	812,16 EUR ≙ 100 %
	x %	– Gewinn		97,47 EUR	97,47 EUR ≙ x %
85 %		**Barverkaufspreis**		909,63 EUR	$x = \frac{100 \cdot 97,47}{812,16} = \underline{\underline{12\,\%}}$
12 %		– Vertreterprovision	128,42 EUR		
3 %		– Kundenskonto	32,10 EUR	160,52 EUR	
100 %	85 %	**Zielverkaufspreis**		1 070,15 EUR	
	15 %	– Kundenrabatt		188,85 EUR	**Rückwärtskalkulation**
	100 %	**Listenverkaufspreis (Nettoverkaufspreis)**		1 259,00 EUR	–

Ergebnis: Der Hersteller kann mit einem Gewinn von 12 %, das sind 97,47 EUR, rechnen.

1 Die Differenz zwischen Barverkaufspreis und Selbstkosten stellt den Gewinn/Verlust dar. Wir sprechen daher auch von **Gewinnkalkulation**.

Allgemeiner Rechenweg:

- Stellen Sie zuerst das Kalkulationsschema **von oben nach unten** auf und tragen Sie die in der Aufgabe vorgegebenen Prozentsätze und EUR-Beträge ein!
- Kennzeichnen Sie den Rechenweg durch Pfeile und errechnen Sie stufenweise durch **Vorwärtskalkulation** die **Selbstkosten** bzw. durch **Rückwärtskalkulation** den **Barverkaufspreis!**
- Ermitteln Sie den **Gewinn** als **Differenz zwischen dem Barverkaufspreis und den Selbstkosten!**
- Berechnen Sie anschließend den **Gewinn in Prozent zu den Selbstkosten** (Gewinnzuschlagssatz)!

Übungsaufgaben

71 1. Eine Maschinenfabrik kalkuliert eine Fräsmaschine nach folgenden Angaben:

– Verbrauch v. Fertigungsmaterial	7350,00 EUR	– MGK	12%
– Fertigungslohn 58 Std. zu je	52,00 EUR	– FGK	15%
– Fremdarbeiten 48 Std. zu je	95,00 EUR	– VerwGK + VertrGK	25%
– Konstruktionszeichnung	400,00 EUR	– Kundenskonti	3%
		– Vertreterprovision	5%

Die Maschinenfabrik verkauft die Fräsmaschine für 24500,00 EUR netto.

Aufgabe:

Ermitteln Sie den Gewinn in EUR und in Prozent!

2. Eine Möbelfabrik stellt für den Ausbau von zwei Büroräumen folgende Kalkulationsgrundlagen fest:

Verbrauch von Fertigungsmaterial:		9400,00 EUR		
Fertigungslöhne:		16200,00 EUR		
Gemeinkostenzuschläge:	MGK	12,4%	VerwGK	6%
	FGK	104%	VertrGK	8%

Es wird mit 18% Gewinn, 5% Vertreterprovision vom Zielverkaufspreis und 2% Kundenskonto gerechnet.

Aufgaben:

2.1 Berechnen Sie den Angebotspreis!

2.2 Ein Konkurrenzunternehmen hat ein Angebot von 62084,97 EUR unterbreitet. Ermitteln Sie, wie viel Gewinn in EUR und in Prozent der Möbelfabrik verbleiben, wenn der Angebotspreis der Konkurrenz um 800,00 EUR unterboten werden soll!

72 Ein Fahrradhersteller produziert die Modelle Alpha und Beta. Die Absatzmenge für Produkt Alpha beträgt 500 Stück bei 200,00 EUR Herstellkosten je Stück. Die Absatzmenge für Produkt Beta beträgt 1500 Stück bei 300,00 EUR Herstellkosten je Stück. Die Produktionskapazität ist damit voll ausgelastet.

An Verwaltungsgemeinkosten sind insgesamt 71500,00 EUR angefallen.

In der Kostenstelle Vertrieb sind insgesamt 55000,00 EUR Kosten aufgelaufen. Die Kostenstelle Vertrieb ist für beide Produkte tätig. Alle Produkte werden einzeln verkauft. Die Tätigkeiten im Rahmen der Verwaltungs- und Verkaufsprozesse sind bei beiden Produkten stets die gleichen. Die maximale Kapazität der Vertriebsabteilung beträgt 2500 Verkaufsvorgänge.

Aufgabe:

Berechnen Sie die Selbstkosten je Stück!

13.3.5 Zuschlagskalkulation mit Maschinenstundensätzen

(1) Grundlagen zur Berechnung von Maschinenstundensätzen

Durch die fortschreitende Mechanisierung der Betriebe gewinnt die Maschinenstundensatzkalkulation immer größere Bedeutung. In dem Maße wie Personal immer mehr durch Maschinen ersetzt wird, vergrößert sich der Anteil der maschinenabhängigen Gemeinkosten gegenüber den lohnabhängigen Gemeinkosten. Daher ist es im Sinne einer genaueren Kalkulation erforderlich, die **Fertigungsgemeinkosten** in die **maschinenabhängigen** und in die **lohnabhängigen Fertigungsgemeinkosten (Rest-Fertigungsgemeinkosten)** aufzuteilen.

Für die **maschinenabhängigen Fertigungsgemeinkosten** werden die **Maschinenlaufzeiten** als Bezugsgrundlage gewählt, für die **lohnabhängigen Rest-Fertigungsgemeinkosten** wie bisher die **Fertigungslöhne.**

Fertigungsgemeinkosten

Maschinenabhängige Fertigungsgemeinkosten

- kalk. Abschreibungen je Maschine
- kalk. Zinsen für das in die Maschine investierte Kapital
- Energiekosten der Maschine
- Instandhaltungskosten (einschließlich Werkzeugkosten) je Maschine
- Raumkosten der Maschine

Zuschlagsgrundlage: Maschinenlaufzeit

Lohnabhängige Fertigungsgemeinkosten (Rest-Fertigungsgemeinkosten)

- Gehälter
- Hilfslöhne
- soziale Kosten

Zuschlagsgrundlage: Fertigungslöhne

Sind in einem Betrieb **unterschiedlich teure Maschinen** vorhanden, die bei der Herstellung der einzelnen Erzeugnisse aufgrund der verschiedenartigen Produktionsverfahren **unterschiedlich lange beansprucht** werden, so ist es erforderlich, die Maschinenkosten für jede Maschine bzw. Maschinenart gesondert zu erfassen.

Werden die anfallenden maschinenabhängigen Gemeinkosten auf die Maschinenlaufzeit bezogen, so erhält man den **Maschinenstundensatz.**

(2) Berechnung von Maschinenstundensätzen

Der erste Schritt bei der Berechnung der Maschinenstundensätze besteht in der Ermittlung der effektiv für die Produktion der Erzeugnisse angefallenen Maschinenlaufzeit.

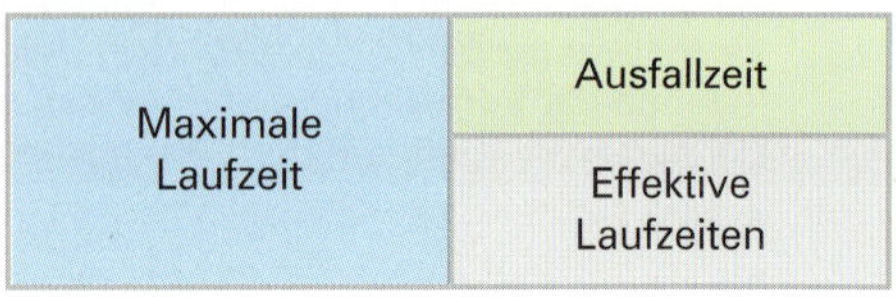

Beispiel:

Für die Maschinen in einem Industriebetrieb mit 37,5-Stunden-Woche und 7,5 Stunden täglicher Arbeitszeit fallen im laufenden Jahr Stillstandszeiten durch 14 Feiertage, 22 Urlaubstage, 6 Krankheitstage sowie 35 Ausfallstunden für Instandhaltung an.

Aufgabe:

Berechnen Sie die effektive Maschinenlaufzeit!

Lösung:

Maximal mögliche Maschinenlaufzeit (52 Wochen zu 37,5 Stunden)		1 950 Std.
– Instandhaltungszeit		35 Std.
– Stillstandszeiten	14 Feiertage zu 7,5 Stunden	105 Std.
	22 Urlaubstage zu 7,5 Stunden	165 Std.
	6 Krankheitstage zu 7,5 Stunden	45 Std.
= effektive Maschinenlaufzeit im laufenden Jahr		1 600 Std.

Im zweiten Schritt werden zunächst die maschinenabhängigen Gemeinkosten durch die Laufzeit der Maschine/Periode dividiert. Durch die anschließende Addition der einzelnen Gemeinkosten je Maschinenstunde erhält man dann den Maschinenstundensatz.

Beispiel:

Die Anschaffungskosten der Beschichtungsmaschine belaufen sich auf 214 500,00 EUR. Es wird von Wiederbeschaffungskosten in Höhe von 234 000,00 EUR ausgegangen. Die Nutzungsdauer wird mit 13 Jahren angesetzt. Die jährliche Maschinenlaufzeit beträgt 1 600 Stunden. Kalkulatorisch wird nach der linearen Abschreibungsmethode abgeschrieben. Es wird mit einem kalkulatorischen Zinssatz von 8 % gerechnet. Für die Gesamtnutzungsdauer der Maschine werden die Instandhaltungskosten auf 62 400,00 EUR geschätzt. Der Raumkostensatz beträgt pro Jahr und m^2 212,00 EUR. Die Maschine hat einen Raumbedarf von 24,50 m^2. Der Strombedarf der Maschine beträgt 45 kWh, der Strompreis 0,18 EUR je kWh.

Aufgabe:

Berechnen Sie den Maschinenstundensatz der Beschichtungsmaschine!

Lösung:

Abschreibungen je Maschinenstunde:

Für die Berechnung der Abschreibung wird die kalkulatorische Abschreibung herangezogen. Berechnungsgrundlage sind die Wiederbeschaffungskosten.

$$\text{Abschreibungsbetrag je Maschinenstunde} = \frac{234\,000}{13 \cdot 1\,600} = \underline{\underline{11{,}25 \text{ EUR}}}$$

$$\text{Abschreibungsbetrag je Maschinenstunde} = \frac{\text{Wiederbeschaffungskosten}}{\text{Nutzungsdauer} \cdot \text{Laufzeit/Jahr}}$$

Zinskosten je Maschinenstunde:

Üblicherweise wird für die Berechnung der kalkulatorischen Zinsen das Durchschnittsverfahren benutzt, d. h., bei der Berechnung der jährlichen Zinsen wird jeweils von den halben Anschaffungskosten[1] ausgegangen.

$$\text{Zinskosten je Maschinenstunde} = \frac{214\,500 \cdot 8}{2 \cdot 100 \cdot 1\,600} = \underline{\underline{5{,}36 \text{ EUR}}}$$

$$\text{Zinskosten je Maschinenstunde} = \frac{\frac{1}{2}\,\text{Anschaffungskosten} \cdot \text{kalk. Zinssatz}}{100 \cdot \text{Laufzeit/Jahr}}$$

Instandhaltungskosten je Maschinenstunde:

Die auf eine Maschine entfallenden Instandhaltungskosten (Reparaturen, Werkzeuge, Wartung) sind nicht exakt voraussehbar. Man muss daher auf die Angaben des Herstellers oder auf Erfahrungswerte der Vergangenheit zurückgreifen.

$$\text{Instandhaltungskosten je Maschinenstunde} = \frac{62\,400}{13 \cdot 1\,600} = \underline{\underline{3{,}00 \text{ EUR}}}$$

$$\text{Instandhaltungskosten je Maschinenstunde} = \frac{\text{gesamte Instandhaltungskosten}}{\text{Nutzungsdauer} \cdot \text{Laufzeit/Jahr}}$$

Raumkosten je Maschinenstunde:

Die Raumkosten einer Maschine sind abhängig vom Raumbedarf und vom Raumkostensatz.

- Der **Raumbedarf** einer Maschine (gemessen in m^2) umfasst die Grundfläche der Maschine, Bedienungsflächen sowie die Abstellfläche für die Werkstücke.
- Im **Raumkostensatz** werden die anteiligen Abschreibungen, Zinsen, Instandhaltungskosten für Gebäude, ferner die anteiligen Heizungs-, Licht-, Klimatisierungs- und Versicherungskosten sowie die anteiligen personellen Kosten erfasst.

$$\text{Raumkosten je Maschinenstunde} = \frac{24{,}50 \cdot 212{,}00}{1\,600} = \underline{\underline{3{,}25 \text{ EUR}}}$$

$$\text{Raumkosten je Maschinenstunde} = \frac{\text{Raumbedarf je Maschine} \cdot \text{Raumkostensatz je Maschine}}{\text{Laufzeit/Jahr}}$$

Energiekosten je Maschinenstunde:

Der Energieverbrauch einer Maschine ist je nach Energieart in Litern/Stunde (z. B. Diesel, Benzin), in m^3/Stunde (z. B. Gas, Dampf) oder in kWh (Strom) anzugeben. Der durchschnittliche Energieverbrauch wird vom Hersteller der Maschine in aller Regel in der Betriebsanleitung ausgewiesen. Allerdings ist in der Praxis davon auszugehen, dass der tatsächliche Energieverbrauch nicht mit 100 % anzusetzen ist, da eine Maschine im Durchschnitt nicht mit der vollen Leistungsfähigkeit belastet wird.

Bei der Berechnung der Energiekosten geht man von der Annahme (Fiktion) aus, dass sich die Energiekosten proportional zu der tatsächlichen Leistungsaufnahme verhalten.

$$\text{Energiekosten je Maschinenstunde}^{2} = 45 \cdot 0{,}18 = \underline{\underline{8{,}10 \text{ EUR}}}$$

1 Statt der Anschaffungskosten können auch die Wiederbeschaffungskosten angesetzt werden.

2 Eine allgemeine Formel zur Berechnung der Energiekosten je Maschinenstunde kann nicht angeboten werden.

(3) Ermittlung des Maschinenstundensatzes

Der **Maschinenstundensatz** ergibt sich aus der Addition der einzelnen maschinenabhängigen Kosten je Stunde.

Maschinenstundensatz: 11,25 + 5,36 + 3,00 + 3,25 + 8,10 = <u>30,96 EUR</u>

Übungsaufgabe

73 1. Die Kosten- und Leistungsrechnung einer Metallwarenfabrik weist für die Maschinengruppe Formpresse folgende Daten aus:

Das Unternehmen arbeitet mit 8 gleichartigen Formpressen. Die Anschaffungskosten einer Formpresse betragen 32600,00 EUR. Die jährliche Arbeitszeit in der Abteilung beträgt 240 Tage, die tägliche Arbeitszeit $8\,^1/_2$ Stunden. An Ausfallzeit (Leerstunden) sind für die Abteilung 220 Arbeitsstunden anzusetzen.

Die kalkulatorische Nutzungsdauer[1] beträgt 8 Jahre. Die Wiederbeschaffungskosten je Maschine werden mit 36400,00 EUR angesetzt. Kalkulatorisch wird linear abgeschrieben.

Als Zinssatz für das in die Maschinen investierte Kapital sind 7,5 % von den halben Anschaffungskosten zu veranschlagen.

Für die Instandhaltung aller Formpressen sind jährlich 48594,00 EUR zu berücksichtigen.

Der Raumbedarf je Formpresse beträgt 32 m^2. Als Raumkostensatz werden je m^2 164,00 EUR pro Jahr angesetzt.

Der Strombedarf für eine Formpresse beträgt 72 kWh, der Strompreis 0,16 EUR je kWh.

Aufgabe:

Berechnen Sie den Maschinenstundensatz für eine Formpresse!

2. In einer Möbelfabrik sind drei Maschinengruppen vorhanden.

Maschinen-gruppe	Anzahl	Wiederbeschaf-fungskosten/Stück	Nutzungsdauer in Jahren	kWh-Verbrauch	m^2-Be-darf
Sägemaschine	10	42000,00 EUR	8	12	24
Schleifmaschine	8	28000,00 EUR	10	14	16
Hobelmaschine	14	56000,00 EUR	12	16	26

Der Quartals-BAB weist folgende Gemeinkosten aus:

Kostenstelle Werkstattgebäude (4200 m^2)	37800,00 EUR
Kostenstelle Heizung (beheizte Fläche 3700 m^2)	13320,00 EUR

Die kalkulatorischen Zinsen betragen 9 %. Sie werden von den halben Wiederbeschaffungskosten berechnet. Die gesamten (geschätzten) Instandhaltungskosten belaufen sich bei der Maschinengruppe Sägemaschine auf 20 %, bei der Maschinengruppe Schleifmaschine auf 25 % und bei der Maschinengruppe Hobelmaschine auf 30 % der Wiederbeschaffungskosten. Es wird die lineare Abschreibungsmethode verwendet.

Der Strompreis beträgt 0,16 EUR je kWh.

Aufgaben:

2.1 Berechnen Sie die Maschinenstundensätze, wenn jährlich je Maschine 2400 Laufstunden anfallen!

2.2 Wie viel EUR betragen die gesamten Maschinenkosten im Monat, wenn alle Maschinen je Monat 200 Betriebsstunden gelaufen sind?

1 Das ist die erwartete Nutzungsdauer, mit der das Unternehmen kalkuliert.

(4) Behandlung der Rest-Fertigungsgemeinkosten

Im Rahmen des BAB werden die Gemeinkosten der Fertigung aufgeteilt in maschinenabhängige Gemeinkosten und in lohnabhängige Rest-Fertigungsgemeinkosten. Als Bezugsgrundlage für die maschinenabhängigen Fertigungsgemeinkosten werden die Maschinenlaufzeiten gewählt, für die lohnabhängigen Rest-Fertigungsgemeinkosten die Fertigungslöhne.

Bei der Anwendung der Zuschlagskalkulation mit Maschinenstundensätzen ändert sich z. B. die Kostenstelle Fertigung im BAB wie folgt:

	Fertigung				
Gemeinkosten	Maschinenabhängige Gemeinkosten			Lohnabhängige Gemeinkosten (Rest-Fertigungsgemeinkosten)	
	Maschine I	Maschine II	Maschine III		
Summe der Gemeinkosten	13632,00 EUR	14892,00 EUR	7728,00 EUR		21981,60 EUR
effektive Laufzeit	160 Std.	120 Std.	140 Std.	Fertigungslöhne	28400,00 EUR
Maschinen-Std.-Satz	85,20 EUR	124,10 EUR	55,20 EUR	Rest-FGK-Satz	77,4 %

- Maschinenstundensatz $= \dfrac{\text{maschinenabhängige Gemeinkosten}}{\text{effektive Maschinenlaufzeit}}$
- Rest-Fertigungsgemeinkostensatz $= \dfrac{\text{Rest-FGK} \cdot 100}{\text{Fertigungslöhne}}$

Übungsaufgabe

74 Die Zinngießerei Clemens Altaner GmbH möchte ihre Kosten genauer erfassen und deshalb den BAB in Maschinenkosten und Rest-Fertigungsgemeinkosten aufgliedern. Die Kosten- und Leistungsrechnung weist bisher folgende Daten auf:

Ausschnitt aus dem BAB:

Kostenarten	Fertigung		
	Summe der Gemeinkosten	Maschinenkosten	Rest-Fertigungsgemeinkosten
Hilfsstoffe	571800,00		
Betriebsstoffe	223400,00		
Energiekosten	114980,00	________	
Personalkosten	739545,00		
Instandhaltungskosten	268820,00	________	
Betriebssteuern	96300,00		
Raumkosten	77245,30	________	
Abschreibungen	1591885,12	________	
Zinsen	81140,00	________	

Maschinenbestand (gleiche Kostenstruktur)	Wiederbeschaffungs-kosten je Maschine	Nutzungs-dauer	Raumbedarf in m² je Maschine	Strombedarf in kWh je Maschine
12	62000,00	8	30	18

Die jährliche Arbeitszeit beträgt 260 Tage, die tägliche Arbeitszeit 8 Stunden. An Leerstunden sind monatlich 8 Arbeitsstunden anzusetzen.

Der Zinssatz für das investierte Kapital beläuft sich auf 7,5%. Die Anschaffungskosten je Maschine betragen 60500,00 EUR.

Die jährlichen Instandhaltungskosten betragen 4600,00 EUR je Maschine (Schätzung).

Es wird kalkulatorisch nach der linearen Abschreibungsmethode abgeschrieben.

Der Raumkostensatz je m² beträgt 99,20 EUR jährlich. Der Strompreis beträgt 0,19 EUR je kWh.

Aufgaben:

1. Berechnen Sie den Maschinenstundensatz je Maschine!
2. Übertragen Sie den BAB in Ihr Übungsheft. Berechnen Sie die Maschinenkosten und die Rest-Fertigungsgemeinkosten und tragen Sie die Beträge in den BAB ein! Dabei wird vorausgesetzt, dass sämtliche Maschinen die Sollleistung erbracht haben.
3. Berechnen Sie den Rest-Fertigungsgemeinkostensatz, wenn 4114506,00 EUR an Fertigungslöhnen angefallen sind!

(5) Kalkulation mit Maschinenstundensätzen

Beispiel:

Für einen Auftrag, bei dem nach den auf S. 218 ermittelten Maschinenstundensätzen nur Maschine I und Maschine II zum Einsatz kommen, ist der Selbstkostenpreis aufgrund folgender Angaben zu berechnen:

Verbrauch von Fertigungsmaterial	1210,00 EUR	Maschine I		3 Std. zu je	85,20 EUR
Fertigungslöhne	820,00 EUR	Maschine II		2 Std. zu je	124,10 EUR
Die Zuschlagssätze betragen:	MGK	8%	VerwGK	12%	
	Rest-FGK	77,4%	VertrGK	8%	

Aufgabe:

Berechnen Sie die geplanten Selbstkosten des Auftrags!

Lösung:

Materialeinzelkosten	1210,00 EUR	
8% Materialgemeinkosten	96,80 EUR	
Materialkosten		1306,80 EUR
Fertigungslöhne	820,00 EUR	
77,4% Rest-FGK	634,68 EUR	
Maschine I: 3 Std. · 85,20 EUR/Std.	255,60 EUR	
Maschine II: 2 Std. · 124,10 EUR/Std.	248,20 EUR	
Fertigungskosten		1958,48 EUR
Herstellkosten		3265,28 EUR
12% Verwaltungsgemeinkosten		391,83 EUR
8% Vertriebsgemeinkosten		261,22 EUR
Selbstkosten		3918,33 EUR

Übungsaufgaben

75 1. Der BAB eines Industriebetriebs weist folgende Zahlen aus:

Material	Fertigung				Verwaltung	Vertrieb
	Maschine A	Maschine B	Maschine C	Rest-FGK		
75000,00 EUR	320000,00 EUR	400000,00 EUR	500000,00 EUR	396000,00 EUR	201476,00 EUR	323422,00 EUR

Verbrauch von Fertigungsmaterial: 600 000,00 EUR
Fertigungslöhne: 360 000,00 EUR

Die Laufzeit der einzelnen Maschinen beträgt:
Maschine A: 1600 Std., Maschine B: 5000 Std., Maschine C: 4000 Std.

Aufgaben:

1.1 Errechnen Sie die Gemeinkostenzuschlagssätze und die Maschinenstundensätze!

Anmerkung: Die Rest-Fertigungsgemeinkosten sind auf die Fertigungslöhne, die Verwaltungs- und die Vertriebsgemeinkosten sind auf die Herstellkosten der Rechnungsperiode zu beziehen.

1.2 Für die Herstellung eines Produkts kalkuliert der Industriebetrieb zusätzlich mit folgenden Daten: Fertigungsmaterial 210,00 EUR, Fertigungslöhne 170,00 EUR, Beanspruchung von Maschine A 12 Min., Maschine B 9 Min. und Maschine C 18 Min. Des Weiteren werden eingerechnet: 25 % Gewinn, 12 % Vertreterprovision, 3 % Kundenskonto und 20 % Kundenrabatt.

Ermitteln Sie den Listenverkaufspreis!

1.3 Nennen Sie Kostenarten, die zu den maschinenabhängigen Kosten zu rechnen sind und geben Sie an, wie aus diesen der Maschinenstundensatz errechnet wird!

1.4 Welche Folgen ergeben sich aus der Anwendung der Maschinenstundensatzrechnung für den Aufbau des BABs?

1.5 Wodurch unterscheiden sich die Herstellkosten der Rechnungsperiode von den Herstellkosten des Umsatzes?

2. Die Metall-Design Richter GmbH richtet nach Anschaffung einer neuen Multifunktionsmaschine eine zusätzliche Kostenstelle für die Fertigung ein.

Aufgabe:

Ermitteln Sie den Maschinenstundensatz für die Multifunktionsmaschine aufgrund folgender Angaben: Wiederbeschaffungskosten 600000,00 EUR, betriebliche Nutzungsdauer 10 Jahre, jährliche Maschinenlaufzeit je Anlage 1944 Stunden, kalkulatorischer Zinssatz 9 % p.a., Instandhaltungskosten 22770,00 EUR jährlich, jährliche Raumkosten 104,00 EUR pro m^2 bei einem Platzbedarf von 30 m^2, Energiebedarf 25 kW; Strompreis 0,15 EUR/kWh, Grundgebühr monatlich 80,00 EUR.

76 Aus der Kosten- und Leistungsrechnung eines Industriebetriebs stehen folgende Zahlen und Angaben zur Verfügung (Gemeinkosten lt. BAB):

Material	Fertigung			Verwaltung	Vertrieb
	Maschine A	Maschine B	Rest-FGK		
380000,00 EUR	159225,00 EUR	207400,00 EUR	148500,00 EUR	308688,75 EUR	228161,25 EUR

Einzelkosten: Verbrauch von Fertigungsmaterial: 304000,00 EUR
Fertigungslöhne: 135000,00 EUR

Bestände	Anfangsbestand	Schlussbestand
Unfertige Erzeugnisse	48000,00 EUR	46000,00 EUR
Fertige Erzeugnisse	57000,00 EUR	51000,00 EUR

Laufzeit der Maschinen	
Maschine A	1650 Stunden
Maschine B	1700 Stunden

Aufgaben:

1. Errechnen Sie die Gemeinkostenzuschlagssätze und die Maschinenstundensätze (Ergebnisse auf ganze Zahlen aufrunden)! Bezugsgröße für die Verwaltungsgemeinkosten und die Vertriebsgemeinkosten sind die Herstellkosten des Umsatzes und für die Rest-Fertigungsgemeinkosten die Fertigungslöhne.
2. Ein Kunde des Betriebs bestellt 150 Stück eines Produkts, dessen Herstellung (pro Stück) Maschine A 9 Min. und Maschine B 18 Min. in Anspruch nimmt. Pro Stück wird Fertigungsmaterial im Wert von 16,50 EUR benötigt, die Fertigungslöhne betragen 24,00 EUR.

   Wie viel EUR beträgt der Listenverkaufspreis je Produkt, wenn 7,93% Gewinn, 2% Kundenskonto und 10% Vertreterprovision zu berücksichtigen sind?

77 1. Eine Maschinenfabrik rechnet für einen neuen Maschinentyp mit folgenden Kalkulationsdaten:

Verbrauch von Fertigungsmaterial		1 040,00 EUR		
Fertigungslöhne		870,00 EUR		
Gemeinkostenzuschläge:	MGK	5%	VerwGK	9%
	Rest-FGK	85%	VertrGK	7%
Nutzung von Maschinen:	Maschine A:	25 Minuten 108,00 EUR Maschinenstundensatz		
	Maschine B:	13 Minuten 78,00 EUR Maschinenstundensatz		

Gewinnzuschlag $33\,^1/_3$%, Vertreterprovision 12,5%, Kundenskonto $2\,^1/_2$% und Kundenrabatt 20%.

Aufgaben:

1.1 Berechnen Sie den Listenverkaufspreis!

1.2 Um den Absatz zu steigern, wird die Maschine zum Sonderpreis von 5421,14 EUR angeboten. Wie viel Gewinn in EUR und in Prozent verbleiben dem Unternehmen?

2. Für einen Reparaturauftrag ist der Angebotspreis unter Berücksichtigung folgender Angaben zu kalkulieren:

			Normalzuschlagssätze:	
Verbrauch von Reparaturmaterial		195,80 EUR	– MGK	7,5%
Fertigungslöhne	2,6 Stunden zu je	45,00 EUR	– Rest-FGK	101,8%
Maschine I	0,6 Stunden zu je	104,90 EUR	– VerwGK	9,4%
Maschine II	1,3 Stunden zu je	63,50 EUR	– VertrGK	8,8%
Gewinnzuschlag	20%			

Aufgaben:

2.1 Wie viel EUR beträgt der Angebotspreis für den Reparaturauftrag?

2.2 Die Istkostenrechnung für den Reparaturauftrag ergab folgende Kalkulationsdaten:

			Istzuschlagssätze:	
Verbr. v. Rep.-Mat.		210,50 EUR	– MGK	9%
Fertigungslöhne	2,8 Stunden zu je	46,70 EUR	– Rest-FGK	104%
Maschine I	0,75 Stunden zu je	104,90 EUR	– VerwGK	10,3%
Maschine II	1,2 Stunden zu je	63,50 EUR	– VertrGK	7%

2.2.1 Wie viel EUR betragen die entstandenen Selbstkosten?

2.2.2 Berechnen Sie die Kostenabweichung in EUR und in Prozent!

3. Geben Sie zwei Gründe an, warum im Allgemeinen die Kalkulation der Fertigungskosten auf der Basis von Maschinenstundensätzen genauer wird!

13.4 Kostenkontrolle durch Gegenüberstellung von Ist- und Normalkosten in der Kostenträgerzeitrechnung

Ermittlung des Verkaufspreises					Beurteilung der Wirtschaftlichkeit der Produktionstätigkeit	
Abgren-zungs-rechnung	Kosten-arten-rechnung	Kosten-stellen-rechnung	Kostenträgerrechnung		Kostenkontrolle bei	
			Kostenträ-gerzeit-rechnung	Kostenträ-gerstück-rechnung	Kostenträ-gerzeitrech-nung	Kostenträ-gerstück-rechnung

(1) Kostenüberdeckungen und Kostenunterdeckungen

Normalkosten > Istkosten = Kostenüberdeckung
Normalkosten < Istkosten = Kostenunterdeckung

Nach Ablauf der festgelegten Abrechnungsperiode können die **angefallenen Kosten (Istkosten)** den **vorkalkulierten Kosten (Normalkosten)** gegenübergestellt werden. In der Regel weichen die Normalkosten von den Istkosten ab. Die **Abweichungen** bei den Kosten in der Vor- und in der Nachkalkulation beruhen einerseits auf **unterschiedlichen Einzelkosten** und andererseits auf den **unterschiedlichen Zuschlagssätzen** in der Vor- und Nachkalkulation.

Sind die **Normalkosten höher als die Istkosten,** liegt eine **Kostenüberdeckung** vor. Sind die **Normalkosten niedriger als die Istkosten,** liegt eine **Kostenunterdeckung** vor. Liegen erhebliche Abweichungen zwischen der Vor- und Nachkalkulation vor, so sind die Gründe für die aufgetretenen Abweichungen zu ermitteln.

(2) Gründe für Kostenüberdeckungen und Kostenunterdeckungen

Wichtige Gründe für eine Kostenabweichung sind:

Preisabweichungen	Preiserhöhungen (Preissenkungen) bei Werkstoffen bzw. Energie, Gehaltserhöhungen (Rückgang der Gehälter durch Entlassungen) oder Erhöhungen der Versicherungsbeiträge (Rückgang der Versicherungsbeiträge durch Absenken der Versicherungssummen) u.Ä. führen zu einer höheren (niedrigeren) Belastung der Kostenstellen mit Gemeinkosten und damit zu höheren (niedrigeren) Zuschlagssätzen.
Verbrauchs-abweichungen	Es ist nicht immer möglich, geplante Fertigungszeiten bzw. Materialvorgaben einzuhalten. Ein Über- oder Unterschreiten der Planvorgaben führt zu steigenden oder fallenden Gemeinkosten und damit zu schwankenden Zuschlagssätzen.
Änderung der Produktionsmenge	Eine Ausweitung der Produktion kann z.B. durch erhöhten Reparaturaufwand, Lohnzuschläge, vermehrte Ausschussprodukte zu höheren Stellengemeinkosten und damit zu höheren Zuschlagssätzen führen. Andererseits führt ein Rückgang der Produktion in der Regel nicht zu einem proportionalen Absinken der Zuschlagssätze, da es nur in den seltensten Fällen gelingt, die fixen Gemeinkosten im gleichen Umfang abzubauen.

(3) Beispiel einer Kostenträgerzeitrechnung mit Ist- und Normalkosten sowie Kostenüber- und Kostenunterdeckungen[1]

Beispiel:

Wir greifen zurück auf das Beispiel von S. 204f. Der Vorkalkulation soll eine Nachkalkulation mit folgenden Istzuschlagssätzen gegenübergestellt werden.

MGK: 10 %	FGK: 90 %	VerwGK: 15 %	VertrGK: 8 %

Aufgaben:

1. Ermitteln Sie die Selbstkosten der Rechnungsperiode mit Istkosten und mit Normalkosten!
2. Errechnen Sie die Kostenüber- bzw. Kostenunterdeckung!
3. Ermitteln Sie das Betriebsergebnis!

Lösungen:

Ziffer	Bezeichnungen	Istkosten	Normalzuschlagssätze	Normalkosten	Kostenüber-/-unterdeckungen
1	Verbrauch von Fertigungsmaterial	480 000,00		480 000,00	
2	+ 10 % Materialgemeinkosten	48 000,00	12 %	57 600,00	+ 9 600,00
3	**Materialkosten** (1 + 2)	528 000,00		537 600,00	
4	Fertigungslöhne	210 000,00		210 000,00	
5	+ 90 % Fert.-Gemeinkosten	189 000,00	85 %	178 500,00	– 10 500,00
6	+ Sondereinzelkosten d. Fertigung	8 100,00		8 100,00	
7	**Fertigungskosten** (4 + 5 + 6)	407 100,00		396 600,00	
8	**Herstellk. d. Rech.-Periode** (3 + 7)	935 100,00		934 200,00	
9	+ 15 % Verw.-Gemeinkosten	140 265,00	18 %	168 156,00	+ 27 891,00
10	+ 8 % Vertr.-Gemeinkosten	74 808,00	7 %	65 394,00	– 9 414,00
11	Sondereinzelkosten des Vertriebs	4 800,00		4 800,00	
12	**Selbstkosten der Rechnungsperiode** (9 + 10 + 11)	1 154 973,00		1 172 550,00	+ 17 577,00
13	Nettoverkaufserlöse	1 460 000,00		1 460 000,00	
12	– Selbstkosten der Rechn.-Periode[2]	1 154 973,00		1 172 550,00	
14	**Umsatzergebnis**			287 450,00	
15	+ Kostenüberdeckung			+ 17 577,00	
16	**Betriebsergebnis**	305 027,00		305 027,00	

Erläuterungen: Vom Umsatzergebnis zum Betriebsergebnis (Ziffer 14 bis 16)

Das Umsatzergebnis bei der Vorkalkulation ergibt sich durch folgende Rechnung:

Nettoverkaufserlöse – Selbstkosten der Rechnungsperiode = Umsatzergebnis

Die Rechnung mit Normalzuschlagssätzen (Vorkalkulation) führt zu einem anderen Ergebnis als die Nachkalkulation mit Istkosten, da die **Gemeinkosten mit anderen Zuschlagssätzen** berechnet werden. Das Umsatzergebnis in der Normalkostenrechnung unterscheidet sich daher vom Betriebsergeb-

1 Der Einfachheit halber wird hier auf die Aufteilung in mehrere Produkte verzichtet.

2 Für den Begriff Selbstkosten der Rechnungsperiode kann auch der Begriff **Selbstkosten des Umsatzes** verwendet werden.

nis in der Istkostenrechnung, und zwar um die **Differenz zwischen den Normalgemeinkosten und den Istgemeinkosten** (Kostenüber- bzw. Kostenunterdeckungen).

Da bei einer **Kostenüberdeckung** die verrechneten Normalkosten **über** den angefallenen Istkosten liegen, fällt das Umsatzergebnis niedriger aus als das mit Istkosten ermittelte Betriebsergebnis. Um im Falle einer Kostenüberdeckung vom Umsatzergebnis zum Betriebsergebnis zu gelangen, muss daher zum Umsatzergebnis eine **Kostenüberdeckung hinzuaddiert** werden.

Im vorliegenden Beispiel ergibt sich eine Kostenüberdeckung in Höhe von 17577,00 EUR. Bei einem Umsatzergebnis in Höhe von 287450,00 EUR (siehe Ziffer 14) führt das zu einem Betriebsergebnis in Höhe von (287450,00 EUR + 17577,00 EUR) 305027,00 EUR (siehe Ziffer 16).

Bei einer **Kostenunterdeckung** sind die **Normalkosten niedriger** als die tatsächlich angefallenen **Istkosten.** Daher ist das Umsatzergebnis höher als das tatsächliche Ergebnis. Um vom Umsatzergebnis zum Betriebsergebnis zu gelangen, muss daher eine **Kostenunterdeckung vom Umsatzergebnis subtrahiert** werden.

- Umsatzergebnis + Kostenüberdeckung = Betriebsergebnis
- Umsatzergebnis – Kostenunterdeckung = Betriebsergebnis

Übungsaufgaben

78 Ein Industrieunternehmen entnimmt der Ergebnistabelle folgende Zahlenwerte:

Betriebsabrechnungsbogen am Ende der Rechnungsperiode

Gemeinkosten	Material	Fertigung	Verwaltung	Vertrieb
Insgesamt	85260,60 EUR	926670,00 EUR	309709,27 EUR	180663,73 EUR

Einzelkosten und Leistungen

Verbrauch von Fertigungsmaterial	897480,00 EUR
Fertigungslöhne	671500,00 EUR
Nettoverkaufserlöse	3247200,00 EUR

Normalzuschlagssätze

MGK	9%
FGK	136,2%
VerwGK	13%
VertrGK	6,5%

Aufgaben:

1. Ermitteln Sie die Selbstkosten der Rechnungsperiode
   1.1 mit Istkosten,
   1.2 mit Normalkosten!
2. Errechnen Sie die Kostenüber- bzw. Kostenunterdeckung sowie das Betriebsergebnis der Abrechnungsperiode!
3. Führen Sie die Berechnung der Istzuschlagssätze durch!

79 Die Pharmageräte AG kalkuliert mit folgenden Normalzuschlagssätzen:

MGK 12%, FGK 140%, VerwGK 15%, VertrGK 10%.

Zur Überprüfung dieser Zuschlagssätze werden die Istkosten des vergangenen Abrechnungszeitraums herangezogen:

Verbrauch von Fertigungsmaterial	460000,00 EUR
Fertigungslöhne	318000,00 EUR
Materialgemeinkosten lt. BAB	58700,00 EUR

Fertigungsgemeinkosten lt. BAB	412300,00 EUR
Vertriebsgemeinkosten lt. BAB	87430,00 EUR
Verwaltungsgemeinkosten lt. BAB	149880,00 EUR
Nettoverkaufserlöse	1580000,00 EUR

Aufgaben:

1. Stellen Sie in einem Kostenträgerblatt die Istkosten und die Normalkosten einander gegenüber und ermitteln Sie, welche Kostenüber- bzw. Kostenunterdeckungen sich für die einzelnen Positionen feststellen lassen!
2. Ermitteln Sie die Ist-Gemeinkostenzuschlagssätze!
3. Berechnen Sie das Betriebsergebnis der Abrechnungsperiode!

80 Ein Maschinenbaubetrieb ist als Zulieferer für mehrere Maschinenfabriken tätig. Die Nettoverkaufserlöse betrugen in der vergangenen Abrechnungsperiode 1560000,00 EUR. Im gleichen Zeitraum fielen folgende Kosten an:

Verbrauch von Fertigungsmaterial	732800,00 EUR
Fertigungslöhne	240000,00 EUR
Sondereinzelkosten des Vertriebs	20000,00 EUR

Es wurde mit folgenden Zuschlagssätzen gerechnet: MGK 10%, FGK 110%, VerwGK 8% und VertrGK 5%.

Die Gemeinkosten waren im BAB wie folgt aufgeteilt:

	Zahlen der KLR	Materialbereich	Fertigungsbereich	Verwaltung	Vertrieb
Summe der Gemeinkosten	489624,80	69940,00	245740,00	95347,52	78597,28

Aufgabe:

Ermitteln Sie auf einem Kostenträgerblatt die Istzuschlagssätze (auf eine Dezimale gerundet) sowie die Über- und Unterdeckungen und das Betriebsergebnis!

13.5 Kostenkontrolle durch Gegenüberstellung von Ist- und Normalkosten in der Kostenträgerstückrechnung

In der **Vorkalkulation** konnte nur mit voraussichtlichen Kosten **(Normalkosten)** gerechnet werden. Nach **Fertigstellung des Auftrags** können die tatsächlich angefallenen Kosten **(Istkosten)** ermittelt und den vorkalkulierten Kosten gegenübergestellt werden **(Nachkalkulation)**.[1]

1 Prinzipiell ist es möglich, im Rahmen der Nachkalkulation die Vorwärtskalkulation, die Rückwärtskalkulation und die Differenzkalkulation einzusetzen. Allerdings kommt in der Praxis in aller Regel nur die Differenzkalkulation zum Einsatz, da der Unternehmer insbesondere daran interessiert ist, den tatsächlich erzielten Gewinn zu erfahren.

15 Wessel u.a. - ISBN 978-3-8120-0588-3

Beispiel:

Die Nachkalkulation für die erstellte Abfüllmaschine (vgl. S. 208f.) ergab folgende Kosten:

Verbrauch von Fertigungsmaterial	17500,00 EUR	SEKF	900,00 EUR
Fertigungslöhne	19800,00 EUR	SEKV	940,00 EUR
Istzuschlagsssätze lt. BAB	MGK 8,5 %	VerwGK	19 %
dieser Abrechnungsperiode:	FGK 108 %	VertrGK	6,8 %

Der in der Angebotskalkulation auf S. 209 ermittelte Listenverkaufspreis in Höhe von 114577,52 EUR ist der verbindliche Angebotspreis.

Aufgabe:

Berechnen Sie, welcher Erfolg (in EUR und Prozent) an dem abgewickelten Auftrag erwirtschaftet wurde!

Lösung:

	Vorkalkulation			Nachkalkulation		
Materialeinzelkosten		17200,00 EUR			17500,00 EUR	
Materialgemeinkosten	9 %	1548,00 EUR		8,5 %	1487,50 EUR	
Materialkosten			18748,00 EUR			18987,50 EUR
Fertigungslöhne		21400,00 EUR			19800,00 EUR	
Fert.-Gemeinkosten	110 %	23540,00 EUR		108 %	21384,00 EUR	
Sondereinzelkosten der Fertigung (SEKF)		1400,00 EUR			900,00 EUR	
Fertigungskosten			46340,00 EUR			42084,00 EUR
Herstellkosten			65088,00 EUR			61071,50 EUR
Verw.-Gemeinkosten	18 %	11715,84 EUR		19 %	11603,59 EUR	
Vertr.-Gemeinkosten	6 %	3905,28 EUR		6,8 %	4152,86 EUR	
Sondereinzelkosten des Vertriebs (SEKV)		890,00 EUR	16511,12 EUR		940,00 EUR	16696,45 EUR
Selbstkosten			81599,12 EUR			77767,95 EUR
Gewinn	15 %		12239,87 EUR			16071,04 EUR
Barverkaufspreis			93838,99 EUR			93838,99 EUR
Vertreterprovision	7 %		7218,38 EUR			
Kundenskonto	2 %		2062,40 EUR			
Zielverkaufspreis			103119,77 EUR			
Kundenrabatt	10 %		11457,75 EUR			
Listenverkaufspreis (Nettoverkaufspreis)			114577,52 EUR			

Berechnung des Gewinnsatzes:

77767,95 ≙ 100 %

16071,04 ≙ x %

x = 20,66 %

Die **Abweichungen** bei den Kosten in der Vor- und in der Nachkalkulation beruhen einerseits auf **unterschiedlichen Einzelkosten** (z.B. durch Preisänderungen bei den Werkstoffen oder durch Erhöhung des Stundenlohns) und andererseits auf den **unterschiedlichen Zuschlagssätzen** in der Vor- und Nachkalkulation.

Die **Nachkalkulation** dient zum einen der **Kostenkontrolle** und zum anderen ist sie Anlass, die **Abweichungen** zwischen Vor- und Nachkalkulation zu überprüfen und die Ursachen hierfür zu analysieren.

Übungsaufgabe

81 1. Erstellen Sie zur Aufgabe 77, 1., S. 210, eine Nachkalkulation!

Nach Fertigstellung des Auftrages und der Ermittlung der Istzuschlagssätze aufgrund des erstellten BABs ergaben sich folgende Werte: Verbrauch von Fertigungsmaterial 56,30 EUR, Fertigungslöhne 65,20 EUR, Sondereinzelkosten der Fertigung 162,68 EUR. Die Istzuschlagssätze für die Gemeinkosten betrugen: MGK 6,9 %, FGK 149,5 %, VerwGK 17,4 %, VertrGK 9,5 %.

Aufgabe:

Stellen Sie bei einem unveränderten Angebotspreis den tatsächlichen Gewinn in EUR und in Prozent fest!

2. Erstellen Sie zur Aufgabe 77, 2., S. 210, eine Nachkalkulation!

An Istkosten fielen an: Verbrauch von Fertigungsmaterial 260,75 EUR, Fertigungslöhne 310,80 EUR. Die Istzuschlagssätze für die Gemeinkosten betrugen: MGK 32,5 %, FGK 79,5 %, VerwGK 21,5 %, VertrGK 17,2 %.

Aufgaben:

2.1 Berechnen Sie den Gewinn in EUR und in Prozent, wenn sich der Angebotspreis nicht verändert!

2.2 Ermitteln Sie, auf welchen Betrag der Listenverkaufspreis (Nettoverkaufspreis) bei sonst gleichbleibenden Kalkulationsgrundlagen im Falle einer starken Preiskonkurrenz notfalls herabgesetzt werden könnte!

3. Erstellen Sie zur Aufgabe 77, 3., S. 210 eine Nachkalkulation! Die Istkostenrechnung ergab folgende Kalkulationsdaten:

Verbrauch von Fertigungsmaterial 8720,00 EUR; Fertigungslöhne 3165,00 EUR; Istzuschlagssätze: MGK 10,4 %, FGK 151 %; VerwGK/VertrGK 14,9 %. Die Sondereinzelkosten der Fertigung betrugen 795,00 EUR. Kundenrabatt und Kundenskonto wurden mit den angegebenen Prozentsätzen gewährt. Der Listenverkaufspreis betrug 29517,06 EUR.

Aufgabe:

Berechnen Sie, wie viel Gewinn in EUR und in Prozent tatsächlich erzielt wurde!

4. Erstellen Sie zur Aufgabe 77, 4., S. 210, eine Nachkalkulation! Die Istkostenrechnung ergab folgende Kalkulationsdaten:

Gemeinkosten	Material	Fertigung	Verwaltung	Vertrieb
Istgemeinkosten	9936,00 EUR	181935,00 EUR	56910,00 EUR	36929,00 EUR

Die Einzelkosten bleiben unverändert.

Aufgaben:

4.1 Berechnen Sie die Istzuschlagssätze für die Gemeinkosten!

4.2 Führen Sie mit den errechneten Istzuschlagssätzen für die Büroanbauwand eine Nachkalkulation durch! Die übrigen Kalkulationsdaten bleiben unverändert. Es wurde ein Barverkaufspreis von 3021,48 EUR erzielt.

4.3 Berechnen Sie den tatsächlich erzielten Gewinnsatz!

13.6 Zusammenfassung zur Kostenarten-, Kostenstellen- und Kostenträgerrechnung

Abrechnungsstufen	Rechnungsgegenstand
Kostenartenrechnung Welche Kosten sind angefallen? (z. B. Personal-, Sach-, Zinskosten u. a.)	**Periodenrechnung** (Erfassungsrechnung)
Kostenstellenrechnung Wo sind die Kosten angefallen? (z. B. im Material-, Fertigungs-, Verwaltungs-, Vertriebsbereich)	**Periodenrechnung** (Verteilungsrechnung
Kostenträgerrechnung Wofür sind die Kosten angefallen? (z. B. Produktart 1, Produktart 2)	**Periodenrechnung und Stückrechnung** ■ Vorkalkulation zu Normalkosten ■ Nachkalkulation zu Istkosten

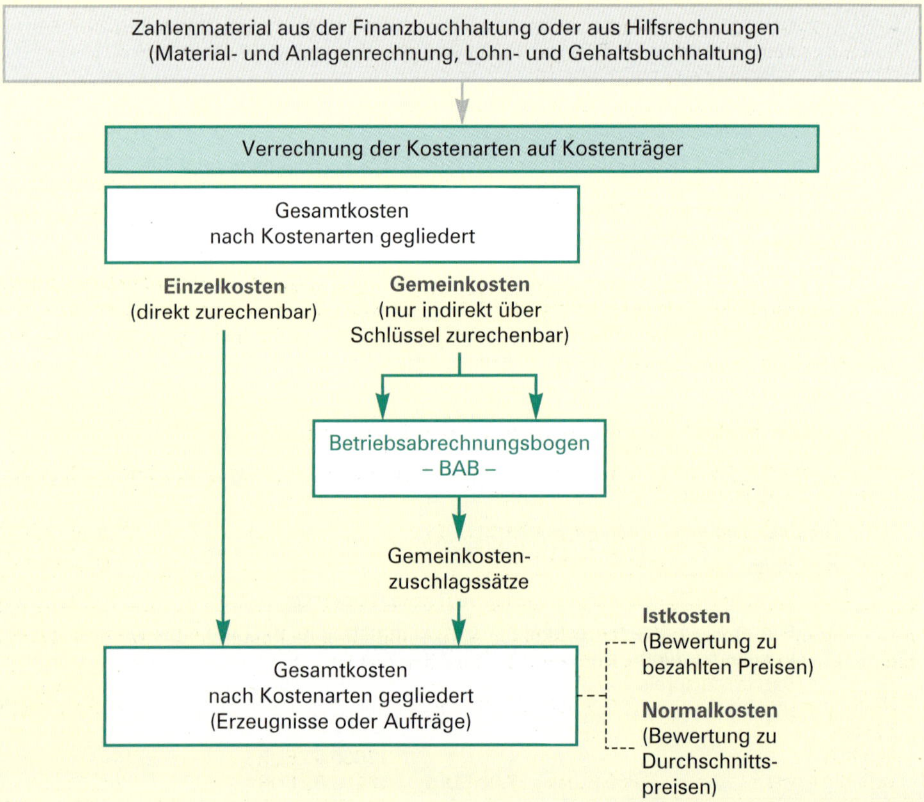

13.7 Kritik an der Kostenträgerrechnung auf Vollkostenbasis

Wird die Vollkostenrechnung als Grundlage für die Kalkulation, Preispolitik oder Produktpolitik verwendet, ist leicht nachweisbar, dass dies zu falschen Ergebnissen und Schlussfolgerungen führt und sich daher die Vollkostenrechnung allein nicht als Steuerungsinstrument eines Unternehmens eignet.

Beispiel:

Ein Unternehmen kann bei Vollauslastung innerhalb einer Rechnungsperiode 1000 Stück eines Produktes zum Nettoverkaufspreis von 50,00 EUR je Stück absetzen. Die Kosten dafür betragen insgesamt 45000,00 EUR, davon sind 18000,00 EUR fixe Kosten.

Auf ein Stück bezogen ergeben sich daher Gesamtkosten in Höhe von 45,00 EUR. Die variablen Stückkosten betragen (45000,00 EUR – 18000,00 EUR) 27000,00 EUR : 1000 Stück = 27,00 EUR.

Aufgabe:

Berechnen Sie den Gewinn der Geschäftsperiode!

Lösung:

Die Abrechnung der Rechnungsperiode führt zu folgendem Ergebnis:

	Nettoverkaufserlöse insgesamt	50000,00 EUR
–	Kosten insgesamt	45000,00 EUR
=	Gewinn	5000,00 EUR

1. Kritikpunkt: Die Anwendung der einmal auf der Basis der Vollkosten errechneten Stückkosten führt bei abweichender Produktionsmenge zu falschen Ergebnissen.

Wird die Veränderung der Kosten aufgrund von Schwankungen der Produktionsmenge nicht berücksichtigt und weiterhin mit den einmal errechneten Selbstkosten von 45,00 EUR je Stück kalkuliert, führt das zu völlig falschen Ergebnissen, wie das in den folgenden Berechnungen gezeigt wird:

■ Fall 1: Die Produktionsmenge sinkt auf 600 Einheiten

Berechnung **ohne Aufteilung der Kosten** und unter Beibehaltung der einmal berechneten Stückkosten in Höhe von 45,00 EUR.

	Nettoverkaufserlöse	(600 Stück · 50,00 EUR)	30000,00 EUR
–	Gesamtkosten	(600 Stück · 45,00 EUR)	27000,00 EUR
=	Gewinn		3000,00 EUR

Berechnung **mit Aufteilung der Gesamtkosten in fixe und variable Kosten** und unter Berücksichtigung der Kostenveränderung bei Änderung der Beschäftigung.

	Nettoverkaufserlöse	(600 Stück · 50,00 EUR)		30000,00 EUR
–	Kosten			
	fixe Kosten		18000,00 EUR	
	variable Kosten	(600 Stück · 27,00 EUR)	16200,00 EUR	34200,00 EUR
=	Verlust			– 4200,00 EUR

Erläuterungen:

Berechnung der Stückkosten unter Berücksichtigung der Kostenaufteilung:

variable Kosten (unverändert)	27,00 EUR
fixe Kosten (18 000,00 EUR : 600 Stück)	30,00 EUR
Stückkosten insgesamt	57,00 EUR

Bei einem Nettoverkaufserlös von 50,00 EUR führt das zu einem Stückverlust von 7,00 EUR. Das ergibt bei 600 Stück einen Gesamtverlust von 4 200,00 EUR.

■ Fall 2: Die Produktionsmenge steigt auf 1 200 Einheiten

Berechnung **ohne Aufteilung der Kosten** und unter Beibehaltung der einmal berechneten Stückkosten in Höhe von 45,00 EUR.

	Nettoverkaufserlöse	(1 200 Stück · 50,00 EUR)	60 000,00 EUR
–	Gesamtkosten	(1 200 Stück · 45,00 EUR)	54 000,00 EUR
=	Gewinn		6 000,00 EUR

Berechnung **mit Aufteilung der Gesamtkosten in fixe und variable Kosten** unter Berücksichtigung der Kostenveränderung bei Änderung der Produktionsmenge.

	Nettoverkaufserlöse	(1 200 Stück · 50,00 EUR)		60 000,00 EUR
–	Kosten			
	fixe Kosten		18 000,00 EUR	
	variable Kosten	(1 200 Stück · 27,00 EUR)	32 400,00 EUR	50 400,00 EUR
=	Gewinn			9 600,00 EUR

Erläuterungen:

variable Kosten (unverändert)	27,00 EUR
fixe Kosten (18 000,00 EUR : 1 200 Stück)	15,00 EUR
Stückkosten insgesamt	42,00 EUR

Bei einem Nettoverkaufserlös von 50,00 EUR beträgt der Stückgewinn 8,00 EUR. Beim Verkauf von 1 200 Stück ergibt das einen Gesamtgewinn von 9 600,00 EUR.

Erkenntnisse:

- Die Veränderung der Produktionsmenge führt zu einer Veränderung der Stückkosten. Die Stückkosten verändern sich, weil die in der Gesamthöhe unveränderten Fixkosten jeweils auf eine andere Menge verteilt werden.
- Wird diese Tatsache durch eine Aufteilung des Kostenblocks in fixe und variable Kosten nicht berücksichtigt, führt das hinsichtlich des Stückkostensatzes zu falschen Kalkulationsgrundlagen.
- Um kostengerechte Kalkulationsgrundlagen ermitteln zu können, müssen die Kosten in fixe und variable Kosten aufgeteilt werden.

2. Kritikpunkt: Bei Schwankungen der Produktionsmenge führt die Vollkostenrechnung zu falschen Empfehlungen in der Preispolitik.

Werden die Gesamtkosten als Grundlage für die Preispolitik verwendet, was in unserer Wettbewerbswirtschaft aufgrund gegebener Marktpreise allerdings die Ausnahme sein dürfte, führt die Rechnung mit Vollkosten aufgrund des beschriebenen Verhaltens der Fixkosten bei sinkender Produktionsmenge zu steigenden Stückkosten und daher zu einer Erhöhung der Stückpreise, obwohl das Gegenteil angezeigt wäre. Durch Erhöhung der Preise wird ein weiterer Absatzrückgang zu erwarten sein.

Erkenntnis:

Die undifferenzierte Rechnung mit Vollkosten führt zu einer falschen Preispolitik.

3. Kritikpunkt: Die Vollkostenrechnung kann zu falschen Entscheidungen bei der Produktpolitik führen.

Beispiel 1:

Ein Unternehmen verkauft zwei Produkte:

Nettoverkaufserlöse von Produkt A:
30 000,00 EUR; variable Kosten insgesamt 16 200,00 EUR.

Nettoverkaufserlöse von Produkt B:
90 000,00 EUR; variable Kosten insgesamt 30 000,00 EUR.

Die fixen Kosten betragen insgesamt 42 000,00 EUR und sollen auf A und B im Verhältnis 1 : 2 auf die beiden Produktarten verteilt werden.

Aufgabe:

Berechnen Sie den Erfolg des Unternehmens!

Lösung:

	Produkt A	**Produkt B**
Nettoverkaufserlöse	30 000,00 EUR	90 000,00 EUR
– variable Kosten	16 200,00 EUR	30 000,00 EUR
Zwischensumme	13 800,00 EUR	60 000,00 EUR
– fixe Kosten	14 000,00 EUR	28 000,00 EUR
Verlust/Gewinn	– 200,00 EUR	32 000,00 EUR
	→	– 200,00 EUR
Gewinn des Unternehmens:		31 800,00 EUR

Ergebnis: Beim Produkt A entsteht ein Verlust von 200,00 EUR, beim Produkt B ein Gewinn von 32 000,00 EUR. Dadurch beträgt der Gewinn des Unternehmens 31 800,00 EUR.

Es erhebt sich nun die Frage, ob das Produkt A, mit dem das Unternehmen einen Verlust erleidet, aus dem Produktprogramm ausscheiden soll. Anders ausgedrückt: Kann das Unternehmen beim Ausscheiden des Produkts A seinen Erfolg verbessern?

Beispiel 2:

Wir greifen auf das vorseitige Beispiel 1 zurück.

Aufgabe:

Berechnen Sie den Erfolg, wenn das Produkt A aus dem Produktprogramm ausscheidet!

Lösung:

	Nettoverkaufserlöse bei Produkt B	90000,00 EUR
–	variable Kosten	30000,00 EUR
	Zwischensumme	60000,00 EUR
–	fixe Kosten (insgesamt)[1]	42000,00 EUR
	Gesamtgewinn	18000,00 EUR

Erkenntnisse:

- Durch das Ausscheiden des Produkts A aus dem Produktprogramm hat sich die Gewinnsituation des Unternehmens um 13800,00 EUR verschlechtert. Das ist genau der Betrag, um den die Nettoverkaufserlöse des Produkts A die variablen Kosten übersteigen. In dieser Höhe konnte nämlich das Produkt A an der Deckung der fixen Kosten beteiligt werden.
- Eine undifferenzierte Anwendung der Vollkostenrechnung führt also auch zu einer falschen Produktpolitik.

Übungsaufgabe

82

1. Begründen Sie, warum die Vollkostenrechnung allein als Instrument der Unternehmenssteuerung nicht geeignet ist!
2. Nennen Sie die Kostenart, die für die Mängel der Vollkostenrechnung verantwortlich ist! Begründen Sie Ihre Entscheidung!
3. Begründen Sie, ob ein Artikel, bei dem sich auf der Basis der Vollkostenrechnung ein Verlust ergibt, nicht gleich aus dem Produktprogramm ausscheiden muss!

1 Durch das Ausscheiden eines Produkts verändert sich die Höhe der Fixkosten insgesamt zunächst nicht.

LG 12.2

Lernsituation 14: Problem der fixen Kosten formulieren und bei einem Auftrag die Preisuntergrenzen sowie die Gewinnschwelle ermitteln können

Die Kosten für einen Bürorollcontainer der Goslarer Büromöbel AG lassen sich bei einer Produktion von 100 Stück wie folgt aufteilen:

	Fertigungsmaterial (50,00 EUR · 100 Stück)	5000,00 EUR
+	10 % Materialgemeinkosten	500,00 EUR
+	Fertigungslöhne (30,00 EUR · 100 Stück)	3000,00 EUR
+	120 % Fertigungsgemeinkosten	3600,00 EUR
=	Herstellkosten für 100 Stück	12100,00 EUR
	Herstellkosten für 1 Stück	121,00 EUR

	variable Herstellkosten (51,00 EUR · 100 Stück)	5100,00 EUR
+	fixe Herstellkosten	7000,00 EUR
=	Herstellkosten für 100 Stück	12100,00 EUR
	Herstellkosten für 1 Stück	121,00 EUR

Bei einer Produktion von 150 Bürorollcontainern ergeben sich folgende Kosten:

	Fertigungsmaterial (50,00 EUR · 150 Stück)	7500,00 EUR
+	10 % Materialgemeinkosten	750,00 EUR
+	Fertigungslöhne (30,00 EUR · 150 Stück)	4500,00 EUR
+	120 % Fertigungsgemeinkosten	5400,00 EUR
=	Herstellkosten für 150 Stück	18150,00 EUR
	Herstellkosten für 1 Stück	121,00 EUR

	variable Herstellkosten (51,00 EUR · 150 Stück)	7650,00 EUR
+	fixe Herstellkosten	7000,00 EUR
=	Herstellkosten für 150 Stück	14650,00 EUR
	Herstellkosten für 1 Stück	97,67 EUR

Impulse:

1. Vergleichen Sie die vorgegebene Kalkulation für den Bürorollcontainer und erläutern Sie, worauf die unterschiedliche Höhe der Herstellkosten beruht!
2. Welche Schlussfolgerung ziehen Sie aus dem Vergleich für die Kalkulation?

Handlungsaufgaben:

Arbeiten Sie die folgenden Kapitel des Lehrbuches durch und verwenden Sie die Aufzeichnungen aus dem Unterricht zur Bearbeitung der folgenden Handlungsaufgaben!

Die Weber Metallbau GmbH kalkuliert einen Großauftrag für die Lieferung von Gartenzäunen an eine Baumarktkette. Angefragt sind 2000 Einheiten mit jeweils 10 Elementen pro Zauneinheit. Die Gesamtkosten belaufen sich lt. Kalkulation auf 289200,00 EUR, die variablen Stückkosten je Element auf 9,20 EUR. Die Metallbau Weber GmbH bietet ein Zaunelement zum Nettoverkaufspreis von 20,20 EUR an.

1. Berechnen Sie die Fixkosten!
2. Berechnen Sie den Deckungsbeitrag je Stück!
3. Ermitteln Sie die absolute Preisuntergrenze!
4. Die Baumarktkette akzeptiert je Zaunelement einen Nettoverkaufspreis von 18,00 EUR. Berechnen Sie, ob die Weber Metallbau GmbH den Auftrag zu diesen Konditionen annehmen kann und welcher Betriebsgewinn gegebenenfalls noch erzielt werden kann.
5. Ermitteln Sie rechnerisch und grafisch für den Auftrag die Gewinnschwelle! Führen Sie die Probe durch!

14 Teilkostenrechnung (Deckungsbeitragsrechnung)

14.1 Aufbau der Deckungsbeitragsrechnung[1]

Die Ausführungen im Kapitel 13.7 haben deutlich gemacht, dass die Mängel, die der Vollkostenrechnung anhaften, in den Fixkosten begründet liegen. Soll die Kostenrechnung in erster Linie als Instrument der Unternehmenssteuerung betrachtet werden, liegt es nahe, zunächst auf eine Verrechnung der Fixkosten zu verzichten und diese erst bei der Ergebnisermittlung wieder einzubeziehen. Eine solche Rechnung, die zunächst auf einen Teil bei der Weiterverrechnung der Kosten verzichtet, nennt man im Gegensatz zur Vollkostenrechnung eine **Teilkostenrechnung.** Eine weitverbreitete Form der Teilkostenrechnung ist die **Deckungsbeitragsrechnung.**

Bei der Deckungsbeitragsrechnung werden **Deckungsbeiträge** ermittelt. Diese ergeben sich, indem man von den **Nettoverkaufserlösen** der Produkte die **variablen Kosten** abzieht. In Höhe der Deckungsbeiträge sind die Produkte an der Deckung der noch nicht verrechneten Fixkosten beteiligt.

Das **Grundschema der Deckungsbeitragsrechnung** lautet:

	Nettoverkaufserlöse
–	variable Kosten
=	Deckungsbeitrag

- Unter den **Nettoverkaufserlösen** versteht man die Erlöse, die dem Unternehmen nach Abzug der Umsatzsteuer und etwaiger Erlösschmälerungen (z.B. Kundenrabatt, Kundenskonto, Vertreterprovision) tatsächlich verbleiben.[2]
- Den Überschuss der Nettoverkaufserlöse über die variablen Kosten nennt man **Deckungsbeitrag.**
- Der **Deckungsbeitrag** gibt an, welchen Beitrag ein Kostenträger zur **Deckung** der **fixen Kosten** leistet.

14.2 Arten der Deckungsbeitragsrechnung

14.2.1 Deckungsbeitragsrechnung als Stückrechnung

Beispiel:

Aus Wettbewerbsgründen ist ein Hersteller gezwungen, den Listenverkaufspreis für ein Trimmgerät auf 816,32 EUR zuzüglich 19 % USt. festzusetzen. Den Sportartikelgroßhändlern werden 25 % Rabatt und 2 % Skonto eingeräumt. Die variablen Kosten betragen 400,00 EUR.

Aufgaben:

1. Berechnen Sie den Deckungsbeitrag je Stück!
2. Stellen Sie den Deckungsbeitrag je Stück grafisch dar!

1 Für den Begriff „Deckungsbeitragsrechnung" wird in der betriebswirtschaftlichen Literatur auch der Begriff **„Direct Costing"** verwandt.

2 Der Nettoverkaufserlös entspricht dem Barverkaufspreis im Kalkulationsschema.

Lösung:

Zu 1.: Berechnung des Deckungsbeitrags

	Listenverkaufspreis (netto)	816,32 EUR
–	25 % Rabatt	204,08 EUR
	Zielverkaufspreis	612,24 EUR
–	2 % Skonto	12,24 EUR
	Nettoverkaufserlös (Barverkaufspreis)	600,00 EUR
–	variable Kosten	400,00 EUR
=	Deckungsbeitrag	200,00 EUR

	Nettoverkaufserlös je Stück (Barverkaufspreis je Stück)
–	variable Kosten je Stück
=	Deckungsbeitrag je Stück

Zu 2.: Grafische Darstellung

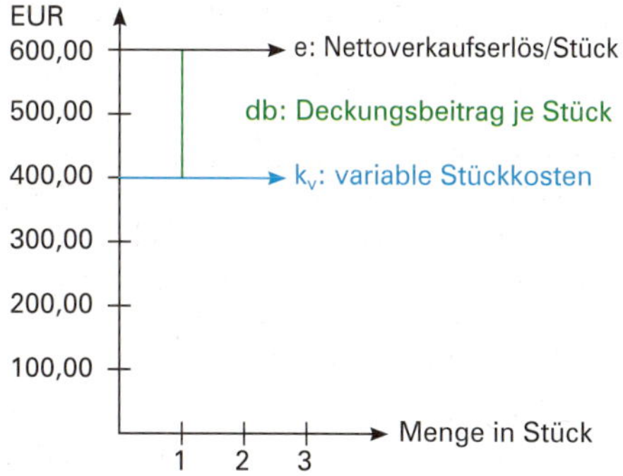

Der Deckungsbeitrag besagt, dass je Trimmgerät 200,00 EUR zur Deckung der Fixkosten zur Verfügung stehen. Ob der Deckungsbeitrag ausreicht, um neben der Deckung der fixen Kosten auch einen **Stückgewinn** zu erzielen, bleibt offen. Sicher ist aber, dass jeder Preis, der **über** den **variablen Kosten** liegt, zur Deckung der fixen Kosten beiträgt. Insofern dient der **Stückdeckungsbeitrag** als **Entscheidungshilfe** für die **Annahme oder Ablehnung von Aufträgen.**

- Jeder Deckungsbeitrag trägt zur Verbesserung des Betriebsergebnisses bei.
- Ob ein Stückgewinn erzielt wird und gegebenenfalls in welcher Höhe, kann nicht bestimmt werden.

14.2.2 Deckungsbeitragsrechnung als Periodenrechnung

Bei der Deckungsbeitragsrechnung als Periodenrechnung werden zur Ermittlung des Betriebsergebnisses die fixen Kosten in einem Block von der Summe der Deckungsbeiträge abgezogen. Ihr liegt folgendes Berechnungsschema zugrunde:

Erzeugnis A	**Erzeugnis B**	**usw.**	
Nettoverkaufserlöse	Nettoverkaufserlöse		
– variable Kosten	– variable Kosten		
= Deckungsbeitrag von Erzeugnis A	= Deckungsbeitrag von Erzeugnis B	⟶	Summe der Deckungsbeiträge
			– fixe Kosten
			= Betriebsergebnis (Betriebsgewinn/Betriebsverlust)

Beispiel:

Die KLR eines Industrieunternehmens liefert uns für den Monat Juni für die Erzeugnisse A und B folgende Zahlen:

	Erzeugnis A	Erzeugnis B
Produktions- und Absatzmenge	300 Stück	400 Stück
Nettoverkaufserlös je Stück	500,00 EUR	750,00 EUR
Variable Kosten je Stück	160,00 EUR	505,00 EUR
Fixe Kosten für den Monat Juni	150 000,00 EUR	

Aufgaben:

Berechnen Sie den Deckungsbeitrag je Erzeugnis, die Deckungsbeiträge insgesamt sowie das Betriebsergebnis für den Monat Juni!

Lösung:

	Erzeugnis A	Erzeugnis B	Gesamtbeträge
Nettoverkaufserlöse (E)	150 000,00 EUR	300 000,00 EUR	450 000,00 EUR
– variable Kosten (K_v)	48 000,00 EUR	202 000,00 EUR	250 000,00 EUR
= Deckungsbeiträge (DB)	102 000,00 EUR	98 000,00 EUR	200 000,00 EUR
– fixe Kosten (K_{fix})			150 000,00 EUR
= Betriebsergebnis (Betriebsgewinn)			50 000,00 EUR

Übungsaufgaben

83 1. Erläutern Sie den Begriff des Deckungsbeitrags!

2. Erklären Sie, bei welchen wichtigen Unternehmensaufgaben die Deckungsbeitragsrechnung sinnvolle Hilfestellung leisten kann!

3. Begründen Sie, worin Sie den entscheidenden Unterschied zwischen der Vollkostenrechnung und der Deckungsbeitragsrechnung sehen!

4. Aus Wettbewerbsgründen ist ein Betonwerk gezwungen, den Listenverkaufspreis für ein Bauelement auf 2448,96 EUR festzusetzen. Den Bauunternehmen werden 25 % Rabatt und 2 % Skonto eingeräumt. Die variablen Kosten betragen 1200,00 EUR.

   Aufgaben:

   4.1 Berechnen Sie den Deckungsbeitrag!

   4.2 Stellen Sie den Deckungsbeitrag je Stück grafisch dar!

   4.3 Erklären Sie die Rolle des Stückdeckungsbeitrags bei der Entscheidung über die Annahme oder Ablehnung eines Auftrages!

84 1. Beschreiben Sie mit eigenen Worten das Grundprinzip der Deckungsbeitragsrechnung!

2. Erläutern Sie, worin Sie das Hauptproblem bei der Anwendung der Deckungsbeitragsrechnung sehen!

3. Stellen Sie die wichtigsten Merkmale der Deckungsbeitragsrechnung und der Vollkostenrechnung einander gegenüber!

4. Die Kosten- und Leistungsrechnung eines Industriebetriebs liefert uns folgende Zahlen:

   Der Listenverkaufspreis je Stück beträgt 1480,00 EUR. Dem Großhandel werden folgende Bedingungen gewährt: 30 % Kundenrabatt, $2\,^1/_2$ % Kundenskonto. Der Vertreter erhält 12 % Vertreterprovision vom Zielverkaufspreis. Die variablen Kosten betragen 260,00 EUR je Stück.

   Aufgaben:

   4.1 Berechnen Sie den Deckungsbeitrag je Stück!

   4.2 Stellen Sie den Deckungsbeitrag je Stück grafisch dar!

5. Die Teilkostenrechnung eines Unternehmens weist für ein bestimmtes Produkt folgende Ergebnisse aus:

   Aufgaben:

   5.1 Nettoverkaufserlös > variable Stückkosten.

   5.2 Nettoverkaufserlös < variable Stückkosten.

   5.3 Nettoverkaufserlös = variable Stückkosten.

   5.4 Stückdeckungsbeitrag = 0,00 EUR.

   Nennen Sie das Ergebnis, bei dem das Produkt nicht mehr verkauft werden sollte!

6. Nennen Sie die Aussage, die über den Deckungsbeitrag richtig ist!

   6.1 Er deckt höchstens die fixen Kosten ab.

   6.2 Er steigt, wenn bei konstanten Stückerlösen die variablen Stückkosten steigen.

   6.3 Er sinkt, wenn bei konstanten Stückerlösen die variablen Stückkosten steigen.

   6.4 Er errechnet sich als Differenz zwischen den variablen Kosten und den Selbstkosten.

   6.5 Verrechnete Gemeinkosten minus Ist-Gemeinkosten ergibt den Deckungsbeitrag.

85 Die Hohmann AG stellt drei verschiedene Typen von Gartenstühlen her. Für den Monat Oktober legt die Kosten- und Leistungsrechnung folgende Zahlen vor:

	Typ A	Typ B	Typ C
Nettoverkaufserlöse je Stück	120,00 EUR	85,00 EUR	76,00 EUR
variable Stückkosten	85,00 EUR	69,00 EUR	65,00 EUR
Verkaufsmengen in Stück	1500	3500	5200

Die fixen Kosten der Rechnungsperiode werden mit 95000,00 EUR veranschlagt.

Aufgaben:

1. Ermitteln Sie für jeden Typ den Deckungsbeitrag je Stück!
2. Ermitteln Sie für jeden Typ die Deckungsbeiträge der Rechnungsperiode!
3. Stellen Sie unter dem Gesichtspunkt der erzielten Deckungsbeiträge eine Rangfolge der Erzeugnisarten auf!
4. Ermitteln Sie das Betriebsergebnis der Periode!
5. Stellen Sie den Deckungsbeitrag für den Kostenträger A grafisch dar!

14.3 Deckungsbeitrag als Instrument zur Bestimmung von Preisuntergrenzen

14.3.1 Kurzfristige und langfristige Preisuntergrenze

(1) Bestimmung der kurzfristigen und langfristigen Preisuntergrenze

Die Tatsache, dass ein positiver Deckungsbeitrag zur Deckung der Fixkosten beiträgt, kann das Unternehmen dazu nutzen, die Deckungsbeitragsrechnung als Instrument der Preispolitik einzusetzen. Kurzfristig kann das Unternehmen nämlich den Preis so absenken, dass lediglich die variablen Kosten abgedeckt sind.[1] Für eine kurze Zeit kann es die fixen Kosten außer Acht lassen, denn diese fallen an, ob ein Verkauf getätigt wird oder nicht. Die Summe der variablen Kosten ist damit die **kurzfristige Preisuntergrenze (absolute Preisuntergrenze).**

Langfristig hingegen kann ein Unternehmen nicht mit Verlusten produzieren, es muss zumindest kostendeckend arbeiten. Die **langfristige Preisuntergrenze** wird daher durch die **Selbstkosten je Einheit** bestimmt.

- Die **kurzfristige (absolute) Preisuntergrenze** liegt bei dem Preis, bei dem der Stückerlös die **variablen Kosten je Einheit** abdeckt. Der Deckungsbeitrag ist in diesem Fall gleich null.

$$e = k_v$$

- Die **langfristige Preisuntergrenze** liegt bei dem Preis, bei dem der Stückerlös die entstandenen **Selbstkosten je Einheit** abdeckt.

$$e = \frac{K_{fix}}{\text{erzeugte Menge}} + k_v$$

Beispiel:

Ein Industrieunternehmen stellt nur ein Erzeugnis her. Für den Monat Februar weist die KLR folgende Daten aus: variable Stückkosten 60,00 EUR, Fixkosten 115000,00 EUR, Produktionsmenge 7000 Stück.

Aufgaben:

1. Ermitteln Sie die kurzfristige Preisuntergrenze!
2. Berechnen Sie die langfristige Preisuntergrenze!

Lösungen:

Zu 1.: Kurzfristige Preisuntergrenze: 60,00 EUR

Zu 2.: Langfristige Preisuntergrenze:

$$\frac{115\,000{,}00\text{ EUR}}{7\,000\text{ Stück}} + 60{,}00\text{ EUR} = 76{,}43\text{ EUR/Stück}$$

1 Neben der kostenorientierten Preisuntergrenze unterscheidet man auch eine **liquiditätsorientierte Preisuntergrenze.** Die liquiditätsorientierte Preisuntergrenze geht von der Prämisse aus, die ständige Zahlungsbereitschaft des Unternehmens zu sichern. Führen also große Teile der fixen Kosten zu ständigen Ausgaben (z.B. Gehälter, Miete für Werkshallen, Versicherungsbeiträge), so sind diese – unter Liquiditätsgesichtspunkten – in den Mindestpreis einzukalkulieren. Auf den Ersatz des Teils der fixen Kosten, der kurzfristig nicht zu Ausgaben führt (z.B. Abschreibungen), kann dagegen vorübergehend verzichtet werden.

(2) Vorteile und Gefahren der Bestimmung von Preisuntergrenzen

Vorteile	Nachteile
■ Bei einem harten Preiswettbewerb eröffnet die Kenntnis der absoluten Preisuntergrenze einen Preisspielraum. ■ Erlaubt eine marktgerechte Preispolitik, wenn den Verkäufern nur ein Deckungssoll vorgegeben wird, d. h., – in umkämpften Absatzgebieten werden geringe Deckungsbeiträge akzeptiert, – in guten Absatzgebieten werden höhere Deckungsbeiträge durchgesetzt.	■ Gefahr, dass ein zu niedriges Preisniveau akzeptiert wird. ■ Orientierung am Deckungsbeitrag ist gefährlich, da nicht sichergestellt ist, dass die fixen Kosten erwirtschaftet werden bzw. ein Gewinn erzielt wird. ■ Zur Absatzsteigerung wird eine zu nachgiebige Preispolitik betrieben.

14.3.2 Ermittlung der Gewinnschwelle beim Einproduktbetrieb (Break-even-Point)

(1) Ermittlung der Gewinnschwelle

Die Deckungsbeiträge geben an, inwieweit die Erlöse die variablen Kosten übersteigen. Sie stehen in erster Linie zur Abdeckung der anfallenden Fixkosten zur Verfügung. Deckungsbeiträge, die über die Fixkosten hinausragen, stellen Gewinne dar.

Insofern legt die Deckungsbeitragsrechnung auch die Frage nahe, bei welcher Warenmenge die Fixkosten durch Deckungsbeiträge genau gedeckt sind. Da das der Punkt ist, bei dem der Betrieb von der Verlustzone in die Gewinnzone schreitet, nennt man ihn die **Gewinnschwelle (Nutzenschwelle)** oder auch, da die Deckungsbeitragsrechnung ihren Ursprung im angelsächsischen Raum hat, **Break-even-Point**.

(2) Ermittlung der Gewinnschwelle

Beispiel:

Die Anton Thomalla GmbH verkauft den Dieselmotor DX_1 zum Nettoverkaufspreis von 2000,00 EUR. An variablen Stückkosten fallen 1200,00 EUR an. Die Fixkosten der Abteilung DX_1 betragen im abgelaufenen Geschäftsjahr 200000,00 EUR.

Aufgaben:

Ermitteln Sie die Gewinnschwelle:

1. auf algebraischem Wege,
2. durch eine grafische Darstellung!

Lösungen:

Bei der Lösung der Aufgabe verwenden wir folgende Variablen:

E	Gesamtnettoverkaufserlös	e	Stückerlös
K	Gesamtkosten	k_v	variable Stückkosten
K_{fix}	fixe Gesamtkosten	db	Stückdeckungsbeitrag
K_v	variable Gesamtkosten	DB	Gesamtdeckungsbeitrag
x	Absatzmenge bzw. Produktionsmenge		

Zu 1.: Algebraische Lösung

Im Punkt der Gewinnschwelle gilt folgende Gleichung:

(1) Summe der Erlöse (E) = Summe der Kosten (K)

(2) $x \cdot e = x \cdot k_v + K_{fix}$ umgeformt ergibt sich:

$x \cdot e - x \cdot k_v = K_{fix}$ durch Ausklammern von x erhält man:

$x\,(e - k_v) = K_{fix}$ daraus folgt für x:

$x = \dfrac{K_{fix}}{e - k_v}$ durch Einsetzen der Werte erhält man:

$x = \dfrac{200\,000}{2\,000 - 1\,200}$ $\quad x = \dfrac{200\,000}{800} = \underline{\underline{250}}$

Ergebnis: Die Gewinnschwelle liegt bei 250 Dieselmotoren.

Zu 2.: Grafische Lösung

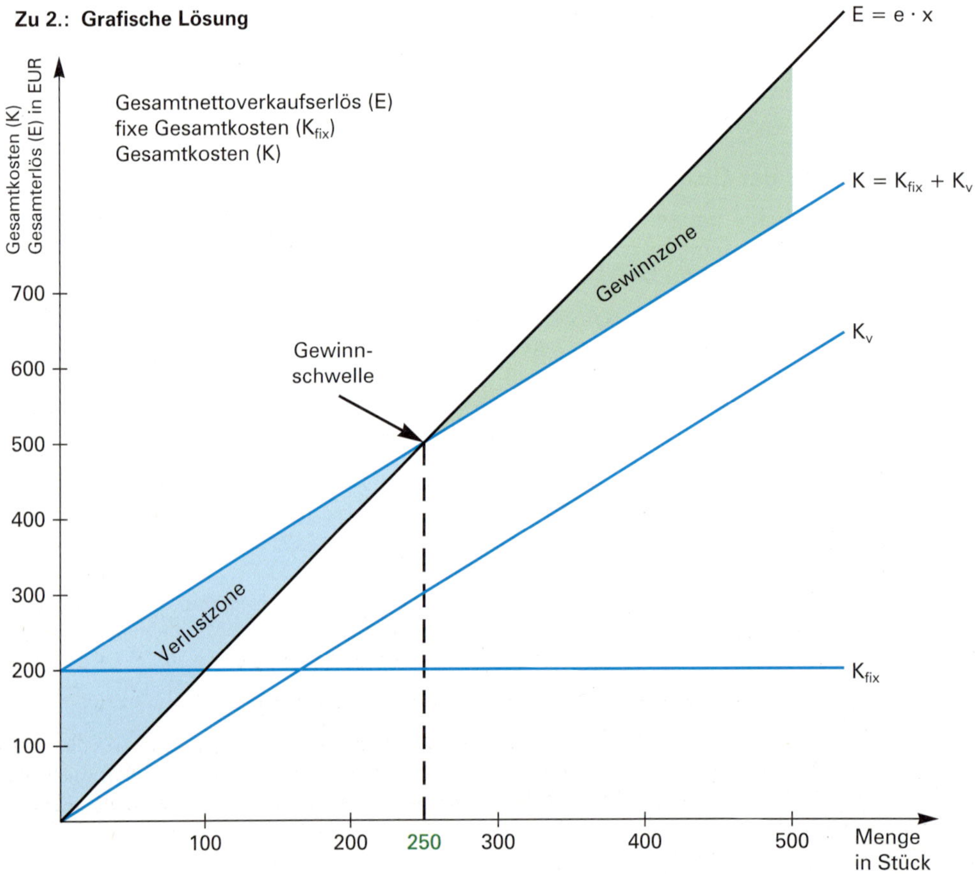

Übungsaufgaben

86 1. Geben Sie an, wie die Begriffe „kurzfristige Preisuntergrenze“ und „langfristige Preisuntergrenze“ bestimmt sind!

2. Begründen Sie, ob ein Industriebetrieb langfristig überleben kann, wenn er die Preise für seine Erzeugnisse an der langfristigen Preisuntergrenze ausrichtet!

3. Die Kostenrechnung eines Industriebetriebs liefert uns für den Monat Januar folgende Zahlen:

	Erzeugnis A	Erzeugnis B
Produktions- und Absatzmenge	700 Stück	1 300 Stück
Listenverkaufspreis je Stück	580,00 EUR	410,00 EUR
Kundenrabatt	10 %	12 %
Kundenskonto	3 %	2 %
Vertreterprovision zum Zielverkaufspreis	5 %	7 %
variable Kosten je Stück	280,00 EUR	302,00 EUR
fixe Kosten	98 500,00 EUR	

Aufgaben:

3.1 Bestimmen Sie den Deckungsbeitrag für die Erzeugnisse A und B!

3.2 Errechnen Sie das Betriebsergebnis!

3.3 Geben Sie die absolute Preisuntergrenze für die Erzeugnisse A und B an!

87 Eine Maschinenfabrik stellt Abfüllmaschinen her. Vom Typ A werden im Monat Januar 10 Maschinen hergestellt. Hierfür sind folgende Kosten (linearer Kostenverlauf) in den einzelnen Kostenstellen angefallen:

Gesamtkosten / Kostenstellen	Einzelkosten	Gemeinkosten	
		fixe Kosten	variable Kosten
Material	170 000,00 EUR	10 000,00 EUR	18 000,00 EUR
Fertigung	80 000,00 EUR	35 000,00 EUR	24 000,00 EUR
Verwaltung/Vertrieb		15 000,00 EUR	

Die Maschine des Typs A erzielt einen Nettoverkaufspreis von 36 000,00 EUR. Von der Maschine A können maximal 10 Stück je Monat hergestellt werden.

Aufgaben:

1. Ermitteln Sie die kurzfristige Preisuntergrenze je Maschine des Typs A!
2. Berechnen Sie die langfristige Preisuntergrenze!
3. Die Maschinenfabrik plant eine Ersatzinvestition zur Herstellung des Maschinentyps A. Die Kapazität erhöht sich dadurch um 20 %.

   Die Kostenstruktur ändert sich wie folgt: Die fixen Kosten steigen um 40 %, die variablen Kosten sinken um 25 %.

   3.1 Bestimmen Sie die neuen Stückkosten je Maschine!

   3.2 Ermitteln Sie den Gewinn je Maschine!

   3.3 Ermitteln Sie die Gewinnschwelle für den Fall, dass der Nettoverkaufserlös für die Maschine A um 15 % sinkt!

16 Wessel u.a. - ISBN 978-3-8120-0588-3

88 Die Kapazitätsgrenze eines Einproduktbetriebs liegt bei einer Produktionsmenge von 56000 Stück. An fixen Kosten fallen monatlich 168000,00 EUR an; die variablen Kosten betragen 10,36 EUR/Stück. Das Produkt wird für 17,08 EUR/Stück netto verkauft.

Aufgaben:

1. Ermitteln Sie die Gewinnschwelle!
2. In der Vollkostenrechnung wurde ein Stückgewinn von 1,54 EUR ermittelt.

   Berechnen Sie die Ausbringungsmenge, die im kommenden Monat hergestellt werden muss, damit dieser Stückgewinn erzielt wird!
3. 3.1 Es soll ein neues Fertigungsverfahren eingeführt werden, bei dem zwar die fixen Kosten je Monat um 35 % höher, die variablen Kosten dagegen je Stück um 30 % niedriger sein werden.

   Berechnen Sie, ab welcher Ausbringungsmenge sich die Einführung des neuen Verfahrens lohnt!

   3.2 Berechnen Sie bei dem neuen Produktionsverfahren den Stückgewinn an der Kapazitätsgrenze!

89 Lösen Sie die Handlungsaufgabe aus der Lernsituation 14!

14.4 Deckungsbeitragsrechnung als Instrument zur Entscheidungsfindung über die Annahme eines Zusatzauftrags

Unter Zusatzaufträgen versteht man solche Aufträge, die **unterhalb der derzeitigen Verkaufspreise** angenommen werden. Sie führen bei nicht ausgelasteter Produktionskapazität zu einer Verbesserung des Betriebsergebnisses, wenn die Nettoverkaufserlöse höher liegen als die variablen Kosten des Auftrags. Die fixen Kosten können dabei außer Betracht bleiben, da sie ja unabhängig davon anfallen, ob der Zusatzauftrag angenommen wird oder nicht. Der erzielbare Deckungsbeitrag ist somit das Kriterium für die Annahme oder Ablehnung des Zusatzauftrags.

- Für die Annahme bzw. die Ablehnung eines Zusatzauftrags gilt:
  - Deckungsbeitrag > 0 → Annahme des Zusatzauftrags
  - Deckungsbeitrag < 0 → Ablehnung des Zusatzauftrags
- Zusatzaufträge tragen zur besseren Produktionsauslastung und zur Arbeitsplatzerhaltung bei.

Beispiel:

Im laufenden Monat ist folgende Produktions- und Absatzsituation gegeben:

	Erzeugnis I	Erzeugnis II
Nettoverkaufserlös	198,00 EUR	270,00 EUR
variable Stückkosten	112,00 EUR	120,00 EUR
fixe Kosten insgesamt	150 000,00 EUR	
Absatzmenge	700 Stück	950 Stück
Kapazität	900 Stück	1 200 Stück

Das Unternehmen hat die Möglichkeit, von Erzeugnis II 210 Stück zum Festpreis von 180,00 EUR als Sondermodell zu verkaufen.

Aufgabe:

Berechnen Sie, ob sich die Hereinnahme des Zusatzauftrags lohnt!

Lösung:

	Erzeugnis I	Erzeugnis II	Zusatzauftrag
Nettoverkaufserlöse	138 600,00 EUR	256 500,00 EUR	37 800,00 EUR
– variable Kosten	78 400,00 EUR	114 000,00 EUR	25 200,00 EUR
= Deckungsbeitrag	60 200,00 EUR	142 500,00 EUR	12 600,00 EUR
– fixe Kosten	150 000,00 EUR		
= Betriebsgewinn ohne Zusatzauftrag	52 700,00 EUR		
+ Deckungsbeitrag Zusatzauftrag	12 600,00 EUR		
= Betriebsgewinn mit Zusatzauftrag	65 300,00 EUR		

Ergebnis: Die Hereinnahme des Zusatzauftrags lohnt sich, da dadurch der Betriebsgewinn um 12 600,00 EUR gesteigert werden kann.

Hinweis:

Sofern ein positiver Deckungsbeitrag erzielt werden kann, würde sich die Hereinnahme des Zusatzauftrags auch im Fall eines Betriebsverlustes lohnen. Ein positiver Deckungsbeitrag trägt dann dazu bei, den Betriebsverlust zu verringern.

Übungsaufgaben

90 Ein Industriebetrieb verfügt über freie Kapazität. Er fertigt die Produkte A, B und C. Ein Großhandelshaus erteilt einen Zusatzauftrag über 2000 Stück des Produktes B als Sondermodell, wenn dieses zu einem Listenverkaufspreis von 46,20 EUR geliefert werden kann. Die KLR liefert uns folgende Daten:

	Produkt A	Produkt B	Produkt C	Zusatzauftrag (von Produkt B)
Nettoverkaufserlöse	33,60 EUR	58,80 EUR	95,20 EUR	
variable Stückkosten	25,20 EUR	39,20 EUR	60,20 EUR	42,00 EUR
Absatzmenge	1 400 Stück	3 000 Stück	2 100 Stück	2 000 Stück
Kapazität	1 500 Stück	6 000 Stück	2 700 Stück	

Die fixen Kosten des Industriebetriebs betragen insgesamt 82 000,00 EUR.

Aufgaben:

1. Entscheiden Sie, ob es unter wirtschaftlichen Gesichtspunkten empfehlenswert ist, den Zusatzauftrag anzunehmen!
2. Berechnen Sie den neuen Betriebsgewinn bei Annahme des Zusatzauftrags!
3. Berechnen Sie die absolute Preisuntergrenze für die Hereinnahme des Zusatzauftrags!

91 Ein Industrieunternehmen produziert drei verschiedene Typen einer Kaffeemaschine. Die KLR ermittelt für den Monat Juli folgende Zahlen:

	Typ A	Typ B	Typ C
produziert und verkauft	6500 Stück	9750 Stück	10400 Stück
Nettoverkaufserlös je Stück	58,50 EUR	88,40 EUR	104,00 EUR
variable Stückkosten	49,40 EUR	73,45 EUR	89,70 EUR

Aufgaben:

1. Berechnen Sie für jeden Typ den Deckungsbeitrag je Stück und den Deckungsbeitrag insgesamt für den jeweiligen Produkttyp!
2. Ermitteln Sie das Betriebsergebnis für den Monat Juli, wenn die Fixkosten insgesamt 241 150,00 EUR betragen!
3. Entscheiden Sie, ob es unter wirtschaftlichen Gesichtspunkten empfehlenswert ist, einen Zusatzauftrag von 3900 Stück von Typ B anzunehmen, wenn entsprechend von Typ C dann 3900 Stück weniger produziert werden können!

92 Die Geschäftsleitung der Kunststoffwerke Erler GmbH beschließt die Deckungsbeitragsrechnung einzuführen. Das Unternehmen erwartet für das kommende Quartal folgende Daten:

	Produkt A	Produkt B
Absatzmenge	350 Stück	800 Stück
Nettoverkaufserlös je Stück	450,00 EUR	325,00 EUR
variable Kosten je Stück	300,00 EUR	200,00 EUR
fixe Kosten	74000,00 EUR	

Aufgaben:

1. Ermitteln Sie das voraussichtliche Betriebsergebnis mithilfe der Deckungsbeitragsrechnung!
2. Mit der Absatzmenge des Produktes A ist die Kapazität des Produktbereichs A nicht ausgelastet. Daher kann noch ein Zusatzauftrag über 40 Einheiten A angenommen werden.

   Ermitteln Sie die Preisuntergrenze für diesen Zusatzauftrag, wenn aus diesem Auftrag noch ein zusätzlicher Gewinn von 2000,00 EUR erwirtschaftet werden soll!
3. Die Deckungsbeitragsrechnung ermöglicht eine marktorientierte Mengenplanung und Preispolitik. Begründen Sie diese Aussage!

14.5 Systemvergleich zwischen Vollkostenrechnung und Teilkostenrechnung

Mit der Vollkostenrechnung und der Teilkostenrechnung wurden zwei verschiedene Abrechnungssysteme der Kosten- und Leistungsrechnung vorgestellt. In der nachfolgenden Übersicht sind die wichtigsten Unterschiede der beiden Kostenrechnungssysteme zusammengestellt.

Vollkostenrechnung
■ Es werden **alle angefallenen Kostenarten** auf die Kostenträger verrechnet.
■ Ziel der Vollkostenrechnung ist es, die Herstell- und Selbstkosten für die einzelnen Kostenträger zu ermitteln. Um alle Kostenarten auf die einzelnen Kostenträger aufteilen zu können, gliedert sie die Kostenarten nach der Zurechenbarkeit der Kostenarten auf die Kostenträger in **Einzelkosten** und **Gemeinkosten** auf.
■ Für die **langfristige Produktions- und Absatzentscheidung** ist von Bedeutung, dass die Selbstkosten erwirtschaftet werden. Daher werden jeweils alle Kosten in die Kostenträger eingerechnet.
■ Die Vollkostenrechnung ist geeignet für die **Preisbildung von Auftragsfertigungen** (öffentliche und private Auftraggeber), für **Preiskontrollen** (Erlöse – Selbstkosten – Vergleiche), für die **Ermittlung von Inventurwerten für die Handels- und Steuerbilanz** und für die **Ergebnisermittlung.**
■ Die Vollkostenrechnung geht von der innerbetrieblichen Kostenstruktur aus und ermittelt für die einzelnen Leistungseinheiten einen Preis. Das Unternehmen versucht dann, diesen Preis am Markt durchzusetzen. Der **Preis wird als Funktion der Kosten gesehen.**
■ In der Vollkostenrechnung lautet die **Fragestellung: Wie viel muss der Betrieb für jede Produktionseinheit mindestens erhalten, um die mit der Produktion direkt und indirekt verbundenen Kosten (Gesamtkosten) zu erwirtschaften?**
■ Die Vollkostenrechnung liefert mit zeitlicher Verzögerung Informationsmaterial über die Vergangenheit. Sie kann damit **keine kurzfristigen Entscheidungshilfen** bereitstellen.

Teilkostenrechnung
■ Es wird nur **ein Teil der angefallenen Kosten** auf die Kostenträger verrechnet.
■ Die Gesamtkosten werden aufgespalten, und zwar in einen Teil, der durch die Produktion entstanden ist **(variable Kosten)** und in einen Teil, den die Aufrechterhaltung der Betriebsbereitschaft verursacht hat **(fixe Kosten).**
■ Da für die **kurzfristige Produktions- und Absatzentscheidung** nur die variablen Kosten von Bedeutung sind, wird nur dieser Kostenbestandteil auf die Kostenträger verrechnet.
■ Die Teilkostenrechnung ist geeignet, **Preisuntergrenzen** zu bestimmen, das **Produktionsprogramm zu optimieren** und die **Anpassung des Betriebs an Beschäftigungsschwankungen** zu erleichtern.
■ Die variablen Kosten werden von den erzielten Umsatzerlösen subtrahiert. Die Teilkostenrechnung sieht die Umsatzerlöse als Bezugsgröße an. Sie geht von den erzielten Umsatzerlösen aus und subtrahiert hiervon die Kosten. Damit wird die **Marktorientierung** dokumentiert und ein retrograder Rechenweg ausgelöst.
■ In der Teilkostenrechnung lautet die **Fragestellung: Wie viel muss der Betrieb bei gegebener Betriebsbereitschaft mindestens erhalten, um die variablen Stückkosten für diese Produktionseinheit ersetzt zu bekommen?**
■ Durch die Orientierung der Teilkostenrechnung an den Umsatzerlösen kann sie **kurzfristige Entscheidungshilfen** anbieten.
■ Die Teilkostenrechnung ist **ein brauchbares Verfahren** im Rahmen der Preispolitik und Produktpolitik.

Erkenntnis:

Die Kostenrechnung kann die vielfältigen Aufgaben der modernen Wirtschaftspraxis (Entscheidungsvorbereitung, Kostenkontrolle, Preisbildung und Preiskontrolle, Inventurbewertung, Ergebnisermittlung und Bereitstellung von Informationsdaten) nur in der Form einer **Kombination von Voll- und Teilkostenrechnung** bewältigen.

Übungsaufgaben zur gesamten Kosten- und Leistungsrechnung

93 Die Sportartikelfabrik Sport-Burr KG hat sich auf die Fabrikation von Tennisschlägern spezialisiert. Gefertigt werden die Modelle Miniwing, Woodwing und Graphitwing.

In der letzten Rechnungsperiode wurden 1000 Miniwing, 2000 Woodwing und 1500 Graphitwing hergestellt und verkauft. Dies entsprach einer Auslastung von ca. 70 % der Fertigungskapazität.

Die Einzelkosten und Verkaufspreise betrugen:

	Fertigungsmaterial EUR/Stück	Fertigungslöhne EUR/Stück	Nettoverkaufserlöse EUR/Stück
Miniwing	20,00	30,00	80,00
Woodwing	25,00	40,00	120,00
Graphitwing	40,00	60,00	210,00

Das Unternehmen ist in die drei Kostenbereiche Material, Fertigung und Verwaltung/Vertrieb unterteilt.

Die Gemeinkosten verteilen sich in der letzten Rechnungsperiode gemäß Betriebsabrechnungsbogen auf diese Kostenbereiche wie folgt:

Materialbereich	13000,00 EUR (davon fix 100 %)
Fertigungsbereich	160000,00 EUR (davon fix 80 %)
Verwaltungs-/Vertriebsbereich	100600,00 EUR (davon fix 50 %)

Aufgaben:

1. Ermitteln Sie die Gemeinkostenzuschlagssätze für den Material-, Fertigungs- und Verwaltungs-/Vertriebsbereich!
2. Berechnen Sie das Betriebsergebnis der letzten Abrechnungsperiode insgesamt und je Kostenträger! Wählen Sie dazu eine geeignete tabellarische Form!
3. Herr Abele, der Verkaufsleiter der Sport-Burr KG, schlägt vor, den Verlustartikel Miniwing einzustellen.
   3.1 Weisen Sie Herrn Abele rechnerisch nach, um welchen Betrag sich das Betriebsergebnis des Unternehmens in der Abrechnungsperiode verändert, wenn die Unternehmensleitung seinem Vorschlag folgt!
   3.2 Erläutern Sie die Ursache der von Ihnen gefundenen Ergebnisveränderung!
   3.3 Führen Sie zwei Argumente an, weshalb die Sportartikelfabrik den Tennisschläger Miniwing im Produktprogramm belässt, unabhängig vom Ergebnis Ihrer Rechnung!
4. Ein Auslandskunde ist bereit, 500 Woodwing zum Nettoverkaufserlös von 110,00 EUR/Stück abzunehmen. Herr Abele lehnt ab, da der Nettoverkaufserlös nicht die Selbstkosten decken würde.

   Prüfen Sie rechnerisch, ob der Auftrag angenommen werden sollte, um das Betriebsergebnis insgesamt zu verbessern!

5. Nennen Sie zwei Hauptmängel der Vollkostenrechnung und erläutern Sie diese mithilfe von Beispielen!

94 1. Ein Industriebetrieb produzierte in einem Zweigwerk im Abrechnungsmonat Juli nur Sportschuhe. Die KLR dieses Monats weist folgende Zahlen aus:

Verbr. v. Fert.-Mat.	180000,00 EUR	Sondereinzelkosten der Fertigung	15000,00 EUR
Fertigungslöhne I	90000,00 EUR	Sondereinzelkosten des Vertriebs	13635,00 EUR
Fertigungslöhne II	60000,00 EUR	Nettoverkaufserlöse	868400,00 EUR

In der Vorkalkulation wurde mit folgenden **Normalzuschlagssätzen** kalkuliert:

MGK	FGK I	FGK II	VerwGK	VertrGK
42 %	158 %	205 %	11 %	6 %

Der **BAB des Monats Juli** weist folgende Daten auf:

Kostenstellen / Kostenarten	Material	Fertigung I	Fertigung II	Verwaltung	Vertrieb
Gemeinkostensummen	90000,00	135000,00	120000,00	75900,00	41400,00

Aufgabe:

Ermitteln Sie in einem Kostenträgerblatt das Betriebsergebnis sowie die Kostenüber- und Kostenunterdeckungen!

2. Im Hauptwerk wurden im Juli drei weitere Produkte B, C und D produziert.

	B	C	D
hergestellte u. verkaufte Stückzahl	19500	12000	7500
Kapazität in Stück	21000	15000	9750
Nettoverkaufserlös/Stück	39,00 EUR	75,00 EUR	57,00 EUR
variable Kosten/Stück	30,00 EUR	61,50 EUR	45,00 EUR
Anteil an den Fixkosten	54000,00 EUR	66000,00 EUR	123000,00 EUR
Fixkosten des Hauptwerkes	136000,00 EUR		

Aufgaben:

2.1 Berechnen Sie die Deckungsbeiträge je Produkt und das Betriebsergebnis für die zusätzlich produzierten Produkte im Monat Juli!

2.2 Die Geschäftsleitung des Hauptwerkes beschließt, sofern ein negatives Betriebsergebnis vorliegt, dieses durch Mehrproduktion und Absatz auszugleichen. Dabei ist wie folgt vorzugehen: Vom Produkt mit dem negativen Betriebsergebnis ist die höchstmögliche Stückzahl zu fertigen. Besteht trotzdem noch ein negatives Betriebsergebnis, so sind bis zum Kostenausgleich noch zusätzliche Artikel von der Produktgruppe B zu produzieren.

2.2.1 Berechnen Sie, wie viel Stück vom Produkt mit dem negativen Betriebsergebnis zusätzlich zu fertigen sind bzw. wie viel Stück von Produkt B noch zu produzieren sind, damit dieses Ziel erreicht wird!

2.2.2 Beurteilen Sie das Ergebnis wirtschaftlich!

Lerngebiet 12.3: Betriebliche Leistungen kundenorientiert erstellen und dokumentieren

LG 12.3 Lernsituation 1: Wettbewerbsvorteile mit der strategischen Ausrichtung des Produktprogramms erzielen

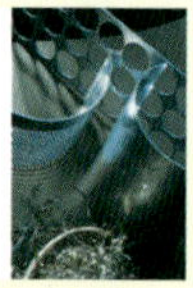

Die Weber Metallbau GmbH hat sich bekanntlich vom traditionellen Handwerksbetrieb zu einem florierenden Werkstatt- und Montagebetrieb entwickelt (vgl. Unternehmensportrait S. 15f.). Mit einem neuen Produktprogramm und eigenen konstruktionstechnischen Entwicklungen hat sie sich völlig neu aufgestellt. Nicht die industrielle Massenfertigung für einen anonymen Markt war die Wettbewerbsstrategie, sondern die Besinnung auf die handwerklichen Stärken einer kundenspezifischen Fertigung im Kompetenzbereich Stahl- und Metallbau. Das wichtigste „Kapital" dabei war und ist die Verlässlichkeit auf eine qualifizierte Stammbelegschaft.

Im Rahmen der Produktprogrammplanung liegt der Fokus[1] auf der Konzeption, Fertigung und Montage von Brandschutztüren sowie auf Geländer- und Treppenbau aus Stahl. Neben diesem Schwerpunkt in der Bauwirtschaft produziert die Weber Metallbau GmbH im Nebenprogramm verschiedene Regalsysteme und Werkzeuge aus Flachstahl sowie Metallzäune und Arbeitstische aus Profilstahl und Blechstanzteilen.

Impuls:

Was mag die Weber Metallbau GmbH veranlasst haben, neben ihrem eigentlichen Betätigungsfeld in der Bauwirtschaft im Nebenprogramm Metallprodukte für allgemeine Gewerbeausstattungen zu produzieren?

Handlungsaufgaben:

Arbeiten Sie die folgenden Kapitel des Lehrbuches durch und verwenden Sie die Aufzeichnungen aus dem Unterricht zur Bearbeitung der Handlungsaufgaben!

1. Erläutern Sie die strategische Ausrichtung des Produktprogramms unter absatzwirtschaftlicher Sichtweise!
2. Unterteilen Sie das Produktprogramm in Kernprodukte und Randprodukte!
3. Die Überlegenheit eines Geschäftsfokus entsteht häufig nicht durch einen einzelnen Faktor, sondern erst durch die Kombination mehrerer Faktoren. Würdigen Sie diese Aussage am Beispiel der Weber Metallbau GmbH!

1 Fokus (lat.): Brennpunkt. Hier im Sinne von Schwerpunkt, Kerngeschäft.

1 Produktionsplanung und Produktionssteuerung

1.1 Planung des Produktionsprogramms

1.1.1 Begriffe Produktprogramm und Produktionsprogramm

Zu den strategisch bedeutsamen Festlegungen eines Industriebetriebs gehört die Entscheidung über die Zusammensetzung des Produktprogramms.

Im **Produktprogramm** sind Art und Menge der Produkte festgelegt, die ein Unternehmen anbietet.

Die Gestaltung des Produktprogramms kann unter strategischen oder operativen Gesichtspunkten betrachtet werden.

- Im Rahmen der **strategischen Produktprogrammplanung** wird der **Produktprogrammrahmen** hinsichtlich Art und Menge der herzustellenden Produkte festgelegt.
- Im Rahmen der **operativen Produktprogrammplanung** wird das **Produktionsprogramm (Fertigungsprogramm)**[1] bestimmt. Es legt konkret die Art und Menge der in den nächsten kurzfristigen Perioden zu produzierenden Produkte fest. Die operative Produktprogrammplanung wird in der Praxis meist als Jahres-, Quartals- und Monatsplanung durchgeführt. Häufig erfolgt die Monatsprogrammplanung zusammen mit dem Planungsprozess für die Leistungserstellung, der die Grundlage für die Produktionsprozesssteuerung ist.

- Die **strategische Produktprogrammplanung** schafft den **Produktprogrammrahmen.**
- Die **operative Produktprogrammplanung** legt das **Produktionsprogramm** für eine gegebene Planungsperiode Art, Menge und Zeitpunkt der herzustellenden Produkte fest. Das Produktionsprogramm schafft die Basis für die weitere Planung, Steuerung und Kontrolle des Produktionsprozesses.

1.1.2 Arten des Produktionsprogramms

Betrachtet man das Produktionsprogramm unter den Aspekten Breite und Tiefe, dann kann einerseits zwischen einem breiten und schmalen Produktionsprogramm und andererseits zwischen einer hohen und einer geringen Produktionstiefe unterschieden werden.

1 Die Begriffe Produktionsprogramm und Fertigungsprogramm werden im Folgenden synonym verwendet.

(1) Gliederung des Produktionsprogramms unter dem Gesichtspunkt der Programmbreite (Fertigungsbreite)

Art des Produktionsprogramms	Erläuterungen	Beispiele
Breites Produktionsprogramm	Es werden viele Produktarten, Sorten und Qualitäten hergestellt.	Eine Möbelfabrik stellt Küchenmöbel, Arbeits-, Wohn- und Schlafzimmer her.
Schmales Produktionsprogramm	Es wird nur ein Produkt oder nur wenige Produktarten hergestellt. Die Verringerung der Produktbreite bezeichnet man auch als Spezialisierung.	Eine Möbelfabrik spezialisiert sich auf die Herstellung von Einbauküchen.

Aus **Sicht der Leistungserstellung** ist aus Kostengründen ein möglichst **schmales Produktionsprogramm** wünschenswert, während aus **absatzwirtschaftlicher Sicht** ein **breites Produktionsprogramm** wünschenswert ist.

Der Wunsch der „Verkaufsstrategen" des Betriebs bietet die Möglichkeit, unterschiedliche Kundenbedürfnisse zu befriedigen, streut das Risiko bei einem Nachfrageausfall für ein Produkt und erleichtert die Kapazitätsanpassungen bei saisonalen Nachfrageschwankungen. Die technische Betriebsleitung strebt dagegen die Verminderung der Erzeugnisarten auf wenige Typen an, um Kosten einzusparen (z.B. geringere Differenzierung bei den Materialbeständen, verringerte Rüstkosten, vereinfachte Arbeitsvorbereitung, Stärkung der Automatisierung, geringere Loswechselkosten). Die Festlegung des Produktionsprogramms ist deswegen regelmäßig ein Kompromiss.

(2) Gliederung des Produktionsprogramms unter dem Gesichtspunkt der Programmtiefe (Fertigungstiefe)

■ Hohe Produktionstiefe

Dies bedeutet, dass das Unternehmen im eigenen Haus einen hohen Grad der Wertschöpfung erzielt. Dies kommt dadurch zustande, dass auf der Beschaffungsseite überwiegend Rohstoffe (z.B. Walzblech, Stangenmaterial an Eisen unterschiedlicher Breite und Länge, Kunststoffgranulat usw.) beschafft werden. Dieser Rohstoff wird zunächst zu Einzelteilen (z.B. Tischbeine), dann zu Baukastenkomponenten und letztlich zu Enderzeugnissen verarbeitet.

Eine hohe Produktionstiefe verbindet sich mit folgenden Rahmenbedingungen:

- Das erfolgsspezifische Know-how bleibt überwiegend im eigenen Unternehmen.
- Hohes Maß an Fixkostenbelastung, weil für alle Produktionsschritte Menschen, Maschinen und Räume vorhanden sein müssen.
- Geringes Maß an Flexibilität in Bezug auf veränderte Marktanforderungen.

■ Geringe Produktionstiefe

Dies bedeutet, dass im eigenen Haus nur ein geringer Grad der Wertschöpfung erzielt wird. Ein Großteil der Produktion und Entwicklung findet bereits beim Lieferanten statt und wird als komplette Systemkomponente (z.B. vollständiges Auspuffsystem mit Katalysator, Getriebe usw.) in das Enderzeugnis eingebaut.

Eine geringe Produktionstiefe verbindet sich mit folgenden Rahmenbedingungen:

- Das erfolgsspezifische Know-how muss mit dem Lieferer geteilt werden. Entsprechende Rahmenvereinbarungen schützen das Unternehmen vor Missbrauch.
- Weniger fixe Kosten, da ein Großteil der Produktionsschritte entfällt und – salopp ausgedrückt – nicht mehr produziert, sondern vielmehr nur noch montiert wird.
- Hohes Maß an Flexibilität in Bezug auf veränderte Marktanforderungen, da der Lieferer einen Teil des Fixkostenrisikos trägt und es leichter ist, einen anderen Lieferer zu gewinnen als auf eine vorhandene Fertigungsausstattung umzustellen.

1.1.3 Bestimmungsfaktoren zur Planung des Produktionsprogramms

Bestimmungsfaktoren für die Planung des Produktionsprogramms sind zum einen absatzwirtschaftliche und zum anderen produktionswirtschaftliche Überlegungen.

(1) Absatzwirtschaftliche Bestimmungsfaktoren

Bei dem derzeit vorherrschenden Käufermarkt verhalten sich die Kunden in aller Regel passiv, d.h., sie warten auf die Angebote der Verkäufer. Die Hersteller sind daher gezwungen, festzustellen, woran Bedarf herrscht und inwieweit unbewusst vorhandene Bedürfnisse vorliegen und geweckt werden können.

Im Rahmen der strategischen Ausrichtung hat die Unternehmensführung die Frage zu beantworten, in welchem Geschäftsbereich (bei welchen Produkten bzw. Dienstleistungen) sie ihre Prioritäten setzen soll, um den langfristigen Unternehmenserfolg zu sichern.

Eine Möglichkeit, Prioritäten zu setzen, ist die Entwicklung eines **Geschäftsfokus,** d.h., die Unternehmensleitung definiert die **Kerngeschäfte** (Kernkompetenzen) des Unternehmens. Das **Kerngeschäft** ist das **bedeutendste Geschäftsfeld** eines Unternehmens. Es trägt **hauptsächlich zum Erlös** bei und sichert die **Rendite** des Unternehmens. Es ist die Bündelung verschiedener Fähigkeiten und Technologien zu einem für den Kunden eindeutig erkennbaren Kundennutzen. Die **Kernkompetenz** ist die Fähigkeit bzw. Tätigkeit, die ein Unternehmen im Vergleich zu den Mitbewerbern besser ausführen kann und dadurch einen Wettbewerbsvorteil erzielt.

Das Unternehmen kann seine Kernkompetenzen für eine Vielzahl von Anwendungen nutzen und auf Randprodukte übertragen. So werden in verwandten Geschäftsfeldern weitere Wachstumschancen erschlossen und die Abhängigkeit vom Geschäftsfokus in Krisenzeiten abgefedert. Das kompetenzbasierte, klare Erscheinungsbild des Unternehmens muss dabei erhalten bleiben.

(2) Produktionswirtschaftliche Bestimmungsfaktoren

Ein Betrieb, der sehr viele Produktarten herstellt, arbeitet in der Regel mit hohen Kosten, vor allem mit hohen **Umstellungskosten.** Sie entstehen durch die Umrüstung und Neueinrichtung der Maschinen. Hinzu treten unter Umständen Kosten für Probedurchläufe. Je weniger Produktarten – bei gleichbleibender Kapazität – hergestellt werden, desto niedriger sind die Rüstkosten. Darüber hinaus macht sich der Betrieb das „Gesetz der Massenproduktion" zunutze, das besagt, dass bei steigender Produktmenge die Stückkosten sinken.

Weitere Bestimmungsfaktoren sind die Beschaffungsmärkte, die angetroffenen Marktbedingungen, die Gesetzgebung sowie die persönlichen Ansichten der Geschäftsleitung.

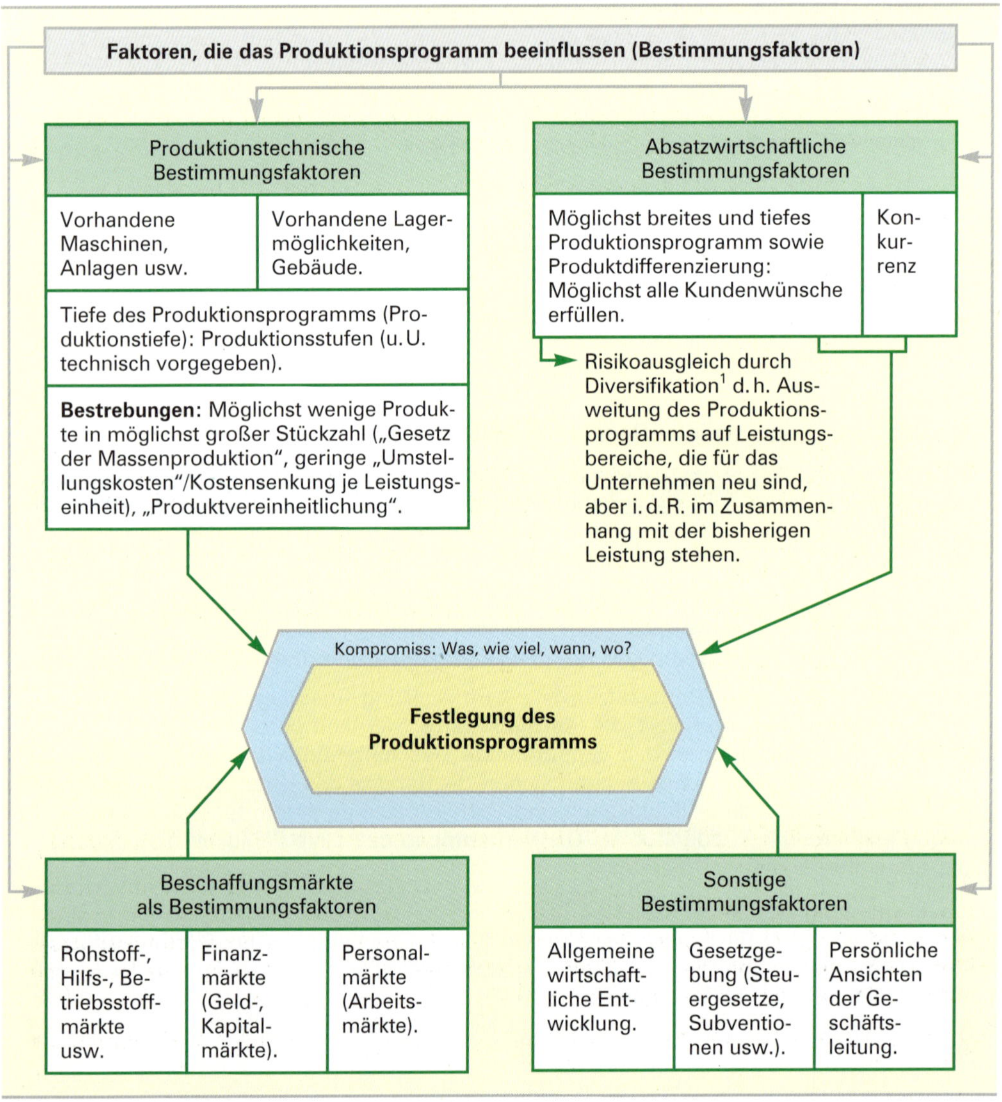

1 Diversifikation (lat): Abwechslung, Veränderung.

Zusammenfassung

- Unter dem **Produktprogramm** versteht man die Anzahl der verschiedenen Produkte und ihre Ausführungen, die ein Industrieunternehmen anbietet.
- Das **Produktionsprogramm** legt für eine gegebene Planungsperiode Art, Menge und Zeitpunkt der herzustellenden Produkte fest.
- Nach dem **Gesichtspunkt der Programmbreite** kann zwischen einem **breiten** und einem **schmalen Produktionsprogramm** unterschieden werden.
- Nach dem **Gesichtspunkt der Produktionstiefe** kann zwischen einer **hohen** und einer **geringen Produktionstiefe** unterschieden werden.
- Die **Planung des Produktionsprogramms** hängt insbesondere von **absatz-** und **produktionswirtschaftlichen Bestimmungsfaktoren** ab.
- Die **Festlegung des Produktionsprogramms** ist immer ein **Kompromiss.**

Übungsaufgabe

95
1. Formulieren Sie jeweils drei Argumente, die für bzw. gegen ein breites Produktionsprogramm sprechen!
2. Welche Konsequenzen ergeben sich aus einer hohen bzw. geringen Produktionstiefe?

96 Lösen Sie die Handlungsaufgaben aus der Lernsituation 1!

1.2 Prozesse der Produktionsplanung und Produktionssteuerung

Aufbauend auf dem vorab festgelegten Produktionsprogramm legt die **Produktionsprozessplanung** den Materialeinsatz, die zeitliche und örtliche Reihenfolge der Produktionsaufträge sowie die Kapazitätsbelegung fest. Im Rahmen der **Produktionsprozesssteuerung** erfolgt dann die endgültige Kapazitätsbelegung bzw. Arbeitsverteilung nach vorheriger Kontrolle der Materialverfügbarkeit.

Die Produktionsprozessplanung und -steuerung lassen sich in die folgenden **Teilprozesse** untergliedern.

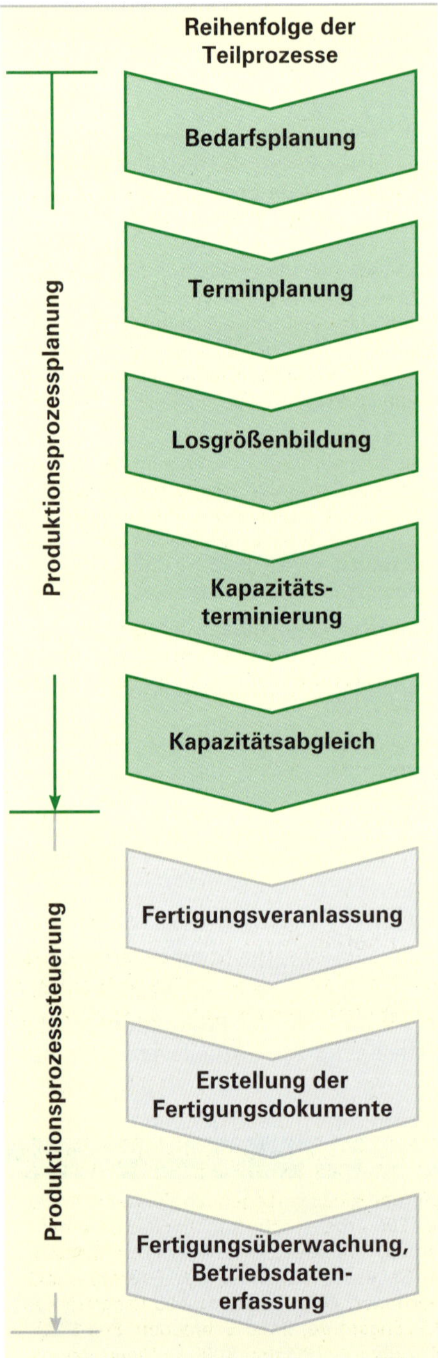

Kurzbeschreibung

Basis für die **Bedarfsplanung** sind die Primärbedarfe aufgrund der vorliegenden Kundenaufträge bzw. der Absatzprognosen. Für diese Bedarfe an verkaufsfähigen Einheiten müssen über die Stücklistenauflösung die Bedarfe an nachgeordneten Baugruppen bzw. Einzelteilen ermittelt werden. Je tiefer in der Erzeugnisstruktur eine Komponente positioniert[1] ist, desto früher muss mit deren Produktion begonnen werden, um den gewünschten Kundentermin einhalten zu können. Zur Mengenplanung gehört also auch eine **Terminplanung,** welche die erforderlichen Vorlaufverschiebungen berechnet.

Die dadurch gewonnenen Informationen, wann was in welcher Menge herzustellen ist, basieren noch auf den Mengen- und Zeitvorgaben der Kundenaufträge. Es ist aber unter Umständen sinnvoll, gleichartige Komponenten aus verschiedenen Kundenaufträgen zu einem Los zu bündeln, wenn dadurch Umrüstkosten eingespart werden können. Aus den Bedarfsreihen (Basis: Kundenaufträge) entstehen durch **Losgrößenbildung** also Losreihen (Fertigungsaufträge).

Im Rahmen der **Kapazitätsterminierung**[2] werden die vorhandenen Fertigungslose zeitlich präzise auf die verfügbaren Fertigungskapazitäten übertragen. Bei Engpasssituationen ist ein **Kapazitätsabgleich** (z. B. Verlagerung auf andere Maschinen) durchzuführen.

Mit der **Veranlassung des Fertigungsauftrags** beginnt die Phase der Produktionssteuerung. **Fertigungsdokumente** (Auftragsarbeitsplan, Auftragsstückliste usw.) begleiten den Fertigungsauftrag. Im Rahmen der **Fertigungsüberwachung** werden die **Betriebsdaten erfasst** (z. B. Arbeitszeit) und damit der Fertigungsfortschritt kontrolliert.

1 Position: Stellung, Lage.

2 Dargestellt wird nur die mittelfristige Terminplanung.

1.3 Planung des Materialbedarfs

1.3.1 Bedarfsarten

(1) Primärbedarf, Sekundärbedarf und Tertiärbedarf

Im Rahmen der Bedarfsplanung werden die Materialbedarfsmengen, die zur Auftragsabwicklung erforderlich sind, ermittelt. Nach dem **Ursprung des Bedarfs** und **der Erzeugnisebene** unterscheidet man in Primärbedarf, Sekundärbedarf und Tertiärbedarf.

Primärbedarf	Ausgangspunkt aller Mengenplanungen ist die Ermittlung des Primärbedarfs. Unter Primärbedarf versteht man die **Menge an verkaufsfähigen Gütern und Dienstleistungen** (Marktbedarf). Bei Ersatzteilaufträgen kann ein Primärbedarf auch für Baugruppen oder Einzelteile bestehen. (Beispiel: Ein Nutzfahrzeughersteller liefert an einen Wohnmobilhersteller das Grundfahrzeug ohne Aufbauten mit Kabine und Fahrwerk, auf welches dann das Wohnmobil montiert wird.) Datenbasis zur Ermittlung des Primärbedarfs sind vorliegende Kundenaufträge und/oder Vorgaben aus der Absatzplanung. Die Vorgaben aus der Absatzplanung betreffen in der Regel Standardprodukte. Die ausreichende Produktion von Standardprodukten versetzt das Unternehmen in die Lage, auftretende Kundenwünsche nach einem Erzeugnis „von der Stange“ direkt aus dem Lagervorrat zu bedienen.
Sekundärbedarf	In der Regel besteht ein Enderzeugnis aus Komponenten (Baugruppen, Einzelteilen, Rohstoffen). Die zur Fertigung des Primärbedarfs erforderlichen **Komponenten** bezeichnet man als Sekundärbedarf. Der Sekundärbedarf wird aus den Stücklisten entnommen.
Tertiärbedarf	Dies ist der Bedarf an **Hilfs- und Betriebsstoffen,** der zwar zur Herstellung der Erzeugnisse benötigt wird, dessen Mengen aber nicht über die Stücklistenauflösung ermittelt werden können.

(2) Bruttobedarf und Nettobedarf

In aller Regel müssen nicht jeweils alle ermittelten Erzeugnisse und Komponenten hergestellt bzw. bezogen werden, da ein Teil von ihnen sich in aller Regel am Lager befinden. Gliedert man den Güterbedarf unter **Berücksichtigung der Lagerbestände,** so spricht man von Bruttobedarf und Nettobedarf.

- **Bruttobedarf**

Dies ist der Bedarf einer Periode, der als Primär-, Sekundär- und Tertiärbedarf berechnet wurde. Vorhandene Lagerbestände werden dabei nicht berücksichtigt. Der Bruttobedarf gibt an, wie viel von einer Komponente für die Herstellung zur Verfügung gestellt werden muss.

Beispiel:

Aufgrund eines vorliegenden Kundenauftrags über 200 Arbeitstische benötigt das Unternehmen 200 Untergestelle, 200 Kunststoffplatten, 400 Seitenkomponenten, 800 Fußrohre, 400 Querträger, 400 Querrohre, 400 Längsträger, 400 Längsrohre, 2400 Schrauben, 800 Stöpsel, 1200 Laschen und 3000 kg Vierkantstahlrohre.

■ **Nettobedarf**

Er wird dadurch ermittelt, indem vom Bruttobedarf der vorhandene Lagerbestand abgezogen wird. Der Nettobedarf ist der Bedarf, der bei Eigenteilen durch entsprechende Fertigungsaufträge abgedeckt werden muss bzw. bei Fremdteilen zu Beschaffungsaufträgen führt.

Beispiel:

Wenn von den benötigten 200 Untergestellen noch 50 Stück am Lager sind, so müssen nur 150 Untergestelle beschafft werden.

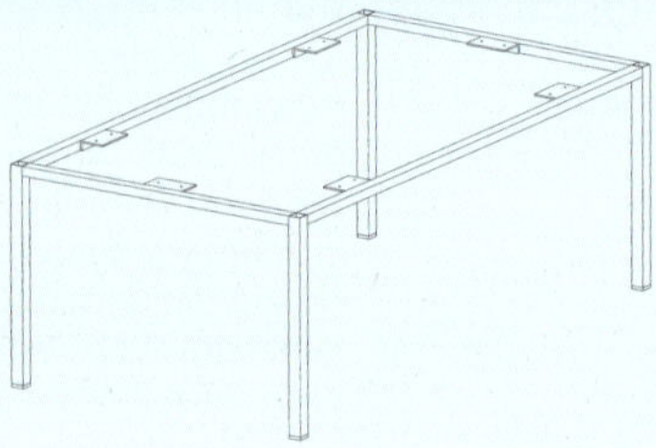

1.3.2 Bedarfsermittlung

Bei der Bedarfsermittlung unterscheidet man drei Verfahren:

■ **Bedarfsgesteuerte Bedarfsermittlung**[1]

Bei dieser Form der Bedarfsermittlung liefern die vorliegenden Kundenaufträge und die lt. Absatzplan vorgesehenen Vorratsaufträge die Mengenvorgaben. Der so festgelegte Primärbedarf wird in einem weiteren Verfahren anhand von Stücklisten über alle Stufen aufgelöst. Dadurch sind auch die Sekundärbedarfe deterministisch ermittelt. Die bedarfsgesteuerte Bedarfsermittlung setzt in ihrer Planung somit die Kenntnis über die künftige Leistungserstellung voraus. Sie richtet folglich den Blick in die Zukunft.

■ **Verbrauchsgesteuerte Bedarfsermittlung**

Die verbrauchsgesteuerte Bedarfsermittlung hingegen richtet den Blick in die Vergangenheit. Datenbasis zur Bedarfsermittlung sind die Verbrauchswerte aus den früheren Perioden und keine konkreten Einzelaufträge. Mithilfe statistischer Verfahren werden aus den Vergangenheitswerten zukünftige Bedarfe vorhergesagt. Dieses Verfahren wird insbesondere angewandt beim Tertiärbedarf, da dieser ohne Bezug zum Produktionsprogramm ermittelt wird. Unsicherheiten, die mit diesem Verfahren verbunden sind, werden dadurch aufgefangen, dass entsprechende Sicherheitsbestände im Lager eingeplant werden.

■ **Bedarfsermittlung durch Schätzung**

Liegen keine Erfahrungswerte aus der Vergangenheit vor – insbesondere bei Neuentwicklungen –, dann muss der künftige Bedarf geschätzt werden. Dies geschieht jedoch nicht willkürlich. Entweder werden über Analogschätzungen die Verbrauchswerte für vergleichbare Erzeugnisse auf andere übertragen oder – im Fall der Intuitivschätzung[2] – greift der Disponent[3] auf seine langjährige Erfahrung zurück.

1 Die ABC-Analyse ist ein besonders bewährtes Verfahren, um jene Materialkomponenten zu erkennen, bei denen eine exakte Bedarfsermittlung über das deterministische Verfahren empfehlenswert ist. (Siehe S. 345 ff.)

2 Intuition: Eingebung, (plötzliches) ahnendes Erfassen.

3 Disponent: Verwalter. Es handelt sich um einen Mitarbeiter, der den Mengenbedarf (z.B. an Rohstoffen) festlegt.

1.4 Produktionsprozesssteuerung[1]

1.4.1 Überblick

Die Produktionsprozesssteuerung setzt die Vorgaben der Produktionsprozessplanung um, indem sie den **Ablauf der Produktionsprozesse festlegt** (z. B. endgültige Kapazitätsbelegung bzw. Arbeitsverteilung) und die **Durchführung der Produktion** veranlasst. Die Produktionsprozesssteuerung erfolgt dabei in engster Verzahnung mit der **Produktionsprozesskontrolle.** Die Kontrolle ist wichtig, da es bei der Realisierung der Planungsvorgaben zu Abweichungen durch Störungen kommen kann (z. B. Maschinenausfall, Krankheit von Mitarbeitern, Lieferungsverzögerungen beim Material).

Die Produktionsprozesssteuerung setzt also grundsätzlich voraus, dass Verfahren existieren, mit denen der Ist-Zustand des Fertigungsfortschritts zurückgemeldet wird. Dies ist auch notwendig, weil nur durch Rückmeldungen dem DV-System bekannt ist, ob und gegebenenfalls seit wann die einzelnen Arbeitsschritte erledigt worden sind und zu welchem Zeitpunkt demzufolge der nächste Arbeitsgang veranlasst werden kann.

Zu den wichtigsten **Aufgaben der Produktionsprozesssteuerung** zählen:

- Arbeitsverteilung, Kapazitätsbelegung (Bestimmung der Reihenfolge für die Fertigungslose bzw. der Arbeitsgänge),
- Materialdisposition,
- Fertigungsveranlassung,
- Erstellung von Arbeitsinformationen für die Produktion (Fertigungsdokumente),
- Fertigungsüberwachung,
- Zuteilung der Erzeugnisse zum Kundenauftrag.

1.4.2 Fertigungsveranlassung und Fertigungsdokumente

(1) Arbeitsverteilung, Kapazitätsbelegung, Materialdisposition

Im Rahmen der Steuerung wird die Abwicklung des Produktionsprozesses festgelegt. Die Festlegung betrifft die genaue Terminplanung, die Belegungsintensität der Kapazitätsträger, die Disposition des benötigten Materials sowie die Abfolge der Fertigungslose.

(2) Fertigungsveranlassung

Im Rahmen der Fertigungsveranlassung werden die bisher geplanten und terminierten Fertigungsaufträge in die Produktion eingeschleust. Dies setzt voraus, dass rechtzeitig alle für die Fertigung erforderlichen Dokumente erstellt, das erforderliche Material, Werkzeuge, Vorrichtungen usw. bereitgestellt werden.

(3) Fertigungsdokumente

In einem traditionellen, mit Belegen arbeitenden Unternehmen werden für die Fertigung eine Reihe von Dokumenten zur Verfügung gestellt. Hierzu gehören:

1 Ein Projekt zur Abwicklung eines Leistungserstellungsprozesses auf der Basis eines Kundenauftrags mit einer integrierten Unternehmenssoftware finden Sie im Merkurbuch 0581 „Geschäftsprozesse – praxisorientierte Übungen mit einem ERP-Programm".

17 Wessel u.a. - ISBN 978-3-8120-0588-3

Auftragsstückliste

Die Auftragsstückliste leitet sich aus der Basisstückliste ab und multipliziert deren Positionen mit der Fertigungsmenge.

Auftragsarbeitsplan

Er baut auf dem Basisarbeitsplan auf. Die Ausführungszeiten werden mit der Anzahl der herzustellenden Erzeugnisse multipliziert. Somit ist dem Auftragsarbeitsplan zu entnehmen, wie lange die Arbeitsplätze für die Durchführung der einzelnen Arbeitsgänge belegt sind.

Lohnschein

Er bezieht seine Daten jeweils aus den Positionszeilen eines Arbeitsplans. Da bei dessen Erstellung noch nicht geklärt ist, welche Arbeitskraft die im Arbeitsplan vorgesehene Arbeit ausführen wird, sind auf dem Lohnschein Felder vorgesehen, auf dem die Personalnummer des Mitarbeiters, seine tatsächliche Arbeitszeit, Gut-Stückzahl (fehlerfreie Stückzahl), Datum, Uhrzeit und die Unterschrift des Meisters einzutragen sind.

```
                                    Lohnschein
FertAuftrNr   Auftr.Menge Zugeh. Kunden/BetrAuftr          B:Tag/Zeit     E:Tag/Zeit
F10000             257,00 Teile-Sonderfertigung             254/07:00      256/13:35
Tisch Modell 325
Teile-Nr:F10000 Klassifikation:1*****                                 TA:E
                   Tisch Modell 325

AVO Platz    U.Menge SP LA LG  ZE     RüstZt    StückZt   BelegZt  ÜbergZt KU  St
 10 P10000      0,00  1 ZL  7 MIN      10,00       5,00  1.295,00    60,00  9  GP
           Tischplatte auf Gestell montieren

 Datum | Werker Name  | Personal-Nr | LG | LA | Arbeits-Aus.  | Material-Aus.   |
       |              |             |    |    |               |                 |
 Bez.M | Meister/Kost | Zeit             |  Ist-Menge         | Ist-ArbPlatz    |
       |              |                  |                    |                 |
  Code |
```

Materialliste

Sie dient der Lagerverwaltung, um die erforderlichen Komponenten zur Durchführung eines Fertigungsauftrags rechtzeitig bereitzustellen.

```
                                    Materialliste
FertAuftrNr   Auftr.Menge Zugeh. Kunden/BetrAuftr          B:Tag/Zeit     E:Tag/Zeit
F10000             257,00 Teile-Sonderfertigung             254/07:00      256/13:35
Tisch Modell 325
Teile-Nr:F10000                                                       TA:E
                   Tisch Modell 325

Pos Baustufe Teile-Nummer Benennung                      TA BA ME         Menge    St
 10          T09         Tischplatte Modell 325          T  F  ST        257,00     A
 20          T11         Anschraublasche                 T  F  ST      1.028,00     A
 30          T12         Flachrundschraube               T  F  ST      1.028,00     A
 40          T13         Spanplattenschraube             T  F  ST      2.056,00     A
 50          T20         Komplettes Gestell              G  E  ST        257,00     A
 60          T14         Unterlegscheibe                 T  F  ST      1.028,00     A
 70          T15         Flügelmutter                    T  F  ST      1.028,00     A
 Datum | Werker Name  | Personal-Nr | LG | LA | Arbeits-Aus.  | Material-Aus.   |
       |              |             |    |    |               |                 |
 Bez.M | Meister/Kost | Zeit             |  Ist-Menge         | Ist-ArbPlatz    |
       |              |                  |                    |                 |
  Code |
```

Material(entnahme)schein

Er belegt die Entnahme des Materials aus dem Lager. Als Rücklaufdatenträger dient er zur Erfassung der Lagerabgänge und zur Buchung des Materialverbrauchs.

```
                              Materialschein
FertAuftrNr  Auftr.Menge Zugeh. Kunden/BetrAuftr      B:Tag/Zeit   E:Tag/Zeit
F10000            257,00 Teile-Sonderfertigung         254/07:00    256/13:35
Tisch Modell 325
Teile-Nr:F10000 Klassifikation:1*****                          TA:E
                  Tisch Modell 325

Pos Baustufe Teile-Nummer Benennung                    TA BA ME       Menge  St
 10          T09         Tischplatte Modell 325         T  F ST      257,00   A

 Datum | Werker Name | Personal-Nr | LG | LA | Arbeits-Aus. | Material-Aus.  |
       |             |             |    |    |              |                |
 Bez.M | Meister/Kost| Zeit             | Ist-Menge         | Ist-ArbPlatz   |
       |             |                  |                   |                |
  Code |                                                                     |
```

Werkzeugentnahmeschein

Vergleichbar dem Materialentnahmeschein belegt er die Entnahme der Werkzeuge aus dem Werkzeuglager.

Arbeitsanweisung

Sie beschreibt exakt den Ablauf komplizierterer Arbeitsvorgänge.

Prüfanweisung

Sie gibt vor, nach welchen Verfahren und mit welchem Maß an Toleranz die hergestellten Erzeugnisse zu prüfen sind.

Einstellplan

Aus dem Einstellplan ist zu entnehmen, wie die Fertigungsmaschinen zur Durchführung eines bestimmten Auftrags einzurichten sind. Er legt z. B. fest, mit welchen Drehzahlen und welcher Vorschubgeschwindigkeit ein Werkstück von bestimmter Materialart und -stärke zu bohren ist.

Werkzeugwechselplan

Werkzeuge unterliegen bei Gebrauch einer Abnutzung. Nach einer bestimmten Laufzeit sind sie zu wechseln, damit sichergestellt ist, dass sie mit der erforderlichen Präzision genutzt werden können.

1.4.3 Fertigungsüberwachung mithilfe der Betriebsdatenerfassung

Die Fertigungsüberwachung beinhaltet die Überwachung und Kontrolle des Produktionsprozesses im Hinblick auf

- Qualitätsmerkmale,
- Input- und Outputmengen,
- Zeitverbrauch,
- Kapazitätsbeanspruchung und
- Termineinhaltung.

Um jederzeit aktuelle Informationen über den Produktionsfortschritt zu erhalten, wird in der Praxis für die Produktionsfortschrittkontrolle meistens eine Aufteilung in **personenbezogene Leistungsdaten** und in **auftragsbezogene Fertigmeldungen** vorgenommen.

- Die **personenbezogenen Leistungsdaten** werden anhand der ausgefüllten Lohnscheine erfasst. So eignet sich ein ausgefüllter Lohnschein z.B. zur

  - Erfassung der tatsächlichen Beanspruchung eines Arbeitsplatzes.
  - Feststellung des Belastungszuflusses an die nachfolgenden Arbeitsplätze, da der ausgefüllte Lohnschein den Status „fertig" für einen Arbeitsgang signalisiert.
  - Ermittlung der gesamten Durchlaufzeit für den Auftrag. Sie errechnet sich aus der Summe aller Zeiten auf den Lohnscheinen.

  Weitere Auswertungen erlauben es z.B., Informationen über Produktionsstörungen und personenbezogene Leistungsdaten zu gewinnen. Diese lassen sich nutzen, um über eine systematische Wartungs- und Instandhaltungsplanung einen störungsfreien Ablauf sicherzustellen bzw. die Mitarbeiter leistungsgerecht zu entlohnen.

- Für die **auftragsbezogenen Fertigmeldungen** werden insbesondere die Material(entnahme)scheine, die Werkzeugentnahmescheine und die Werkzeugwechselprotokolle herangezogen. Daneben ist in diesem Bereich der Einsatz von Betriebsdatenerfassungssystemen für die laufende Erfassung und frühzeitige Verarbeitung von Informationen, zur zeitgerechten Rückmeldung der Istdaten und für den jederzeitigen Datenzugriff auf den Ist-Zustand des Produktionsprozesses, unverzichtbar.

  Organisatorisch lässt sich die Betriebsdatenerfassung und Auftragsüberwachung mittels eines **elektronischen Fertigungsleitstandes** durchführen. Er erlaubt es nicht nur, Beginn und Ende der Arbeitsgänge zu protokollieren, die kurzfristige Termin- und Kapazitätsplanung (z.B. Maschinenbelegung) zu kontrollieren, den Material- und Werkzeugeinsatz zu erkennen, die Auftragsfreigabe und Auftragssteuerung einschließlich der Überwachung des Fertigungsfortschritts zu überblicken, vielmehr werden die gewonnenen Daten aus der aktuellen Situation auch mit den Planungsdaten für die nahe Zukunft verknüpft. Auf diese Weise lassen sich z.B. bevorstehende Engpasssituationen rechtzeitig erkennen und durch entsprechende Planungsmaßnahmen mildern.

1.4.4 Zuteilung der Erzeugnisse zum Kundenauftrag

Durch die Bündelung der Bedarfe zu fertigungsgerechten, wirtschaftlich günstigen Losen ist eine unmittelbare Zuordnung der hergestellten Erzeugnisse mit dem Kundenauftrag verloren gegangen. Diese Anonymität zwischen Fertigerzeugnissen und Kundenauftrag muss wieder beseitigt werden. Im einfachen Fall von Standardprodukten geschieht dies dadurch, dass die Kundenaufträge aus den zunehmenden Lagerbeständen an Fertigerzeugnissen bedient werden. Handelt es sich jedoch um eine kundenindividuelle Auftragsfertigung, ist ein aufwendigeres Zuteilungsverfahren vom hergestellten Erzeugnis zum Kundenauftrag erforderlich.

Zusammenfassung

- Die **Produktionsprozessplanung** legt den **Materialbedarf**, den **Produktionstermin** sowie die **Kapazitätsbelegung** für die eingegangenen Aufträge fest.

- Man unterscheidet folgende **Bedarfsarten:**

  (1) Nach dem Ursprung des Bedarfs und der Erzeugnisebene

  - **Primärbedarf:** Menge an verkaufsfähigen Einheiten. Basis hierfür sind die vorliegenden Kundenaufträge und die Vorgaben aus der Absatzplanung.
  - **Sekundärbedarf:** Bedarf an Komponenten zur Produktherstellung.
  - **Tertiärbedarf:** Bedarf an Hilfs- und Betriebsstoffen.

  (2) Gliederung des Bedarfs unter Berücksichtigung der Lagerbestände

  - **Bruttobedarf:** Gesamter Primär-, Sekundär- und Teritärbedarf, der auf der jeweiligen Dispositionsstufe zur Verfügung gestellt werden muss.
  - **Nettobedarf:** Bruttobedarf abzüglich Lagerbestand. Er muss durch Fertigungsaufträge (oder Beschaffungsaufträge) abgedeckt werden.

- Um die **Bedarfe** zu ermitteln, unterscheidet man folgende Verfahren:

  - **Bedarfsgesteuerte Bedarfsermittlung**

    Dieses Verfahren geht von fest bestimmten (determinierten) Mengen aufgrund von Kundenaufträgen oder Vorratsaufträgen aus. Der Blick ist in die Zukunft gerichtet.
  - **Verbrauchsgesteuerte Bedarfsermittlung**

    Der Blick richtet sich in die Vergangenheit und ermittelt mit statistischen Methoden auf der Basis früherer Verbrauchsmengen den voraussichtlichen Bedarf in der Zukunft.
  - **Bedarfsermittlung durch Schätzung**

    Bei fehlenden Erfahrungswerten wird der künftige Bedarf geschätzt.

- Im Rahmen der **Produktionsprozesssteuerung** wird die **Ausführung des Fertigungsauftrags** veranlasst und die hierfür erforderlichen **Dokumente** erstellt. Zu diesen gehören u.a. die **Auftragsstückliste, Auftragsarbeitsplan, Lohnschein, Materialliste, Materialentnahmeschein, Werkzeugentnahmeschein, Prüfanweisung** und **Einstellplan.**

- Die **Fertigungsüberwachung** geschieht – im Fall traditioneller Belegorganisation – über **Rücklaufdatenträger,** wie z.B. die **Lohn-** und **Materialentnahmescheine** oder über einen **elektronischen Fertigungsleitstand.**

- Durch die Zuteilung wird die verloren gegangene **Verknüpfung zwischen Kundenauftrag** und **Fertigungsauftrag** wieder hergestellt.

Übungsaufgaben

97

1. Erläutern Sie kurz die Begriffe Primärbedarf, Sekundärbedarf, Tertiärbedarf, Bruttobedarf, Nettobedarf!
2. Ordnen Sie die Verfahren der Bedarfsvorhersage nach der Verlässlichkeit der Vorhersagewerte! Begründen Sie kurz Ihre Entscheidung!

98

1. Im Rahmen der Auftragsveranlassung werden auftragsbezogene Dokumente in die Fertigung eingeschleust.

   Aufgabe:

   Nennen Sie 5 dieser Dokumente und beschreiben Sie kurz deren Inhalt!
2. Einige dieser Dokumente haben (in einer traditionellen Belegorganisation) die Eigenschaft eines Rücklaufdatenträgers.

   Aufgabe:

   An welchen Informationen ist der Betrieb besonders interessiert und wofür werden diese Informationen genutzt?
3. Welche Funktionen müssen durchlaufen werden, um aus dem Primärbedarf den Sekundärbedarf zu ermitteln?

LG 12.3 Lernsituation 2: Fertigungstechnische Rahmenbedingungen vergleichen

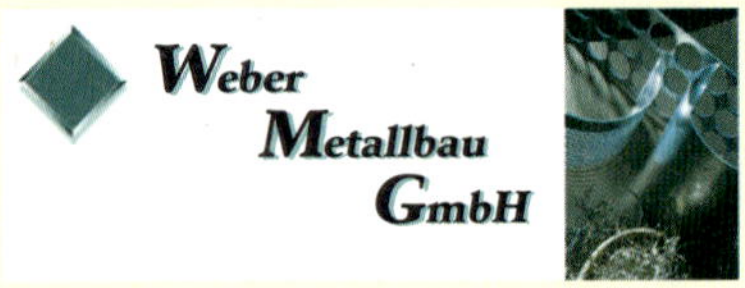

Die Weber Metallbau GmbH stellt u.a. auch Metallzäune im Baukastensystem her. In der Anlage sehen Sie die Konstruktionszeichnung für das Anschlusselement des Zauns „Quadro 370". Dieses Element gibt es in unterschiedlichen Höhen und mit unterschiedlicher Anzahl von Innenelementen.

Bisher werden die verschiedenen Modelle des Metallzauns in Serie gefertigt. Seit Jahren steigt die Nachfrage nach den Zaunelementen. Aufgrund der steigenden Seriengrößen überlegt die Geschäftsleitung daher, das Fertigungsverfahren von der eher handwerklich orientierten Werkstattfertigung auf Fließfertigung umzustellen.

Impuls:

Überlegen Sie: Welche Probleme könnten bei einer solchen Umstellung auf die Weber GmbH zukommen?

Handlungsaufgaben:

Arbeiten Sie die folgenden Kapitel durch und verwenden Sie die Aufzeichnungen aus dem Unterricht zur Bearbeitung der Handlungsaufgaben!

1. In der kommenden Woche ist die Sitzung der Geschäftsführer, in deren Rahmen über die Änderung des Fertigungsverfahrens diskutiert und entschieden werden soll. Ihre Aufgabe in dieser Konferenz ist es, in einer vergleichenden Betrachtung die charakteristischen Merkmale der beiden Fertigungsverfahren (Werkstatt- und Fließbandfertigung) einander gegenüberzustellen!

2. Ein immer wiederkehrendes Thema auf diesen Sitzungen der Geschäftsführer ist auch die Diskussion über die Dimensionierung der Seriengrößen. Geschäftsführer Kleiner, zuständig für die Materialwirtschaft, tendiert zu kleinen Seriengrößen und Herr Seibold, zuständig für die Produktionswirtschaft, bevorzugt große Seriengrößen.

   2.1 Versetzen Sie sich in die Lage von Herrn Kleiner und Herrn Seibold und formulieren Sie jeweils Argumente für deren Position!

   2.2 Veranschaulichen Sie die gegensätzlichen Positionen der beiden Geschäftsführer anhand einer Grafik und beschreiben Sie diese kurz!

   2.3 Unterstützen Sie Ihre theoretischen Ausführungen aus der Aufgabe 2.2 durch ein konkretes Zahlenbeispiel. Aus der Materialwirtschaft und der Kostenrechnung erhalten Sie für das „Rahmenelement 210773" folgende Werte:

Jahresbedarf in Stück	2000
Herstellkosten je Element	150,00 EUR
Umrüstkosten	100,000 EUR
Lagerhaltungskostensatz	30,00 %

Verwenden Sie hierzu die nachfolgende Tabelle:

Losgröße	Auflagenhäufigkeit	Rüstkosten pro Jahr in EUR	Durchschnittl. Lagerbestand in Stück	Durchschnittl. Lagerbestand in EUR	Lagerhaltungskosten in EUR	Gesamtkosten
20						
30						
50						
60						
80						
100						
120						
150						
200						
250						
2000						

Anlage:

Konstruktionszeichnung Anschlusselement für Zaun „Quadro 370"

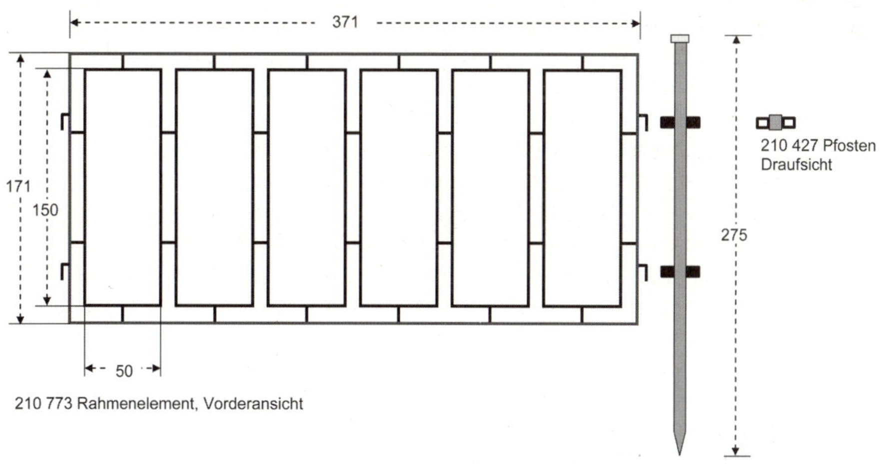

210 773 Rahmenelement, Vorderansicht

210 427 Pfosten, Vorderansicht

2 Planung des Fertigungsverfahrens

2.1 Gründe für die Festlegung auf ein Fertigungsverfahren

Fertigungsverfahren sind die Betriebsmittel und deren Organisation.

Die **Gestaltung der Fertigungsverfahren,** also die technisch-organisatorische Durchführung der Produktion, hängt u.a. ab

vom **Produktions-programm**	So ist z.B. bei der Baustellenfertigung verhältnismäßig viel, bei der Massenfertigung verhältnismäßig wenig Handarbeit erforderlich. In der chemischen Industrie unterscheiden sich die Fertigungsverfahren völlig von denen der Textilindustrie und die wiederum von denen des Maschinenbaus.
von der **Höhe der Lohnkosten**	In Regionen mit niedrigem Lohnniveau sind in der Regel mehr Menschen in der Produktion beschäftigt als in Regionen mit hohen Lohnkosten.
von der **Höhe des Kapitalbedarfs**	Kapitalintensive Fertigungsverfahren wie z.B. die Massenfertigung mit „Automaten“ erfordern einen viel höheren Kapitaleinsatz als arbeitsintensive Verfahren. Sie verursachen deshalb auch höhere Kapitalkosten (z.B. Zinskosten). Die erforderlichen hohen Finanzmittel müssen auf dem Kapitalmarkt beschafft werden. Je höher die Zinskosten in einem Land sind, desto geringer wird die Neigung sein, in kapitalintensive Fertigungsverfahren zu investieren.
von **staatlichen Vorschriften**	Regierungen in den verschiedenen Ländern nehmen mit unterschiedlichen Vorschriften (z.B. Umweltauflagen, Verbot der Kinderarbeit, Arbeitsschutz) Einfluss auf die Wahl der Fertigungsverfahren.

Bestimmungsgründe für die Wahl der Fertigungsverfahren

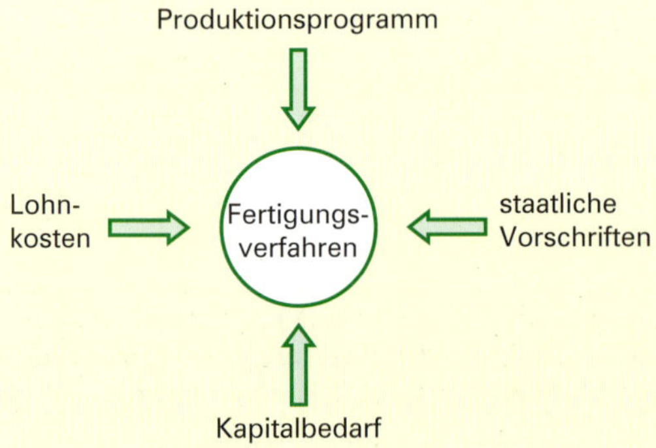

2.2 Fertigungsverfahren

2.2.1 Fertigungsverfahren nach dem Grad der Automatisierung

(1) Handarbeit

Unter Handarbeit wird sowohl die vorwiegend körperliche Arbeit als auch die handwerkliche oder künstlerische manuelle Fertigung (Produktion) verstanden. Die Handarbeit ist die älteste Form der Fertigung. Hilfsmittel ist das Werkzeug, aber nicht die Maschine. Die schwere körperliche Arbeit wird in den hochindustrialisierten Ländern immer seltener, weil aufgrund der hohen Löhne der Einsatz kapitalintensiverer Fertigungsverfahren (d.h. die Substitution[1] der Handarbeit durch Maschinenarbeit) rentabel wird. Arbeiten mit gestalterischem Inhalt (z.B. Anfertigen von Entwürfen, Modellen, Mustern) werden auch in der Industrie ihre Bedeutung behalten.

(2) Maschinenarbeit

Von Maschinenarbeit wird gesprochen, wenn dem Arbeitenden ein wesentlicher Teil der Arbeitsvorgänge – vor allem schwere körperliche Tätigkeiten – durch Maschinen abgenommen wird. Wird dem Arbeitenden lediglich die Energie für den Antrieb der Maschine abgenommen, so spricht man von **Kraftmaschinen.**

Beispiel:

Die Drehbewegungen einer Drehbank werden nicht mehr durch den Menschen, sondern mithilfe eines Elektromotors erzeugt. Das Herausarbeiten des Profils bleibt der Geschicklichkeit des Arbeitenden überlassen.

Kraftmaschinen bedürfen gut ausgebildeter Arbeitskräfte, weil das Werkzeug manuell geführt werden muss.

Ist die Maschine so konstruiert, dass sie selbst die Führung des Werkzeugs übernehmen kann, handelt es sich um eine **Arbeitsmaschine**.

Beispiel:

Eine Drehbank kann, nachdem der Arbeitende die erforderlichen Einstellungen vorgenommen hat, den Abdrehstahl selbst an dem zu drehenden Material entlangführen und das vorgeschriebene Profil herausarbeiten.

(3) Automatische Fertigung

Unter **Automation** versteht man die vollständige mechanisierte Durchführung von Arbeiten mithilfe von Maschinen, die in der Lage sind, **selbsttätig** einen oder mehrere Arbeitsgänge ohne menschliches Zutun durchzuführen.

Die in der Fertigung eingesetzten Automaten verrichten nicht nur eine bestimmte Arbeit, sondern sie kontrollieren und korrigieren sich selbst.

1 **Substitution:** Gegenseitiger Austausch von Produktionsfaktoren (Leistungsfaktoren).

Beispiel:

Eine Maschine in einer Zwirnerei ist so konstruiert, dass die gewünschte Stärke des Wollfadens vollkommen gleichmäßig und selbsttätig hergestellt wird. Da das Material der Maschine in unterschiedlichen Mengen zugeführt wird, kann eine gleichbleibende Stärke des Fadens nur erreicht werden, indem die Maschine langsamer läuft (weniger Material ansaugt), wenn die Materialmenge zu groß ist. Dagegen wird bei zu knapper Materialzufuhr ein Ausgleich durch erhöhte Geschwindigkeit (größere Ansaugmenge) herbeigeführt.

Die Automation stellt an den arbeitenden Menschen **andere Anforderungen** als die Maschinenarbeit:

- Die Kontrollen (z.B. Ablesen der Instrumente, Proben) können in unregelmäßigen Abständen erfolgen. Der Arbeitstakt wird von der Maschine vorgegeben.
- Die Kontrollaufgaben erfordern Konzentration und Wachsamkeit, um bei Störungen sofort eingreifen zu können.
- Die Verantwortung für Mensch und Maschine ist größer als bei manueller oder maschineller Fertigung.

2.2.2 Fertigungsverfahren nach der Häufigkeit der Prozesswiederholung (Fertigungstypen)

Die Unterscheidung in Fertigungstypen richtet sich danach, inwieweit ein Betrieb das **Prinzip der Massenfertigung** verwirklicht. Die nachfolgende Grafik gibt einen Überblick über die Fertigungstypen:

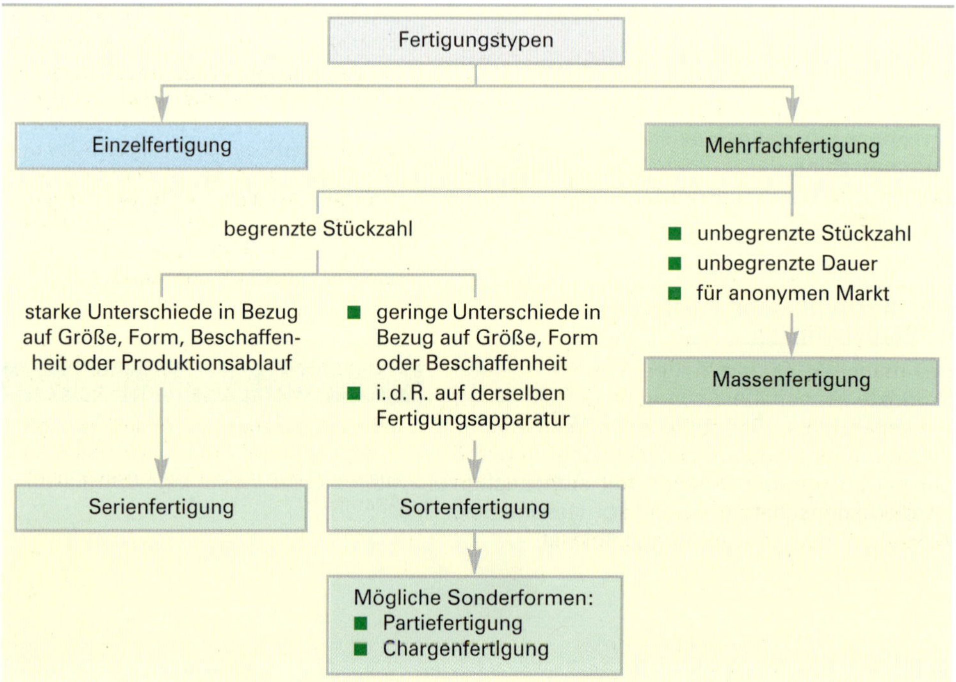

(1) Einzelfertigung

Hier wird ein bestelltes Produkt nur einmal in seiner Art gefertigt. Die Einzelfertigung ist in der Lage, individuelle Wünsche zu berücksichtigen.

> **Beispiele:**
>
> Anfertigen eines Maßanzugs, Konstruktion einer Spezialmaschine, Bau von Häusern, Fabriken, Schiffen, Straßen, Brücken oder Turbinen.

(2) Serienfertigung

Werden bei der industriellen Fertigung von einem Produkt größere Stückzahlen erzeugt (z. B. Werkzeugmaschinen oder Autos), spricht man von Serienfertigung. Durch den Übergang von der Einzel- zur Serienfertigung sinken die Stückkosten: Einerseits muss die Vorplanung und Arbeitsvorbereitung nicht mehr für jedes einzelne Produkt gesondert, sondern nur einmal für die ganze Serie durchgeführt werden, andererseits kann infolge der Arbeitsteilung der Einsatz der Betriebsmittel rationalisiert werden.

Bei der Serienfertigung mit **kontinuierlicher (ununterbrochener) Fertigung** werden die Fertigungsanlagen einmal für die Produktion der Serie vorbereitet, sodass nur ein bestimmtes Produkt während des geplanten Zeitraums gefertigt werden kann. Verlangt der Markt ein verbessertes Produkt, wird die Produktion der bisherigen Serie eingestellt und die neue Serie aufgelegt (z. B. Motorräder, Automobile). Der Übergang dieser sogenannten **Großserienfertigung** zur Massenfertigung ist fließend.

(3) Sortenfertigung

Hier weisen die Endprodukte bestimmte Größen-, Formen- und Beschaffenheitsunterschiede auf, die mit der gleichen, allerdings zumeist verstellbaren Produktionseinrichtung und dem **gleichen Rohmaterial** mit **unterschiedlichen Zusatzstoffen** erreicht werden.

Bei der Sortenfertigung können folgende Sonderformen auftreten:

> **Beispiele:**
>
> Die Bekleidungsindustrie bietet konfektionierte[1] Herren- und Knabenanzüge, Damen- und Herrenmäntel in den verschiedensten Größen, in anderen Musterungen und mit unterschiedlichen Qualitäten an. Schokoladenfabriken bringen verschiedene Sorten mit z. B. spezifisch bitterem oder zartbitterem oder anderem Geschmack auf den Markt.

■ Partiefertigung

Bei manchen Endprodukten werden gleiche Produkteigenschaften nur dann erzielt, wenn die verwendeten Rohstoffe aus derselben Partie stammen. Eine Partie ist eine Lieferung, bei der ein bestimmter Rohstoff mit einheitlichen Produkteigenschaften (Qualität, Geschmack, Aussehen, usw.) zusammengestellt ist.

> **Beispiele:**
>
> Kaffee aus Kenia zur Herstellung von „Hochlandkaffee“; Wein, Jahrgang 2009 aus der Provence zur Herstellung eines Aperitifs.

1 **Konfektioniert:** Serienmäßig hergestellt, verkaufsfertig.

■ **Chargenfertigung**

Eine Chargenfertigung (Charge: Ladung, Beschickung) liegt dann vor, wenn das Material in einem Behälter be- oder verarbeitet wird. Die unterschiedlichen Sorten kommen dadurch zustande, dass die Produktionsprozesse nicht vollständig beherrschbar sind.

Beispiele:

Schmelzprozess im Hochofen, Käseherstellung in Molkereien.

(4) Massenfertigung

Erstellt ein Unternehmen ein ausgereiftes Produkt und sieht es sich einem praktisch unbegrenzt aufnahmefähigen Markt gegenüber, wird es zur **Massenfertigung** übergehen (z.B. Zigaretten, Ziegelsteine, Stahlbleche, Waschmittel, Zement). Die Massenfertigung kann als **Einproduktfertigung** oder **Mehrproduktfertigung** vorkommen.

Die Mehrproduktfertigung ist in ihren Erscheinungsformen außerordentlich vielfältig, sei es als verbundene Produktion oder als Parallelproduktion.

Verbundene Produktion	Sie liegt vor, wenn mehrere Produkte, z.B. Gas, Koks und Teer aus einem Grundstoff (Kohle) in einem Produktionsprozess gewonnen werden (Kuppelproduktion).
Parallelproduktion	Sie liegt vor, wenn verschiedene Produkte in verschiedenen Betriebsteilen gefertigt werden (z.B. verschiedene Sorten Kunststoffe in getrennten Betriebsteilen).

2.2.3 Fertigungsverfahren nach der Anordnung der Betriebsmittel im Produktionsprozess (Organisationstypen)

(1) Werkstättenfertigung

Werkstättenfertigung bedeutet die Zusammenfassung aller artgleichen Fertigungsmaschinen und Fertigungseinrichtungen in besonderen Abteilungen, z.B. Drehbänke in der Dreherei, Fräsmaschinen in der Fräserei usw. Das Werkstück wandert von Abteilung zu Abteilung, wobei es wiederholt in die gleiche Abteilung zurückkommen kann.

Das folgende Organisationsschema zeigt das Prinzip der Werkstättenfertigung.

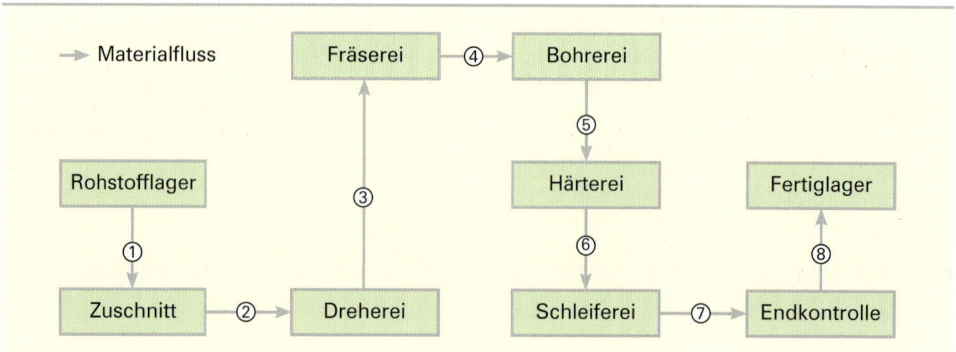

Vor- und Nachteile der Werkstättenfertigung aus Sicht des Unternehmers	
Vorteile	**Nachteile**
■ Geeignetes Fertigungsverfahren für Einzel- und Kleinserienfertigung. ■ Große Anpassungsfähigkeit an Nachfrageänderungen, da der häufige Wechsel der Kundenaufträge hinsichtlich Art und Qualität der Produkte den Einsatz von umrüstbaren Maschinen (Universalmaschinen im Gegensatz zu Spezialmaschinen) verlangt. ■ Guter Überblick über Kapazitätsauslastung.	■ Hohe Fertigungskosten im Vergleich zur Fließfertigung aufgrund ■ langer innerbetrieblicher Transportwege, ■ ungleicher Kapazitätsauslastung der Werkstätten, ■ hoher Zwischenlagerkosten, ■ hoher Lohnkosten (Facharbeiterlöhne) und ■ hoher Kosten der Arbeitsvorbereitung (z.B. Bereitstellung der Arbeitsunterlagen, Reihenfolgeplanung, Terminplanung, Maschinenbelegungsplanung).

(2) Fließfertigung

Von **Fließfertigung** spricht man, wenn sich die Anordnung der Maschinen und der Arbeitsplätze nach der technisch erforderlichen Bearbeitungsreihenfolge richtet.

Zu unterscheiden sind zwei Formen von Fließfertigung:

- die Reihenfertigung und
- die Fließbandfertigung.

Reihenfertigung

Gelingt es, innerhalb der einzelnen Werkstätten die Maschinen und damit die Arbeitsplätze nach dem Fertigungsablauf anzuordnen, spricht man von **Reihenfertigung.** Hier wird der Produktionsprozess in kleine und kleinste Arbeitsgänge zerlegt, die entsprechend dem Produktionsfortschritt miteinander verbunden sind.

Das folgende Organisationsschema zeigt das Prinzip der Reihenfertigung.

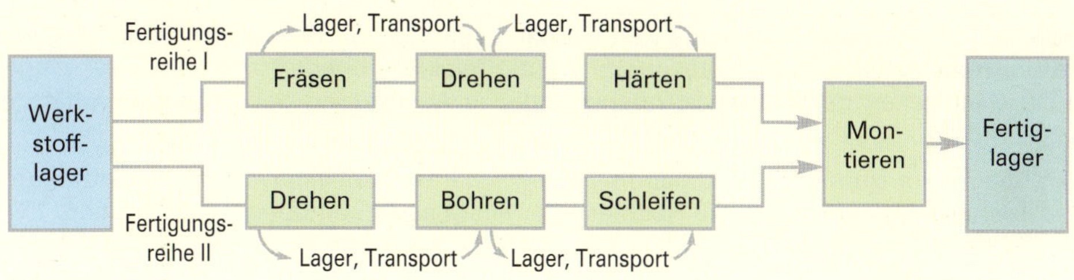

Reihenfertigung aus Sicht des Unternehmers	
Vorteile	**Nachteile**

■ Geeignetes Fertigungsverfahren für größere Serien.
■ Niedrigere Fertigungskosten gegenüber der Werkstättenfertigung aufgrund
  ■ kurzer innerbetrieblicher Transportwege,
  ■ gleichmäßiger Kapazitätsauslastung in den Fertigungsreihen,
  ■ niedrigerer Lohnkosten (an Spezialmaschinen ist der Einsatz angelernter Arbeitskräfte möglich),
  ■ niedriger Kosten für die Arbeitsvorbereitung.
	■ Hohes Unternehmerwagnis (steigende Stückkosten bei zurückgehender Nachfrage aufgrund hoher fixer Kosten).
	■ Mangelnde Anpassungsfähigkeit an Nachfrageänderungen. (Spezialmaschinen können entweder überhaupt nicht oder nur mit hohen Kosten umgerüstet werden, falls andere Erzeugnisse hergestellt werden sollen.)

■ Fließbandfertigung

Die **Fließbandfertigung** ist dadurch charakterisiert, dass sie, bei einem gleichmäßigen Arbeitsfluss, Arbeitsgänge in einer zeitlich bestimmten, lückenlosen Folge ausführt. Die Bearbeitungsgänge von unterschiedlicher Dauer sind daher aufeinander abzustimmen, „auszutakten", damit das Werkstück alle Fertigungsstufen mit der gleichen, planmäßig vorgegebenen Geschwindigkeit durchläuft. Bei diesem Taktverfahren ist die Arbeit an dem sich bewegenden Werkstück in der festgesetzten Zeit auszuführen. Die Arbeitsausführung ist an den Takt (Rhythmus) gebunden.

Das folgende Organisationsschema zeigt das Prinzip der Fließbandfertigung.

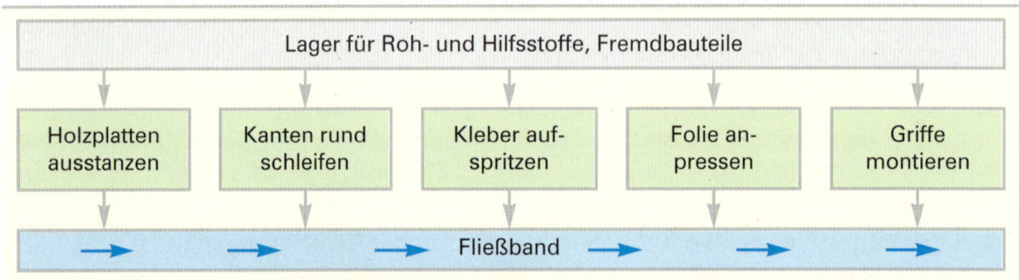

Die Fließbandfertigung galt lange Zeit als das bestmögliche Produktionsverfahren, weil sie eine hohe Arbeitsproduktivität garantiert (geringer Raumbedarf je Arbeitsplatz, schnelle Durchlaufzeiten des Materials, höchstmögliche Ausnutzung der Arbeitskapazität des Arbeitenden).

Seit Beginn der siebziger Jahre haben Gewerkschafter, Arbeitspsychologen, Soziologen und Techniker erkannt, dass die Nachteile der Fließbandarbeit überwiegen können.

Die **Nachteile der Fließbandfertigung** aus **Sicht des arbeitenden Menschen** sind vor allem:

- Der Mitarbeiter kann sich **nicht mehr mit dem Produkt identifizieren.** Er weiß häufig gar nicht mehr, welchen Anteil er am Gesamtprodukt hat. Die Arbeitsfreude kann dadurch verloren gehen.
- Die ständige Wiederholung von gleichartigen Arbeitsgängen führt zur **Monotonie.** Die einseitige Beanspruchung bei der Arbeit führt möglicherweise zu **physischen** (körperlichen) und **psychischen** (seelischen) **Belastungen**.
- Für viele Tätigkeiten am Fließband ist keine umfassende Berufsausbildung mehr notwendig. Ungelernte oder angelernte Arbeit genügt. Damit entsteht eine **neue, wenig angesehene Bevölkerungsschicht.**

Die angeführten Nachteile sind ein Grund dafür, dass viele große Industriebetriebe entweder das Fließband „humanisieren" (menschlicher gestalten) oder abschaffen.

Fließbandfertigung aus Sicht des Unternehmers	
Vorteile	**Nachteile**

■ Geeignetes Fertigungsverfahren für die Großserien- und Massenproduktion,
■ niedrige Fertigungskosten, weil
  ■ die Zwischenlagerung der Werkstücke verringert wird,
  ■ die Fertigungszeiten verkürzt werden,
  ■ der Ausschuss abnimmt (die Spezialisierung der Arbeitenden auf wenige Handgriffe erhöht die Geschicklichkeit),
  ■ die Lohnkosten verhältnismäßig niedrig sind (angelernte statt gelernte Arbeitskräfte). Die angelernten Arbeitskräfte können an Spezialmaschinen eingesetzt werden.
	■ Hohes Unternehmerwagnis (steigende Stückkosten bei zurückgehender Nachfrage aufgrund hoher fixer Kosten),
	■ mangelnde Anpassungsfähigkeit an Nachfrageänderungen (geringe Flexibilität),
	■ Probleme beim „Austakten" (Abstimmen) der einzelnen Fertigungsbereiche (z.B. Fertigungsstraßen),
	■ hohe Störanfälligkeit, denn beim Ausfall eines Arbeitsplatzes muss die Fertigung gestoppt werden, falls keine Zwischenlager vorhanden sind,
	■ starke einseitige Beanspruchung des arbeitenden Menschen.

(3) Inselfertigung (Gruppenfertigung)

Die Nachteile der Fließbandarbeit führen dazu, dass immer mehr Betriebe dazu übergehen, die Fließbandfertigung durch die Inselfertigung (auch Gruppenfertigung genannt) zu ersetzen.

Bei der Inselfertigung werden Elemente der Werkstättenfertigung mit der Fließfertigung kombiniert, indem der Montageablauf in genau definierbare Arbeitsabschnitte gegliedert wird. Wie die Arbeit im einzelnen Abschnitt erledigt wird, regelt kein Einzelner, sondern die Gruppe. Die Gruppe organisiert in eigener Verantwortung den Materialabruf, die Belegung der Maschinen sowie das Arbeitstempo. Je nach Bedarf wechseln die Gruppenmitglieder – bei gegenseitiger Abstimmung – die Arbeitsplätze (Jobrotation). Diese Eigenverantwortung führt zu einer Steigerung der Arbeitsmotivation und erhöht die Produktqualität. Die Gruppen können dabei sehr unterschiedliche Produkte herstellen. Dies reicht von der Produktion bestimmter Einzel- oder Bauteile bis hin zu einem Fertigerzeugnis.

Das folgende Organisationsschema zeigt das Prinzip der Inselfertigung (Gruppenfertigung).

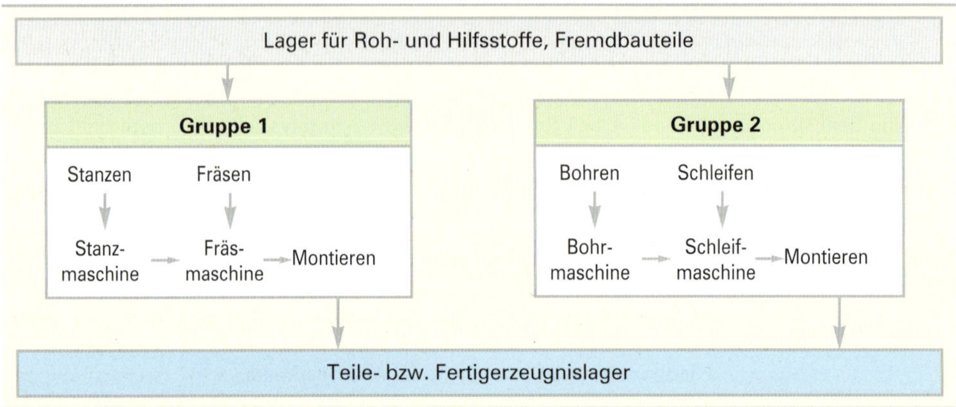

Nachteile der Inselfertigung sind z. B. die schwierigere Entgeltfestsetzung für die einzelnen Arbeitskräfte und der zwischen den Arbeitskräften bestehende Gruppenzwang.

Vorteile der Inselfertigung gegenüber der Werkstättenfertigung	**Vorteile der Inselfertigung gegenüber der Fließbandfertigung**
■ Kürzere Transportwege, ■ schnellere Fertigungsdurchlaufzeiten, ■ niedrigere Kosten für die Zwischenlagerung, ■ übersichtlicherer Produktionsablauf.	■ Höhere Anpassungsfähigkeit an Nachfrageänderungen (höhere Flexibilität), ■ abwechslungsreichere Tätigkeiten der Arbeitskräfte, ■ bessere Motivation der Arbeitskräfte durch Übertragung von Eigenverantwortlichkeiten, ■ geringere Störanfälligkeit des Produktionsablaufs.

2.2.4 Zusammenhang zwischen Kosten und Fertigungslosen: optimale Losgröße

Werden die einzelnen Produkte nicht kontinuierlich, sondern **mit Unterbrechungen** hergestellt, handelt es sich um **Intervallfertigung.** Außerhalb der „Intervalle" werden mit den gleichen Fertigungsanlagen andere Erzeugnisse produziert. Die Intervallfertigung ist häufig eine **Kleinserienfertigung**. Auch bei der **Sortenfertigung** findet sich die Intervallfertigung.

(1) Begriff und Bestimmungsfaktoren der optimalen Losgröße

Ein wichtiges Problem der Intervallfertigung ist die Bestimmung der optimalen Losgröße (Seriengröße, Auflagengröße).

> Ein **Los (Serie, Auflage)** ist die Menge, die ohne **Umrüsten der Anlage** produziert wird.

Die Losgröße wird von der Kostenseite her von den Rüstkosten und den Lagerhaltungskosten beeinflusst.

Bestimmungsfaktoren der optimalen Losgröße	Erläuterung	Beispiele
Rüstkosten	Sie entstehen durch das Einrichten der Produktionsanlagen auf die Herstellung einer anderen Produktart. Rüstkosten treten je Los nur einmal auf und entstehen unabhängig von der Stückzahl der in einem Los gefertigten Produkte. Man bezeichnet sie daher auch als **auflagefixe Kosten.** Durch die Verminderung der Anzahl der durchgeführten Rüstvorgänge bzw. Erhöhung der in einem Los gefertigten Güter werden die Umrüstkosten insgesamt abgesenkt und damit auch die Losstückkosten.	■ Zinskosten, Abschreibungen, Wagniskosten oder Miete für die ruhenden maschinellen Anlagen und Räume; ■ Heiz-, Strom-, Be- und Entlüftungskosten; ■ Personalkosten während der Umrüstungszeit.
Lagerhaltungskosten	Es handelt sich um mengenabhängige Kosten. Sie steigen mit wachsender Losgröße an und sinken mit fallender Losgröße. Die Lagerhaltungskosten bezeichnet man auch als **auflagevariable Kosten**.	■ Versicherungskosten für die Lagervorräte, ■ Zinskosten für das im Lager gebundene Kapital, ■ Wagniskosten für Lagerschwund durch Güterverderb und Diebstahl, ■ Personalkosten, ■ Abschreibung der Lagereinrichtung, ■ Mietkosten.

Rüstkosten und Lagerhaltungskosten verlaufen, bezogen auf die Losgröße, entgegengerichtet, d.h., eine hohe Auflage (geringe Anzahl von Losen) führt zu niedrigen Rüstkosten, aber zu höheren Lagerkosten und umgekehrt.

> Die **optimale Losgröße (Seriengröße, Auflagengröße)** ist gegeben, wenn die Summe aus Rüst- und Lagerhaltungskosten in einem bestimmten Planungszeitraum ein Minimum bildet.

18 Wessel u.a. - ISBN 978-3-8120-0588-3

(2) Berechnung der optimalen Losgröße

■ Ermittlung der auflagevariablen Lagerhaltungskosten

Die Ermittlung der **auflagevariablen Lagerhaltungskosten** (K_e) ist in der Praxis sehr schwierig. An einem sehr vereinfachenden Beispiel wird gezeigt, warum die variablen Lagerhaltungskosten auch **je Stück** steigen.

Beispiel:

Die Goslarer Büromöbel AG produziert pro Jahr 12000 Auszugssysteme für ihre Schreibtische, Büroschränke und Rollcontainer. Deren Selbstkosten betragenn 10,00 EUR je Stück. Der Lagerhaltungskostensatz[1] beträgt 30%.

Aufgaben:

1. Wie entwickeln sich die Lagerhaltungskosten für die Lagerung je Stück, wenn der Monatsbedarf, der Zweimonatsbedarf, der Dreimonatsbedarf, der Viermonatsbedarf, der Halbjahresbedarf und der Jahresbedarf zu Beginn der jeweiligen Periode produziert und auf Lager genommen wird? Es wird eine kontinuierliche Lagerabgangsrate unterstellt.
2. Stellen Sie den Sachverhalt grafisch dar!

Lösungen:

Zu 1.: Entwicklung der Lagerhaltungskosten

Losgröße	Auflagen-häufigkeit	Durchschn. Lagerbestand in Stück	Durchschn. Lagerbestand in EUR	Lagerhaltungs-kosten in EUR	Lagerhaltungs-kosten pro Jahr und Stück in EUR
1000	12	500	5000,00	1500,00	0,125
2000	6	1000	10000,00	3000,00	0,250
3000	4	1500	15000,00	4500,00	0,375
4000	3	2000	20000,00	6000,00	0,500
6000	2	3000	30000,00	9000,00	0,750
12000	1	6000	60000,00	18000,00	1,500

Zu 2.: Grafische Darstellung

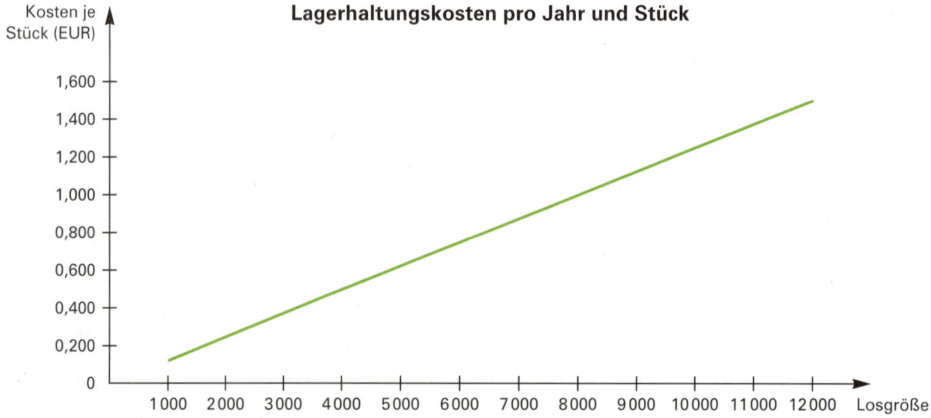

1 Der **Lagerhaltungskostensatz** gibt in Prozent an, wie hoch die Lagerhaltungskosten im Vergleich zum durchschnittlichen Wert des Lagerbestandes sind.

■ Ermittlung der optimalen Losgröße

Beispiel:

Ausgehend von den Daten des Beispiels von S. 274 betragen die Rüstkosten (auflagefixen Kosten) 1 000,00 EUR.

Aufgaben:

1. Berechnen Sie die optimale Losgröße!
2. Stellen Sie die optimale Losgröße grafisch dar!

Lösungen:

Zu 1.: Rechnerische Ermittlung der optimalen Losgröße

Losgröße	Auflagen-häufigkeit	Auflage-kosten pro Jahr in EUR	Durchschn. Lager-bestand in Stück	Durchschn. Lager-bestand in EUR	Lager-haltungs-kosten in EUR	Gesamt-kosten in EUR
1 000	12	12 000,00	500	5 000,00	1 500,00	13 500,00
2 000	6	6 000,00	1 000	10 000,00	3 000,00	9 000,00
3 000	**4**	**4 000,00**	**1 500**	**15 000,00**	**4 500,00**	**8 500,00**
4 000	3	3 000,00	2 000	20 000,00	6 000,00	9 000,00
6 000	2	2 000,00	3 000	30 000,00	9 000,00	11 000,00
12 000	1	1 000,00	6 000	60 000,00	18 000,00	19 000,00

☐ optimale Losgröße

Zu 2.: Grafische Darstellung

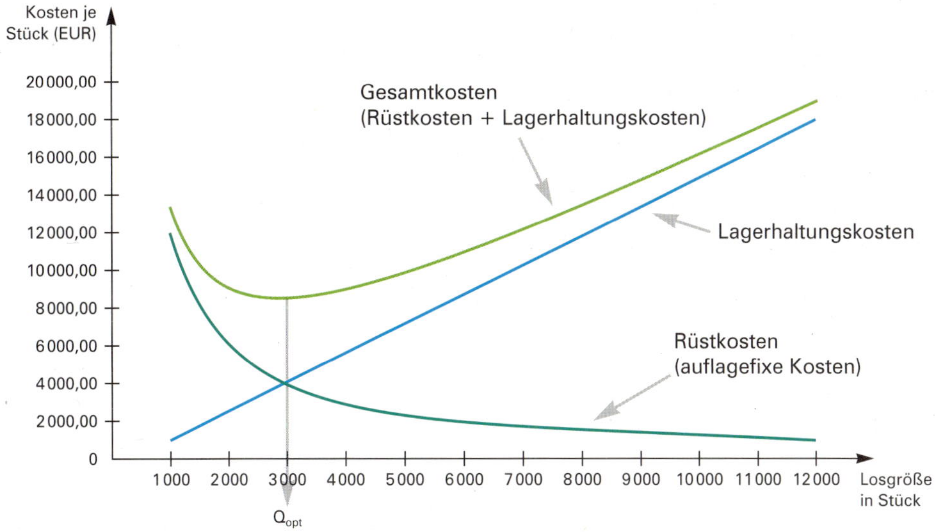

Zusammenfassung

- Nach dem **Einsatz menschlicher Arbeitskraft** unterscheidet man folgende Fertigungsverfahren: **Handarbeit, Maschinenarbeit** und **automatische Fertigung.**
- **Fertigungsverfahren nach der Häufigkeit der Prozesswiederholungen** sind:

Fertigungsverfahren	Merkmale
Einzelfertigung	■ Für ein Erzeugnis wird nur eine Einheit geplant und hergestellt; ■ reine Auftragsfertigung; ■ Berücksichtigung von individuellen Kundenwünschen; ■ häufig mit Finanzierungsfragen verbunden; ■ hoher Planungsaufwand je Auftrag; ■ anpassungsfähiger Produktionsapparat erforderlich; ■ Tendenz zum Einsatz von Universalmaschinen; ■ qualifizierte Arbeitskräfte notwendig, daher hohes Lohnniveau; ■ kostenungünstige Produktion; **Beispiele:** Werften, Großbehälterbau, Sonderfahrzeuge.
Serienfertigung	■ Begrenzte Anzahl eines einheitlichen Erzeugnisses; ■ starke Abweichung unter den Serien; ■ Problem: Bildung der Losgröße; ■ Übergangsformen: – Kleinserien: Vergleichbar mit der Einzelfertigung. – Großserien: Siehe Massenfertigung. **Beispiele:** Automobilbau, Möbel, Elektrogeräte.
Sortenfertigung	■ Eng verwandt mit Serienfertigung; ■ geringe Abweichungen unter den Sorten (z.B. Farbe); ■ in der Regel auf derselben Fertigungsapparatur herzustellen; ■ Varianten eines Grunderzeugnisses; ■ geringerer Umrüstaufwand als bei der Serienfertigung; **Beispiele:** Schokolade, Stoffe.
■ **Partiefertigung**	Sonderfall der Sortenfertigung. Die unterschiedlichen Sorten kommen zustande durch die unterschiedlichen Ausgangsmaterialien. **Beispiel:** Tabake.
■ **Chargenfertigung**	Sonderfall der Sortenfertigung. Die unterschiedlichen Sorten kommen dadurch zustande, dass die Produktionsprozesse nicht vollständig beherrschbar sind. **Beispiele:** Schmelzprozesse im Hochofen, Herstellung von Käse.
Massenfertigung	■ Einheitliches Erzeugnis; ■ längerer Zeitraum; ■ für den anonymen Markt. **Beispiele:** Zigaretten, Flaschen, Zement.

- **Fertigungsverfahren nach der Anordnung der Betriebsmittel im Produktionsprozess** sind:

Fertigungsverfahren	Merkmale
Werkstättenfertigung	▪ Verrichtungszentralisation, d. h., gleichartige Maschinen werden in gesonderten Abteilungen zusammengefasst (Drehbänke in der Dreherei); ▪ hohes Maß an Flexibilität gegenüber Änderung der Kundenwünsche; ▪ ein flexibles Transportsystem (z. B. Gabelstapler) befördert die Werkstücke von einer Abteilung in die andere; ▪ ein hoher Bestand in den jeweiligen Zwischenlagern sichert die Kapazitätsauslastung; ▪ qualifizierte Arbeitskräfte; ▪ hohes Lohnniveau.
Fließfertigung	**Reihenfertigung**: ▪ Anordnung der Arbeitsplätze nach dem Flussprinzip; ▪ keine Taktzeit; Arbeitskräfte können Arbeitstempo weitgehend selbst bestimmen; ▪ Zwischenlager zwischen den einzelnen Arbeitsstationen; ▪ einfaches Transportsystem (z. B. Schwenkkräne); ▪ erheblicher Grad der Spezialisierung von Mensch und Maschine; ▪ hoher Umrüstaufwand; ▪ Tendenz zu angelernten und ungelernten Arbeitskräften, damit günstigeres Lohnniveau. **Fließbandfertigung**: ▪ Konsequente Fortführung der Reihenfertigung; ▪ aufwendiges, starres Transportsystem zwischen den einzelnen Bearbeitungsstationen (Fließband); ▪ Arbeitsabläufe sind zeitlich exakt aufeinander abgestimmt (Taktzeit); ▪ keine Zwischenlager; ▪ hohes Maß an Arbeitszerlegung und damit Spezialisierung von Mensch und Maschine.
Inselfertigung	▪ Räumliche und organisatorische Zusammenfassung aller Betriebsmittel, die zur möglichst vollständigen Herstellung einer Gruppe ähnlicher Werkstücke erforderlich sind; ▪ weitgehende Selbstverantwortung der Mitglieder einer Fertigungsinsel (teilautonome Gruppe), indem sie auch organisatorische, planerische und kontrollierende Funktionen übernehmen; ▪ erhebliche Verkürzung der Durchlaufzeit durch Einsparung von Transportzeiten aufgrund der räumlichen Konzentration.

- Ein **Los** ist die Menge, die **ohne Umrüstung der Anlage** produziert wird.
- Bei der **optimalen Losgröße** bildet die **Summe aus Rüst- und Lagerhaltungskosten** in einem bestimmten Planungszeitraum ein **Minimum.**

Übungsaufgaben

99 1. Beschreiben Sie Fertigungsverfahren nach dem Grad der Beteiligung menschlicher Arbeitskraft!

2. Erläutern Sie, welche Vor- und Nachteile die Automation für den Betrieb, die Belegschaftsmitglieder und die Verbraucher bringt!

3. Beschreiben Sie die Fertigungsverfahren nach der Häufigkeit der Prozesswiederholung!

100 1. Bei der Intervallfertigung tritt u.a. das Problem der optimalen Losgröße auf.

Aufgaben:

1.1 Erklären Sie, was unter optimaler Losgröße zu verstehen ist!

1.2 Berechnen Sie die optimale Losgröße für Edelstahl-Handläufe unter folgenden Bedingungen:
- Der Jahresbedarf beträgt 18000 Stück.
- Die Herstellkosten je Einheit betragen 15,00 EUR.
- Der Lagerhaltungskostensatz beträgt 25%.
- Die auflagefixen Kosten betragen 2000,00 EUR.
- Die Losgröße beträgt 1000 Stück oder ein Mehrfaches davon.

2. Sortenfertigung kann auch in ihren Sonderformen als Partie- und Chargenfertigung vorkommen.

Aufgabe:

Erklären Sie die Begriffe an je einem Beispiel!

101 1. Erläutern Sie den Begriff Werkstättenfertigung!

2. Beschreiben Sie, welche Vor- und Nachteile die Werkstättenfertigung aus Sicht des Betriebs (Unternehmens) hat!

3. Erklären Sie den Begriff Fließfertigung!

4. Beschreiben Sie die Vor- und Nachteile der Fließfertigung aus Sicht des Unternehmens!

5. Erläutern Sie, inwiefern die Fließbandfertigung eine Weiterentwicklung der Reihenfertigung ist!

6. Erklären Sie den Unterschied zwischen Fließbandfertigung und Reihenfertigung!

7. Nennen Sie Vor- und Nachteile der Fließbandfertigung aus Sicht des Betriebs (Unternehmens)!

8. Erläutern Sie den Zusammenhang zwischen der Anzahl gleichartiger Erzeugnisse und der Organisation der Fertigung!

9. Veranschaulichen Sie in einer Grafik den Zusammenhang zwischen der Organisation der Fertigung und der Dauer der Durchlaufzeit!

102 Lesen Sie zunächst sorgfältig nachstehenden Textauszug:

Peter Holzer ist ein gestandener Mann. Sechs Jahre lang hat der 43-jährige Kfz-Elektriker im Lastwagenwerk geschuftet, zuletzt in der Nachbearbeitung und Endkontrolle. Peter Holzer weiß aber auch, was es heißt, monatelang nichts anderes zu tun, als Kotflügel zu montieren. Kotflügel, Kotflügel, nichts als Kotflügel – acht Stunden am Tag, fünf Tage die Woche, mitunter auch nachts, je nach Schicht. Alles ein geschlossener Kreislauf, monoton und ermüdend. Auch Willi Bayer mit seinen 19 Jahren weiß schon gut, was das bedeutet. Er hat Kfz-Elektriker gelernt und dann in einer Automobilfabrik Kabelsätze montiert. Nichts als Kabelsätze, Tag für Tag – jeder für sich, keiner für alle.

Doch jetzt ist alles anders. Hightech, die den Mitarbeiter zum Handlanger macht, sucht man vergebens. Spektakuläre Automation gibt es nicht, lediglich das induktionsgesteuerte Transportsystem, das die Karossen wie von Geisterhand über den hellgrauen Betonboden schweben lässt, mutet futuristisch an. „Verrenken" muss sich keiner mehr: Über-Kopf-Arbeit ist vorbei, sogenannte Hub-Schwenk-Plattformen und Hänge-Dreh-Plätze ermöglichen ergonomisches Arbeiten und halten die Körperbelastung deutlich geringer. Auch die Endkontrolle entfällt. Der Arbeiter ist der Letzte vor dem Kunden und zeichnet mit einem Stempel für sorgfältig erledigte Arbeit.

Im neuen Werk arbeiten auf einer Fertigungsinsel acht bis maximal zwölf Mitarbeiter, die ihre Arbeit im Wesentlichen selbst organisieren und für ihren Arbeitsabschnitt die volle Verantwortung übernehmen. Das soll für die Motivation sorgen. Nicht umsonst erwarten die Verantwortlichen, dass statistisch gesehen pro Mann und Jahr ein Verbesserungsvorschlag kommt. Zum Vergleich: In anderen Werken liegt die Quote zehnmal niedriger.

Aufgaben:

1. Arbeiten Sie heraus, von welcher Fertigungsart in Bezug auf die Anordnung der Betriebsmittel im Produktionsverfahren im ersten Abschnitt des obigen Textes die Rede ist!
2. Erläutern Sie, welche Fertigungsart in Bezug auf die Häufigkeit der Prozesswiederholung vorliegt!
3. Nehmen Sie das Internet bzw. ein Lexikon zu Hilfe und erklären Sie folgende im zweiten Textabschnitt erwähnten Begriffe:

   3.1 Hightech,
   3.2 Automation,
   3.3 ergonomisch,
   3.4 futuristisch,
   3.5 Motivation und
   3.6 statistisch.
4. Arbeiten Sie heraus, welche Fertigungsart in Bezug auf die Anordnung der Betriebsmittel im Produktionsprozess im zweiten Abschnitt beschrieben wird!

103 Die Motorenwerke Anton Thomalla GmbH muss für die Herstellung der Motoren verschiedene Werkstücke herstellen, u.a. Spannhülsen. Die Halle 3, in welcher die Werkstätten untergebracht sind, hat folgendes Layout:

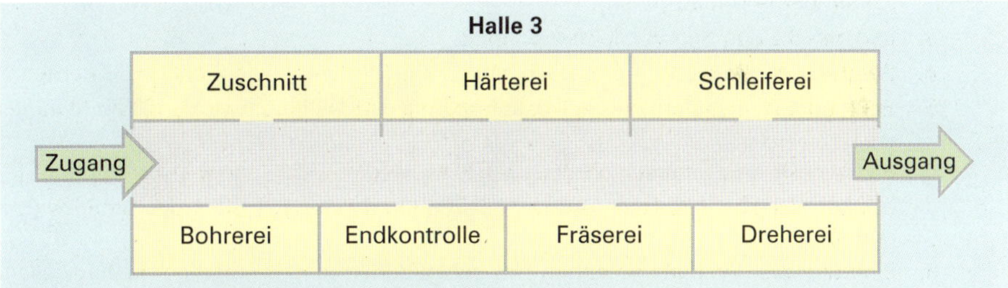

Die Spannhülsen durchlaufen zu ihrer Herstellung folgenden Ablauf:

Arbeitsgang 1: Zuschnitt
Arbeitsgang 2: Dreherei
Arbeitsgang 3: Fräserei
Arbeitsgang 4: Bohrerei
Arbeitsgang 5: Härterei
Arbeitsgang 6: Schleiferei
Arbeitsgang 7: Endkontrolle

Aufgaben:

1. Übertragen Sie die obige Grafik in Ihr Hausheft und zeichnen Sie den Fluss des Werkstücks durch die Werkstätten der Halle 3 ein!
2. Angenommen, Sie wollen die Abläufe für die Herstellung der Spannhülsen beschleunigen und überlegen daher, die davon berührten Arbeitsplätze nach dem vorgesehenen Arbeitsablauf anzuordnen. Entwerfen Sie ein neues Layout für die Halle 3 und zeichnen Sie erneut den Materialfluss!
3. Erläutern Sie, welche Nachteile Sie dafür in Kauf nehmen müssen!

104 Lösen Sie die Handlungsaufgaben aus der Lernsituation 2!

LG 12.3 Lernsituation 3: Wie arbeitet die Fabrik der Zukunft?

Textauszug:

„... Kein Zweifel: Die ‚rechnergesteuerte Fertigung' verändert Schritt für Schritt die Arbeit in den Fabriken. Heute herrscht noch die **Massenproduktion** vor. Weil es sehr viel Geld kostet, bis ein **Fließband** mit allen dazugehörigen Maschinen eingerichtet ist, werden auf diesen ‚Fertigungsstraßen' dann sehr große Mengen des gleichen Produkts hergestellt. Soll hingegen ein Einzelstück, zum Beispiel ein sehr spezielles Werkzeug, gebaut werden, muss dies – wie in Urväterzeiten – weitgehend in Handarbeit geschehen. Wenn sich in Zukunft die **Roboter** per Knopfdruck ohne großen zusätzlichen Aufwand programmieren lassen, wird es hingegen möglich sein, auch einzelne Stücke **automatisiert** zu produzieren. Gerade deshalb ist diese Entwicklung zur ‚flexiblen Automatisierung' auch für die deutsche Industrie von großem Interesse. Denn eine ihrer Stärken ist der Maschinen- und Anlagenbau, bei dem die Kleinserienfertigung Vorrang hat.

Weil die neuen Techniken ganze Arbeitsabläufe automatisieren, gehen traditionelle Arbeitsplätze verloren. Dennoch ist die ‚Fabrik der Zukunft' keine Geisterfabrik, in der Computer und Roboter den Menschen vollständig verdrängt haben. Denn es bleibt eine große Zahl von Aufgaben, die auf absehbare Zeit nur der Mensch erfüllen kann. Dabei zeichnet sich ab, dass die verbleibende Arbeit vielgestaltiger und verantwortungsvoller, kurz, interessanter wird. Denn die Roboter übernehmen vor allem die ‚Jobs', in denen einfache und eintönige Handgriffe zu verrichten waren. Dafür entstehen neue Arbeitsplätze, zum Beispiel in den Bereichen Forschung und Entwicklung, Überwachung und Instandhaltung ..."

IMPULS:

Was sagt die nebenstehende Karikatur aus?

Quelle: Bundeszentrale für politische Bildung (Hrsg.), Zeitlupe Nr. 18: Neue Technologien, Bonn 1986, S. 16 ff.

HANDLUNGSAUFGABEN:

Arbeiten Sie die folgenden Kapitel des Lehrbuches durch und verwenden Sie die Aufzeichnungen aus dem Unterricht zur Bearbeitung der Handlungsaufgaben!

1. Erklären Sie kurz die fett gedruckten Begriffe aus dem obigen Textauszug!
2. Welche sozialen Folgen werden im Textauszug angesprochen?
3. Warum wird der „flexiblen Automatisierung" eine große Bedeutung zugemessen?

3 Rationalisierung

3.1 Begriff, Anlässe und Ziele der Rationalisierung

(1) Begriff Rationalisierung

Rationalisierung[1] bedeutet die Durchführung von Maßnahmen zur Verbesserung bestehender Zustände.

Beispiele:

Verminderung des Ausschusses durch verbesserte Materialprüfung. – Senkung der Lagerhaltungskosten aufgrund der ABC-Analyse. – Verkürzung der Produktionszeit durch verbesserte Anordnung der Betriebsmittel. – Verringerung des Krankenstands der Belegschaft durch Verbesserung der Arbeitsbedingungen und des Betriebsklimas.

(2) Anlässe der Rationalisierung

Die Bundesrepublik Deutschland ist ein exportabhängiges, rohstoffarmes Land auf einer hohen technisch-wirtschaftlichen Entwicklungsstufe (Hightech-Industrieland). Hieraus folgt, dass die in Deutschland ansässigen Industriebetriebe versuchen müssen, weltweit mit ihren Mitbewerbern Schritt zu halten. Die Produkte müssen **technisch, qualitativ, gestalterisch** und **preislich** mit den Produkten der Konkurrenz vergleichbar sein. Es ist deshalb erforderlich, dass alle Maßnahmen ergriffen werden, um

- die **technische Entwicklung** voranzutreiben,
- das **Qualitätsmanagement** weiter zu verbessern (siehe S. 316ff.),
- die **schöpferischen Kräfte** zu fördern und
- das **Verhältnis von Leistung zu Kosten** zu verbessern, um zu konkurrenzfähigen Konditionen Erzeugnisse und Dienstleistungen anbieten zu können.

(3) Ziele der Rationalisierung

Ziele der Rationalisierung	Erläuterungen
in **technischer** Hinsicht	Erstrebt wird eine **Steigerung der mengenmäßigen Ergiebigkeit** bzw. der **Erzeugnisqualität** bei gegebenem Faktoreinsatz und/oder die **Verringerung des Faktoreinsatzes** bei gegebenen Ausbringungsmengen und -qualitäten.
in **kaufmännischer** Hinsicht	Es wird versucht, durch **Senkung der Faktorpreise** (z. B. durch Großmengeneinkauf, geschickte Verhandlungsstrategien) und **Erhöhung des Umsatzes** (z. B. durch ein geschicktes Marketing-Mix) den **Gewinn zu erhöhen** bzw. den **Verlust zu mindern**.
in **organisatorischer** Hinsicht	Angestrebt wird, die betrieblichen Zustände zu erfassen (z. B. mittels eines ausgebauten Rechnungswesens), auszuwerten und darauf aufbauend den **Betriebsaufbau** und die **betrieblichen Abläufe** im Sinne des ökonomischen Prinzips zu **verbessern**.

1 Ratio (lat.): Vernunft.

Ziele der Rationalisierung	Erläuterungen
in **ökologischer** Hinsicht	Angestrebt wird, durch die Rationalisierungsmaßnahmen zugleich zur Umweltentlastung beizutragen. **Beispiele:** Ersatz alter Feuerungsanlagen durch Feuerungsanlagen mit höheren Wirkungsgraden bei gleichzeitigem Einsatz umweltschonender Brennstoffe. – Übergang zu umweltschonenden Produktionsverfahren bei gleichzeitiger Kapazitätserweiterung.
in **soziologischer**[1] Hinsicht	In soziologischer Hinsicht versucht die Rationalisierung, durch **Verbesserung** des **Zusammenwirkens der Menschen** (z.B. Verbesserung des Betriebsklimas) die Gesamtleistung des Betriebs zu erhöhen.

3.2 Einzelmaßnahmen der Rationalisierung

3.2.1 Ersatz unwirtschaftlicher Anlagen

„Unwirtschaftlich" ist eine Produktionsanlage immer dann, wenn es kostengünstigere und/oder leistungsfähigere Alternativen gibt.

Unwirtschaftliche und veraltete Anlagen müssen ersetzt werden, damit qualitativ hochwertige Güter mit möglichst geringem Aufwand an Roh-, Hilfs- und Betriebsstoffen sowie Energiestoffen und menschlicher Arbeitskraft erzeugt werden können. In welchem Umfang und Tempo diese technologischen Verjüngungsmaßnahmen **(Rationalisierungsinvestitionen)** erfolgen, lässt sich am **Altersaufbau des Anlagevermögens** und dessen Veränderungen ablesen.

3.2.2 Standardisierung (partielle Massenfertigung)

(1) Begriff Standardisierung

Die moderne Wirtschaft ist bestrebt, den Arbeitsertrag u.a. durch Vereinheitlichung der Fabrikate zu steigern. Gerade auf diesem Gebiet hat die Rationalisierung das gesamte Wirtschaftsleben von Grund auf umgestaltet. So passen z.B. die genormten Glühbirnen in alle elektrischen Lampen, Autoreifen unterschiedlicher Hersteller auf die Felgen des entsprechenden Formats.

Unter **Standardisierung** sind alle Maßnahmen zu verstehen, die der Vereinheitlichung von Erzeugnissen, Baugruppen oder Einzelteilen dienen.

Gliedert man die Standardisierungsmaßnahmen nach der **Zunahme produktionswirtschaftlicher Vorteile,** so kann man unterscheiden in **Teilefamilienfertigung, Normung, Baukastensystem** und **Typung.** Die Zunahme der produktionswirtschaftlichen Vorteile beinhalten jedoch gleichzeitig **absatzwirtschaftliche Nachteile,** da hiermit die Variantenvielfalt und damit die individuelle Bedarfsdeckung der Kunden abnimmt.

1 Soziologie: Lehre vom Zusammenleben und -wirken der Menschen; soziologisch: zwischenmenschlich.

(2) Teilefamilienfertigung

Bei der Teilefamilienfertigung sind die produktionswirtschaftlichen Vorteile des Unternehmens im Vergleich zu den anderen Einzelmaßnahmen relativ gering. Das Ziel beschränkt sich darauf, **ähnliche Teile** zusammenzufassen und sie als **ein** Los durch die Fertigungsstation zu schleusen. Ähnlichkeit bedeutet, dass die Teile in Bezug auf mindestens eine Eigenschaft gleich sind. Die „Gleichheit" kann sich z.B. auf die Form, ein Maß oder ein Verfahren beziehen.

Gleichheit der Form

Verschiedene Teile besitzen die gleiche Form, z.B. zur Herstellung der Komponenten des Tisches (Querrohr, Längsrohr, Fußrohr) muss ein Vierkantrohr von einheitlich 30 x 30 mm auf unterschiedliche Längen abgesägt werden.

Gleichheit des Maßes

Unterschiedliche Teile müssen mit derselben Bohrung versehen werden.

Gleichheit des Verfahrens

Alle Teile durchlaufen denselben Fertigungsprozess, z.B. Brennen in einem Ofen.

In der Regel erfolgt die Fertigung auf derselben Apparatur mit denselben Werkzeugen, nur unter Verwendung eines anderen NC-Programms. Die nebenstehende Abbildung zeigt eine Teilefamilie an Gegengewichten, Kipp- und Schwinghebeln.[1]

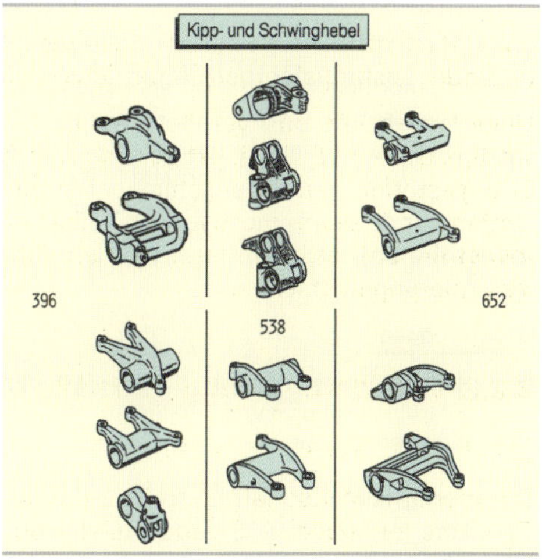

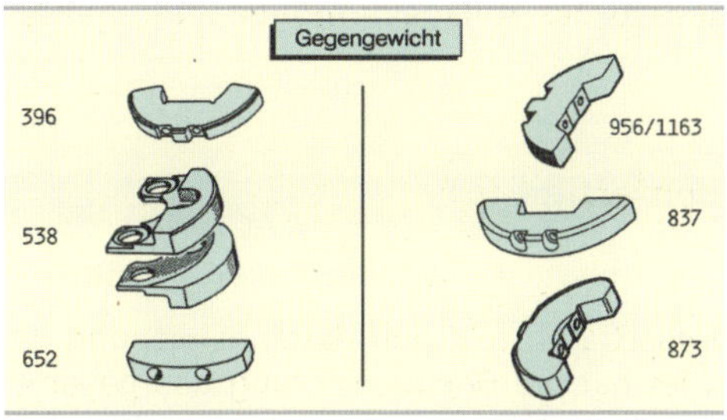

(3) Begriffe Normung und Normen und die Arten der Normen

Begriff Normung

> **Normung** ist die allgemein anerkannte Vereinheitlichung von Maßen, Formen, Begriffen, Herstellungsverfahren usw. für **Einzelteile** (z.B. Schrauben).

Die Normung fördert die Rationalisierung und Qualitätssicherung in Wirtschaft, Technik, Wissenschaft und Verwaltung und dient einer sinnvollen Ordnung und der Information

1 Quelle: Rück, Stückert, Vogel: CIM und Logistik in Unternehmen, München 1992, S. 627.

auf dem jeweiligen Normungsgebiet. Daneben können von der Normung Anstöße zur Qualitätsverbesserung ausgehen.

Die Ergebnisse der Normungsarbeit in Deutschland sind **„Deutsche Normen"**. Sie werden vom **Deutschen Institut für Normung e.V.** Berlin, unter dem Zeichen **DIN** herausgegeben. Das Deutsche Normenwerk ist in der DIN 820 festgelegt.

Begriff Normen

Normen sind nach einem vorgegebenen Verfahren aufgestellte und dokumentierte technische Bestimmungen oder Regeln für die Herstellung, Beschaffenheit, Verwendung, Bezeichnung, Kontrolle und den Vertrieb von Sachgütern und Dienstleistungen.

Arten von Normen

Normen kann man nach den verschiedensten Gesichtspunkten einteilen. Nachstehende Tabelle gibt eine Übersicht.

Arten der Normen		
nach dem Umfang ihrer Anwendung	nach dem Gebiet der Normen	
	Grundnormen	Fachnormen
Verbandsnormen nationale Normen internationale Normen	Formelzeichen (z. B. π) Bezeichnungen (z. B. Kesselturbine, Spezialturbine) Formate (z. B. Papierformate wie DIN A4: Geschäftsbrief, DIN A6: Geschäftspostkarte) Gewindetoleranzen, Passungen	im Bauwesen (z. B. Beschläge) im Straßenbau im Brückenbau für Büromöbel im Lokomotivbau usw.

Erläuterungen:

- **Verbandsnormen** werden von Verbänden und Vereinen in Form von Richtlinien und Vorschriften entwickelt.

Beispiel:

Der Verband der Elektrotechnik (VDE) erarbeitet DIN-VDE-Normen für die Sicherheit in der Elektrotechnik.

- **Nationale Normen** werden von nationalen Vereinen, in der Bundesrepublik Deutschland vom **Deutschen Institut für Normung (DIN)** erarbeitet.

Beispiel:

Einheitliche Papierformate. Die Größe DIN A4 ist immer genau 21 cm breit und 29,7 cm lang.

- **Internationale Normen** werden in den einzelnen Staaten erst wirksam, wenn sie von den jeweiligen nationalen Normenausschüssen übernommen werden.

Beispiel:

Auf europäischer Ebene arbeitet u.a. das Europäische Komitee für Normung (CEN), auf weltweiter Ebene die ISO (International Organization for Standardization). Z.B. Verschlüsselung von Zeichen im Rahmen von Datenübertragungen (E-Mail, Internet).

Europäische Normen

Europäische Normen gewinnen mit dem Zusammenwachsen Europas zunehmend an Bedeutung. Mit der Einführung europäischer Normen werden die einzelstaatlichen Regelungen nicht aufgehoben. Die Rechtsangleichung auf der Ebene der Gemeinschaft greift nur ausnahmsweise da ein, wo die Ziele der einzelstaatlichen Gesetze nicht gleich sind.

Eine **Norm im Sinne der EU** ist eine schriftliche technische Beschreibung, die die Merkmale eines Erzeugnisses wie z. B. Leistung, Sicherheit, Abmessungen usw. festlegt.

Beispiel:

Greifen wir die Produktgruppe elektrische Haushaltsgeräte heraus. Die technische Sicherheit erfordert, dass die Stromleitung ein drittes Kabel enthält, das mit der Erde verbunden wird. Bevor die Kommission gesetzgeberisch tätig wird, muss sie prüfen, ob alle 27 Mitgliedstaaten ein drittes Kabel vorschreiben. Ist dies der Fall, bedarf es keiner Rechtsangleichung. Ist dies nicht der Fall, so wird sich der EU-Gesetzgeber darauf beschränken, ein drittes Kabel gemeinschaftsweit vorzuschreiben. Er wird aber nicht vorschreiben, ob der dritte Steckerstift rund oder rechteckig sein, ob er sich in der Mitte oder an der Seite des Steckers befinden soll.

Es werden also nur grundlegende Anforderungen in Form von allgemeinen Schutzvorschriften verbindlich vorgeschrieben. Die Regelung von Einzelheiten wird den **europäischen Normeninstitutionen** überlassen.

Die **Schaffung von europäischen Normen** ermöglicht

- **erweiterte Märkte** (größerer Absatz, Stückkostensenkung aufgrund des Gesetzes der Massenproduktion),
- **niedrigere Entwicklungskosten** der einzelnen Hersteller,
- **erleichterte Zusammenarbeit** zwischen den europäischen Unternehmen und
- **bessere Beschaffungsmöglichkeiten** in Europa.

Vorteile der Normung

- Die **Beschaffung von Ersatzteilen** (z. B. bei Maschinen oder Autos) wird erleichtert.
- Die **Konstruktion neuer Produkte** wird erleichtert, weil bereits genormte Lösungen für Einzelteile vorliegen (z. B. Schrauben, Muttern, Ventile).
- Die **Arbeitszeit wird verkürzt,** da den Arbeitskräften die Normteile geläufig sind.
- Die **Verkleinerung des Lagers** wird ermöglicht, weil eine Beschränkung auf weniger Teile möglich ist. Damit sinken Lagerhaltungskosten und Lagerrisiko.
- Die Normung der Qualitäten führt zu **Qualitätsverbesserungen.**
- Dem Käufer wird der **Einkauf wesentlich erleichtert.** Der Käufer vertraut bei einem Produkt mit einem DIN-Zeichen darauf, dass die sich aus der Norm ergebende Produkteigenschaft und Qualitätanforderung vorhanden ist und überwacht wird.

(4) Baukastensystem

Beim **Baukastensystem** setzen sich die Produkte aus Bausteinen zusammen. Bausteine werden dazu genutzt, verschiedene Produkte aufgrund von Baumusterplänen herzustellen.

Der Gefahr des Nachfragerückgangs bei zu starker Typenbeschränkung begegnet die Industrie durch Einführung des Baukastensystems (z.B. bei langlebigen Gebrauchsgütern wie Autos, Waschmaschinen, Fernsehgeräten, Rundfunkgeräten usw.). Hier werden einzelne Baugruppen vereinheitlicht, um sie dann wahlweise kombinieren zu können.

Beispiel:

Eine Automobilfabrik stellt Autos mit drei Motoren mit (A) 1,2 Liter, (B) 1,5 Liter und (C) 1,7 Liter her. Es werden zwei Arten von Karosserien gebaut, nämlich (I) Limousine und (II) Cabrio. Die Farben sind (a) blau, (b) grau und (c) grün. Alle übrigen Teile sind für sämtliche hergestellten Automobile gleich.

Die Beschränkung auf wenige Baugruppen ermöglicht dennoch, durch Kombination den verschiedenen Kundenwünschen entgegenzukommen. Wie die nachstehende Darstellung der Verbindungsmengen zeigt, haben die Kunden eine Auswahl zwischen 18 Kombinationen.

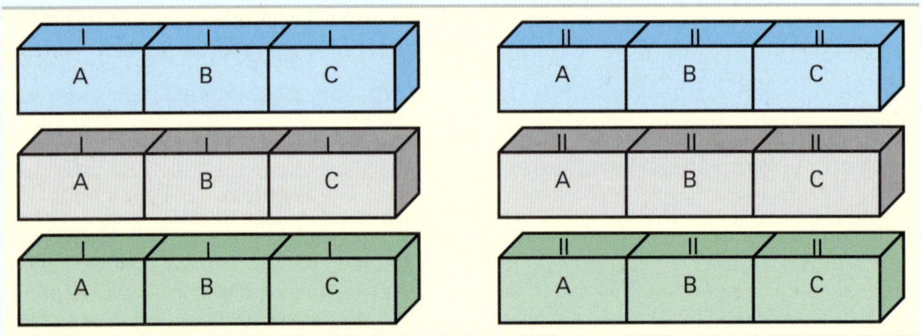

Aufgabe:
Welche Motoren- und Farbkombinationen bei Limousinen und Cabrios können den Kunden angeboten werden?

Lösung:

Limousinen		Cabrios	
Motor	Farbe	Motor	Farbe
1,2 Liter	blau	1,2 Liter	blau
1,2 Liter	grau	1,2 Liter	grau
1,2 Liter	grün	1,2 Liter	grün
1,5 Liter	blau	1,5 Liter	blau
1,5 Liter	grau	1,5 Liter	grau
1,5 Liter	grün	1,5 Liter	grün
1,7 Liter	blau	1,7 Liter	blau
1,7 Liter	grau	1,7 Liter	grau
1,7 Liter	grün	1,7 Liter	grün

(5) Typung

Begriff und Zweck

> Unter **Typung** versteht man die **Vereinheitlichung** von **Endprodukten.** Typen sind **gleichartige Produkte,** die sich in Einzelheiten unterscheiden können.

Zweck der Typung (oder Typisierung) ist die Konzentrierung der Nachfrage auf wenige Produkte, um zur Großserien- oder Massenfertigung übergehen zu können. Diese Aussage lässt sich am Beispiel der Autoindustrie verständlich machen. Die Herstellung individueller Autos ist teuer, weil der Fixkostenanteil sehr hoch ist. Kann jedoch durch Normung der Einzelteile, durch Baukastensystematik und durch Beschränkung auf wenige „Typen" zur großen Serie übergegangen werden, verbilligt sich der einzelne Wagen. Dadurch erhöht sich der Absatz.

Umgekehrt kann auch steigende Nachfrage die Typisierung beschleunigen.

Arten der Typung

Man unterscheidet zwischen **betrieblicher** und **überbetrieblicher Typung.** Bei der betrieblichen Typung beschränkt sich ein einzelner Hersteller auf wenige „typische" Produkte. Überbetriebliche Typung liegt vor, wenn sich mehrere Hersteller zusammenschließen, um die Herstellung bestimmter Typen gleichartiger Erzeugnisse unter sich aufzuteilen, etwa Heizkessel verschiedener Größen (Typenkartell).

Vorteile und Nachteile der Typung

Vorteile der Typung	Nachteile der Typung
▪ Verkleinerung des Sortiments bzw. Erzeugnisprogramms. Dadurch werden z.B. Produktionskosten, Lagerhaltungskosten und Lagerrisiken gesenkt; ▪ Vereinfachung des Rechnungswesens und damit ▪ genauere Kalkulation; ▪ einprägsame Werbewirkung durch Schaffung von Markenartikeln.	▪ Bei zu weit geführter Typenbeschränkung können die Kunden das Produkt ablehnen, weil es ihren individuellen Wünschen nicht entgegenkommt. Dies gilt vor allem für Konsumgüter. Mit zunehmender Typenbeschränkung steigt also das Absatzrisiko. ▪ Die Typung kann zur geschmacklichen Verarmung führen. ▪ Mangelnde Anpassungsfähigkeit an Nachfrageänderungen wegen der in der Fertigung eingesetzten Spezialmaschinen bzw. -automaten.

Zusammenfassung

- Alle Maßnahmen zur Verbesserung der bestehenden Zustände bezeichnet man als **Rationalisierung.**
- **Ziele** der Rationalisierung:
  - **technisch:**
    - Steigerung der mengenmäßigen Ergiebigkeit bzw. der Erzeugnisqualität
    - Verringerung des Faktoreinsatzes bei gleichbleibender Leistung
  - **kaufmännisch:**
    - Senkung der Faktorpreise
    - Erhöhung des Umsatzes
    - Erhöhung des Gewinns bzw. Minderung des Verlusts

- **organisatorisch:** – Verbesserung der Aufbau- und Ablauforganisation des Unternehmens
- **soziologisch:** – Verbesserung des Zusammenwirkens der Menschen
- **ökologisch:** – Produktion umweltgerechter Produkte

- Zu den Einzelmaßnahmen der Rationalisierung gehört die **Standardisierung** von Erzeugnissen mit dem Ziel, die Anzahl gleichartiger Arbeitsabläufe zu erhöhen.

- **Beispiele für Standardisierungsmaßnahmen:**

Teilefamilienfertigung	Erfassung von **ähnlichen Teilen.** Ähnlichkeit bedeutet, dass Teile in Bezug auf mindestens eine Eigenschaft gleich sind (z. B. Form, Maß, Fertigungsverfahren). In der Regel erfolgt die Herstellung auf derselben Apparatur mit denselben Werkzeugen, aber unterschiedlichen NC-Programmen.
Normung	**Vereinheitlichung von Einzelteilen** in Bezug auf Abmessungen, Materialeigenschaften. Die Reichweite von Normen bezieht sich auf das Unternehmen (Werksnorm), einen Verband (Verbandsnorm, VDE), ein Land (nationale Norm, DIN) oder weltweit (internationale Norm, ISO).
Baukastensystematik	**Vereinheitlichung von Baugruppen,** die sich zu verschiedenen Endprodukten kombinieren lassen. Voraussetzung ist die Normung der Passstellen.
Typung	**Vereinheitlichung des Produktganzen.**

Zunahme produktionswirtschaftlicher Vorteile und gleichzeitig **Abnahme absatzwirtschaftlicher Vorteile,** da hiermit die Variantenvielfalt und damit die individuelle Bedarfsdeckung abnimmt.

- **Vorteile der Standardisierung:**
  - Einsparung von Konstruktionskosten;
  - Verringerung der Rüstkosten;
  - Tendenz zur Verwendung von Spezialmaschinen und einheitlichen Werkzeugen;
  - Tendenz zum Einsatz angelernter und ungelernter Arbeitskräfte;
  - Vereinfachung des Bestellwesens, da Teilevielfalt abnimmt;
  - günstigere Einkaufsbedingungen, da wenige Varianten und mehr gleichartige Teile;
  - Vereinfachung der Fertigungsplanung und -steuerung;
  - Einsatz kostengünstigerer Fertigungsverfahren.

Übungsaufgaben

105 1. Die Goslarer Büromöbel AG plant Rationalisierungsmaßnahmen. Gedacht wird an eine Vervollständigung des Baukastensystems.

1.1 Erklären Sie das Baukastenprinzip an einem selbst gewählten Beispiel!

1.2 Welchen Vorteil hat das Baukastenprinzip?

2. Häufig sind Normung und Typung wichtige Rationalisierungselemente.

2.1 Beschreiben Sie diese beiden Rationalisierungselemente an einem selbst gewählten Beispiel!

2.2 Worin liegen die Vor- und Nachteile der Typung?

3.3 Ganzheitliche Rationalisierungskonzepte

3.3.1 Just-in-time-Konzeption[1]

(1) Wesen

Die **Just-in-time-Konzeption** ist eine marktorientierte Unternehmenskonzeption mit der Zielsetzung, rasch und flexibel auf die sich schnell ändernde Nachfrage reagieren zu können. Eine solche Flexibilität setzt voraus, dass die betrieblichen Fertigungsanlagen so beschaffen sind, dass eine nachfragebedingte Änderung des Produktionsprogramms binnen kurzer Frist möglich ist.

Die Anwendung des Just-in-time-Prinzips ist nur möglich, wenn die gesamte Unternehmensorganisation auf den **Absatzmarkt ausgerichtet** ist. Mit der fortschreitenden Entwicklung auf dem Gebiet der Fertigungsflexibilisierung wird der Unternehmensführung ein Instrumentarium in die Hand gegeben, das es erlaubt, relativ kurzfristig und in einer weiten Variationsbreite auf die sich ändernden Nachfrageentwicklungen einzugehen.

Durch die bedarfs- und zeitnahe Produktion der nachgefragten Produktvarianten bzw. -mengen können die Lagerbestände sehr stark reduziert werden. In letzter Konsequenz besitzt ein nach dem Just-in-time-Prinzip gestaltetes Unternehmen überhaupt keine Lagerbestände (theoretischer Grenzfall).

Der Abbau von Lagerbeständen, insbesondere auch von Roh-, Hilfs- und Betriebsstoffen, Vorprodukten und Handelswaren bedingt die Einrichtung eines fertigungssynchronen Beschaffungssystems. Die Lieferer müssen absolut zuverlässig sein.

Das Just-in-time-Prinzip verlangt jedoch nicht nur eine absolut pünktliche Bereitstellung (Lieferung) der Werkstoffe (und auch der Betriebsmittel), sondern auch ein zuverlässiges Qualitätsmanagement (S. 316ff.) und leistungsfähige elektronische Informations- und Kommunikationssysteme.

(2) Problematik der Just-in-time-Konzeption

Bei zahlreichen Werkstoffen, Vorprodukten und Handelswaren ist die fertigungssynchrone Beschaffung nicht oder wenigstens nicht in ihrer extremen Anwendung durchführbar, weil die Vorlieferer ihre Produktion nicht an dem schwankenden Bedarf der Abnehmer ausrichten können oder wollen. Sie streben aus **kosten- und beschäftigungspolitischen Gründen** selbst eine kontinuierliche Produktion an. Des Weiteren können **technische Gegebenheiten** eine Anpassung an Nachfrageschwankungen verhindern. So benötigt z.B. ein Kohlekraftwerk – je nach Dauer der Stillstandszeit – zwei bis sieben Stunden Anlaufzeit. Auch **natürliche Bedingungen** können die Produktionsmengen bestimmen (z.B. die Jahreszeiten in der Landwirtschaft, Bauwirtschaft, der Fremdenverkehrswirtschaft).

Die Just-in-time-Konzeption wird auch dann erschwert, wenn die Anlieferung der Werkstoffe und Waren durch Lastkraftwagen erfolgt. Verspätungen durch Staus verteuern letztlich die Anlieferung. Aus ökologischen Gesichtspunkten heraus ist die „Verlegung der Lager auf die Straße" wegen der damit verbundenen Umweltbelastung abzulehnen.

1 Just in time (engl.): gerade rechtzeitig.

19 Wessel u.a. - ISBN 978-3-8120-0588-3

3.3.2 Lean Production

(1) Begriff und Merkmale der Lean Production

Begriff Lean Production

- **Lean Production**[1] ist die konsequente Ausrichtung von Produktionsprozessen am **ökonomischen Prinzip.**
- Wichtigstes Ziel der Lean Production ist das Streben nach **Kostenminimierung** durch **Aufdecken von Unwirtschaftlichkeiten.**

Merkmale der Lean Production

Merkmale der schlanken Produktion sind:

- die Produktionsdauer wird verkürzt;
- Personal wird abgebaut, d.h., die Personalkosten sinken;
- Lagerhaltungskosten nehmen ab;
- durch die Verlagerung der Vorproduktion auf andere Werke und Länder nimmt die Bedeutung der Just-in-time-Anlieferung zu.

(2) Instrumente der Lean Production

Das im Rahmen der Lean Production verfolgte Ziel, einen verschwenderischen Einsatz von Ressourcen in allen Bereichen der Leistungserstellung zu vermeiden, spiegelt sich in den eingesetzten Instrumenten wider. Wichtige Instrumente der Lean Production sind z.B.

Instrumente der Lean Production	Erläuterungen
Sofortige grundlegende Fehlerbeseitigung	Die Fehler werden bis zur Verursachungsquelle verfolgt, um ein wiederholtes Auftreten des gleichen oder eines ähnlichen Fehlers zu vermeiden.
Vereinfachung des Werkzeugwechsels	Durch eine Vereinfachung und infolgedessen eine Beschleunigung des Werkzeugwechsels werden Rüstkosten eingespart.
Vorbeugende Instandhaltung der Produktionsanlagen	Die Anlagen werden ständig vorbeugend instandgehalten, um aufwendige Reparaturarbeiten und damit verbunden einen längeren Produktionsausfall zu vermeiden. Dies ist besonders wichtig, wenn vom Unternehmen das Just-in-time-Konzept zugrunde gelegt wird, da dieses Konzept einen reibungslosen Materialfluss voraussetzt.
Förderung der Leistungsfähigkeit der Mitarbeiter	Die Leistungsfähigkeit der Mitarbeiter kann durch Schulungsmaßnahmen, Erfolgsbeteiligung der Mitarbeiter, Prämienzahlung an die Mitarbeiter für Verbesserungsvorschläge erhöht werden.

1 Lean Production: schlanke Produktion.

(3) Lean Management

Lean Management ist eine aus Japan stammende Unternehmensphilosophie zur Unternehmensführung und bedeutet das Weglassen aller überflüssigen Arbeitsgänge in der Produktion und in der Verwaltung (Lean administration) durch eine intelligentere (besser durchdachte) Organisation. Lean Management ist somit eine Weiterentwicklung der Lean Production zu einem **funktionsübergreifenden Führungskonzept.** Es strebt nach optimaler Befriedigung der Kundenwünsche durch Kostensenkung, Steigerung der Produktqualität und hohe Serviceleistungen.

Im Mittelpunkt dieser erweiterten Auffassung von Lean Production – dem **Lean Management** – stehen

- flache Hierarchien sowie **Eigenverantwortung** und **Teamarbeit** verbunden mit einer hohen Qualifikation und Motivation aller Mitarbeiter,
- starke **Kundenorientierung** in allen Unternehmensbereichen,
- kontinuierlicher Verbesserungsprozess **(Kaizen)**[1] und **Total Quality Management**[1] sowie
- **enge Zusammenarbeit mit den Lieferanten** verbunden mit Simultaneous Engineering[2] und produktionssynchroner Anlieferung (Just-in-time-Anlieferung).

Lean Management ist ein Managementsystem, das **Serienprodukte** und **Dienstleistungen** mit ungewohnt **niedrigen Kosten** in **vorzüglicher Qualität** ermöglicht.[3]

(4) Merkmale des Lean Managements

Eigenverantwortung und Teamarbeit

Ein wichtiger Erfolgsfaktor liegt einerseits in der besonderen Bedeutung, die den Mitarbeitern im gesamten Wertschöpfungsprozess eingeräumt wird, und andererseits in der gezielten Anwendung von **Gruppenarbeit** auf allen Unternehmensebenen.

Durch die ausgeprägte **Delegation von Aufgaben** an einzelne Mitarbeiter bzw. Gruppen ergeben sich viel **flachere Hierarchien** als bei den herkömmlichen Organisationsstrukturen. Die einzelnen Arbeitsgruppen erfüllen ihre Aufgaben weitgehend eigenverantwortlich. An die einzelnen Mitglieder werden **hohe Qualifikationsanforderungen** gestellt. Jedes Mitglied muss alle weitgehend standardisierten Teilaufgaben der Gruppe bis hin zur Wartung der Maschinen zuverlässig erledigen können und bereit sein, sich laufend weiterzubilden.

Jede Gruppe hat einen **Gruppenleiter,** der die Verantwortung dafür trägt, dass

- die Arbeitsprozesse in der Gruppe reibungslos unter Beachtung des Zeittakts organisiert werden,
- die Arbeitsteilung und Entlohnung gerecht ist,
- die Auswahl der Gruppenmitglieder zweckmäßig erfolgt und
- ein hoher Qualitätsstandard gesichert wird.

1 Siehe Ausführungen S. 292.

2 Simultaneous Engineering: Parallel geschaltete Entwicklung von Produkten und den benötigten Produktionsmitteln. Ziel ist die Verkürzung der Entwicklungszeit für neue Produkte sowie die Senkung der Kosten. Vgl. S. 293.

3 Vgl. Thommen, Jean-Paul; Achleitner, Ann-Kristin: Allgemeine Betriebswirtschaftslehre. Umfassende Einführung aus managementorientierter Sicht, 4., überarbeitete und erweiterte Auflage, Wiesbaden 2003, S. 842 f.

Neben der Gruppenarbeit an sich hat sich als weiterer Vorteil des Lean Managements die **offene Kommunikation zwischen den Arbeitsgruppen** (auch über die wenigen Hierarchiestufen hinweg) erwiesen, da zahlreiche Aufgabenstellungen und Projekte team- bzw. bereichsübergreifend zu bearbeiten sind.

■ Kundenorientierung

Die Kundenorientierung ist ein wichtiges Element des Lean-Management-Ansatzes. Allerdings wird die Kundenorientierung beim Lean-Management-Konzept nicht nur unter dem Aspekt der Kundenwünsche gesehen, sondern auch unter dem Aspekt der Kundennähe.

Produziert (bzw. eine Dienstleistung erbracht) wird nur, wenn ein **Kundenbedarf** gegeben ist. Eine Produktion aus anderen Gesichtspunkten, z. B. zur Auslastung der Maschinen, erfolgt nicht und damit wird z. B. unverkäufliche Lagerware vermieden.

Neben **regelmäßigen Kundenbefragungen** hinsichtlich ihrer Zufriedenheit mit Produkt und Händler ist hier der direkte Kontakt zwischen Managern und Ingenieuren des Unternehmens und Kunden selbstverständlich. Durch den direkten Kontakt werden die im Markt auftretenden Probleme sofort analysiert und einer Lösung zugeführt.

Da Fehler trotz Total Quality Management nicht völlig ausgeschlossen werden können, soll ein **umfangreicher Kundenservice** selbst aus reklamierenden noch zufriedene Kunden machen.

■ Kaizen und Total Quality Management

Die Gestaltungsspielräume der Teams liegen insbesondere darin, standardisierte Aufgaben permanent infrage zu stellen, in kleinen Schritten zu ändern und in diesem Sinn Problemlösungen zu entwickeln. Dieser **kontinuierliche Verbesserungsprozess (Kaizen)**[1] kann mit seinem Streben nach Perfektion als eine weitere Stärke der Lean-Management-Konzeption angesehen werden.

Die durch Kaizen erzielbaren **Ergebniswirkungen** konzentrieren sich dabei nicht nur auf die beiden Erfolgsfaktoren Zeit und Kosten, sondern führen ferner zu einer Verbesserung der Produktqualität. Konkreter Ausdruck hierfür sind geringere Fehler-, Ausschuss- und Nacharbeitsquoten, eine Reduzierung von Reklamationen, ein geringerer Anteil an Sonderverkäufen und geringere technische Änderungen.

Zur Sicherung beziehungsweise Verbesserung des Qualitätsstandards wird im gesamten Fertigungsbereich ein **Total Quality Management (TQM)**[2] durchgeführt, das bereits bei der Planung von Produkten und Prozessen **Qualitätsmängel verhindern** und auftretende Mängel **schnellstmöglich beseitigen** soll. Aus diesem Grund ist jeder Mitarbeiter zu jeder Zeit befugt, bei Auftreten eines Fehlers das Fließband unverzüglich zu stoppen, die aufgetretene Störung schnellstmöglich zu beseitigen und deren Ursachen zu analysieren.

Je früher die notwendige Korrektur erfolgt, desto leichter ist sie möglich und desto niedriger sind die erforderlichen Beeinflussungskosten.

1 Kaizen ist eine japanische Philosophie und bedeutet Verbesserung in kleinen Schritten.

2 Vgl. hierzu die Ausführungen auf S. 321 f.

Intensive Lieferantenbeziehungen

Noch enger als mit den Kunden werden beim Lean Management die Beziehungen zu den Lieferanten gestaltet. Diese Beziehungen unterscheiden sich in vielerlei Hinsicht von den traditionellen Geschäftsbeziehungen:

Traditionelles Management	Lean Management
ständige Preisverhandlungen mit vielen Lieferanten	langfristige Partnerschaften mit wenigen Lieferanten
Kostenüberwälzung Hersteller/Zulieferer	Preisgestaltung unter Berücksichtigung beidseitiger Gewinninteressen
Einkauf als abgeleitete Unternehmensfunktion	strategisches Beschaffungsmanagement
viele Zulieferer/große Teilevielfalt	Systemlösungen
Technikzentrierung/Vernachlässigung der Kundenorientierung	Einbindung des Lieferanten und Kundennähe
nach Serienlauf zahlreiche Änderungswünsche	weniger Änderungen durch Simultaneous Engineering
verzögerte Informationspolitik	intensiver Informationsaustausch
Qualitätskontrollen nach Liefereingang	durchgehendes Qualitätsmanagement bereits beim Lieferanten
schwankende Abrufe in Losen	produktionssynchrone (Just-in-time-)Beschaffung
bürokratische Kontakte	transparente Spielregeln, gegenseitiger Einblick in die Datenstände
gegenseitiges Abgrenzungs-/Konkurrenzverhalten	Lieferantenförderung, -pflege und -entwicklung

Das Lean Management konzentriert sich somit auf das wettbewerbsentscheidende Kerngeschäft. Kostenintensive Randbereiche der Produktion (z. B. Pflege des Maschinenparks) werden nach außen verlagert **(Outsourcing)**. Wegen der dadurch bedingten geringen Fertigungstiefe konzentriert sich die Beschaffung auf vergleichsweise **wenige Lieferanten.** Diese liefern dann zumeist **ganze Komponenten** und koordinieren ihrerseits die Zulieferungen für die von ihnen benötigten Teile.

Die Zusammenarbeit mit den Zulieferern ist dabei von Anfang an **auf lange Sicht angelegt** und beginnt in der frühen Startphase einer Modellentwicklung, sodass der Einfluss des Lieferanten auf Funktionen, Qualitäten und Kosten maximal ist. Die Hersteller-Zulieferer-Beziehungen gehen sogar so weit, dass der Hersteller Einblick in die Produktionsstrukturen des Zulieferers erhält. Ziel bei dieser Vorgehensweise ist es, die gesamte **Prozesskette** des Zulieferers zu optimieren und die daraus resultierenden Kostenvorteile untereinander aufzuteilen.

Die intensivste Zusammenarbeit zwischen dem schlanken Unternehmen und seinen Lieferanten ist das sogenannte **Simultaneous Engineering.** Durch eine gemeinsame, parallel geschaltete Entwicklung der Produkte können Zeit- und Kostenvorteile realisiert werden. Dabei werden Experten der Lieferanten über die gesamte Lebenszeit des Produkts (im beiderseitigen Interesse) einbezogen.

Beispiel:

Die Designer eines „schlanken" Autoherstellers haben den Leuchten für ein neues Modell ein bestimmtes Aussehen gegeben. Der Zulieferer entwickelt nun in Zusammenarbeit mit dem Hersteller die kompletten Systemkomponenten „Beleuchtung" für das neue Modell und ist auch bei einem späteren Facelifting beteiligt.

3.3.3 Integrierte Aufgabendurchführung am Beispiel des CIM-Konzepts

Ein zentrales Koordinierungsinstrument in einem modernen Industriebetrieb zur funktionsübergreifenden und integrierenden Informationsverarbeitung ist das sogenannte **Computer Integrated Manufactoring-Konzept (CIM-Konzept).** Es ist durch folgende Merkmale gekennzeichnet:

- Unter CIM versteht man Bestrebungen zur Rationalisierung und Automatisierung unter Benutzung von Computern. CIM beschreibt den **integrierten EDV-Einsatz** in allen mit der Produktion zusammenhängenden Betriebsbereichen.
- **Integration** unter Einsatz von Computern bedeutet abteilungsübergreifende Nutzung und Verarbeitung gemeinsamer Datenbestände. Von jedem Arbeitsplatz kann auf die Informationen/Daten zugegriffen werden, die für die Bearbeitung benötigt werden. Durch die Integration ist sichergestellt, dass an allen Stellen mit dem gleichen Aktualitätsgrad der Informationen/Daten gearbeitet wird.
- CIM umfasst zwei zentrale Bereiche. Da ist zum einen der **betriebswirtschaftlich-technische Bereich** und zum anderen der **technische Anwendungsbereich.**

Erläuterungen zum CIM-Konzept (siehe folgende Abbildung):

CAD	Unter **C**omputer **A**ided **D**esign versteht man computerunterstütztes Konstruieren. Das Zeichenbrett wird hier durch den Bildschirm ersetzt.
CAQA	Die **C**omputer **A**ided **Q**uality **A**ssurance umfasst alle Verfahren zur computergestützten Qualitätssicherung und Qualitätskontrolle.
CAP	Mit dem **C**omputer **A**ided **P**lanning werden Arbeitsvorgaben – insbesondere Arbeitsgänge und Arbeitspläne – erstellt.
CAM	Unter **C**omputer **A**ided **M**anufacturing versteht man die Anwendung des Computers im Bereich der Maschinensteuerung und der automatischen Materialversorgung.
AMH	Das **A**utomated **M**aterial **H**andling steuert den Materialfluss zwischen den einzelnen Fertigungsstationen.

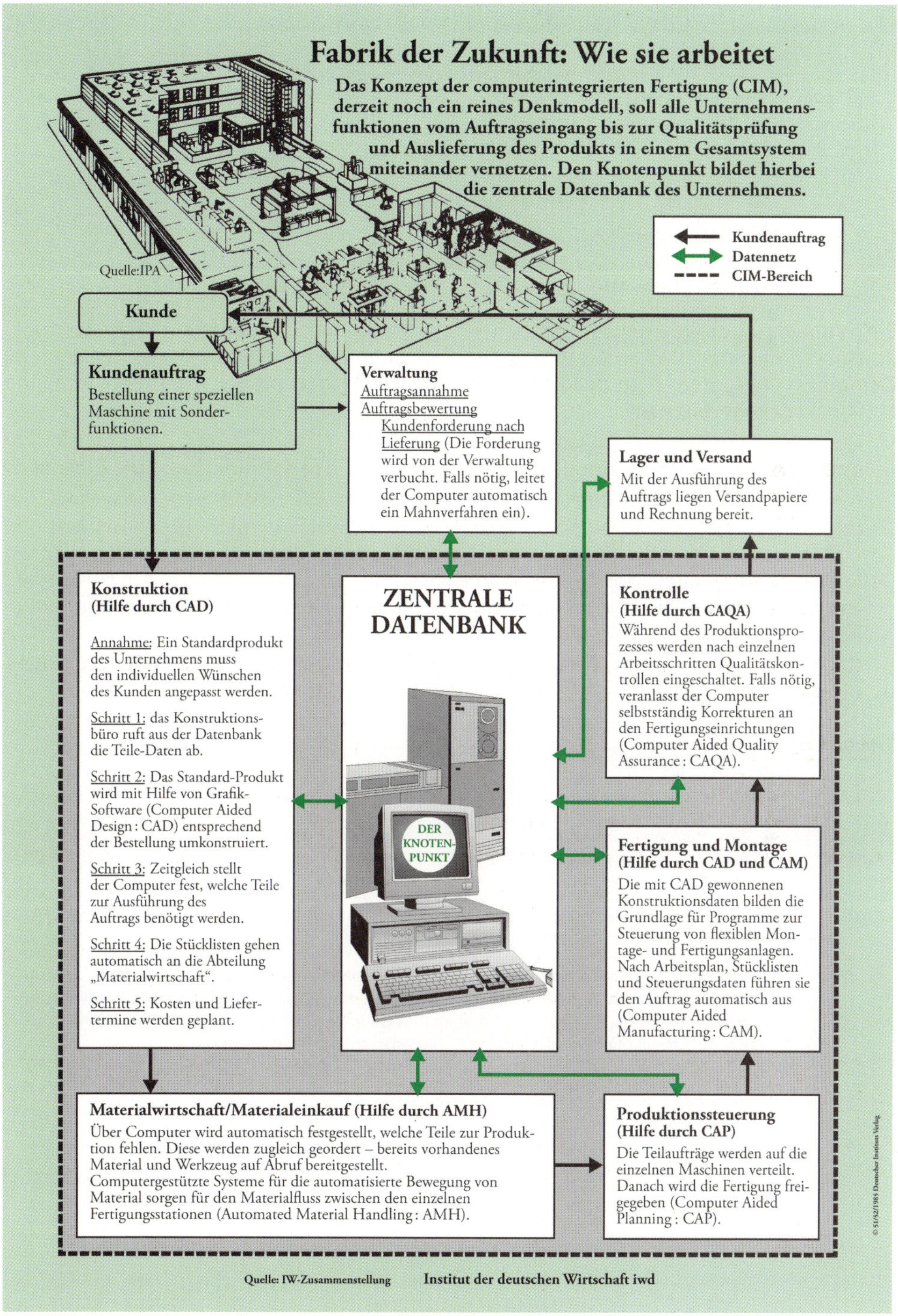

Rechnergesteuerte Fabrik

Zusammenfassung

Ganzheitliche Rationalisierungskonzepte

Just-in-time-Konzeption

Die erforderlichen Produktvarianten bzw. -mengen werden bedarfs- und zeitnah produziert bzw. beschafft. Dadurch werden die Lagerbestände sehr stark reduziert.

Voraussetzungen:

- Ausgefeiltes Informationssystem nicht nur innerhalb des Unternehmens, sondern auch zu den Lieferanten
- Hohe Zuverlässigkeit der Lieferanten
- Gut funktionierendes Qualitätsmanagement

Lean Production[1]

Lean Production ist das Zusammenwirken aller Bereiche eines Unternehmens in einem optimal abgestimmten Prozess. Die Konzeption erfordert eine ganzheitliche Betrachtungsweise des Unternehmens und nicht eine isolierte Verschlankung einzelner Teilbereiche.

Kennzeichen:

- Konsequente Kundenorientierung, d.h. schnelle, flexible Anpassung an spezielle Kundenwünsche
- Hohe Produktqualität
- Hohe Innovationsgeschwindigkeit
- Konkurrenzfähige Preise
- Kurze Lieferfristen
- Enge Kooperation der betrieblichen Aufgabenbereiche
- Integration der externen Partner in den betrieblichen Informationsfluss
- Besondere Organisationsformen wie z.B. Teamarbeit
- Ausgeprägte Kommunikations- und Informationsmöglichkeiten
- Übertragung von Verantwortung auf untere Hierarchieebenen
- Konzentration auf Wertschöpfung

CIM-Konzepte

Im Rahmen eines CIM-Konzepts werden die ursprünglich isolierten Bausteine des CAD, CAE, CAP, CAM, CAQ und der Betriebsdatenerfassung (BDE) in eine geschlossene Konzeption eingebettet. Eine unternehmensweite Datenbank stellt für alle Unternehmensbereiche die erforderlichen Informationen bedarfsgerecht zur Verfügung.

1 Vgl. IfaA: Lean Production, Köln, 1992.

Übungsaufgaben

106 1. Erläutern Sie Vor- und Nachteile der Just-in-time-Konzeption für Abnehmer und Zulieferer!

2. Welche „Social costs" können durch die Verwirklichung der Just-in-time-Konzeption entstehen? (Social costs sind Kosten, die nicht der Verursacher trägt, sondern die Allgemeinheit.)

107 **Textauszug:**

„... Lean Production fordert den ganzen Menschen, sein Wissen, sein Können und seine Identifizierung mit dem Unternehmen. Er soll nicht nur arbeiten, sondern mitdenken ...
Die Autoren einer Studie versprechen Europas Massenproduzenten, bei einer Umstellung ihrer Fertigung auf Lean Production könne dieselbe Menge mit weniger als der Hälfte der gegenwärtigen Mitarbeiter erarbeitet werden. Für Gewerkschaften muss dies schlicht eine Horrorvision sein, schon gar in einer Zeit, in der eine weltweite Rezession ohnehin Arbeitsplätze massenweise vernichtet."

Aufgaben:

1. Nennen Sie wichtige Merkmale der Lean Production!
2. Welche Vor- und Nachteile hat die Lean Production für die Arbeitnehmer?

108 Bei der Weber Metallbau GmbH wird zurzeit viel über notwendige Rationalisierungsmaßnahmen gesprochen.

Aufgaben:

1. Erklären Sie, was unter Rationalisierung zu verstehen ist!
2. Erläutern Sie an zwei selbst gewählten Beispielen, welche Ziele die Weber Metallbau GmbH mit ihren Rationalisierungsmaßnahmen anstreben kann!

109 Die Goslarer Büromöbel AG ist von der Leistungsfähigkeit des Lean-Management-Konzepts überzeugt und plant das Reengineering (die Umstrukturierung) der Unternehmensorganisation.

Aufgaben:

1. Erläutern Sie, welche Besonderheiten der Lean-Management-Ansatz aufweist!
2. Formulieren Sie ein Unternehmensleitbild, das den Gedanken des Lean Managements widerspiegelt!
3. Beschreiben Sie, durch welche Merkmale die Organisation eines Unternehmens mit Lean Management gekennzeichnet ist!

110 Lösen Sie die Handlungsaufgaben aus der Lernsituation 3!

LG 12.3 Lernsituation 4: Qualitätssicherungsverfahren anwenden

Die Goslarer Büromöbel AG hat sehr mit den asiatischen Billigimporten zu kämpfen. Gerade im abgelaufenen Quartal hatte sie sich um den Großauftrag einer führenden Möbelhauskette über die Lieferung von 2000 Kinderschreibtischen beworben. Vor drei Tagen kam die Absage. Frau Özdemir, Leiterin des Verkaufs, fragte bei der Möbelhauskette telefonisch nach.

Die Antwort war frustrierend: *„Der Auftrag ging an einen Hersteller aus Malaysia. Im Rahmen der Musterprüfung des Kinderschreibtisches der Goslarer Büromöbel AG wurden geringfügige Verarbeitungsmängel festgestellt. Von den Verstellmöglichkeiten her war das asiatische Produkt ebenbürtig. Der zwar immer noch vorhandene Qualitätsvorsprung gegenüber dem malaysischen Hersteller rechtfertigt aber nicht den deutlich höheren Einstandspreis."*

Im wöchentlichen Meeting mit dem Leiter der Qualitätssicherung, Herrn Krogull, und der Leiterin des Personalwesens, Frau Stark, kam dieser verlorene Auftrag zur Sprache.

Frau Özdemir: *„Frau Stark, Herr Krogull – so geht das nicht weiter. Jetzt haben wir schon wieder einen Großauftrag verloren, den wir so dringend gebraucht hätten. An den verlorenen Auftrag der Hanse-Möbelhäuser vor vier Wochen brauche ich wohl nicht zu erinnern. Und die Argumente sind im Kern immer die gleichen: Die Qualität ist nicht so überzeugend, dass die Kunden den Mehrpreis zu zahlen bereit wären. Wir haben doch gut ausgebildete Fachkräfte und zahlen doch gute Löhne! Also – woran liegt es denn?"*

Herr Krogull: *„Wir haben uns zwar nach DIN EN ISO 9001:2015 zertifizieren lassen und das steht auch schön auf unseren Briefköpfen. Aber das Thema ‚Qualität' ist in den Köpfen der Mitarbeiter noch nicht ganz angekommen. Sie sind Betroffene, aber keine Beteiligten. Ich erinnere mich an die letzte Sitzung des ‚Qualitätszirkels Montage'. Dreiviertel der Mitarbeiter sitzt da und schweigt. Ich denke, sie sind erschlagen vom Vokabular: ‚Total Quality Management, DIN EN ISO 9001:2015, Zertifizierung, Kaizen …'. Da tue ich mich ja schon schwer."*

Frau Stark: *„Ich habe da eine Idee. Wie wäre es als ersten Schritt, wenn wir eine Charme-Offensive starten. Also erst einmal weg von dem ganzen Fachchinesisch und mit Humor und Optimismus eine plakative Serie für die Arbeitsplätze zusammenstellen. Ich habe schon zwei Vorschläge mitgebracht."*

IMPULS:

Welche betrieblichen Situationen werden sehr ausdrucksstark dargestellt? Schildern Sie qualitätsrelevante und damit absatzfördernde Aspekte dieser positiven Berufserfahrungen! Kehren Sie sodann die dargestellten Situationen ins Negative um und schildern Sie absatzhemmende Vorgänge im Betrieb!

HANDLUNGSAUFGABEN:

Arbeiten Sie die folgenden Kapitel des Lehrbuches durch und verwenden Sie die Aufzeichnungen aus dem Unterricht zur Bearbeitung der Handlungsaufgaben!

1. Welche Grundgedanken der Qualitätsnorm DIN EN ISO 9001:2015 erkennen Sie in den Karikaturen?
2. Welche Unternehmensphilosophie vermittelt das Konzept des Total Quality Management (TQM) über die Norm DIN EN ISO 9001:2015 hinaus?

4 Produktions-Controlling

4.1 Aufgaben des Produktions-Controllings

(1) Generelle und fallbezogene Aufgaben des Produktions-Controllings

Die **generelle Aufgabe des Controllings** besteht darin, die betrieblichen Informationen so aufzubereiten und anschließend bereitzustellen, dass die Unternehmensleitung das **gesamte Unternehmensgeschehen ergebnisorientiert planen, steuern** und **überwachen** kann. Die Informationen gewinnt das Controlling aus dem Zahlenwerk des Rechnungs- und Finanzwesens sowie aus einer speziell angelegten technisch-betriebswirtschaftlichen Daten-, Modell- und Wissensbank. Das **Produktions-Controlling** ist **Teil des Gesamt-Controllings** und hat daher dessen Aufgaben durch Informationen aus dem Bereich der Produktionswirtschaft zu unterstützen.

- Die **generelle Aufgabe** des **Produktions-Controllings** besteht darin, die Informationen aus dem Leistungserstellungsprozess so aufzubereiten und anschließend bereitzustellen, dass die Unternehmensleitung den **Entstehungsprozess von Produkten ergebnisorientiert planen, steuern** und **überwachen** kann. Ihre Informationen gewinnt das Produktions-Controlling insbesondere aus der Kostenrechnung und der Investitionsrechnung sowie aus der Aufbereitung technischer Daten.
- Aus den generellen Aufgaben lassen sich sodann **spezielle Aufgaben** des **Produktions-Controllings** ableiten.

Aufgaben des Produktions-Controllings	Beispiele
Regelmäßige Aufgaben	Mitarbeit bei der kurz- und mittelfristigen Produktprogrammplanung, der Materialbedarfsplanung, der Produktionsprozessplanung und -kontrolle (z.B. Terminüberwachung, Kapazitätsbelegungs-, Materialeinsatz- sowie Instandhaltungsplanung und -kontrolle) sowie bei der Budgetplanung und Kontrolle des Produktionsbereichs.

Aufgaben des Produktions-Controllings	Beispiele
Aufgaben von Fall zu Fall	Auswahl, Einführung und Weiterentwicklung eines Planungs-, Steuerungs- und Kontrollsystems, die Beurteilung von technischen Investitionen, die Mitarbeit bei Fragen der Betriebsorganisation (z.B. Arbeits- und Betriebszeitregelungen) sowie die Begleitung spezifischer Maßnahmen im Produktionsbereich (z.B. Verlegung eines Standorts, Einführung eines neuen Fertigungsverfahrens).

(2) Überblick über die Maßnahmen zur Umsetzung des Produktions-Controllings

Das Produktions-Controlling lässt sich prinzipiell durch zwei Gruppen von **Controllingmaßnahmen** umsetzen:

- Zum einen durch die **Festlegung von Erfolgsmaßstäben** und deren Überprüfung durch direkt zahlenmäßig **messbare Kennziffern.** Eine Auswahl wichtiger Kennziffern und deren Zielsetzung enthält die nachfolgende Tabelle.

Zielsetzung	Kennziffern (Auswahl)
Optimierung des Leistungserstellungsprozesses (prozessorientierte Informationen).	Dauer der Durchlaufzeit der Aufträge, Rüstzeiten je Auftrag, Losgrößen je Auftrag, Auslastung der eingerichteten Arbeitsplätze.
Erhalt von Daten über die erzielte Produktivität.	Arbeitsproduktivität, Materialproduktivität, Betriebsmittelproduktivität.
Verzinsung des eingesetzten Kapitals bzw. Wirtschaftlichkeit der erbrachten Leistungen.	Kapitalrentabilität, Umsatzrentabilität, Lagerkapazitätsauslastung, Verbrauchs- und Beschäftigungsabweichungen, Wirtschaftlichkeitsvergleich zweier Produktreihen.
Ermittlung von Kosten für Qualitätssicherungsmaßnahmen.	Stör- und Ausfallzeiten nach Dauer und Ursachen an den einzelnen Arbeitsplätzen, Fehlerkosten, Kosten für Qualitätssicherungsmaßnahmen im Verhältnis zu den Produktionskosten.
Erfassung der verursachten Kosten durch Betriebsstörungen und -unterbrechungen.	Stillstandskosten im Verhältnis zu den gesamten Produktionskosten, Wiederanlaufkosten je Maschine im Verhältnis zur Maschinenlaufzeit pro Jahr.

- Zum anderen können Controllingmaßnahmen darauf abzielen, **Soll-Ist-Vergleiche von Kennziffern** vorzunehmen, deren **Abweichungen zu analysieren** und gegebenenfalls **Verbesserungsvorschläge** zu unterbreiten.

4.2 Zusammenhang zwischen Beschäftigungsänderungen und Kostenentwicklung

4.2.1 Kapazität und Beschäftigungsgrad

Jedes Unternehmen ist bezüglich seiner räumlichen, technischen und personellen Ausstattung auf eine bestimmte Produktionsmenge festgelegt. Diese Produktionsmenge je Zeiteinheit (Tag, Monat, Jahr) nennt man **Kapazität.** Von der Kapazität ist die tatsächliche Produktionsmenge zu unterscheiden, die man in einem Prozentsatz zur Kapazität angibt. Diesen Prozentsatz nennt man **Beschäftigungsgrad.**

- **Kapazität** ist die Produktionsmenge, die bei gegebener Ausstattung erreichbar ist. Sie beträgt 100 %.
- Der **Beschäftigungsgrad (Kapazitätsausnutzungsgrad)** drückt das prozentuale Verhältnis der tatsächlichen Produktionsmenge zur Kapazität aus.

$$\text{Beschäftigungsgrad} = \frac{\text{Produktionsmenge} \cdot 100}{\text{Kapazität}}$$

Beispiel:

Die Kapazität beträgt pro Monat 8000 Stück eines Erzeugnisses. Im Monat Mai betrug die Zahl der tatsächlich hergestellten Produktionsmenge 6000 Stück.

Aufgabe:

Wie viel Prozent beträgt der Beschäftigungsgrad?

Lösung:

$$\text{Beschäftigungsgrad} = \frac{6000 \cdot 100}{8000} = \underline{\underline{75\,\%}}$$

Die Kapazität kann bis zur **technischen Maximalkapazität (Kapazitätsgrenze)** gesteigert werden. Unter **Maximalkapazität** versteht man die technisch bedingte obere Leistungsgrenze eines Betriebs (oder einer Maschine), also die höchste Ausbringung. Daneben gibt es in vielen Betrieben auch eine **Minimalkapazität.** Sie kann aus technischen oder wirtschaftlichen Gründen nicht unterschritten werden, wenn der Betrieb funktionsfähig sein soll (z. B. Mindestgeschwindigkeit eines Fließbands).

4.2.2 Kostenverhalten bei Veränderung der Beschäftigung

4.2.2.1 Kostenverläufe bei fixen Kosten

Fixe Kosten sind Kosten, die sich bei einer Änderung des Beschäftigungsgrades in **ihrer absoluten Höhe nicht verändern.**

(1) Absolut fixe Kosten

Gesamtbetrachtung. Absolut fixe Kosten (K_{fix}) verändern sich von der Ausbringungsmenge 0 bis zur Kapazitätsgrenze nicht.

Beispiele:

Miete, Abschreibungen, Gehälter.

Stückbetrachtung. Bezieht man die angefallenen Fixkosten auf ein einzelnes Stück (k_{fix}) und untersucht, wie sich deren Höhe bei unterschiedlicher Produktionsmenge ändert, so ergibt sich folgender Zusammenhang: Erhöht man die Menge an Produktionseinheiten (der Beschäftigungsgrad nimmt zu), dann verteilt sich der konstant hohe Block an Fixkosten auf eine größere Menge, d.h., die Fixkosten pro Stück sinken. Ein sinkender Beschäftigungsgrad hat die entsprechend umgekehrte Wirkung.

$$\text{Fixkosten je Leistungseinheit } (k_{fix}) = \frac{\text{Fixkosten der Periode } (K_{fix})}{\text{Anzahl der Produktionseinheiten}}$$

Beispiel:

Erzeugte Menge in Stück	Gesamtbetrachtung in EUR	Stückbetrachtung in EUR
10000	60000,00	6,00
20000	60000,00	3,00
30000	60000,00	2,00

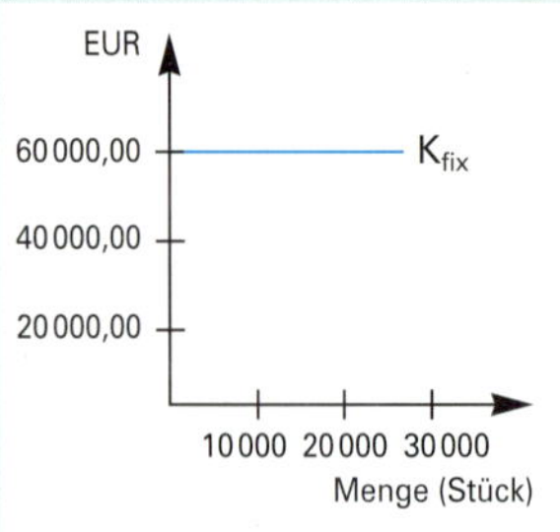

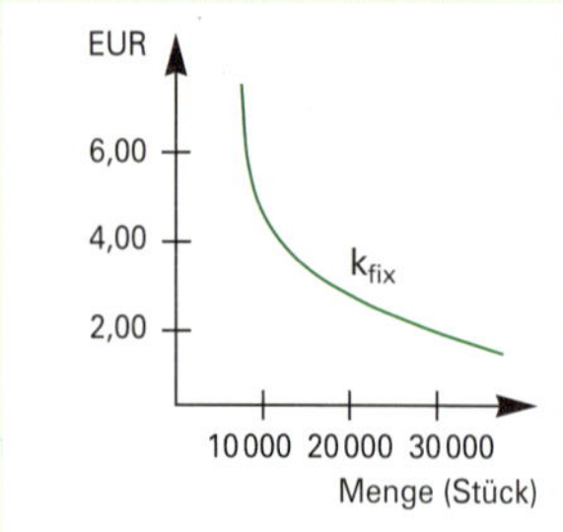

(2) Relativ fixe Kosten (sprungfixe Kosten)

Die relativ fixen Kosten (sprungfixe Kosten) bleiben nur innerhalb einer bestimmten Produktionsmenge konstant.

Soll die Produktion so gesteigert werden, dass sie mit der vorhandenen technischen Ausstattung bzw. den eingestellten Arbeitskräften nicht mehr erhöht werden kann, müssen neue Maschinen gekauft, zusätzliche Arbeitskräfte eingestellt und/oder eine neue Fabrikhalle angemietet werden. In diesem Fall erhöhen sich die fixen Kosten sprunghaft. Die zusätzlich entstehenden Kosten nennt man **sprungfixe Kosten (intervallfixe Kosten).**

Beispiel:

Erzeugte Menge in Stück	Gesamtbetrachtung in EUR	Stückbetrachtung in EUR
10000	60000,00	6,00
20000	60000,00	3,00
30000	60000,00	2,00
40000	120000,00	3,00
50000	120000,00	2,40

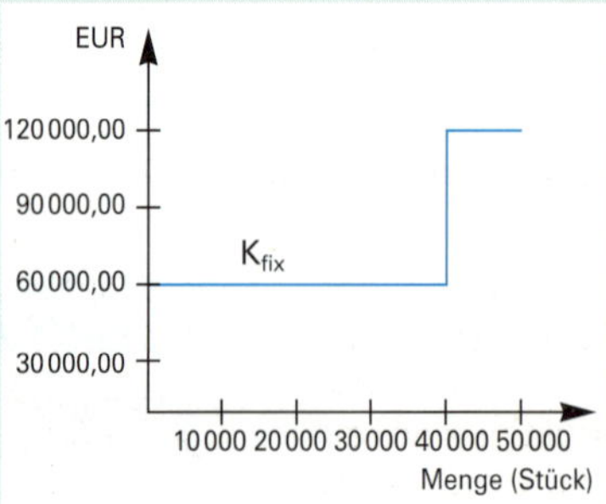

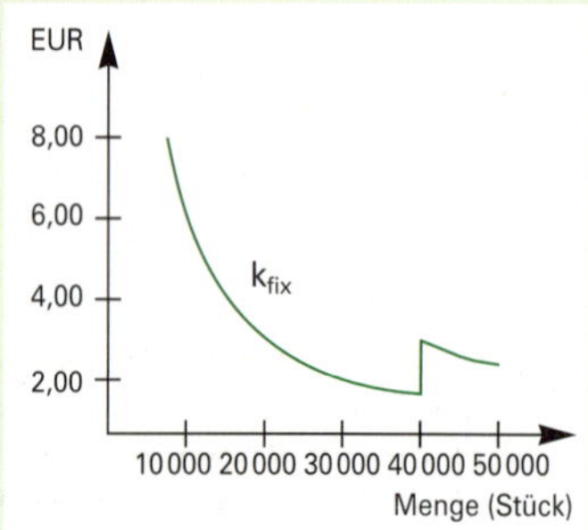

- Die absolut fixen Kosten bleiben bis zur Kapazitätsgrenze trotz Änderung des Beschäftigungsgrads absolut gleich.
- Wird die Kapazitätsgrenze überschritten, springen die absolut fixen Kosten auf ein neues Niveau.
- Die auf eine Leistungseinheit umgerechneten fixen Kosten verringern sich bei steigendem Beschäftigungsgrad und erhöhen sich bei rückläufigem Beschäftigungsgrad.

(3) Nutzkosten und Leerkosten

Wird aufgrund eines geringeren Beschäftigungsgrads die Kapazität nur teilweise genutzt, gliedern sich die fixen Kosten in Nutzkosten und Leerkosten auf.

Nutzkosten	Dies ist der Teil der Fixkosten, der bei gegebener Kapazitätsausnutzung „in Anspruch" genommen wird, d.h. **Fixkosten der genutzten Kapazität.**
Leerkosten	Dies sind die **Fixkosten der nicht genutzten Kapazität.**

Beispiel:

In einem Unternehmen betragen die Fixkosten einer Maschine 45000,00 EUR. Die Kapazität der Maschine ist zu 75 % ausgelastet.

Nutzkosten: $\frac{45000 \text{ EUR} \cdot 75}{100} = \underline{\underline{33750{,}00 \text{ EUR}}}$

Leerkosten: $45000{,}00 \text{ EUR} - 33750{,}00 \text{ EUR} = \underline{\underline{11250{,}00 \text{ EUR}}}$

Die Leerkosten machen deutlich, welcher Anteil der Fixkosten nicht genutzt wird. Unser Beispiel besagt, dass 11250,00 EUR an Fixkosten für eine Erhöhung der Produktionsmenge noch zur Verfügung stehen.

4.2.2.2 Kostenverläufe bei variablen Kosten

Variable Kosten sind Kosten, die sich in ihrer **absoluten Höhe** bei Änderung des Beschäftigungsgrades **verändern.**

(1) Proportionale Kosten

Gesamtbetrachtung. Die proportionalen Kosten verändern sich im gleichen Verhältnis wie der Beschäftigungsgrad.

Stückbetrachtung. Bezieht man die Summe der proportionalen Kosten einer Periode auf eine Produktionseinheit, dann muss bei gleichbleibenden Preisen der Anteil, der auf eine Produktionseinheit entfällt, bei jedem Beschäftigungsgrad gleich sein.

Beispiele:

Fertigungsmaterial, Fertigungslöhne, Provisionen.

$$\text{Proportionale Kosten je Produktionseinheit} = \frac{\text{Summe der proportionalen Kosten } (K_v)}{\text{Summe der Produktionseinheiten}}$$

Beispiel:

Erzeugte Menge in Stück	Gesamtbetrachtung in EUR	Stückbetrachtung in EUR
10000	50000,00	5,00
20000	100000,00	5,00
30000	150000,00	5,00

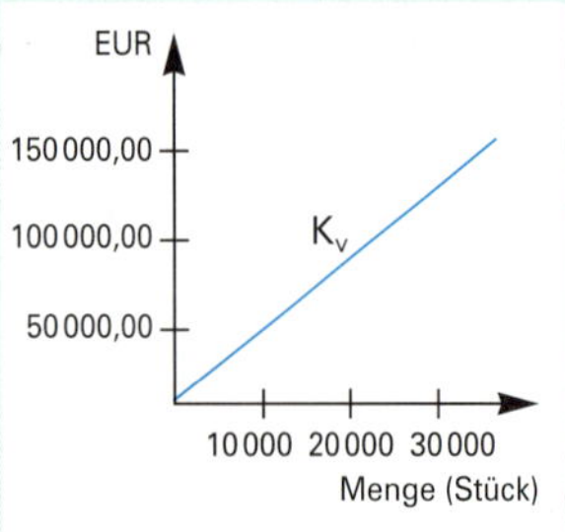

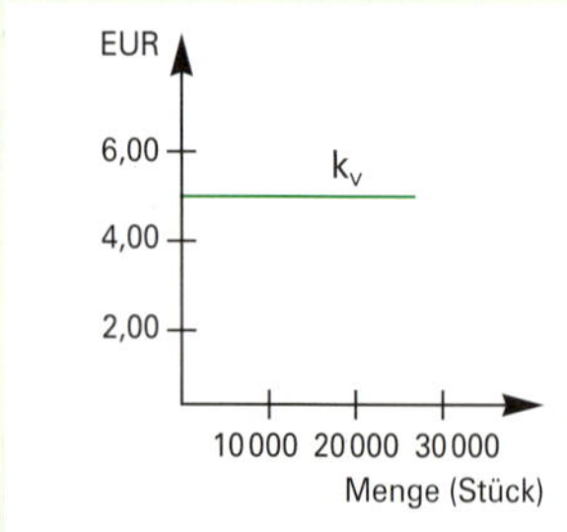

- In der Gesamtbetrachtung verändern sich die proportionalen Kosten im gleichen Verhältnis wie der Beschäftigungsgrad.
- Auf eine Produktionseinheit (z. B. auf ein Stück) bezogen, bleiben die proportionalen Kosten gleich (konstant).

(2) Überproportionale (progressive) Kosten

Diese Kosten steigen stärker an als der Beschäftigungsgrad. Das ist häufig der Fall bei Überbeschäftigung. Beispiele für überproportionale Kosten sind Überstundenlöhne, erhöhter Energieverbrauch, Reparaturkosten und Abschreibungen aufgrund der Überbeanspruchung der Maschinen.

Beispiel:

Erzeugte Menge in Stück	Gesamtbetrachtung in EUR	Stückbetrachtung in EUR
10000	50000,00	5,00
20000	120000,00	6,00
30000	300000,00	10,00

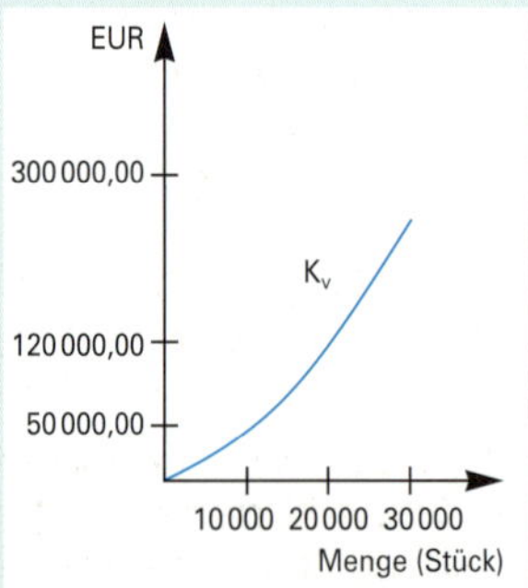

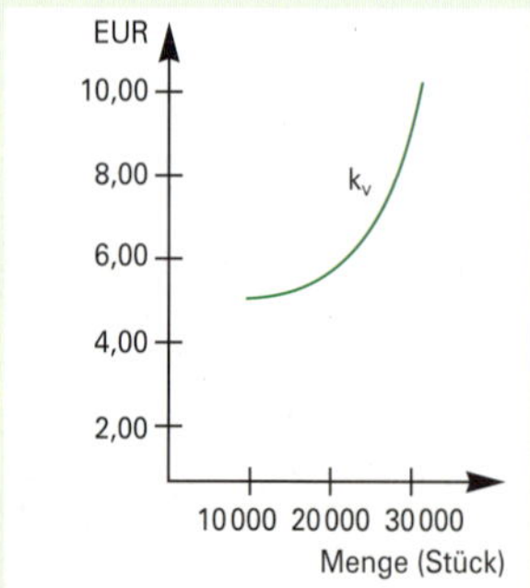

Überproportional (progressiv) verlaufende variable Kosten steigen sowohl in der Gesamtbetrachtung als auch in der Stückbetrachtung stärker als der Beschäftigungsgrad.

(3) Unterproportionale (degressive) Kosten

Die unterproportional verlaufenden Kosten steigen geringer als der Beschäftigungsgrad. Die Gründe dafür liegen z.B. in günstigeren Einkaufsmöglichkeiten für das Material und/ oder Steigerung der Produktivität dadurch, dass mit steigendem Beschäftigungsgrad effizientere Fertigungsverfahren verwendet werden. Beispiele für unterproportionale Kosten sind Steigerung der Arbeitsleistung bei gleichbleibendem Zeitlohn, Senkung des Materialaufwands infolge höherer Rabatte, Senkung der Betriebsstoff- und Energiekosten infolge günstigerer Auslastung der Maschinen.

Beispiel:

Erzeugte Menge in Stück	**Gesamtbetrachtung in EUR**	**Stückbetrachtung in EUR**
10000	60000,00	6,00
20000	80000,00	4,00
30000	90000,00	3,00

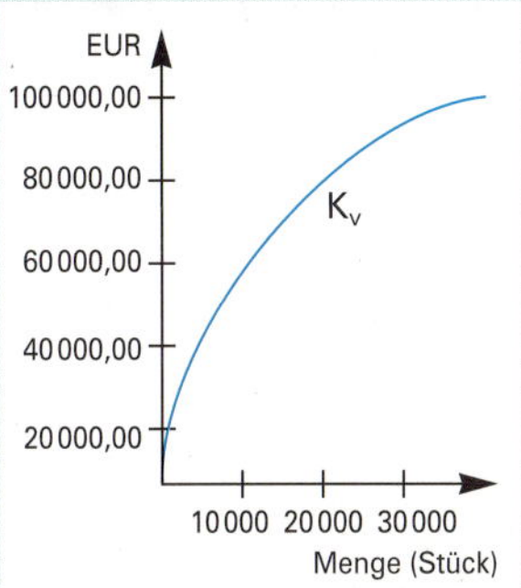

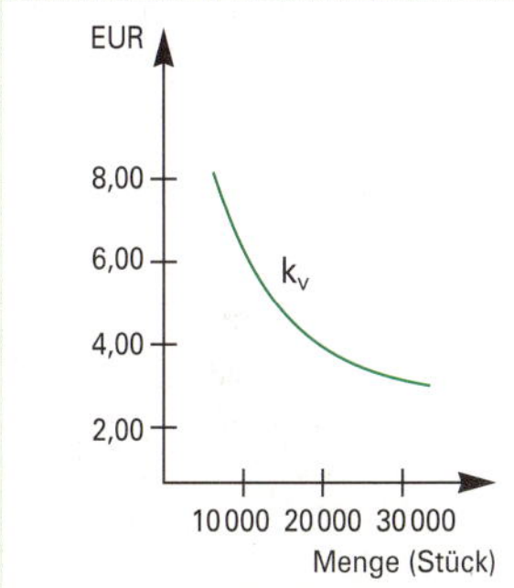

- In der Gesamtbetrachtung verändern sich die unterproportional verlaufenden Kosten in einem schwächeren Maße als der Beschäftigungsgrad.
- Bei einem unterproportionalen (degressiven) Verlauf der variablen Kosten sinken die Stückkosten bei steigendem Beschäftigungsgrad (Degressionseffekt der fixen Kosten).

4.2.2.3 Mischkosten

Es gibt Kostenarten, die zugleich fixe und variable Kostenanteile enthalten, z.B. Telefonkosten (Anschlussgebühr + Tarifeinheiten) oder Energiekosten (Grundentgelt + Verbrauchsentgelt).

Mischkosten sind Gemeinkosten, die **fixe** und **variable Kostenanteile** aufweisen.

20 Wessel u.a. - ISBN 978-3-8120-0588-3

4.2.2.4 Kostenremanenz

Geht der Beschäftigungsgrad in einer Unternehmung zurück, müssten die Kosten dem Kostenverlauf entsprechend sinken. In der Praxis bleibt der Kostenabbau jedoch hinter dem Rückgang des Beschäftigungsgrades zurück. Diese Erscheinung nennt man **Kostenremanenz.**[1]

Bei den **fixen Kosten** sind hierfür insbesondere folgende **Gründe** verantwortlich:

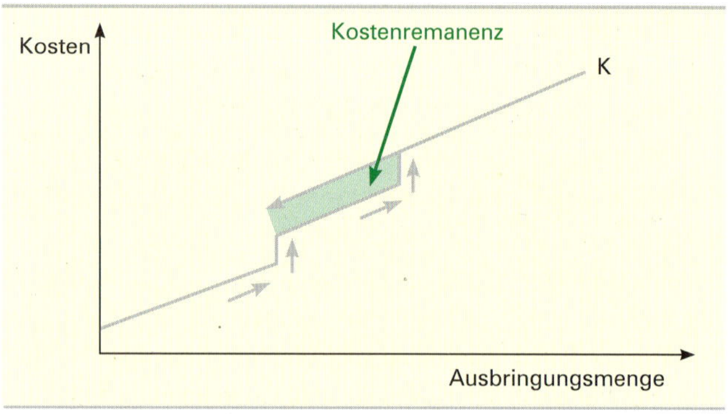

- Einhalten der gesetzlichen Kündigungsbestimmungen und Tarifverträge für Arbeitnehmer, Sozialpläne, Abfindungszahlungen,
- Einhalten von Abnahmeverpflichtungen im Beschaffungsbereich,
- Verzögerungen beim Verkauf von stillgelegten Anlagen und Maschinen,
- erhöhte Lagerkosten bei Absatzstockungen.

Bei den **variablen Kosten** treten Remanenzerscheinungen nicht in diesem Umfang auf. Etwa dann, wenn die Arbeitsintensität der Mitarbeiter stark absinkt, weil sie z.B. aus Furcht vor Kurzarbeit die Arbeit „strecken".

Folgen der Kostenremanenz sind, dass

- die Gesamtkostenkurve mit steigendem Beschäftigungsgrad einen anderen Kostenverlauf als bei abnehmendem Beschäftigungsgrad hat,
- die Stückkosten bei rückläufigem Beschäftigungsgrad erheblich ansteigen,
- die Verlustzone bereits früher als bisher beginnt.

Das Unternehmen wird daran gehindert, dem sinkenden Absatz durch Preissenkungen entgegenzuwirken. Unter Umständen wird das Unternehmen sogar dazu gezwungen, die Preise zu erhöhen.

1 **Remanent** (lat.): zurückbleibend.

Übungsaufgaben

111 Ordnen Sie die folgenden Kostenarten den fixen Kosten, den variablen Kosten und den Mischkosten zu. Verwenden Sie dazu das nachfolgende Schema:

fixe Kosten	Mischkosten		variable Kosten
	überwiegend fix	überwiegend variabel	

Gehälter einschließlich gesetzlicher Sozialaufwendungen, Instandhaltungskosten, Energiekosten, Abschreibungen nach Leistungseinheiten, Verbrauch von Fertigungsmaterial, Hilfslöhne, lineare Abschreibung, Verwaltungsgemeinkosten, Zinsen, Reinigungskosten, Werbekosten, Postentgelte, Fertigungslöhne einschließlich gesetzlicher Sozialaufwendungen, Sondereinzelkosten der Fertigung, Reisekosten für die Vertreter, Miete für eine Lagerhalle, Verbrauch von Betriebsstoffen, Garantieleistungen.

112 Bei modernen Industriebetrieben ist der Anteil der fixen Kosten an den Gesamtkosten in der Regel hoch.

1. Worauf ist dieser Sachverhalt zurückzuführen?
2. Welche Auswirkungen hat das plötzliche Ausbleiben von Aufträgen auf den Verlauf der fixen Kosten?

4.2.3 Kritische Kostenpunkte

Der Leiter der Rechnungswesenabteilung sagt, als er die neusten Statistiken durchgesehen hatte: „Endlich sind wir im neuen Zweigwerk über den toten Punkt hinaus!". Er meinte damit, dass dort jetzt der Beschäftigungsgrad überschritten sei, bei dem die Erlöse gerade die Kosten decken.

Bei den folgenden Überlegungen gehen wir der Einfachheit halber von einem Einproduktunternehmen aus, das keine Lager bildet (abgesetzte Menge entspricht der hergestellten Menge). Ferner unterstellen wir, dass das Unternehmen lediglich mit absolut fixen und proportional variablen Kosten arbeitet. Die Kostenpreise und Absatzpreise sind während des Betrachtungszeitraums konstant. Unter diesen Bedingungen erhalten wir ein Kostenbild wie auf S. 309 abgebildet.

Beispiel:

Ein Industriebetrieb stellt Zubehörteile (Plastikbausätze) für Modelleisenbahnen her. Monatlich können maximal 1000 Packungen (Inhalt 10 Bausätze) erzeugt werden. Es wird nur auf Bestellung gearbeitet.

- An **fixen Kosten** fallen monatlich an: für Gehälter 9000,00 EUR, für Miete 1600,00 EUR, für Nebenkosten (Heizung, Licht, Reinigung) 400,00 EUR, für die Verzinsung des investierten Kapitals 3000,00 EUR und für die Abschreibung der Spritzgussmaschinen und der Werkzeuge 6000,00 EUR. Die fixen Kosten betragen also insgesamt 20000,00 EUR.
- Die (proportional) **variablen Kosten** betragen 30,00 EUR je Verkaufspackung. Sie setzen sich aus den Roh- und Hilfsstoffkosten (6,00 EUR), den Akkordlöhnen (22,00 EUR) und den Energiekosten (2,00 EUR) zusammen. Die Fertigungslöhne sind deshalb so hoch, weil viele Einzelteile (z. B. Pflanzen) in Handarbeit fertiggestellt werden müssen.
- Der Absatzpreis je Verkaufspackung beträgt 55,00 EUR.

Aufgaben:

1. Berechnen Sie in Intervallen von jeweils 100 Verkaufspackungen für die Herstellung von 100 bis 1000 Verkaufspackungen die anfallenden Gesamtkosten, die Stückkosten, den Gesamtgewinn bzw. -verlust und den Stückgewinn bzw. -verlust! Verwenden Sie hierzu eine Kosten-Leistungs-Tabelle!
2. Berechnen Sie die Nutzenschwelle!
3. Ermitteln Sie den optimalen Kostenpunkt und das Gewinnmaximum!
4. Stellen Sie E, K, K_v und K_{fix}, k, k_v und e grafisch dar, kennzeichnen Sie die kritischen Kostenpunkte und die Gewinn- und Verlustzonen!

Lösungen:

Zu 1.:

Menge der Verkaufspackungen (x)	fixe Gesamtkosten in EUR (K_{fix})	variable Gesamtkosten in EUR (K_v)	Gesamtkosten in EUR (K)	Gesamterlös (abgesetzte Menge x Preis) (E)	Gewinn (schwarze Zahlen) bzw. Verlust blaue Zahlen) (G/V)	variable Stückkosten (k_v)	fixe Stückkosten (k_{fix})	Stückkosten in EUR (k)	Stückerlös in EUR (e)	Stückverlust bzw. Stückgewinn (g/v)
100	20000,00	3000,00	23000,00	5500,00	17500,00	30,00	200,00	230,00	55,00	175,00
200	20000,00	6000,00	26000,00	11000,00	15000,00	30,00	100,00	130,00	55,00	75,00
300	20000,00	9000,00	29000,00	16500,00	12500,00	30,00	66,67	96,67	55,00	41,67
400	20000,00	12000,00	32000,00	22000,00	10000,00	30,00	50,00	80,00	55,00	25,00
500	20000,00	15000,00	35000,00	27500,00	7500,00	30,00	40,00	70,00	55,00	15,00
600	20000,00	18000,00	38000,00	33000,00	5000,00	30,00	33,33	63,33	55,00	8,33
700	20000,00	21000,00	41000,00	38500,00	2500,00	30,00	28,57	58,57	55,00	3,57
800	20000,00	24000,00	44000,00	44000,00	– –	30,00	25,00	55,00	55,00	– –
900	20000,00	27000,00	47000,00	49500,00	2500,00	30,00	22,22	52,22	55,00	2,78
1000	20000,00	30000,00	50000,00	55000,00	5000,00	30,00	20,00	50,00	55,00	5,00

Zu 2.: $x = \frac{20000}{55 - 30} = \underline{\underline{800 \text{ Stück (Nutzenschwelle)}}}$

Zu 3.: Der optimale Kostenpunkt und das Gewinnmaximum liegen an der betrieblichen Kapazitätsgrenze, d. h. bei der Produktion von 1000 Stück.

Zu 4.:

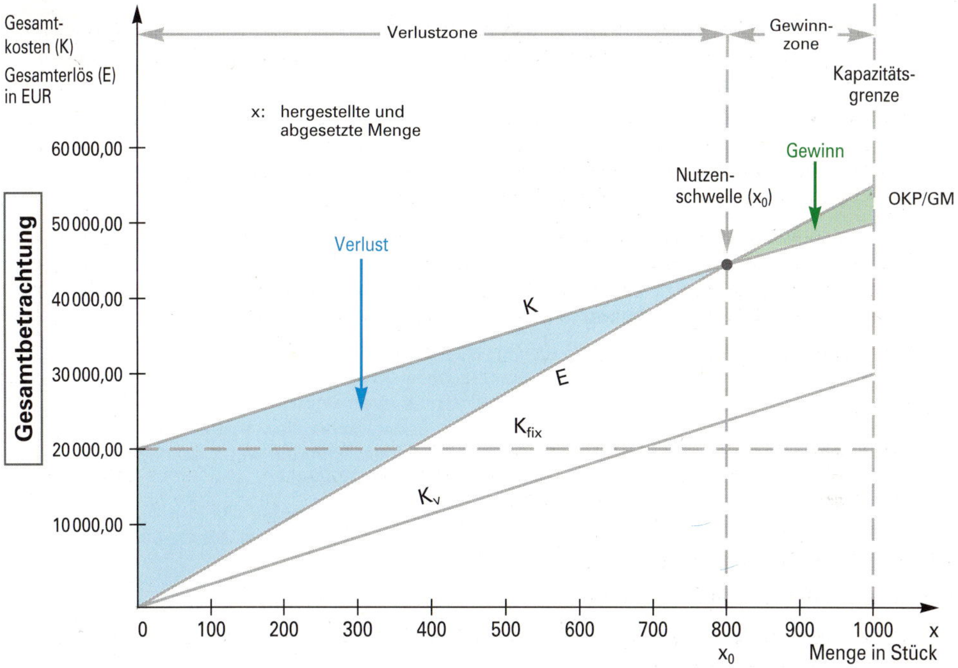
Gesamtkosten (K)
Gesamterlös (E)
in EUR
Gesamtbetrachtung
Verlustzone
Gewinnzone
Kapazitätsgrenze
x: hergestellte und abgesetzte Menge
60 000,00
50 000,00
40 000,00
30 000,00
20 000,00
10 000,00
Gewinn
Nutzenschwelle (x_0)
OKP/GM
Verlust
K
E
K_{fix}
K_v
0
100
200
300
400
500
600
700
800
900
1 000
x
x_0
Menge in Stück

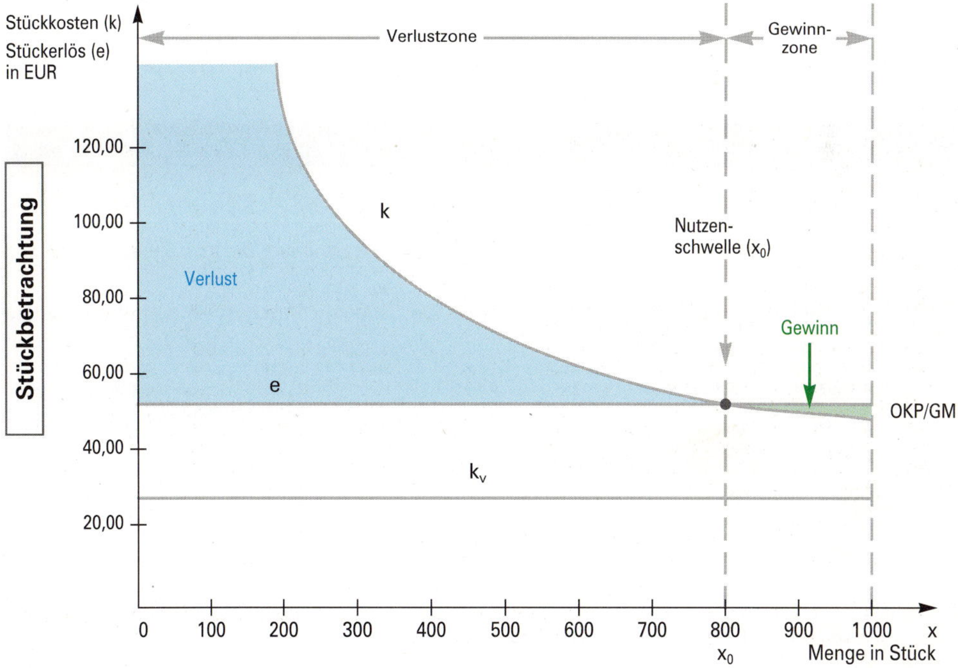
Stückkosten (k)
Stückerlös (e)
in EUR
Stückbetrachtung
Verlustzone
Gewinnzone
120,00
100,00
80,00
60,00
40,00
20,00
k
Nutzenschwelle (x_0)
Verlust
Gewinn
e
OKP/GM
k_v
0
100
200
300
400
500
600
700
800
900
1 000
x
x_0
Menge in Stück

Erläuterungen:

- Unterstellt man einen linearen Gesamtkostenverlauf, ergibt sich mit zunehmender Beschäftigung eine Kostendegression, weil die proportional-variablen Kosten je Stück konstant, die fixen Kosten je Stück jedoch abnehmen **(Gesetz der Massenproduktion).** Das Massenproduktionsgesetz kann mit folgender Gleichung zum Ausdruck gebracht werden:

$$k = k_v + \frac{K_{fix}}{m}$$

Das Stückkostenminimum liegt an der Kapazitätsgrenze.

- Bei linearem Gesamtkostenverlauf und gegebenem Absatzpreis liegt das **Gewinnmaximum** immer an der Kapazitätsgrenze, weil dort die Differenz zwischen Erlös (Umsatz) und Gesamtkosten (Gesamtbetrachtung) bzw. zwischen Absatzpreis je Stück und Stückkosten (Stückbetrachtung) am größten ist **(optimaler Kostenpunkt).**

- Den Beschäftigungsgrad, bei dem der Umsatz den Gesamtkosten (Gesamtbetrachtung) bzw. der Absatzpreis je Stück den Stückkosten entspricht, bezeichnet man als **Gewinnschwelle,** mitunter auch als Nutzenschwelle oder als **„toten Punkt" (Break-even-Point).** Kann der Betrieb seine Ausbringungsmenge (seine Beschäftigung) über die Gewinnschwelle hinaus erhöhen, erzielt er Gewinn, d.h., er tritt in die **Gewinnzone** ein. Liegt die Beschäftigung unter der Gewinnschwelle, arbeitet der Betrieb mit Verlust. Er befindet sich in der **Verlustzone.**

  Sind die fixen Gesamtkosten (K_{fix}), die proportional-variablen Stückkosten (k_v) und der Absatzpreis (P) gegeben, so lässt sich die Gewinnschwelle leicht berechnen. Da bei der Gewinnschwelle die Gesamtkosten dem Erlös entsprechen, gilt:

$$K_{fix} + k_v \cdot x = P \cdot x$$

wobei x die hergestellte und abgesetzte Produktionsmenge bedeutet.[1] Mit den Zahlen unseres Beispiels ergibt sich somit:

$$\begin{aligned} 20000 + 30x &= 55x \\ 25x &= 20000 \\ x &= \underline{\underline{800 \text{ (Stück)}}} \end{aligned}$$

Übungsaufgaben

113 Die Thomas Helmle KG in Berlin stellt Spielpuppen für Kinder her. Eine Puppe wird für 80,00 EUR verkauft. Bei vollkommener Ausnutzung der Kapazität können insgesamt 500 Puppen produziert werden. Die Produktion erfolgt nur nach Bestellung. Die Kostenstruktur verläuft linear.

Die Fixkosten betragen 10000,00 EUR/Monat. Die variablen Stückkosten betragen konstant 40,00 EUR.

Menge	Gesamtkosten			Stückkosten			Gesamterlös	Gesamt-	
x	K_{fix}	K_v	K	k_{fix}	k_v	k	E	gewinn	verlust
100	10000,00				40,00				
200									
300									
400									
500									

1 Außerdem gibt es folgende Berechnungsmöglichkeit: $\text{Gewinnschwelle} = \frac{\text{Fixkosten } (K_{fix})}{\text{Preis (P)} - \text{variable Kosten } (k_v)}$

Aufgaben:

1. Ergänzen Sie die angegebene Tabelle!
2. Berechnen Sie die Nutzenschwelle!
3. Ermitteln Sie den optimalen Kostenpunkt und das Gewinnmaximum!
4. Bei welcher Produktionsmenge wird ein Gewinn von 3520,00 EUR erzielt?
5. Stellen Sie die Variablen E, K, K_v und K_{fix} sowie die Variablen k, k_v und e grafisch dar, kennzeichnen Sie sowohl die kritischen Kostenpunkte als auch die Gewinn- und Verlustzonen!
6. Wann ist das Gewinnmaximum erreicht?
   6.1 theoretisch,
   6.2 praktisch?

114 Die Kostenanalyse für eine Fertigungsanlage ergibt folgendes Bild:

April: Hergestellte Menge 3400 Stück, Gesamtkosten 273000,00 EUR

Mai: Hergestellte Menge 3600 Stück, Gesamtkosten 282000,00 EUR

Die variablen Kosten verlaufen proportional. Der Verkaufserlös beträgt je Stück 77,00 EUR.

Aufgaben:

1. Ermitteln Sie die Nutzenschwelle (Ausbringungsmenge und Umsatz)!
2. Wie viel EUR beträgt der Gewinn/Verlust bei einem Beschäftigungsgrad von 72 % bzw. 100 %, wenn die Kapazitätsauslastung im Monat Mai 80 % beträgt?
3. Bei welchem Umsatz wird ein Gewinn von 11200,00 EUR erreicht?
4. Welche betriebswirtschaftliche Bedeutung hat die Nutzenschwelle?

4.2.4 Einfluss der Fertigungsverfahren auf die Kosten

4.2.4.1 Grundsätzliches

Fertigungsverfahren (man spricht auch von Produktionsverfahren oder Produktionsstrukturen) mit geringem Lohnkosten- und hohem Kapitalkostenanteil (vor allem Zinsen und Abschreibungen) bezeichnet man als **kapitalintensive** oder **anlageintensive Fertigungsverfahren.**

Beispiel:

Das Anrichten des Betons mit der Schaufel ist ein arbeitsintensives (lohnkostenintensives) Produktionsverfahren. Der Einsatz eines Betonmischers spart bereits Arbeitskräfte.

Die **Kostenstruktur** bzw. ihre Veränderung wird weitgehend vom jeweiligen **Fertigungsverfahren** eines Industriebetriebs bestimmt.

Die Substitution arbeitsintensiver durch anlageintensive Verfahren (z. B. auch durch Automation) ist teuer. Je stärker sich ein Betrieb anlageintensiver (kapitalintensiver) Verfahren bedient, desto höher sind seine fixen Kosten. Andererseits nehmen die variablen Kosten ab, weil die menschliche Arbeitskraft teilweise eingespart wird.

4.2.4.2 Verfahrensvergleich

(1) Ausgangsbeispiel

Nehmen wir nochmals das Beispiel von S. 308f. zur Hand. Es wird angenommen, dass unser Betrieb durch den Einsatz eines anlageintensiven Verfahrens die variablen Kosten durch Einsparung von Arbeitskräften von 30,00 EUR auf 20,00 EUR senken kann. Die fixen Kosten (Abschreibungen, Zinskosten) nehmen jedoch um 8000,00 EUR auf 28000,00 EUR monatlich zu. Gleichzeitig wird die monatliche Kapazität auf 1200 Packungen erhöht.

	Verfahren A				Verfahren B			
	Kosten des arbeitsintensiven Verfahrens				Kosten des anlageintensiven Verfahrens			
Erzeugung in Stück	Fixe Kosten je Monat in EUR	Variable Kosten in EUR	Gesamtkosten in EUR	Stückkosten in EUR	Fixe Kosten je Monat in EUR	Variable Kosten in EUR	Gesamtkosten in EUR	Stückkosten in EUR
200	20000,00	6000,00	26000,00	130,00	28000,00	4000,00	32000,00	160,00
400	20000,00	12000,00	32000,00	80,00	28000,00	8000,00	36000,00	90,00
600	20000,00	18000,00	38000,00	63,33	28000,00	12000,00	40000,00	66,67
800	20000,00	24000,00	44000,00	55,00	28000,00	16000,00	44000,00	55,00
1000	20000,00	30000,00	50000,00	50,00	28000,00	20000,00	48000,00	48,00
1200	← Kapazitätsausweitung durch Substitution →				28000,00	24000,00	52000,00	43,33

Kritische Produktmenge (→ 800)

Erläuterungen:

Das Beispiel zeigt, dass der Betrieb nur dann auf das anlageintensivere (kapitalintensivere) Verfahren übergehen wird, wenn er künftig mit einer dauerhaften Absatzerhöhung (und damit mit einer dauerhaften Fertigung) von mehr als 800 Verkaufspackungen (der sogenannten **kritischen Produktmenge**) rechnen kann. Der gleiche Sachverhalt wird in der Abbildung 1 auf S. 313 dargestellt.

(2) Veränderungen des Ausgangsbeispiels: Erhöhung der variablen Kosten

Die Entscheidung für oder gegen die Substitution der Produktionsverfahren ist auch von der tatsächlichen und/oder der erwarteten Faktorpreisentwicklung (vor allem der Lohnkostenentwicklung) abhängig. Würden in unserem Fall die variablen Kosten unter sonst gleichen Bedingungen um beispielsweise 25% steigen, nimmt die kritische Produktmenge von bisher 800 auf 640 Verkaufspackungen ab, wie aus der nachstehenden Berechnung sowie aus der Abbildung 2 auf S. 313 ersichtlich ist.

Erläuterungen:

- **Kritische Produktmenge vor der Erhöhung der variablen Kosten:**

Bei der kritischen Produktmenge sind die Kosten des arbeitsintensiven (lohnkostenintensiven) Verfahrens den Kosten des anlageintensiven (kapitalintensiven) Verfahrens gleich hoch:

Gesamtkosten des Verfahrens A = Gesamtkosten des Verfahrens B

$20000 + x \cdot 30 = 28000 + x \cdot 20$

$x \cdot 10 = 8000$

$\underline{\underline{x = 800}}$

- **Kritische Produktmenge nach der Erhöhung der variablen Kosten um 25%:**

$20000 + x \cdot 37{,}5 = 28000 + x \cdot 25$

$x \cdot 12{,}5 = 8000$

$\underline{\underline{x = 640}}$

Das Zahlenbeispiel erklärt, warum Lohnkostenerhöhungen tendenziell dazu führen, dass arbeitsintensive Produktionsverfahren durch kapitalintensive Produktionsverfahren substituiert (ersetzt) werden.

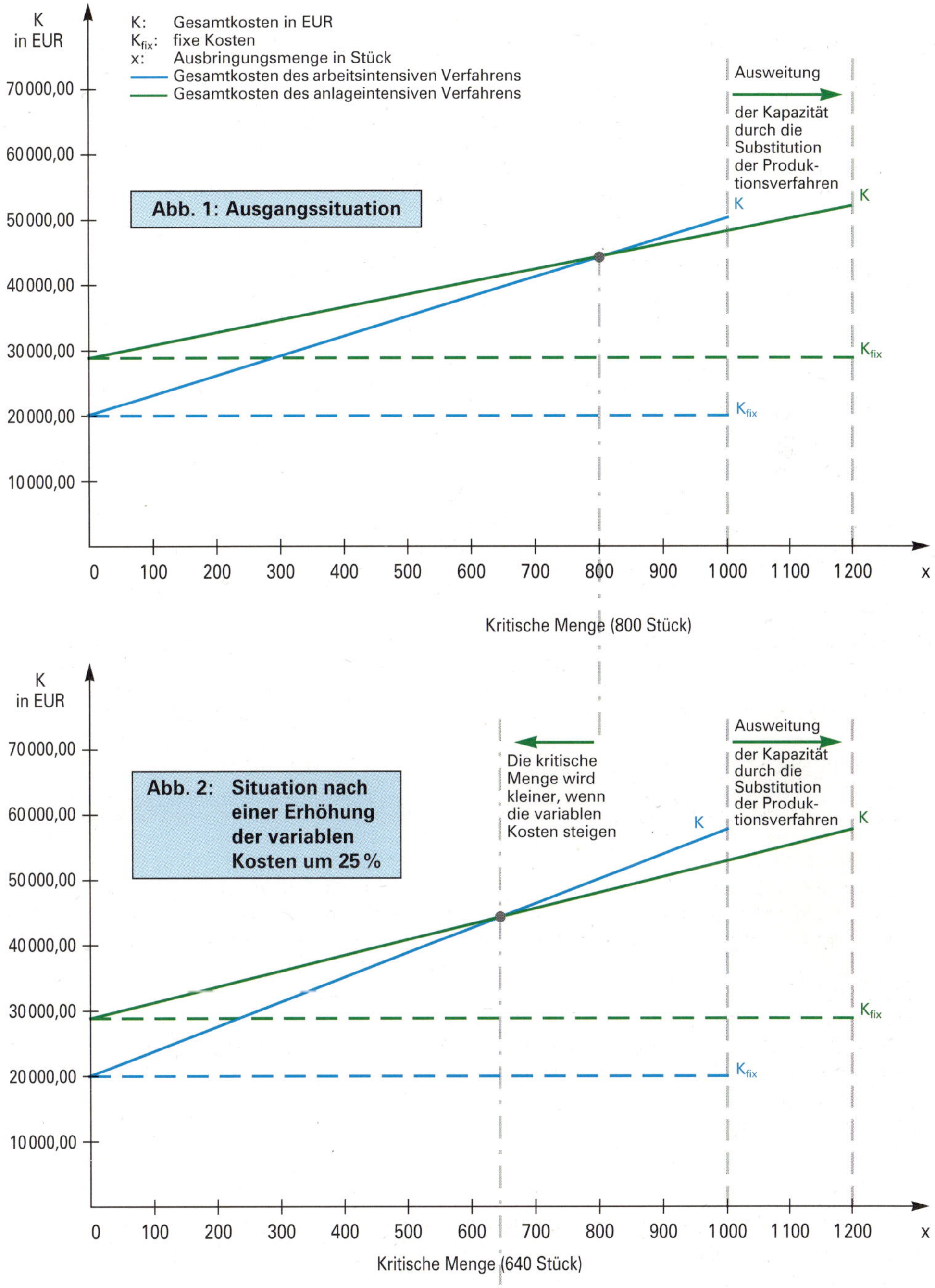

Übungsaufgaben

115 Die fixen Kosten eines Industriebetriebs betragen 120000,00 EUR je Periode. Die proportionalvariablen Kosten belaufen sich auf 100,00 EUR je Kostenträger. Der Absatzpreis ist konstant und beträgt 300,00 EUR je Stück. Maximal kann der Betrieb 1000 Stück je Periode herstellen.

Aufgaben:

1. Unterscheiden Sie die Begriffe fixe und variable Kosten!
2. Stellen Sie eine Kosten-Leistungs-Tabelle wie auf S. 308 auf!
3. Zeichnen Sie die Gesamtkostenkurve und die Erlösgerade und ermitteln Sie die Gewinnschwelle!
4. Zeichnen Sie die Stückkostenkurve und die Preisgerade!
5. Erläutern Sie anhand des Beispiels das „Gesetz der Massenproduktion"!
6. Wie viel Euro Gewinn erzielt der Betrieb, wenn die Nachfrage so groß ist, dass er an der Kapazitätsgrenze produzieren kann?
7. Warum liegt bei linearem Gesamtkostenverlauf das Gewinnmaximum an der Kapazitätsgrenze?
8. Wie verschiebt sich die Gewinnschwelle, wenn die fixen Kosten um 5% und die variablen Kosten um 10% steigen? Lösen Sie die Aufgabe rechnerisch!
9. Welche Gründe führen zu einer Verschiebung der Kostenkurven?

116 Die NORDEN GmbH in Albstadt stellt hochwertige Säfte her, die nur aus frischem Obst gepresst werden. Im vergangenen Geschäftsjahr entschied sich die Geschäftsleitung, auch Säfte aus Konzentrat zu produzieren.

Da die Kapazität des Werks Albstadt mit der Produktion der Frischsäfte (A-Säfte) voll ausgelastet war und nach den vorliegenden Marktprognosen auch ausgelastet bleiben wird, entschloss sich die Geschäftsleitung, in Neustadt ein Zweigwerk zu errichten, das am 30. Juni des vergangenen Geschäftsjahres die Produktion der Konzentratsäfte (B-Säfte) aufnahm. Die Kapazität des neuen Werks beträgt 5000 hl je Monat.

Am 1. September des vergangenen Geschäftsjahres liegen für das Werk Neustadt u.a. folgende Zahlen für das dritte Quartal vor:

Monat	Produktionseinheiten	Gesamtkosten
Juli	3000 hl	630000,00 EUR
August	3600 hl	684000,00 EUR
September	3900 hl	...

Die produzierten B-Säfte wurden sofort abgesetzt, d.h., es wurde nicht auf Lager produziert. Der Barverkaufspreis der B-Säfte wurde von der Geschäftsleitung auf 180,00 EUR je hl festgesetzt, der aus Konkurrenzgründen nicht überschritten werden kann.

Nahziel der Geschäftsleitung ist, im Werk Neustadt bis Ende September den Break-even-Point (die Gewinnschwelle) zu erreichen, d.h. die Ausbringungsmenge, bei der der Erlös gerade die Gesamtkosten deckt.

Fernziel ist u.a., bei den B-Säften eine Umsatzrentabilität (prozentualer Anteil des Reingewinns am Umsatz) von 5% zu erreichen.

Aufgaben:

1. Angenommen, Sie sind in der Controlling-Abteilung der NORDEN GmbH angestellt und erhalten von der Geschäftsleitung folgende Arbeitsaufträge:

   1.1 Wie viel Euro betragen voraussichtlich die Gesamtkosten des Werks Neustadt im Monat September?

   1.2 Wie viel Euro beträgt voraussichtlich der Gewinn bzw. der Verlust im September?

   1.3 Bei welcher Ausbringungsmenge und bei welchem Beschäftigungsgrad ist im Werk Neustadt der Break-even-Point erreicht?

   1.4 Bei welcher Ausbringungsmenge wird bei den B-Säften eine Umsatzrentabilität von 5 % erreicht?

   1.5 Darüber hinaus sollen Sie der Geschäftsleitung eine Grafik liefern, aus der die Fixkosten, die variablen Kosten, die Gesamtkosten, die Erlöse, der Break-even-Point, die Verlustzone und die Gewinnzone hervorgehen!

2. Aufgrund Ihres Berichts will die Geschäftsleitung der NORDEN GmbH in den Monaten September und Oktober einen „Einführungspreis" für die „B-Säfte" anbieten, um den Absatz anzukurbeln.

   Sie sollen einen begründeten Vorschlag machen, wie hoch der Hektoliter-Preis mindestens sein sollte!

3. Im ersten Quartal des laufenden Geschäftsjahres erreicht das Werk Neustadt folgende Beschäftigungsgrade: Januar 80 %, Februar 85 % und März ebenfalls 85 %. Die Kosten und die Absatzpreise blieben konstant.

   Für April wird mit einem Beschäftigungsgrad von 90 % gerechnet.

   Ein guter Kunde ist bereit, für April einen Zusatzauftrag von 100 hl zu erteilen, will aber maximal nur 140,00 EUR je hl zahlen.

   Anfang April will die Geschäftsleitung Folgendes von Ihnen wissen:

   3.1 Wie viel Euro betragen die Gesamtkosten im ersten Quartal?

   3.2 Berechnen Sie den Gesamtgewinn bzw. -verlust im ersten Quartal!

   3.3 Soll der Zusatzauftrag zum Preis von 140,00 EUR je hl hereingenommen werden? Wenn ja, wie würde sich der Gesamtgewinn bzw. -verlust unter sonst gleichen Bedingungen ändern?

   3.4 Des Weiteren will die Geschäftsleitung von Ihnen wissen, wie die langfristige Preisuntergrenze je hl bei Vollauslastung der Kapazität sein müsste.

117 Die Elektromotoren Jürgen Engel KG kann durchschnittlich im Monat 4000 Einheiten Elektromotoren herstellen. Die fixen Kosten belaufen sich auf monatlich 1 Mio. EUR, die variablen Kosten auf 120,00 EUR je Produktionseinheit. Die Unternehmensberatung Klever & Partner meint, dass das bisherige Fertigungsverfahren veraltet sei und durch ein moderneres ersetzt werden müsse. Die fixen Kosten des neuen Verfahrens liegen 15 % über denen des bisherigen. Die variablen Kosten des neuen Verfahrens sind jedoch 50 % niedriger als die des alten Verfahrens.

Aufgaben:

1. Welche Gründe können für den Ersatz einer alten Anlage durch eine neue sprechen? (Nennen Sie zwei Gründe!)

2. Lohnt sich für die Elektromotoren Jürgen Engel KG rein rechnerisch der Ersatz der alten Anlage durch die neue?

4.3 Qualitätsmanagement

4.3.1 Notwendigkeit eines Qualitätsmanagements

Nach heutigem Verständnis des Qualitätsmanagements liegt die Verantwortung für die Produkt- und Dienstleistungsqualität nicht mehr bei einer speziellen Abteilung, sondern bei jedem Mitarbeiter selbst. Als Gründe für den hohen Stellenwert des Qualitätsmanagements sind u. a. folgende Argumente zu nennen:

- Aufgrund der Globalisierung der wirtschaftlichen Verflechtungen verfügen die Kunden über ein **höheres Maß an Transparenz** in Bezug auf die **weltweit verfügbare Qualität.** Damit steigt deren Qualitätsanspruch.
- Durch die zunehmende Verflechtung unternehmensübergreifender Prozesse (Supply Chain Management)[1] wird häufig auf die **Eingangskontrolle verzichtet** und diese auf den **Vorlieferanten übertragen.**
- Die immer größer werdende Komplexität der Erzeugnisse kann nur beherrscht werden, wenn **alle Komponenten fehlerfrei** sind.
- Ohne **Qualitätszertifizierung** erhalten Unternehmen heute als Zulieferer kaum mehr Aufträge. Der nachvollziehbare Beweis für die Existenz eines Qualitätsmanagementsystems wird zum Überlebenskriterium und damit zu einem strategischen Wettbewerbsfaktor.
- Schlechte Qualität führt zu **Garantieansprüchen** und **Kulanzerwartungen,** u. U. zu Schadensersatzforderungen und Imageverlusten.

4.3.2 Begriffe Qualität und Qualitätsmanagement

Qualität ist kein feststehender Begriff, sondern hängt ab vom Verwendungszweck. Ob die geforderte Qualität erfüllt ist, wird über sogenannte **Qualitätsmerkmale** beurteilt.

Beispiele:

- So muss ein Fahrrad, das für ein Zeitfahren verwendet wird, ganz andere Qualitätsmerkmale erfüllen als ein Mountainbike.
- Ein Speiseapfel wird nach den Qualitätsmerkmalen Geschmack, Festigkeit, Frische beurteilt. Wird er jedoch für eine Wilhelm-Tell-Aufführung benötigt, so stehen die Merkmale Größe und Farbe im Vordergrund.

Der Begriff **Qualität** kann aus Sicht der Qualitätskontrolle (Funktionstüchtigkeit) oder aus Sicht der Kunden verstanden werden.

- Aus **Sicht der Qualitätskontrolle** (Funktionstüchtigkeit) gibt die Qualität an, in welchem Maße die **Eigenschaften einer Leistung** (eines Produkts/einer Dienstleistung) die festgelegten, vorausgesetzten oder verpflichtenden **Anforderungen erfüllt.**
- Aus **Sicht der Kunden** ist Qualität dann gegeben, wenn eine Leistung (ein Produkt, eine Dienstleistung) alle vom **Kunden gewünschten Eigenschaften** besitzt.

Die Festlegung, **welche qualitativen Ansprüche** an ein Produkt zu stellen sind, ist nur der erste und deutlich leichtere Schritt. Wichtiger und schwieriger ist es, dieses Qualitätsziel zu **erreichen** und zu **sichern.** Letzteres ist Aufgabe des Qualitätsmanagements.

1 Siehe S. 373f.

- Das **Qualitätsmanagement** hat zum einen die Aufgabe, **Fehler zu vermeiden,** und zum anderen soll im Rahmen eines kontinuierlichen Verbesserungsprozesses ein beständig **höheres Qualitätsniveau** erreicht werden.
- **Qualitätsmanagement** beschäftigt sich damit,
  - die Festlegung der Qualitätspolitik und der Qualitätsziele,
  - die Qualitätsplanung,
  - die Qualitätslenkung,
  - die Qualitätssicherung und
  - die Qualitätsverbesserung

  einer Organisation aufeinander abzustimmen.

Eine wichtige Hilfestellung hierbei leisten **Qualitätsmanagementmodelle,** unter denen das Normsystem **DIN EN ISO 9001:2015** das bekannteste Qualitätsmanagementmodell ist. Qualitätsmanagementmodelle stellen quasi einen Leitfaden für Organisationen dar, um die selbst gesteckten Qualitätsziele systematisch und sicher zu erreichen.

4.3.3 Zielkonflikt zwischen Qualität, Zeitbedarf und Kosten

Die gleichzeitige Verfolgung der Unternehmensziele Qualität, Zeit und Kosten ist nicht durchführbar, da Zielkonflikte auftreten. Beispielhaft für einen Zielkonflikt werden die Beziehungen zwischen Qualitätskosten und hohem Qualitätsstandard dargestellt.

Kosten, die durch die Qualitätsorientierung angefallen sind, bezeichnet man als **Qualitätskosten.** Man unterscheidet drei Arten von Qualitätskosten: **Fehlerverhütungskosten, Prüfkosten** und **Fehler-/Fehlerfolgekosten.**

Zwischen den Fehlerverhütungs- und Prüfkosten und den Fehler-/Fehlerfolgekosten besteht eine Wechselwirkung. Wird viel für Fehlerverhütung und Prüfung aufgewendet, nehmen die Kosten für die Fehler-/Fehlerfolgekosten ab. Die kostenoptimale Kontrollstrategie liegt dann dort, wo die Summe aus Fehlerverhütungs-/Prüfkosten und den Fehler-/Fehlerfolgekosten ihr Minimum erreichen.

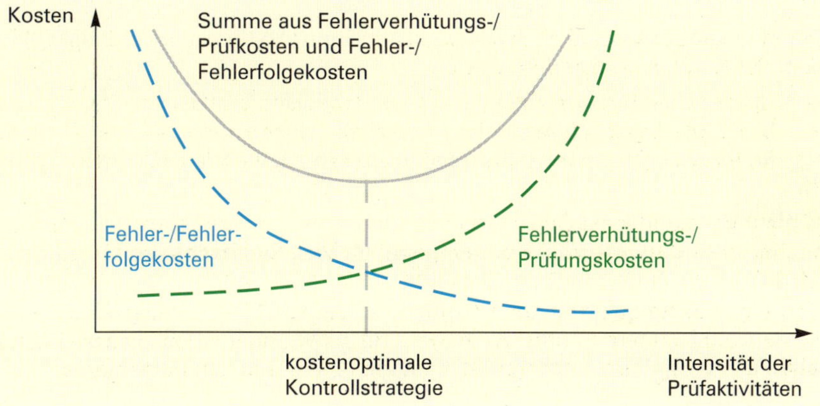

Das Qualitätsmanagement ist ein Beitrag dazu, die Konflikte aus dem Spannungsdreieck Qualität – Zeit – Kosten aufzulösen. Verwirklicht man dieses Konzept, dann führt dies zu einer Verbesserung der Geschäftsprozesse. Es führt zu hochwertigerer Produktqualität, verringert die Kosten der Nacharbeit und führt zu kürzeren Durchlaufzeiten. Das ursprünglich unlösbare Optimierungsproblem aus den gleichwertigen Zielen Qualität – Zeit – Kosten führt zu einer Zielharmonie, wenn man dem Ziel Qualität Vorrang einräumt gegenüber Kosten und Zeit. Grafisch lässt sich diese Entwicklung wie folgt darstellen:

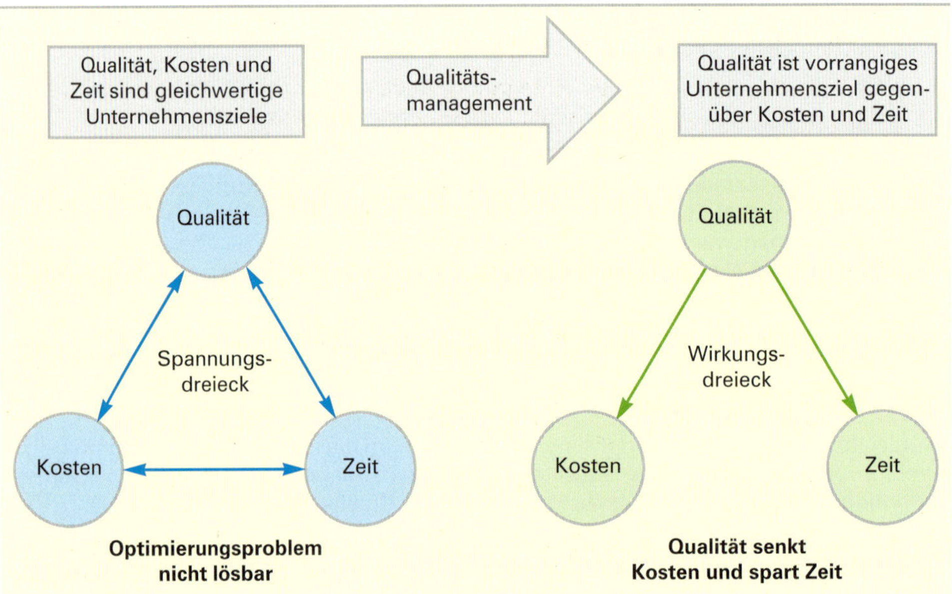

Dieses Wirkungsdreieck lässt sich gedanklich fortsetzen zu einer ganzen Wirkungskette. Ausgehend von einer verbesserten Qualität und damit sinkenden Kosten führt es auch zu wettbewerbsfähigeren Preisen. Wettbewerbsfähige Preise sichern die Marktposition des Unternehmens und damit die dort vorhandenen Arbeitsplätze und führen damit zu einem langfristigen, stabilen Unternehmenserfolg.

4.3.4 Qualitätsmanagement der Normenreihe DIN EN ISO 9001:2015

(1) Überblick

Aus der Schreibweise der Norm ist zu erkennen, für welchen regionalen Geltungsbereich die Norm anerkannt ist und angewendet wird:

DIN	Deutsches Institut für Normung (bundesweite Anerkennung)
EN	Europäische Norm (europaweite Anerkennung)
ISO	International Organization for Standardization (weltweite Anerkennung)

Qualitätsmanagementsysteme werden aktuell in der Fassung DIN EN ISO 9001:2015 zertifiziert. Diese Normenreihe stellt die **Prozessorientierung** in den Vordergrund und beinhaltet als neuen Baustein den Bereich des **Risikomanagements.** Das Normensystem schafft dem Unternehmen die Gestaltungsfreiheit, sich an den eigenen Unternehmens- und Qualitätszielen, den unternehmensindividuellen Prozessen sowie an den Bedürfnissen und Erwartungen der internen und externen Kunden zu orientieren.

(2) Rahmen für stetige Verbesserung

Ein im Qualitätsmanagementsystem integrierter Regelkreis sorgt für die ständige Weiterentwicklung im Sinne eines kontinuierlichen Verbesserungsprozesses.

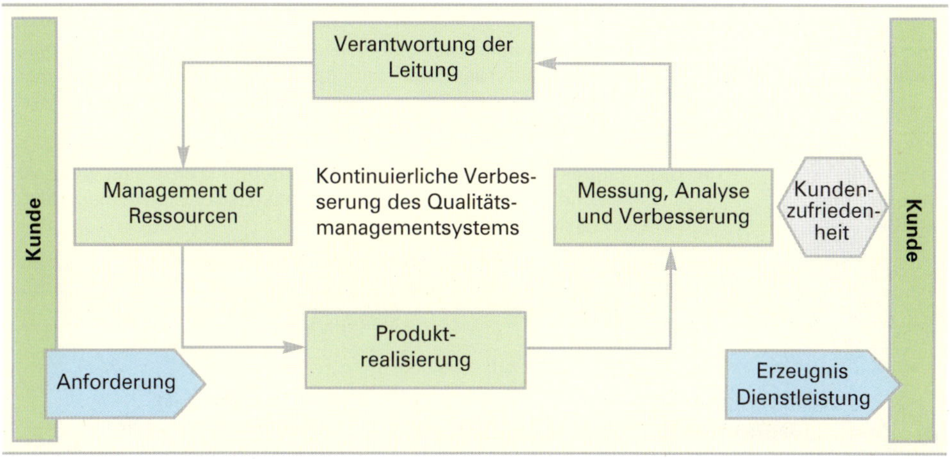

(3) Kennzeichen der Qualitätsmanagementsysteme nach DIN EN ISO 9001:2015

Kunden-zufriedenheit	DIN EN ISO 9001:2015 misst der Erreichung der Kundenzufriedenheit **herausragende Bedeutung** bei. Die Wünsche und Erwartungen der Kunden lassen sich ermitteln, ■ indem die **betriebsinternen Informationen** des Vertriebs genutzt werden, ■ durch **Kundenbefragung,** ■ durch Forderungen nach **Garantieleistungen,** ■ durch **Händlerberichte,** ■ durch die Auswertung von **Marktdaten** oder ■ durch den Vergleich mit dem **Wettbewerb.** Zusätzlich sind **produktbezogene Verpflichtungen** aufgrund gesetzlicher Vorgaben, Normen zu berücksichtigen. Auf der Basis dieser beiden Informationskreise lassen sich die Anforderungen an die eigenen Produkte formulieren hinsichtlich Zuverlässigkeit, Preis, Sicherheit usw.

Verantwortung der Leitung	DIN EN ISO 9001:2015 nimmt das Unternehmensmanagement in die Pflicht und verhindert so, dass die Verantwortung für das Qualitätsmanagement an Beauftragte delegiert wird. Die Unternehmensleitung soll selbst über Qualitätspolitik und Qualitätsziele des Unternehmens entscheiden. Außerdem ist es Aufgabe der Unternehmensleitung, das QM-System in Bezug auf Eignung, Angemessenheit, Effizienz und Änderungsbedarf zu bewerten und gegebenenfalls fortzuentwickeln.
Management von Ressourcen	Kundenzufriedenheit und Unternehmenserfolg kann nur erreicht werden, wenn qualifiziertes, motiviertes Personal und eine entsprechende Infrastruktur an Gebäuden, Einrichtungen und Betriebsmitteln zur Verfügung steht. Zu Letzterem gehört insbesondere auch ein effizientes Informationssystem, das den Mitarbeitern zielgruppengerecht Auskunft gibt über den Stand der innerbetrieblichen Vorgänge.
Produkt-realisierung	Kein Unternehmen kann es sich mehr leisten, Zusagen in Bezug auf Termin, Stückzahl, Produktanforderungen und -qualität nicht einzuhalten. Daher sind die Unternehmensabläufe so zu gestalten, dass die Kunden optimal betreut und ihre Anforderungen sichergestellt werden.
Messung, Analyse und Verbesserung	Im Unternehmen müssen sowohl die Produkte und Dienstleistungen, die Wirksamkeit und Effizienz der Prozesse als auch das Qualitätsmanagement und die Organisation ständig optimiert werden. Um Verbesserungspotenziale, Schwachstellen und Fehler zu erkennen, müssen Informationen systematisch gesammelt und aufbereitet werden.

(4) Zertifizierung nach DIN EN ISO 9001:2015

Wer in einem Unternehmen ein Qualitätsmanagementsystem nach den modellhaften Anforderungen der DIN EN ISO 9001:2015 eingeführt hat, kann in einem nächsten Schritt die Überprüfung (auch **Audit** genannt) durch eine Zertifizierungsstelle beantragen.

- **Zertifizierung** ist ein Überprüfungs- und Bestätigungsverfahren durch eine unparteiische Instanz.
- Die Zertifizierung zeigt, dass sich ein entsprechend bezeichnetes Erzeugnis, Verfahren oder eine Dienstleistung in **Übereinstimmung mit einer bestimmten Norm** befindet.

Zertifizierungsstellen (auch **Auditoren** genannt) für Qualitätsmanagementsysteme sind in Deutschland beispielsweise die TÜV Zertifizierungsgemeinschaft e.V. (TÜV Cert) in Bonn, die Deutsche Gesellschaft zur Zertifizierung von Qualitätsmanagementsystemen mbH (DQS) in Berlin, der DEKRA AG Zertifizierungsdienst in Stuttgart u.a.m.

Quelle: TÜV SÜD

Zwar ist die Zertifizierung keine Pflicht, jedoch ist es z.B. in der Branche der Automobilindustrie eine Eingangsvoraussetzung für die Zulieferer. Der Nachweis einer Zertifizierung nach ISO 9001:2015 signalisiert einem Kunden, dass die unternehmensinternen Abläufe, Prozesse und Strukturen definiert sind, dass sie funktionieren und der Betrieb sich um eine kontinuierliche Qualitätssteigerung bemüht. Halten sich alle Mitarbeiter an diese definierten Abläufe, dann ist eine qualitativ einwandfreie Leistung zu erwarten.

4.3.5 Konzept des Total Quality Managements (TQM)

Zerlegt man den Begriff Total Quality Management in seine Bestandteile, dann steht

- **Total** dafür, dass alle Mitarbeiter auf allen Ebenen, insbesondere auch die Kunden und Lieferanten in ein ganzheitliches Denken einbezogen werden.
- **Quality** dafür, dass die fast selbstverständliche Qualität der Produkte und Dienstleistungen eine Folge der Qualität der Arbeit und der Prozesse ist.
- **Management** dafür, dass es primär der Führungsaufgabe und der Führungsqualität des Managements bedarf, um dieses Konzept im gesamten Unternehmen lebendig sein zu lassen.

Einfach ausgedrückt beginnt Total Quality Management dort, wo ISO 9001:2015 endet, es ist die Kür nach der Pflicht. Hinter ISO 9001:2015 verbirgt sich ein **System von Normen, eine Technik des Vorgehens.** Total Quality Management ist hingegen eine **Philosophie.** Man könnte es auch mathematisch ausdrücken:

Qualität (im TQM) = Technik + Geisteshaltung

TQM setzt ein Qualitätsmanagementsystem nach ISO 9001:2015 **nicht** voraus, ist jedoch häufig in ein solches System eingebettet; so kann z.B. der durch das ISO-System definierte Fluss von Dokumenten und Informationen für das TQM genutzt und weiter verbessert werden.

Die beiden Konzepte nach DIN EN ISO 9001:2015 und Total Quality Management lassen sich schlaglichtartig einander gegenüberstellen:

Kriterien	DIN EN ISO 9001:2015	Total Quality Management
Grundgedanke	Definition, Verbesserung und Normierung der **Prozesse.**	Einrichtung **überragender Praktiken** („Business Excellence") innerhalb der Organisation, um damit anschließend überragende Ergebnisse („Best in Class") zu erzielen. Die Beherrschung von Prozessen gehört dazu, ist aber nicht alles.
Tragweite	Ziel ist die **Erlangung eines Zertifikats,** einer Bestätigung dafür, dass bestimmte Qualitätsanforderungen erfüllt sind.	Ziel ist die **Einrichtung eines kontinuierlichen Verbesserungsprozesses,** der seine Dynamik aus den Vergleichen zum Branchenführer („Best in Class") oder aus branchenübergreifenden Vergleichen („Benchmarks") gewinnt.

21 Wessel u.a. - ISBN 978-3-8120-0588-3

Kriterien	DIN EN ISO 9001:2015	Total Quality Management
Fokus auf …	… Erfüllung der Erwartungen der beteiligten Gruppen (z. B. Kunden, Lieferer, Mitarbeiter, Geschäftspartner, Gesellschaft) in der **Gegenwart**.	… Erfüllung der Erwartungen der beteiligten Gruppen (z. B. Kunden, Lieferer, Mitarbeiter, Geschäftspartner, Gesellschaft) in der **Zukunft**.
Verantwortung des Einzelnen	Der Verantwortungs- und Aufgabenbereich des Mitarbeiters ist durch den **jeweiligen Geschäftsprozess festgelegt**. Die Einrichtung eines Prozessverantwortlichen, Nachschulungen und Audits sichern die Stabilität der Prozesse und damit die der Qualität.	TQM ist ein langfristiges Unternehmenskonzept, das den pro-aktiven Mitarbeiter als wichtigsten Garant zur Erreichung des Qualitätsziels begreift. Proaktiv heißt z. B., dass nicht erst eine Beschwerde des Kunden notwendig ist, um eine Verbesserung einzuleiten, sondern dass der **Mitarbeiter vorausschauend nach neuen Verbesserungsmöglichkeiten sucht.** Die Verantwortung für Qualität liegt bei allen Mitarbeitern und ist unabhängig von Status und Hierarchie.

Zusammenfassung

- Die **Notwendigkeit** des **Qualitätsmanagements** ergibt sich aus
  - gesetzlichen Vorgaben (z. B. Produkthaftungsgesetz, Produktsicherheitsgesetz),
  - steigenden Ansprüchen der Kunden,
  - verschärftem Wettbewerb und
  - der eigenen Unternehmensphilosophie.
- Ein wichtiges **Normensystem** für das Qualitätsmanagement ist die **DIN EN ISO 9001:2015.**
- Das **TQM** ist eine auf der Mitwirkung aller Mitarbeiter beruhende Führungsmethode, die die Qualität in den Mittelpunkt stellt, um durch die Zufriedenheit der Kunden einen langfristigen Geschäftserfolg sowie einen Nutzen für die Mitarbeiter und die Gesellschaft zu erzielen.
- Die **Ziele** des **Qualitätsmanagements** bestehen insbesondere darin, die Produktqualität zu sichern und zu verbessern, die Qualität der betrieblichen Prozesse zu steigern und damit die Kundenzufriedenheit zu stärken.

Übungsaufgaben

118 1. Erläutern Sie, welche Vorteile mit der Einführung eines Qualitätsmanagements, insbesondere mit dessen Zertifizierung, verbunden sind!

2. **Textauszug:**

„Wir sind der Partner unserer Kunden in der Dichtungs- und Schwingungstechnologie; die Vorstellungen, Ideen und Ansprüche unserer Kunden prägen unsere Aktivitäten. Ihre Zufriedenheit sichern wir mit einem umfassenden Produktangebot und beispielhaften Serviceleistungen – dabei beziehen wir, wenn sinnvoll, auch Kooperationspartner ein.

Kundenzufriedenheit ist damit die Basis für die erfolgreiche Zukunft der Freudenberg Dichtungs- und Schwingungstechnik.

Wir sind gewohnt, auf höchster Qualitätsstufe zu fertigen und streben das Ziel der Nullfehlerqualität an.

Dadurch tragen wir zu höchster Kundenzufriedenheit bei. Im In- und Ausland arbeiten wir nach einem einheitlichen, hohen Ansprüchen genügenden Qualitätsmanagementsystem, aufbauend auf der DIN EN ISO 9001:2015. Alle unsere Standorte sind heute nach DIN EN ISO 9001:2015 zertifiziert.

Reaktionsschnelligkeit und engster Kontakt zum Kunden sowie kostengünstige, flexible Fertigung sichern die Versorgung unserer Kunden. Lieferungen von höchster Qualität, Standardgarantien von 20 Jahren nach Erstlieferung sichern unseren Kunden die Ersatzteilversorgung. Das Erreichen höchster Produktivität und hoher Zuverlässigkeit der Produktion für unsere Kunden ist das Maß, das laufend zu verbessern ist."

Quelle: Auszüge aus einem Prospekt der Freudenberg GmbH Dichtungs- und Schwingungstechnik, Weinheim.

Aufgaben:

2.1 Arbeiten Sie heraus, welche Textstellen auf TQM hinweisen!

2.2 Erläutern Sie den Begriff TQM!

2.3 Der Text nennt „DIN EN ISO 9001:2015". Beschreiben Sie, was hierunter zu verstehen ist!

3. **Textauszug:**

FRANKFURT (dpa). Bei einem großen Automobilhersteller stehen die „Zeichen auf Sturm". Meldungen über Qualitätsmängel, zurückgehende Marktanteile und Personalabbau sorgten seit Monaten für Frust und Verunsicherung in der Belegschaft, kritisierte der Betriebsrat gestern die Unternehmensleitung. Die Arbeitnehmervertreter forderten den Vorstand zwei Tage vor der Bilanz-Pressekonferenz auf, klare Aussagen zum Erhalt von Arbeitsplätzen über die kommenden zwei Jahre hinaus zu machen. Die Pläne der Geschäftsleitung, in den nächsten Jahren unternehmensweit 5 000 Arbeitsplätze abzubauen, seien der Belegschaft bekannt. Neu seien nun Presseberichte über einen geplanten Personalabbau von weiteren 10 000 Stellen. ...

Aufgabe:

Beurteilen Sie mithilfe des Textauszugs die betrieblichen und volkswirtschaftlichen Folgen eines unzureichenden Qualitätsmanagements!

4. Recherchieren Sie, wer das hier abgebildete Gütesiegel erlassen hat und welche grundlegenden Qualitätsmerkmale dieses Qualitätssiegel beinhaltet!

5. Erklären Sie, ob durch die Verwirklichung eines Total Quality Managements Qualitätskontrollen weiterhin notwendig sind oder ob darauf verzichtet werden kann!

119 Lösen Sie die Handlungsaufgabe aus der Lernsituation 4!

LG 12.3 Lernsituation 5: Beschaffungsmärkte erforschen

Die Goslarer Büromöbel AG benötigt bei der Produktion ihrer Rollcontainer ein technisches Schmiermittel Molybdändisulfid (MoS_2). Der bisherige Lieferant des Betriebsstoffs hält seine Liefertermine fast nie ein. Ihre Recherche als Sachbearbeiter des Einkaufs in der Goslarer Büromöbel AG nach neuen Lieferanten für das Schmiermittel Molybdändisulfid(MoS_2) ergab, dass zwei Lieferer denselben Artikel zum gleich günstigen Preis anbieten.

IMPULS:

Welche weiteren Kriterien neben dem endgültigen Bezugspreis sollten bei der Entscheidung für einen Lieferer berücksichtigt werden?

HANDLUNGSAUFGABE:

Arbeiten Sie das folgende Kapitel durch und verwenden Sie die Aufzeichnungen aus dem Unterricht zur Bearbeitung der Handlungsaufgabe!

1. Ihr Abteilungsleiter verlangt von Ihnen eine schriftliche Übersicht weiterer Entscheidungskriterien für die endgültige Auswahl des zukünftigen Lieferanten.
2. Erstellen Sie eine Gegenüberstellung mit Pro- und Kontra-Argumenten zum Einfaktoren- und Mehrfaktorenvergleich beim Bezug des Schmiermittels!

5 Beschaffungsmarktforschung

5.1 Begriff Beschaffung

Der **Beschaffungsprozess** ist neben dem Leistungserstellungsprozess, dem Absatzprozess, dem Investitions- und Finanzierungsprozess und der Personalwirtschaft eine **Grundfunktion** des Industriebetriebs.

Die **Beschaffung** umfasst die Bereitstellung von Material, Dienstleistungen, Betriebsmittel,[1] Rechten sowie Informationen über den Beschaffungsmarkt für den Leistungserstellungsprozess.

Der Beschaffungsprozess ist durch **zwei Phasen** charakterisiert:

- In der **ersten Phase** werden **Vertragsverhandlungen** mit der Zielsetzung geführt, zu einer **Vereinbarung** zu kommen **(strategischer[2] Beschaffungsprozess).**
- In der **zweiten Phase** werden die **Vereinbarungen abgewickelt** und anschließend **kontrolliert (operativer[3] Beschaffungsprozess).**

1 **Betriebsmittel** sind z. B. Maschinen, Werkzeuge, Fließbänder.

2 **Strategie** (gr.-lat.): Genauer Plan des eigenen Vorgehens, um ein militärisches, politisches, wirtschaftliches oder ein anderes Ziel zu erreichen, indem man diejenigen Faktoren, die in die eigene Aktion hineinspielen könnten, von vornherein einzuplanen versucht. Strategische Ziele sind **langfristig** zu erreichende Ziele.

3 **Operativ**: konkrete Maßnahmen treffen, sie unmittelbar wirksam werden lassen.

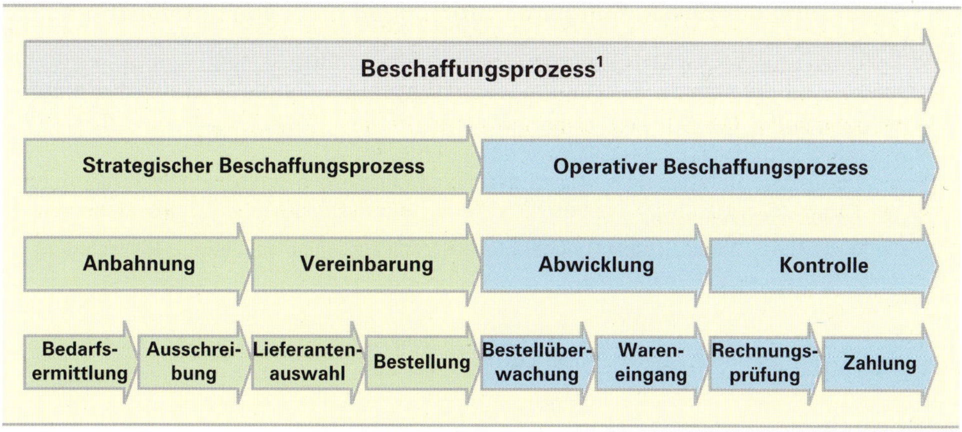

Dadurch, dass in vielen Industriebetrieben die Produktion mehr und mehr durch **Zulieferung** oder **Fremdvergabe (Outsourcing)** erfolgt, wird die Wertschöpfungstiefe verringert. Daher ist in den vergangenen Jahren die Bedeutung der Beschaffung stark gestiegen. Sie ist zu einer gewinn- und wettbewerbsentscheidenden Unternehmensaufgabe geworden.

5.2 Begriff und Bereiche der Beschaffungsmarktforschung

Beschaffungsmarktforschung ist die systematische Beschaffung von Informationen über die **Verhältnisse auf dem Beschaffungsmarkt** des Unternehmens, die **Beschaffungskonkurrenten,** die **angebotenen Materialien** und die **anbietenden Lieferanten.**

(1) Gliederung der Beschaffungsmarktforschung nach den genutzten Informationsquellen

Art der Beschaffungs-marktforschung	Erläuterungen	Beispiele
Interne Informations-quellen	Bei der Nutzung von unternehmensinternen Informationsquellen werden die erforderlichen Informationen **im Betrieb selbst (intern)** beschafft.	Material-, Lieferer-, Konditionen-, Bezugsquellendatei, Einkaufsstatistik, integrierte Unternehmenssoftware.
Externe Informations-quellen	Bei der Nutzung von unternehmensexternen Informationsquellen werden die erforderlichen Informationen **außerhalb des Betriebs (extern)** ermittelt.	Messen, Ausstellungen, Internet, elektronische Marktplätze, Markt- und Börsenbericht, Branchenhandbücher, Verkaufskataloge, Auskunfteien, Marktforschungsinstitute.

1 Quelle: Moderne Methoden der Beschaffung. www.prozess.de/imperia/md/content/prozess/mnd [...].

(2) Gliederung der Beschaffungsmarktforschung nach den untersuchten Objekten

Die Objekte, auf die sich die Beschaffungsmarktforschung erstreckt, sind insbesondere:

- die **Beschaffungsgüter,** z.B. deren Materialzusammensetzung, Materialqualität, Umweltverträglichkeit, Entsorgungsmöglichkeit,
- die **Lieferanten,** z.B. deren Zuverlässigkeit, Leistungsfähigkeit, Serviceleistungen, Lieferungs- und Zahlungsbedingungen,
- die **Märkte,** z.B. deren Schwankungen, globale Verflechtungen, Anbieter- und Nachfragerstruktur, Produktprogramme.

5.3 Wertschöpfung mithilfe der Beschaffung

Die Aktivitäten der Beschaffungsmarktforschung zielen darauf ab, Marktchancen auf den Beschaffungsmärkten aufzudecken und zu nutzen, um Marktrisiken zu vermeiden. Dies ist umso bedeutsamer, als sich die Rolle der Beschaffung verändert hat – vom ursprünglichen Dienstleister der Produktion hin zum vermehrt wertschöpfenden[1] Einkauf.

Fortschrittliche Unternehmen berücksichtigen bereits in den Phasen der Produktforschung und Produktentwicklung die Leistungsfähigkeit ihrer Zulieferbetriebe (z.B. Kapazität, Produktqualität, Lieferbereitschaft) und beziehen so deren Wissen frühzeitig und somit kostengünstig in die Produktgestaltung mit ein.

Anstatt einzelne Teile zu beziehen, werden verstärkt komplette Module und Systeme in einem Vorgang beschafft.[2] Die Arbeitsteilung zwischen Abnehmer und Lieferanten erstreckt sich heute in der Regel über den Produktionsbereich hinaus: Der Lieferant übernimmt einen Teil des Wertschöpfungsprozesses. Die Lieferantenpolitik gewinnt somit eine zentrale Rolle.

Beispiel:

Einem Lieferer wird die Entwicklung einer Bremsanlage für einen Pkw mit einem Gewicht von 1,5 t, dessen Fahrwerk und Motorisierung auf eine Geschwindigkeit von 210 km/h ausgelegt sein soll, übertragen.

Die Industrieunternehmen **reduzieren** ihre **Fertigungstiefe** (Leistungstiefe). Sie beschränken sich auf ihre Kerngeschäfte und -prozesse und **erhöhen** die **Beschaffungstiefe.** Da die Anforderungen an die Lieferanten sich dadurch stark erhöhen, versuchen die Geschäftsleitungen, die Anzahl der Lieferantenbeziehungen zu verkleinern und gleichzeitig das Niveau dieser Geschäftsbeziehungen zu erhöhen. Pro Materialart werden daher wenige Lieferanten herangezogen, im Extremfall nur ein Lieferant **(Single Sourcing).**[3]

Die nachfolgende Abbildung zeigt graphisch die gewandelte Aufgabenstellung der Lieferanten von Industriebetrieben (Zulieferern).

1 **Wertschöpfend** ist eine Abteilung dann, wenn die dort stattfindenden Arbeitsprozesse für den Betrieb eine Wertsteigerung mit sich bringen.

2 Der Lieferant wandelt sich vom Teile- zum Systemlieferanten, der nicht mehr Einzelteile liefert, sondern bereits fertig montierte Baugruppen, z.B. komplette Armaturen oder vollständige Sitze für die Automobilindustrie.

3 **Single Sourcing** (engl.) wörtl.: das Schöpfen aus einer einzigen Quelle.

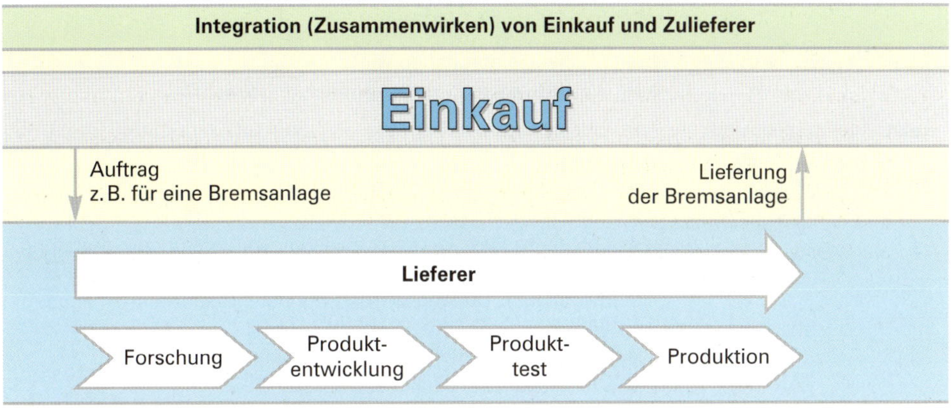

5.4 Liefererauswahl

5.4.1 Überblick

Hat sich das Unternehmen zur Beschaffung bestimmter Werkstoffe entschlossen, so muss entschieden werden, von welchem Lieferer ein Angebot eingeholt werden soll. Die eingehenden Angebote werden verglichen **(Angebotsvergleich)** und die potenziellen (möglichen) Lieferer auf ihre Leistungsfähigkeit hin beurteilt **(Lieferantenbeurteilung)**. Eine solche Vorgehensweise ist sinnvoll, denn aus Gewohnheit und/oder Bequemlichkeit immer beim gleichen Lieferer einzukaufen, kann teuer werden.

Ein wichtiges Kriterium[1] bei der Bestellentscheidung ist die Frage nach der Umweltverträglichkeit des Produkts **(ökologischer Aspekt der Bestellung)**. Die Frage der Umweltverträglichkeit eines Produkts ist für ein Unternehmen von hoher Bedeutung, denn nach dem Kreislaufwirtschaftsgesetz [KrWG] sind alle, die Güter produzieren, vermarkten oder konsumieren, für die Vermeidung, Verwertung oder umweltverträgliche Entsorgung der Abfälle grundsätzlich selbst verantwortlich.

5.4.2 Checklisten[2] zur Liefererauswahl

Bei der Liefererauswahl können Checklisten eine Entscheidungshilfe geben. Nachfolgend wird ein Beispiel für eine Checkliste zur Liefererauswahl vorgestellt.

Checkliste	
Alter und Image des Unternehmens	■ Seit wann besteht das Unternehmen? ■ Welchen Ruf genießt das Unternehmen (z. B. Auskünfte der Auskunfteien, Eindrücke und Informationen unserer Außendienstmitarbeiter)? ■ Seit wann bestehen Geschäftsbeziehungen mit dem Unternehmen?

1 **Kriterium**: Merkmal.

2 To check (engl.): prüfen, abhaken.

Checkliste (Forts.)	
Konkurrenzverhältnisse	■ Welche Lieferer haben wir? ■ Welche andere Lieferer kommen in Betracht?
Leistungsfähigkeit und -bereitschaft, Aktualität und Kreativität	■ Entsprechen die Produktqualitäten – auch hinsichtlich ihrer Umweltfreundlichkeit – unseren Anforderungen? ■ Sind ausreichende Lieferkapazitäten vorhanden? ■ Kann der Lieferer auf Abruf liefern? ■ Entspricht das Personal unseren Anforderungen (Beratung, Lösungsvorschläge bei bestimmten technischen Problemen)? ■ In welchem Umfang werden Kundendienstleistungen angeboten? ■ Werden vorhandene Produkte weiterentwickelt? ■ Werden neue Produkte entwickelt?
Pünktlichkeit und Zuverlässigkeit	■ Werden vereinbarte Lieferfristen eingehalten? ■ Werden die zugesagten Qualitäten eingehalten? ■ Welche Qualitätsgarantien werden übernommen?
Preise und Zahlungsziele	■ Wie hoch sind die Bezugspreise im Vergleich zu den Bezugspreisen anderer Lieferer? ■ Wie lange sind die Zahlungsziele? ■ Können günstigere Konditionen durch Verhandlungen erreicht werden (z. B. Sonderrabatte, Mengenrabatte)? ■ Werden Sonderangebote unterbreitet?
Einhalten von Sozialstandards	■ Dient das Produktangebot der Verbesserung der Situation von Beschäftigten und dem Schutz der Umwelt? ■ Sind die Produkte, die aus einem Entwicklungsland bezogen werden, mit einem sozialen Gütesiegel ausgestattet?
Sonstige Beurteilungskriterien	■ Wo befinden sich Gerichtsstand und Leistungsort? ■ Gibt es Haftungsausschlüsse?

5.4.3 Angebotsvergleich

5.4.3.1 Grundsätzliches

Hat die Beschaffungsmarktforschung mögliche Lieferer ermittelt, schließt sich der **Angebotsvergleich** an. Für den Angebotsvergleich kann ein einziges Kriterium (z. B. der Preis) oder aber eine Kombination von Kriterien herangezogen werden. Es sind zu unterscheiden:

- **quantitative,** d. h. **messbare Kriterien** (z. B. Preis, Zahlungsbedingungen, Lieferbedingungen) und/oder
- **qualitative,** d. h. **nicht messbare Kriterien** (z. B. Qualität, Liefererteue, Image, technisches Know-how, Unterstützung bei Problemlösungen).

Als Instrumentarium zur Analyse der Kriterien kann der **Einfaktorenvergleich**[1] oder der **Mehrfaktorenvergleich (Scoring-Modell)** dienen.

1 **Faktor:** Gesichtspunkt.

5.4.3.2 Einfaktorenvergleich mit Bezugskalkulation

Legt man für einen Angebotsvergleich nur einen einzigen Auswahlgesichtspunkt (ein Kriterium) zugrunde, dann kommt man sehr schnell zu einer Lieferantenauswahl. Solche Einfaktorenvergleiche sind z.B. möglich in Bezug auf den Preis, die Liefer- und Zahlungsbedingungen oder die Produktqualität.

Beispiel für einen Einfaktorenvergleich (Preisvergleich von Angeboten):

Ein Betrieb erhält vier Angebote über den Bezug von 50 Schlössern. Die angebotenen Waren sind qualitätsmäßig vollkommen gleich. Die Lieferzeit beträgt in allen Fällen 14 Tage.

Die Angebote lauten:

Angebot 1: Listeneinkaufspreis 569,00 EUR, Rabatt 6%, Skonto 2,5%, Bezugskosten 36,40 EUR.
Angebot 2: Listeneinkaufspreis 518,00 EUR, Rabatt 8%, Skonto 2,0%, Bezugskosten 71,50 EUR.
Angebot 3: Listeneinkaufspreis 550,00 EUR, Rabatt 9%, Skonto 3,0%, Bezugskosten 59,80 EUR.
Angebot 4: Listeneinkaufspreis 598,00 EUR, Rabatt 7%, Skonto 0,0%, Bezugskosten 44,20 EUR.

Aufgabe:
Berechnen Sie, welches Angebot den niedrigsten Bezugspreis bietet!

Lösung:

	Angebot 1		Angebot 2		Angebot 3		Angebot 4	
	%	EUR	%	EUR	%	EUR	%	EUR
Listeneinkaufspreis		569,00		518,00		550,00		598,00
– Rabatt	0	34,14	8	41,44	9	49,50	7	41,86
Zieleinkaufspreis		534,86		476,56		500,50		556,14
– Skonto	2,5	13,37	2	9,53	3	15,02	0	0,00
Bareinkaufspreis		521,49		467,03		485,48		556,14
+ Bezugskosten		36,40		71,50		59,80		44,20
Bezugspreis		557,89		538,53		545,28		600,34

Ergebnis: Den niedrigsten Bezugspreis für 50 Schlösser bietet das Angebot 2 mit 538,53 EUR.

5.4.3.3 Mehrfaktorenvergleich (Scoring-Modell)[1]

Ist für einen Angebotsvergleich nicht nur ein Kriterium entscheidend, dann entsteht sehr schnell eine komplexe[2] Situation, da die Kriterien unter Umständen einander zuwider laufen, wie z.B. Qualität und Preis. Ein günstiger Preis ist zumeist mit geringerer Qualität verbunden und umgekehrt.

Ein Instrument, um einen Angebotsvergleich unter Berücksichtigung mehrerer Kriterien durchzuführen, ist das **Scoring-Modell**, auch **Weighted-Point-Method**[3] genannt. Dabei werden den Auswahlkriterien zunächst Gewichtungen zugeordnet (Spalte 2), die für alle Lieferanten gleichermaßen gelten. Danach werden die Lieferanten einzeln dahingehend

1 **Scoring-Modell:** Modell zur Bewertung von Handlungsalternativen. Kann hier übersetzt werden mit Punktebewertungsmodell.

2 **Komplex:** vielfältig verflochten.

3 **Weighted-Point-Method:** wörtlich, Methode der gewichteten Punkte.

analysiert, inwieweit sie die Auswahlkriterien erfüllen. Hierfür werden Punkte vergeben, z.B. 5: hohe Zielerfüllung, 0: keine Zielerfüllung (z.B. Spalte 3). Durch Multiplikation der Gewichtungen mit den einzelnen Punkten erhält man je Auswahlkriterium die gewichteten Punkte (z.B. Spalte 4). Ausgewählt wird jener Lieferant, dessen Summe der gewichteten Punkte maximal ist.

Die Verwendung des Scoring-Modells hat den Vorteil, dass neben rein **quantifizierbaren Größen** (z.B. Preise) auch die Einbeziehung von **qualitativen Kriterien** (z.B. Qualität, Liefertreue usw.) möglich ist.

Beispiel:

Zur Auswahl stehen die drei Lieferanten Abel, Bebel und Cebel. Als Entscheidungsfaktoren spielen die Qualität, der Preis, die Liefertreue, der technische Kundendienst und die Unterstützung bei Problemlösungen eine Rolle. Die Gewichtungen für die Entscheidungsfaktoren sind der Spalte 2 zu entnehmen. Eine Beurteilung der Lieferanten ergab jeweils die in den Spalten 3, 5 und 7 dargestellten Punkte.

Entscheidungsbewertungstabelle:

Auswahl-Kriterien	Gewichtung	Abel		Bebel		Krüger	
		Punkte Abel	**Gewichtete Punkte Abel**	**Punkte Bebel**	**Gewichtete Punkte Bebel**	**Punkte Krüger**	**Gewichtete Punkte Krüger**
(1)	(2)	(3)	(4) = (2) · (3)	(5)	(6) = (2) · (5)	(7)	(8) = (2) · (7)
Qualität	0,30	5	1,5	4	1,2	3	0,9
Preis	0,30	4	1,2	5	1,5	5	1,5
Liefertreue	0,10	3	0,3	4	0,4	5	0,5
Technischer Kundendienst	0,20	5	1,0	3	0,6	4	0,8
Unterstützung bei Problemlösungen	0,10	2	0,2	2	0,2	3	0,3
Summe der Punkte	**1,00**		**4,2**		**3,9**		**4,0**

Erläuterung (am Beispiel Abel):

Die zeilenweise Multiplikation der Gewichtungen mit den Punkten Abels für die einzelnen Kriterien ergibt jeweils die gewichteten Punkte. Deren Summe beträgt bei Abel 420. Bebel und Cebel erhielten je 390 bzw. 400 Punkte. Somit fällt die Entscheidung zugunsten von Abel.

Zusammenfassung

- Die **Beschaffungsmarktforschung** beschäftigt sich mit der systematischen Untersuchung von Beschaffungsmärkten.
- Wichtige **Aufgaben der Beschaffungsmarktforschung** sind:
  - Ermittlung von Bezugsquellen,
  - Angebote einholen und vergleichen,
  - Lieferanten beurteilen,
  - zu beziehende Produkte auf Umweltverträglichkeit überprüfen.
- Für den **Angebotsvergleich** kann **ein einziges Kriterium (quantitative Angebotsvergleich)** oder eine **Summe von Kriterien (qualitative Angebotsvergleich)** herangezogen werden.

- Ein **Einfaktorenvergleich** berücksichtigt nur ein einzelnes Auswahlkriterium, in der Regel den Einstandspreis. Er wird durch die **Bezugskalkulation** ermittelt.
- Ein **Mehrfaktorenvergleich** erlaubt es, neben quantitativen auch qualitative Faktoren zu berücksichtigen. Eines dieser Verfahren ist das sogenannte **Scoring-Modell.** Das Scoring-Modell dient der Entscheidungsfindung zwischen mehreren Alternativen bei mehreren gegebenen Zielen mithilfe einer Entscheidungsbewertungstabelle.
- Welche Gründe für die Einkaufsentscheidung maßgebend sind (z.B. der besonders niedrige Angebotspreis, die Lieferzeit oder Qualität der Werkstoffe, Handelswaren oder Betriebsmittel) hängt vor allem von der **Dringlichkeit des Bedarfs** und der **Art der einzukaufenden Güter** (z.B. komplizierte Investitionsgüter oder problemlose, von vielen Verkäufern angebotene Verbrauchsgüter) ab.

Übungsaufgaben

120 1. 1.1 Erläutern Sie das Ziel der Beschaffungsmarktforschung!

1.2 Erläutern Sie drei Inhaltspunkte, die ein Bericht über den Beschaffungsmarkt enthalten sollte!

1.3 Erklären Sie die Beziehungen zwischen Fertigungs- und Beschaffungstiefe!

1.4 Erklären Sie an einem Beispiel, wie mithilfe der Beschaffung ein Industrieunternehmen eine Wertschöpfung erzielen kann!

1.5 Nehmen Sie Stellung zu der nachfolgenden Aussage!

> „Ein Verlust an wertschöpfenden Tätigkeiten in der Produktion durch eine hohe Wertschöpfung bei der Beschaffung bedeutet langfristig einen Verlust an internationaler Wettbewerbsfähigkeit unseres Standortes."

2. Die Geschäftsleitung der Elektromotorenfabrik Jürgen Engel KG überlegt sich, wie die Lieferantenauswahl effektiver organisiert werden kann. Im Gespräch sind die Einführung von Checklisten und Punktebewertungstabellen.

Aufgaben:

2.1 Begründen Sie, warum eine Checkliste ein wesentliches Hilfsmittel bei der Liefererauswahl sein kann!

2.2 Man unterscheidet zwischen internen und externen Bezugsquelleninformationen. Erklären Sie diese Begriffe und nennen Sie jeweils zwei Beispiele!

3. Die Goslarer Büromöbel AG benötigt für das Lager einen Gabelstapler mit folgenden Daten: 5 t Hublast, 4 m Hubhöhe, Elektroantrieb, 2000 kg Tragkraft, 15000,00 EUR bis 20000,00 EUR Investitionssumme, Lieferzeit ca. 2 Monate.

Aufgaben:

3.1 Ermitteln Sie durch Internetrecherche vier Hersteller, die Gabelstapler mit den geforderten Vorgaben anbieten!

3.2 Nennen Sie dem Einkauf jeweils die (Ihrem Schulort) nächstgelegene Niederlassung des Herstellers bzw. den nächstgelegenen Fachhändler mit den Kontaktdaten, damit Angebote eingeholt werden können!

3.3 Schlagen Sie dem Einkauf – unter Angabe der Kontaktdaten– noch zwei Unternehmen vor, die gebrauchte Gabelstapler anbieten!

121 Lösen Sie die Handlungsaufgabe aus der Lernsituation 5!

122 1. Beschreiben Sie die Zielsetzung des Scoring-Modells an einem selbst gewählten Beispiel!

2. Vor der Kaufentscheidung ist es sinnvoll, einen Angebotsvergleich durchzuführen.
   2.1 Erklären Sie, welche betriebswirtschaftliche Aufgabe der Angebotsvergleich erfüllt!
   2.2 Welche wichtigen Punkte der einzelnen Angebote hat ein Einkäufer zu vergleichen?
   2.3 Welche Gründe könnten vorliegen, dass ein Unternehmen ein Angebot bei sonst gleichen Listeneinkaufspreisen mit 15 % Rabatt und 2 % Skonto einem Angebot mit 25 % Rabatt und 3 % Skonto vorzieht? (Nennen Sie drei Gründe!)

3. Unter qualitativ gleichwertigen Werkstoffen gleich zuverlässiger Verkäufer soll ein rechnerischer Angebotsvergleich vorgenommen werden. Folgende Angebote liegen vor:

   Lieferer Nr. 3102: 3500,00 EUR frei Lager, 3 % Skonto;
   Lieferer Nr. 3103: 3360,00 EUR frachtfrei (ab Bahnhof des Käufers);
   Lieferer Nr. 3108: 3700,00 EUR ab Bahnhof des Verkäufers, $12^{1}/_{2}$ % Rabatt und 2 % Skonto.

   Die Bahnfracht beträgt 200,00 EUR, die Kosten für die Anlieferung zum Bahnhof bzw. die Zulieferung ab Bahnhof belaufen sich auf je 30,00 EUR.

   Aufgabe:

   Berechnen Sie das günstigste Angebot!

123 **Fallstudie: Angebotsvergleich**

Dem Vertriebsbüro der Topsound GmbH, Köln, wird am 10. Januar 20.. der Kundenauftrag Nr. C 732 über 1 000 Stück unserer neuen Stereoanlage „Crash-micro-line" erteilt. In Zusammenarbeit mit dem Lager wird ermittelt, dass 300 Stück des Transistors TC 472 am Lager sind, aber insgesamt 5 000 Stück benötigt werden.

Dem Einkauf liegen bis heute drei Angebote vor:

(1) Elektronik Werke Münster AG vom 15. Januar 20..:

„Wir bieten Ihnen, befristet bis zum 15. Februar 20.. Transistoren TC 472 für 2,87 EUR/Stück ab Werk an. Bei Abnahme ab 1 000 Stück gewähren wir 5 % und ab 5 000 Stück 10 % Mengenrabatt. Die Zahlung soll erfolgen innerhalb 10 Tagen nach Rechnungserhalt unter Abzug von 2 % Skonto oder innerhalb 30 Tagen netto Kasse."

Hinweis: Die Frachtkosten von Münster bis Köln betragen für 4700 Stück 200,00 EUR.

(2) Elektroteile Köln GmbH vom 27. Januar 20..:

Lieferung für 3,10 EUR/Stück, frei Haus, innerhalb vier Wochen nach Bestelleingang; Mengenrabatt ab 500 Stück 10 %, ab 1 000 Stück 15 %, ab 5 000 Stück 20 %; zahlbar innerhalb 20 Tagen unter Abzug von 2 % Skonto oder innerhalb 60 Tagen rein netto.

(3) Hans Haas e. Kfm., Düsseldorf, vom 25. Januar 20.:

Sonderangebot bis 10. Februar gültig. Bei Lieferung von 500 oder mehr Transistoren 3,00 EUR/Stück, frei Haus. Bei Abnahme von weniger als 500 Stück werden für Verpackung, Fracht und Bearbeitungsgebühr 50,00 EUR gesondert in Rechnung gestellt. Ab 1 000 Stück werden 10 %, ab 5 000 Stück 15 % Mengenrabatt gewährt; Rechnungen sind zahlbar innerhalb von 30 Tagen ohne Abzug.

Um die optimale Bezugsquelle zu ermitteln, werden vom Lager, von der Fertigung und vom Einkauf **Berichte über die Geschäftsverbindung mit den Verkäufern** zusammengestellt.

Den Qualitätsanforderungen (mindestens vier von acht Punkten) genügen alle Anbieter:

Elektronik Werke Münster AG

Die Qualität ist mit acht Punkten sehr hoch. Geliefert wurde meistens fehlerfrei, nur einmal enthielt eine Lieferung einen beachtlichen Teil falscher Artikel. Die verwaltungstechnische Abwicklung der Einkäufe verlief stets ohne Beanstandungen. Liefertermine wurden allerdings mehrmals nicht eingehalten; einmal mussten sogar drei Mahnungen gesandt werden.

Verpackung und Auslieferung hingegen waren makellos. Die technische Beratung seitens der Elektronik Werke Münster AG lässt zu wünschen übrig. Direkte, persönliche Auskünfte sind nicht zu erhalten; der zuständige Fachmann ist „nie zu erreichen". Auch werden Rückfragen nachlässig behandelt.

Elektroteile Köln GmbH

Die Elektroteile GmbH, Köln, praktisch in Sichtweite gelegen, hat die Produktion erst vor etwa 15 Monaten aufgenommen. Die Qualitätsstufe ist 6. Angenehm ist die räumliche Nähe bei Rückfragen und technischer Beratung. Letztere allerdings ist nicht allzu qualifiziert. Aufgrund der geografischen Nähe legt die Elektroteile GmbH keinen Wert auf Verpackung bei Anlieferung. Lieferzusagen werden eingehalten. Bei schriftlichen Unterlagen (Auftragsbestätigung, Rechnung etc.) sind jedoch fast immer Beanstandungen aufgetreten, manchmal sogar sehr ärgerliche. Auf den schriftlichen Informationsverkehr ist wenig Verlass.

Hans Haas e. Kfm., Düsseldorf

Obwohl die Qualität mit 7 hoch ist, reicht die schriftlich angeforderte Beratung nicht aus. Dafür werden Verpackung und Anlieferung stets besonders gelobt. Auch Liefertermine wurden – ausgenommen eine unverschuldete Verzögerung – pünktlich eingehalten. Rückfragen jeder Art werden schnell bearbeitet und beantwortet. In zwei Fällen musste die Auftragsbestätigung angemahnt werden. Sonst waren keine besonderen Beanstandungen festgestellt worden.

Aufgaben:

1. Führen Sie anhand der Entscheidungsbewertungstabelle einen Angebotsvergleich durch!

Entscheidungsbewertungstabelle: Angebotsvergleich

Kriterien	Gewichtung d. Kriterien	Elektronik Werke Münster AG		Elektroteile Köln GmbH		Hans Haas e. Kfm. Düsseldorf	
		Punkte	gewicht. Pkt.	Punkte	gewicht. Pkt.	Punkte	gewicht. Pkt.
1. Preis für 4700 Stück – Rabatt = Zieleinkaufspreis – Skonto = Bareinkaufspreis + Fracht = Einstandspreis							
2. Qualität							
3.							
4.							
5.							
6.							
Summe der Punkte	100						

Hinweis zur Spalte: Punkte 5 ≙ sehr gut; 4 ≙ gut; 3 ≙ befriedigend; 2 ≙ ausreichend; 1 ≙ schlecht.

2. Treffen Sie eine begründete Entscheidung, welcher Verkäufer aufgrund der Summe aller relativierten Punkte den Auftrag erhalten wird!

LG 12.3 Lernsituation 6: Nachhaltig wirtschaften

Der Begriff der Nachhaltigkeit stammt ursprünglich aus der Forstwirtschaft und wurde erstmals Anfang des 18. Jahrhunderts von Hans Carl von Carlowitz verwendet. Die vom Bergbau ausgelöste Holzknappheit veranlasste ihn zur Erarbeitung eines Nachhaltigkeitskonzepts zur Sicherung des Waldbestands als natürliche Ressource für die Holzwirtschaft, wonach immer nur so viel Holz geschlagen wird, wie durch Wiederaufforstung nachwachsen kann.

Auf heutige Verhältnisse übertragen, ist außerdem dafür zu sorgen, dass dem Wald nicht die natürlichen Lebens- und Wachstumsvoraussetzungen entzogen werden, z. B. durch Schadstoffe im Boden und in der Luft (saurer Regen), durch Klimawandel (Treibhauseffekt) oder durch Schädigung der Erdatmosphäre (Ozonloch).[1]

Impuls:

Ursprünglich bezog sich die Idee der Nachhaltigkeit auf die Schonung des Waldbestands. Übertragen Sie den Gedanken der Nachhaltigkeit auf die Beschaffungswirtschaft eines Industriebetriebs!

Handlungsaufgaben:

Arbeiten Sie das folgende Kapitel durch und verwenden Sie die Aufzeichnungen aus dem Unterricht zur Bearbeitung der Handlungsaufgabe!

Recherchieren Sie in Ihrer Region nach einem Unternehmen Ihrer Wahl. Informieren Sie sich bei diesem Unternehmen, inwieweit sich der Gedanke der Nachhaltigkeit

1. in seinem Unternehmensleitbild,
2. in seiner Beschaffungsstrategie

wiederfindet. Stellen Sie Ihre Ergebnisse der Klasse vor!

6 Nachhaltigkeit bei der Beschaffung

6.1 Nachhaltiges Wirtschaften

(1) Begriff nachhaltiges Wirtschaften

Nachhaltiges Wirtschaften bedeutet, dass wir heute so leben und handeln, dass künftige Generationen überall eine lebenswerte Umwelt vorfinden und ihre Bedürfnisse befriedigen können.

Nicht zuletzt vor dem Hintergrund der nachhaltigen Entwicklung stellt sich die Frage: **Was, wie und wie viel soll produziert werden?**

1 Vgl. http://www.learn-line.nrw.de/angebote/agenda21/info/nachhalt.htm#Mag3eck, [12.08.2005].

(2) Ziele der Agenda 21

Die **Agenda 21** fordert, dass Industrienationen und Entwicklungsländer zukunftsfähige, dauerhafte und tragfähige Konzepte erstellen, die

- ökologisches Gleichgewicht,
- ökonomische Sicherheit und
- soziale Gerechtigkeit

schaffen **(„Magisches Dreieck" der Nachhaltigkeit).**

Damit die Agenda 21 ihre Ziele erreicht, müssen insbesondere die reichen Industrienationen ihre ressourcenfressende und umweltschädigende Produktions- und Lebensweise umstellen.

Im Sinne einer **nachhaltigen Entwicklung** sollen insbesondere die **Industrieländer** durch eine veränderte Wirtschafts-, Umwelt- und Entwicklungspolitik die Bedürfnisse der heutigen Generation befriedigen, ohne dabei jedoch die Chancen künftiger Generationen zu gefährden oder gar zu zerstören.

6.2 Ökologische Ausrichtung der Beschaffung

Bezogen auf den Grundsatz der Nachhaltigkeit, müssen bei der Beschaffung der angebotenen Werkstoffe und Dienstleistungen – neben dem ökonomischen Gesichtspunkt – auch die **ökologischen** und **sozialen Auswirkungen** berücksichtigt werden.

6.2.1 Durchlaufstrategie bei der Beschaffung von Gütern

Bis vor wenigen Jahren wurde nur selten darüber nachgedacht, welche ökologischen[1] Folgen die Beschaffung eines Gutes haben kann. Bei der Auswahl der Handelswaren/Werkstoffe bzw. der Entscheidung für einen bestimmten Lieferer wurden allein wirtschaftliche und produktionstechnische Gesichtspunkte zugrunde gelegt. Abfälle, die bei der Produktion anfielen, wurden einfach über Mülldeponien und Verbrennungsanlagen entsorgt. Gleiches galt für Konsumgüter. Wurde ein Konsumgut unbrauchbar, unmodern oder war das Gut technisch überholt, wurde es den anderen Abfällen beigegeben und durch die Müllabfuhr auf der Mülldeponie entsorgt.

Diese Form des ökologischen Wirtschaftens bezeichnet man als **Durchlaufwirtschaft.**

---

1 Die **Ökologie** ist die Wissenschaft von den Wechselwirkungen zwischen den Lebewesen untereinander und ihren Beziehungen zur übrigen Umwelt.

Ein einprägsames Beispiel für einen ökologischen Zusammenhang ist die Ausrottung des Vogels Dodo (Dronte) auf der Insel Mauritius durch die Portugiesen im 16. Jahrhundert. Auf Mauritius gibt es einen Baum namens Calvarie major, der am Aussterben ist: Es gibt nur noch 13 Bäume, die allesamt älter als 300 Jahre sind. Die Samen der Bäume keimen nicht. Warum? Der ausgerottete Dodo fraß unter anderem die Samen des Calvaria-Baums, in dessen kräftigem Muskelmagen sich die Schalen der Samen so weit abrieben, dass die zum Teil unverdaut gebliebenen Samen ausgeschieden wurden und so zur Keimung gelangten. So erhielt der Baum den Dodo und der Dodo erhielt den Baum. (Quelle: Vogt, H.-H.: Ohne Dodo keine Bäume, in: Kosmos. Bild unserer Welt, Heft 9, September 1978, S. 628f.) Im täglichen Sprachgebrauch bedeutet ökologisch so viel wie umweltverträglich, umweltschonend. Ökologische Ziele sind demnach Ziele, die mit solchen Mitteln erreicht werden sollen, die der Schonung der natürlichen Umwelt dienen.

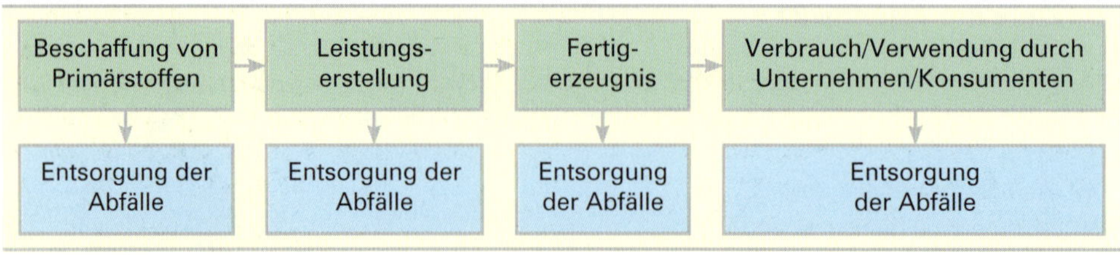

Unter ökologischen Gesichtspunkten war die Durchlaufwirtschaft **nicht mehr vertretbar,** und 1994 wurde sie durch das Kreislaufwirtschaftsgesetz [KrWG] beseitigt.

6.2.2 Kreislaufstrategie bei der Beschaffung von Gütern

(1) Rangfolge in der Kreislaufwirtschaft

Nach dem Kreislaufwirtschaftsgesetz [KrWG] sind alle, die Güter produzieren, vermarkten oder konsumieren, für die Vermeidung, Verwertung oder umweltverträgliche Entsorgung der Abfälle grundsätzlich selbst verantwortlich.

Dabei gilt folgende Rangfolge:

① **Abfallvermeidung**

Der wirksamste Schutz der Umwelt als Aufnahmemedium für Schadstoffemissionen[1] aller Art und als Quelle der natürlichen nicht regenerierbaren Ressourcen (Primärstoffe) ist, alle umweltbelastenden Emissionen (Abfälle, Abgase, Abstrahlungen usw.) möglichst zu vermeiden oder zumindest zu verringern.

② **Wiederverwendung**

Die Produkte werden für den gleichen Verwendungszweck mehrfach genutzt (z.B. Pfandflaschen) bzw. für andere Verwendungszwecke verwendet (z.B. Senfgläser werden als Trinkgläser weiterverwendet).

③ **Recycling**

Eine wirksame umweltorientierte Recyclingpolitik der Unternehmen umfasst alle Maßnahmen, mit denen bereits angefallene und zukünftig zu erwartende Stoffrückstände aus der Produktion und Rückstände von Konsumgütern in den industriellen Produktionsprozess zurückgeführt werden können. Aus Produktionsrückständen und Konseumgüterabfällen werden keine Abfälle, sondern „neue" Werkstoffe oder Energien **(sekundäre Werkstoffe, Energiestoffe)** gewonnen.

Beispiele:

- Glasscherben werden zur Glasherstellung wiederverwertet.
- Aus Kunststoffflaschen werden Fleece-Pullis.

1 **Emission:** (emittere [lat.]) bedeutet so viel wie Aussendung, Freilassung, Ausströmen z.B. von luft- und wasserverunreinigenden Stoffen (z.B. Chemikalien, Stäube usw.). Die auf die Umwelt (z.B. Menschen, Tiere, Pflanzen) einwirkenden (eindringenden) oder dort bereits vorhandenen Schadstoffkonzentrationen werden **Immissionen** genannt.

④ **Sonstige Verwertung (energetische Verwertung und Verfüllung)**

Nicht recycelbare Abfallstoffe können z.B. zur Energiegewinnung in Müllkraftwerken oder zur Verfüllung von Kiesgruben u.Ä. verwendet werden.

⑤ **Beseitigung nicht verwertbarer Reststoffe**

Wenn eine stoffliche Verwertung („Abfallnutzung") aus technischen Gründen nicht möglich oder unter wirtschaftlichen Gesichtspunkten zu teuer ist, dann müssen die nicht verwertbaren Reststoffe umweltverträglich durch ihre stoffliche Lagerung (Deponierung) auf Mülldeponien und/oder durch Verbrennung entsorgt werden.

Beispiel:

Eine umweltverträgliche Deponierung liegt z.B. vor, wenn der gelagerte Müll durch seine Verrottung wieder in den biologischen Kreislauf zurückgeführt wird.

Die Möglichkeiten des betrieblichen Umweltschutzes durch eine umweltorientierte Abfallvermeidung, Abfallverminderung, Recyclingpolitik und Entsorgung sind in dem nachfolgenden Modell zusammengefasst.

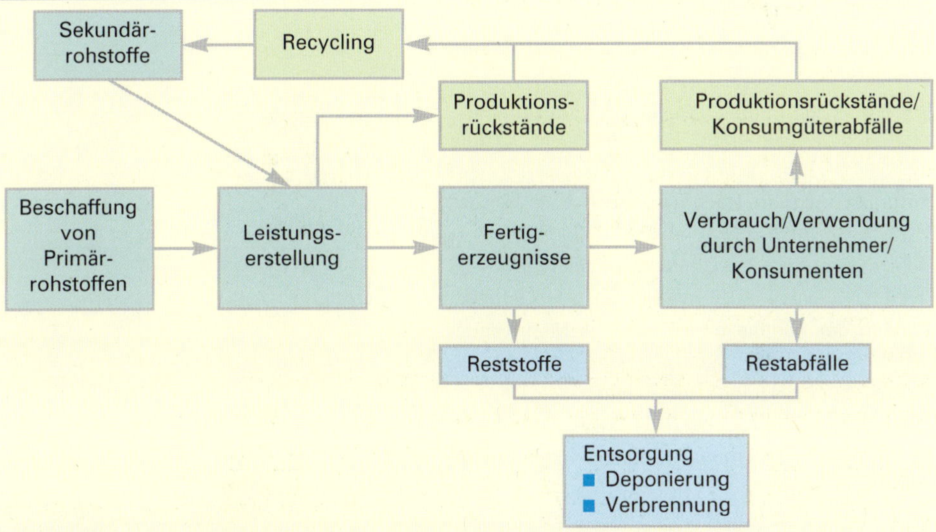

(2) Ökologische Auswirkungen der Beschaffung

Eine Auswirkung des Kreislaufwirtschaftsgesetzes ist, dass die Unternehmen bei der Beschaffung eines Werkstoffes oder einer Handelsware streng auf deren Umweltverträglichkeit achten. Beschafft werden nur noch Güter, die entweder recycelbar sind oder umweltverträglich entsorgt werden können.

Dazu ist es sinnvoll, für jeden einzelnen Geschäftsbereich eine **Checkliste** zu erstellen, durch die das betriebliche Handeln ständig auf seine Umweltverträglichkeit überprüft wird.

22 Wessel u.a. - ISBN 978-3-8120-0588-3

Als Beispiel wird eine mögliche Checkliste für den Bereich **„Beschaffung und Serviceleistungen"** vorgestellt.

Umweltcheckliste für den Bereich „Beschaffung und Serviceleistungen"			
Fragen/Aufgaben	**entfällt/ nicht zutreffend**	**wird beachtet/ ist vorhanden**	**ist in Arbeit/ vorgesehener Termin**
Gibt es ökologische Kriterien zur Beschaffung von Investitionsgütern?			
Wird auf Langlebigkeit, Reparaturfreundlichkeit und Recycelbarkeit geachtet?			
Wird der Ressourcenverbrauch während des Gebrauchs berücksichtigt?			
Gibt es ökologische Kriterien zur Beschaffung von Hilfs- und Betriebsmitteln?			
Werden umweltverträgliche Packmittel beschafft?			
Kommen umweltverträgliche Putz- und Reinigungsmittel zum Einsatz?			
Kommen Hygieneartikel aus Recyclingpapier zum Einsatz?			
Werden im Bürobereich Recyclingprodukte eingesetzt, z.B. Kopierpapier, Briefumschläge, Ordner u.Ä.?			
Kommen im Büro Nachfüllsysteme zum Einsatz, wie z.B. für Toner, Marker, Klebestifte?			
Kommen im Büro oder in der Dekoabteilung lösemittelfreie Stifte, Farben und Kleber zum Einsatz?			
Wird in der Kantine oder Teeküche Mehrweggeschirr verwendet?			
Werden Minipackungen ausgelistet?			
Werden Fremdfirmen (Reinigung, Renovierungsarbeiten u.Ä.) nach Umweltgesichtspunkten ausgewählt?			

Quelle: „Umweltmanagement im Einzelhandel", herausgegeben von der Landesanstalt für Umweltschutz Baden-Württemberg.

Ziel einer Umweltcheckliste ist es,

- natürliche Ressourcen zu schonen (betrifft vor allem den Prozess bei der Herstellung der Materialien),
- Energie sparsam einzusetzen (bei Produktion und Nutzung),
- Transportwege zu minimieren,
- Abfall zu vermeiden (bei Produktion, Nutzung und Entsorgung),
- die Gesundheit der Mitarbeiter/innen zu schützen
- und Schadstoffeinträge in die Umwelt zu vermeiden (bei Herstellung, Nutzung und Entsorgung).

Quelle: Richtlinie zur Beschaffung nach ökologischen Kriterien, Fachhochschule Eberswalde 2009.

Dass ein ökologischer Beschaffungsvorgang nicht eine freiwillige Leistung der Unternehmen bleibt, dafür sorgen das Kreislaufwirtschaftsgesetz, die Altfahrzeugverordnung, das Elektro- und Elektronikgerätegesetz sowie die Verpackungsverordnung. Sie enthalten zwingende Vorschriften, nach denen gebrauchte Produkte und Verpackungen vom Hersteller bzw. Vertreiber zurückgenommen werden müssen.

Zusammenfassung

- **Nachhaltigkeit** bedeutet, dass wir heute so leben und handeln, dass künftige Generationen überall eine lebenswerte Umwelt vorfinden und ihre Bedürfnisse befriedigen können.
- Die **Agenda 21** fordert ökologisches Gleichgewicht, ökonomische Sicherheit und soziale Gerechtigkeit.
- Bei der Beschaffung nach der **Durchlaufstrategie** werden die Güter allein nach produktionstechnischen und wirtschaftlichen Gesichtspunkten ausgewählt.
- Nach der **Kreislaufstrategie** sind alle, die Güter produzieren, vermarkten oder konsumieren, zur Vermeidung, Verwertung und Beseitigung von Abfällen verpflichtet.
- Unter **Recycling** versteht man die kontinuierliche Rückführung von Stoffen in den Wirtschaftsprozess (Stoffkreislauf). Diese sogenannte Kreislaufwirtschaft umfasst die Wiederverwendung, Weiterverwendung, Wiederverwertung und Weiterverwertung (Recyclingarten im weiteren Sinne). Dabei gilt nebenstehende 5-stufige Rangfolge:

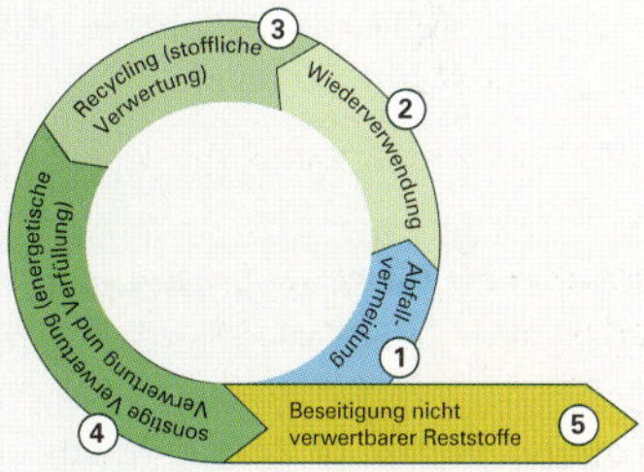

- Um im Beschaffungsbereich umweltbewusst zu handeln, ist es sinnvoll, eine **Umweltcheckliste** einzusetzen.

Übungsaufgaben

124 1. 1.1 Erläutern Sie die Begriffe Nachhaltigkeit und Agenda 21!

1.2 Nennen Sie Beispiele, wie die Sportgerätefabrik Sport-Burr KG das Prinzip der Nachhaltigkeit umsetzen könnte!

2. Die Unternehmenspolitik der Elektromotorenfabrik Jürgen Engel KG ist deutlich ökologisch ausgerichtet.

Aufgaben:

2.1 Erklären Sie, was in diesem Zusammenhang mit „ökologisch" gemeint ist!

2.2 Nennen und beschreiben Sie drei Maßnahmen einer ökologischen Materialwirtschaft!

3. Erklären Sie die folgenden Prinzipien zur Vermeidung und Verminderung von Umweltbelastungen:

3.1 sparsamer Umgang mit den Ressourcen,

3.2 Emissionsminderungen und

3.3 Recycling!

4. Begründen Sie, warum die Abfallvermeidung und Abfallminderung unter ökologischen Gesichtspunkten günstiger zu bewerten ist als die Wiederaufbereitung (Rückstandsnutzung) von Wertstoffen durch Recycling!

5. Beschreiben Sie zwei Abfallvermeidungsmaßnahmen in einem Industriebetrieb!

6. Nehmen Sie Stellung zu folgender Aussage: „Die Wirtschaft soll lernen, künftig vom Abfall her zu denken!“

7. Erstellen Sie einen Bericht darüber, wie durch Kunststoff-Recycling unersetzbare fossile Rohstoffe eingespart und (zusätzlich) Energie gewonnen werden kann! (Lassen Sie sich von Chemieunternehmen entsprechende Informationen zuschicken bzw. informieren Sie sich über das Internet.)

   Hinweis: Es ist sinnvoll, den Bericht in Teamarbeit zu erstellen.

8. Sie sind Sachbearbeiter beim Bürofachgeschäft Osann & Wiedenmann OHG. Die Abteilungsleiterin Frau Sommer beauftragt Sie, Richtlinien zu formulieren, die zukünftig bei der Beschaffung der Materialien zu beachten sind. Maßgebend für die zu formulierenden Richtlinien ist das Unternehmensleitbild.

   Ausschnitt aus dem Unternehmensleitbild des Bürofachgeschäftes Osann & Wiedenmann OHG:

   - Wir möchten unsere Marktstellung als führendes Bürofachgeschäft in der Stadt langfristig ausbauen und setzen dabei auf gewinnorientiertes Wachstum. Dadurch, dass alle wichtigen Neuheiten umgehend in das Sortiment aufgenommen werden, sichern wir das Vertrauen unserer Kunden und den Fortbestand des Unternehmens.
   - Die Zufriedenheit unserer Kunden steht im Mittelpunkt unserer Zielsetzungen. Freundlichkeit und Höflichkeit, fachkundige Beratung und das unbedingte Einhalten vereinbarter Liefertermine sind für uns selbstverständlich. Unsere Waren müssen von höchster Qualität sein, bei einem fairen Preis-Leistungs-Verhältnis.
   - Die Basis unseres Bürofachgeschäfts bilden unsere motivierten und verantwortungsbewussten Mitarbeiter. Die Kompetenz unserer Mitarbeiter fördern wir durch ständige Weiterbildung. Damit sichern wir langfristig Arbeitsplätze. Wir unterstützen Offenheit, kollegiale Zusammenarbeit und ständige Kommunikation.
   - Wir unterstützen soziale und Umweltprojekte. Wir achten darauf, nur umweltfreundliche Artikel ins Sortiment aufzunehmen und bemühen uns, ressourcenschonende Materialien zu verwenden. Waren, die mit einem unzureichenden Arbeitsschutzstandard oder mit Kinderarbeit hergestellt werden, haben in unserem Sortiment keinen Platz.
   - Wir bekennen uns zu einem fairen und partnerschaftlichen Verhältnis gegenüber unseren Mitarbeitern, Kunden und Lieferanten.

125 Lösen Sie die Handlungsaufgaben aus der Lernsituation 6!

LG 12.3 Lernsituation 7: Optimale Bestellmenge bestimmen

Die Sport-Burr KG bezieht für ihre Nordic-Walking-Stöcke die passenden Handschuhe von den Textilwerken Maiberger AG. Die Sport-Burr KG benötigt jährlich 2500 Paar Handschuhe.

IMPULS:

Soll die Sport-Burr KG Ihrer Meinung nach die Handschuhe in einem Beschaffungsvorgang bestellen oder soll sie mehrere kleinere Bestellungen vornehmen? Welche Vorteile und Nachteile sprechen für die jeweilige Vorgehensweise?

HANDLUNGSAUFGABE:

Arbeiten Sie die folgenden Kapitel des Lehrbuchs durch und verwenden Sie die Aufzeichnungen aus dem Unterricht zur Bearbeitung der Handlungsaufgabe!

Die Lagerhaltungskosten pro Paar betragen 0,50 EUR, die fixen Bestellkosten 50,00 EUR je Bestellung, gleichgültig welche Menge bestellt wird.

Berechnen Sie die Bestellmenge, bei der die Beschaffungskosten (Bestell- und Lagerhaltungskosten) am niedrigsten sind (optimale Bestellmenge)!

7 Konzepte der Beschaffungsplanung

7.1 Aufgabe der Beschaffungsplanung

Aufgabe der Beschaffungsplanung ist es, Pläne zu erstellen, damit die benötigten Materialien, Handelswaren und Dienstleistungen nach Mengen und Qualitäten zur Bedarfszeit bereitgestellt werden können. Dazu ist es zunächst erforderlich, die Art und Menge der benötigten Güter und Dienstleistungen zu ermitteln **(Bedarfsplanung)**. Die Bedarfsplanung leitet sich aus Kundenaufträgen ab.

Die **Bedarfsplanung** legt die benötigten Güter und Dienstleistungen nach Art, Qualität, Menge und Zeitraum fest.

7.2 Optimale Bestellmenge (Mengenplanung)

Das Hauptproblem der Mengenplanung im Beschaffungsbereich liegt in der Festlegung der **kostengünstigsten (optimalen) Bestellmenge.** Um sie zu ermitteln, muss zwischen den **Lagerhaltungskosten** und den **fixen Bestellkosten** ein Ausgleich gefunden werden.

(1) Fixe Bestellkosten

Sie fallen bei jeder Bestellung an, gleichgültig wie groß die Menge bzw. wie hoch der Wert der bestellten Werkstoffe ist.

Beispiel:

Kosten der Bearbeitung der Bedarfsmeldung, der Angebotseinholung, der Wareneingangsprüfung und der Rechnungsprüfung.

(2) Lagerhaltungskosten

Zu den Lagerhaltungskosten zählen z. B. die Personalkosten für die im Lager beschäftigten Personen, die im Wert der gelagerten Güter gebundenen Zinsen und die Kosten des Lagerrisikos.

Beispiel für die Ermittlung der optimalen Bestellmenge:

Die fixen Bestellkosten je Bestellung betragen 50,00 EUR. Der Einstandspreis je Stück beläuft sich auf 30,00 EUR und der Lagerhaltungskostensatz[1] auf 25 %. Der Jahresbedarf beträgt 3600 Stück.

Außer Betracht bleibt, dass mit zunehmender Bestellgröße Mengenrabatte in Anspruch genommen werden können. Außerdem wird nicht berücksichtigt, dass bei größeren Bestellungen häufig Verpackungs- und Transportkosten eingespart werden können.

Aufgaben:

1. Ermitteln Sie rechnerisch die optimale Bestellmenge bei den vorgegebenen Bestellmengen und der vorgegebenen Anzahl der Bestellungen je Periode!
2. Stellen Sie die optimale Bestellmenge grafisch dar!

Lösungen:

Zu 1.: Berechnung der optimalen Bestellmenge

Bestellmenge in Stück	Anzahl der Bestellungen	fixe Bestellkosten in EUR	Durchschn. Lagerbestand in Stück	Durchschn. Lagerbestand in EUR	Lagerhaltungskosten in EUR	Gesamtkosten in EUR
50	72	3600,00	25	750,00	187,50	3787,50
100	36	1800,00	50	1500,00	375,00	2175,00
150	24	1200,00	75	2250,00	562,50	1762,50
200	18	900,00	100	3000,00	750,00	1650,00
250	14,4	720,00	125	3750,00	937,50	1657,50
300	12	600,00	150	4500,00	1125,00	1725,00
350	10,29	514,29	175	5250,00	1312,50	1826,79
400	9	450,00	200	6000,00	1500,00	1950,00
450	8	400,00	225	6750,00	1687,50	2087,50
500	7,2	360,00	250	7500,00	1875,00	2235,00

Erläuterung:

Werden z. B. 50 Stück bestellt, muss der Bestellvorgang 72-mal wiederholt werden, um den Jahresbedarf von 3600 Stück zu beschaffen. Die fixen Bestellkosten betragen dann 3600,00 EUR und die Lagerhaltungskosten 187,50 EUR. Mit zunehmender Bestellmenge verringert sich die Anzahl der Bestellungen und damit sinken auch die fixen Bestellkosten, während im Gegenzug die Lagerhaltungskosten steigen. Da der Betrieb **beide Kostenarten** berücksichtigen muss, ist das Optimum erreicht, wenn die **Summe beider Kosten das Minimum** erreicht hat. Dieses Minimum liegt bei den vorgegebenen Mengenintervallen bei 200 Stück und 18 Bestellungen. Eine exakte Berechnung (mithilfe der Andler-Formel)[2] ermittelt eine optimale Bestellmenge von 219 Stück bei Gesamtkosten von 1643,17 EUR.

1 Der **Lagerhaltungskostensatz** gibt an, wie groß die Lagerkosten sind gemessen am durchschnittlichen Lagerbestand, ausgedrückt in Prozent.

2 Siehe S. 344.

Zu 2.: Grafische Darstellung der optimalen Bestellmenge

Trägt man an der x-Achse die jeweilige Bestellmenge und an der y-Achse die Kosten ab, erhält man folgendes Bild:

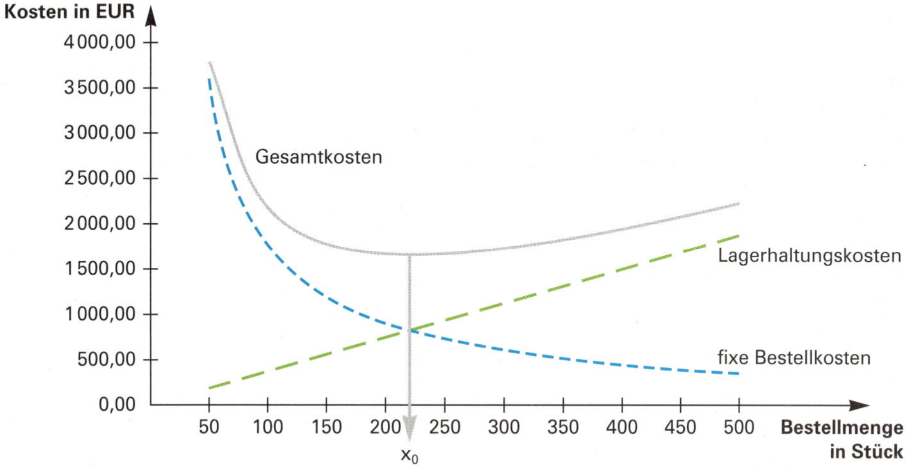

x_0: optimale Bestellmenge

- Die **optimale Bestellmenge** ist die Beschaffungsmenge, bei der die **Gesamtkosten** (Summe aus fixen Bestellkosten und Lagerhaltungskosten) **am niedrigsten** sind.
- Bei dieser Menge gleichen sich die **sinkenden Bestellkosten** und die **steigenden Lagerhaltungskosten** aus.

Werden bei steigender Bestellgröße Liefererrabatte gewährt und/oder Transport- und Verpackungskosten gespart, vergrößert sich die optimale Bestellmenge. An der grundsätzlichen Aussage des Modells ändert sich nichts.

Die Anwendung dieser Modellrechnung in der Praxis ist ungleich komplizierter, weil zahlreiche Bedingungen berücksichtigt werden müssen, die hier vernachlässigt wurden (z.B. unterschiedliche Zahlungs- und Lieferungsbedingungen bei verschiedenen Lieferern). Außerdem ist die Ermittlung der optimalen Bestellmenge teuer, zumal sich verändernde Daten (z.B. Veränderungen der durchschnittlichen täglichen Materialentnahme) zu Neuberechnungen führen müssen. Die Ermittlung der optimalen Bestellmenge wird sich daher nur bei solchen Gütern lohnen, die einen **hohen wertmäßigen Jahresverbrauch** haben **(A-Güter).**[1] Voraussetzung zur Berechnung und Verwirklichung der optimalen Bestellmenge ist außerdem, dass der Lieferer die „optimale" Menge auch tatsächlich liefern kann, was nicht immer der Fall sein muss. Außerdem müssen die Lagergröße und die finanziellen Mittel ausreichen, die optimale Bestellmenge zu beschaffen.

Zusammenfassung

- Die **Bedarfsplanung** legt die für einen bestimmten Termin und eine bestimmte Periode zur Fertigung benötigten Materialien nach Art, Qualität, Menge und Zeitraum fest.

1 Siehe Kapitel 7.3, S. 345ff.

- Das **Hauptproblem der Bestellmengenplanung** ist die Festlegung der optimalen Bestellmenge, denn es besteht ein Spannungsverhältnis zwischen den hohen Lagerkosten bei großen Lagervorräten einerseits und hohen fixen Bestellkosten bei niedrigen Lagervorräten andererseits.
- Die **optimale Bestellmenge** ist die Beschaffungsmenge, bei der die Gesamtkosten (Summe aus fixen Bestellkosten und Lagerhaltungskosten) am niedrigsten sind.

Übungsaufgaben

126 Das Hauptproblem der Mengenplanung ist die Ermittlung der optimalen Bestellmenge.

Aufgaben:

1. Erläutern Sie, was unter der optimalen Bestellmenge zu verstehen ist!
2. Lösen Sie die Handlungsaufgabe der Lernsituation 7!
3. Berechnen Sie mithilfe einer Tabelle (siehe S. 342) die optimale Bestellmenge aufgrund des Zahlenbeispiels von S. 342, wenn
   3.1 die fixen Bestellkosten sich auf 100,00 EUR verdoppeln und die übrigen Bedingungen gleich bleiben!
   3.2 der Lagerhaltungskostensatz auf 45 % steigt und die übrigen Bedingungen gleich bleiben!
4. Zeichnen Sie die entsprechenden Kostenkurven zu den Aufgaben 3.1 und 3.2!
5. Mithilfe der Andler-Formel lässt sich der exakte Wert für die optimale Bestellmenge bestimmen. Die Andler-Formel lautet:

$$Q_{opt} = \sqrt{\frac{200 \cdot F \cdot M}{P \cdot L}}$$

Q_{opt}: Optimale Bestellmenge
F: Fixe Bestellkosten
M: Jahresbedarf
P: Einstandspreis je Stück
L: Lagerhaltungskostensatz in Prozent

   Überprüfen Sie die Richtigkeit Ihrer Ergebnisse von 3.1 und 3.2!
6. Fassen Sie Ihre Erkenntnisse aus den Aufgaben 3. und 4. in Form von Regeln zusammen!
7. Nennen Sie je drei Beispiele für fixe Bestellkosten und Lagerhaltungskosten!
8. Geben Sie Argumente an, welche die exakte Ermittlung der optimalen Bestellmenge in der Praxis erschweren!

127 Eine Artikeldatei liefert folgende Zahlen:

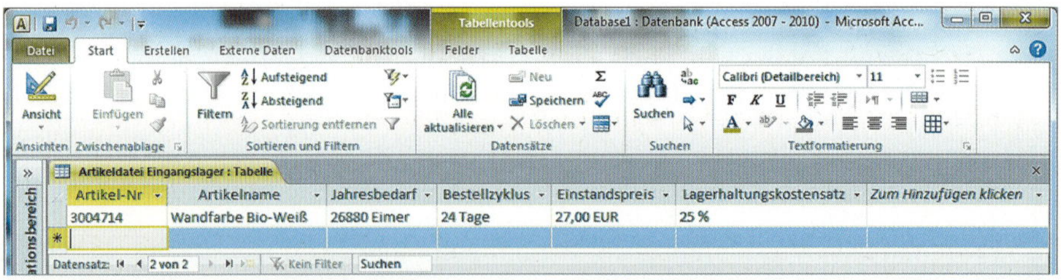

Artikel-Nr	Artikelname	Jahresbedarf	Bestellzyklus	Einstandspreis	Lagerhaltungskostensatz
3004714	Wandfarbe Bio-Weiß	26880 Eimer	24 Tage	27,00 EUR	25 %

Die Bestellkosten je Bestelleinheit belaufen sich auf 80,00 EUR. Die Geschäftsleitung möchte den Bestellzyklus auf 30 Tage erhöhen.

Aufgabe:

Prüfen Sie, ob diese Erhöhung zu einer Kostenersparnis führt!

7.3 ABC-Analyse

(1) Begriff ABC-Analyse

Für die Produktion eines iPhones benötigt man etwa 450 Teile. Einige dieser Teile sind teurer, einige billiger. Für eine ökonomisch sinnvolle Beschaffung der Teile ist von Bedeutung, die Teile nach ihrem **Wertanteil am Gesamtbeschaffungswert** zu gliedern. Es werden drei Gruppen von Gütern (Beständen) unterschieden: **A-Güter, B-Güter** und **C-Güter.** Dieses Verfahren bezeichnet man als **ABC-Analyse.**

Die **ABC-Analyse** ist ein Verfahren zur Erkennung solcher Materialien, die aufgrund ihres **hohen wertmäßigen Anteils** am Gesamtbedarf von **besonderer Bedeutung** sind. Die aus der Analyse gewonnenen Informationen helfen dabei,

- die Transparenz[1] der Materialwirtschaft zu erhöhen,
- sich auf wirtschaftlich bedeutende Materialien zu konzentrieren,
- hohen Arbeitsaufwand bei Materialien untergeordneter Bedeutung (C-Güter) zu vermeiden und damit
- die Effizienz (Wirtschaftlichkeit) der gesamten Materialwirtschaft zu steigern.

In vielen (größeren) Unternehmen wird meistens eine große Anzahl verschiedenartiger Fertigungsmaterialien (Roh-, Hilfs-, Betriebsstoffe, Halbfabrikate) bzw. Handelswaren beschafft, die nur einen **geringen Anteil** (Prozentsatz) **am gesamten Beschaffungswert der eingekauften Materialien** haben.

Die ABC-Analyse wurde entwickelt, um festzustellen, bei welchen eingekauften und/oder lagernden Materialien es wirtschaftlich sinnvoll ist, eine intensive Beschaffungsmarktforschung und Einkaufsverhandlungen, eine genaue Mengen- und Zeitdisposition sowie Überwachung der Lagerbestände durchzuführen. Diese Maßnahmen verursachen den Unternehmen viel Zeit und Kosten.

Beispiel:

Ein Industriebetrieb benötigt 10 verschiedene Materialpositionen. Statistisch erfasst wurden die monatlichen Verbrauchszahlen in Stück und die Einstandspreise (Bezugspreise) je Stück.

Die nachfolgenden Tabellen zeigen ein Beispiel für eine ABC-Analyse.

Erläuterungen zu den Arbeitsschritten für eine ABC-Analyse (Tabelle 2):

1. Materialien nach dem Rang ihres Verbrauchswertes ordnen.
2. Prozentanteil jedes Materials an der Gesamtverbrauchsmenge berechnen.
3. Errechnete Prozentanteile schrittweise aufaddieren (kumulieren).
4. Verbrauchswert berechnen.
5. Prozentanteil jedes Materials am Gesamtverbrauchswert berechnen.
6. Errechnete Prozentanteile schrittweise aufaddieren (kumulieren).
7. Nach den kumulierten Prozentanteilen Gruppen bilden.

1 **Transparenz:** Durchscheinen, Durchsichtigkeit.

Tabelle 1:

Materialart	Verbrauchsmenge in Stück	Verbrauchsmenge in % des Gesamtverbrauchs	Einstandspreis je Stück in EUR	Verbrauchswert in EUR	Verbrauchswerte in % des gesamten Verbrauchswertes	Rang nach Verbrauchswert
T_1	4500	13,24	25,00	112500,00	15,85	2
T_2	700	2,06	145,00	101500,00	14,30	3
T_3	2700	7,94	15,00	40500,00	5,71	7
T_4	600	1,76	300,00	180000,00	25,36	1
T_5	450	1,32	150,00	67500,00	9,51	6
T_6	3000	8,82	25,00	75000,00	10,57	5
T_7	8200	24,12	2,00	16400,00	2,31	8
T_8	1000	2,94	95,00	95000,00	13,38	4
T_9	7150	21,03	1,00	7150,00	1,01	10
T_{10}	5700	16,76	2,50	14250,00	2,01	9
	34000	100,00[1]		709800,00	100,00[1]	

Tabelle 2:

Rang nach Verbrauchswert	[1] Materialart	Verbrauchsmenge in Stück	[2] Verbrauchsmenge in Prozent des Gesamtverbrauchs	[3] Kumulierte Verbrauchsmenge in Prozent	Einstandspreis je Stück	[4] Verbrauchswert in EUR	[5] Verbrauchswerte in Prozent des gesamten Verbrauchswertes	[6] Kumulierter Verbrauchswert in Prozent	[7] ABC-Klasse
1	T_4	600	1,76	1,76	300,00	180000,00	25,36	25,36	A
2	T_1	4500	13,24	15,00	25,00	112500,00	15,85	41,21	A
3	T_2	700	2,06	17,06	145,00	101500,00	14,30	55,51	A
4	T_8	1000	2,94	20,00	95,00	95000,00	13,38	68,89	A
5	T_6	3000	8,82	28,82	25,00	75000,00	10,57	79,46	B
6	T_5	450	1,32	30,15	150,00	67500,00	9,51	88,97	B
7	T_3	2700	7,94	38,09	15,00	40500,00	5,71	94,68	B
8	T_7	8200	24,12	62,21	2,00	16400,00	2,31	96,99	C
9	T_{10}	5700	16,76	78,97	2,50	14250,00	2,01	98,99	C
10	T_9	7150	21,03	100,00	1,00	7150,00	1,01	100,00	C
		34000	100,00[1]			709800,00	100,00[1]		

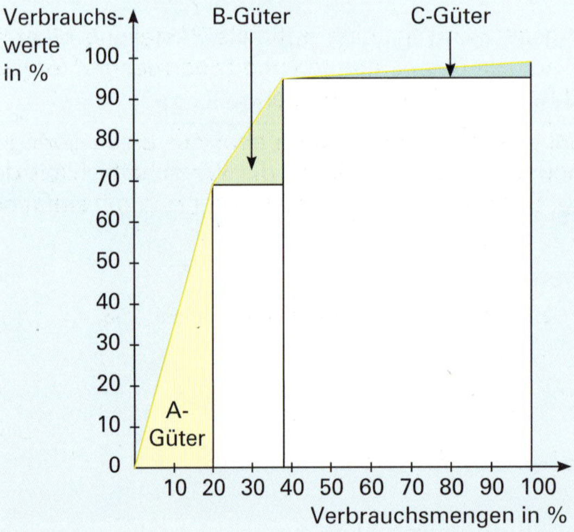

Auswertung:

A-Güter: 20 % des mengenmäßigen Materialverbrauchs haben einen Anteil von fast 70 % (genau: 68,9 %) am gesamten wertmäßigen Materialverbrauch (Beschaffungswert).

B-Güter: 18,1 % des mengenmäßigen Materialverbrauchs entsprechen einem Anteil von 25,8 % am gesamten wertmäßigen Materialverbrauch.

C-Güter: Die meisten Materialien (61,9 %) sind C-Güter. Auf sie entfällt nur ein Verbrauchswertanteil von 5,3 %.

1 Bedingt durch die Beschränkung auf zwei Nachkommastellen können geringe Rundungsdifferenzen in der Summenzeile auftreten.

(2) Bedeutung der ABC-Analyse

Die Auswertung der ABC-Analyse zeigt dem Unternehmen, bei welchen Gütern ein größerer Beschaffungsaufwand wirtschaftlich sinnvoll und größere Kostensenkungen (z.B. durch vereinbarte Rabatte bei größeren Bestellmengen, Einsatz billigerer Substitutionsgüter) erwartet werden können.

Die Festlegung der Schranken, mit deren Hilfe eine **Zuordnung zu den einzelnen Klassen** getroffen wird, liegt im **Ermessen der Unternehmen,** da es hierfür keine objektiv richtigen Maßstäbe gibt. Erfahrungsgemäß liegt die Schranke für A-Güter bei den ersten 75–80% der kumulierten Verbrauchswerte in Prozent, die C-Güter bei den letzten 5% der kumulierten Verbrauchswerte in Prozent. Dazwischen liegen die B-Güter.

(3) Schlussfolgerungen aus der ABC-Analyse für die Materialwirtschaft

Die Tätigkeiten (Aktivitäten) in der Materialwirtschaft konzentrieren sich in erster Linie auf die **A-Güter.** Sie bestehen zwar aus wenigen Lagerpositionen, verkörpern aber den überwiegenden Teil des Verbrauchswertes. Daher führen bereits geringe prozentuale Verbesserungen zu Einsparungen in hohen absoluten Euro-Beträgen.

Die Aktivitäten können sich z.B. auf folgende **Maßnahmen** richten:

- Intensive Bemühungen um Preis- und Kostensenkungen.
- Exakte Untersuchungsergebnisse darüber, ob Eigenproduktion oder Fremdbezug günstiger ist.
- Bedarfsgesteuerte Materialdisposition.
- Möglichst geringer Lagerbestand in Verbindung mit Sondervereinbarungen über Lieferzeiten.
- Beschaffung in bedarfsnahen, auftragsspezifischen kleinen Losen (Liefermengen).
- Verzicht auf Wareneingangskontrolle im eigenen Haus und Verlagerung der Qualitätsprüfung zum Lieferanten unter Vorgabe von Qualitätsstandards.
- Überlegungen, ob durch materialtechnische oder konstruktionstechnische Änderungen Kostenvorteile erzielt werden können.
- Strenge Kontrolle der Bestände, des Verbrauchs und gegebenenfalls der Lagerverluste.

Bei den **B-Gütern** darf der Berechnungsaufwand für eine optimale Bestellung nicht so hoch sein. Hier kann es sinnvoll sein, optimale Bestellmengen und Lagermengen für ganze **Materialgruppen** zu berechnen und Fehler in Kauf zu nehmen.

Die **C-Güter** bestehen aus vielen Lagerpositionen, verkörpern aber nur einen geringen Verbrauchswert. Zu hohe Lagerbestände beeinflussen daher die Wirtschaftlichkeit des Materialwesens in geringerem Umfang. Sie können daher großzügiger und mit **einfacheren Verfahren** disponiert werden durch:

- verbrauchsorientierte Materialdisposition,
- vereinfachtes Beschaffungsprogramm, z.B. Bestellrhythmusverfahren (siehe S. 358),
- großzügigere Lagerhaltung,
- gelockerte Überwachung.

Zusammenfassung

- Die **ABC-Analyse** ermittelt die Güter, welche den höchsten Anteil am Gesamtwert der Materialien haben.
- Die Güter mit einem **hohen wertmäßigen Anteil am Gesamtbedarf** sind für die Beschaffung von **hoher Bedeutung**.
- Die ABC-Analyse ist ein **Hilfsmittel** zur Aktivierung der in der Beschaffung liegenden Gewinnreserven.

Übungsaufgaben

128 Die Auswertung der Bestellungen eines Industriebetriebs zur Ermittlung der **Bestellgrößenstruktur** im Geschäftsjahr 20.. ergab folgende Kennzahlen:

Anteile der Bestellgruppen an der Gesamtzahl der Bestellungen in % (kumuliert)	Anteile der Bestellgruppen an der Gesamtzahl der Bestellungen in %	Anzahl der Bestellungen	Bestellwerte (Auftragswerte) je Bestellung in EUR (Bestellgruppen)	Bestellwerte (Auftragswerte) je Bestellgruppe in EUR	Anteile der Bestellgruppen am Gesamtbestellwert in %	Anteil der Bestellgruppen am Gesamtbestellwert in % (kumuliert)	ABC-Kennzeichnung
62,3 %	27,9	1 240	1 – 50	37 200,00	0,36	2,83 %	C
	20,0	890	51 – 100	60 310,00	0,59		
	14,4	640	101 – 500	192 000,00	1,88		
30,1 %	16,0	712	501 – 1 000	462 820,00	4,52	16,89 %	B
	9,5	420	1 001 – 2 000	632 400,00	6,18		
	4,6	204	2 001 – 5 000	634 200,00	6,19		
7,6 %	2,3	103	5 001 – 10 000	824 000,00	8,05	80,28 %	A
	1,9	84	10 001 – 20 000	1 344 000,00	13,12		
	1,4	61	20 001 – 50 000	2 190 000,00	21,38		
	2,0	87	über 50 000	3 864 200,00	37,73		
100,0 %	100,00	4 441		10 241 130,00	100,00	100,00 %	

Aufgaben:

1. Vereinfachen Sie die obige Tabelle, indem Sie für folgende Bestellgruppen deren Anteile an der Gesamtzahl der Bestellungen und am Gesamtbestellwert (Gesamtauftragswert) vergleichend gegenüberstellen:
   1.1 Bestellgruppe A mit Auftragswerten von 5 001,00 EUR bis über 50 000,00 EUR je Bestellung,
   1.2 Bestellgruppe B mit Auftragswerten von 501,00 EUR bis 5 000,00 EUR je Bestellung und
   1.3 Bestellgruppe C mit Auftragswerten von 1,00 EUR bis 500,00 EUR je Bestellung!
2. Veranschaulichen Sie die ABC-Analyse der Bestellungen, indem Sie die Anteile der Bestellgruppen A, B und C an der Gesamtzahl der Bestellungen und am Gesamtbestellwert (Gesamtauftragswert) jeweils in einem Säulendiagramm (Stabdiagramm) vergleichend gegenüberstellen!
3. Beurteilen Sie diese Strukturanalyse der Bestellungen und begründen Sie, inwieweit die hierdurch gewonnenen Informationen zur Aktivierung der in der Beschaffungswirtschaft liegenden Gewinnreserven beitragen können.[1]

1 **Lösungshilfe:** Lange Bearbeitungszeiten der Bestellungen im Einkauf und die anfallenden Bestellkosten, z.B. durch Angebotseinholungen, Angebotsvergleiche, Einkaufsverhandlungen, Formular- und Portokosten, können die Materialkosten beträchtlich erhöhen, vor allem bei vielen Kleinbestellungen.

129 Herr Anton Thomalla, geschäftsführender Gesellschafter der Motorenwerke Anton Thomalla GmbH, sucht eine Möglichkeit, Kosten zu reduzieren. Er schickt Frau Heine, die Leiterin der Beschaffung, zu einem Seminar mit dem Thema „Einkaufsmanagement – Materialkosten senken, Gewinn erhöhen".

Durch das Seminar wird Frau Heine bewusst, dass in dem Motorenwerk Anton Thomalla GmbH beim Einkauf von günstigen Gütern, beispielsweise Büromaterial, der gleiche Zeitaufwand investiert wird wie bei der Beschaffung von hochpreisigen Gütern.

Aufgaben:

1. Helfen Sie Frau Heine, der Leiterin der Beschaffung, die ABC-Analyse für die Artikelgruppen A01 bis A10 durchzuführen! Gegeben sind folgende Zahlenwerte:

Artikelgruppe	Jahresbedarf in Stück	Preis je ME in EUR
A01	100	290,00
A02	9000	1,60
A03	5000	2,80
A04	5000	1,50
A05	700	5,50
A06	700	7,10
A07	100	22,00
A08	18000	0,05
A09	20000	0,08
A10	32500	0,07

Führen Sie – gegebenenfalls mithilfe einer Tabellenkalkulation – eine ABC-Analyse entsprechend der Vorgabe durch!

ABC-Analyse, Tabelle 1

Artikelgruppe	Jahresbedarf in Stück	Preis je ME in EUR	Verbrauchsmenge in % des Gesamtverbrauchs	Verbrauchswert in EUR	Verbrauchswerte in % des gesamten Verbrauchswertes	Rang nach Verbrauchswert
A01	100	290,00				
A02	9000	1,60				
A03	5000	2,80				
A04	5000	1,50				
A05	700	5,50				
A06	700	7,10				
A07	100	22,00				
A08	18000	0,05				
A09	20000	0,08				
A10	32500	0,07				
Summe						

ABC-Analyse, Tabelle 2

Artikelgruppe nach Rang	Jahresbedarf in Stück	Preis je ME in EUR	Verbrauchsmenge in % des Gesamtverbrauchs	Verbrauchswert in EUR	Verbrauchswerte in % des gesamten Verbrauchswertes	Kumulierter Wertanteil in %	Kumulierter Mengenanteil in %
Summe							

2. Legen Sie fest, welche Artikelgruppen jeweils in die Klasse der A-, B- bzw. der C-Güter gehören und begründen Sie Ihre Entscheidung!
3. Setzen Sie die gewonnenen Erkenntnisse in eine aussagefähige Grafik um!
4. Nach Durchführung der ABC-Analyse ergeben sich für das Motorenwerk Anton Thomalla GmbH zwangsläufig Schlussfolgerungen im Bereich der Materialwirtschaft, die geeignet sind, einen Beitrag zur Kostensenkung zu erbringen. Nennen Sie – getrennt für die A- und die C-Güter – jeweils solche Maßnahmen!

7.4 Eigenfertigung oder Fremdbeschaffung (make or buy)

(1) Grundlegendes

Im Rahmen der Beschaffungsplanung sind wir bisher davon ausgegangen, den Bedarf an Teilen und Baugruppen von Zulieferern zu beziehen. Dies entspricht nicht der Realität, denn eine bestimmte Anzahl von Teilen und Baugruppen wird ein Unternehmen immer selbst herstellen. Inwieweit ein Unternehmen die **Eigenfertigung** vorantreibt oder aber zur **Fremdvergabe (Outsourcing)** übergeht, ist zum einen eine strategische und zum anderen eine operative Planungsentscheidung.

- Die **strategische Planungsentscheidung** ist langfristig angelegt und wird bereits im Rahmen der Produktentwicklung gefällt.

  Konstrukteure entwickeln die Produkte der Zukunft und arbeiten daher auch an der Zukunft des Unternehmens. Andererseits sind sie in ihrer Gestaltungsfreiheit nicht ungebunden. Sie müssen bestrebt sein, die geplante Funktionalität mit dem günstigsten Werkstoff und der günstigsten Fertigungstechnik herzustellen. Daher sind es in der Regel Konstrukteure, Fertigungstechniker, Einkäufer und Mitarbeiter des Rechnungswesens, die als Team bei der Entwicklung neuer Produkte zusammenarbeiten. So ist sichergestellt, dass alle technischen und kaufmännischen Gesichtspunkte ausreichend berücksichtigt werden.

Beispiel:

Indem der Konstrukteur die Materialart und die Toleranzen in der Bearbeitungsgenauigkeit festlegt, bestimmt er bereits über die Fertigungstechnologie. Verlässt er bei der Wahl des Werkstoffs die Materialien, mit denen der Betrieb umzugehen gewohnt ist (z.B. Stoßstange aus Kunststoff statt aus Metall), ergibt sich zwangsläufig die Frage, ob die erforderliche Fertigungskapazität auch vorhanden ist.

- Die **operative Planungsentscheidung** für eine Eigenfertigung bzw. die Fremdbeschaffung ist kurzfristig ausgerichtet und hängt insbesondere von der jeweiligen Beschaffungssituation ab.

  Grundsätzlich kann man jedes Erzeugnis selbst fertigen bzw. kaufen. Die Entscheidung fällt in der Regel nicht aufgrund eines kurzfristigen Kostenvorteils, sondern aufgrund längerfristiger, strategischer Fragestellungen, wie z.B.:

  - Wodurch kann sich das eigene Unternehmen technologisch von den übrigen Wettbewerbern unterscheiden?
  - Inwieweit trägt eine Baugruppe bzw. eine Leistungskomponente dazu bei, Kundennutzen zu schaffen und damit einen Wettbewerbsvorteil zu erringen?
  - Kann der Lieferant Forschungs- und Entwicklungsarbeit übernehmen?
  - Entstehen durch die Fremdbeschaffung Abhängigkeiten vom Lieferanten?
  - Wird durch die Fremdfertigung dem Zulieferer ein Know-how geliefert, das selbst nur schwer und teuer aufzubauen oder zu halten ist?

Beispiele:

- Ist Eigenfertigung geplant, die Kapazitätsgrenze jedoch erreicht, dann wird die Unternehmensleitung, um die kurzfristige Lieferbereitschaft bei den Erzeugnissen zu sichern, einen Wechsel zur Fremdbeschaffung vornehmen.
- Bei geringer Auslastung der vorhandenen Kapazität wird die Unternehmensleitung dagegen versuchen, von Fremdbeschaffung zur Eigenfertigung zu wechseln.

(2) Entscheidung über Eigenfertigung oder Fremdbeschaffung

Im Fall noch freier Produktionskapazitäten muss ein Unternehmen prüfen, ob es nicht kostengünstiger wäre, bisher fremdbezogene Erzeugnisse künftig zur Auslastung der Kapazitäten selbst herzustellen. In den Vergleich dürfen nur die variablen Herstellkosten einbezogen werden, da die anteiligen Fixkosten auch bei Fremdbezug weiterhin entstehen.

Beispiel:

Ein Industriebetrieb hat noch freie Kapazität. Die Geschäftsleitung überlegt daher, ob sie das Getriebe für die neue Maschine selbst herstellen oder von einem Zulieferer beziehen soll. Folgende Daten liegen vor:

Fremdbeschaffung: Bareinkaufspreis 226,10 EUR je Stück, Frachtkosten pauschal 1,50 % des Bareinkaufspreises.

Eigenfertigung: Verbrauch von Fertigungsmaterial 140,00 EUR, variable MGK 8 %, Fertigungslöhne 45,00 EUR, variable FGK 62 %.

Aufgabe:

Prüfen Sie rechnerisch, ob sich die Eigenfertigung lohnt!

Lösung:

Kosten bei Fremdbeschaffung

	Bareinkaufspreis	226,10 EUR
+	$1\,^1/_2$ % Frachtkosten pauschal	3,39 EUR
=	Einstandspreis je Getriebe	229,49 EUR

Kosten bei Eigenfertigung[1]

	Materialeinzelkosten	140,00 EUR
+	8 % variable MGK	11,20 EUR
	Fertigungslöhne	45,00 EUR
+	62 % variable FGK	27,90 EUR
=	Variable Herstellkosten je Getriebe	224,10 EUR

Eigenfertigung oder Fremdbeschaffung?

	Einstandspreis je Getriebe bei Fremdbeschaffung	229,49 EUR
–	variable Herstellkosten je Getriebe bei Eigenfertigung	224,10 EUR
=	Kostenvorteil bei Eigenfertigung	5,39 EUR

Ergebnis: Bei der Eigenfertigung entsteht gegenüber dem Fremdbeschaffung ein Kostenvorteil in Höhe von 5,39 EUR. Die Eigenfertigung ist daher vorteilhafter.

Bei **freier Kapazität** ist die Eigenfertigung der Fremdbeschaffung dann vorzuziehen, wenn die Herstellkosten unter dem Einstandspreis bei Fremdbeschaffung liegen.

1 Die fixen Kosten sind durch die bisherige Produktion bereits in voller Höhe abgedeckt. Relevante Kosten sind daher ausschließlich die variablen Kosten.

(3) Argumente für und gegen Fremdbeschaffung

Für die Fremdbeschaffung[1]	Gegen die Fremdbeschaffung[1]
■ Konzentration auf das Kerngeschäft. ■ Verkürzt die Durchlaufzeit eines Auftrags, sodass in der gleichen Zeit mehr Erzeugnisse hergestellt werden können. ■ Flexible Kapazitätsanpassung bei verändertem Bedarf. Produktions- und Beschäftigungsrisiko wird auf die Zulieferer abgewälzt. ■ Geringere Investitionsaufwendungen für die Teilefertigung. ■ Geringere Kosten, da spezialisierte Zulieferer oft billiger produzieren können (z. B. bei Massenprodukten wie Schrauben, Nägel, Spanplatten).	■ Gefahr der Abhängigkeit vom Zulieferer. ■ Mangelnde Einflussnahme auf Qualität und die termingerechte Bereitstellung der benötigten Teile. ■ Kompetenzverlust und Gefahr der Übertragung von Know-how an Mitwettbewerber. ■ Verzicht auf Zusatzgewinne durch die Teilefertigung. ■ Eventuell höhere Kosten durch geringe Produktionsmengen.

Zusammenfassung

- **Eigenfertigung oder Fremdbeschaffung** ist nicht nur eine operative Frage (z. B. Höhe der Kosten, Erhalt der Lieferbereitschaft), sondern auch eine Fragestellung von längerfristiger, strategischer Natur.
- Wichtige **quantitative Entscheidungskriterien** für die Frage, ob ein Produkt selbst hergestellt oder von einem Zulieferer bezogen werden soll, sind die **Höhe der Kosten** und der **Grad der Beschäftigung.**

Übungsaufgaben

130 Das Unternehmen Elektromotoren Jürgen Engel KG kann von einem Zulieferer ein Zubehörteil zu folgenden Bedingungen beziehen: Listeneinkaufspreis 72,00 EUR je Stück, Liefererrabatt 12 %, Liefererskonto 3 %. Die Frachtkosten werden pauschal verrechnet: 2 % des Bareinkaufspreises.

Die Eigenfertigung des Zubehörteils ist bei freier Kapazität zu folgenden Bedingungen möglich: Verbrauch von Fertigungsmaterial 8,80 EUR, Fertigungslöhne 23,40 EUR, sonstige Kosten 22,16 EUR.

Aufgaben:

1. Lohnt sich die Eigenfertigung? Begründen Sie Ihre Entscheidung rechnerisch!
2. Prüfen Sie, ob die Tatsache, dass die Facharbeiter bei vollem Lohnausgleich unterbeschäftigt sind, Auswirkungen auf die Kosten der Eigenfertigung hat!
3. Erklären Sie, weshalb die Entscheidung zwischen Eigenfertigung und Fremdbeschaffung bereits bei der langfristigen Produktprogramm- und Produktionsprogrammplanung berücksichtigt werden muss!

1 Die Argumente für und gegen Fremdbeschaffung gelten im umgekehrten Sinn für die Eigenfertigung.

23 Wessel u.a. - ISBN 978-3-8120-0588-3

131 Die Motorenwerke Anton Thomalla GmbH plant aufgrund noch freier Kapazität ein bisher fremdbezogenes Motorengehäuse selbst herzustellen. Die Produktion des Motorengehäuses verursacht folgende Kosten: Materialaufwand 195,00 EUR, variable MGK 7,5%, Fertigungslohn je Stunde 43,80 EUR, variable FGK 101%, Sondereinzelkosten der Fertigung 132,50 EUR, Produktionszeit je Motorengehäuse 50 Minuten. Der Einstandspreis des Zulieferers für das Motorengehäuse beträgt 564,95 EUR. Der Nettoverkaufserlös des Motorengehäuses beläuft sich auf 634,95 EUR.

Aufgaben:

1. Berechnen Sie die Gesamtkosten der Eigenproduktion für das Motorengehäuse!
2. Beurteilen Sie, ob sich die Eigenfertigung der Motorengehäuse lohnt!

132 Im Zweigwerk des Autozulieferers Gustav Heine KG werden verschiedene Typen von Radkappen gefertigt.

Produkt	Radkappe A	Radkappe B	Radkappe C
Deckungsbeitrag pro Stück	26,00 EUR	10,00 EUR	30,00 EUR
Produktions- und Absatzmenge in Stück	3900	2500	8100
Anteil an den Fixkosten	25%	14%	61%

Die gesamten Fixkosten betragen 280000,00 EUR pro Jahr. Der Preis von Radkappe A beläuft sich auf 40,00 EUR.

Aufgaben:

1. Ermitteln Sie die Deckungsbeiträge, das Betriebsergebnis je Produkt und das Betriebsergebnis insgesamt!
2. Die Gustav Heine KG überlegt, die Produktion des Verlustproduktes einzustellen. Dadurch könnten der Anteil der fixen Kosten für die Radkappe B um 80% abgebaut werden.

   Berechnen Sie, wie sich das Betriebsergebnis durch diese Maßnahme verändern würde!

LG 12.3 Lernsituation 8: Sich für ein Bestellverfahren entscheiden

Emmy Reisacher, die Inhaberin des Kosmetikinstituts „Beauty Moments", hat einen zuverlässigen Lieferer für zertifizierte Bio-Kosmetik gefunden, der Mengenrabatte gewährt.

Werden die Bio-Kosmetik-Produkte kühl und trocken gelagert, sind sie laut Hersteller ungeöffnet 6 Monate haltbar.

Frau Reisachers Lagerraum ist relativ klein und reicht gerade aus, um Kosmetikprodukte für einen Monat unterzubringen.

Impuls:

Erklären Sie Frau Reisacher den Zusammenhang zwischen Bestellmenge und Lagerkosten, indem Sie die Auswirkung der zwei folgenden Varianten beschreiben:

Variante 1: Frau Reisacher bestellt zu Jahresbeginn die voraussichtliche Jahresmenge.

Variante 2: Frau Reisacher bestellt alle zwei Tage den voraussichtlichen Bedarf für zwei Tage.

Handlungsaufgaben:

Arbeiten Sie die folgenden Kapitel durch und verwenden Sie die Aufzeichnungen aus dem Unterricht zur Bearbeitung der Handlungsaufgaben!

1. Beraten Sie Frau Reisacher bei ihrer Überlegung, im Industriepark einen zusätzlichen Lagerraum bei der benachbarten Osann & Wiedenmann OHG zu mieten. Fertigen Sie ein Diskussionspapier mit Gründen für und gegen die Anmietung eines zusätzlichen Lagerraums an.
2. Frau Reisachers Kosmetikinstitut hat inzwischen wegen der qualitativ hochwertigen Produkte, die sie benutzt, einen sehr guten Ruf und ihr Kundenstamm hat sich entsprechend vergrößert.

   Aus diesem Grund ist es ihr zeitlich nicht mehr möglich, jeden Abend ihr Lager zu kontrollieren und bei Bedarf die fehlenden Produkte nachzubestellen.

   Halten Sie schriftlich fest, welches Bestellverfahren für Frau Reisacher geeignet ist, wenn sie Kunden mit sehr unterschiedlichen Produktvorlieben hat und folglich der Tagesverbrauch eines Produkes nur sehr ungenau bestimmt werden kann!

8 Verfahren der Beschaffung

8.1 Ziele der Beschaffung

(1) Ausgewählte Ziele der Beschaffung

Ziele	Beispiele
Sicherung des Produktionsablaufs	Die Materialien sind so zu beschaffen, dass jederzeit ein reibungsloser Fertigungsablauf gesichert ist.

Ziele	Beispiele
Minimierung der Beschaffungskosten	■ Niedrige Einstandspreise; ■ günstige Lieferungs- und Zahlungsbedingungen; ■ Minimierung der Bestellkosten; ■ große Bestellmengen, um günstige Einkaufspreise und hohe Mengenrabatte zu erhalten.
Minimierung der Lagerhaltungskosten	■ Geringe Bestellmengen, dadurch niedrige Zinskosten für das in den Materialbeständen gebundene Kapital; ■ Senkung der Lagerpersonalkosten; ■ geringe Lagerrisiken durch kleine Lagerbestände; ■ Minimierung der Lagerraumkosten.
Minimierung der Fehlmengenkosten	■ Kosten für Produktionsstillstand wegen fehlendem Material; ■ Vertragsstrafen für verspätete Lieferungen an Kunden; ■ Entgangener Gewinn wegen Kundenabwanderung.
Hohe Beschaffungsflexibilität	Lagermengen so festlegen, dass die Beschaffung jederzeit an die Bedarfsanforderungen der Fertigung oder an eine Marktveränderung angepasst werden kann.
Umweltschutz	Verminderung von Abfallbelastungen durch den Bezug umweltschonender (abfallarmer) Materialien.
Qualitätssicherung	Nur Material beschaffen, das dem Qualitätsanspruch, der an das Produkt gestellt wird, entspricht.

(2) Zielkonflikte

Zwischen den einzelnen Zielen der Beschaffung bestehen i.d.R. **Zielkonflikte.** Man sagt auch, dass es sich um **konkurrierende**[1] **Ziele** handelt.

Beispiele:

- Wird der Lagerbestand sehr niedrig gehalten (ist die Kapitalbindung möglichst gering), kann dies zulasten der Lieferbereitschaft gehen.
- Werden große Mengen eingekauft, sind die Bezugskosten niedrig, aber die Lagerhaltungskosten hoch. Werden geringe Mengen eingekauft, sind die Bestellkosten hoch, aber die Lagerhaltungskosten niedrig. Außerdem besteht die Gefahr, dass Fehlmengenkosten anfallen.
- Preisgünstige Einkäufe können dem Ziel, eine höchstmögliche Qualität einzukaufen, entgegenstehen.

Zielkonflikte können nur durch Kompromisse gelöst werden. Dabei sollte der Kompromiss eine bestmögliche (optimale) Lösung darstellen.

1 **Konkurrenz** (lat.): Wettbewerb. Konkurrierende Ziele sind Ziele, die nicht gleichzeitig erreicht werden können. Die Erreichung eines Ziels geht immer zulasten eines anderen Ziels.

8.2 Bestellpunkt- und Bestellrhythmusverfahren

(1) Grundlegendes

Die Bestellzeitpunkte für die Werkstoffe müssen unter Berücksichtigung der Wiederbeschaffungszeit so bestimmt werden, dass einerseits die **Kundenwunschtermine nicht gefährdet sind,** andererseits aber auch keine **unnötigen Lagerzeiten** in Kauf genommen werden müssen.

- Beim **Bestellpunktverfahren** wird mit jeder Entnahme geprüft, ob damit der **Meldebestand unterschritten** wurde. Ist dies der Fall, wird eine Nachbestellung ausgelöst.
- Beim **Bestellrhythmusverfahren** erfolgt die Nachbestellung in **bestimmten Zeitabständen.**

(2) Bestellpunktverfahren

Aus Vereinfachungsgründen gehen wir im Folgenden davon aus, dass bei Erreichen des festgelegten Meldebestands jeweils die **Fehlmenge bis zum Höchstbestand** aufgefüllt wird. Außerdem wird unterstellt, dass ein **regelmäßiger Tagesverbrauch** vorliegt. Der Meldebestand muss so hoch angesetzt werden, dass bei normalen Werkstoffverbrauch innerhalb der Wiederbeschaffungszeit der Mindestbestand (Sicherheitsbestand) nicht angegriffen wird.

Beispiel:

Tagesbedarf: 4 Elektromotoren; Mindestbestand: 8 Stück; Höchstbestand: 40 Stück; Wiederbeschaffungszeit: 2 Tage; feste Bestellmenge: 32 Stück; in der Wiederbeschaffungszeit werden (4 Stück · 2 Tage) 8 Stück verbraucht.

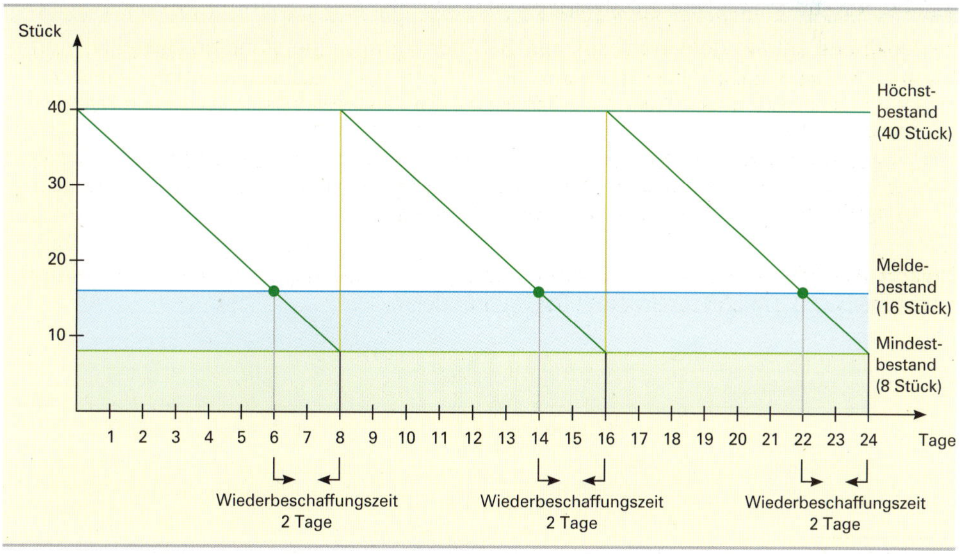

Erläuterungen:

- **Mindestbestand (Sicherheitsbestand):**[1] Er dient zur Abdeckung von Bestands-, Bedarfs- und Bestellunsicherheiten. Er steht nur für unvorhergesehene Ereignisse zur Verfügung und darf daher nicht zur laufenden Disposition[2] verwendet werden. Im Beispiel beträgt der festgelegte Mindestbestand 8 Stück.
- **Meldebestand:**[1] Erreicht der Lagerbestand diese Bestandshöhe, dann ist eine neue Bestellung auszulösen. Im Beispiel beträgt der Meldebestand 16 Stück (8 Stück Mindestbestand + 4 Stück · 2 Tage Beschaffungsdauer).
- **Höchstbestand:**[1] Er gibt an, welcher Bestand maximal eingelagert wird. Der Höchstbestand wird immer nach Eintreffen der bestellten Materialien erreicht. Im Beispiel beträgt der festgelegte Höchstbestand 40 Stück.
- **Wiederbeschaffungszeit:** Summe der Zeitbedarfe für eigene Überlegungszeit (z. B. Liefererauswahl), Durchführung der Bestellung, Transportzeit, Lieferzeit, Zeit für Materialeingangskontrolle und Einlagerung.
- **Bestellzeitpunkt:** Zeitpunkt, zu welchem bestellt werden muss, um die Versorgung während der Lieferzeit sicherzustellen. Im Beispiel muss nach 6 Tagen bestellt werden, da zu diesem Zeitpunkt der Meldebestand von 16 Stück erreicht wird.
- **Auffüllmenge:** Es handelt sich um die Menge, die bestellt werden muss, um das Lager bis zum Höchstbestand aufzufüllen. Die konstante Auffüllmenge beträgt 32 Stück (40 Stück – 8 Stück).

(3) Bestellrhythmusverfahren

Aus Vereinfachungsgründen gehen wir davon aus, dass aufgrund eines **Rahmenvertrags** zwischen Hersteller und Zulieferer die vereinbarten Lieferungen in einem **gleichen Zeitabstand** (Rhythmus) und mit einer **konstanten Liefermenge** erfolgen.

Beispiel:

Eine Möbelfabrik vereinbart mit ihrem Zulieferer, dass in Abständen von jeweils 30 Tagen 200 m² Weisseichenfurnier geliefert werden.

In der Praxis entfällt bei einem solchen Rahmenvertrag eine ständige Bestellwiederholung.

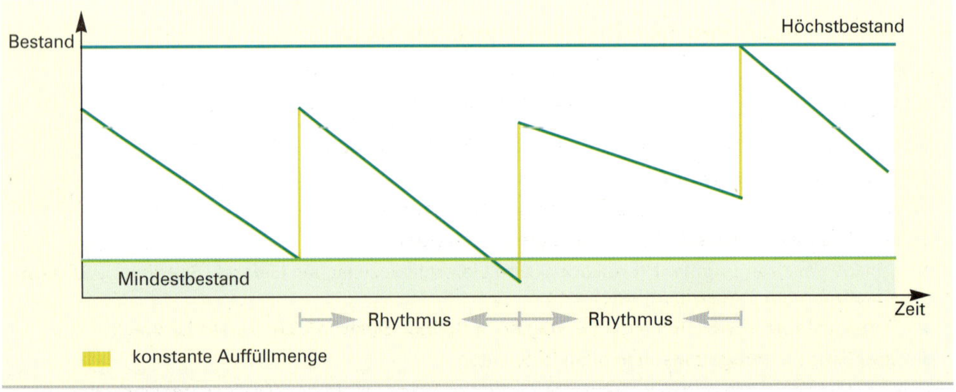

1 Vgl. hierzu auch die Ausführungen auf S. 365 f.

2 **Disposition:** freie Verwendung.

Stellt man die beiden Verfahren einander gegenüber, dann lassen sie sich durch folgende Merkmale kennzeichnen:

Bestellpunktverfahren	Bestellrhythmusverfahren
▪ Es handelt sich um eine sehr sichere Strategie. Dadurch, dass mit jeder Entnahme geprüft wird, ob der Meldebestand erreicht ist, ist auch die Gefahr der Unterdeckung sehr gering. ▪ Es ist geeignet für Güter, bei denen ein hoher Servicegrad verlangt wird. ▪ Wird bis auf die Lagerobergrenze aufgefüllt, dann führt dies tendenziell zu hohen Beständen. ▪ Der Kontrollaufwand ist relativ hoch. ▪ Durch ständige Bestandskontrolle ist das Verfahren auch geeignet für Güter mit unregelmäßigem Bedarf.	▪ Es wird nur in festen Zeitintervallen (Bestellrhythmus) nachbestellt. ▪ Muss mit unregelmäßigem Bedarf gerechnet werden, dann besteht hier die große Gefahr der Unterdeckung. ▪ Das Verfahren ist daher nur sinnvoll, wenn die Lagerabgangsraten relativ konstant sind. ▪ Der Verwaltungsaufwand ist gering.

8.3 Just-in-time-Beschaffung[1]

(1) Begriff Just-in-time-Verfahren

Die **lagerlose Sofortverwendung** ist Bestandteil eines Logistiksystems, bei dem die Materialbereitstellung genau zu dem von der Fertigungsplanung vorher bestimmten Zeitpunkt erfolgt. Man spricht von **fertigungssynchroner[2] Beschaffung** oder vom **Just-in-time-Verfahren.**

Das Prinzip der lagerlosen Sofortverwendung wird vor allem von Industriebetrieben angewendet, die ihren Bedarf an großvolumigen und hochwertigen Werkstoffen und Fertigteilen genau vorausberechnen können (z.B. Autoindustrie). Die Kapitalbindungs- und Lagerkosten werden auf die Zulieferbetriebe abgewälzt.

(2) Voraussetzungen des Just-in-time-Verfahrens

Um die Lieferung nach dem Just-in-time-Verfahren einführen zu können, sind folgende Voraussetzungen erforderlich:

- ständiger Bedarf des beschaffenden Unternehmens für das betreffende Material,
- langfristige Planung der Absatzmengen,
- wirksame Maßnahmen zur ständigen Qualitätskontrolle,
- ständige Lieferbereitschaft der beteiligten Lieferanten,
- genaue Abstimmung der Produktions- und Lieferpläne zwischen Lieferer, Spediteur und dem abnehmenden Industrieunternehmen,
- Datenaustausch zwischen allen Beteiligten, z.B. über Electronic Data Interchange,
- langfristige Verträge zwischen allen Beteiligten,
- ein Transportsystem, das jederzeit den ununterbrochenen Materialzufluss gewährleistet.

1 **Just in time** (engl.): gerade rechtzeitig.

2 **Synchron**: gleichzeitig.

(3) Vor- und Nachteile des Just-in-time-Verfahrens

Vorteile
Die Vorteile einer konsequenten Anwendung der Just-in-time-Anlieferung sind: ■ Die **Lagerkosten und -risiken entfallen,** weil das benötigte Material sofort zum Ort der Weiterverarbeitung bzw. -verwendung gebracht wird. ■ Es wird **weniger Kapital gebunden,** das dann für andere Unternehmensaufgaben bereitsteht. ■ Das Unternehmen kann sich rasch auf einen **Wechsel des Kundenbedarfs** einstellen und seine **Lieferbereitschaft erhöhen.** ■ Die Gefahr, Produkte **nicht absetzen** zu können, **sinkt.**
Nachteile
Die Nachteile der lagerlosen Sofortverwendung liegen ■ in der Verwundbarkeit des Unternehmens gegenüber Störungen im Nachschub z.B. durch Streiks, Zugverspätungen, Staus **(Terminrisiko)** sowie ■ in der Umweltbelastung bei der Belieferung durch Lastkraftwagen z.B. durch Versiegelung der Landschaft durch Straßenbau, Belastung der Luft durch Reifenabrieb und Abgase **(Umweltrisiko).** Die Kosten für die Beseitigung der Umweltbelastung trägt jedoch nicht der Besteller der Werkstoffe (Kostenverursacher), sondern die Allgemeinheit. Man spricht dann von **„Social Costs".** ■ Es besteht die Gefahr, dass es zu Produktionsstörungen kommt, da schadhafte Teile nicht durch eine Lagerentnahme ausgewechselt werden können **(Qualitätsrisiko).** ■ Die Bestell- und Transportkosten steigen wegen häufiger Bestellungen **(Kostenrisiko).** ■ Bei zahlreichen Werkstoffen ist die fertigungssynchrone Beschaffung nicht oder wenigstens nicht in ihrer extremen Anwendung durchführbar, weil die Vorlieferer ihre Produktion nicht an dem schwankenden Bedarf der Abnehmer ausrichten können oder wollen. Sie streben aus **kosten- und beschäftigungspolitischen Gründen** selbst eine kontinuierliche Produktion an.

Um die Abwicklung der Bestellungen möglichst rasch durchführen zu können, liegt es nahe, mit dem Lieferanten einen **Rahmenvertrag** abzuschließen. Ein solcher legt in der Regel für eine bestimmte Periode den Gesamtbedarf für eine Werkstoffart oder eine Werkstoffgruppe fest. Für die geplante Abnahmemenge werden die Preise, die Liefer- und die Zahlungsbedingungen festgelegt. Die Einzelbestellungen verweisen dann jeweils auf den Rahmenvertrag und beinhalten nur noch nähere Festlegungen in Bezug auf Artikel, Menge und Termin.

Eine langfristige Bindung an einen Lieferanten über einen Rahmenvertrag setzt voraus, dass die Nachfragemenge über diesen Zeitraum vorhersehbar und in etwa konstant ist. Der **Vorteil** von Rahmenvereinbarungen liegt insbesondere darin, dass die Kosten für wiederholte Verhandlungsführungen über Preise, Lieferungs- und Zahlungsbedingungen entfallen. Der verbleibende Restprozess ist dann so weit reduziert, dass er sich relativ leicht automatisieren lässt.

Zusammenfassung

- Der **Bestellzeitpunkt** ist so festzulegen, dass Fertigung und/oder Absatz reibungslos durchgeführt werden können.
- Beim **Bestellpunktverfahren** wird bestellt, wenn der **Meldebestand erreicht** ist.
- Beim **Bestellrhythmusverfahren** erfolgt die Bestellung in **bestimmten Zeitabständen.**

- Bei der **Bedarfsdeckung ohne Vorratshaltung** werden die Werkstoffe genau zum Verarbeitungszeitpunkt bereitgestellt **(Just-in-time-Verfahren).**
- **Rahmenverträge** verringern die Kosten des Beschaffungsprozesses, indem
  - wiederholte Verhandlungsführungen über Preise, Lieferungs- und Zahlungsbedingungen entfallen sind,
  - sich der verbleibende Restprozess weitestgehend automatisieren lässt.
- Zu den **Vor- und Nachteilen des Just-in-time-Verfahrens** siehe Tabelle S. 360.

Übungsaufgaben

133 1. Die Goslarer Büromöbel AG verbraucht täglich 100 Stahlrahmen für die Herstellung von Schreibtischen.

Die Wiederbeschaffungszeit der Stahlrahmen beträgt 5 Tage, der Mindestbestand 600 Stück. Der Höchstbestand, der auf Lager genommen werden kann, beträgt 2000 Stück.

Aufgaben:

1.1 Berechnen Sie den Meldebestand!

1.2 Fertigen Sie eine Grafik über einen Zeitraum von 30 Tagen an!

2. Der Bedarf für das Fremdteil B 312 beträgt 30 Stück je Kalendertag, die Wiederbeschaffungszeit 8 Tage und der Mindestbestand 80 Stück. Die konstante Bestellmenge beträgt 480 Stück. Am Abend des 4. März beträgt der Lagerbestand 440 Stück.

Aufgaben:

2.1 Planen Sie die Bestellzeitpunkte (Daten angeben) für den Monat März!

2.2 Zeichnen Sie die Bestandsentwicklung in ein Diagramm ein (vgl. S. 357)!

134 Lösen Sie die Handlungsaufgaben aus der Lernsituation 8!

135 Erläutern Sie, welche „Social Costs" durch die Verwirklichung der Just-in-time-Beschaffung anfallen können! (Social Costs sind Kosten, die nicht der Verursacher trägt, sondern die Allgemeinheit.)

136 1. Nennen Sie zwei Güter, die besonders für den Einsatz des Just-in-time-Verfahrens geeignet sind!

2. Die Auto AG hat sich dazu entschlossen, mit dem Zulieferer der Bremsanlage eine Just-in-time-Lieferung zu vereinbaren.

Aufgaben:

2.1 Erläutern Sie, warum es sinnvoll ist, für die Abwicklung der Bestellungen einen Rahmenvertrag abzuschließen!

2.2 Nennen Sie vier Voraussetzungen, die die Auto AG von dem Zulieferer erwartet!

2.3 Im Rahmen der Just-in-time-Lieferung können Umstände eintreten, die den Materialfluss empfindlich stören können. Zeigen Sie an zwei Beispielen solche Störmöglichkeiten auf!

LG 12.3 **Lernsituation 9: Material bereitstellen**

Die Goslarer Büromöbel AG produziert und verkauft seit Jahren erfolgreich ihr Regalsystem „Office Pro". Das Regalsystem besteht aus relativ wenigen Einzelteilen und wird in großen Mengen hergestellt.

Um spezielle Kundenwünsche zu erfüllen, fertigt die Goslarer Büromöbel AG in kleinem Umfang individuelle Regalsysteme einzeln an.

IMPLUS:

Überlegen Sie, welche Folgen die vielseitigen, speziellen Kundenwünsche auf die Planung des Materialbedarfs haben!

HANDLUNGSAUFGABE:

Arbeiten Sie das folgende Kapitel durch und verwenden Sie die Aufzeichnungen aus dem Unterricht zur Bearbeitung der Handlungsaufgabe!

Empfehlen Sie jeweils ein geeignetes Materialbereitstellungsverfahren für die beiden Produktionsverfahren, sodass die Produktion der Goslarer Büromöbel AG nie stillsteht und gleichzeitig möglichst geringe Lagerkosten entstehen.

Begründen Sie Ihre Empfehlung!

9 Materialbereitstellungsverfahren

9.1 Bedarfsdeckung durch Vorratshaltung

Die **Vorratshaltung** ist vor allem dann anzutreffen, wenn **Schwankungen des Beschaffungsmarkts** abgesichert werden müssen. Außerdem kann die Lagerung **geringwertiger Güter** mit relativ hohen Anschaffungsaufwendungen sinnvoll sein.

Die **Vorteile** der Vorratshaltung sind vor allem die **günstigeren Beschaffungs- und Frachtkosten** beim Bezug größerer Materialmengen sowie die **größere Sicherheit der Bedarfsdeckung** bei Beschaffungsschwierigkeiten.

Die **Nachteile** der Vorratshaltung sind vor allem die **hohen Kapitalbindungskosten** und **Lagerrisiken.** Somit besteht ein ständiger Zielkonflikt zwischen dem Ziel, die Lagerkosten und Lagerrisiken möglichst niedrig zu halten und dem Ziel, den **Servicegrad** zu sichern oder zu verbessern.

Beispiel:

Von einem Lager werden vierteljährlich 2700 Stück des Teils T34 abgerufen. Sofort bzw. in einem ausreichenden Zeitraum werden 2592 Stück ausgeliefert. Der Servicegrad beträgt 96 %.

$$\text{Servicegrad} = \frac{\text{Anzahl der bedienten Lageranforderungen} \cdot 100}{\text{Gesamtzahl der Lageranforderungen}}$$

In der Praxis ist es kaum möglich, einen hundertprozentigen Servicegrad zu erreichen, wenn (zu) teure Mindestbestände vermieden werden sollen. Welcher Servicegrad anzustreben ist, hängt vor allem von der Art der Produktion ab. Ist der Produktionsablauf starr, kann die Fertigung bereits beim Fehlen eines einzelnen Teils nicht weiterlaufen. Ist der Produktionsablauf flexibel, kann bei Fehlen eines oder mehrerer Teile mit der Fertigung anderer Produkte fortgefahren werden, wie dies z. B. bei der Fertigung nach dem **Baukastensystem**[1] der Fall sein kann.

9.2 Einzelbeschaffung (auftragsbezogene Beschaffung)

Bei der **Einzelbeschaffung** erfolgt die Materialbeschaffung erst dann, wenn ein Auftrag vorliegt, der einen Bedarf auslöst.

Beispiel:

Ein Warenhaus bestellt bei der Möbelfabrik Rohrer GmbH Gartenmöbel aus Robinienholz. Die Möbelfabrik Rohrer GmbH bestellt das Holz erst nach Bestätigung des Auftrags.

Zur Reduzierung des Planungsrisikos für den Lieferanten wird mit ihm häufig ein **Kauf auf Abruf**[2] vereinbart, d. h., die **Bezugsmenge** für den nächsten Planungszeitraum wird fest vereinbart, während der Bezugstermin kurzfristig festgelegt wird.

Vorteile	Nachteile
• Die **Kapitalbindungs- und Lagerkosten** werden gesenkt oder entfallen ganz, weil die Materialien nach der Wareneingangs- und Qualitätsprüfung nur sehr kurze Zeit im Lager bleiben oder sofort in die Fertigung gehen. • **Verderb** und **Veralten** sind **ausgeschlossen** (geringere Lagerrisiken). • Die **Bedarfsmengen** und die **Bedarfszeitpunkte** werden durch die **Fertigungsplanung** bestimmt. • Aufbau einer **engen Zusammenarbeit** zwischen Lieferanten und Kunden.	• Mit dem Bezug kleiner Mengen ist mit höheren **Preisen, höheren Verpackungskosten** und **höheren Transportkosten** zu rechnen. • Je nach Material kann es auch schwierig sein, die benötigten **Mengen termingerecht** und in der **erforderlichen Qualität** zu beschaffen. • **Verkehrs- und streikbedingte Störungen** bei der Zulieferung können zu **Produktionsausfällen** führen. • Es besteht eine **hohe Abhängigkeit** vom Lieferer.

1 Beim **Baukastensystem** werden einzelne Teile (Baugruppen) wie z. B. Motoren und Karosserien eines Autoherstellers typisiert (vereinheitlicht), um sie dann (z. B. dem Bedarf entsprechend) kombinieren zu können.

2 Beim **Kauf auf Abruf** erhält der Käufer das Recht, innerhalb einer vereinbarten Frist den Zeitpunkt der Lieferung (auch in Teilmengen) zu bestimmen.

9.3 Kanban-Verfahren

Das Kanban-Verfahren[1] beruht auf der **Holpflicht (Pull-Prinzip)** und besagt, dass bei Entnahme eines Teils oder bei Unterschreitung der zuvor festgelegten Mindestmenge in einem Lager die entsprechende Differenzmenge von der **vorgelagerten Arbeitsstation** nachzuliefern ist. Hierdurch entstehen selbstgesteuerte Kanban-Regelkreise, wobei die Vorstufe sicherstellen muss, dass das angeforderte Material in der vorgegebenen Zeit und in der vorgeschriebenen Menge beschafft bzw. hergestellt wird. Diese flexible Organisationsform soll vermeiden, dass unnötige Zwischenläger geführt werden.

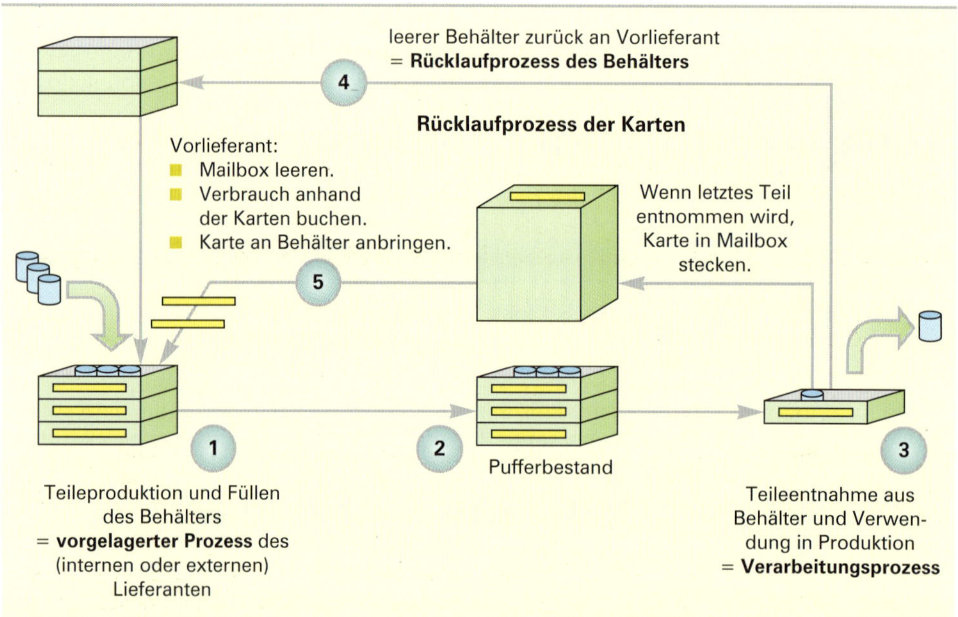

Kanban ist ein sich selbst regulierender Beschaffungskreislauf, der sich sowohl für interne als auch für externe Lieferanten eignet. Der **Vorteil** liegt darin, dass es ein einfaches, leicht zu durchschauendes Prinzip ist. Die Arbeitskräfte verstehen sehr schnell den Zusammenhang: Werden Karten nicht in die Mailbox gesteckt, fehlt das Material. Aufwendige und intransparente[2] Software-Lösungen sind nicht erforderlich. Im Grunde genügt eine Kiste mit einem Zettel. Erweiterungen um elektronische Medien wie Intranet oder Internet dienen der Beschleunigung des Informationsflusses und zur Überbrückung größerer Entfernungen zum Lieferanten. Das Kanban-System bleibt im Grunde unverändert – im vorgelagerten Prozess wird nicht mehr produziert als im Verarbeitungsprozess benötigt wird. Die Bestellung erfolgt mithilfe der **KANBAN-Karte.**

Zwischen der angeforderten Stelle und der vorgelagerten Arbeitsstation besteht eine Art Kunden-Lieferanten-Beziehung. Beim KANBAN-Konzept steuert somit die letzte Stufe der Fertigung den Beschaffungsvorgang. In der Praxis hat es sich gezeigt, dass eine solche rein **dezentrale Beschaffungssteuerung** (Produktionsprozesssteuerung) nur bei bis zu maximal acht Arbeitsgängen möglich ist. Bei einer größeren Anzahl von Arbeitsvorgängen muss das KANBAN-Konzept durch eine zentrale Steuerung ergänzt werden.

1 **KANBAN** bedeutet Karte. Das KANBAN-Konzept stammt ursprünglich aus Japan.

2 **Intransparent:** nicht durchschaubar, nicht verstehbar.

9.4 Prüfung der Lagerbestände nach ihrer Verfügbarkeit

9.4.1 Mindest-, Melde- und Höchstbestand

(1) Mindestbestand

In den meisten Industrieunternehmen werden für produktionswichtige Rohstoffe, Fabrikationsmaterialien, Ersatzteile, Handelswaren usw. Mindestbestände festgelegt, die ohne Genehmigung des Leiters der Materialwirtschaft, oft sogar ohne Zustimmung der Unternehmensleitung, nicht unterschritten werden dürfen.

> Die **Mindestbestände,** auch **eiserne Bestände** genannt, sind so hoch zu bemessen, dass sie auch bei vorübergehenden Beschaffungsschwierigkeiten eine reibungslose Betriebsfortführung garantieren.

!

Die Mindestbestände sollten umso größer sein, je größer das Risiko von Beschaffungsstockungen für die Produktion ist. Sie müssen für jeden Werkstoff gesondert festgestellt werden. Ändern sich die Beschaffungskonditionen (insbesondere der Lieferfristen) und die Bedarfsmengen, ist auch die Höhe der Mindestbestände an die neuen Bedingungen anzupassen.

(2) Meldebestand

> Der **Meldebestand** ist jene Lagermenge, bei deren Erreichung beim „Bestellpunktverfahren" dem Einkauf Bedarfsmeldung zur Auffüllung der Läger zu machen ist. Der Meldebestand bestimmt den Zeitpunkt der Bestellung.

!

Der Meldebestand muss so hoch sein, dass das Auffüllen des Lagers vor Erreichung des Mindestbestands möglich ist. Der Meldebestand liegt um die Bedarfsmenge während der Wiederbeschaffungszeit über dem Mindestbestand.

Der Meldebestand wird wie folgt berechnet:

$$\text{Meldebestand} = (\text{Wiederbeschaffungszeit} \cdot \text{täglicher Verbrauch}) + \text{Mindestbestand}$$

Bei der Bestimmung der Wiederbeschaffungszeit sind unbedingt die Lieferfrist, die Transportzeit, aber auch die gesamte Bearbeitungszeit der Bedarfsmeldung, vor allem im Einkauf (Angebotseinholung, Angebotsprüfung, Verhandlungen, Schreiben der Bestellungen), und die Laufzeit der Bestellungen zum Lieferer zu berücksichtigen (zu addieren).

Beispiel:

100 Stück Verbrauch täglich, 6 Tage Wiederbeschaffungszeit insgesamt, 600 Stück Mindestbestand

Meldebestand: 100 · 6 + 600 = <u>1 200 Stück</u>

(3) Höchstbestand

Die Anzahl der Materialien, die aufgrund der Lagerkapazität höchstens gelagert werden kann, nennt man den **technischen Höchstbestand.** Daneben gibt es noch einen **wirtschaftlichen Höchstbestand,** der vom tatsächlichen Bedarf an Materialien und vom Kapital abhängt, das zur Vorratshaltung zur Verfügung steht. Der wirtschaftliche Höchstbestand kann höchstens so groß wie der technische Höchstbestand sein, sonst kommt es zu Aufbewahrungsproblemen.

9.4.2 Dispositiver Bestand

(1) Gliederung der Lagerbestände nach ihrer Verfügbarkeit

Eine wirkungsvolle Lagerbestandsführung beschränkt sich nicht darauf, nur jene Bestände zu führen, die tatsächlich auf Lager sind. Vielmehr bezieht sie in ihre Betrachtung auch künftige **Erwartungsdaten** (bestellte, aber noch nicht gelieferte Teile) und **Verpflichtungsdaten** (reservierte, aber noch nicht entnommene Teile) ein. Es gilt daher, zwischen folgenden Bestandsarten zu unterscheiden:

(Lager-)Bestandsarten	Erläuterungen
Effektiver Lagerbestand	Das ist jene Menge, die tatsächlich körperlich am Lager vorhanden ist.
Mindestbestand	Der Mindestbestand dient dem Ausgleich von Unsicherheiten auf der Beschaffungsseite (z. B. bei Lieferungsverzug, Transportschaden), der Lösung von Problemen im eigenen Unternehmen (z. B. bei Ausschuss wegen falsch eingestellter Maschine) und/oder auf der Absatzseite (z. B. wegen unerwarteter Nachfrage).
Reservierter Bestand	Dieser Bestand befindet sich zwar tatsächlich am Lager, er ist aber bereits aufgrund von eingeplanten Kundenaufträgen reserviert und darf für weitere Aufträge nicht mehr berücksichtigt werden.
Verfügbarer Lagerbestand	Dieser Lagerbestand kann **mit Sicherheit** für die Produktion verwendet werden.
Bestellbestand	Dieser Bestand wurde (für Fremdteile) beim Lieferanten oder (für Eigenteile) aufgrund eingeplanter Fertigungsaufträge im eigenen Unternehmen bereits geordert. Er ist aber noch nicht tatsächlich am Lager. Er steht jedoch für die künftige Disposition[1] bereits jetzt zur Verfügung.
Dispositiver Lagerbestand	Dieser Lagerbestand kann mit **hoher Wahrscheinlichkeit** für die Produktion verwendet werden. Er geht aus von dem verfügbaren Lagerbestand und bezieht die derzeitigen Bestellbestände, also die künftigen Zugänge aufgrund von Lieferbestellungen, mit ein.

1 **Disposition:** freie Verwendung; das Verfügenkönnen.

Beispiel:

Von der Komponente 210112 Querträger eines Montagebocks sind folgende Bestandswerte gegeben:

Effektiver Lagerbestand:	50 Stück
Mindestbestand:	10 Stück
Reservierter Bestand:	20 Stück
Bestellbestand:	30 Stück

Aufgaben:

1. Berechnen Sie den verfügbaren und den dispositiven Lagerbestand!
2. Stellen Sie den Sachverhalt grafisch dar!

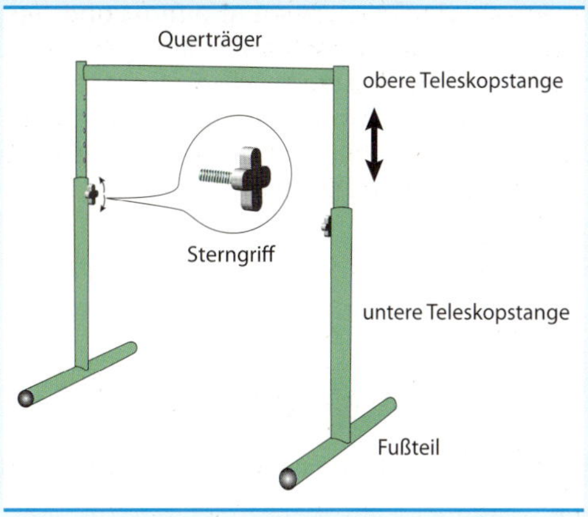

Lösungen:

Zu 1.: Berechnung des dispositiven Lagerbestands

	Effektiver Lagerbestand	50 Stück
–	Mindestbestand	10 Stück
–	Reservierter Bestand	20 Stück
=	Verfügbarer Lagerbestand	20 Stück
+	Bestellbestand	30 Stück
=	Dispositiver Bestand	50 Stück

Ergebnis: Der verfügbare Lagerbestand beträgt 20 Stück, der dispositive Lagerbestand beträgt 50 Stück.

Zu 2.: Grafische Darstellung

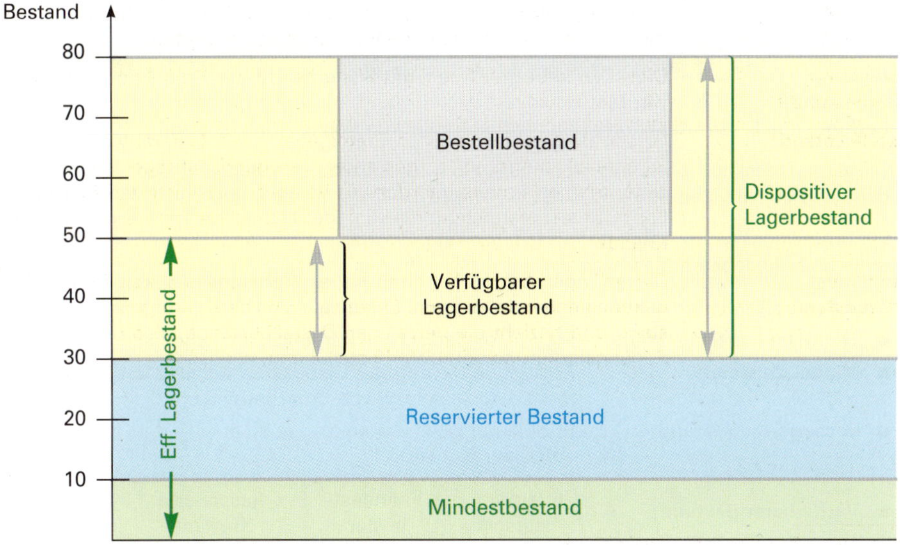

(2) Vorteile einer verfeinerten Lagerbestandsführung

Werden zusätzlich zum **effektiven Lagerbestand** noch **künftige Erwartungsbestände (Bestellbestand)** und **Verpflichtungsbestände (Reservierungen)** berücksichtigt, dann ergeben sich für das Unternehmen entscheidende Vorteile. Würden nämlich nur effektive Lagerbestände geführt, dann wäre dem Unternehmen der Blick in die Zukunft verschlossen. Der Disponent könnte bei einer Zusage an einen Kunden nur über jene Bestände verfügen, die tatsächlich vorhanden sind. Um dennoch einen hohen Servicegrad und Kundenfreundlichkeit zu erreichen, müssten erhebliche Bestände vorgehalten werden.

Kann der Disponent jedoch Liefererbestellungen, die noch nicht am Lager sind, in seine Überlegungen einbeziehen, dann kann er bereits über jene Bestellbestände durch Reservierung verfügen.

Beispiel:

Hat ein Betrieb durch entsprechende Rahmenvereinbarungen mit seinen Lieferanten sehr kurzfristige Lieferfristen ausgehandelt (kürzer jedenfalls als die Lieferfristen an die eigenen Kunden), dann führt dies im günstigsten Fall dazu, dass das Unternehmen nur noch effektive Bestände in Höhe der Mindestbestände auf Lager haben muss. Für jede neue Kundenanforderung können nämlich die benötigten Fremdteile rechtzeitig zum Produktionsbeginn beschafft werden. Eine Unterdeckung im Bestand kann im Regelfall nicht auftreten.

Beachte:

Eine schlechte Informationsbasis und die damit einhergehende Unsicherheit muss immer durch überhöhte Bestände ausgeglichen werden, was zwangsläufig zu einer höheren Kapitalbindung des Materials und zu höheren Investitionen in nicht notwendige Lagerräume führt. Verbessert sich die Information und erlaubt sie gar einen Blick in die Zukunft, dann wird die Unsicherheit verringert. Der Unternehmer verfügt über ein präziseres Informationssystem und kann jene Bestände, die er zum Ausgleich der Unsicherheiten führte, einschränken.

Zusammenfassung

- Grundsätzlich gibt es zwei Möglichkeiten, Materialien bereitzustellen, nämlich die **Bedarfsdeckung durch Vorratshaltung** und die **Bedarfsdeckung ohne Vorratshaltung.**
- Die Bedarfsdeckung ohne Vorratshaltung kann als **Einzelbeschaffung im Bedarfsfall,** nach dem **Just-in-time-Verfahren** oder nach dem **KANBAN-Verfahren** erfolgen.
- Für produktionswichtige Rohstoffe, Halbfabrikate, Ersatzteile und Handelswaren werden **Mindest-** und **Meldebestände** festgelegt.
- Die **Lagerbestandsführung** unterscheidet folgende Bestandsarten:
  - **Effektiver Lagerbestand:** Menge, die tatsächlich körperlich am Lager ist.
  - **Mindestbestand:** Er steht für die normale Disposition nicht zur Verfügung und dient dem Ausgleich von Unsicherheiten.
  - **Reservierter Bestand:** Er befindet sich zwar am Lager, ist aber bereits für Kundenaufträge reserviert.
  - **Verfügbarer Bestand:** Effektiver Bestand – Mindestbestand – Reservierter Bestand

- **Bestellbestand:** Er befindet sich noch nicht am Lager, ist aber bereits beim Lieferanten (Fremdteile) oder im eigenen Betrieb (Eigenteile) geordert. Er kann in die Disposition einbezogen werden.
- **Dispositiver Bestand:** Verfügbarer Bestand + Bestellbestand

Übungsaufgaben

137 1. Stellen Sie in einer Tabelle die Vor- und Nachteile der Vorratshaltung und des Just-in-time-Verfahrens einander gegenüber!

2. Beschreiben Sie den Unterschied zwischen dem Just-in-time-Verfahren und dem KANBAN-Verfahren!

3. Ergänzen Sie die nachfolgende Tabelle!

	Vorratsbeschaffung	auftragsbezogene Beschaffung	Just-in-time-Beschaffung
Begriff			
Vorteile			
Nachteile			
Beispiel			

4. Erläutern Sie das Kanban-Prinzip an dem nachfolgenden schematisch dargestellten Produktionsablauf!

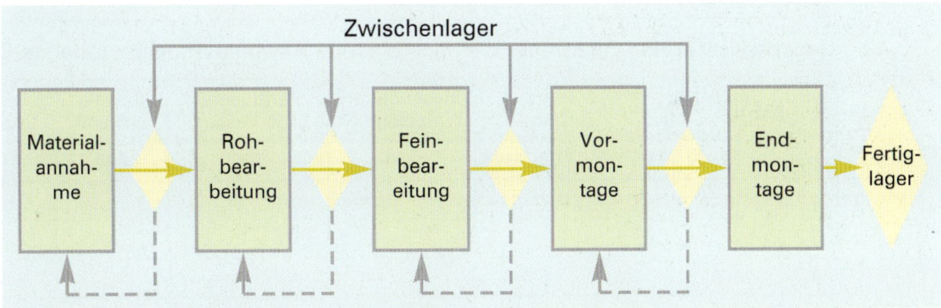

5. Immer mehr Menschen wollen immer mehr kaufen. Die Waren kommen von immer weiter her: Seit dem Jahr 2000 hat sich das weltweite Handelsvolumen verdoppelt. Alles immer schneller überall. Experten diskutieren diese Beschleunigung und geben ihr sogar einen neuen Namen: Sofortness.

Aufgabe:

Nennen Sie jeweils zwei Vorteile und Gefahren dieses ständigen Jetzt-haben-Wollens!

138 Lösen Sie die Handlungsaufgabe aus der Lernsituation 9!

139 Die Goslarer Büromöbel AG hat in letzter Zeit dank neuer und besonders ansprechender Modelle Produktion und Absatz wesentlich steigern können. Immer wieder gab es aber empfindliche Engpässe, besonders bei der Versorgung mit Bezugsleder. Die Einhaltung von Lieferfristen gegenüber Kunden bereitete deshalb oft Schwierigkeiten. Folglich sollen Lagerhaltung und Beschaffung neu überdacht werden. Die Bestandskarte für Bezugsleder weist aus: Mindestlagerbestand 1000 m^2; Meldebestand 4000 m^2.

24 Wessel u.a. - ISBN 978-3-8120-0588-3

Aufgaben:

1. Zunächst soll geprüft werden, ob die bisher üblichen Mindestlagerbestände an Fertigungsmaterial ausreichen:
   1.1 Nennen Sie vier Gründe, weshalb es notwendig ist, einen Mindestlagerbestand zu halten!
   1.2 Erklären Sie an einem Beispiel, unter welchen Voraussetzungen der Mindestlagerbestand angegriffen werden darf!
2. Der Lagerverwalter soll künftig Neubestellungen rechtzeitig bei der Einkaufsabteilung veranlassen.
   2.1 Berechnen Sie, bei welchem Lagerbestand die Einkaufsabteilung informiert werden muss!
   2.2 Berechnen Sie die Wiederbeschaffungszeit bei einem durchschnittlichen Tagesbedarf von 100 m^2!
   2.3 Nennen Sie zwei Gründe, die dazu führen können, dass der Meldebestand erhöht werden muss!

140 1. Erläutern Sie kurz die Begriffe effektiver Lagerbestand, Mindestbestand, reservierter Bestand, Bestellbestand, verfügbarer Lagerbestand und dispositiver Lagerbestand!

2. Ermitteln Sie für den Querträger (siehe S. 367) die jeweils fehlenden Werte!

	Effektiver Lagerbestand	Mindest-bestand	Reservierter Bestand	Verfügbarer Lagerbestand	Bestell-bestand	Dispositiver Lagerbestand
2.1	1000	100	200		400	
2.2	500	200	100		100	
2.3	800	100	400	300		600

3. Gegeben ist für den Querträger die nachfolgende Ausgangssituation (oberste Datenzeile).

	Effektiver Lagerbestand	Mindest-bestand	Reservierter Bestand	Verfügbarer Lagerbestand	Bestell-bestand	Dispositiver Lagerbestand
	1000	100	200	700	400	1100
3.1						
3.2						
3.3						
3.4						
3.5						

Aufgaben:

Schreiben Sie die Tabelle fort, wenn sich folgende Vorgänge nacheinander ereignen!

3.1 Für einen Kundenauftrag werden 200 Stück reserviert.
3.2 Aufgrund eines Fertigungsauftrags erwarten wir einen Lagerzugang von 300 Stück.
3.3 Die bereits in Aufgabe 3.1 reservierten 200 Stück werden dem Lager entnommen.
3.4 Die in Aufgabe 3.2 georderten 300 Stück werden eingelagert.
3.5 Aufgrund von Unsicherheiten im Rohstoffmarkt erhöhen wir den Mindestbestand auf 300 Stück.

LG 12.3 Lernsituation 10: Beschaffungswege auswählen

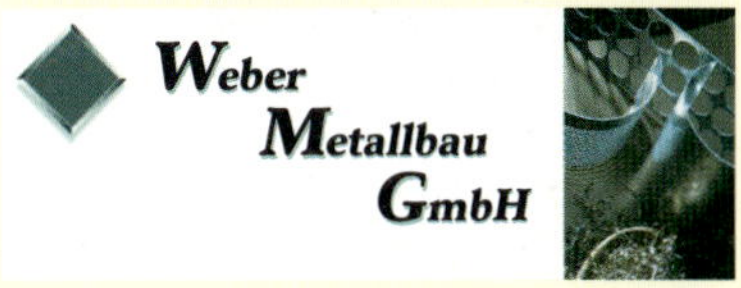

Die Weber Metallbau GmbH ist ein mittelständisches Unternehmen für Bautechnik, das unter anderem Brandschutztüren jeder Art produziert und bei den Kunden einbaut.

Der Handelsvertreter Kurt Kohnle, über den die Weber Metallbau GmbH bisher die Elektrotechnik für ihre Brandschutztüren beschafft hat, gibt aus Altersgründen seine Berufstätigkeit auf. Nun steht die Weber Metallbau GmbH vor der Frage, auf welchem Wege sie die für die Brandschutztüren notwendige Elektrotechnik beschaffen soll.

Herr Dr. Junginger, einer der Geschäftsführer der Weber Metallbau GmbH, macht sich auch Gedanken über alternative Beschaffungswege. Angestoßen wurden seine Überlegungen durch den folgenden Artikel:

Erfolgreiche Unternehmen verbessern gemeinsam mit ihren Lieferanten Logistikprozesse, meint Holger Hildebrandt, Hauptgeschäftsführer des Bundesverbands Materialwirtschaft, Einkauf und Logistik e. V. (BME), im Gespräch mit der Computerwoche.

Unternehmen können durch automatisierte Einkaufsprozesse Geld sparen. Das gilt nicht nur für Büroklammern und Papier. Kosten senken können Firmen nicht mehr nur durch elektronische Produktkataloge und geschicktes Verhandeln der Einkaufsabteilung.

[...] Deutsche Firmen nehmen beim Einsatz von internetbasierenden Tools für die elektronische Beschaffung im länderübergreifenden Vergleich eine Spitzenposition ein. Dadurch lassen sich zwischen 15 und 35 Prozent an Prozesskosten einsparen, bei den Einstandspreisen im Schnitt zwischen sieben und 15 Prozent.

[...] Enorm an Bedeutung gewonnen hat der Beitrag von Lieferanten zur Innovationsfähigkeit des Unternehmens. Dem Einkauf als „Ohr zum Markt" kommt die Aufgabe zu, Innovationspotenziale der Lieferanten zu eruieren[1] und mit den eigenen Fachstellen umzusetzen.

Quelle: http://www.computerwoche.de/software/erp/1894783/

Impuls:

Aus welchen Gründen wird sich Herr Dr. Junginger für den Artikel interessiert haben?

Handlungsaufgaben:

Arbeiten Sie das folgende Kapitel durch und verwenden Sie die Aufzeichnungen aus dem Unterricht zur Bearbeitung der Handlungsaufgaben!

1. Die Weber Metallbau GmbH legt besonders viel Wert auf eine gute Beratung und Hilfe bei der Weiterentwicklung ihrer Brandschutztüren. Beraten Sie die Weber Metallbau GmbH, indem Sie ihr in einer übersichtlichen Darstellung einen alternativen Beschaffungsweg für die Elektrotechnik zu den Brandschutztüren empfehlen, der diese Kriterien erfüllen kann!
2. Geben Sie zudem eine begründete Empfehlung für einen bestimmten Beschaffungsweg ab, der für genormte Kleinteile wie Schrauben und Unterlegscheiben optimal ist!

1 **Eruieren** (lat.): etwas durch gründliche Untersuchungen herausfinden.

10 Alternative Beschaffungswege

Im Folgenden werden drei alternative Beschaffungsvorgänge dargestellt:

- Beschaffung über elektronische Marktplätze
- Supply Chain Management
- Beschaffung über eine Warenplattform im Internet

10.1 Beschaffung über elektronische Marktplätze

Auf elektronischen Marktplätzen treffen sich mehrere Anbieter[1] und Nachfrager. Diese Marktplätze haben sich inzwischen zu einem wichtigen beschaffungspolitischen Instrument besonders im **Business-to-Business (B2B)-Bereich**[2] entwickelt.[3]

Diese Situation lässt sich grafisch wie folgt darstellen:

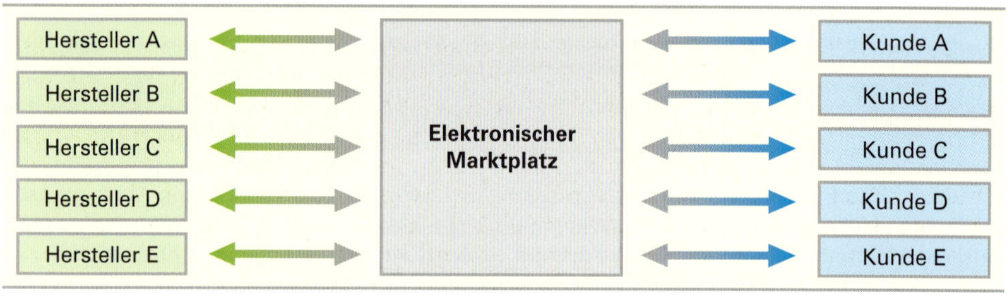

Der Teilprozess einer **Angebotsbearbeitung** kann z. B. in folgenden Schritten ablaufen:

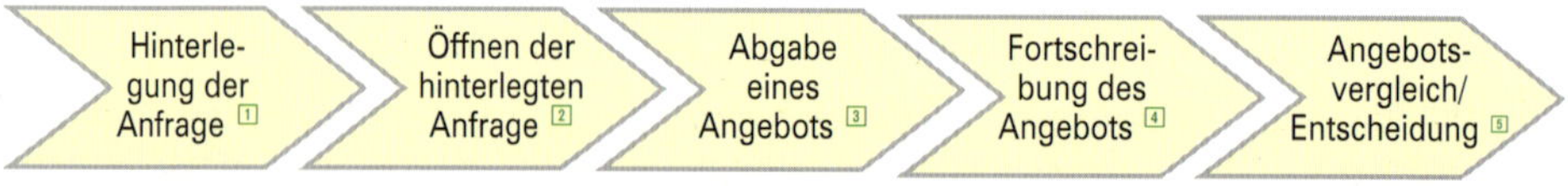

Erläuterungen:

1 Der Kunde hinterlegt eine Anfrage um ein Angebot am „Schwarzen Brett" des Marktplatzes. Dieser Anfrage kann er Konstruktionszeichnungen beifügen und sie um die Vorgabe bestimmter Qualitätsstandards ergänzen, die vom Hersteller einzuhalten sind.

2 Alle Hersteller können die Anfrage und die zugehörigen Dokumente öffnen und herunterladen.

3 Der Hersteller sichtet die Anfrage und die Dokumente, kalkuliert das Angebot und stellt dieses wieder in den Marktplatz ein.

4 Konkurrierende Hersteller können die anonymisierten Angebote der Mitbewerber einsehen und gegebenenfalls ihr Angebot weiter verbessern.

5 Der Kunde vergleicht die Angebote und wählt einen Hersteller aus.

1 **Beachte:** Da von einem direkten Beschaffungsweg ausgegangen wird, wird angenommen, dass die Anbieter auf dem elektronischen Markt ausschließlich Hersteller und keine Onlinehändler sind.

2 Vgl. hierzu die Ausführungen auf S. 376 f.

3 Neben den elektronischen Marktplätzen gibt es noch die Onlineshops. Onlineshops werden in der Regel von **einem** Anbieter (in diesem Fall von **einem** Hersteller) betrieben.

Aus dieser äußerst offenen Marktplatzsituation ergeben sich sowohl für den Kunden als auch für den Hersteller deutliche Vorteile.

<table>
<tr><th>Vorteile für den Kunden</th><th>Vorteile für den Hersteller</th></tr>
<tr><td>■ Rasche Preisfindung</td><td>■ Er sieht seine Verhandlungsposition, da er die anonymisierten Angebote der Mitbewerber lesen kann.</td></tr>
<tr><td colspan="2">■ Verringerung der Papierflut,
■ weniger manuelle Eingaben und damit weniger Übertragungsfehler,
■ keine Systembrüche (unterschiedliche Software beim Anbieter und Nachfrager),
■ Wegfall der Postlaufzeiten,
■ erhebliche Verkürzung der Prozesse auf beiden Seiten.</td></tr>
</table>

10.2 Supply Chain Management[1]

Supply Chain Management bedeutet, mehrere Unternehmen bilden für die Herstellung eines bestimmten Produkts eine **Beschaffungseinheit.** Dazu stimmen sie den gesamten Beschaffungsprozess untereinander ab, und teilen die einzelnen Beschaffungsschritte auf die beteiligten Unternehmen auf. Damit vereinfachen die Unternehmen den Güterfluss, senken die Lagerbestände bei den einzelnen Unternehmen, mindern die Beschaffungskosten für das Produkt und verkürzen zudem die Lieferzeiten. Supply Chain Management stellt eine **„Lieferkette"** bzw. eine **„Wertschöpfungskette"** dar, bei der sich die beteiligten Unternehmen jeweils auf ihr „Hauptkönnen" (Kernkompetenz) beschränken.

Supply Chain Management hat das Ziel,
- mit einer **geringeren Anzahl** von Lieferanten
- **langfristig strategisch zusammenzuarbeiten,** um dadurch eine
- **schnelle und reibungslose Auftragsabwicklung** bis zur Bezahlung

zu erreichen.

Die nachfolgende Grafik veranschaulicht diese Denkweise:

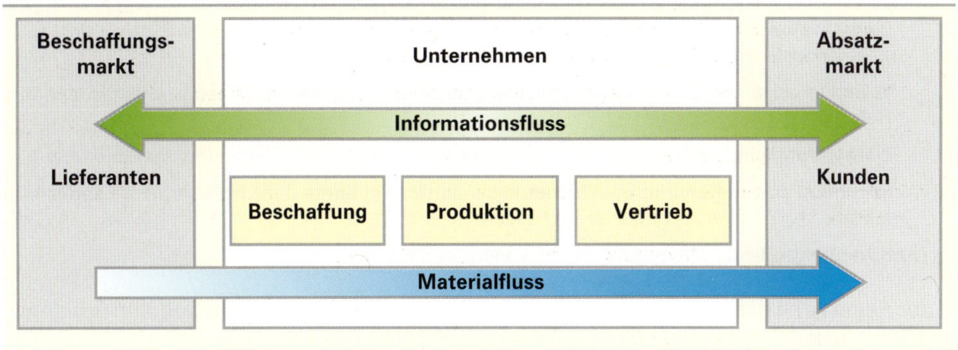

1 Supply Chain: Versorgungskette.

Supply Chain Management beschränkt sich inzwischen nicht mehr auf die Zusammenarbeit in der Beschaffung, sondern beinhaltet auch eine Kooperation auf dem Gebiet der Produktforschung und -entwicklung wie auch der Produktion. Dies setzt eine offene und vertrauensvolle Beziehung zwischen den Unternehmen voraus, da die Geschäftspartner zwangsläufig gegenseitig Einblick in sensible Datenbestände gewinnen. Man spricht daher auch von **C-Commerce,** wobei sich hinter „C" das Wort „collaborative"[1] verbirgt. Eine solche Zusammenarbeit ist möglich, wenn beide Partner ihre Beziehung als „Gewinner-Gewinner"-Situation erleben. Zu den vertrauensbildenden Maßnahmen gehört z.B., dass besondere Stärken von einem Unternehmen in der Verhandlungsposition nicht zulasten des anderen ausgenutzt werden.

10.3 Beschaffung über eine Warenplattform im Internet

Im Folgenden gehen wir davon aus, dass die von einem Onlinehändler auf dem Onlinemarktplatz betriebene Warenplattform ein Sortiment anbietet, das auf einer Vielzahl von Herstellern basiert. Der Nachfrager hat damit die Möglichkeit Preis- und Lieferungsbedingungen der einzelnen Hersteller per Knopfdruck abzufragen. Die Prozessschritte zur Beschaffung der benötigten Güter sind dem nebenstehenden Schema zu entnehmen:

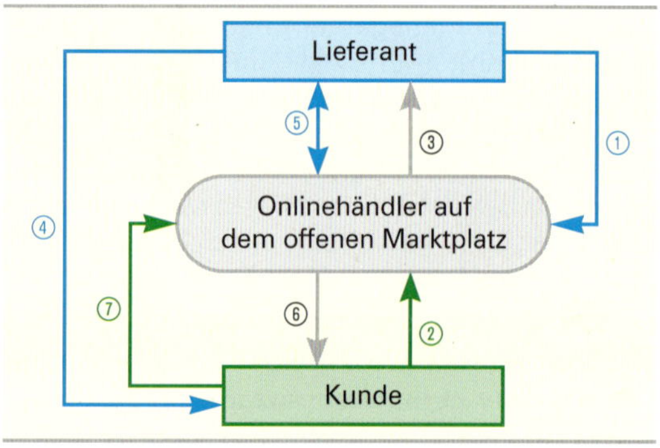

Erläuterungen:

① **Bereitstellung:** Der Lieferer stellt seine Artikel dem Onlinehändler bereit.

② **Bestellung:** Der Kunde registriert sich und kann beim Onlinehändler Artikel bestellen, die durch mehrere Lieferanten angeboten werden.

③ **Bestellweiterleitung:** Der Onlinehändler leitet die Bestellung in eigenem Namen an den jeweiligen Lieferanten mit der Lieferadresse des Kunden weiter.

④ **Warenversand:** Der Lieferer versendet die Ware im Namen des Onlinehändlers direkt an die Lieferadresse des Kunden.

⑤ **Lieferantenrechnung:** Der Onlinehändler erhält und begleicht die Rechnung des Lieferanten.

⑥ **Rechnung an den Kunden:** Der Onlinehändler stellt dem Kunden die bestellte Ware in Rechnung.

⑦ **Bezahlung:** Der Kunde bezahlt an den Onlinehändler.

In der Regel kann die Onlinebeschaffungsplattform an das ERP-System des Kunden angebunden werden, sodass eine direkte Onlineverbindung besteht.

1 To collaborate: zusammenarbeiten.

Für den Industriebetrieb hat diese Form der Beschaffung z. B. folgende **Vorteile**:

- Der Nachfrager kann aus einem großen Sortiment auswählen.
- Qualität, Preise und Konditionen können einfach verglichen werden.
- Die Beschaffung verschiedener Güter kann gebündelt werden.
- Einfacher Beschaffungsprozess.
- Die Prozesskosten der Beschaffung können gesenkt werden.

Diese Form der Güterbeschaffung ist für geringwertige, standardisierte Güter (C-Güter) sinnvoll. Sie wird vor allem von kleinen und mittelständischen Betrieben genutzt.

Zusammenfassung

- Alternative Beschaffungswege sind z. B.:
  - Beschaffung über elektronische Marktplätze
  - Supply Chain Management
  - Beschaffung über eine Warenplattform im Internet

Übungsaufgaben

141 1. Die Weber Metallbau GmbH möchte eine abgeschriebene Stanzmaschine durch den Kauf einer neuen Stanzmaschine ersetzen. Mit der Beschaffung beauftragt der Geschäftsführer die Einkaufsabteilung. Gleichzeitig zeigen sich die Gesellschafter unzufrieden mit der Beschaffung der benötigten Metallrohlinge über den Großhandel: zu teuer, zu unzuverlässig, lange Beschaffungswege.

Aufgabe:

Sie sind Auszubildende bei der Weber Metallbau GmbH und derzeit in der Einkaufsabteilung tätig. Stellen Sie dar, welche Beschaffungswege Sie für die beiden Bestellvorgänge wählen würden. Begründen Sie Ihre Vorschläge!

2. **Textauszug:**

Electronic Commerce gehört längst auch zum deutschen Grundwortschatz. Weniger bekannt sind dagegen die verschiedenen Varianten der Geschäfte im Netz. Insider reden von

- Business-to-Business, kurz B2B, wenn sie den Geschäftsverkehr zwischen den Unternehmen meinen,
- Business-to-Consumer, kurz B2C, wenn es um die Geschäfte zwischen Unternehmen und Konsumenten geht, und
- Business-to-Public Authorities/Administration, wenn über die elektronischen Beziehungen zwischen Unternehmen und öffentlichen Verwaltungen oder Institutionen gesprochen wird. [...]

Auch für Deutschland sehen die Prognosen gut aus. Selbst die vorsichtige Schätzung der Lufthansa AirPlus rechnet damit, dass im Jahr 2010 ca. 700 Milliarden EUR mit dem Internet-Verkauf von Waren und Dienstleistungen umgesetzt werden. [...]

Der überwiegende Teil der Umsätze im Netz entfällt heute übrigens schon auf die Geschäfte der Unternehmen untereinander (B2B). Doch auch der Verkauf an Privathaushalte (B2C) blüht, vor allem, weil die Produktpalette immer bunter wird. Längst ordern die Verbraucher nicht mehr nur Hard- und Software per Mausklick, sondern auch Eintrittskarten, Mode, Haushaltsgeräte und sogar Nahrungsmittel und Getränke.

Ob B2B oder B2C – für beides gibt es inzwischen viele Erfolgsbeispiele. [...]

Aufgaben:

2.1 Erklären Sie die im Textauszug beschriebenen Arten des E-Commerce! Recherchieren Sie hierzu gegebenenfalls die Begriffe im Internet!

2.2 Erklären Sie, was z. B. die 2 im B2B bedeutet!

2.3 Erläutern Sie, welche Vorteile und Nachteile der Einkauf im Internet für die Anbieter und die Nachfragenden bietet!

3. 3.1 Erklären Sie, wodurch sich ein elektronischer Marktplatz von traditionellen E-Commerce-Systemen unterscheidet!

   3.2 Nennen Sie Vorteile, die damit für den Marktteilnehmer verbunden sind!

4. 4.1 Beschreiben Sie den Bestellvorgang über eine Wareninternetplattform!

   4.2 Erklären Sie, für welche Güter diese Form der Beschaffung sinnvoll ist!

5. Beschreiben Sie, inwieweit das Internet die Rolle von Herstellern und Handel im Rahmen des Beschaffungsprozesses der Nachfrager verändern könnte!

6. Beschreiben Sie das Ziel des Supply Chain Managements!

142 Lösen Sie die Handlungsaufgabe aus der Lernsituation 10!

LG 12.3 Lernsituation 11: Werteströme im Rahmen der Beschaffung erfassen und dokumentieren

Sie sind als Sachbearbeiter in der Buchhaltungsabteilung der Weber Metallbau GmbH tätig und bearbeiten den nachfolgenden Beleg.

Weber Metallbau GmbH

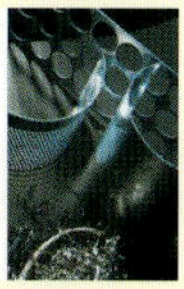

IMPULS:

Erläutern Sie den Inhalt des Belegs!

Glas Prinz GmbH
Am Winkel 19
01109 Dresden

Glas Prinz GmbH, Am Winkel 19, 01109 Dresden

Weber Metallbau GmbH
Alfred-Nobel-Str. 8
38644 Goslar

Bestell-Nr.	Bestelldatum	Lieferschein-Nr.	Telefon	Fax
2210	10.06.20..	212/22	0351 992-0	0351 992-1

Bitte stets angeben:

Rechnungsdatum:	16.06.20..
Kunden-Nr.:	3355
Rechnungs-Nr.:	7788/99

Wir berechnen für unsere Lieferung vom 16.06.20..

Artikel-Nr.	Menge	Bezeichnung	Einzelpreis in EUR	Gesamtbetrag in EUR
1032	5	Fensterscheiben	1312,00	6560,00

Warenwert (netto)	6560,00
+ Zuschlag Verbundsicherheitsglas	500,00
	7060,00
– 10 % Rabatt	706,00
	6354,00
+ Zustellkosten	480,00
	6834,00
+ 19 % USt	1298,46
Rechnungsbetrag	8132,46

Zahlungsbedingungen ab Rechnungsdatum: bis 10 Tage 2 % Skonto, bis 30 Tage netto Kasse.

Deutsche Bank Dresden
IBAN DE97 8707 0024 0000 6485 54
BIC DEUTDEDB870

Commerzbank Dresden
IBAN DE80 8504 0000 0087 2663 39
BIC COBADEFF850

Amtsgericht Dresden, HRB 1101
Steuer-Nr.: 27/430/0027
USt.-Id.-Nr.: DE 686093911

HANDLUNGSAUFGABEN:

Arbeiten Sie die folgenden Kapitel des Lehrbuches durch und verwenden Sie die Aufzeichnungen aus dem Unterricht zur Bearbeitung der Handlungsaufgaben!

1. Bilden Sie den Buchungssatz zu dem vorliegenden Beleg!
2. Über welche Abschlusskonten werden die Konten des Buchungssatzes abgeschlossen?
3. Die Zahlung erfolgt durch Banküberweisung unter Abzug von 2 % Skonto. Bilden Sie hierzu den Buchungssatz!

11 Wertströme im Rahmen der Beschaffung dokumentieren

11.1 Buchhalterische Behandlung von Sofortnachlässen und Bezugskosten

Hinweis:

In diesem Kapitel übernehmen wir die Buchführung der Goslarer Büromöbel AG, Industriepark 5, 38644 Goslar.

(1) Buchhalterische Behandlung von sogenannten Sofortnachlässen

Nachlässe, die der Lieferer sofort bei Rechnungsstellung gewährt, erscheinen in der Buchführung nicht. Gebucht wird der verminderte Einkaufspreis.

Beispiel:

Haller OHG
> läuft wie geschmiert <

Haller OHG · Brucknerstr. 8–10 · 90429 Nürnberg

Goslarer Büromöbel AG
Industriepark 5
38644 Goslar

Rechnung 1790

Ihre Bestellung	Lieferdatum	Rechnungsdatum
13.07.20..	15.09.20..	20.09.20..

Wir lieferten Ihnen Mineralöl CTX 3:

Listeneinkaufspreis	1 890,00 EUR
– 30 % Kundenrabatt	567,00 EUR
	1 323,00 EUR
– 5 % Einführungsrabatt	66,15 EUR
	1 256,85 EUR
+ 19 % USt	238,80 EUR
Rechnungspreis	1 495,65 EUR

Aufgabe:

Bilden Sie den Buchungssatz für die Goslarer Büromöbel AG!

Lösung:

Konten	Soll	Haben
6030 Aufw. f. Betriebsst.	1 256,85	
2600 Vorsteuer	238,80	
an 4400 Verb. a. L. u. L.		1 495,65

Sofortnachlässe, die der Lieferer gewährt, werden **nicht gebucht.** Sie zählen **nicht** zu den **Anschaffungskosten.**

(2) Buchung von Bezugskosten

Die Bezugskosten, die dem Käufer zusätzlich in Rechnung gestellt werden, können direkt auf dem jeweiligen Werkstoffaufwands- bzw. Warenaufwandskonto gebucht werden. Um die Bezugskosten für die Kalkulation leichter erfassen zu können, werden sie jedoch zunächst auf einem gesonderten Konto erfasst. Man will wissen, wie hoch der reine Warenwert und wie hoch die Nebenkosten sind.

Der Industriekontenrahmen sieht für jedes Werkstoff- bzw. Warenaufwandskonto ein gesondertes Bezugskostenkonto vor:

6001 Bezugskosten (Bezugskosten für Aufwendungen für Rohstoffe)

6021 Bezugskosten (Bezugskosten für Aufwendungen für Hilfsstoffe)

6031 Bezugskosten (Bezugskosten für Aufwendungen für Betriebsstoffe)

6081 Bezugskosten (Bezugskosten für Aufwendungen für Waren)

Beispiel:

Nr.	Geschäftsvorfälle		Konten	Soll	Haben
1.	Rohstoffeinkauf auf Ziel,				
	netto	1500,00 EUR	6000 Aufw. f. Rohstoffe	1500,00	
	+ Verpackung	50,00 EUR	6001 Bezugskosten	200,00	
	+ Fracht	150,00 EUR	2600 Vorsteuer	323,00	
		1700,00 EUR	an 4400 Verb. a.L.u.L.		2023,00
	+ 19 % USt	323,00 EUR			
		2023,00 EUR			
2.	Kauf von Handelswaren auf Ziel,				
	netto	850,00 EUR	6080 Aufw. f. Waren	850,00	
	+ Verpackung	40,00 EUR	6081 Bezugskosten	110,00	
	+ Fracht	70,00 EUR	2600 Vorsteuer	182,40	
		960,00 EUR	an 4400 Verb. a.L.u.L.		1142,40
	+ 19 % USt	182,40 EUR			
		1142,40 EUR			

Das **Konto Bezugskosten** stellt ein **Unterkonto** des **jeweiligen Werkstoff- bzw. des Warenaufwandskontos** dar.

Übungsaufgabe

143 Bilden Sie für die Goslarer Büromöbel AG zu folgenden Geschäftsvorfällen die Buchungssätze!

1. Wir kaufen Eichenfurnier auf Ziel, Listeneinkaufspreis 12000,00 EUR zuzüglich 19 % USt. Der Lieferer gewährt uns 20 % Rabatt. Die Fracht und Verpackungskosten betragen 510,00 EUR zuzüglich 19 % USt.
2. Kauf von speziellen Schrauben von einem ausländischen Exporteur auf Ziel, Listeneinkaufspreis 795,20 EUR zuzüglich 19 % USt. Zölle und Gebühren: 8 % vom Listeneinkaufspreis.
3. Kauf von Stahlrohren gegen Bankscheck. Lieferung frei Haus 2400,00 EUR zuzüglich 19 % USt. Für Fracht werden 150,00 EUR zuzüglich 19 % USt in Rechnung gestellt.
4. Für eine erhaltene Schleifmittellieferung zahlen wir die Frachtkosten in bar 60,00 EUR zuzüglich 19 % USt.
5. Einkauf von Schlössern für Büroschränke zum Listeneinkaufspreis von 8500,00 EUR zuzüglich 19 % USt gegen Banküberweisung.

6. Die Frachtkosten (zu Geschäftsvorfall 5) in Höhe von 198,50 EUR zuzüglich 19 % USt werden bar bezahlt.
7. Wir beziehen Waschbenzin auf Ziel im Gesamtwert von 5880,00 EUR zuzüglich 19 % USt. Der Rabattsatz unseres Lieferers beträgt 30 %. An Verpackungskosten werden uns 180,00 EUR in Rechnung gestellt.
8. Wir erhalten eine Rechnung für eine Holzlieferung in Höhe von 6750,00 EUR zuzüglich 19 % USt. Der Warenwert der Rechnung wird um 20 % Mengenrabatt gekürzt. Für Fracht und Verpackung werden 350,00 EUR zuzüglich 19 % USt in Rechnung gestellt.
9. Uns liegt folgende Eingangsrechnung für Handelsware vor:

	5 Teppiche zu je 950,00 EUR	4 750,00 EUR
–	20 % Händlerrabatt	950,00 EUR
		3 800,00 EUR
+	Fracht	320,00 EUR
+	Verpackung	90,00 EUR
+	Transportversicherung	47,50 EUR
		4 257,50 EUR
+	19 % USt	808,93 EUR
	Rechnungsbetrag	5 066,43 EUR

10.

BERNHARD MÜLLER OHG
METALLWARENFABRIK

Bernhard Müller OHG · Waldkauzstr. 1 · 86804 Buchloe

Goslarer Büromöbel AG
Industriepark 5
38644 Goslar

Lieferdatum: 15.09.20..
Rechnungsdatum: 21.09.20..
Kunden-Nr.: 333

Rechnungs-Nr. Me 109 262

Pos.	Menge	Bezeichnung	Einzelpreis	Gesamtbetrag in EUR
1	500	Bürotischgestelle Typ 2a	85,00	42 500,00
		+ Fracht		1 200,00
		+ Verpackung		370,00
		+ Transportversicherung		637,50
				44 707,50
		+ 19 % USt		8 494,43
				53 201,93

Zahlungsbedingungen:
30 Tage Ziel

11.

Chemische Werke Bochum GmbH
– hier stimmt die Chemie!

Chemische Werke Bochum GmbH · Rheinische Str. 12–14 · 44791 Bochum

Goslarer Büromöbel AG
Industriepark 5
38644 Goslar

Rechnung 1799

Ihre Bestellung	Lieferdatum	Rechnungsdatum
15.08.20..	18.09.20..	21.09.20..

Wir lieferten Ihnen einen 100-l-Kanister Holzleim CompWood intensive:

Listeneinkaufspreis	865,00 EUR
– 10 % Rabatt	86,50 EUR
	778,50 EUR
+ Zustellkosten	25,00 EUR
	803,50 EUR
+ 19 % USt	152,67 EUR
Rechnungspreis	956,17 EUR

11.2 Rücksendungen an den Lieferer

Beispiel:

Ausgangssituation: Folgende Eingangsrechnung für einen Einkauf von Rohstoffen auf Ziel wurde bereits bei uns gebucht. Rohstoffwert 15000,00 EUR zuzügl. 19 % USt.

Problemfall: Von der bereits bei uns gebuchten Rohstofflieferung senden wir Rohstoffe zurück (Falschlieferung).

	Rohstoffwert	500,00 EUR
+	19 % USt	95,00 EUR
	Gutschriftsbetrag	595,00 EUR

Aufgaben:

1. Buchen Sie den Problemfall auf den Konten des Hauptbuches!
2. Bilden Sie dazu den Buchungssatz!

Lösungen:

Zu 1.: Buchung auf den Konten des Hauptbuches

S	6000 Aufwend. f. Rohstoffe		H
4400	15000,00	4400	500,00

S	2600 Vorsteuer		H
4400	2850,00	4400	95,00

S	4400 Verb. a. Lief. u. Leist.		H
6000/2600	595,00	6000/2600	17850,00

Zu 2.: Buchungssätze

Geschäftsvorfall	Konten	Soll	Haben
Von der bereits gebuchten Rohstofflieferung schicken wir Rohstoffe zurück: Nettowert 500,00 EUR + 19 % USt 95,00 EUR Bruttowert 595,00 EUR	4400 Verb. a. L. u. L. an 6000 Aufw. f. Rohstoffe an 2600 Vorsteuer	595,00	 500,00 95,00

Erläuterungen:

Durch die Rücksendung von Werkstoffen (oder auch von gesondert in Rechnung gestelltem Verpackungsmaterial) nimmt der ursprünglich gebuchte Bruttowert der Eingangsrechnung um den Bruttowert der Rücksendung ab. Daher muss eine **Sollbuchung auf dem Konto 4400 Verbindlichkeiten aus Lieferungen und Leistungen** erfolgen.

Gleichzeitig nehmen auch die ursprünglich gebuchten Werkstoffaufwendungen (Nettowerte) in der Kontenklasse 6 ab. Daher hat in Höhe des Nettowertes der Rücksendung eine **Habenbuchung auf dem entsprechenden Werkstoffaufwandskonto** zu erfolgen.

Da sich durch die nachträgliche Änderung der Werkstoffaufwendungen auch die Berechnungsgrundlage für die Umsatzsteuer (hier Vorsteuer) geändert hat, muss auch die **Vorsteuer** durch eine entsprechende **Habenbuchung korrigiert** werden.

Bei anderen Rücksendungen liegen die gleichen Überlegungen zugrunde.

Beispiel:

Geschäftsvorfall		Konten	Soll	Haben
Gutschrift für eine Rücksendung von Verpackungsmaterial, das auf einer Eingangsrechnung für Rohstoffe gesondert in Rechnung gestellt wurde:		4400 Verb. a. L. u. L.	416,50	
Nettowert	350,00 EUR	an 6001 Bezugskosten		350,00
+ 19 % USt	66,50 EUR	an 2600 Vorsteuer		66,50
Bruttowert	416,50 EUR			

Rücksendungen an den Lieferer vermindern unsere Verbindlichkeiten gegenüber dem Lieferer in Höhe des Bruttowertes der Rücksendung, die ursprünglich gebuchten Werkstoff- bzw. Warenaufwendungen um den Nettowert und die Vorsteuer in Höhe der Differenz aus den beiden Werten.

Übungsaufgabe

144 1. Bilden Sie für folgende Geschäftsvorfälle der Goslarer Büromöbel AG die Buchungssätze!

1.1

Naturholz AG Augsburg

Naturholz AG · Lindenstraße 15 · 86153 Augsburg

Goslarer Büromöbel AG
Industriepark 5
38644 Goslar

Ihr Zeichen, Ihre Nachricht vom	Unser Zeichen, unsere Nachricht vom	Datum
ri/ka 17.09.20..	um/he	22.09.20..

Sehr geehrte Damen und Herren,

wir bestätigen die Rücksendung von acht Spanplatten 19 mm wegen Qualitätsmangel:

Warenwert 8 Spanplatten 19 mm à 40,25 EUR	322,00 EUR
+ 19 % USt	61,18 EUR
Gesamtwert	383,18 EUR

Bitte nehmen Sie eine entsprechende Verrechnung in Ihrer Buchführung vor.

Mit freundlichen Grüßen
ppa. Franzelt

1.2

Beleg für den Kontoinhaber/Zahler-Quittung

Sparkasse Goslar/Harz
Name und Sitz des überweisenden Kreditinstituts

NOLADE21GSL
BIC

Nur für Überweisungen in Deutschland, in andere EU-/EWR-Staaten und in die Schweiz, sowie nach Monaco in Euro.

Angaben zum Zahlungsempfänger: Name, Vorname/Firma (max. 27 Stellen, bei maschineller Beschriftung max. 35 Stellen)
Finanzamt Goslar

IBAN
DE64268500010173405100

BIC des Kreditinstituts/Zahlungsdienstleisters (8 oder 11 Stellen)
NOLADE21GSL

Ab 01.02.2014 kann auf die Angabe des BIC verzichtet werden, wenn die IBAN des Empfängers mit DE beginnt.

Betrag: Euro, Cent
598,00----------------

Kunden-Referenznummer - Verwendungszweck, ggf. Name und Anschrift des Zahlers - (nur für Zahlungsempfänger)
Kfz-Steuer GS-XX 100

noch Verwendungszweck (insgesamt max. 2 Zeilen à 27 Stellen, bei maschineller Beschriftung max. 2 Zeilen à 35 Stellen)

Angaben zum Kontoinhaber/Zahler: Name, Vorname/Firma, Ort (max. 27 Stellen, keine Straßen- oder Postfachangaben)
Goslarer Büromöbel AG, Industriepark 5, 38644 Goslar

IBAN | Prüfziffer 36 | Bankleitzahl des Kontoinhabers 26850001 | Kontonummer (ggf. links mit Nullen auffüllen) 0000637526

113 377.000 35735

Datum 21.09.20..
Unterschrift(en) i.A. H. Buhne

1.3

DEUTSCHE POST AG
38644 GOSLAR
81301450 5726 21.09.20..

*88,00 EUR

POSTWERTZEICHEN OHNE ZUSCHLAG

2. 2.1 Wir kaufen Betriebsstoffe im Gesamtwert von 2150,00 EUR zuzüglich 19 % USt gegen Rechnung.

   2.2 Nach Buchung und Überprüfung der Sendung wird ein Teil der Betriebsstoffe wegen Qualitätsmängeln zurückgesandt, 430,00 EUR zuzüglich 19 % USt.

3. 3.1 Wir kaufen Hilfsstoffe auf Ziel im Warenwert von 2900,00 EUR zuzüglich 19 % USt.

   3.2 Einen Teil der bereits gebuchten Hilfsstoffe senden wir wegen Beschädigung zurück. Warenwert 480,00 EUR zuzüglich 19 % USt.

4. 4.1 Wir kaufen Handelswaren im Gesamtwert von 6324,00 EUR zuzüglich 19 % USt gegen Rechnung.

   4.2 Nach Buchung und Überprüfung der Sendung wird ein Teil der Ware wegen Qualitätsmängeln zurückgesandt, 830,50 EUR zuzüglich 19 % USt.

11.3 Preisnachlässe von Lieferern

Bei den hier zu behandelnden Preisnachlässen handelt es sich um Preisnachlässe, die ein Lieferer **nach** der beim Empfänger gebuchten Eingangsrechnung gewährt.

Als nachträglich gewährte Preisnachlässe kommen infrage:

- Preisnachlässe aufgrund beanstandeter Mängel der Lieferung **(Mängelrüge),**
- nachträglich gewährte Rabatte **(Umsatzboni),**
- von Lieferern gewährte Skonti **(Liefererskonti).**

Der hier zugrunde liegende Industriekontenrahmen sieht für solche Nachlässe folgende Unterkonten vor:

6002 Nachlässe (Nachlässe für Aufwendungen für Rohstoffe)

6022 Nachlässe (Nachlässe für Aufwendungen für Hilfsstoffe)

6032 Nachlässe (Nachlässe für Aufwendungen für Betriebsstoffe)

6082 Nachlässe (Nachlässe für Aufwendungen für Waren)

Beachte:

Gewährt uns der Lieferer **nachträglich einen Preisnachlass,** hat das die gleichen Auswirkungen wie bei einer Warenrücksendung. Daher liegen auch hier die gleichen Überlegungen zugrunde.

- **Sollbuchung** auf dem Konto **4400 Verbindlichkeiten aus Lieferungen und Leistungen.**
- **Habenbuchung** auf dem Konto **2600 Vorsteuer.**
- **Habenbuchung** auf dem entsprechenden Konto **Nachlässe.**

Geschäftsvorfälle	Konten	Soll	Haben
Wegen Mängel an der Betriebsstofflieferung erhalten wir eine **Liefergutschrift** über 300,00 EUR zuzüglich 19 % USt.	4400 Verb. a. L. u. L. an 6032 Nachlässe an 2600 Vorsteuer	357,00	 300,00 57,00
Ein Hilfsstofflieferer gewährt uns einen **Umsatzbonus** in Form folgender Gutschrift: Halbjahresbonus 2 % von 35 000,00 EUR = 700,00 EUR + 19 % USt 133,00 EUR Gutschriftsbetrag 833,00 EUR	4400 Verb. a. L. u. L. an 6022 Nachlässe an 2600 Vorsteuer	833,00	 700,00 133,00
Wir bezahlen eine Liefererrechnung für Rohstoffe unter Abzug von **Skonto** Rechnungsbetrag 7 140,00 EUR – 2 % Skonto 142,80 EUR Banküberweisung 6 997,20 EUR	4400 Verb. a. L. u. L. an 2800 Bank an 6002 Nachlässe an 2600 Vorsteuer	7 140,00	 6 997,20 120,00 22,80

Erläuterungen:

Die ursprünglich gebuchte Verbindlichkeit vermindert sich in Höhe des Bruttowertes des Nachlasses. Daher muss eine **Sollbuchung** auf dem Konto **4400 Verbindlichkeiten aus Lieferungen und Leistungen** erfolgen.

Da sich durch die nachträgliche Preisänderung auch die ursprüngliche Berechnungsgrundlage für die Umsatzsteuer geändert hat, muss auch eine entsprechende Korrektur auf der **Habenseite** des **Vorsteuerkontos** stattfinden.

Berechnung der Vorsteuerkorrektur:

119 % ≙ 142,80 EUR
100 % ≙ x EUR

$$x = \frac{142{,}80 \cdot 100}{119} = 120{,}00 \text{ EUR}$$

120,00 EUR · 19 % = 22,80 EUR

Auch der ursprünglich gebuchte Anschaffungspreis muss durch eine **Habenbuchung** auf dem entsprechenden **Nachlasskonto** gemindert werden.

Übungsaufgaben

145 Buchen Sie für die Goslarer Büromöbel AG die folgenden Geschäftsvorfälle im Grundbuch![1]

1. Der Lieferer sendet uns eine Gutschrift für zurückgesandte Hilfsstoffe zu:

	Nettowert	350,00 EUR
+	19 % USt	66,50 EUR
	Gutschrift	416,50 EUR

2. Unser Betriebsstofflieferer gewährt uns am Jahresende einen Bonus in Höhe von 820,00 EUR zuzüglich 19 % USt.
3. Wir senden Leihverpackung für Rohstoffe zurück und erhalten eine Gutschrift von 85,00 EUR zuzüglich 19 % USt.

1 **Zur Erinnerung:** Im Grundbuch werden die Buchungssätze gebildet.

4. Wir senden Türschlösser wegen Beschädigung zurück:

Warenwert	4 120,00 EUR	
+ 19 % USt	782,80 EUR	4 902,80 EUR

5.

Beleg für Kontoinhaber NOLADE21GSL

Sparkasse Goslar/Harz

Nur für Überweisungen in Deutschland, in andere EU-/EWR-Staaten und in die Schweiz sowie nach Monaco in Euro.

Angaben zum Zahlungsempfänger: Name, Vorname/Firma (max. 27 Stellen, bei maschineller Beschriftung max. 35 Stellen)
Inge Happel OHG, Odenwaldstr. 17, 44805 Bochum

IBAN — Bei Überweisungen in Deutschland immer 22 Stellen → sonstige Länder 15 bis max. 34 Stellen
DE64430700240600001005

BIC des Kreditinstituts/Zahlungsdienstleisters (8 oder 11 Stellen)
DEUTDEDB430

Ab 01.02.2014 kann auf die Angabe des BIC verzichtet werden, wenn die IBAN des Empfängers mit DE beginnt.

Betrag: Euro, Cent
52,48

Kunden-Referenznummer - Verwendungszweck, ggf. Name und Anschrift des Zahlers - (nur für Zahlungsempfänger)
Rechnung f. Betriebsstoffe Nr. 99493 vom 14.09.20..

noch Verwendungszweck (insgesamt max. 2 Zeilen à 27 Stellen, bei maschineller Beschriftung max. 2 Zeilen à 35 Stellen)
./. 2% Skonto

Angaben zum Kontoinhaber: Name, Vorname/Firma, Ort (max. 27 Stellen, keine Straßen- oder Postfachangaben)
Goslarer Büromöbel AG, Industriepark 5, 38644 Goslar

IBAN — Prüfziffer — Kontonummer (ggf. links mit Nullen auffüllen)
DE 36 26850001 0000637526 — 16

111 360.002 SE 35784

Datum: 22.09.20..
Unterschrift(en): i.A. H. Bahne

6. Der Lieferer sendet uns für zurückgesandte Schrauben eine Gutschrift in Höhe des Bruttowertes von 386,75 EUR.

7. Unser Lieferer für Schmieröl gewährt uns am Jahresende einen Bonus in Höhe von 1 863,00 EUR zuzüglich 19 % Umsatzsteuer.

8. Wir senden Leihverpackungen für Stahlbleche zurück und erhalten eine Gutschrift in Höhe des Bruttowertes von 856,80 EUR.

9. Wir senden Teile eines Kirschbaumfurniers wegen Beschädigung zurück und erhalten vom Lieferer eine Gutschrift in Höhe des Bruttowertes von 1 483,93 EUR.

10. Auf eine Lieferung Pflegemittel (Handelswaren) gewährt uns der Lieferer nachträglich einen Rabatt in Form einer Gutschrift in Höhe des Bruttowertes von 452,20 EUR.

11. Von unserem Holzlieferanten erhalten wir am Jahresende einen Bonus in Höhe von 2 160,00 EUR zuzüglich 19 % Umsatzsteuer.

12. Wir kaufen Maschinenöl auf Ziel. Rechnungsbetrag einschließlich 19 % Umsatzsteuer 9 686,60 EUR.

13. Für Verpackungs- und Versandkosten stellt der Lieferer für Schweißmaterial eine gesonderte Rechnung aus, die wie folgt lautet:

Verpackungskosten	115,00 EUR
Transportkosten	90,00 EUR
	205,00 EUR
+ 19 % Umsatzsteuer	38,95 EUR
Rechnungsbetrag	243,95 EUR

25 Wessel u.a. - ISBN 978-3-8120-0588-3

146 1. Formulieren Sie aufgrund der Belege den jeweils zugrunde liegenden Geschäftsvorfall!

2. Buchen Sie die Geschäftsvorfälle im Grundbuch der Goslarer Büromöbel AG!

Beleg 1

Epple Werke GmbH
Rostock

Goslarer Büromöbel AG
Industriepark 5
38644 Goslar

Rechnung Nr. 1420 Rostock: 24. Sept. 20..

Sehr geehrte Damen und Herren,

aufgrund Ihrer Reklamation über gelieferte Schmiermittel erhalten Sie eine Gutschrift:

15 % von 4 500,00 EUR

Warenwert	675,00 EUR
+ 19 % USt	128,25 EUR
	803,25 EUR

Mit freundlichen Grüßen

i. V. *Mennel*

Sitz der Gesellschaft: Rostock Registergericht Rostock: HRB 1612 St.-Nr.: 207/3080

Beleg 2

Holzland
Bayern GmbH
Isarstraße 15-18 · 85221 Dachau

Goslarer Büromöbel AG
Industriepark 5
38644 Goslar

Dachau: 23. Sept. 20..

Sehr geehrte Damen und Herren,

wir bestätigen die Rücksendung von 20 Spanplatten „Isar XL", 200 x 400 x 2 cm, wegen Qualitätsmangel

Warenwert	995,80 EUR
+ 19 % USt	189,20 EUR
Gesamtwert	1 185,00 EUR

Bitte nehmen Sie eine entsprechende Verrechnung in Ihrer Buchhaltung vor.

Mit freundlichen Grüßen

ppa. *Franz Maier*

Sitz der Gesellschaft: Dachau Registergericht Dachau: HRB 4080 St.-Nr.: 220/3456

Beleg 3

Werkstoffe Hans Waibel GmbH 99099 Erfurt

Goslarer Büromöbel AG
Industriepark 5
38644 Goslar

Erfurt: 23. Sept. 20..

Sehr geehrte Damen und Herren,

Sie erhalten für bezogene Regalhalterungen den Jahresbonus!

5 % von 165 000,00 EUR =	8 250,00 EUR
+ 19 % USt	1 567,50 EUR
Gesamtwert	9 817,50 EUR

Mit freundlichen Grüßen

i A. *Weiss*

Beleg 4

Beleg für Kontoinhaber NOLADE21GSL

Nur für Überweisungen in Deutschland, in andere EU-/EWR-Staaten und in die Schweiz sowie nach Monaco in Euro.

Sparkasse Goslar/Harz

Angaben zum Zahlungsempfänger: Name, Vorname/Firma (max. 27 Stellen, bei maschineller Beschriftung max. 35 Stellen)
Max Reichle GmbH Berlin

IBAN — Bei Überweisungen in Deutschland immer 22 Stellen → sonstige Länder 15 bis max. 34 Stellen
DE15100800000000625566

BIC des Kreditinstituts/Zahlungsdienstleisters (8 oder 11 Stellen)
DRESDEFF100

Ab 01.02.2014 kann auf die Angabe des BIC verzichtet werden, wenn die IBAN des Empfängers mit DE beginnt.

Betrag: Euro, Cent
999,60--------------

Kunden-Referenznummer - Verwendungszweck, ggf. Name und Anschrift des Zahlers (nur für Zahlungsempfänger)
Rechnungsausgleich für gel. Hilfsstoffe:

noch Verwendungszweck (insgesamt max. 2 Zeilen à 27 Stellen, bei maschineller Beschriftung max. 2 Zeilen à 35 Stellen)
R.-Nr. 1750 ./. 2% Skonto

Angaben zum Kontoinhaber: Name, Vorname/Firma, Ort (max. 27 Stellen, keine Straßen- oder Postfachangaben)
Goslarer Büromöbel AG, Industriepark 5, 38644 Goslar

IBAN Prüfziffer Kontonummer (ggf. links mit Nullen auffüllen)
DE 36 26850001 0000637526 16

111 360.002 SE 35784

Datum: 22. Sept. 20..
Unterschrift(en): *i. A. Bahne*

Beleg 5

IBAN		BIC	erstellt am	Auszug	Blatt
Commerzbank Goslar	DE68 2684 0032 0006 7523 04	COBADEFF268	24.09.20..	81	1

Alter Kontostand				14500,00 +
24.09.	24.09.	Heim AG, Unna Rechnung Nr. 1421	Lastschrift	1769,28 –
24.09.	24.09.	Leasingrate für Lkw, Autohaus Schueble GmbH, 19% USt	Lastschrift	1830,00 –
24.09.	24.09.	Finanzamt Goslar, Steuer-Nr. 45/120/0751 Umsatzsteuer Januar	Lastschrift	9020,50 –
24.09.	24.09.	Miete für das Lager, Wiesentr. 15	Lastschrift	1500,00 –
Neuer Kontostand				380,22 +

Goslarer Büromöbel AG
Industriepark 5
38644 Goslar

Kontoauszug

Bitte Rückseite beachten.

11.4 Abschluss der Unterkonten Bezugskosten und Nachlässe

Die Bezugskosten und Nachlässe stellen Unterkonten des betreffenden Werkstoffaufwands- bzw. Warenaufwandskontos dar. Diese Unterkonten werden über das betreffende Hauptkonto abgeschlossen. Nach Abschluss der Konten Bezugskosten und Nachlässe erscheinen auf dem entsprechenden Aufwandskonto dann die auf das GuV-Konto zu übernehmenden Aufwendungen.

Beispiel:

Summe der Aufwendungen auf dem Konto 6000 Aufwendungen für Rohstoffe: 87400,00 EUR, Summe der Bezugskosten auf dem Konto 6001 Bezugskosten: 7980,00 EUR, Summe der Nachlässe auf dem Konto 6002 Nachlässe: 3420,00 EUR.

Aufgaben:

1. Übertragen Sie die Angaben auf die entsprechenden Konten und schließen Sie die Konten 6001 und 6002 ab!
2. Wie viel EUR betragen die Aufwendungen für Rohstoffe?

Lösungen:

Zu 1.:

S	6001 Bezugskosten		H
Su	7980,00	6000	7980,00

S	6000 Aufw. f. Rohstoffe		H
Su	87400,00	6002	3420,00
6001	7980,00	8020	91960,00
	95380,00		95380,00

S	6002 Nachlässe		H
6000	3420,00	Su	3420,00

Zu 2.: Die Aufwendungen für Rohstoffe betragen 91960,00 EUR.

Wird der Einkauf von Werkstoffen, Materialien und Handelswaren nach dem bestandsorientierten Verfahren gebucht, so sind die Unterkonten für Bezugskosten und Nachlässe bei den betreffenden Konten in der Gruppe 20 statt in der Gruppe 60 zu führen.

Übungsaufgaben

147 **I. Richten Sie die folgenden Konten ein:**

6020 Aufwendungen für Hilfsstoffe, 6021 Bezugskosten, 6022 Nachlässe, 6030 Aufwendungen für Betriebsstoffe, 6031 Bezugskosten, 6032 Nachlässe.

II. Saldovorträge:

6020: 142780,00 EUR, 6021: 12940,00 EUR, 6022: 7160,00 EUR,

6030: 74560,00 EUR, 6031: 4330,00 EUR, 6032: 2860,00 EUR.

III. Aufgaben:

1. Übertragen Sie die Saldovorträge auf die entsprechenden Konten und schließen Sie die Unterkonten ab!
2. Weisen Sie buchhalterisch die Aufwendungen für Hilfsstoffe und die Aufwendungen für Betriebsstoffe aus!

148 Bilden Sie für die Goslarer Büromöbel AG die Buchungssätze zu den nachfolgenden Buchungsbelegen!

Beleg 1

Naturholz AG Augsburg

Naturholz AG · Lindenstraße 15 · 86153 Augsburg

Goslarer Büromöbel AG
Industriepark 5
38644 Goslar

Bitte stets angeben
Rechnungsdatum: 25.09.20..
Rechnungs-Nr.: 345376
Kunden-Nr.: 4711
Lieferdatum: 24.09.20..

Rechnungs-Nr. H 345376

Pos.	Menge	Bezeichnung	Einzelpreis	Gesamtbetrag in EUR
1	46	Spanplatten 19 mm	40,25	1851,50
		– 20 % Liefererrabatt		370,30
				1481,20
		– 5 % Jubiläumsrabatt		74,06
				1407,14
		+ 19 % USt		267,36
				1674,50

Beleg 2

BERNHARD MÜLLER OHG
METALLWARENFABRIK

Bernhard Müller OHG · Waldkauzstr. 1 · 86804 Buchloe

Goslarer Büromöbel AG
Industriepark 5
38644 Goslar

Ihr Zeichen, Ihre Nachricht vom	Unser Zeichen, unsere Nachricht vom	Datum
ri/ka 18.09.20..	mü/fe 10.09.20..	20.09.20..

Sehr geehrte Frau Heinrich,

in der Rechnung über Bürotischgestelle vom 10. September 20.. haben wir versehentlich keinen Mengenrabatt gewährt.

Selbstverständlich erhalten Sie den vereinbarten Rabatt nachträglich per Gutschrift:

20 % Mengenrabatt vom Warenwert	42500,00 EUR:	8500,00 EUR
	+ 19 % USt	1615,00 EUR
	Gutschrift	10115,00 EUR

Entschuldigen Sie bitte unser Versehen.

Mit freundlichen Grüßen

B. Müller

Beleg 3

Goslarer Büromöbel AG

Goslarer Büromöbel AG · Industriepark 5 · 38644 Goslar

Innovation AG
Am Winkel 19
01109 Dresden

Goslar, 20.09.20..

Rechnungs-Nr. 7788/99

Aufgrund eines Furnierfehlers – „Eiche" statt „Mahagoni" – senden wir Furnier im Wert von 1 250,00 EUR zuzüglich 19 % USt zurück. Bitte nehmen Sie eine entsprechende Verrechnung in Ihrer Buchhaltung vor.

Goslarer Büromöbel AG
i. A. Meyerling

Beleg 4

SägGut OHG
Wir sägen – Sie bauen

SägGut OHG · Rahlstedter Str. 144 · 22143 Hamburg

Goslarer Büromöbel AG
Industriepark 5
38644 Goslar

Bestell-Nr.
2210
Bestelldatum
10.09.20..
Lieferschein-Nr.
212/22
Telefon
040 6724-556
Fax
040 6724-587

Bei Zahlung unbedingt angeben:

Rechnungsdatum	Kunden-Nr.	Rechnungs-Nr.
20.09.20..	3355	7788/99

Wir berechnen für unsere Lieferung vom 18.09.20..

Artikel-Nr.	Menge (Stück)	Artikelbezeichnung	Einzelpreis EUR	Gesamtbetrag EUR
1032	50	Spanplatten „Mahagoni" Top 1	131,20	6 560,00

	Warenwert (netto)	6 560,00
+	Furnierzuschlag „Mahagoni"	500,00
		7 060,00
–	10 % Rabatt	706,00
		6 354,00
+	Zustellkosten	480,00
		6 834,00
+	19 % USt	1 298,46
	Rechnungsbetrag	8 132,46

Beleg 5

Beleg für Kontoinhaber NOLADE21GSL

Nur für Überweisungen in Deutschland, in andere EU-/EWR-Staaten und in die Schweiz sowie nach Monaco in Euro.

Sparkasse Goslar/Harz

Angaben zum Zahlungsempfänger: Name, Vorname/Firma (max. 27 Stellen, bei maschineller Beschriftung max. 35 Stellen)
Fritz Lernet OHG Hamburg

IBAN — Bei Überweisungen in Deutschland immer 22 Stellen → sonstige Länder 15 bis max. 34 Stellen
DE64200505500012365701

BIC des Kreditinstituts/Zahlungsdienstleisters (8 oder 11 Stellen)
HASPDEHHXXX
Ab 01.02.2014 kann auf die Angabe des BIC verzichtet werden, wenn die IBAN des Empfängers mit DE beginnt.

Betrag: Euro, Cent
408,17--------------

Kunden-Referenznummer - Verwendungszweck, ggf. Name und Anschrift des Zahlers - (nur für Zahlungsempfänger)
Rechnungsausgleich für gel. Hilfsstoffe:

noch Verwendungszweck (insgesamt max. 2 Zeilen à 27 Stellen, bei maschineller Beschriftung max. 2 Zeilen à 35 Stellen)
R.-Nr. 4155138 v. 24. September ./. 2% Skonto

Angaben zum Kontoinhaber: Name, Vorname/Firma, Ort (max. 27 Stellen, keine Straßen- oder Postfachangaben)
Goslarer Büromöbel AG, Industriepark 5, 38644 Goslar

IBAN | Prüfziffer | | Kontonummer (ggf. links mit Nullen auffüllen)
DE 36 26850001 0000637526 — 16

111 360.002 SE 35784

Datum: 27. Sept. 20..
Unterschrift(en): i. A. Bahne

Beleg 6

SägGut OHG
Wir sägen – Sie bauen

SägGut OHG · Rahlstedter Str. 144 · 22143 Hamburg

Goslarer Büromöbel AG
Industriepark 5
38644 Goslar

Bestell-Nr.

Bestelldatum

Lieferschein-Nr.

Telefon
040 6724-556
Fax
040 6724-587

Bonusgutschrift

Auf die gelieferten Spanplatten „Mahagoni" – Rechnung 7788/99 vom 20.09.20.. gewähren wir einen Umsatzbonus.

Bonus	53,01 EUR
+ 19 % Umsatzsteuer	10,07 EUR
Gutschrift	63,08 EUR

149 Lösen Sie die Handlungsaufgaben aus der Lernsituation 11!

LG 12.3 Lernsituation 12: Bestandsveränderungen bei fertigen Erzeugnissen erfolgswirksam buchen

Im Versandlager der Goslarer Büromöbel AG werden die Fertigerzeugnisse aus der Herstellung zwischengelagert, zu gegebener Zeit transportfähig verpackt, sodann zu Kundenaufträgen zusammengestellt und zum vereinbarten Termin ausgeliefert. Im Zuge dieser Versandabwicklung wird jeder Eingang fertiger Erzeugnisse aus den Produktionsstätten und jeder Warenausgang an die Kunden in einer Lagerdatei erfasst. Am Ende eines Geschäftsjahres wird der Lagerbestand per Inventur festgestellt und in ein Bestandsverzeichnis nach Art, Menge und Wert aufgenommen.

Frau Wernecke, Leiterin der Finanzabteilung, fällt auf, dass im Bestandsverzeichnis für Schreibtische die Position mit der Artikelnummer 260, e-Desk, aus dem üblichen Rahmen fällt. Mit 70 e-Desk im Wert von 50400,00 EUR ist der Lagerbestand außergewöhnlich hoch. Im Vorjahr waren nur 14 e-Desk im Wert von 10080,00 EUR auf Lager. Frau Wernecke erklärt Ihnen als Auszubildender in der Finanzabteilung, dass diese Bestandsveränderung auf dem aktiven Bestandskonto „2200 Fertige Erzeugnisse“ buchhalterisch erfasst werden muss. Der Grund ist, dass zur Gesamtleistung eines Unternehmens nicht nur die Absatzleistung zählt, sondern auch die Lagerleistung als werteschaffender Faktor.

Sie erhalten nun den Auftrag, sich bei Frau Klinger, der Sachbearbeiterin in der Auftragsabteilung, nach den Gründen für die ungewöhnliche Bestandsmehrung des Schreibtisches e-Desk zu erkundigen.

Impuls:

Nennen Sie mögliche Gründe für die Bestandsmehrung des Inventurpostens „e-Desk“!

Handlungsaufgaben:

Arbeiten Sie die folgenden Kapitel des Lehrbuches durch und verwenden Sie die Aufzeichnungen aus dem Unterricht zur Bearbeitung der Handlungsaufgaben!

1. Richten Sie die Konten 2200 Fertige Erzeugnisse, 5202 Bestandsveränderungen an fertigen Erzeugnissen, 8010 SBK und 8020 GuV ein!
2. Tragen Sie den Anfangsbestand an fertigen Erzeugnissen mit 10080,00 EUR auf dem entsprechenden Konto vor!
3. Buchen Sie den Schlussbestand an fertigen Erzeugnissen mit 50400,00 EUR sowie die Bestandsveränderungen!
4. Schließen Sie das Konto 5202 Bestandsveränderungen an fertigen Erzeugnissen ab!

12 Bestandsveränderungen bei fertigen und unfertigen Erzeugnissen und Inventurdifferenzen

12.1 Bestandsveränderungen bei fertigen Erzeugnissen

12.1.1 Problemstellung

Hinweis:

Sofern es sich um Bestandsveränderungen bei Werkstoffen handelt, wurden diese bereits in Klasse 11 behandelt.

In einem Industriebetrieb müssen die angebotenen Erzeugnisse zunächst im Produktionsprozess hergestellt werden. Die Herstellung dieser Erzeugnisse verursacht Aufwendungen an Werkstoffen und Arbeitsleistungen, die sich in den Herstellungskosten dieser Güter niederschlagen.

Bisher gingen wir davon aus, dass die Menge der hergestellten Güter mit der Menge der verkauften Güter innerhalb der Geschäftsperiode übereinstimmt. Diese Annahme ist jedoch unrealistisch und träfe nur durch Zufall ein. Wenn aber hergestellte und verkaufte Menge nicht übereinstimmen, dann beziehen sich die für die Produktion angefallenen Aufwendungen (Kosten) auf eine andere Gütermenge als die beim Verkauf erzielten Erträge (Verkaufserlöse; Leistungen). Ist z.B. die hergestellte Menge größer als die verkaufte, dann bedeutet dies, dass ein Teil der Produktion auf Lager genommen wurde (Bestandsmehrung an Fertigerzeugnissen). Wurde dagegen mehr verkauft als produziert, dann kann dieser Mehrverkauf nur aus dem Lager stammen. Ein aussagekräftiges Periodenergebnis entsteht aber nur, wenn sich die Aufwands- und Ertragsseite auf die gleiche Menge beziehen. Mit anderen Worten: Die Bestandsveränderungen müssen berücksichtigt werden.

- Stimmt die hergestellte Menge der Erzeugnisse mit der verkauften Menge **nicht** überein, müssen die **Bestandsveränderungen der fertigen Erzeugnisse** in die Ergebnisermittlung einbezogen werden.
- Die **Menge an Erzeugnissen** auf der Aufwands- und Ertragsseite **müssen sich entsprechen.**

12.1.2 Buchung von Bestandsveränderungen[1]

Beispiel:

I. Ausgangssituation:

In einem Industriebetrieb werden Kühlschränke einer bestimmten Art und Qualität hergestellt. Die Herstellungskosten eines Kühlschrankes betragen 1700,00 EUR. Davon entfallen 700,00 EUR auf Werkstoffkosten (500,00 EUR Rohstoffe, 200,00 EUR Hilfsstoffe) und 1000,00 EUR auf Fertigungslöhne. Der Nettoverkaufspreis eines Kühlschrankes beträgt 2000,00 EUR.

II. Anfangsbestände:

2800 Bank 175000,00 EUR, 3000 Eigenkapital 175000,00 EUR.

1 Moderne ERP-Softwaresysteme sind in der Lage, nach Abschluss des Produktionsprozesses bzw. beim Verkauf von Erzeugnissen automatisch auch die Bestandsveränderungen zu erfassen. Eine Buchung von Bestandsminderungen am Ende der Geschäftsperiode ist dann nur in Ausnahmefällen, z.B. Einstandspreisänderungen oder bei Inventurdifferenzen, notwendig.

(1) Fall 1: Keine Bestandsveränderung (die Menge der hergestellten und verkauften Erzeugnisse ist gleich)

Hinweis:

Um einen besseren Zugang in die schwierigen Gedankengänge bei Bestandsveränderungen an fertigen Erzeugnissen zu finden, gehen wir im ersten Fall von der unrealistischen Annahme aus, dass die innerhalb der Geschäftsperiode hergestellte und verkaufte Menge übereinstimmt. Erst danach wird als zweiter Fall eine Bestandsmehrung und als dritter Fall eine Bestandsminderung behandelt.

1. Beispiel (Fortführung der Ausgangssituation von S. 391):

III. Geschäftsvorfälle:

Innerhalb der Geschäftsperiode werden 100 Kühlschränke hergestellt, die auch in der gleichen Geschäftsperiode verkauft werden. Das führt zu folgenden Geschäftsvorfällen mit den entsprechenden Buchungssätzen:

Nr.	Geschäftsvorfälle	Konten	Soll	Haben
1.	Kauf von Rohstoffen 50 000,00 EUR zuzügl. 19 % USt gegen Bankscheck.	6000 Aufw. f. Rohstoffe 2600 Vorsteuer an 2800 Bank	50 000,00 9 500,00	 59 500,00
2.	Kauf von Hilfsstoffen 20 000,00 EUR zuzügl. 19 % USt gegen Bankscheck.	6020 Aufw. f. Hilfsstoffe 2600 Vorsteuer an 2800 Bank	20 000,00 3 800,00	 23 800,00
3.	Banküberweisung für Fertigungslöhne 100 000,00 EUR.	6200 Löhne an 2800 Bank	100 000,00	 100 000,00
4.	Verkauf der 100 hergestellten Kühlschränke zum Stückpreis von netto 2 000,00 EUR gegen Bankscheck: Nettowert 200 000,00 EUR + 19 % USt 38 000,00 EUR Bruttowert 238 000,00 EUR	2800 Bank an 5000 UE f. eig. Erz. an 4800 Umsatzsteuer	238 000,00	 200 000,00 38 000,00

IV. Abschlussangaben:

1. Lt. Inventur ist kein Schlussbestand an Fertigerzeugnissen vorhanden.
2. Die Umsatzsteuer ist zu passivieren.

V. Aufgaben:

1. Richten Sie die erforderlichen Konten ein und tragen Sie die angegebenen Anfangsbestände darauf vor!
2. Buchen Sie die vier Geschäftsvorfälle auf den entsprechenden Konten!
3. Richten Sie die beiden Abschlusskonten ein und schließen Sie die Konten ab!
4. Geben Sie das buchhalterische Ergebnis der Geschäftsperiode an und bestätigen Sie die Richtigkeit des Ergebnisses durch eine Berechnung außerhalb der Buchführung!

Lösungen:

Zu 1. bis 3.: Buchung auf den Konten

S	2600 Vorsteuer		H
2800	9500,00	4800	13300,00
2800	3800,00		
	13300,00		13300,00

S	3000 Eigenkapital		H
8010	205000,00	8000	175000,00
		8020	30000,00
	205000,00		205000,00

S	6000 Aufw. f. Rohstoffe		H
2800	50000,00	8020	50000,00

S	6020 Aufw. f. Hilfsstoffe		H
2800	20000,00	8020	20000,00

S	2800 Bank		H
8000	175000,00	6000/2600	59500,00
5000/4800	238000,00	6020/2600	23800,00
		6200	100000,00
		8010	229700,00
	413000,00		413000,00

S	4800 Umsatzsteuer		H
2600	13300,00	2800	38000,00
8010	24700,00		
	38000,00		38000,00

S	6200 Löhne		H
2800	100000,00	8020	100000,00

S	5000 UE f. eig. Erz.		H
8020	200000,00	2800	200000,00

S	8010 SBK		H
2800	229700,00	3000	205000,00
		4800	24700,00
	229700,00		229700,00

S	8020 GuV		H
6000	50000,00	5000	200000,00
6020	20000,00		
6200	100000,00		
3000	30000,00		
	200000,00		200000,00

Zu 4.: Berechnung des Gesamtgewinns

Auf dem GuV-Konto wird ein Ergebnis (Gewinn) von 30000,00 EUR ausgewiesen. Das wird durch folgende Berechnung außerhalb der Buchführung bestätigt:

	Verkaufserlös je Stück	2000,00 EUR
–	Herstellungskosten je Stück	1700,00 EUR
	Stückgewinn:	300,00 EUR
	Gesamtgewinn: 300 · 100 =	30000,00 EUR

(2) Fall 2: Bestandsmehrungen

Beispiel:

III. 2. Sachverhalt (Fortführung der Ausgangssituation von S. 391):

Unter den gleichen Bedingungen werden innerhalb der Geschäftsperiode wiederum 100 Kühlschränke hergestellt, aber nur 60 Stück verkauft. Ein Anfangsbestand an Kühlschränken war nicht vorhanden. Daher ergeben sich folgende Geschäftsvorfälle mit den entsprechenden Buchungssätzen:

Nr.	Geschäftsvorfälle	Konten	Soll	Haben
1.	Kauf von Rohstoffen 50000,00 EUR zzgl. 19 % USt gegen Bankscheck.	6000 Aufw. für Rohstoffe	50000,00	
		2600 Vorsteuer	9500,00	
		an 2800 Bank		59500,00
2.	Kauf von Hilfsstoffen 20000,00 EUR zzgl. 19 % USt gegen Bankscheck.	6020 Aufw. für Hilfsstoffe	20000,00	
		2600 Vorsteuer	3800,00	
		an 2800 Bank		23800,00
3.	Banküberweisung für Fertigungslöhne 100000,00 EUR.	6200 Löhne	100000,00	
		an 2800 Bank		100000,00

Nr.	Geschäftsvorfälle	Konten	Soll	Haben
4.	Verkauf der 60 hergestellten Kühlschränke zum Stückpreis von netto 2 000,00 EUR gegen Bankscheck: Nettowert 120 000,00 EUR + 19 % USt 22 800,00 EUR Bruttowert 142 800,00 EUR	2800 Bank an 5000 UE f. eig. Erz. an 4800 Umsatzsteuer	142 800,00	 120 000,00 22 800,00

IV. Abschlussangaben:

1. Der Schlussbestand an Fertigerzeugnissen beträgt lt. Inventur 40 Stück zu Herstellungskosten von 1 700,00 EUR je Stück = 68 000,00 EUR.
2. Die Umsatzsteuer ist zu passivieren!

V. Aufgaben:

1. Richten Sie die erforderlichen Konten ein und tragen Sie die angegebenen Anfangsbestände darauf vor!
2. Buchen Sie die vier Geschäftsvorfälle auf den entsprechenden Konten!
3. Richten Sie die beiden Abschlusskonten ein und schließen Sie die Konten ab!
4. Bilden Sie zu den drei Schritten zur Erfassung der Bestandsmehrung die erforderlichen Buchungssätze!
5. Bestätigen Sie das buchhalterische Ergebnis durch eine Berechnung außerhalb der Buchführung!

Lösung:

Zu 1. bis 3.: Buchung auf den Konten

S	2600 Vorsteuer		H
2800	9 500,00	4800	13 300,00
2800	3 800,00		
	13 300,00		13 300,00

S	2800 Bank		H
8000	175 000,00	6000/2600	59 500,00
5000/4800	142 800,00	6020/2600	23 800,00
		6200	100 000,00
		8010	134 500,00
	317 800,00		317 800,00

S	3000 Eigenkapital		H
8010	193 000,00	8000	175 000,00
		8020	18 000,00
	193 000,00		193 000,00

S	4800 Umsatzsteuer		H
2600	13 300,00	2800	22 800,00
8010	9 500,00		
	22 800,00		22 800,00

S	6000 Aufw. f. Rohstoffe		H
2800	50 000,00	8020	50 000,00

S	6020 Aufw. f. Hilfsstoffe		H
2800	20 000,00	8020	20 000,00

S	6200 Löhne		H
2800	100 000,00	8020	100 000,00

S	5000 UE f. eig. Erz.		H
8020	120 000,00	2800	120 000,00

4.2

S	2200 Fert. Erzeugnisse		H
5202	68 000,00	8010	68 000,00

S	5202 Best.-Veränd. a. f. Erz.		H
8020	68 000,00	2200	68 000,00

4.1

S	8010 SBK		H
2200	68 000,00	3000	193 000,00
2800	134 500,00	4800	9 500,00
	202 500,00		202 500,00

4.3

S	8020 GuV		H
6000	50 000,00	5000	120 000,00
6020	20 000,00	5202	68 000,00
6200	100 000,00		
3000	18 000,00		
	188 000,00		188 000,00

Zu 4.: Buchungssätze

Nr.	Geschäftsvorfälle	Konten	Soll	Haben
4.1	Buchung des Schlussbestandes der 40 Kühlschränke zu den Herstellungskosten in Höhe von 1 700,00 EUR je Stück = 68 000,00 EUR.	8010 SBK an 2200 Fertige Erzeugnisse	68 000,00	 68 000,00
4.2	Umbuchung der Bestandsmehrung auf das Bestandsveränderungskonto 68 000,00 EUR.	2200 Fertige Erzeugnisse an 5202 B.-Veränd. a. f. Erz.	68 000,00	 68 000,00
4.3	Abschluss des Kontos 5202 über das GuV-Konto.	5202 B.-Veränd. a. f. Erz. an 8020 GuV	68 000,00	 68 000,00

Zu 5.: Bestätigung des buchhalterischen Ergebnisses durch folgende Berechnung

	Verkaufserlöse	60 Stück zu je	2 000,00 EUR =	120 000,00 EUR
+	Bestandsmehrung	40 Stück zu je	1 700,00 EUR =	68 000,00 EUR
	Leistungen des Betriebes			188 000,00 EUR
–	Kosten für 100 Stück zu je 1 700,00 EUR			170 000,00 EUR
	Gewinn			18 000,00 EUR

Erläuterungen zur Buchung des Falles der Bestandsmehrung:

Da 100 Kühlschränke hergestellt wurden, aber nur 60 Stück verkauft werden konnten, verbleiben 40 Kühlschränke als Lagerbestand. Es leuchtet ein, dass den Verkaufserlösen von 60 Stück (60 · 2 000,00 EUR = 120 000,00 EUR) nicht die Herstellungskosten für 100 Stück (100 · 1 700,00 EUR = 170 000,00 EUR) gegenübergestellt werden können. Dabei würde sich ein Verlust von 50 000,00 EUR ergeben. Bei einem Stückgewinn von 300,00 EUR und einer Verkaufsmenge von 60 Stück muss sich aber ein Gewinn von 18 000,00 EUR ergeben. Dieser Gewinn muss sich auch in der Buchführung als Saldo auf dem Gewinn- und Verlustkonto darstellen.

Da am Anfang keine fertigen Erzeugnisse vorhanden waren, am Ende der Geschäftsperiode jedoch 40 Kühlschränke im Lager verbleiben, bedeutet das eine Bestandsmehrung von 40 Kühlschränken. Die Herstellungskosten hierfür betragen: 40 · 1 700,00 EUR = 68 000,00 EUR. Um diesen Wert der Bestandsmehrung müssen wir daher die Ertragsseite (Verkaufserlöse) erhöhen.

Die **Summe aus Verkaufserlösen und dem Wert der Bestandsmehrung** wird auch als **Leistung** des Betriebes bezeichnet. Dieser Leistung des Betriebes sind die durch die Produktion innerhalb der Geschäftsperiode entstandenen **Aufwendungen (Kosten)** gegenüberzustellen. Auf beiden Seiten liegen dann gleiche Mengen zugrunde. Auf der Ertragsseite haben wir die Verkaufserlöse von 60 Kühlschränken und die Herstellungskosten von 40 Kühlschränken. Auf der Aufwandsseite haben wir die Aufwendungen von 100 Kühlschränken.

- Da am Ende der Geschäftsperiode unverkaufte Fertigfabrikate vorhanden sind, muss das Bestandskonto **2200 Fertige Erzeugnisse** eingerichtet werden.
- Das Aktivkonto 2200 Fertige Erzeugnisse wird über das **Schlussbilanzkonto** abgeschlossen.
- Die **Mengen der Erzeugnisse** auf der Aufwands- und Ertragsseite innerhalb einer Geschäftsperiode **müssen sich entsprechen.**
- Ist der Wert des **Schlussbestandes** an Erzeugnissen **höher** als der **Anfangsbestand** an Erzeugnissen, liegt eine **Bestandsmehrung** vor.
- Bei der Bestandsmehrung ist die **Herstellmenge** in einer Rechnungsperiode **größer als** die **Absatzmenge.**

- Für die Bestandsmehrung benötigen wir ein Erfolgskonto, das diesen Wert aufnimmt. Dieses Konto finden wir in der Kontenklasse 5 unter der Bezeichnung **5202 Bestandsveränderungen an fertigen Erzeugnissen.**
- Die **Bestandsmehrung**, die sich als Saldo auf dem Bestandskonto 2200 ergibt, ist daher auf das Ertragskonto 5202 umzubuchen und „wandert" von dort auf die **Habenseite des Gewinn- und Verlustkontos.**
- **Bestandsmehrungen** werden rechnerisch zu den **Erlösen** für die in der Rechnungsperiode verkauften Erzeugnisse **hinzuaddiert.**

Soll	8020 GuV-Konto Haben
Aufwendungen für die hergestellten Erzeugnisse der Rechnungsperiode	Erlöse für die verkauften Erzeugnisse der Rechnungsperiode + Bestandsmehrung (Wert der in der Rechnungsperiode hergestellten, aber noch nicht verkauften Erzeugnisse zu Herstellkosten)

Übungsaufgaben

150 Lösen Sie die Handlungsaufgaben aus der Lernsituation 12!

151 **I. Anfangsbestände:**

2200 Fertige Erzeugnisse 17000,00 EUR, 2800 Bank 396000,00 EUR, 3000 Eigenkapital 362000,00 EUR, 4800 Umsatzsteuer 51000,00 EUR.

II. Kontenplan:

2200, 2400, 2600, 2800, 3000, 4800, 5000, 5202, 6000, 6020, 6200, 8010, 8020.

III. Geschäftsvorfälle:

1.	Einkauf von Rohstoffen durch Banküberweisung	135000,00 EUR	
	+ 19 % Umsatzsteuer	25650,00 EUR	160650,00 EUR
2.	Verkauf von fertigen Erzeugnissen auf Ziel	270000,00 EUR	
	+ 19 % Umsatzsteuer	51300,00 EUR	321300,00 EUR
3.	Einkauf von Hilfsstoffen durch Banküberweisung	39000,00 EUR	
	+ 19 % Umsatzsteuer	7410,00 EUR	46410,00 EUR
4.	Banküberweisung für Fertigungslöhne		120000,00 EUR

IV. Abschlussangaben:

1. Der Schlussbestand an fertigen Erzeugnissen beträgt lt. Inventur 22500,00 EUR.
2. Die Zahllast ist zu passivieren.

V. Aufgaben:

1. Richten Sie die erforderlichen Konten ein und tragen Sie die Anfangsbestände darauf vor!
2. Bilden Sie zu den Geschäftsvorfällen die Buchungssätze und übertragen Sie die Buchungen auf die Konten des Hauptbuches!
3. Ermitteln Sie durch Abschluss der Konten das Ergebnis der Geschäftsperiode!
4. Bilden Sie für die Erfassung der Bestandsveränderungen an fertigen Erzeugnissen die drei erforderlichen Buchungssätze!

(3) Fall 3: Bestandsminderung

Beispiel:

III. 3. Sachverhalt (Fortführung der Ausgangssituation von S. 391 unter Berücksichtigung der Änderungen durch Fall 2):

Wir gehen von folgenden Annahmen aus:

Anfangsbestand auf dem Konto 2200 Fertigerzeugnisse	40 Kühlschränke
Deren Wert beträgt	68000,00 EUR
Anfangsbestand auf dem Konto 2800 Bank	175000,00 EUR
Anfangsbestand auf dem Konto 3000 Eigenkapital	243000,00 EUR

Innerhalb der Geschäftsperiode werden wiederum 100 Kühlschränke hergestellt, aber 120 Stück verkauft. Dadurch ergeben sich folgende Geschäftsvorfälle mit den entsprechenden Buchungssätzen:

Nr.	Geschäftsvorfälle	Konten	Soll	Haben
1.	Kauf von Rohstoffen 50000,00 EUR zzgl. 19 % USt gegen Bankscheck.	6000 Aufw. für Rohstoffe 2600 Vorsteuer an 2800 Bank	50000,00 9500,00	 59500,00
2.	Kauf von Hilfsstoffen 20000,00 EUR zzgl. 19 % USt gegen Bankscheck.	6020 Aufw. für Hilfsstoffe 2600 Vorsteuer an 2800 Bank	20000,00 3800,00	 23800,00
3.	Banküberweisung für Fertigungslöhne 100000,00 EUR.	6200 Löhne an 2800 Bank	100000,00	 100000,00
4.	Verkauf der 120 hergestellten Kühlschränke zum Stückpreis von netto 2000,00 EUR gegen Bankscheck: Nettowert 240000,00 EUR + 19 % USt 45600,00 EUR Bruttowert 285600,00 EUR	2800 Bank an 5000 UE f. eig. Erz. an 4800 Umsatzsteuer	285600,00	 240000,00 45600,00

IV. Abschlussangaben:

1. Der Schlussbestand an Fertigerzeugnissen beträgt lt. Inventur 20 Stück zu Herstellungskosten von 1700,00 EUR je Stück = 34000,00 EUR.
2. Die Zahllast ist zu passivieren!

V. Aufgaben:

1. Richten Sie die erforderlichen Konten ein und tragen Sie die angegebenen Anfangsbestände darauf vor!
2. Buchen Sie die vier Geschäftsvorfälle auf den entsprechenden Konten!
3. Richten Sie die beiden Abschlusskonten ein und schließen Sie die Konten ab!
4. Bilden Sie zu den drei Schritten zur Erfassung der Bestandsminderung die erforderlichen Buchungssätze!
5. Bestätigen Sie das buchhalterische Ergebnis durch eine Berechnung außerhalb der Buchführung!

Lösungen:

Zu 1. bis 3.: Buchung auf den Konten

S	2600 Vorsteuer		H
2800	9 500,00	4800	13 300,00
2800	3 800,00		
	13 300,00		13 300,00

S	3000 Eigenkapital		H
8010	279 000,00	8000	243 000,00
		8020	36 000,00
	279 000,00		279 000,00

S	6000 Aufw. f. Rohstoffe		H
2800	50 000,00	8020	50 000,00

S	6020 Aufw. f. Hilfsstoffe		H
2800	20 000,00	8020	20 000,00

S	2800 Bank		H
8000	175 000,00	6000/2600	59 500,00
5000/4800	285 600,00	6020/2600	23 800,00
		6200	100 000,00
		8010	277 300,00
	460 600,00		460 600,00

S	4800 Umsatzsteuer		H
2600	13 300,00	2800	45 600,00
8010	32 300,00		
	45 600,00		45 600,00

S	6200 Löhne		H
2800	100 000,00	8020	100 000,00

S	5000 UE f. eig. Erz.		H
8020	240 000,00	2800	240 000,00

S	2200 Fert. Erzeugnisse		H
8000	68 000,00	8010	34 000,00
		5202	34 000,00
	68 000,00		68 000,00

S	5202 Best.-Veränd. a. f. Erz.		H
2200	34 000,00	8020	34 000,00

4.2

4.1

S	8010 SBK		H
2200	34 000,00	3000	279 000,00
2800	277 300,00	4800	32 300,00
	311 300,00		311 300,00

4.3

S	8020 GuV		H
6000	50 000,00	5000	240 000,00
6020	20 000,00		
6200	100 000,00		
5202	34 000,00		
3000	36 000,00		
	240 000,00		240 000,00

Zu 4.: Buchungssätze

Nr.	Geschäftsvorfälle	Konten	Soll	Haben
4.1	Buchung des Schlussbestandes der noch vorhandenen Kühlschränke: 20 zu je 1 700,00 EUR = 34 000,00 EUR.	8010 SBK an 2200 Fertige Erzeugnisse	34 000,00	 34 000,00
4.2	Umbuchung der Bestandsminderung von 34 000,00 EUR vom Konto 2200 auf das Konto 5202.	5202 B.-Veränd. a. f. Erz. an 2200 Fertige Erzeugnisse	34 000,00	 34 000,00
4.3	Abschluss des Kontos 5202 über das GuV-Konto.	8020 GuV an 5202 B.-Veränd. a. f. Erz.	34 000,00	 34 000,00

Zu 5.: Bestätigung des buchhalterischen Ergebnisses durch folgende Berechnung

Verkaufserlöse	120 Stück zu je 2 000,00 EUR =	240 000,00 EUR
– Bestandsminderung	20 Stück zu je 1 700,00 EUR =	34 000,00 EUR
Leistungen des Betriebes in dieser Geschäftsperiode		206 000,00 EUR
– Kosten für 100 Stück zu je 1 700,00 EUR		170 000,00 EUR
Gewinn		36 000,00 EUR

Dieses Ergebnis wird auch durch folgende Überlegung bestätigt:

Bei einem Stückgewinn von 300,00 EUR und einer Verkaufsmenge von 120 Stück muss das zu einem Gewinn von 120 · 300,00 EUR = 36 000,00 EUR führen, der sich auch in unserer Buchführung als Saldo auf dem GuV-Konto darstellen muss.

Erläuterungen zur Buchung der Bestandsminderungen:

In diesem Fall wurden in der Geschäftsperiode mehr Kühlschränke verkauft, als in der gleichen Geschäftsperiode hergestellt wurden. Das war nur möglich, weil zu Beginn der Geschäftsperiode noch ein Lagerbestand von 40 Stück vorhanden war.

Da ein sinnvolles Ergebnis nur auf der Grundlage gleicher Mengen auf der Aufwands- und auf der Ertragsseite erzielt werden kann, müssen wir den Erlösen von 120 Stück auch die Aufwendungen von 120 Stück gegenüberstellen, d. h., wir müssen die Herstellkosten der 100 Stück um die Herstellkosten der Bestandsminderung von 20 Stück erhöhen. Dies kann buchhalterisch nur über die Sollseite des GuV-Kontos erfolgen.

- Die **Mengen an Erzeugnissen auf der Aufwands- und auf der Ertragsseite** innerhalb einer Geschäftsperiode **müssen sich entsprechen.**
- Ist der Wert des **Schlussbestandes** an Erzeugnissen **niedriger** als der **Anfangsbestand** an Erzeugnissen, liegt eine **Bestandsminderung** vor.
- Bei der Bestandsminderung ist die **Herstellmenge** in einer Geschäftsperiode (Abrechnungsperiode) **kleiner als** die **Absatzmenge.**
- **Bestandsminderungen** werden rechnerisch zu den Aufwendungen für die hergestellten Erzeugnisse hinzuaddiert und auf der **Sollseite** des **GuV-Kontos** erfasst.

Soll	8020 GuV-Konto Haben
Aufwendungen für die hergestellten Erzeugnisse der Rechnungsperiode + Bestandsminderungen (Dadurch werden die Aufwendungen der Rechnungsperiode an die in dieser Zeit erzielten Erlöse angepasst.)	Erlöse für die verkauften Erzeugnisse der Rechnungsperiode

Übungsaufgabe

152 **I. Anfangsbestände:**

2200 Fertige Erzeugnisse 51000,00 EUR, 2800 Bank 155000,00 EUR, 3000 Eigenkapital 206000,00 EUR.

II. Kontenplan:

2200, 2600, 2800, 3000, 4800, 5000, 5202, 6000, 6020, 6200, 8010, 8020.

III. Geschäftsvorfälle:

1. Kauf von Rohstoffen gegen Bankscheck 75000,00 EUR zuzüglich 19 % USt
2. Kauf von Hilfsstoffen gegen Bankscheck 30000,00 EUR zuzüglich 19 % USt
3. Verkauf von fertigen Erzeugnissen gegen Bankscheck 340000,00 EUR zuzüglich 19 % Umsatzsteuer
4. Banküberweisung für Fertigungslöhne 150000,00 EUR

IV. Abschlussangaben:

1. Der Schlussbestand an fertigen Erzeugnissen beträgt lt. Inventur 17000,00 EUR.
2. Die Umsatzsteuer ist zu passivieren!

V. Aufgaben:

1. Richten Sie die erforderlichen Konten ein und tragen Sie die Anfangsbestände darauf vor!
2. Bilden Sie zu den Geschäftsvorfällen die Buchungssätze nach dem verbrauchsorientierten Verfahren und übertragen Sie die Buchungen auf die Konten des Hauptbuches!
3. Ermitteln Sie durch Abschluss der Konten das Ergebnis der Geschäftsperiode!
4. Bilden Sie für die Erfassung der Bestandsveränderungen an fertigen Erzeugnissen die drei erforderlichen Buchungssätze!

12.2 Bestandsveränderungen bei unfertigen Erzeugnissen

Die Herstellung von Gütern verläuft über mehrere Produktionsstufen. Güter, die ihre endgültige Verkaufsreife noch nicht erreicht haben, bezeichnet man als **unfertige Erzeugnisse.** Bestandsveränderungen bei unfertigen Erzeugnissen haben in der Buchführung die gleichen Auswirkungen wie die Bestandsveränderungen an fertigen Erzeugnissen. Das bedeutet, dass **Bestandsmehrungen** auf der **Habenseite des GuV-Kontos** und **Bestandsminderungen** auf der **Sollseite des GuV-Kontos** erscheinen müssen.

Beispiel:

I. Sachverhalt:

Zu Beginn der Geschäftsperiode sind keine Bestände an fertigen und unfertigen Erzeugnissen vorhanden. Innerhalb der Geschäftsperiode wurden unter den uns bekannten Bedingungen 100 Kühlschränke hergestellt, die auch in dieser Geschäftsperiode verkauft wurden.

Des Weiteren nehmen wir an, dass 20 Kühlschränke ihre Endstufe noch nicht erreicht haben und als unfertige Erzeugnisse gelagert werden. Diese unfertigen Erzeugnisse sollen Herstellungsaufwendungen in Höhe von 300,00 EUR an Werkstoffen und 700,00 EUR an Fertigungslöhnen je Stück verursacht haben. Der Schlussbestand an unfertigen Erzeugnissen beträgt damit 20000,00 EUR.

II. Aufgaben:

1. Stellen Sie auf Konten nur dar, wie sich die Bestandserhöhung bei den unfertigen Erzeugnissen in der Buchführung auswirkt!
2. Bilden Sie die Buchungssätze
   2.1 für den Abschluss des Kontos 2100 Unfertige Erzeugnisse,
   2.2 für die Erfassung der Bestandsmehrung an unfertigen Erzeugnissen,
   2.3 für den Abschluss des Kontos 5201 Bestandsveränderungen an unfertigen Erzeugnissen und nicht abgerechneten Leistungen!

Lösungen:

Zu 1.: Buchung auf den Konten

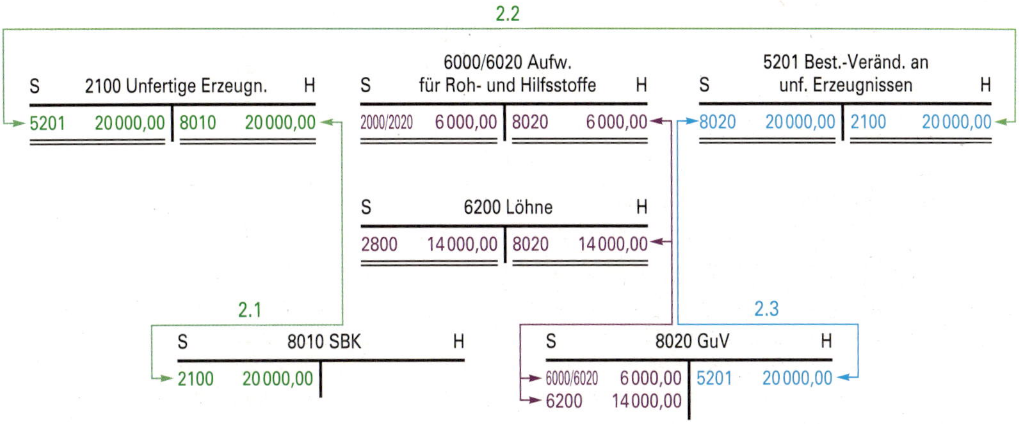

Zu 2.: Buchungssätze

Nr.	Geschäftsvorfälle	Konten	Soll	Haben
2.1	Erfassung des Schlussbestandes der unfertigen Erzeugnisse mit den Herstellungsaufwendungen in Höhe von 20000,00 EUR.	8010 SBK an 2100 Unfertige Erzeugn.	20000,00	 20000,00
2.2	Umbuchung der Bestandsmehrung an unfertigen Erzeugnissen von dem Bestandskonto 2100 auf das Ertragskonto 5201.	2100 Unfertige Erzeugnisse an 5201 Be.-Veränd. a. unf. Erz.	20000,00	 20000,00
2.3	Abschluss des Kontos 5201.	5201 Be.-Veränd.a.unf.Erz. an 8020 GuV	20000,00	 20000,00

Übungsaufgaben

153 Zu Beginn der Geschäftsperiode befinden sich 20 Stück unfertige Erzeugnisse im Wert von 20000,00 EUR auf dem Lager. Am Ende der Geschäftsperiode sind nur noch 5 Stück im Wert von 5000,00 EUR vorhanden.

Aufgaben:

1. Richten Sie die Konten 2100 Unfertige Erzeugnisse, 5201 Bestandsveränderungen an unfertigen Erzeugnissen sowie die Konten 8010 SBK und 8020 GuV ein!

26 Wessel u.a. - ISBN 978-3-8120-0588-3

2. Tragen Sie den Anfangsbestand an unfertigen Erzeugnissen auf dem Konto 2100 vor!
3. Stellen Sie die Auswirkungen der Bestandsminderung auf den Konten dar und bilden Sie dazu die entsprechenden Buchungssätze:
   3.1 für den Abschluss des Kontos 2100 Unfertige Erzeugnisse,
   3.2 für die Erfassung der Bestandsminderung an unfertigen Erzeugnissen,
   3.3 für den Abschluss des Kontos 5201 Bestandsveränderungen an unfertigen Erzeugnissen!

154

	Anfangsbestände	Schlussbestände
2100 Unfertige Erzeugnisse	75710,00 EUR	80430,00 EUR
2200 Fertige Erzeugnisse	57500,00 EUR	66840,00 EUR

Die Aufwendungen betragen insgesamt: 521300,00 EUR

Die Erträge betragen insgesamt: 804890,00 EUR

Aufgaben:

1. Richten Sie folgende Konten ein:
   2100 Unfert. Erzeugnisse, 2200 Fert. Erzeugnisse, 5201 Bestandsveränd. an unfert. Erzeugnissen, 5202 Bestandsveränd. an fert. Erzeugnissen, 8010 SBK und 8020 GuV.
2. Tragen Sie die Summe der Aufwendungen und Erträge auf dem GuV-Konto ein!
3. Ermitteln Sie unter Einbeziehung der Bestandsveränderungen buchhalterisch den Erfolg des Industrieunternehmens!
4. Wie müssen die Bestandsveränderungen in die Erfolgsermittlung einbezogen werden?
5. Begründen Sie, warum ein Mehrbestand an Erzeugnissen über die Habenseite und ein Minderbestand an Erzeugnissen über die Sollseite des GuV-Kontos abzuschließen ist!
6. Worin besteht die Gesamtleistung eines Industriebetriebs?

155

	fertige Erzeugnisse	unfertige Erzeugnisse
1. Eröffnungsbestände	437200,00 EUR	56950,00 EUR
Schlussbestände	372700,00 EUR	83320,00 EUR
2. Eröffnungsbestände	201500,00 EUR	196510,00 EUR
Schlussbestände	241100,00 EUR	127790,00 EUR

Aufgabe:

Bilden Sie für beide Fälle die Buchungssätze für die Bestandsveränderungen bei den fertigen Erzeugnissen und den unfertigen Erzeugnissen!

12.3 Inventurdifferenzen bei fertigen und unfertigen Erzeugnissen[1]

Beispiel:

In einer Möbelfabrik, in der Tische hergestellt werden, befinden sich zu Beginn der Geschäftsperiode 120 Tische zu Herstellkosten zu je 85,00 EUR (Gesamtwert 10200,00 EUR) auf dem Fertigwarenlager.

Laut Lagerbuchhaltung müssen am Ende der Geschäftsperiode 135 Stück bei unveränderten Herstellkosten (Gesamtwert 11475,00 EUR) vorhanden sein.

Bei der Inventur stellt sich jedoch heraus, dass nur 133 Stück (Gesamtwert 11305,00 EUR) vorhanden sind.

Aufgaben:

1. Ermitteln Sie rechnerisch die Inventurdifferenz in EUR!
2. Stellen Sie die Inventurdifferenz auf Konten dar, indem Sie den Sachverhalt mit den Zahlen der Lagerbuchhaltung und denen der Inventur buchen!
3. Erläutern Sie die Auswirkungen der Inventurdifferenz unter erfolgsrechnerischen Gesichtspunkten!

Lösungen:

Zu 1.: Rechnerische Lösung

	Bestand lt. Lagerbuchhaltung	135 Stück	=	11475,00 EUR
–	Bestand lt. Inventur	133 Stück	=	11305,00 EUR
	Inventurdifferenz	2 Stück	=	170,00 EUR

Zu 2.: Darstellung auf Konten

Darstellung auf den Konten mit den Zahlen der Lagerbuchhaltung

S	2200 fertige Erzeugnisse		H
AB	10200,00	8010	11475,00
5202	1275,00		
	11475,00		11475,00

S	5202 Bestandsveränd. a. f. Erz.		H
8020	1275,00	2200	1275,00

Soll	8010 SBK		Haben
2200	11475,00		

Soll	8020 GuV		Haben
		5202	1275,00

Darstellung auf den Konten mit den Zahlen der Inventur

S	2200 fertige Erzeugnisse		H
AB	10200,00	8010	11305,00
5202	1105,00		
	11305,00		11305,00

S	5202 Bestandsveränd. a. f. Erz.		H
8020	1105,00	2200	1105,00

Soll	8010 SBK		Haben
2200	11305,00		

Soll	8020 GuV		Haben
		5202	1105,00

1 Bei den Beispielen handelt es sich **nicht** um eine **integrierte Lagerbuchhaltung**, bei der Bestandsdifferenzen automatisch in die Finanzbuchführung übertragen werden.

Zu 3.: Beschreibung der Auswirkungen in erfolgsrechnerischer Hinsicht

Für den Betriebserfolg bedeutet dies, dass durch die Berücksichtigung der Inventurdifferenz bei den fertigen Erzeugnissen der Erfolg der Geschäftsperiode um 170,00 EUR (1275,00 EUR – 1105,00 EUR) geringer ist. In der Lagerbuchhaltung muss die Sollmenge von 135 Stück um 2 Stück auf die Istmenge von 133 Stück korrigiert werden.

- Ist der **Inventurbestand** der fertigen Erzeugnisse **niedriger als der Buchbestand, vermindert** sich der **Erfolg** um den Wert der Bestandsdifferenz.
- Was für die fertigen Erzeugnisse gilt, trifft auch für die unfertigen Erzeugnisse in entsprechender Weise zu.

Übungsaufgabe

156 In einem Industrieunternehmen ergeben sich folgende Bestände bei den fertigen und unfertigen Erzeugnissen:

I. Bestände:

Fertige Erzeugnisse:	Anfangsbestand	1185710,00 EUR
	Schlussbestand	1212500,00 EUR
Unfertige Erzeugnisse:	Anfangsbestand	860500,00 EUR
	Schlussbestand	740300,00 EUR

Aufgrund der Inventur ergeben sich folgende Schlussbestände:

fertige Erzeugnisse	1195500,00 EUR
unfertige Erzeugnisse	739125,00 EUR

II. Aufgaben:

1. Richten Sie die erforderlichen Konten ein, übernehmen Sie die Angaben der Aufgabe auf Konten und schließen Sie die Konten ab!
2. Bilden Sie die Buchungssätze
   2.1 für die Bestandsveränderungen bei den fertigen Erzeugnissen,
   2.2 für die Bestandsveränderungen bei den unfertigen Erzeugnissen!
3. Geben Sie an, wie und in welcher Höhe sich die Bestandsveränderungen ohne Berücksichtigung der Inventurdifferenzen in der Buchführung
   3.1 bei den fertigen Erzeugnissen und
   3.2 bei den unfertigen Erzeugnissen ausgewirkt hätten!
4. Geben Sie an, wie und in welcher Höhe sich die Bestandsveränderungen unter Berücksichtigung der Inventurdifferenzen in der Buchführung
   4.1 bei den fertigen Erzeugnissen und
   4.2 bei den unfertigen Erzeugnissen auswirken!
5. Erläutern Sie die Auswirkungen der Inventurdifferenz unter erfolgsrechnerischen Gesichtspunkten!

LG 12.3 Lernsituation 13: Eine Ausgangsrechnung sowie den Zahlungseingang buchhalterisch erfassen

Sie sind Sachbearbeiter in der Buchhaltung der Goslarer Büromöbel AG und haben den nachfolgenden Beleg zu bearbeiten.

Impuls:

Erläutern Sie den diesem Beleg zugrunde liegenden Vorgang!

Goslarer Büromöbel AG

Goslarer Büromöbel AG · Industriepark 5 · 38644 Goslar

Bürohaus Feistle OHG
Brückenstraße 7
51634 Gummersbach

Bei Rückfragen bitte stets angeben:

Kundennummer:	6253
Rechnungsnummer:	6559/13
Rechnungsdatum:	15.09.20..
Bestellnummer:	9287
Bestelldatum::	05.09.20..
Lieferscheinnummer:	2559/13
Telefon:	05321 8376-1

Rechnung

Wir berechnen für unsere Lieferung vom 14.09.20..

Artikel-Nr.	Menge	Bezeichnung		Einzelpreis EUR	Gesamtpreis EUR
108	4	Bürocontainer		128,00	512,00
254	9	Eckschreibtisch		457,00	4113,00
			Warenwert, netto		4625,00
			– 15 % Rabatt		693,75
					3931,25
			+ Fracht, pauschal		150,00
					4081,25
			+ 19 % USt		775,44
			Rechnungsbetrag		4856,69

Zahlungsbedingungen: 10 Tage 2 % Skonto, 30 Tage Ziel

Goslarer Büromöbel AG
Industriepark 5, 38644 Goslar
Registergericht Goslar HRB 84759
USt-ID Nr. DE 68 837 465
Vorstand: Kai Sörensen (Vorsitzender), Thomas Werner, Helene Sims
Vorsitzende des Aufsichtsrats: Sarah Kern

Bankverbindungen:
Commerzbank Goslar (BLZ 268 400 32) Kto.-Nr. 6752304
IBAN: DE 86 2684 0032 0006 7523 04 BIC: COBADEFF268
Sparkasse Goslar/Harz (BLZ 268 500 01) Kto.-Nr: 637526
IBAN: DE 36 2685 0001 0000 6375 26 BIC: NOLADE21GSL

Handlungsaufgaben:

Arbeiten Sie die folgenden Kapitel des Lehrbuches durch und verwenden Sie die Aufzeichnungen aus dem Unterricht zur Bearbeitung der Handlungsaufgaben!

1. Bilden Sie den Buchungssatz zu dem vorliegenden Beleg!
2. Geben Sie an, über welche Abschlusskonten die Konten des Buchungssatzes abgeschlossen werden!
3. Der Kunde zahlt durch Banküberweisung unter Abzug von 2 % Skonto. Bilden Sie hierzu den Buchungssatz! Beachten Sie: Die Fracht ist nicht skontierfähig.

13 Wertströme im Rahmen des Absatzes unter Berücksichtigung der Umsatzsteuer erfassen und dokumentieren

13.1 Sofortnachlässe und zusätzlich in Rechnung gestellte Nebenkosten

(1) Buchhalterische Behandlung von Sofortnachlässen

Die dem Kunden sofort bei Rechnungserteilung gewährten Nachlässe (Sofortnachlässe) vermindern unsere Verkaufserlöse und erscheinen daher in der Buchführung nicht.

Geschäftsvorfall		Konten	Soll	Haben
Wir verkaufen eigene Erzeugnisse auf Ziel laut folgender Ausgangsrechnung:		2400 Ford. a. L. u. L.	2677,50	
Listenverkaufspreis	2500,00 EUR	an 5000 UE f. eigene Erzeugnisse		2250,00
– 10 % Rabatt	250,00 EUR	an 4800 Umsatzsteuer		427,50
	2250,00 EUR			
+ 19 % USt	427,50 EUR			
Rechnungsbetrag	2677,50 EUR			

(2) Buchhalterische Behandlung der zusätzlich in Rechnung gestellten Nebenkosten

■ Vertriebskosten, die wir den Kunden in Rechnung stellen

Die von uns zusätzlich in Rechnung gestellten Vertriebskosten erhöhen die Verkaufserlöse. Im Gegensatz zum Einkaufsbereich wird im Verkaufsbereich **kein** Unterkonto geführt. Die zusätzlich in Rechnung gestellten Versandkosten werden daher zusammen mit dem Stoffwert direkt auf dem entsprechenden Umsatzerlöskonto gebucht.

Geschäftsvorfall		Konten	Soll	Haben
Wir verkaufen Erzeugnisse auf Ziel laut folgender Ausgangsrechnung:		2400 Ford. a. Lief. u. Leist.	1618,40	
Listenverkaufspreis	1200,00 EUR	an 5000 UE f. eigene Erzeugnisse		1360,00
+ Verpackung	55,00 EUR	an 4800 Umsatzsteuer		258,40
+ Fracht	105,00 EUR			
	1360,00 EUR			
+ 19 % USt	258,40 EUR			
	1618,40 EUR			

- **Sofortnachlässe,** die dem Kunden sofort bei Rechnungserteilung gewährt werden, vermindern die Umsatzerlöse und erscheinen in der Buchführung nicht.
- Werden dem Kunden zusätzlich zu den Waren **Nebenkosten** in Rechnung gestellt, **erhöhen diese die Umsatzerlöse.** Ein Unterkonto dafür ist nicht vorgesehen.

Vertriebskosten, für die Eingangsrechnungen vorliegen

Nr.	Geschäftsvorfälle	Konten	Soll	Haben
1.	Wir zahlen folgende noch nicht gebuchte Eingangsrechnung für Verpackungsmaterial bar: 247,00 EUR + 19 % USt 46,93 EUR 293,93 EUR	6040 Verpackungsmat. 2600 Vorsteuer an 2880 Kasse	247,00 46,93	 293,93
2.	Wir begleichen eine noch nicht gebuchte Rechnung unseres Spediteurs durch Banküberweisung für Fahrten im Monat März 380,00 EUR + 19 % USt 72,20 EUR 452,20 EUR	6140 Frachten und Fremdlager 2600 Vorsteuer an 2800 Bank	380,00 72,20	 452,20
3.	Wir zahlen Vertriebsprovision bar 460,00 EUR + 19 % USt 87,40 EUR 547,40 EUR	6150 Vertriebsprov. 2600 Vorsteuer an 2880 Kasse	460,00 87,40	 547,40

13.2 Rücksendungen durch Kunden

Beispiel:

Ausgangssituation: Folgende Ausgangsrechnung für auf Ziel verkaufte Erzeugnisse wurde bereits bei uns gebucht.

Warenwert netto	20 000,00 EUR
+ 19 % USt	3 800,00 EUR
	23 800,00 EUR

Problemfall: Von der bereits bei uns gebuchten Lieferung schickt uns der Kunde wegen Falschlieferung Erzeugnisse zurück im Werte von:

Wert der Erzeugnisse netto	800,00 EUR
+ 19 % USt	152,00 EUR
Rechnungsbetrag	952,00 EUR

Aufgaben:

1. Buchen Sie die Rücksendung des Kunden auf den Konten des Hauptbuches!
2. Bilden Sie dazu den Buchungssatz!

Lösungen:

Zu 1.: Buchung auf den Konten des Hauptbuches

S	2400 Ford. a. Lief. u. Leist.		H
5000/4800	23 800,00	5000/4800	952,00

S	5000 Umsatzerl. f. eig. Erzeugn.		H
2400	800,00	2400	20 000,00

S	4800 Umsatzsteuer		H
2400	152,00	2400	3 800,00

Zu 2.: Buchungssatz

Geschäftsvorfall	Konten	Soll	Haben
Ein Kunde sendet Erzeugnisse zurück: Nettowert 800,00 EUR + 19 % USt 152,00 EUR 952,00 EUR	5000 Umsatzerl. f. eig. Erz. 4800 Umsatzsteuer an 2400 Ford. a. Lief. u. Leist.	800,00 152,00	 952,00

Übungsaufgabe

157 1. Bilden Sie die Buchungssätze für die Belege 1 und 2 aus Sicht der Goslarer Büromöbel AG!

Beleg 1:

GB Goslarer Büromöbel AG

Goslarer Büromöbel AG · Industriepark 5 · 38644 Goslar

Möbelhaus
Alex Hauser OHG
Augustusplatz 15
04109 Leipzig

Rechnung 1790

Ihre Bestellung	Lieferdatum	Rechnungsdatum
13.07.20..	15.09.20..	20.09.20..

Wir lieferten Ihnen eine Empfangstheke ET 12:

Listenpreis	1 890,00 EUR
– 30 % Kundenrabatt	567,00 EUR
	1 323,00 EUR
– 5 % Einführungsrabatt	66,15 EUR
	1 256,85 EUR
+ 19 % USt	238,80 EUR
Rechnungspreis	1 495,65 EUR

Beleg 2:

GB Goslarer Büromöbel AG

Goslarer Büromöbel AG · Industriepark 5 · 38644 Goslar

Möbelhaus
Friedrich Lenz
Wielandstr. 21
39108 Magdeburg

Rechnung 1799

Ihre Bestellung	Lieferdatum	Rechnungsdatum
15.08.20..	18.09.20..	21.09.20..

Wir lieferten Ihnen 5 Schreibtischleuchten:

Listenpreis	865,00 EUR
– 10 % Rabatt	86,50 EUR
	778,50 EUR
+ Zustellkosten	25,00 EUR
	803,50 EUR
+ 19 % USt	152,67 EUR
Rechnungspreis	956,17 EUR

2. Ausgangsrechnung Nr. 2654

Warenwert	2 390,00 EUR
+ Verpackungskosten	105,00 EUR
+ Frachtkosten	132,00 EUR
+ Transportversicherung	25,00 EUR
	2 652,00 EUR
+ 19 % USt	503,88 EUR
Rechnungsbetrag	3 155,88 EUR

Aufgabe:

Bilden Sie den Buchungssatz für die Ausgangsrechnung!

3. 3.1 Ein Kunde kauft zwei Erzeugnisse im Bruttowert von 124,95 EUR je Erzeugnis gegen Rechnung. Bilden Sie den Buchungssatz!

   3.2 Nach einigen Tagen gibt er einen Artikel zurück und bezahlt den anderen bar. Bilden Sie den Buchungssatz!

13.3 Nachträgliche Preisnachlässe

(1) Überblick

Neben den Preisänderungen, die sofort bei Rechnungserteilung berücksichtigt werden, gibt es im Verkaufsbereich auch Preisänderungen, die **nach** der Buchung einer Ausgangsrechnung auftreten. Als nachträglich gewährte Preisnachlässe kommen infrage:

- Preisnachlass an den Kunden aufgrund seiner Reklamation **(Mängelrüge),**
- Gewährung eines Umsatzbonus an den Kunden **(Kundenboni),**
- Inanspruchnahme von Skonto bei der Zahlung durch den Kunden **(Kundenskonti).**

Durch die nachträgliche Preisänderung nehmen die Forderungen gegenüber den Kunden ab, d.h., die Umsatzerlöse werden geschmälert. Die Preisnachlässe werden nicht direkt auf das Konto Umsatzerlöse gebucht, sondern zunächst auf dem Unterkonto **5001 Erlösberichtigungen** erfasst.

(2) Ein Kunde erhält eine Gutschrift aufgrund seiner Reklamation

Beispiel:

Ausgangssituation: Folgende Ausgangsrechnung für auf Ziel verkaufte Erzeugnisse wurde bereits bei uns gebucht: Warenwert 30000,00 EUR zuzüglich 19 % USt.

Problemfall: Der Kunde reklamiert an den gelieferten Erzeugnissen Mängel und erhält daraufhin von uns einen Preisnachlass in Form einer Gutschrift in Höhe von

Wert der Erzeugnisse netto	800,00 EUR
+ 19 % USt	152,00 EUR
Kundengutschrift	952,00 EUR

Aufgaben:

1. Buchen Sie den Problemfall auf den Konten des Hauptbuches!
2. Bilden Sie den Buchungssatz für den Problemfall!!

Lösungen:

Zu 1.: Buchung auf den Konten des Hauptbuches

S	2400 Ford. a. Lief. u. Leist.		H
5000/4800	35700,00	5001/4800	952,00

S	5000 Umsatzerlöse f. eig. Erzeugnisse		H
		2400	30000,00

S	5001 Erlösberichtigungen		H
2400	800,00		

S	4800 Umsatzsteuer		H
2400	152,00	2400	5700,00

Zu 2.: Buchungssatz

Geschäftsvorfall	Konten	Soll	Haben
Wir gewähren einem Kunden eine Gutschrift aufgrund seiner Mängelrüge	5001 Erlösberichtigungen 4800 Umsatzsteuer an 2400 Ford. a. L. u. L.	800,00 152,00	 952,00

(3) Ein Kunde erhält eine Umsatzrückvergütung (Bonus) in Form einer Gutschrift

Geschäftsvorfall	Konten	Soll	Haben
Wir gewähren einem Kunden auf die gelieferten Erzeugnisse einen Umsatzbonus in Form einer Gutschrift. Umsatzrückvergütung (Bonus) 1 800,00 EUR + 19 % USt 342,00 EUR 2 142,00 EUR	5001 Erlösberichtigungen 4800 Umsatzsteuer an 2400 Ford. a. L. u. L.	1 800,00 342,00	 2 142,00

Preisnachlässe aufgrund von Kundenreklamationen und gewährten Boni an den Kunden lösen den gleichen Buchungssatz aus.

(4) Kundenskonti

Beispiel:

Ein Kunde bezahlt eine bereits gebuchte Rechnung für Fertigerzeugnisse in Höhe von	11 900,00 EUR
unter Abzug von 2 % Skonto durch Banküberweisung	238,00 EUR
Bankgutschrift	11 662,00 EUR

Aufgaben:

1. Buchen Sie den Geschäftsvorfall auf den Konten des Hauptbuches!
2. Bilden Sie den Buchungssatz!

Lösungen:

Zu 1.: Buchung auf den Konten und Abschluss des Kontos 5001

S 2400 Ford. a. Lief. u. Leist. H

5000/4800	11 900,00	2800/ 4800/5001	11 900,00

S 2800 Bank H

2400	11 662,00		

S 4800 Umsatzsteuer H

2400	38,00	2400	1 900,00

S 5001 Erlösberichtigungen H

2400	200,00		

Umsatzerlöse	10 000,00 EUR
– Kundenskonti	200,00 EUR
Tatsächliches Entgelt	9 800,00 EUR

S 5000 Umsatzerlöse f. eig. Erzeugnisse H

		2400	10 000,00

Zu 2.: Buchungssatz

Geschäftsvorfall		Konten	Soll	Haben
Bankgutschrift für eine Kundenrechnung mit Skontoabzug:				
Ein Kunde überweist uns einen				
Rechnungsbetrag über	11 900,00 EUR	2800 Bank	11 662,00	
unter Abzug von		4800 Umsatzsteuer	38,00	
2 % Skonto	238,00 EUR	5001 Erlösberichtigungen	200,00	
Bankgutschrift	11 662,00 EUR	an 2400 Ford. a. L. u. L.		11 900,00

Zur Berechnung der Steuerberichtigung:

Der Skontoabzug in Höhe von 238,00 EUR stellt eine nachträgliche Preisminderung dar, die eine Korrektur der ursprünglich gebuchten Umsatzsteuer nach sich ziehen muss. Da der Skontobetrag vom Bruttowert der Ausgangsrechnung berechnet wurde, ist der Korrekturbetrag im Skontobetrag enthalten. Er kann wie folgt berechnet werden:

$$119\,\% \triangleq 238{,}00 \text{ EUR}$$
$$19\,\% \triangleq x \text{ EUR}$$

$$x = \frac{238 \cdot 19}{119} = 38{,}00 \text{ EUR}$$

Beachte:

Das **Unterkonto 5001** wird über das Hauptkonto **5000 Umsatzerlöse für eigene Erzeugnisse** abgeschlossen, sodass dort letztlich die tatsächlich erzielten Umsatzerlöse erscheinen.

Übungsaufgaben

158 Bilden Sie zu den folgenden Geschäftsvorfällen die Buchungssätze:

(**Hinweis:** Bei allen Geschäftsvorfällen ist davon auszugehen, dass die ursprüngliche Rechnung bereits bei uns gebucht war.)

1. Aufgrund seiner Reklamation erhält ein Kunde auf die gelieferten Erzeugnisse nachträglich einen Preisnachlass in Form einer Gutschrift. Gutschriftbetrag einschließlich 19 % USt 476,00 EUR.

2. Ein treuer Kunde erhält durch Gutschriftanzeige den vierteljährlichen Umsatzbonus. Berechnen und buchen Sie den Bonus aufgrund folgender Daten:

   Erzielter Umsatz aus dem Verkauf von Fertigerzeugnissen einschließlich 19 % USt 177 310,00 EUR.

Bonusstaffelung:	Nettoumsatz:	bis	50 000,00 EUR	Bonus:	1 %
		bis	100 000,00 EUR		2 %
		bis	150 000,00 EUR		3 %
		über	150 000,00 EUR		4 %

3. Ein Kunde schickt einen Teil unserer Erzeugnisse zurück

Nettowert	291,30 EUR	
+ 19 % USt	55,35 EUR	346,65 EUR

4. Ein mit der Belieferung von Kunden beauftragter Spediteur stellt uns für den Monat Juli folgende Beträge in Rechnung, die von uns per Banküberweisung gezahlt werden:

Für Fahrten im Monat Juli	830,00 EUR	
+ 19 % Umsatzsteuer	157,70 EUR	987,70 EUR

5. 5.1 Wir verkaufen 30 Erzeugnisse zum Stückpreis von je 210,00 EUR zuzüglich 19 % USt auf Ziel.

   5.2 Drei Erzeugnisse sind leicht beschädigt. Der Kunde erhält hierfür eine Gutschrift von 60,00 EUR zuzüglich 19 % USt je Erzeugnis.

   5.3 Ein Erzeugnis ist so stark beschädigt, dass er zurückgenommen wird.

   5.4 Der Kunde bezahlt die Rechnung unter Abzug von 3 % Skonto durch Bankscheck.

6. Verkauf von eigenen Erzeugnissen auf Ziel netto

Verkauf von eigenen Erzeugnissen auf Ziel netto	69 700,00 EUR	
+ 19 % USt	13 243,00 EUR	82 943,00 EUR

7. Gutschrift an einen Kunden aufgrund seiner Mängelrüge über gelieferte Erzeugnisse

netto	2 400,00 EUR	
+ 19 % USt	456,00 EUR	2 856,00 EUR

159 Bilden Sie die Buchungssätze aus der Sicht der Motorenwerke Anton Thomalla GmbH

1. für die Ausgangsrechnung,
2. für den Zahlungseingang auf dem Bankkonto der Motorenwerke Anton Thomalla GmbH am 9. Juli unter Abzug des vereinbarten Skontobetrages!

Motorenwerke Anton Thomalla GmbH

Alfred-Nobel-Straße 24 · 38644 Goslar

Bürozentrum
Adler GmbH
Lukasstr. 57
04315 Leipzig

Rechnung Nr. 58/102
Rechnungsdatum 30. Juni 20..

Menge	Artikel-Bezeichnung	Einzelpreis	Betrag EUR
	Lieferungen von Erzeugnissen laut beiliegendem Lieferschein:		
	Mai – Juni 20..		280,00
	10 % Rabatt		28,00
			252,00
	19 % USt		47,88
			299,88
	Bei Bezahlung innerhalb 10 Tagen abzüglich 6,00 EUR Skonto.		

Sitz der Gesellschaft: Goslar Registergericht: Goslar: HRA 107 Steuer-Nr.: 54710/91520

160 Auf dem Bankkonto der Goslarer Büromöbel AG geht eine Gutschrift für verkaufte Erzeugnisse von der Hans Merissen OHG, Ravensburg, ein:

1. Berechnen Sie den Skontobetrag und den Rechnungsbetrag!
2. Bilden Sie den Buchungssatz aus der Sicht der Goslarer Büromöbel AG für den Zahlungseingang!

Kontonummer					Bankleitzahl
637 526	SPARKASSE GOSLAR/HARZ				268 500 01
Buchungs-tag	Tag der Wertstellung	Verwendungszweck/Buchungstext	Buchungs-nummer		alter Kontostand 7 238,00 +
20.01.	20.01.	Überweisung Hans Merissen OHG Rechnung v. 15. Jan. über bezogene Erzeugnisse abzüglich 3 % Skonto	1234		1 385,16 +

Goslarer Büromöbel AG
Industriepark 5
38644 Goslar

	8 623,16 + neuer Kontostand		
IBAN DE 36 2685 0001 0000 6375 26	20.01.20.. Kontoauszug vom	5 Auszug	0 Blatt

© BOG, Osnabrück
Bitte beachten Sie die Hinweise auf der Rückseite

161 Bilden Sie zu dem nachfolgenden Beleg aus der Sicht der Kohler GmbH den Buchungssatz!

KUNSTSTOFFFENSTER, ROLLLADEN,
TORE UND SONNENSCHUTZ

ROLLLADENFABRIK
KOHLER

Isidor Kohler GmbH · Illerweg 10 · 24146 Kiel

Raumausstattung
Konrad Wächter
Salzweg 140
30455 Hannover

EINGEGANGEN
24. Februar 20..
Erl. ....

Ihr Zeichen, Ihre Nachricht vom		Unser Zeichen, Unsere Nachricht vom	Telefon, Name	Datum
gl/ka	20.02.20..	fr/sa	0431 911/Dor.	22.02.20..

Gutschrift, Rechnung Nr. 1020

Sehr geehrte Damen und Herren,

Ihre Mängelrüge ist berechtigt. Wir erteilen folgende Gutschrift für mangelhafte Kunststofffenster sowie für die berechneten Frachtkosten:

Kunststofffenster	4 120,00 EUR
Frachtkosten	105,00 EUR
	4 225,00 EUR
19 % Umsatzsteuer	802,75 EUR
	5 027,75 EUR

Wir bitten, die mangelhafte Lieferung zu entschuldigen.

162 Lösen Sie die Handlungsaufgaben aus der Lernsituation 13!

Lerngebiet 12.5: Datenbankmanagementsysteme und Tabellenkalkulationsprogramme anwenden

Hinweis: Weiterführende Fertigkeiten in EXCEL

Die folgenden Kapitel 1 bis 3 bauen auf den bereits in der Klasse 11 erworbenen EXCEL-Kenntnissen auf. Bei eventuellen Problemen bei der Bearbeitung der einzelnen Aufgaben empfiehlt es sich unter Umständen, im Lehrbuch der Klasse 11 die benötigten Inhalte erneut zu bearbeiten.

LG 12.5 Lernsituation 1: Bonusberechnung mit der WENN-Funktion

In der Goslarer Büromöbel AG sollen die Mitarbeiter in der Verkaufsabteilung bei guten Leistungen in jedem Quartal in Zukunft einen gestaffelten Bonus erhalten. Zu diesem Zweck muss eine neue Bonustabelle erstellt werden.

Goslarer Büromöbel AG

	A	B	C	D	E	F	G	H	I
1	**Goslarer Büromöbel AG**								
2									
3	**Bonus 1. Quartal 20...**								
4									
5		**Umsatz im 1. Quartal**				**Möglicher Bonus**			
6	**Name**	**Januar**	**Februar**	**März**	**Summe**	**Bonusstufe 1**	**Bonusstufe 2**	**Gesamtbonus**	
7	Ollmann	3.100,00 €	3.400,00 €	2.900,00 €	9.400,00 €				
8	Nieland	1.900,00 €	1.600,00 €	1.900,00 €	5.400,00 €				
9	Imken	2.500,00 €	2.000,00 €	2.500,00 €	7.000,00 €				
10	Janßen	2.800,00 €	2.200,00 €	3.800,00 €	8.800,00 €				
11	Ulsamer	3.000,00 €	3.200,00 €	3.600,00 €	9.800,00 €				
12									

HANDLUNGSAUFGABEN:

Arbeiten Sie nacheinander die folgenden Abschnitte des Lehrbuches durch. Mit Ihren Aufzeichnungen aus dem Unterricht lösen Sie schrittweise die folgenden Handlungsaufgaben:

1. Übernehmen Sie die Tabelle aus der Situation.
2. Formatieren Sie die Tabelle.
3. Lassen Sie mithilfe der WENN-Funktion den Bonus wie folgt berechnen:
   - Mitarbeiter, die im ersten Quartal einen Umsatz von mindestens 7500,00 EUR erzielt haben, erhalten einen Bonus in Höhe von 500,00 EUR.
   - Mitarbeiter, die im ersten Quartal einen Umsatz von mindestens 9000,00 EUR erzielt haben, erhalten einen zusätzlichen Bonus in Höhe von 250,00 EUR.
4. Berechnen Sie den Gesamtbonus mit der SUMMEN-Funktion.
5. Erstellen Sie ein passendes Diagramm.

6. Ihre Bonustabelle soll sich immer automatisch den ggf. neuen Bonusstufen anpassen. Ergänzen Sie hierfür die Berechnung der Boni, sodass direkte Zellenbezüge möglich sind.

1 Die WENN-Funktion

1.1 Syntax der WENN-Funktion

Die WENN-Funktion gehört neben der SUMMEN-Funktion zu den wichtigsten Funktionen von Microsoft EXCEL. Mit dieser Funktion lassen sich eine Vielzahl von EXCEL-spezifischen Problemen einfach und unkompliziert lösen. Insbesondere, wenn das Ergebnis von mehreren Bedingungen abhängig ist.

Syntax WENN-Funktion:

=WENN(PRÜFUNG;DANN_WERT;SONST_WERT)

1.2 Die WENN-Funktion verwenden

1.2.1 Die PRÜFUNG

Bei der WENN-Funktion **überprüft** EXCEL im ersten Schritt, ob die **Bedingung** erfüllt ist. Wie bei jeder Funktionseingabe muss auch in diesem Fall mit einem Gleichheitszeichen begonnen werden:

=WENN(PRÜFUNG;DANN_WERT;SONST_WERT)

Beispiele:

1. Ist der Umsatz in Zelle E7 **größer als** 7 500,00 EUR?

=WENN(**E7>7500**;...)

	A	B	C	D	E	F	
1				Goslarer Büromöbel AG			
2							
3	**Bonus 1. Quartal 20...**						
4							
5		**Umsatz im 1 Quartal**					**M**
6	**Name**	**Januar**	**Februar**	**März**	**Summe**	**Bonusstufe 1**	**E**
7	Ollmann	3.100,00 €	3.400,00 €	2.900,00 €	9.400,00 €		
8	Nieland	1.900,00 €	1.600,00 €	1.900,00 €	5.400,00 €		
9	Imken	2.500,00 €	2.000,00 €	2.500,00 €	7.000,00 €		
10	Janßen	2.800,00 €	2.200,00 €	3.800,00 €	8.800,00 €		
11	Ulsamer	3.000,00 €	3.200,00 €	3.600,00 €	9.800,00 €		
12							

Hier Funktion eingeben!

Es wird überprüft, ob der Umsatz in der Zelle E7 **größer als** 7 500,00 EUR ist.

Weitere Beispiele der Überprüfung können wie folgt umgesetzt werden:

2. Ist der Umsatz in Zelle E7 **kleiner als** 7 500,00 EUR?

=WENN(**E7<7500**;...)

Es wird überprüft, ob der Umsatz in der Zelle E7 **kleiner als** 7 500,00 EUR ist!

Bei der Überprüfung von Text muss dieser in **Anführungszeichen** gesetzt werden.

3. Steht in der Zelle A6 das Wort **„Name"?**

=WENN(**A6="NAME"**;...)

	A	B	C	D	E	F	
1				**Goslarer Büromöbel AG**			
2							
3	**Bonus 1. Quartal 20...**						
4							
5		**Umsatz im 1. Quartal**					**M**
6	**Name**	**Januar**	**Februar**	**März**	**Summe**	**Bonusstufe 1**	**E**
7	Ollmann	3.100,00 €	3.400,00 €	2.900,00 €	9.400,00 €		
8	Nieland	1.900,00 €	1.600,00 €	1.900,00 €	5.400,00 €		
9	Imken	2.500,00 €	2.000,00 €	2.500,00 €	7.000,00 €		
10	Janßen	2.800,00 €	2.200,00 €	3.800,00 €	8.800,00 €		
11	Ulsamer	3.000,00 €	3.200,00 €	3.600,00 €	9.800,00 €		
12							

Es wird überprüft, ob in der Zelle E6 das Wort **„Name"** steht.

Für die Prüfung der Bedingungen stehen dem Anwender mehrere logische Operatoren zur Verfügung.

Logischer Operator	Bedeutung
=	gleich
<>	ungleich
>	größer
<	kleiner
>=	größer oder gleichgroß
<=	kleiner oder gleichklein

Beachte:

Für die Überprüfung und ggf. spätere Ausgabe von Text muss dieser immer in Anführungszeichen, z. B. **"Bonus"** gesetzt werden.

Innerhalb der **WENN-Funktion** kann auch **mit direkten Zellenbezügen** gearbeitet werden, was in der Regel immer zu bevorzugen ist, weil so die neuen Werte für die Berechnung einfach übernommen werden können und die Tabelle somit immer aktuell gehalten werden kann.

Beispiele:

1. Ist der Umsatz in Zelle E7 **größer als** E13?

=WENN(**E7>E13**;...)

	A	B	C	D	E	F
1				Goslarer Büromöbel AG		
2						
3	Bonus 1. Quartal 20...					
4						
5		Umsatz im 1. Quartal				M
6	Name	Januar	Februar	März	Summe	Bonusstufe 1
7	Ollmann	3.100,00 €	3.400,00 €	2.900,00 €	9.400,00 €	
8	Nieland	1.900,00 €	1.600,00 €	1.900,00 €	5.400,00 €	
9	Imken	2.500,00 €	2.000,00 €	2.500,00 €	7.000,00 €	
10	Janßen	2.800,00 €	2.200,00 €	3.800,00 €	8.800,00 €	
11	Ulsamer	3.000,00 €	3.200,00 €	3.600,00 €	9.800,00 €	
12						
13		Bonusstufe 1	Bonusstufe 2			
14	Umsatz ab	7.500,00 €	9.000,00 €			
15	Bonushöhe	500,00 €	250,00 €			

Hier Funktion eingeben!

Es wird überprüft, ob der Umsatz in der Zelle E7 **größer als** die Zahl in Zelle E13, in diesem Fall 7 500,00 EUR, ist.

Sollte sich in diesem Beispiel die Stufe für die Ausschüttung des Bonus ändern, müsste lediglich der Wert in Zelle E13 geändert werden. Dies würde zu einer automatischen Aktualisierung der Tabelle durch EXCEL führen.

2. Ist der Umsatz in Zelle E7 **kleiner als** E13?

=WENN(**E7<E13**;...)

Es wird überprüft, ob der Umsatz in der Zelle E7 **kleiner als** die Zahl in der Zelle E13, in diesem Fall 7 500,00 EUR, ist!

3. Steht in der Zelle A6 das **identische** Wort wie in der Zelle D13?

=WENN(**A6=D13**;...)

	A	B	C	D	E	F	G	H
4								
5		Umsatz im 1. Quartal				Möglicher Bonus		
6	Name	Januar	Februar	März	Summe	Bonusstufe 1	Bonusstufe 2	Gesamtbonus
7	Ollmann	3.100,00 €	3.400,00 €	2.900,00 €	9.400,00 €			
8	Nieland	1.900,00 €	1.600,00 €	1.900,00 €	5.400,00 €			
9	Imken	2.500,00 €	2.000,00 €	2.500,00 €	7.000,00 €			
10	Janßen	2.800,00 €	2.200,00 €	3.800,00 €	8.800,00 €			
11	Ulsamer	3.000,00 €	3.200,00 €	3.600,00 €	9.800,00 €			
12								
13				Stufe 1	7.500,00 €			
14				Stufe 2	9.000,00 €			

Es wird überprüft, ob in der Zelle E6 das **identische** Wort der Zelle D13 steht, in diesem Fall das Wort „Name“.

27 Wessel u.a. - ISBN 978-3-8120-0588-3

Beachte:

Da es sich um einen wortwörtlichen Vergleich handelt und wir mit Zellenbezügen arbeiten müssen, dürfen in diesem Fall keine Anführungszeichen verwendet werden.

1.2.2 Der DANN_WERT

Ist die von EXCEL **überprüfte Bedingung** erfüllt worden – sprich **WAHR,** erfolgt der zweite Schritt. EXCEL wird den DANN_WERT ausführen.

=WENN(PRÜFUNG;**DANN_WERT**;SONST_WERT)

Beispiel:

Ist der Umsatz in der Zelle E7 **größer als** 7500,00 EUR, **dann** trage 500,00 EUR in die Zelle F7 ein.

=WENN(E7>7500;**500**;...)

	A	B	C	D	E	F
1				**Goslarer Büromöbel AG**		
2						
3	**Bonus 1. Quartal 20...**					
4						
5			**Umsatz im 1. Quartal**			
6	**Name**	**Januar**	**Februar**	**März**	**Summe**	**Bonusstufe 1**
7	Ollmann	3.100,00 €	3.400,00 €	2.900,00 €	9.400,00 €	500,00 €
8	Nieland	1.900,00 €	1.600,00 €	1.900,00 €	5.400,00 €	
9	Imken	2.500,00 €	2.000,00 €	2.500,00 €	7.000,00 €	
10	Janßen	2.800,00 €	2.200,00 €	3.800,00 €	8.800,00 €	
11	Ulsamer	3.000,00 €	3.200,00 €	3.600,00 €	9.800,00 €	
12						

WAHR!
DANN_WERT

Es wird überprüft, ob der Umsatz in der Zelle E7 **größer als** 7500,00 EUR ist – **ist dies der Fall,** trägt EXCEL in der Zelle, in welcher die Funktion eingetragen wurde, den **Betrag „500,00 €"** ein. In unserem Beispiel sollte die Funktion in der Zelle F7 eingetragen werden.

Alternativ kann auch mit Zellenbezügen gearbeitet werden, wenn die Funktion sich beispielsweise in einer anderen Zelle befindet.

=WENN(E7>7500;F7=**500**;...)

Auch lassen sich ohne Probleme mathematische Operatoren mit einbauen.

=WENN(E7>7500;**E7+500**;...)

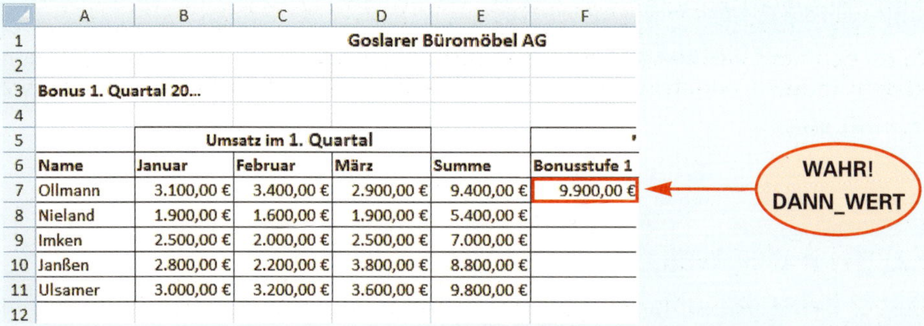

	A	B	C	D	E	F
1				Goslarer Büromöbel AG		
2						
3	Bonus 1. Quartal 20...					
4						
5		Umsatz im 1. Quartal				
6	Name	Januar	Februar	März	Summe	Bonusstufe 1
7	Ollmann	3.100,00 €	3.400,00 €	2.900,00 €	9.400,00 €	9.900,00 €
8	Nieland	1.900,00 €	1.600,00 €	1.900,00 €	5.400,00 €	
9	Imken	2.500,00 €	2.000,00 €	2.500,00 €	7.000,00 €	
10	Janßen	2.800,00 €	2.200,00 €	3.800,00 €	8.800,00 €	
11	Ulsamer	3.000,00 €	3.200,00 €	3.600,00 €	9.800,00 €	
12						

Es wird überprüft, ob der Umsatz in der Zelle E7 **größer als** 7500,00 EUR ist – **ist dies der Fall,** trägt EXCEL in der Zelle, in welcher die Funktion eingetragen wurde, den **Betrag „9.900,00 €"** ein. EXCEL nimmt den Wert der Zelle E7 und addiert 500,00 EUR hinzu.

Es stehen dem Anwender folgende mathematische Operatoren zur Verfügung:

Mathematischer Operator	Bedeutung
+	Addition
–	Subtraktion
*	Multiplikation
/	Division

Es kann auch mit dem Gleichheitszeichen gearbeitet werden, um beispielsweise Zelleninhalte zu spiegeln. Des Weiteren kann der DANN_WERT auch mit Zellenbezügen eingegeben werden und mithilfe von Anführungszeichen Text ausgegeben werden.

1.2.3 Der SONST_WERT

Ist die von EXCEL **überprüfte Bedingung** nicht erfüllt worden – sprich **FALSCH,** erfolgt der nächste Schritt.

=WENN(PRÜFUNG;DANN_WERT;**SONST_WERT**)

Beispiel:

Ist der Umsatz in der Zelle E7 ist **größer als** 7500,00 EUR, dann trage 500,00 EUR in die Zelle F7 ein, **sonst** trage 0 ein.

=WENN(E7>7500;500;**0**)

Es wird überprüft, ob der Umsatz in der Zelle E7 **größer als** 7500,00 EUR ist. Ist dies **nicht** der Fall, trägt EXCEL in der Zelle, in welcher die Funktion eingetragen wurde, **die Zahl 0** ein, da die Bedingung für den DANN_WERT nicht erfüllt worden ist. In unserem Beispiel ist der Umsatz aber **größer als** 7500,00 EUR, sodass der SONST_WERT nicht ausgeführt wird.

Somit sieht das Ergebnis folgendermaßen aus:

	A	B	C	D	E	F
1				Goslarer Büromöbel AG		
2						
3	Bonus 1. Quartal 20...					
4						
5		Umsatz im 1. Quartal				M
6	Name	Januar	Februar	März	Summe	Bonusstufe 1
7	Ollmann	3.100,00 €	3.400,00 €	2.900,00 €	9.400,00 €	500,00 €
8	Nieland	1.900,00 €	1.600,00 €	1.900,00 €	5.400,00 €	
9	Imken	2.500,00 €	2.000,00 €	2.500,00 €	7.000,00 €	
10	Janßen	2.800,00 €	2.200,00 €	3.800,00 €	8.800,00 €	
11	Ulsamer	3.000,00 €	3.200,00 €	3.600,00 €	9.800,00 €	
12						

WAHR!
DANN_WERT

Alternativ kann auch hier mit Zellenbezügen gearbeitet werden, wenn die Formel sich beispielsweise in einer anderen Zelle befindet.

=WENN(E7>7500;F7=500;**F7=0**)

Auch lassen sich ohne Probleme wieder mathematische Operatoren mit einbauen.

=WENN(E7<7500;E7+500;**E7–500**)

	A	B	C	D	E	F
1				Goslarer Büromöbel AG		
2						
3	Bonus 1. Quartal 20...					
4						
5		Umsatz im 1. Quartal				M
6	Name	Januar	Februar	März	Summe	Bonusstufe 1
7	Ollmann	3.100,00 €	3.400,00 €	2.900,00 €	9.400,00 €	8.900,00 €
8	Nieland	1.900,00 €	1.600,00 €	1.900,00 €	5.400,00 €	
9	Imken	2.500,00 €	2.000,00 €	2.500,00 €	7.000,00 €	
10	Janßen	2.800,00 €	2.200,00 €	3.800,00 €	8.800,00 €	
11	Ulsamer	3.000,00 €	3.200,00 €	3.600,00 €	9.800,00 €	
12						

FALSCH!
SONST_WERT

Es wird überprüft, ob der Umsatz in der Zelle E7 **kleiner als** 7 500,00 EUR ist. Ist dies **nicht** der Fall, trägt EXCEL in der Zelle, in welcher die Funktion eingetragen wurde, die **Zahl „8 900,00 €"** ein. EXCEL führt also den **SONST_WERT** aus, da die Bedingung für den DANN_WERT nicht gegeben ist. Das heißt EXCEL nimmt den Wert der Zelle E7 und **subtrahiert** von diesem Wert **500,00 EUR**.

Auch hier können wieder, neben dem Gleichheitszeichen und den Zellenbezügen, sämtliche mathematische Operatoren sowie die Anführungszeichen für die Textausgabe eingesetzt werden.

1.3 Die geschachtelte WENN-FUNKTION verwenden

1.3.1 Syntax der geschachtelten WENN-Funktion

In den vorherigen Beispielen wurde immer nur eine einzelne Bedingung formuliert und überprüft. Das heißt, wenn die Prüfung WAHR oder FALSCH war, gibt EXCEL unseren DANN_WERT oder SONST_WERT aus. Aber wie verhält sich das Ganze, wenn wir beispielsweise mehrere Bedingungen überprüft haben möchten? In einem solchen Fall kann die WENN-Funktion beispielsweise geschachtelt werden.

Syntax der geschachtelten WENN-Funktion:

=WENN(PRÜFUNG1;DANN_WERT1;WENN(PRÜFUNG2;DANN_WERT2;SONST_WERT2))

Der in der Standard Syntax der WENN-Funktion vorhandene SONST_WERT wird ersetzt durch eine neu beginnende WENN-Funktion. Dieser Vorgang kann bis zu 7-Mal wiederholt werden. Es wird in diesem Zusammenhang von einer ge- oder verschachtelten WENN-Funktion gesprochen.

Beispiel:

	A	B	C	D	E	F	G	H
1				**Goslarer Büromöbel AG**				
2								
3	**Anmeldung zum Firmenlauf der IHK**							
4								
5	**Teilnehmer**	**Alter**	**Altersklasse**		**Altersklassen**			
6	Ollmann	38	Ü 30		Ü 30	Alle Teilnehmer über 30		
7	Nieland	46	Ü 40		Ü 40	Alle Teilnehmer über 40		
8	Imken	66	Ü 60		Ü 50	Alle Teilnehmer über 50		
9	Janßen	63	Ü 60		Ü 60	Alle Teilnehmer über 60		
10	Ulsamer	53	Ü 50					
11								

Die Mitarbeiter sollen für die Anmeldung zum Firmenlauf in Altersklassen eingeteilt werden. Zur Auswahl stehen die Altersklassen Ü30, Ü40, Ü50 und Ü60.

=WENN(B6<40;"Ü 30";WENN(B6<50;"Ü 40";WENN(B6<60;"Ü 50";"Ü 60")))

Es muss Schritt für Schritt jede WENN-Funktion einzeln betrachtet und eingegeben werden.

Im ersten Schritt erfolgt die PRÜFUNG1, ob ein Teilnehmer jünger als 40 ist. Ist dies der Fall, erfolgt der DANN_WERT1 und es wird das Wort „Ü 30" in die Zelle geschrieben.

=WENN(**B6<40;"Ü 30"**;...)

Trifft dies nicht zu, erfolgt der SONST_WERT1. Dieser beginnt mit einer erneuten WENN-Funktion.

=WENN(B6<40;"Ü 30";**WENN**(...)

Der zweite Schritt, ob der Teilnehmer jünger als 40 Jahre ist, folgt mit der PRÜFUNG2. Ist dies der Fall, erfolgt der DANN_WERT2 und es wird das Wort „Ü 40“ in die Zelle geschrieben.

=WENN(B6<40;"Ü 30";WENN(**B6<50;"Ü 40"**;...)

Trifft dies ebenfalls nicht zu, erfolgt der SONST_WERT2, der ebenfalls mit einer erneuten WENN-Funktion beginnt.

=WENN(B6<40;"Ü 30";WENN(B6<50;"Ü 40";**WENN**(B6<60;"Ü 50";"Ü 60")))

Im letzten Schritt erfolgt die PRÜFUNG3, ob der Teilnehmer jünger als 60 ist. Ist dies der Fall, erfolgt der DANN_WERT3 und es wird das Wort „Ü 50“ in die Zelle geschrieben.

=WENN(B6<40;"Ü 30";WENN(B6<50;"Ü 40";WENN(**B6<60;"Ü 50"**;"Ü 60")))

Trifft dies erneut nicht zu, erfolgt der SONST_WERT3, der in diesem Fall nicht mit einer neuen WENN-Funktion beginnt, sondern das Wort „Ü 60“ in die Zelle schreibt.

=WENN(B6<40;"Ü 30";WENN(B6<50;"Ü 40";WENN(B6<60;"Ü 50";**"Ü 60"**)))

Beachte:

Häufig führen verschachtelte WENN-Funktionen zu Fehlermeldungen, da vergessen wird, die vorher geöffneten Klammern am Ende wieder zu schließen.

Übungsaufgaben

163 Lösen Sie die Handlungsaufgaben aus der Lernsituation 1!

164 Übernehmen Sie die Tabelle der Goslarer Büromöbel AG zur Anmeldung für den Firmenlauf der IHK. Verwenden Sie die verschachtelte WENN-Funktion.

165 Erstellen Sie eine Hausaufgaben-Bonustabelle, in der alle Mitschüler aufgeführt werden. Schüler, die mindestens 12-mal im Halbjahr ihre Hausaufgaben gemacht haben, erhalten in einer separaten Spalte die Note 1. Erweitern Sie die Tabelle um folgende Kriterien:

- Bei mindestens 9 Hausaufgaben die Note 2
- Bei mindestens 5 Hausaufgaben die Note 3
- Bei mindestens 3 Hausaufgaben die Note 4
- Bei mindestens 2 Hausaufgaben die Note 5

LG 12.5 Lernsituation 2: Tankprämie berechnen mit dem SVERWEIS

Da die Einführung des neuen Bonussystems in der Verkaufsabteilung zu einier deutlichen Steigerung des Umsatzes geführt hat, möchte die Goslarer Büromöbel AG ein ähnliches Bonussystem auf die Produktion ausweiten. Hier sollen die Mitarbeiter, die am Ende eines Monats eine bestimmte Anzahl von Büromöbeln gefertigt haben, einen Tankgutschein erhalten.

	A	B	C	D	E	F	G
1	Goslarer Büromöbel AG						
2							
3	Tankbonus 1. Quartal 20...						
4							
5					Tankgutschein		
6	Name	Gefertigte Büromöbel	Tankbonus		Möbelstücke	Wert	
7	Müller	13			0	0,00 €	
8	Hoppe	8			5	10,00 €	
9	Kunstmann	44			10	20,00 €	
10	Lotte	33			20	30,00 €	
11	Rüpke	53			30	40,00 €	
12					40	50,00 €	
13					50	60,00 €	
14							

HANDLUNGSAUFGABEN:

Arbeiten Sie nacheinander die folgenden Abschnitte des Lehrbuches durch. Mit Ihren Aufzeichnungen aus dem Unterricht lösen Sie schrittweise die folgenden Handlungsaufgaben:

1. Übernehmen Sie die Tabelle aus der Situation.
2. Formatieren Sie die Tabelle.
3. Übernehmen Sie mithilfe der SVERWEIS-Funktion den Tankbonus.
4. Erstellen Sie ein passendes Diagramm.
5. Ändern Sie die Matrix bei der Berechnung der Tankprämie von einer senkrechten zu einer waagerechten Matrix.

2 SVERWEIS und WVERWEIS

2.1 Syntax vom SVERWEIS und WVERWEIS

Der SVERWEIS und der WVERWEIS gehören zu den sogenannten Matrix-Funktionen. Eine Matrix ist in EXCEL ein abgegrenzter Bereich aus Spalten und Zeilen eines Tabellenblattes. Diesen Bereich füllen wir mit Informationen, z. B. Zahlen. Mit dem SVERWEIS und WVERWEIS können wir dann auf diesen Bereich verweisen und uns die nötigen Informationen aus dieser Matrix automatisch herausziehen lassen.

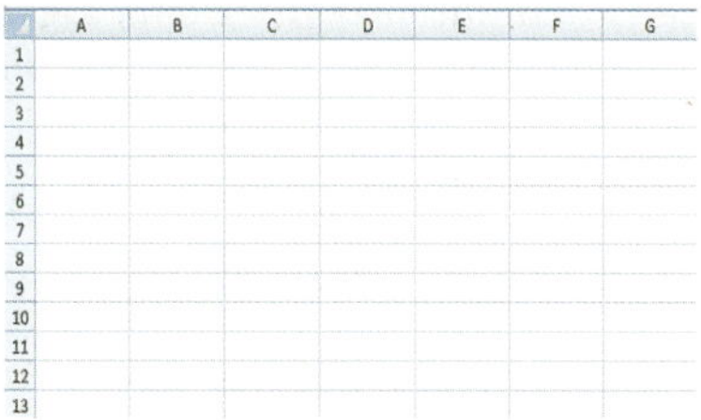

Matrix in EXCEL aus Spalten und Zeilen

Allgemein findet der SVERWEIS in EXCEL häufiger Anwendung als der WVERWEIS. Dies hängt in der Regel mit der Darstellung bzw. der Übersicht auf dem Tabellenblatt zusammen.

Das **S** im SVERWEIS steht für einen senkrechten Verweis, während das **W** im WVERWEIS für einen waagerechten Verweis steht.

Beispiel: Matrix SVERWEIS

	D	E	F	G
4				
5		**Tankgutschein**		
6		**Möbelstücke**	**Wert**	
7		0	0,00 €	
8		5	10,00 €	
9		10	20,00 €	
10		20	30,00 €	
11		30	40,00 €	
12		40	50,00 €	
13		50	60,00 €	
14				

Beispiel: Matrix WVERWEIS

	A	B	C	D	E	F	G	H	I
1									
2									
3									
4		**Tankgutschein**							
5	**Möbelstücke**	0	5	10	20	30	40	50	
6	**Wert**	0,00 €	10,00 €	20,00 €	30,00 €	40,00 €	50,00 €	60,00 €	
7									
8									

Syntax SVERWEIS:

=SVERWEIS(SUCHKRITERIUM;MATRIX;SPALTENINDEX;[BEREICH_VERWEIS])

Syntax WVERWEIS:

=WVERWEIS(SUCHKRITERIUM;MATRIX;SPALTENINDEX;[BEREICH_VERWEIS])

2.2 Den SVERWEIS oder WVERWEIS verwenden

Durch die Eingabe =SVERWEIS(...) oder =WVERWEIS(...) wird festgelegt, ob auf eine senkrechte Matrix oder eine waagerechte Matrix verwiesen werden soll. Wie bei jeder Funktionseingabe muss auch in diesem Fall mit einem Gleichheitszeichen begonnen werden:

=**SVERWEIS**(...) (Verweis auf eine senkrechte Matrix)

=**WVERWEIS**(...) (Verweis auf eine waagerechte Matrix)

Anschließend muss das Suchkriterium eingegeben werden. Dieses Kriterium erlaubt es EXCEL später, den passenden Wert aus der Matrix zu **suchen**.

In der Ausgangssituation haben wir eine senkrechte Matrix und das Suchkriterium ist die Anzahl der gefertigten Büromöbel. Das heißt, es wird danach gesucht, wie viele Büromöbel der einzelne Mitarbeiter gefertigt hat.

=SVERWEIS(**SUCHKRITERIUM**;...)

Beispiel:

	A	B	C
1		**Goslarer Büromöbel AG**	
2			
3	Tankbonus 1. Quartal 20...		
4			
5			
6	**Name**	**Gefertigte Büromöbel**	**Tankbonus**
7	Müller	13	
8	Hoppe	8	
9	Kunstmann	44	
10	Lotte	33	
11	Rüpke	53	
12			

Hier Funktion eingeben!

=SVERWEIS(**B7**;...)

Die Werte des Suchkriteriums werden jetzt mit der Matrix in Verbindung gebracht bzw. es wird auf die Matrix verwiesen, indem der Bereich der Matrix in EXCEL markiert oder per Hand eingeben wird.

=SVERWEIS(SUCHKRITERIUM;**MATRIX**;...)

Beispiel:

	E	F
1		
2		
3		
4		
5	**Tankgutschein**	
6	**Möbelstücke**	**Wert**
7	0	0,00 €
8	5	10,00 €
9	10	20,00 €
10	20	30,00 €
11	30	40,00 €
12	40	50,00 €
13	50	60,00 €
14		

z. B. per Markierung!

=SVERWEIS(B7;**E7:F13**;...)

Der Spaltenindex, der zuletzt eingegeben werden muss, gibt an, aus welcher Spalte der Matrix er die Informationen übernehmen soll.

=SVERWEIS(SUCHKRITERIUM;MATRIX;**SPALTENINDEX**)

Beispiel:

	E	F
1		
2		
3		
4		
5	Tankgutschein	
6	Möbelstücke	Wert
7	0	0,00 €
8	5	10,00 €
9	10	20,00 €
10	20	30,00 €
11	30	40,00 €
12	40	50,00 €
13	50	60,00 €
14		

Aus der zweiten Spalte

=SVERWEIS(B7;E7:F13;**2**)

Das Beispiel besteht aus einer Matrix, die aus zwei Spalten besteht. Wir möchten die passenden Werte aus der zweiten Spalte der Matrix übernehmen. Sollten wir in einem anderen Fall z. B. eine Matrix mit 3 oder 4 Spalten haben, können wir bei Bedarf den Spaltenindex anpassen – je nachdem aus welcher Spalte wir die Informationen beziehen möchten.

Beachte:

Der letzte Teil der SVERWEIS-Funktion (... **[BEREICH_VERWEIS]**) wird für den Standard-S- bzw. WVERWEIS nicht benötigt und kann somit wegfallen.

Übungsaufgaben

166 Lösen Sie die Handlungsaufgaben aus der Lernsituation 2!

167 Verändern Sie Ihre Hausaufgaben-Bonustabelle aus der Übungsaufgabe 165 so, dass Sie zwangsläufig den SVERWEIS oder WVERWEIS verwenden müssen.

168 Setzen Sie die folgende Tabelle mithilfe des SVERWEISES um:

	A	B	C	D	E	F	G	H
1	Goslarer Büromöbel AG							
2								
3	Anmeldung zum Firmenlauf der IHK							
4								
5	Teilnehmer	Alter	Altersklasse		Altersklassen			
6	Ollmann	38	Ü 30		ab	30	Ü 30	Alle Teilnehmer über 30
7	Nieland	46	Ü 40			40	Ü 40	Alle Teilnehmer über 40
8	Imken	66	Ü 60			50	Ü 50	Alle Teilnehmer über 50
9	Janßen	63	Ü 60			60	Ü 60	Alle Teilnehmer über 60
10	Ulsamer	53	Ü 50					
11								

169 Suchen Sie im Internet nach dem IHK-Notenschlüssel. Erstellen Sie auf Grundlage des IHK-Notenschlüssels eine Tabelle, mit deren Hilfe Ihr Informatiklehrer künftig Ihre Noten automatisch „berechnen" lassen kann.

Beachten Sie dabei, dass Ihr Lehrer vorher die erreichten Punkte bzw. Prozente einer Klassenarbeit berechnet haben möchte, um anschließend die Note automatisch per S- oder WVERWEIS beziehen zu können.

LG 12.5 Lernsituation 3: Ein digitales Haushaltsbuch erstellen (ZÄHLENWENN und SUMMEWENN)

Der Abteilungsleiter der EDV, Herr Ludewig, beabsichtigt, in absehbarer Zeit ein Ferienhaus in der schönen Nordseestadt Otterndorf zu bauen. Damit er eine Übersicht über seine Finanzen erhält, plant er die Erstellung eines digitalen Haushaltsbuches mit EXCEL.

	A	B	C	D	E	F	G	H
1		Auszug aus dem Haushaltsbuch der Fam. Ludewig Jahr 20...						
2	**Nr.**	**Posten**	**Summe**		**Ausgaben für...**	**Summe**		
3	1	Miete	800,00 €		Miete			
4	2	Strom	55,00 €		Strom			
5	3	Gas	90,00 €		Gas			
6	4	Wasser	35,00 €		Wasser			
7	5	Lebensmittel	102,00 €		Lebensmittel			
8	6	Versicherungen	69,00 €		Versicherungen			
9	7	Drogerie	23,56 €		Drogerie			
10	8	Handy	29,99 €		Handy			
11	9	Benzin	89,67 €		Urlaub			
12	10	Urlaub	844,00 €		Benzin			
13	11	Drogerie	6,99 €		Restaurant			
14	12	Lebensmittel	72,40 €		Kino			
15	13	Miete	800,00 €					**Anzahl**
16	14	Strom	55,00 €		Wie oft wurde in den Urlaub gefahren?			
17	15	Gas	90,00 €					
18	16	Wasser	35,00 €		Wie oft wurden Lebensmittel eingekauft?			
19	17	Benzin	76,11 €					
20	18	Lebensmittel	16,33 €		Wie oft wurden Versicherungen bezahlt?			
21	19	Drogerie	44,88 €					
22	20	Restaurant	82,45 €		Wie oft wurde getankt?			
23	21	Kino	24,50 €					
24	22	Lebensmittel	5,90 €					
25	23	Lebensmittel	32,80 €					
26	24	Kino	24,50 €					
27	25	Drogerie	22,10 €					
28	26	Benzin	78,90 €					

HANDLUNGSAUFGABEN:

Arbeiten Sie nacheinander die folgenden Abschnitte des Lehrbuches durch. Mit Ihren Aufzeichnungen aus dem Unterricht lösen Sie schrittweise die folgenden Handlungsaufgaben:

1. Übernehmen Sie die Tabelle aus der Situation.
2. Formatieren Sie die Tabelle.
3. Ermitteln Sie die Lösungen zu den leeren Zellen mithilfe der SUMMEWENN- und ZÄHLENWENN-Funktion.
4. Erstellen Sie ein passendes Diagramm.

3 Die SUMMEWENN- und ZÄHLENWENN-Funktion

3.1 Syntax der SUMMEWENN-Funktion

Die SUMMEWENN-Funktion ist einer Erweiterung der Standard-Summenfunktion, die zu den wichtigsten Funktionen von Microsoft EXCEL gehört.

Syntax SUMMEWENN-Funktion:

=SUMMEWENN(BEREICH;SUCHKRITERIUM;[SUMME_BEREICH])

Die Erweiterung liegt im Vergleich zu der normalen SUMMEN-Funktion in der zusätzlichen Eingabemöglichkeit eines SUCHKRITERIUMS. Dies ermöglicht dem Anwender, aus einer Liste gezielte Werte addieren zu lassen.

3.2 Die SUMMEWENN-Funktion verwenden

Bei der **SUMMEWENN-Funktion** wird im ersten Schritt der **BEREICH** festgelegt, in dem nach einem bestimmten Kriterium gesucht werden soll. Wie bei jeder Funktionseingabe muss auch in diesem Fall mit einem Gleichheitszeichen begonnen werden.

Beispiel:

Wir möchten im ersten Fall **nur** die **Lebensmittelsummen** addieren bzw. summieren. Hierfür schreiben wir die Funktion in die Zelle F7 und beginnen wie folgt:

=**SUMMEWENN(BEREICH**;SUCHKRITERIUM;[SUMME_BEREICH])

	A	B	C	D	E	F
1		Auszug aus dem Haushaltsbuch der Fam. Ludewig Jahr 20...				
2	Nr.	Posten	Summe		Ausgaben für...	Summe
3	1	Miete	800,00 €		Miete	
4	2	Strom	55,00 €		Strom	
5	3	Gas	90,00 €		Gas	
6	4	Wasser	35,00 €		Wasser	
7	5	Lebensmittel	102,00 €		Lebensmittel	
8	6	Versicherungen	69,00 €		Versicherungen	
9	7	Drogerie	23,56 €		Drogerie	
10	8	Handy	29,99 €		Handy	
11	9	Benzin	89,67 €		Urlaub	
12	10	Urlaub	844,00 €		Benzin	
13	11	Drogerie	6,99 €		Restaurant	
14	12	Lebensmittel	72,40 €		Kino	

=SUMMEWENN(**B3:B14**;...)

Es wird der **Bereich** von der Zelle B3 bis zur Zelle B14 als Suchbereich festgelegt.

=SUMMEWENN(BEREICH;**SUCHKRITERIUM**;[SUMME_BEREICH])

Da wir im ersten Fall **nur** die **Lebensmittelsummen** addieren möchten, müssen wir als SUCHKRITERIUM das Wort „Lebensmittel" angeben.

=SUMMEWENN(B3:B14;**"Lebensmittel"**;...)

Da wir nach einem Wort suchen, muss dieses Wort wieder in Anführungszeichen gesetzt werden, z. B. "Lebensmittel". EXCEL sucht jetzt aus dem BEREICH nach dem von uns festgelegten SUCHKRITERIUM nach dem Wort Lebensmittel.

=SUMMEWENN(BEREICH;SUCHKRITERIUM;**[SUMME_BEREICH]**)

Anschließend geben wir den SUMME_BEREICH ein.

	A	B	C	D	E	F
1	**Auszug aus dem Haushaltsbuch der Fam. Ludewig Jahr 20...**					
2	**Nr.**	**Posten**	**Summe**		**Ausgaben für...**	**Summe**
3	1	Miete	800,00 €		Miete	
4	2	Strom	55,00 €		Strom	
5	3	Gas	90,00 €		Gas	
6	4	Wasser	35,00 €		Wasser	
7	5	Lebensmittel	102,00 €		Lebensmittel	
8	6	Versicherungen	69,00 €		Versicherungen	
9	7	Drogerie	23,56 €		Drogerie	
10	8	Handy	29,99 €		Handy	
11	9	Benzin	89,67 €		Urlaub	
12	10	Urlaub	844,00 €		Benzin	
13	11	Drogerie	6,99 €		Restaurant	
14	12	Lebensmittel	72,40 €		Kino	

Bereich z. B. per Markierung festlegen!

=SUMMEWENN(B3:B14;"Lebensmittel";**C3:C14**)

Die Eingabe der eckigen Klammern kann vernachlässigt werden und ist für die Funktion nicht notwendig. EXCEL wird jetzt die Summen aller einzelnen Lebensmittel-Positionen addieren, da sich das jeweilige Wort Lebensmittel und die passende Summe in der gleichen Zeile befinden. In unserem Auszug vom Haushaltsbuch sind dies der Posten Nr. 5 und der Posten Nr. 12.

Das Ergebnis sollte wie folgt aussehen:

	A	B	C	D	E	F
1	**Auszug aus dem Haushaltsbuch der Fam. Ludewig Jahr 20...**					
2	**Nr.**	**Posten**	**Summe**		**Ausgaben für...**	**Summe**
3	1	Miete	800,00 €		Miete	
4	2	Strom	55,00 €		Strom	
5	3	Gas	90,00 €		Gas	
6	4	Wasser	35,00 €		Wasser	
7	5	Lebensmittel	102,00 €		Lebensmittel	174,40 €
8	6	Versicherungen	69,00 €		Versicherungen	
9	7	Drogerie	23,56 €		Drogerie	
10	8	Handy	29,99 €		Handy	
11	9	Benzin	89,67 €		Urlaub	
12	10	Urlaub	844,00 €		Benzin	
13	11	Drogerie	6,99 €		Restaurant	
14	12	Lebensmittel	72,40 €		Kino	

Ergebnis der Posten Nr. 5 und Nr. 12!

Beachte:

Die SUMMEN-Funktion kann nur funktionieren, wenn sich das Suchkriterium aus dem Such-BEREICH und der SUMMEN_BEREICH in einer Zeile befinden!

3.3 Syntax der ZÄHLENWENN-Funktion

Die Funktion **=ZÄHLENWENN(...)** ist neben den weiteren Zählfunktionen, wie beispielsweise =ANZAHL(...), eine wichtige Funktion, um auf einfache Weise EXCEL für sich zählen zu lassen.

Syntax ZÄHLENWENN-Funktion:

=ZÄHLENWENN(BEREICH;SUCHKRITERIUM)

Beachte:

Für die Verwendung der Funktion können Sie, wie sonst in der EDV eher selten erlaubt, den Ä-Umlaut verwenden.

3.4 Die ZÄHLENWENN-Funktion verwenden

Durch die Eingabe der **ZÄHLENWENN-Funktion** erfolgt im ersten Schritt die Festlegung vom **BEREICH,** in dem nach einem bestimmten Kriterium gesucht werden soll. Wie bei jeder Funktionseingabe muss auch in diesem Fall mit einem Gleichheitszeichen begonnen werden.

Beispiel:

Wir möchten im ersten Fall **nur** die Anzahl der **Lebensmitteleinkäufe** herausfinden. Hierfür schreiben wir die Funktion in die Zelle H18 und beginnen wie folgt:

=**ZÄHLENWENN(BEREICH**;SUCHKRITERIUM)

	A	B	C	D	E	F	G	H
1		**Auszug aus dem Haushaltsbuch der Fam. Ludewig Jahr 20...**						
2	**Nr.**	**Posten**	**Summe**		**Ausgaben für...**	**Summe**		
3	1	Miete	800,00 €		Miete			
4	2	Strom	55,00 €		Strom			
5	3	Gas	90,00 €		Gas			
6	4	Wasser	35,00 €		Wasser			
7	5	Lebensmittel	102,00 €		Lebensmittel			
8	6	Versicherungen	69,00 €		Versicherungen			
9	7	Drogerie	23,56 €		Drogerie			
10	8	Handy	29,99 €		Handy			
11	9	Benzin	89,67 €		Urlaub			
12	10	Urlaub	844,00 €		Benzin			
13	11	Drogerie	6,99 €		Restaurant			
14	12	Lebensmittel	72,40 €		Kino			
15	13	Miete	800,00 €					**Anzahl**
16	14	Strom	55,00 €		Wie oft wurde in den Urlaub gefahren?			
17	15	Gas	90,00 €					
18	16	Wasser	35,00 €		Wie oft wurden Lebensmittel eingekauft?			

Bereich z. B. per Markierung festlegen!

=ZÄHLENWENN(**B3:B18**;...)

Es wird der Bereich von der Zelle B3 bis zur Zelle B18 als Suchbereich festgelegt.

=ZÄHLENWENN(BEREICH;**SUCHKRITERIUM**)

Da wir in diesem Fall **nur** die **Anzahl** der Lebensmitteleinkäufe ermitteln möchten, müssen wir als SUCHKRITERIUM das Wort "Lebensmittel" angeben.

=ZÄHLENWENN(B3:B18;**"Lebensmittel"**)

Da wir nach einem Wort suchen, muss dieses Wort wieder in Anführungszeichen gesetzt werden, z. B. "Lebensmittel". EXCEL sucht jetzt aus dem BEREICH nach dem von uns festgelegten SUCHKRITERIUM – also nach dem Wort Lebensmittel.

EXCEL geht jetzt den Bereich der Zellen von B3 bis B18 durch und zählt die Anzahl des Wortes "Lebensmittel".

Das Ergebnis sollte wie folgt aussehen:

	A	B	C	D	E	F	G	H
1	**Auszug aus dem Haushaltsbuch der Fam. Ludewig Jahr 20...**							
2	**Nr.**	**Posten**	**Summe**		**Ausgaben für...**	**Summe**		
3	1	Miete	800,00 €		Miete			
4	2	Strom	55,00 €		Strom			
5	3	Gas	90,00 €		Gas			
6	4	Wasser	35,00 €		Wasser			
7	5	Lebensmittel	102,00 €		Lebensmittel			
8	6	Versicherungen	69,00 €		Versicherungen			
9	7	Drogerie	23,56 €		Drogerie			
10	8	Handy	29,99 €		Handy			
11	9	Benzin	89,67 €		Urlaub			
12	10	Urlaub	844,00 €		Benzin			
13	11	Drogerie	6,99 €		Restaurant			
14	12	Lebensmittel	72,40 €		Kino			
15	13	Miete	800,00 €					**Anzahl**
16	14	Strom	55,00 €		Wie oft wurde in den Urlaub gefahren?			
17	15	Gas	90,00 €					
18	16	Wasser	35,00 €		Wie oft wurden Lebensmittel eingekauft?			2

Ergebnis der ZÄHLENWENN-Funktion

Übungsaufgaben

170 Lösen Sie die Handlungsaufgaben aus der Lernsituation 3!

171 Erstellen Sie ein neues Haushaltsbuch für den eigenen Gebrauch. Verwenden Sie hierbei die SUMMEWENN- und ZÄHLENWENN-Funktion.

172 Erweitern Sie Ihre IHK-Notentabelle (siehe Übungsaufgabe 169), indem Sie die jeweiligen Noten von 1–6 automatisch zählen lassen, um anschließend einen Notenspiegel erstellen zu können. Stellen Sie diesen Notenspiegel in einem passenden Diagramm dar.

LG 12.5 Lernsituation 4: Aufbau und Umgang mit einer relationalen Datenbank

In der EDV-Abteilung der Goslarer Büromöbel AG wird seit kurzem zur Erstellung von Datenbanken ein Datenbankmanagementsystem eingesetzt. Die Einführung bzw. Umstellung auf eine Datenbanksoftware ist für die Mitarbeiter nicht ganz leicht. Bisher haben sie immer mit Tabellenkalkulationsprogrammen wie EXCEL gearbeitet und hiermit z. B. die Kundenadressen oder Lieferantenadressen verwaltet. Im Outletstore in Cuxhaven werden die Kundenadressen sogar noch mithilfe von Karteikarten verwaltet, sodass hier die Umstellung besonders schwer fällt.

Aus diesem Grund beauftragt der Abteilungsleiter des Outletstores, Herr Liebentrohn, den Praktikanten Jonas Schwanemann mit der Pflege eines Karteikastens, um diese Daten anschließend in eine EDV gestützte Datenbank übernehmen zu können. Als Jonas den Karteikasten aus dem Aktenschrank holt, fragt er sich, wofür die Umstellung auf eine computergestützte Datenbank überhaupt gut sei. Der Karteikasten hat doch seine Vorteile. Er zieht die erste Karteikarte aus dem Karteikasten.

Jonas wundert sich: *„Nach welchem System wurden die Karteikarten einsortiert? Nach der Kundennummer? Kann nicht sein – wir haben auch Kunden, die niedrigere Kundennummern haben. Auch der Name fällt weg, da H wie Heilig nicht gerade einer der ersten Buchstaben im Alphabet ist."*

<table>
<tr><td>Kunden-Nr.:
121</td><td>Name:
Heilig</td><td>Vorname:
Sebastian</td></tr>
<tr><td colspan="2">Lieferadresse:
Lindeneck 9a
26123 Oldenburg</td><td>Rechnungsadresse:
Lindeneck 9a
26123 Oldenburg</td></tr>
<tr><td colspan="2">Telefon:
0441-XXXXX</td><td>Fax:
0441-XXXXX</td></tr>
</table>

Jonas beschließt, Herrn Liebentrohn zu fragen.

Jonas: *„Herr Liebentrohn, ich habe eine Frage zum Karteikasten!"*

Herr Liebentrohn: *„Ja, bitte!"*

Jonas: *„Nach welchem System sind die Karteikarten sortiert?"*

Herr Liebentrohn: *„Normalerweise nach dem Kundennamen, wieso fragst du?"*

Jonas: *„Weil ich gerade die erste Karteikarte aus dem Karteikasten gezogen habe und dort der Kunde Heilig mit der Kundennr. 121 einsortiert war."*

Herr Liebentrohn: *„Das kann bei einem Karteikastensystem schon mal passieren, dass ein Mitarbeiter eine Karteikarte nach ihrer Benutzung wieder falsch einsortiert hat."*

Jonas: *„Ach so, aber mit der elektronischen Datenbank kann so etwas ja nicht mehr passieren oder?"*

Herr Liebentrohn: *„Ich denke nicht, allerdings kenne ich mich mit Computern auch nicht so gut aus!"*

Als Jonas sich wieder dem Karteikasten widmet, wird ihm ganz anders! *„Hier ist ja alles durcheinander, das Pflegen eines Karteikastens kann ja ewig dauern"*, seufzt er.

HANDLUNGSAUFGABEN:

Arbeiten Sie das folgende Kapitel des Lehrbuches durch und verwenden Sie die Aufzeichnungen aus dem Unterricht zur Bearbeitung der Handlungsaufgaben.

1. Erklären Sie mit einfachen Worten den Aufbau einer relationalen Datenbank.
2. Nennen Sie Einsatzbereiche von Datenbankmanagementsystemen.
3. Stellen Sie heraus, welche Vorteile die Verwendung einer leistungsfähigen Standardsoftware für Datenbanken dem gesamten Unternehmen bringen könnte.

4 Grundlagen des Datenbankmanagements

4.1 Auswahl der richtigen Software

Bevor Sie sich an das Arbeiten mit Datenbanken bzw. Microsoft Access machen, sollten Sie sich die Frage stellen, ob Sie ihr EDV-Problem nicht auch beispielsweise mit einer Tabellenkalkulationssoftware wie Microsoft EXCEL lösen können. Eine Datenbanksoftware wie Access ist für das Arbeiten mit relationalen Daten vorgesehen, während ein Tabellenkalkulationsprogramm wie EXCEL nur für einfache Datenstrukturen geeignet ist.

Bei einer relationalen Datenbank werden die Informationen, z.B. zu den Kunden und Artikeln, jeweils in einer eigenständigen Tabelle gespeichert und später in Beziehung gesetzt.

Beispiel:

Bei der Goslarer Büromöbel AG werden der Name, die Adresse und der Kontakt des Kunden in einer der Kundentabellen gespeichert, aber die Artikel, die er später bei der Goslarer Büromöbel AG kauft, in einer anderen Tabelle. Diese beiden Tabellen werden anschließend miteinander verknüpft (in Beziehung gesetzt), sodass nachvollzogen werden kann, welcher Kunde welchen Artikel gekauft hat. In EXCEL müsste man hierfür alle Informationen in einer großen Tabelle speichern. Hierbei würde es in der Regel auch zu Redundanzen (Doppelungen) innerhalb einer Tabelle kommen. Man müsste beispielsweise den Kunden bei jeder Bestellung neu anlegen und somit würde der Kunde in der Tabelle häufiger vorkommen.

In diesem Kapitel werden Sie im weiteren Verlauf die Vorteile einer relationalen Datenbank bzw. eines Datenbankmanagementsystems wie Microsoft Access sowie den Umgang mit dieser Software genauer kennenlernen.

4.2 Standardsoftware-Datenbanken

In Unternehmen werden viele Informationen gespeichert. Diese Informationen werden Daten genannt. Um mit Daten effizient arbeiten zu können, müssen diese in digitaler Form vorliegen. Heutzutage haben alle Unternehmen ihre relevanten Daten (z.B. Kunden-, Lieferanten-, Artikeldaten) in sogenannten **Datenbanken** gespeichert. Eine geeignete Software, um Datenbanken zu erstellen und zu verwalten, ist Microsoft Access, das ein Bestandteil von Microsoft Office ist. Programme, die für das Arbeiten mit Datenbanken eingesetzt werden, nennen sich **Datenbankmanagementsysteme**.

28 Wessel u.a. - ISBN 978-3-8120-0588-3

4.3 Aufbau und Vorteile einer relationalen Datenbank

Ein Karteikasten kann als einfache Datenbank bezeichnet werden. In einer solchen Karteikastendatenbank sind Informationen strukturiert abgelegt. Diese Struktur ermöglicht dem Benutzer z. B., Informationen schnell und einfach wiederzufinden. Die auf den Karteikarten enthaltenen Informationen können digitalisiert und mithilfe eines Datenbankmanagementsystems verwaltet werden. Hierfür bietet sich z. B. die Software Microsoft Access an. Bei der Übernahme der Informationen in eine computergestützte Datenbank ist darauf zu achten, dass sich die Informationen aus verschiedenen Daten zusammensetzen.

Beispiel:

Die Daten (Informationen) wie z. B. einfache Zahlen (1, 2, 3, 4, 5, 6,...) können für sich genommen viele Bedeutungen haben. Eine 13 könnte beispielsweise eine Kundennummer sein oder der Mindestbestand eines Artikels im Lager. Erst durch die eindeutige Zuordnung der **Zahl** zum **Text** Kundennummer oder Mindestbestand wird aus beiden Daten (Informationen) eine einwandfrei zuzuordnende Information, mit der gearbeitet werden kann.

Ein Datenbankmanagementsystem hat gegenüber der „Karteikastendatenbank" folgende **Vorteile:**

Vorteile	**Erläuterungen**
Speicherkapazität	Auf der Festplatte eines Computers bzw. Servers lassen sich z. B. mehrere Gigabyte an Daten speichern.
Geschwindigkeit	Das Suchen bestimmter Daten geht innerhalb von wenigen Sekunden.
Details	Zu den einzelnen Daten lassen sich Zusatzinformationen speichern, wie z. B. Bilder.
Vernetzung	Heutzutage sind alle Rechner miteinander vernetzt. Dies ermöglicht den Zugriff mehrerer Personen auf dieselbe Datenbank.
Kopien	Es lassen sich einfach Kopien einzelner Daten oder der gesamten Datenbank (Sicherungskopie) anlegen.
Auswertung	Der Benutzer kann die Datenbank seinen Bedürfnissen anpassen und auswerten.
Berichte/Abfragen	Es können Abfragen durchgeführt und erstellt werden (siehe hierzu Kapitel Abfragen bzw. Berichte).

An dieser Stelle sind nur einige Vorteile eines Datenbankmanagementsystems aufgelistet. Es zeigt sich aber schon hier, dass selbst eine Tabellenkalkulationssoftware wie z. B. Microsoft EXCEL nicht im Ansatz über die Funktionen und Vorteile eines solchen Datenbankmanagementsystems verfügt.

4.4 Aufgaben eines Datenbankmanagementsystems

Die Hauptaufgabe eines Datenbankmanagementsystems ist es, große Mengen an Daten zu verwalten, auszuwerten und zu speichern. Hierzu muss im ersten Schritt eine Datenbank **entwickelt** werden. Die Entwicklung einer Datenbank übernimmt in der Regel ein **Datenbankentwickler.** Er entwirft die Datenbank, setzt seinen Entwurf in die Praxis um und stellt alle wichtigen Parameter ein.

Anschließend übergibt er die Datenbank an den **Datenbankadministrator**, z. B. die EDV-Abteilung eines Unternehmens. Ein Administrator sorgt dafür, dass die Datenbank im Unternehmen ordnungsgemäß funktioniert. Des Weiteren stellt der Datenbankadministrator den späteren Benutzern die Zugriffsrechte ein, sodass später nicht jeder Benutzer auf alle Tabellen zugreifen kann. Denn nicht jeden Mitarbeiter gehen z. B. die Löhne und Gehälter der Kollegen etwas an. So können z. B. neben der Geschäftsleitung nur die Mitarbeiter der Personalabteilung diese Zugriffsrechte erhalten.

Im letzten Schritt sind es dann die **Datenbankuser** (Benutzer), die mit der Datenbank arbeiten. Sie geben die Informationen bzw. Daten ein und vergrößern so den Datenbestand der Datenbank. Sie verwalten und pflegen bereits bestehende Datenbestände und erstellen bei Bedarf z. B. Abfragen, Formulare und Berichte.

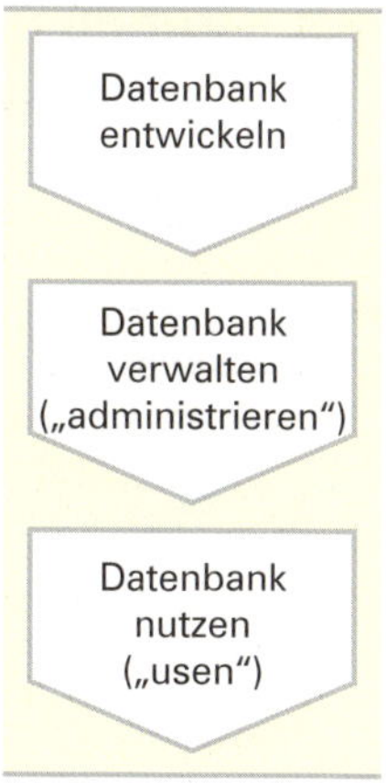

4.5 Datenschutz

Personenbezogene Daten (Einzelangaben über persönliche oder sachliche Verhältnisse einer natürlichen Person wie z. B. betriebliche Beurteilungen) dürfen nicht unbefugt erhoben, verarbeitet oder genutzt werden [§ 5 BDSG] **(Datengeheimnis).**

Der betroffenen Person ist auf Antrag **Auskunft zu erteilen** über

- die zu ihrer Person gespeicherten Daten, auch soweit sie sich auf die Herkunft dieser Daten beziehen,
- den Empfänger, an den Daten weitergegeben werden,
- den Zweck der Speicherung [§ 34 I BDSG].

Das **Erheben, Speichern, Verändern** und **Übermitteln** personenbezogener Daten oder ihre Nutzung für eigene Geschäftszwecke ist z. B. im Rahmen der Zweckbestimmung eines Vertragsverhältnisses oder vertragsähnlichen Vertrauensverhältnisses mit der betroffenen Person erlaubt [§ 28 I, 1 BDSG].

Um die Daten vor **unberechtigtem Zugriff** zu schützen, ist bei Einführung der EDV festzulegen, welche Personen Zugang zu welchen Daten haben (Zugriffskontrolle). Die **zugriffsberechtigten Personen** erhalten ein Kennwort. Der Computer liefert die Daten erst dann, wenn dieses Kennwort der berechtigten Person freigegeben wird.

In Betrieben, die personenbezogene Daten automatisch verarbeiten und damit in der Regel mindestens zehn Arbeitnehmer ständig beschäftigen, müssen **Datenschutzbeauftragte** bestellt werden [§§ 4f. BDSG]. Das Gleiche gilt, wenn personenbezogene Daten auf andere Weise verarbeitet werden und damit i. d. R. mindestens zwanzig Arbeitskräfte ständig beschäftigt sind. Die Datenschutzbeauftragten haben die Aufgabe, die Ausführung der Vorschriften des Bundesdatenschutzgesetzes sowie anderer Vorschriften über den Datenschutz sicherzustellen [§ 4g BDSG].

4.6 Grundbegriffe beim Umgang mit einem Datenbankmanagementsystem

- Eine **Datenbank** besteht aus mindestens einer Tabelle oder mehreren Tabellen wie z. B. bei der Datenbank der Goslarer Büromöbel AG.
- In einer **Tabelle** sind Informationen zu einem bestimmten Thema gespeichert. Im Fall der Goslarer Büromöbel AG gibt es innerhalb der Datenbank jeweils eine separate Tabelle für die Kunden, die Artikel und die Lieferanten.

Kdnr.	Name	Straße und Nr.	PLZ	Ort	Kontakt
...	...	...	...	...	...
121	Heilig	Lindeneck 9a	26123	Oldenburg	0441-XXXXX
...	...	...	...	...	...

- Die jeweilige Tabelle besteht aus mehreren Datensätzen. Ein **Datensatz** oder auch **Tupel** genannt ist eine einzelne Zeile der Tabelle und umfasst bei der Kundentabelle alle relevanten Informationen zum jeweiligen Kunden.

Kdnr.	Name	Straße und Nr.	PLZ	Ort	Kontakt
...	...	...	...	...	...
121	Heilig	Lindeneck 9a	26123	Oldenburg	0441-XXXXX
...	...	...	...	...	...

- Das **Datenfeld oder auch Attribute** ist ein einzelner Teil des Datensatzes. Im Beispiel der Kundentabelle z. B. die Straße mit der Hausnummer.

Kdnr.	Name	Straße und Nr.	PLZ	Ort	Kontakt
...	...	...	...	...	...
121	Heilig	Lindeneck 9a	26123	Oldenburg	0441-XXXXX
...	...	...	...	...	...

- **Daten oder auch Attributwerte** sind die kleinsten Einheiten einer Datenbank. In einem Datenfeld werden Daten bzw. Informationen eingegeben, beispielsweise Zahlen, Buchstaben oder Sonderzeichen. Jedes Zeichen, jede Zahl etc. sind für sich genommen Daten.

Kdnr.	Name	Straße und Nr.	PLZ	Ort	Kontakt
...	...	...	...	...	...
121	Heilig	Lindeneck 9a	26123	Oldenburg	0441-XXXXX
...	...	...	...	...	...

- Jede Tabelle einer Datenbank benötigt einen **Primärschlüssel.** Für eine Kundentabelle bietet sich als Primärschlüssel eine Kundennummer an.

4.7 Relationale Datenbank

Von einer relationalen Datenbank kann erst gesprochen werden, wenn mindestens zwei Tabellen miteinander in Relation (Beziehung) gesetzt wurden. Die Beziehung besteht über den **Primärschlüssel** der Mastertabelle, der in der Detailtabelle als sogenannter **Fremdschlüssel** wieder auftaucht (siehe hierzu auch Kapital 5.2.4).

Beispiel: Kundentabelle (als Mastertabelle) und Bestelltabelle (als Detailtabelle)

Kundentabelle		
Kdnr.	Name	Ort
121	Heilig	Oldenburg
...	...	...

Bestelltabelle		
Bestellnr.	Bestelldatum	Kdnr.
1313	13.08.2014	121
...	...	...

Das Arbeiten mit Relationen hat einige Vorteile. Zum einen kann hierdurch Speicherplatz gespart werden, da keine **Mehrfacheintragungen (Redundanzen)** z.B. des Kunden (Name, Ort, Str., ...), vorgenommen werden müssen. Somit muss ein Kunde in der Kundentabelle nur jeweils einmal eingetragen werden. Lediglich seine Kundennummer kann häufiger in der Bestelltabelle vorkommen, da er hoffentlich öfters bei der Goslarer Büromöbel AG bestellt. Es kann jedoch klar nachvollzogen werden, welcher Kunde wann und was bestellt.

Zum anderen können durch Relationen **Datenunstimmigkeiten (Dateninkonsistenzen)** vermieden werden. Nichts ist schlimmer als eine Datenbank voller Fehler. Sollte sich z.B. die Kundenadresse ändern, was ggf. häufiger passieren könnte, muss der Datenbankuser lediglich in der Kundentabelle die Adresse ändern. Alles andere würde weiterhin Gültigkeit haben, da die Kundennummer gleich bleibt. Ohne Relationen hätten Sie nun per Kleinstarbeit alle Bestellungen durchgehen müssen und wären gezwungen, die neue Adresse jeweils per Hand einzugeben. Hieraus ergibt sich, dass eine Datenbank immer auf dem aktuellsten Stand (Datenbankpflege) sein muss. Wenn die neue Kundenadresse nicht eingetragen wurde, nützen selbst die Relationen nichts und der bestellte Artikel wird an eine falsche Adresse geliefert.

Übungsaufgaben

173 Lösen Sie die Handlungsaufgaben aus der Lernsituation 4!

174 1. Erklären Sie die folgenden Begriffe mit Ihren Worten:
- Datenbank
- Datensatz
- Tabelle
- Daten

2. Erklären Sie, warum Redundanzen und Dateninkonsistenzen für eine Datenbank schädlich sind!

LG 12.5 Lernsituation 5: Ein Entity-Relationship-Diagramm (ERD) erstellen

Herr Ludewig, der Abteilungsleiter der EDV, entscheidet sich, für den Outletstore in Cuxhaven eine eigene kleine Datenbank zu entwerfen. Hierzu möchte er gerne, dass alle Mitarbeiter seiner Abteilung ein Entity-Relationship-Diagramm erstellen. Damit die Mitarbeiter der EDV-Abteilung die Aufgabe ohne Probleme bewältigen können, beauftragt er seinen Stellvertreter Herrn Ollmann damit, ein kurzes Informationsmeeting zum Thema Entity-Relationship-Modell durchzuführen. Bei der Vorbereitung auf das Meeting sucht Herr Ollmann in seinen alten Uniunterlagen nach geeigneten Informationen zum Entity-Relationship-Modell bzw. Diagramm. Leider sind seine Unterlagen aus Studentenzeiten nicht sonderlich gut sortiert, sodass er nur folgenden Auszug findet:

„Was soll ich damit nur anfangen?“, fragt sich Herr Ollmann.

Handlungsaufgaben:

Arbeiten Sie das folgende Kapitel des Lehrbuches durch und verwenden Sie die Aufzeichnungen aus dem Unterricht zur Bearbeitung der Handlungsaufgaben.

1. Welchen Vorteil hat die Datenbankmodellierung für einen Datenbankentwickler?
2. Erklären Sie mit Ihren Worten die Begriffe und die Bedeutung eines Primär- und eines Fremdschlüssels.
3. Beschreiben Sie anhand einfacher Beispiele sämtliche Möglichkeiten, einen Primärschlüssel zu bilden.

5 Datenbankmodellierung mit dem Entity-Relationship-Modell (ERM)

5.1 Ablauf der Datenbankerstellung

Bevor man mit einem Datenbankmanagementsystem arbeiten kann, müssen die Daten mithilfe eines Modells modelliert werden. Hierzu werden konkrete Daten aus der realen Welt modellhaft dargestellt, um diese anschließend in eine Datenbank übernehmen zu können. Es handelt sich um den sogenannten **Datenbankentwurf.**

1. Schritt: Datenanalyse (reale Welt)

↓

2. Schritt: Datenmodellierung (Modell der Wirklichkeit)

↓

3. Schritt: Datenbankerstellung (Datenbankmanagementsystem)

Im **1. Schritt** wird die reale Welt betrachtet. Ziel ist es, die Wirklichkeit so zu betrachten und zu strukturieren, dass sie im weiteren Verlauf mithilfe der Datenmodellierung auch tatsächlich in eine Datenbank überführt werden kann (Ziel = Datenbankerstellung). Dies geschieht im einfachsten Fall durch Beobachtungen, Befragungen und Experimente. Es können aber auch statistische Merkmale (z.B. Stichproben) jederzeit herangezogen werden.

Beispiele:

- Wie ist der Ablauf des Bestellvorganges eines Kunden bei der Goslarer Büromöbel AG? Welche Daten werden benötigt? Welche Daten sind wie miteinander verknüpft? ...
- Wie arbeitet die Einkaufsabteilung der Goslarer Büromöbel AG? Auf welche Daten muss zurückgegriffen werden? Welche Datenstämme müssen miteinander verknüpft werden? ...

Im **2. Schritt** wird versucht, die erhobenen Daten (Informationen) der realen Welt in ein Modell zu übertragen. Ein Modell ist also nichts weiter als ein Auszug oder beschränktes Abbild der Wirklichkeit. Hierfür stehen mehrere Modelle zur Verfügung. Das Entity-Relationship-Modell (ERM) ist das gängigste Modell bei der **Datenmodellierung** im Bereich der Datenbanken.

Im **3. Schritt** wird das Modell in die Datenbank überführt. Das heißt, es wird konkret mithilfe eines Datenbankmanagementsystems umgesetzt. Dieser Vorgang nennt sich auch Implementierung. Es werden Datenbestände in Form von Tabellen angelegt und Relationen (Beziehungen) zwischen den Tabellen hergestellt.

Anschließend kann mit der fertigen Datenbank gearbeitet werden. Die Datenbank muss lediglich mit Informationen (Daten) gefüttert werden.

5.2 Das Entity-Relationship-Diagramm (ERD)

Das Entity-Relationship-Diagramm ermöglicht die graphische Darstellung unserer realen Wirklichkeit, um diese anschließend digital in ein Datenbankmanagementsystem zu überführen (implementieren).

5.2.1 Entität (entity)

Ein reales Objekt der realen Welt wird als Entität, englisch entity, bezeichnet.

Beispiele:

- ein Auto, z.B. VW Caddy
- ein Buch, z.B. „Der Herr der Ringe"
- ein Lieferant, z.B. Haidar Madi KG
- eine Bestellung, z.B. bei Amazon

Da es in der Wirklichkeit nicht nur ein bestimmtes Auto (z. B. den VW Caddy) oder ein Buch (z. B. „Der Herr der Ringe“) gibt, können gleichartige Entitäten zu einer sogenannten **Entitätsmenge** (Entitätstypen) zusammengefasst werden. Das heißt, dass der VW Caddy eine Entität innerhalb der Entitätsmenge Auto darstellt. In dieser Entitätsmenge Auto befinden sich viele andere gleichartige Entitäten wie z. B. der VW Tiguan, der Opel Astra, der Porsche Boxter, der BMW Z3, etc.

Die Darstellung einer Entitätsmenge erfolgt als Rechteck:

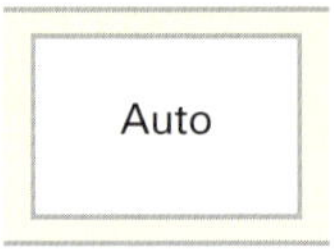

Diese Entitätsmenge ist im Datenbankmanagementsystem später eine eigenständige Tabelle: die Tabelle „Auto“.

5.2.2 Attribute

Die Tabelle Auto würde noch keine Informationen enthalten. Es muss also genauer betrachtet werden, welche Eigenschaften ein Auto hat bzw. was ein Auto genauer beschreibt bzw. spezifiziert.

Jedes Auto hat eine Farbe, eine PS-Zahl oder eine Erstzulassung. Jedes dieser Merkmale wäre ein Attribut innerhalb der Tabelle Auto.

Beispiele:

- Der VW Caddy ist schwarz, hat 120 PS, Erstzulassung am 01.07.20..
- Der Porsche Boxter ist rot, hat 255 PS, Erstzulassung am 26.07.20..
- Der Opel Astra ist gelb, hat 90 PS, Erstzulassung am 19.03.20..

Diese Attribute wollen wir mithilfe des ER-Diagramms darstellen. Die Darstellung der Attribute erfolgt als Oval:

Um kenntlich zu machen, dass diese Attribute Bestandteil der Entitätsmenge Auto sind, werden diese mit dem Rechteck „Auto“ wie folgt verbunden:

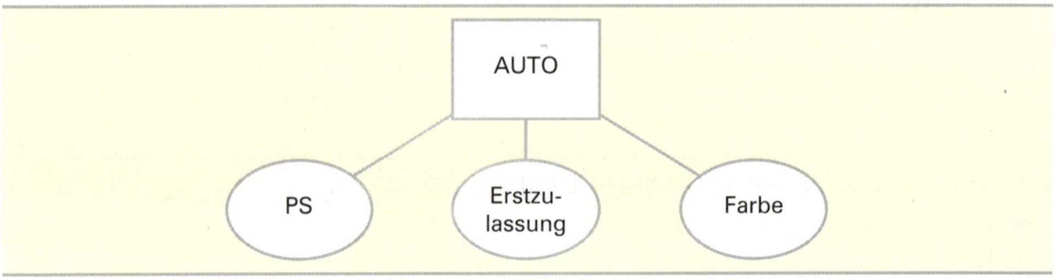

Die Attribute bilden innerhalb der Tabelle „Auto“ später die Spaltenköpfe.

Auto			
Modell	**Farbe**	**Erstzulassung**	**PS**
VW Caddy	schwarz	01.07.20..	120
Porsche Boxter	rot	26.07.20..	255
Opel Astra	gelb	19.03.19..	90
...	...	...	...

5.2.3 Relationen (Beziehungen)

Zwischen Entitätsmengen bestehen häufig, teilweise auf den ersten Blick nicht sichtbare Beziehungen. Diese Beziehungen müssen mit dem ER-Diagramm visualisiert werden.

Beispiele:

- Jedes Auto hat ein Kennzeichen. Der VW Caddy hat das Kennzeichen OHZ-C-XXX, der Porsche Boxter das Kennzeichen GS-S-XXX und der Opel Astra das Kennzeichen CUX-M-XXX.
- Beziehung zwischen Abteilung und Mitarbeiter.
- Beziehung zwischen Bestellung und Artikel.
- Beziehung zwischen Buch und Autor.

Relationen (Beziehungen) werden im ER-Diagramm als Raute dargestellt:

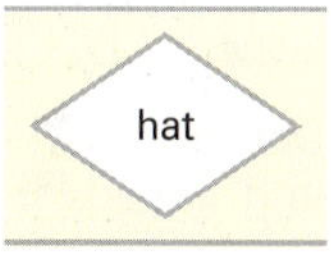

In die Raute wird kurz und knapp vermerkt, was die Beziehung ausmacht bzw. genauer beschreibt.

Somit ergibt sich folgendes ER-Diagramm:

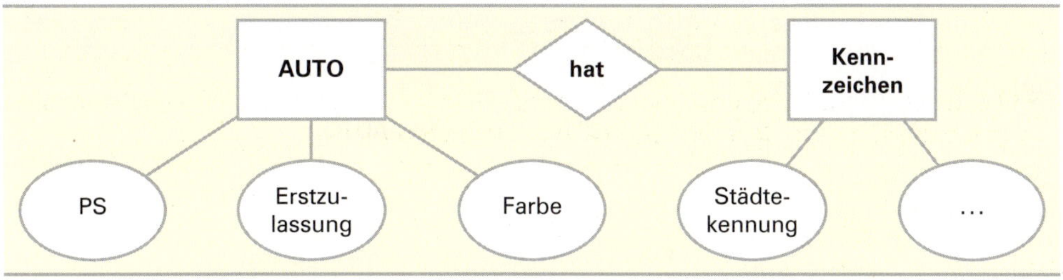

Das ER-Diagramm lässt sich selbstverständlich um weitere Beziehungen erweitern. So könnte z. B. die Zulassungsstelle ergänzt werden.

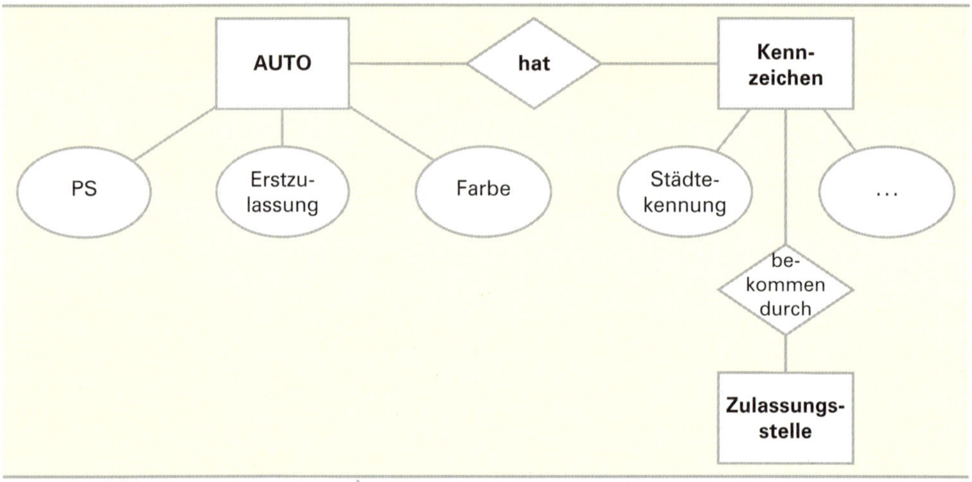

5.2.4 Schlüsselattribute

Damit eine Relation (Beziehung) zwischen zwei oder mehreren Tabellen überhaupt möglich ist, müssen den Tabellen Schlüsselattribute hinzugefügt werden. Jede Tabelle benötigt einen Primärschlüssel (siehe hierzu auch Kapitel 4.6). Die meisten Datenbankprogramme zwingen den User beispielsweise zur Eingabe eines solchen Primärschlüssels. Die Primärschlüssel tauchen als Fremdschlüssel in einer anderen Tabelle wieder auf und ermöglichen so die Relation zwischen diesen Tabellen.

5.2.4.1 Der Primärschlüssel

Der Primärschlüssel soll eine Tabelle bzw. die darin enthaltenen Datensätze einzigartig und unverwechselbar machen. Aus diesem Grund darf ein Primärschlüssel innerhalb einer Tabelle auch nur ein einziges Mal vorkommen bzw. vergeben werden.

Es gibt verschiedene Arten von Primärschlüsseln.

(1) Natürlicher Primärschlüssel

Beispiel:

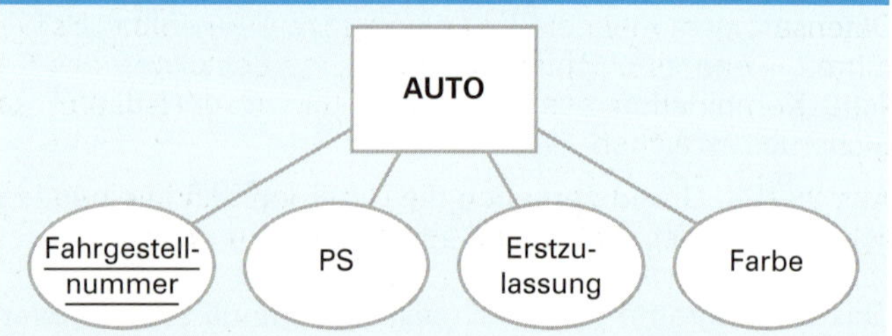

Natürliche Primärschlüssel sind Attribute, die bereits durch die Entität vorgegeben sind. Diese Form des Schlüssels ist ideal, da dieser einfach übernommen werden kann. Beim Auto wäre dies z.B. die Fahrgestellnummer. Jedes Auto hat eine eindeutige und unverwechselbare Fahrgestellnummer, die wir als Primärschlüssel verwenden können. Im ER-Diagramm wird der Primärschlüssel immer **unterstrichen**, so ist er leicht von den anderen Attributen zu unterscheiden.

Auto				
Fahrgestellnummer	Modell	Farbe	Erstzulassung	PS
JH2342324XXX	VW Caddy	schwarz	01.07.20..	120
GH427634XXX	Porsche Boxter	rot	26.07.20..	255
SB987073XXX	Opel Astra	gelb	19.03.19..	90
...	...	...	...	...

(2) Künstlicher Primärschlüssel

Häufig liegt kein natürlicher Primärschlüssel vor, sodass ein künstlicher Schlüssel angelegt werden muss.

Dieser Schlüssel wird von jedem Unternehmen selbst festgelegt. Der Primärschlüssel liegt nicht schon bereits natürlich vor, da es auch keine Definition oder ähnliches für die Vergabe von Abteilungsnummern gibt.

Beispiel:

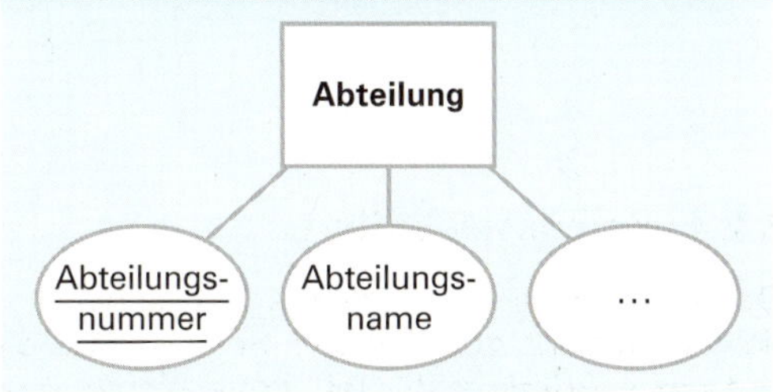

(3) Kombinierter Primärschlüssel

Ein kombinierter Primärschlüssel ist in der Regel nur im Notfall einzusetzen.

Beispiel:

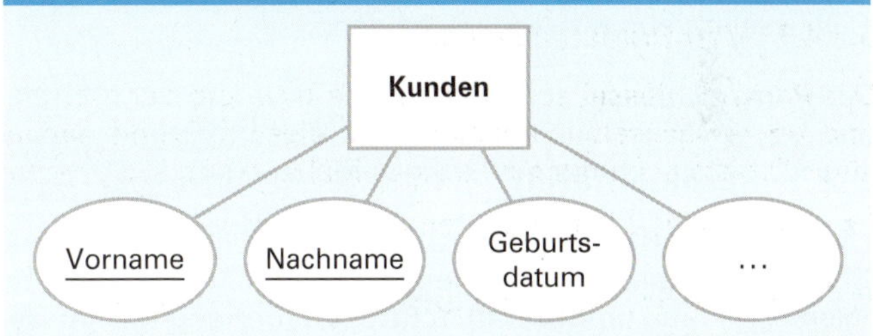

In diesem Beispiel wurden die Attribute Vorname und Nachname miteinander kombiniert und als Primärschlüssel verwendet. Auf den ersten Blick scheint dies eine gute Lösung zu sein, aber was passiert, wenn ich zwei Kunden mit einem identischen Vor- und Nachnamen habe? Dann wäre der Datensatz nicht mehr eindeutig und unverwechselbar. Es wird zwangsläufig zu Problemen führen, wenn es beispielsweise um eine Bestellung des Kunden geht. Selbst eine mögliche Kombination aus Nachname und Geburtsdatum kann keine hundertprozentige Sicherheit erreichen.

Aus diesem Grund vergeben die Unternehmen in einem solchen Fall lieber einen künstlichen Schlüssel, die sogenannte Kundennummer.

5.2.4.2 Der Fremdschlüssel

Wie eingangs beschrieben, benötigt jede Tabelle einen Primärschlüssel. Ohne diesen Primärschlüssel sind keine Relationen (Beziehungen) zwischen Tabellen möglich. Dieser Primärschlüssel taucht als Fremdschlüssel in der Tabelle, mit der eine Beziehung hergestellt werden soll, wieder auf.

Beispiel:

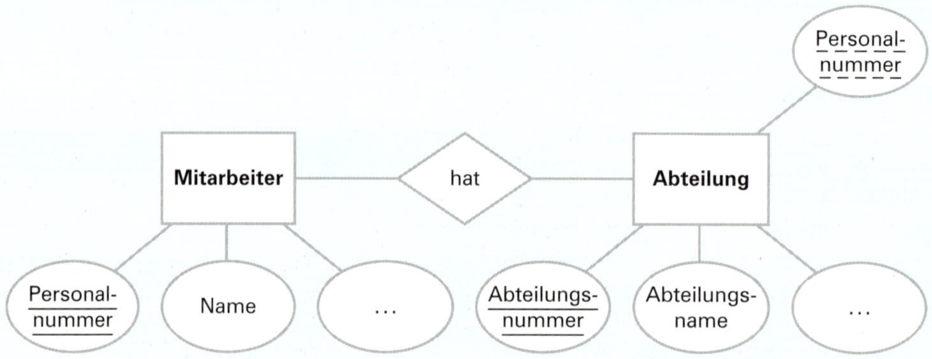

Der Primärschlüssel in der Entitätsmenge Mitarbeiter taucht als Fremdschlüssel in der Entitätsmenge Abteilung wieder auf. Somit kann später bei der Umsetzung mit einem Datenbankmanagementsystem jeder Abteilung die passenden Mitarbeiter zugeordnet werden. Der Fremdschlüssel kann im ER-Diagramm bei Bedarf gestrichelt unterstrichen werden. Hierdurch ist der Fremdschlüssel deutlich von Primärschlüssel und den Nicht-Schlüsselattributen zu unterscheiden.

5.2.5 Kardinalitäten

Die Form der Beziehung wird durch die Kardinalität wiedergegeben. Sprich: Wie viele Entitäten aus einer Entitätsmenge stehen mit wie vielen Entitäten aus einer anderen Entitätsmenge (und umgekehrt) in Relation (Beziehung)? Im weiteren Verlauf werden die einzelnen Kardinalitäten in vereinfachter Form genauer erläutert.

5.2.5.1 Die 1-zu-1-Beziehung

Jede Entität aus der einen Entitätsmenge steht genau mit einer Entität aus einer anderen Entitätsmenge in Relation und umgekehrt.

Beispiele:

- Jedes Auto hat eine eindeutige und unverwechselbare Farhgestellnummer.
- Jedes Auto bekommt ein Kennzeichen. Jedes Kennzeichen kommt nur einmal vor und ist somit eindeutig und unverwechselbar.

Es wird deutlich, dass zu jedem Auto mit seiner ganz individuellen Fahrzeugnummer nur 1 Kennzeichen passt. Umgekehrt passt nur 1 individuelles Kennzeichen genau zu einem Auto mit seiner unverwechselbaren Fahrgestellnummer.

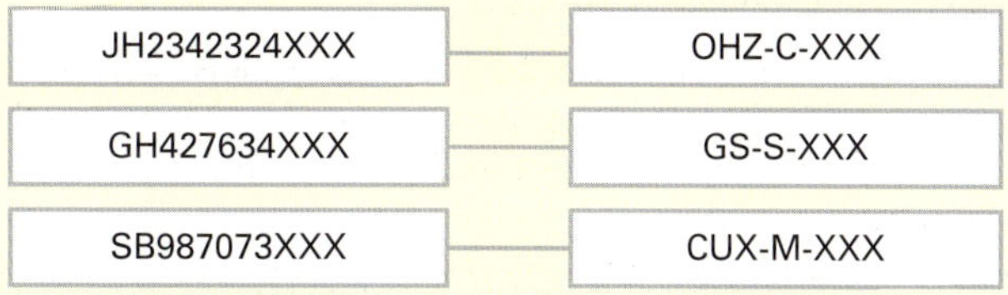

Fahrgestellnummer
JH2342324XXX
GH427634XXX
SB987073XXX
…

Kennzeichen
OHZ-C-XXX
GS-S-XXX
CUX-M-XXX
…

Als ER-Diagramm wäre die Darstellung wie folgt:

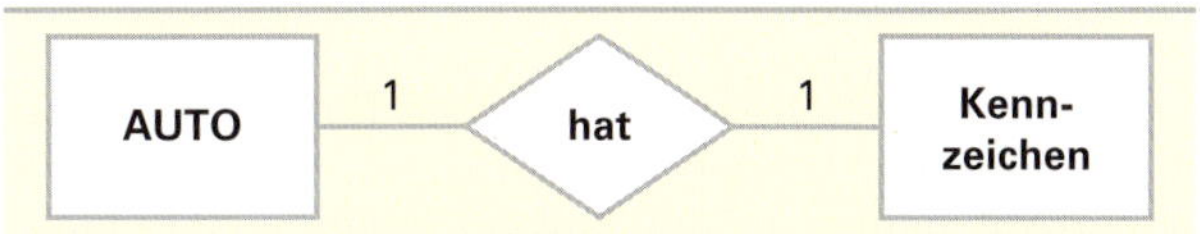

Die Angaben zur Kardinalität werden direkt an die Verbindungslinien neben die Rauten geschrieben.

5.2.5.2 Die 1-zu-n-Beziehung

Jeder Entität aus der einen Entitätsmenge steht mit mehreren Entitäten aus der anderen Entitätsmenge in Relation (Beziehung). Umgekehrt stehen mehrere Entitäten aus der einen Entitätsmenge mit genau einer Entität aus der anderen Entitätsmenge in Relation (Beziehung).

Beispiele:

- Jede Abteilung hat mehrere Mitarbeiter und ist durch die Abteilungsnummer gekennzeichnet.
- Jeder Mitarbeiter bekommt eine Personalnummer und ist einer Abteilung zugeordnet.

Es wird deutlich, dass zu jeder Abteilung mit ihrer ganz individuellen Abteilungsnummer mehrere Mitarbeiter mit ihrer unverwechselbaren Personalnummer passen. Umgekehrt passt nur eine Personalnummer (ein Mitarbeiter) genau zu einer Abteilung mit der unverwechselbaren Abteilungsnummer.

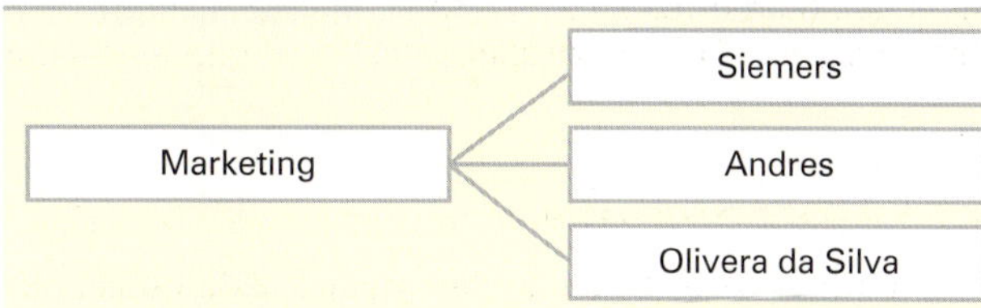

Abteilungsnummer
1 (Marketing)
2 (Einkauf)
3 (Verkauf)
…

Personalnummer
233
234
235
…

Als ER-Diagramm wäre die Darstellung wie folgt:

Die Angaben zur Kardinalität werden direkt an die Verbindungslinien neben die Rauten geschrieben.

Beachte:

Es wird auch von einer 1-zu-n-Beziehung gesprochen, wenn beispielsweise die Abteilung Export innerhalb der Datenbank nur einen Mitarbeiter hätte, da die Mehrzahl der Abteilungen in diesem Unternehmen mehrere Mitarbeiter umfasst. Es ist darauf zu achten, dass die Reihenfolge 1-zu-n oder n-zu-1 eingehalten wird, je nachdem, aus welcher Perspektive das ER-Diagramm betrachtet wird.

5.2.5.3 Die n-zu-m-Beziehung

Mehrere Entitäten aus der einen Entitätsmenge stehen mit mehreren Entitäten aus der anderen Entitätsmenge in Relation (Beziehung). Umgekehrt stehen ebenfalls mehrere Entitäten aus der anderen Entitätsmenge mit mehreren Entitäten aus der ersteren Entitätsmenge in Relation (Beziehung).

Beispiele:

- Jeder Kunde hat eine eigene Kundennummer und führt mehrere Bestellungen aus.
- Jeder Artikel wird häufiger bestellt und bekommt eine Artikelnummer.

Es wird deutlich, dass mehrere Kunden mit ihrer Kundennummer mehrere Artikel bestellen. Umgekehrt werden die identischen Artikel mit der unverwechselbaren Artikelnummer von mehreren Kunden bestellt.

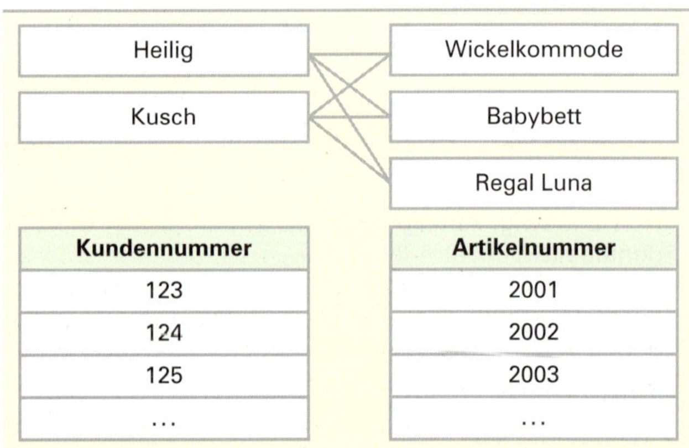

Als ER-Diagramm wäre die Darstellung wie folgt:

Die Angaben zur Kardinalität werden direkt an die Verbindungslinien neben die Rauten geschrieben.

Beachte:

Es wird auch von einer n-zu-m-Beziehung gesprochen, wenn beispielsweise ein Kunde innerhalb der Datenbank nur einen Artikel bestellt hätte, da die Mehrzahl der Kunden ja mehrere Artikel bestellt und die meisten Artikel häufiger bestellt werden. Die Reihenfolge, ob n-zu-m oder m-zu-n ist beliebig.

Übungsaufgaben

175 Lösen Sie die Handlungsaufgaben aus der Lernsituation 5!

176 Erstellen Sie ein ER-Diagramm für einen ortsansässigen Pizza-Lieferservice.

LG 12.5 Lernsituation 6: Eine Tabelle normalisieren

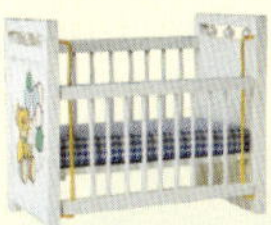

Wegen der Übernahme der Millé Kindermöbel GmbH durch die Goslarer Büromöbel AG kommt auf die EDV-Abteilung eine Menge Arbeit zu. Als Erstes sollen die Kunden- und Lieferantentabellen in die Datenbank der Goslarer Büromöbel AG importiert werden. Beim Betrachten der Tabellen der Millé Kindermöbel GmbH wird schnell klar, dass dies ohne Weiteres nicht möglich ist.

Auszug aus der Datenbank der Millé Kindermöbel GmbH:

Kunde	Adresse Teil 1	Adresse Teil 2	...
Frau Golumbeck, Kathrin	Feldstraße 22, 27487 Cuxhaven	Telefon: 04721–XXXXXX, k.golumbeck@sps.tv	...
Herr Hanft, Söhnke	Stubertweg 13, 21689 Stade	Telefon: 04141–XXXXX, commanda@bvb.go	...
Frau Golumbeck, Kathrin	Feldstraße 22, 27487 Cuxhaven	Telefon: 04721–XXXXXX, k.golumbeck@sps.tv	...

Herr Ludewig, Abteilungsleiter der EDV stellt sofort fest, dass die Daten in der Kundentabelle nicht atomar vorliegen. Hinzu kommt, dass Daten doppelt vorkommen. So werden die Kunden anscheinend bei jeder Bestellung neu aufgenommen. Es gibt auch keine eigene Tabelle für die Bestellungen innerhalb der Datenbank der Millé Kindermöbel GmbH. Lediglich eine Lieferantentabelle befindet sich dort.

„Was sich das Unternehmen dabei nur gedacht hat?“, fragt sich Herr Ludewig. Einen Nutzen hatte diese Datenbank ganz sicher nicht. Da hätte man ja gleich die Tabellen mit EXCEL erstellen können.

Handlungsaufgaben:

Arbeiten Sie das folgende Kapitel des Lehrbuches durch und verwenden Sie die Aufzeichnungen aus dem Unterricht zur Bearbeitung der Handlungsaufgaben.

1. Stellen Sie heraus, welche Vorteile die Normalisierung hat.
2. Erklären Sie den Unterschied zwischen den drei Normalformen.

6 Der Normalisierungsprozess

Der Prozess der Normalisierung muss immer dann durchgeführt werden, wenn die Daten (Informationen) nicht in geeigneter Form (siehe Beispiel in der Ausgangssituation) vorliegen. Mit solchen Daten kann ein Datenbankmanagementsystem wie beispielsweise Microsoft Access nicht vernünftig arbeiten. Eine solche Tabelle kann nicht ohne Probleme verwaltet werden. Für jeden Mitarbeiter wäre eine solche Tabelle eine Zumutung. Ziel der Normalisierung soll es sein, spätere Datenredundanzen sowie Dateninkonsistenzen zu vermeiden, um so ein effizientes Arbeiten mit der Datenbank zu ermöglichen.

Liegt eine Tabelle wie in der Ausgangsituation vor, die noch nicht normalisiert wurde, spricht man von einer **unnormalisierten** Tabelle oder der **nullten Normalform**. Solche Tabellen entstehen häufig, wenn Daten aus anderen Programmen importiert werden.

6.1 Die erste Normalform

Die erste Normalform schreibt vor, dass alle Daten nur atomar vorliegen. Somit darf in jedem Datenfeld nur eine Information stehen.

Beispiel:

In der Spalte Kunde stehen sowohl die Anrede als auch der Vor- und Nachname des Kunden. In der Spalte Adresse stehen sowohl die Straße und Hausnummer als auch der Ort und die Postleitzahl. Somit liegen die Daten nicht atomar vor!

Nullte Normalform (unnormalisiert)

Kunde	Adresse Teil 1
Frau Golumbeck, Kathrin	Feldstraße 22, 27487 Cuxhaven
Herr Hanft, Söhnke	Stubertweg 13, 21689 Stade
Frau Golumbeck, Kathrin	Feldstraße 22, 27487 Cuxhaven

Um die **erste Normalform** zu erreichen, muss die Tabelle wie folgt normalisiert werden (umgewandelt werden):

Erste Normalform

Anrede	Vorname	Name	Straße + Nr.	PLZ	Ort
Frau	Kathrin	Golumbeck	Feldstraße 22	27487	Cuxhaven
Herr	Söhnke	Hanft	Stubertweg 13	21689	Stade
Frau	Kathrin	Golumbeck	Feldstraße 22	27487	Cuxhaven

Nach dieser Transformation in die erste Normalform liegen nun alle Daten atomar vor. Mit dieser Tabelle kann jetzt schon deutlich besser gearbeitet werden. So könnte ohne Probleme nach dem Ort gesucht bzw. gefiltert werden.

6.2 Die zweite Normalform

Die zweite Normalform schreibt vor, dass wir uns in der ersten Normalform befinden müssen und jedes Attribut von einem Primärschlüssel funktional abhängig sein muss.

Beispiel:

Erste Normalform

Anrede	Vorname	Name	Straße + Nr.	PLZ	Ort
Frau	Kathrin	Golumbeck	Feldstraße 22	27487	Cuxhaven
Herr	Söhnke	Hanft	Stubertweg 13	21689	Stade
Frau	Kathrin	Golumbeck	Feldstraße 22	27487	Cuxhaven

Es sind noch keine Primärschlüssel hinzugefügt worden. An die Kunden kann hier eine Kundennummer vergeben werden, die als Primärschlüssel dienen kann. Da die Adresse funktional vom Kunden bzw. der Kundennummer abhängig ist, bleibt der Rest der Tabelle soweit bestehen.

Um die **zweite Normalform** zu erreichen, muss die Tabelle wie folgt normalisiert werden (umgewandelt werden):

Zweite Normalform

Kundennr.	Anrede	Vorname	Name	Straße + Nr.	PLZ	Ort
5001	Frau	Kathrin	Golumbeck	Feldstraße 22	27487	Cuxhaven
5002	Herr	Söhnke	Hanft	Stubertweg 13	21689	Stade
~~5001~~	~~Frau~~	~~Kathrin~~	~~Golumbeck~~	~~Feldstraße 22~~	~~27487~~	~~Cuxhaven~~

Die Kunden haben ihre Kundennummer erhalten, die Redundanzen können nun aufgelöst werden. Der Kunde ist eindeutig und unverwechselbar über die Kundenummer identifizierbar und kann darüber beispielsweise mit einer Artikeltabelle im Falle einer Bestellung in Relation gesetzt werden.

6.3 Die dritte Normalform

Die dritte Normalform schreibt vor, dass wir uns in der zweiten Normalform befinden müssen und alle Nichtschlüsselattribute untereinander unabhängig sind. Ansonsten werden die untereinander abhängigen Nichtschlüsselattribute in eine neue Tabelle ausgelagert.

Beispiel:

Zweite Normalform

Kundennr.	Anrede	Vorname	Name	Straße + Nr.	PLZ	Ort
5001	Frau	Kathrin	Golumbeck	Feldstraße 22	27487	Cuxhaven
5002	Herr	Söhnke	Hanft	Stubertweg 13	21689	Stade

29 Wessel u.a. - ISBN 978-3-8120-0588-3

Die PLZ ist abhängig vom Ort und der Ort von der PLZ. Somit besteht zwischen diesen beiden Nichtschlüsselattributen eine Abhängigkeit. Diese kann wie folgt aufgelöst werden:

Kundentabelle

Kundennr.	Anrede	Vorname	Name	Straße + Nr.	PLZ
5001	Frau	Kathrin	Golumbeck	Feldstraße 22	27487
5002	Herr	Söhnke	Hanft	Stubertweg 13	21689

Städtetabelle

PLZ	Ort
27487	Cuxhaven
21689	Stade

Es muss gewährleistet werden, dass jedem Kunden ein Ort zugewiesen werden kann. Aus diesem Grund müssen die beiden neu entstandenen Tabellen miteinander in Relation (Beziehung) gesetzt werden. Hierfür eignet sich die PLZ als natürlicher Schlüssel.

Die beiden so entstandenen Tabellen haben deutliche Vorteile gegenüber der unnormalisierten Ausgangstabelle. In der Städtetabelle sind sämtliche Postleitzahlen und Orte enthalten, während in der Kundentabelle die Kundennummer mit dem dazugehörigen Namen und der Adresse gespeichert ist. Über die PLZ, die als Fremdschlüssel in der Kundentabelle enthalten ist, zieht sich das Datenbankmanagementsystem aus der Städtetabelle den dazugehörigen Ort.

Übungsaufgaben

177 Lösen Sie die Handlungsaufgaben aus der Lernsituation 6!

178 1. Transformieren Sie die folgende Tabelle von der nullten Normalform in die dritte Normalform.

Kunde	ReNr	ReDatum	Spesen & Getränke	Kategorie	Anzahl	Preis
Herbert Ahmed, Linendenweg 3, Otterndorf	R1	22.10.2014	Pizza Diabolo	Pizza	3	7,00 EUR
Jörg Menne, Torweg 176, Jever	R2	22.10.2014	Lasagne	Pasta	1	6,00 EUR
Jürgen Schwanemann, An der Medem 9, Ihlienworth	R3	23.10.2014	Pizza Poco Loco	Pizza	1	9,00 EUR
Hauke Imken, Bergweg 151, Bad Bederkesa	R4	23.10.2014	Fanta	Getränke	2	3,00 EUR
Jörg Menne, Torweg 176, Jever	R5	23.10.2014	Pizza Diabolo	Pizza	4	7,00 EUR

2. Beschreiben Sie, was Sie bei den einzelnen Schritten der Normalisierung der Tabelle gemacht haben.

LG 12.5 Lernsituation 7: Microsoft Access anwenden

Die Erstellung der Datenbank durch die EDV-Abteilung der Goslarer Büromöbel AG geht nur schleppend voran. Auch die Datenbankanwender haben immer wieder Probleme beim Umgang mit der neuen Software, sodass die EDV-Abteilung mittlerweile stark überlastet ist. Aus diesem Grund beschließt die Unternehmensleitung, die Mitarbeiter flächendeckend für den Umgang mit Microsoft Access fit zu machen. Angedacht sind spezielle Schulungen je nach Personenkreis. Die Mitarbeiter der EDV-Abteilung sollen so geschult werden, dass sie danach in der Lage sind, die Datenbankuser gezielt zu schulen und zu beraten. Hierfür soll im weiteren Verlauf auch eine eigenständige Service-Hotline im Unternehmen eingerichtet werden.

Der Praktikant Jonas Schwanemann hat sich mittlerweile für eine Ausbildung bei der Goslarer Büromöbel AG empfohlen. Er beginnt zum kommenden Schuljahr eine Ausbildung zum Informatikkaufmann und erhält bereits jetzt die Möglichkeit, an der neuen Schulung teilzunehmen. Ganz unvorbereitet möchte er allerdings nicht an dem Accesskurs teilnehmen und beschließt deshalb, sich selbstständig vorzubereiten. *„Ob mir das wohl gelingt?“*, fragt sich Jonas.

Handlungsaufgaben:

Arbeiten Sie das folgende Kapitel des Lehrbuches durch und verwenden Sie die Aufzeichnungen aus dem Unterricht zur Bearbeitung der Handlungsaufgaben.

1. Erklären Sie den Unterschied zwischen Feldnamen und Felddatentyp.
2. Beschreiben Sie die Vorteile der Eingabe von Gültigkeitsregeln und -meldungen.
3. Erklären Sie den Unterschied zwischen Filtern und Abfragen.

7 Grundlegende Fertigkeiten im Umgang mit Access

Im folgenden Abschnitt werden einzelne Elemente von Microsoft Access vorgestellt, die es ermöglichen, eine einfache Datenbank zu erstellen sowie mit einer Datenbank zu arbeiten. Die verwendeten Beispiele beruhen in der Regel auf der Nordwind-Datenbank, die als lokale Vorlage bei Microsoft Access enthalten ist und kostenlos verwendet werden darf.

7.1 Access unter Windows starten

Microsoft Access kann überall dort gestartet werden, wo eine lokale Verknüpfung mit diesem Programm besteht. In der Regel wird beim Installieren der Software unter Windows der folgende Pfad automatisch gewählt: **Start/Alle Programme/Microsoft Office/Microsoft Office Access.**

Selbstverständlich lässt sich auch ohne Probleme z. B. eine Verknüpfung auf dem Desktop erstellen. Sollten bereits Datenbankdateien auf dem Computer bestehen, können diese

z. B. durch „Doppelklick“ geöffnet werden. Ältere Microsoft Access Dateien haben die Dateiendung *.mdb, während neuere auf *.accdb enden.

Beachte:

Sollten die Dateiendungen unter Windows nicht angezeigt werden, können Sie die Dateierweiterungen manuell einstellen. Alternativ können Sie sich an den Dateisymbolen (Icons) orientieren.

7.2 Aufbau des Bildschirmfensters von Access

7.2.1 Grundlagen

Mit dem Start von MS Access erscheint das Programmfester. Das erste Bildschirmfenster ist folgendermaßen aufgebaut:

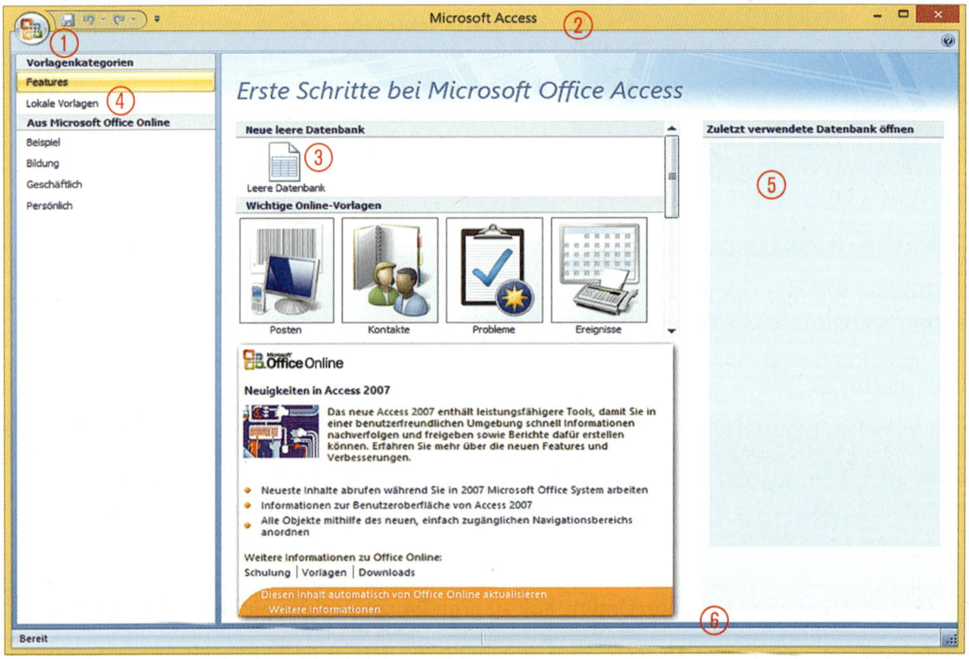

(1) Microsoft-Office-Schaltfläche

Mithilfe eines einfachen Mausklicks auf die Microsoft-Office-Schaltfläche öffnet sich ein Untermenü. In diesem Menü befinden sich folgende Punkte:

- Neu (für das Erstellen einer neuen Datenbank)
- Öffnen (für das Öffnen einer bereits erstellten Datenbank)
- Speichern und Speichern unter (für das Speichern einer Datenbank)
- Drucken (für das Ausdrucken z. B. einer Tabelle)
- Verwalten (um z. B. Grundeinstellungen vorzunehmen)

- E-Mail (um die Datenbank in verschiedenen Dateiformaten per E-Mail zu verschicken)
- Veröffentlichen (um z. B. die Datenbank für die Speicherung auf einem Dokumentenverwaltungsserver vorzubereiten)
- Datenbank schließen (um die Datenbank zu schließen)

(2) Titelleiste

Access arbeitet wie jedes Microsoft-Office-Programm in einem eigenen Programmfenster. In der Titelleiste des Fensters wird der jeweilige Titel der benutzten Software angezeigt, hier Microsoft Access.

(3) Leere Datenbank

Durch einen einfachen Mausklick auf dieses Icon bekommt der Anwender die Möglichkeit, eine eigene Datenbank zu erstellen.

Der Benutzer wird anschließend aufgefordert, seiner Datenbank einen Dateinamen zu geben.

(4) Vorlagen

Dem Benutzer steht ebenfalls eine Reihe von Vorlagen zur Verfügung. Diese können dem Anwender einen leichteren und schnelleren Start ermöglichen, sodass dem Benutzer beispielsweise ein Grundgerüst einer einfachen Datenbank zur Verfügung steht, das bei Bedarf ergänzt oder abgeändert werden kann.

(5) Zuletzt verwendete Datenbank öffnen

In diesem Bereich werden die zuletzt verwendeten und abgespeicherten Datenbanken angezeigt. Diese können per einfachen Mausklick geöffnet werden.

(6) Statuszeile

Am unteren Bildschirmrand erscheint die Statuszeile. Ein Blick auf diesen Teil des Bildschirms kann bei eventuellen Schwierigkeiten beim Umgang mit der Software hilfreich sein. Im linken Bereich werden beim Arbeiten mit Access die jeweiligen Ansichten und/oder auch zusätzliche Informationen angezeigt. Rechts steht beispielsweise, welche Feststelltasten aktiv sind.

Beachte:

Im unteren Teil des Programmfensters befindet sich der Microsoft-Office-Online-Bereich. Bei vorhandener Internetverbindung kann durch Klicks auf die jeweiligen Hyperlinks z. B. auf weitere Vorlagen oder Neuigkeiten zu Microsoft Access zugegriffen werden.

7.2.2 Die Datenblattansicht

Haben Sie sich dazu entschieden, eine neue Datenbank zu entwickeln, erscheint das eigentliche Bildschirmfenster (Datenblattansicht), das für die Erstellung der Datenbank benötigt wird.

In der Datenblattansicht geben Sie die späteren Daten bzw. Informationen ein:

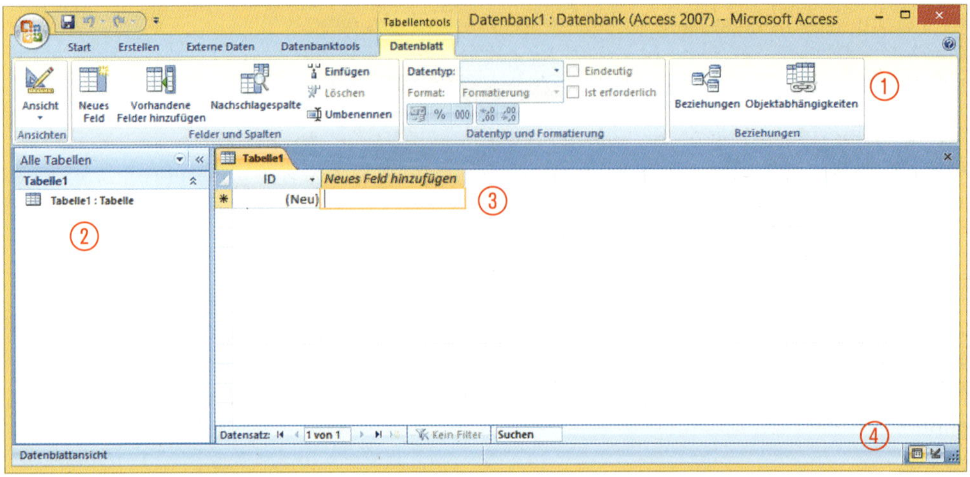

(1) Multifunktionsleiste

Die Multifunktionsleiste vereint diverse Menüs und Symbolleisten. Die Leiste soll helfen, die für eine Aufgabe notwendigen Befehle zu finden. Die Befehle sind als logische Gruppen strukturiert, die unter einzelnen Registerkarten zusammengefasst sind. Es werden immer nur die Karten angezeigt, die für die momentan durchgeführte Aufgabe sinnvoll sind. Die Karten bieten den direkten Zugriff auf die notwendigen Befehle, wie z.B. hier in der Datenblattansicht.

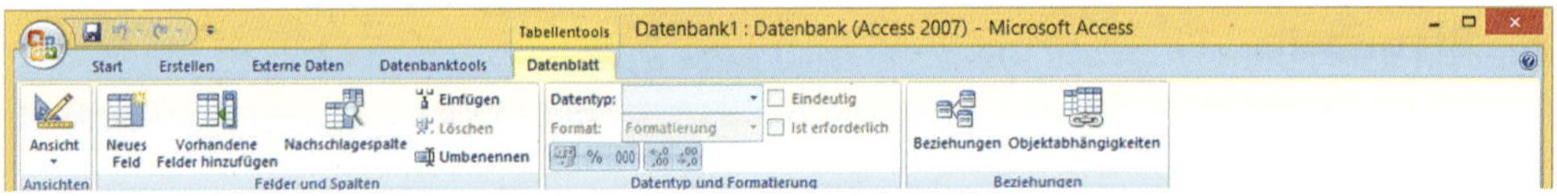

So sieht es dann aus, wenn Sie z.B. gerade den Register-Punkt „Start" aus der Datenblattansicht angeklickt haben.

Über entsprechende Auswahlpfeile können sogenannte Drop-Down-Menüs aufgerufen werden. Rechts sehen Sie z.B. das Drop-Down-Menü, um sich weitere Formulare anzeigen zu lassen. Wenn Sie ein solches Menü aus Versehen aufgerufen haben, können Sie es jederzeit durch Drücken der ESC-Taste oder z.B. durch Klicken in den Arbeitsbereich verlassen. Auch andere Operationen lassen sich oftmals durch wiederholtes Drücken der ESC-Taste beenden bzw. abbrechen.

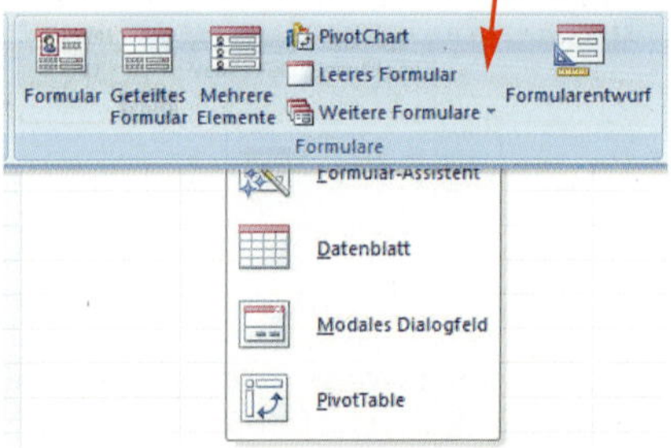

(2) Navigationsbereich mit Datenbankobjekten

In diesem Bereich sind alle bereits erstellten und abgespeicherten Datenbankobjekte zu sehen und jederzeit aufrufbar. Die wichtigsten vier Datenbankobjekte für den Standardanwender sind Tabellen, Abfragen, Formulare und Berichte. Sollte diese Ansicht nicht standardmäßig erscheinen, haben Sie die Möglichkeit, sich diese über das Drop-Down-Menü (wie im Beispiel rechts komplett oder einzeln, z. B. nur Tabellen) anzeigen zu lassen.

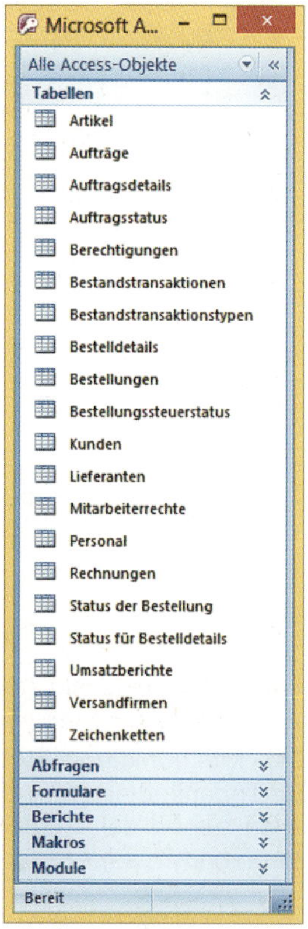

(3) Tabelle

Die Tabelle ähnelt in ihrem Aussehen und der Handhabung sehr stark Microsoft EXCEL. Hier haben Sie u. a. die Möglichkeit, nach dem Erstellen der Datenbank die Daten einzugeben und zu formatieren.

(4) Ansichtsschaltflächen

Bei Access sind zwei Ansichten von besonderer Bedeutung, nämlich die Datenblattansicht, in der wie bereits beschrieben die Daten eingegeben werden, und die Entwurfsansicht. Um zwischen diesen beiden Ansichten hin und her zu schalten, können Sie z. B. auf die Ansichtsschaltflächen klicken. Außerdem gibt es noch die Seitenansicht sowie die Formularansicht.

In der Titelleiste erscheint in der Datenblattansicht zusätzlich der Speichername der Datenbank, in unserem Fall Datenbank1. Die Statuszeile stellt weitere Informationen bereit.

7.2.3 Die Entwurfsansicht

Wenn Sie von der Datenblattansicht in die Entwurfsansicht wechseln, erscheint ein ganz neues Bildschirmfenster. Dieses Bildschirmfenster hat mit EXCEL keine großen Gemeinsamkeiten mehr. In dieser Ansicht werden die grundlegenden Einstellungen für die Tabelle vorgenommen. Beispielsweise kann hier festgelegt werden, dass später in der Datenblattansicht in dem Datenfeld PLZ nur Zahlen eingegeben werden können.

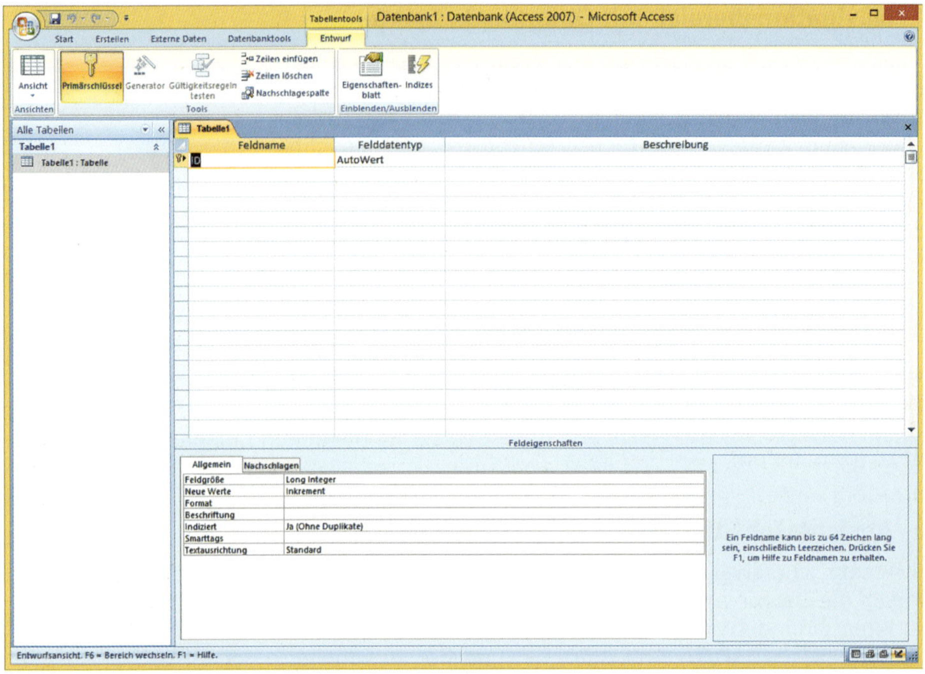

Die Multifunktionsleiste, Ansichtsschaltflächen und der Navigationsbereich mit den Datenbankobjekten sind auch in der Entwurfsansicht wiederzufinden. Des Weiteren wird auch hier in der Titelleiste zusätzlich der Speichername der Datenbank, in diesem Fall Datenbank1, angezeigt. Die Statuszeile stellt weitere Informationen bereit.

7.3 Kontextmenüs

Oft ist das Kontextmenü hilfreich, das Ihnen zur jeweiligen Situation passende Befehle zur Verfügung stellt. Die Art der Zusammenstellung der Befehle ist davon abhängig, welche Operation Sie in MS Access gerade durchführen oder durchführen möchten.

Zeigen Sie mit der Maus auf ein Element (z. B auf die Registrierlasche Tabelle1) und klicken Sie mit der **rechten** Maustaste. Das Kontextmenü öffnet sich.

Klicken Sie irgendwo anders hin (natürlich mit der linken Maustaste), schließt sich das Kontextmenü wieder.

7.4 Tabellen in Access erstellen

7.4.1 Die Datenblattansicht

Die Grundlage jeder Datenbank sind Tabellen. Im Idealfall besteht eine Datenbank aus mehreren Tabellen, die miteinander in Relation (Beziehung) stehen. Der Aufbau der Tabellen in Microsoft Access ist im Großen und Ganzen identisch mit den Tabellen einer Tabellenkalkulationssoftware wie Microsoft EXCEL. Die Tabelle besteht aus Spalten und Zeilen.

Die folgende Datenblattansicht zeigt einen Auszug der Kundentabelle der Nordwind-Datenbank.

Kunden

ID	Firma	Nachname	Vorname	Position	Telefon (geschäftlich)	Faxnummer	Straße
1	Firma A	Bedecs	Anna	Inhaberin	(123)555-0100	(123)555-0101	123 1st Street
2	Firma B	Gratacos Solso	Antonio	Inhaber	(123)555-0100	(123)555-0101	123 2nd Street
3	Firma C	Axen	Thomas	Einkaufsmitarbeiter	(123)555-0100	(123)555-0101	123 3rd Street
4	Firma D	Lee	Christina	Einkaufsmanagerin	(123)555-0100	(123)555-0101	123 4th Street
5	Firma E	O'Donnell	Martin	Inhaber	(123)555-0100	(123)555-0101	123 5th Street
6	Firma F	Pérez-Olaeta	Francisco	Einkaufsmanager	(123)555-0100	(123)555-0101	123 6th Street
7	Firma G	Xie	Ming-Yang	Inhaber	(123)555-0100	(123)555-0101	123 7th Street
8	Firma H	Andersen	Elizabeth	Einkaufsmitarbeiter	(123)555-0100	(123)555-0101	123 8th Street
9	Firma I	Mortensen	Sven	Einkaufsmanager	(123)555-0100	(123)555-0101	123 9th Street
10	Firma J	Wacker	Roland	Einkaufsmanager	(123)555-0100	(123)555-0101	123 10th Street

In dieser Ansicht der Tabelle werden die Daten (Informationen) eingegeben. Die Dateneingabe erfolgt immer am Ende einer Tabelle. Das Datenfeld, in dem sich der Cursor befindet bzw. das mit der Maus angeklickt wurde, ist mit einem farbigen Rahmen umrandet. Es besteht nun die Möglichkeit, beispielsweise eine weitere Firma hinzuzufügen. Außerdem besteht die Möglichkeit, die Spaltenköpfe zu verändern oder neu zu beschriften. Hierfür genügt ein einfacher Doppelklick auf den jeweiligen Spaltenkopf.

Kunden

ID	Firma	Nachname	Vorname	Position	Telefon (geschäftlich)	Faxnummer	Straße
22	Firma V	Ramos	Luciana	Einkaufsassistentin	(123)555-0100	(123)555-0101	789 22th Street
23	Firma W	Entin	Michael	Einkaufsmanager	(123)555-0100	(123)555-0101	789 23th Street
24	Firma X	Hasselberg	Jonas	Inhaber	(123)555-0100	(123)555-0101	789 24th Street
25	Firma Y	Rodman	John	Einkaufsmanager	(123)555-0100	(123)555-0101	789 25th Street
26	Firma Z	Liu	Run	Assistent der Buchhaltu	(123)555-0100	(123)555-0101	789 26th Street
27	Firma AA	Toh	Karen	Einkaufsmanagerin	(123)555-0100	(123)555-0101	789 27th Street
28	Firma BB	Raghav	Amritansh	Einkaufsmanager	(123)555-0100	(123)555-0101	789 28th Street
29	Firma CC	Lee	Soo Jung	Manager Einkauf	(123)555-0100	(123)555-0101	789 29th Street
* (Neu)							

Das Navigieren innerhalb der Datenblattansicht kann mithilfe der Maus oder den Pfeiltasten der Tastatur erfolgen. Um den passenden Datensatz auszuwählen oder einen neuen Datensatz hinzuzufügen, kann auch die folgende Navigationsleiste verwendet werden, die sich am Ende der Tabelle befindet. Diese Leiste eignet sich auch zum Navigieren innerhalb von Formularen und Abfragen.

Erläuterungen:

Die erste Zahl gibt an, in welchem Datensatz wir uns zurzeit befinden. Die zweite Zahl gibt die aktuelle Anzahl der Datensätze innerhalb der Tabelle an. Durch einfachen Mausklick in diesen Bereich und durch die Eingabe einer Zahl können wir zu einem gewünschten Datensatz gelangen.	Einen Datensatz weiter gehen bzw. analog dazu einen Datensatz zurückgehen.	Zum letzten Datensatz springen, analog dazu zurück zum ersten Datensatz.	Einen neuen Datensatz am Ende der Tabelle hinzufügen.

7.4.2 Die Entwurfsansicht

Eine Tabelle wie im vorangegangenen Kapitel lässt sich ohne Probleme auch mit Microsoft EXCEL erstellen. Somit muss eine Datenbanksoftware wie Microsoft Access mehr bieten. Der Unterscheid zwischen EXCEL und Access liegt in der sogenannten **Entwurfsansicht.** Hier lassen sich gezielte Einstellungen für die Tabelle vornehmen. Der Wechsel zwischen Datenblattansicht und Entwurfsansicht erfolgt über die **Ansichtsschaltflächen.** Diese befinden sich am unteren rechten Ende des Bildschirmfensters.

Zurzeit befinden wir uns noch in der Datenblattansicht, das entsprechende Icon ist farblich markiert. Durch einfachen Mausklick auf das Icon gelangen wir in die Entwurfsansicht, in diesem Beispiel die passende Entwurfsansicht zur Kundentabelle der Nordwind-Datenbank.

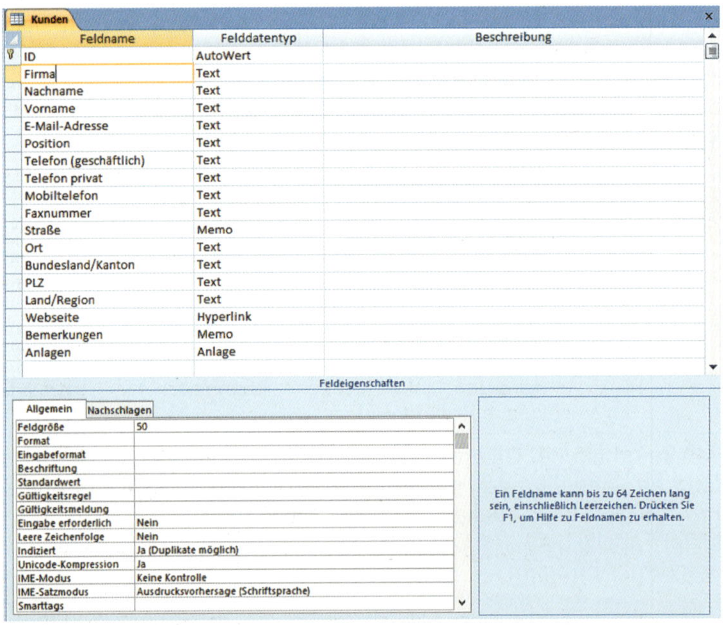

In der Entwurfsansicht lassen sich folgende Punkte einstellen bzw. bearbeiten.

(1) Den Feldnamen festlegen

Der Feldname ist gleichzusetzen mit den Attributen und bildet die späteren Spaltenköpfe. Die Feldnamen können je nach Situation frei gewählt, bearbeitet und verändert werden. Hierzu reicht ein einfacher Mausklick in die entsprechende Zeile der Entwurfsansicht.

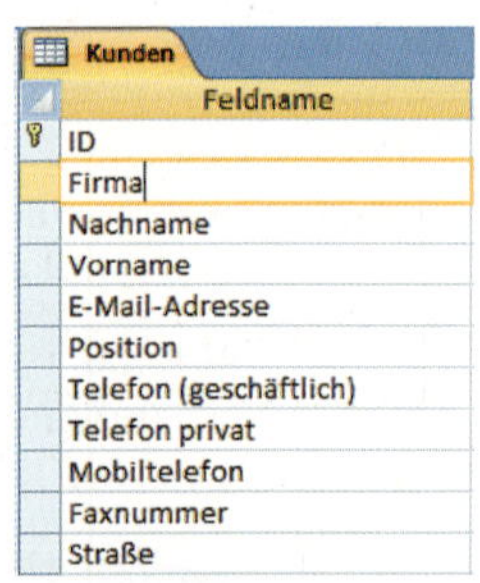

Analog zur Entwurfsansicht werden die Spaltenköpfe wie folgt durch die Vergabe der Feldnamen beschriftet:

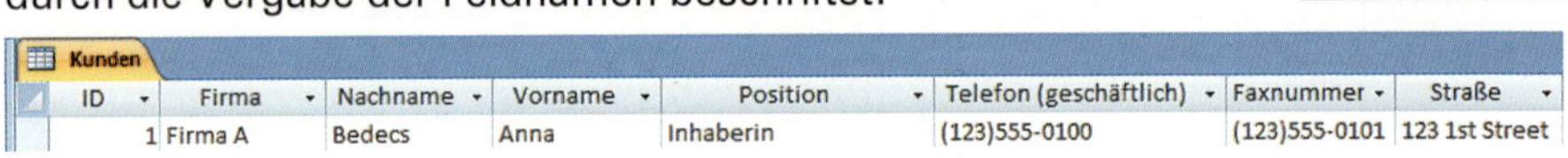

(2) Den Felddatentyp auswählen

Jedem Feldnamen muss ein passender Felddatentyp zugewiesen werden. Hierfür stehen Ihnen bei Access verschiedene Datentypen zur Verfügung. Die Festlegung eines Datentyps hat Konsequenzen für das jeweilige Datenfeld (den Feldnamen).

Wird beispielsweise der Felddatentyp Zahl ausgewählt, so können später bei der Dateneingabe in der Datenblattansicht auch nur Zahlen in dieses Datenfeld eingegeben werden. Jeder Datentyp reserviert auch eine Kapazität an Speicherplatz. Beim Datentyp Zahl sind es 8 Byte.

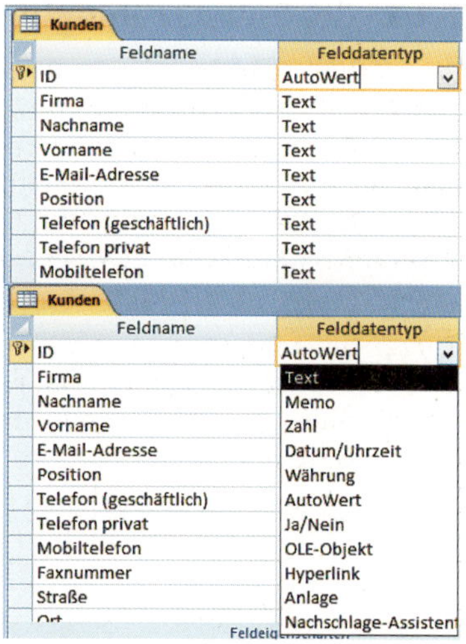

Die folgende Übersicht stellt die wichtigsten Felddatentypen von Access genauer vor.

Felddatentyp	Wofür?	Speicherkapazität
Text	Für die Eingabe von Text. Es können auch Zeichen und Zahlen eingegeben werden.	max. 255 Zeichen (1 Zeichen = 1 Bit) (8 Bit = 1 Byte)
Memo	Für längere Notizen wie z. B. Produktbeschreibungen.	max. 65 535 Zeichen
Zahl	Für die Eingabe von Zahlen. Hier können dann auch nur Zahlen eingegeben werden.	max. 8 Byte
Datum/Uhrzeit	Für die Eingabe eines Datums- oder Uhrzeitformats.	8 Byte
Währung	Identisch mit dem Datentyp Zahl, nur mit einer entsprechenden Formatierung für die Währung.	8 Byte
AutoWert	Der Wert (Zahl) wird automatisch festgelegt und immer um 1 erhöht.	4 Byte
Ja/Nein	Für die Eingabe von Wahrheitswerten, z. B. richtig oder falsch, ja oder nein.	1 Bit
OLE-Objekt	Für die Speicherung von Daten, wie z. B. Bilder und Sounds innerhalb einer Tabelle.	max. 1 Gigabyte
Hyperlink	Einfügen eines Hyperlinks	max. 8 192 Byte
Anlage	Für die Speicherung von Anlagen wie z. B. Bilder und Dokumente direkt in einem Datenfeld.	max. 2 Gigabyte
Nachschlage-Assistent	Es kann eine Liste erstellt werden. Aus dieser können später Werte ausgewählt werden, z. B. T-Shirt Größen S, M oder L.	4 Byte

7.4.3 Die Feldeigenschaften bestimmen

Die Felddatentypen können noch genauer spezifiziert werden. Hierzu können zu jedem Felddatentyp die entsprechenden Feldeigenschaften eingestellt werden. Nehmen wir an, wir möchten die Feldeigenschaften für den Felddatentyp Text beim Feldnamen Firma genauer bearbeiten, so müssten wir lediglich per einfachen Mausklick den entsprechenden Feldnamen oder den danebenstehenden Felddatentyp anklicken.

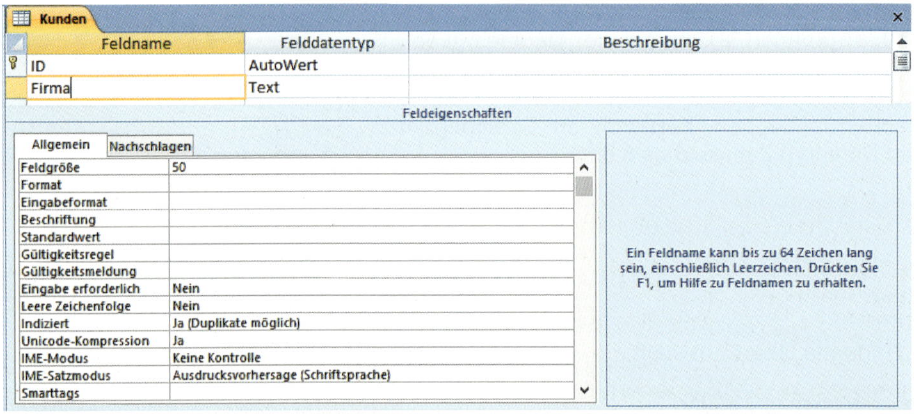

Anschließend besteht die Möglichkeit, im unteren Bereich des Bildschirmfensters die Feldeigenschaften für den Felddatentyp Text genauer zu bestimmen. Es wird allerdings keine generelle Einstellung für alle Felddatentypen Text vorgenommen, sondern nur für den gerade entsprechend angeklickten. Beim Text kann beispielsweise die Feldgröße erhöht oder verringert werden. Im obigen Beispiel steht die Feldgröße auf 50, dies hat zur Folge, dass maximal 50 Zeichen eingegeben werden können. Dieser Wert kann beliebig verringert oder bis auf 255 Zeichen erhöht werden. Ebenfalls lässt sich ein Standardwert einstellen. So könnte hier z.B. die Firma XY eingetragen werden. Dies hätte zur Folge, dass in der Datenblattansicht automatisch in dem entsprechenden Datenfeld die Firma XY voreingetragen wird.

Wichtige Hinweise bei der Spezifikation der Feldeigenschaften liefert das Informationenfeld, das sich rechts neben den Einstellungsmöglichkeiten befindet. Je nachdem, welcher Punkt gerade bei den Feldeigenschaften bearbeitet werden soll: Das Informationsfeld liefert die passenden Informationen dazu und gibt wichtige Einstellungshinweise.

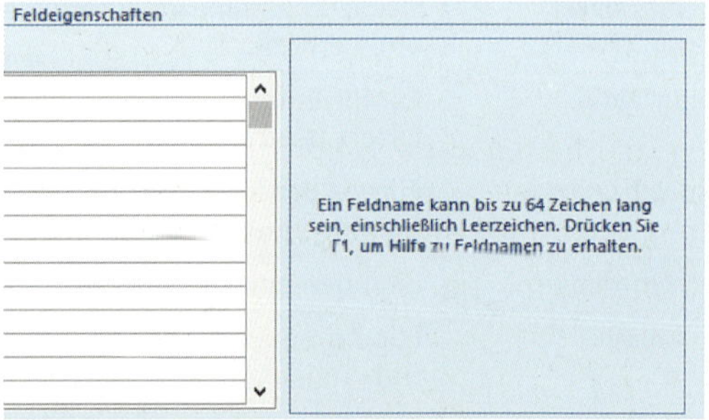

Für jeden Felddatentypen gibt es verschiedene Einstellungsmöglichkeiten bei den Feldeigenschaften. Um die Eigenschaften für den Datentypen des Listenpreises (Währung) genauer zu bestimmen, gibt es beispielsweise folgende Möglichkeiten:

- Format = Wie soll die Zahl formatiert sein?
- Dezimalstellenanzeige = Wie viele Dezimalstellen sollen angezeigt werden?
- Eingabe erforderlich = Ist eine Eingabe zwingend erforderlich?

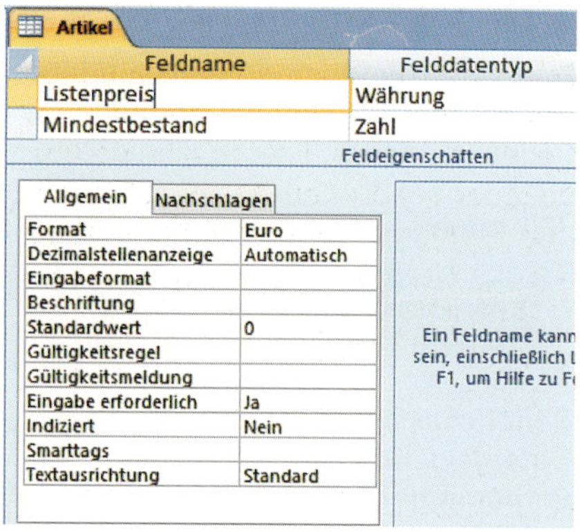

Der Listenpreis wird in der Datenblattansicht wie folgt angezeigt:

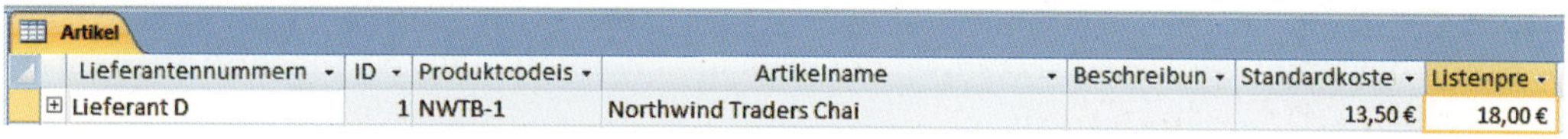

Die wichtigsten noch fehlenden Einstellungsmöglichkeiten der Feldeigenschaften werden im weiteren Verlauf dieses Kapitels behandelt.

7.4.4 Den Primärschlüssel einstellen

Jede Tabelle benötigt einen eigenen Primärschlüssel. Hierzu besteht die Möglichkeit, ein Schlüsselattribut in der Entwurfsansicht zu erstellen bzw. auszuwählen. Der Primärschlüssel ist durch einen kleinen farbigen Schlüssel kenntlich gemacht.

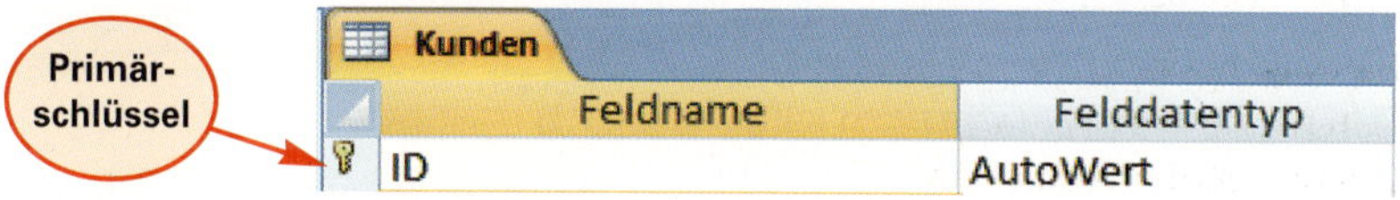

Für die Erstellung des Primärschlüssels muss das entsprechende Symbol in der Multifunktionsleiste betätigt werden. Alternativ kann auch mit dem Kontextmenü für die Erstellung oder das Entfernen eines Primärschlüssels gearbeitet werden.

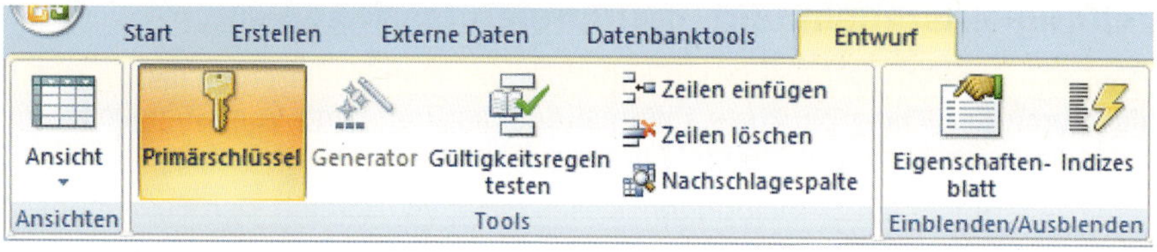

7.4.5 Eine Beschreibung eingeben

Neben den Feldnamen und Felddatentypen können Beschreibungen eingegeben werden, die sowohl für den Datenbankentwickler als auch für den Datenbankuser Bedeutung haben können.

Artikel

Feldname	Felddatentyp	Beschreibung
Listenpreis	Währung	
Mindestbestand	Zahl	Inventory quantity that triggers reordering

Befindet sich der Datenbankuser in der Datenblattansicht, so erscheint bei dem jeweiligen Datenfeld, in unserem Beispiel beim Mindestbestand, in der Statuszeile der Text, den wir vorher in der Entwurfsansicht als Beschreibung hinterlegt haben. Auszug aus der Statuszeile:

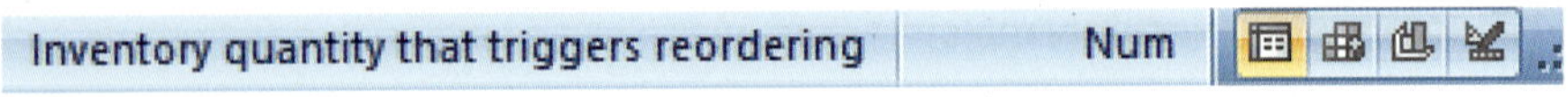

Somit bekommt der Datenbankanwender wichtige Information für die Eingabe der Informationen.

7.5 Tabellen in Access speichern

In Access wird der Anwender schon direkt beim Erstellen der Datenbank gezwungen, der Datenbank einen Namen zu geben. Zu diesem Zeitpunkt sind noch keine Tabellen erstellt und somit auch nicht gespeichert.

Eine Tabelle können Sie jederzeit speichern. Hierfür können Sie beispielsweise auf das Diskettenicon klicken oder über die Microsoft-Office-Schaltfläche „Speichern" bzw. „Speichern unter" auswählen.

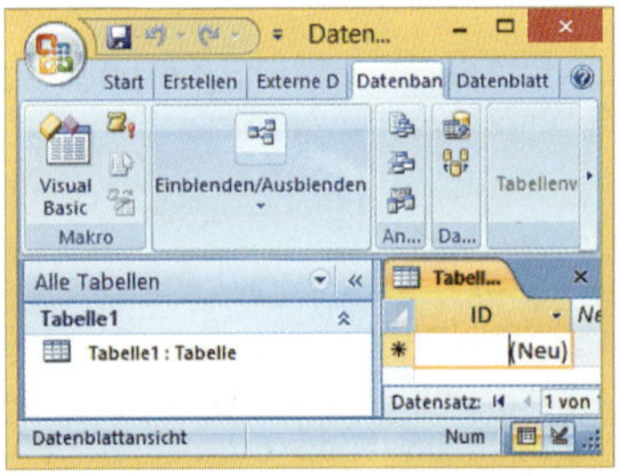

Sollten Sie Ihre Tabelle nicht schon direkt gespeichert haben, werden Sie spätestens beim Wechsel von der Datenblattansicht in die Entwurfsansicht dazu aufgefordert. Der Name der gespeicherten Tabelle erscheint im Navigationsbereich.

7.6 Gültigkeitsregeln und -meldungen festlegen

Eine Datenbank sollte stimmige Daten enthalten. Mit Gültigkeitsregeln lassen sich Eingabefehler durch den Datenbankuser minimieren. Die Erstellung von Gültigkeitsregeln ist sehr mühsam und für einige Datenfelder nur schwer oder gar nicht zu formulieren.

Die Gültigkeitsregeln und -meldungen lassen sich im Bereich der Feldeigenschaften erstellen.

Gültigkeitsregel	
Gültigkeitsmeldung	

Um eine Gültigkeitsregel zu formulieren, stehen verschiedene Operatoren zur Verfügung:

(1) Mathematische Operatoren

Mathematischer Operator	Bedeutung
+	Addition
–	Subtraktion
*	Multiplikation
/	Division
^	Hoch/Potenzierung

Beispiel:

Bei der Eingabe der Gültigkeitsregel für den Felddatentyp Zahl kann der Datenbankanwender nur die Zahl 10 eingeben. Die Gültigkeitsregel lautet: 13–3.

(2) Logische Operatoren

Logischer Operator	Bedeutung
=	gleich
<>	ungleich
>	größer
<	kleiner
>=	größer oder gleichgroß
<=	kleiner oder gleichklein
UND / &	Verbindungsoperator
ODER	eine der Bedingungen muss erfüllt sein
NICHT	darf nicht eingegeben werden

Beispiel:

Bei der Eingabe der Gültigkeitsregel für den Felddatentyp Zahl kann der Datenbankanwender nur Zahlen eingeben, die kleiner als 13 sind. Die Gültigkeitsregel lautet: <13.

(3) Funktionsoperatoren

Funktionsoperator	Bedeutung
ZWISCHEN	zwischen zwei Werten
IN()	sucht einen bestimmten Wert
WIE	Vergleich
TAG()	genauen Tag
MONAT()	genauen Monat
JAHR()	genaues Jahr
DATUM()	genaues Datum

Beispiel:

Bei der Eingabe der Gültigkeitsregel für den Felddatentyp Zahl kann der Datenbankanwender nur Zahlen zwischen 3 und 13 eingeben. Die Gültigkeitsregel lautet: ZWISCHEN 3 UND 13.

Beachte:

Die Operatoren können miteinander kombiniert werden!

Neben den Operatoren kann auch mit Platzhalter-Zeichen gearbeitet werden. An dieser Stelle werden die gängigsten Platzhalter-Zeichen tabellarisch vorgestellt.

(4) Platzhalter-Zeichen

Platzhalter-Zeichen	Bedeutung
*	beliebig viele Zeichen
?	genau ein Zeichen
#	genau ein nummerisches Zeichen

Beispiel:

Bei der Eingabe der Gültigkeitsregel für den Felddatentyp Text kann der Datenbankanwender nur Wörter eingeben, die mit C beginnen. Die Gültigkeitsregel lautet: WIE C*

Beachte:

Die Platzhalter-Zeichen können miteinander kombiniert werden!

Der Datenbankuser sollte, wenn möglich, bereits durch einen Hinweis in der Statuszeile informiert werden, welche Eingaben möglich sind. Sollte es dennoch zu einer Fehleingabe kommen und die Gültigkeitsregel verletzt worden sein, erscheint die Gültigkeitsmeldung in Form eines Pop-up-Fensters.

Beispiel bei der Gültigkeitsregel: ZWISCHEN 10 UND 100

Die Gültigkeitsmeldung sollte so formuliert sein, dass der Datenbankanwender die nötigen Informationen für eine erfolgreiche Eingabe erhält.

7.7 Formulare erstellen

Mit Microsoft Access lassen sich im Handumdrehen Formulare erstellen. Die Formulare beruhen auf den Daten der Tabellen oder Abfragen und stellen diese in Formularen dar. Zusätzlich können die Daten über die Formulare verwaltet, bearbeitet und verändert werden. Bei Bedarf lassen sich ebenfalls neue Daten bzw. Datensätze hinzufügen. Das Erstellen eines Formulars erfolgt über die Registerkarte „Erstellen" innerhalb der Multifunktionsleiste.

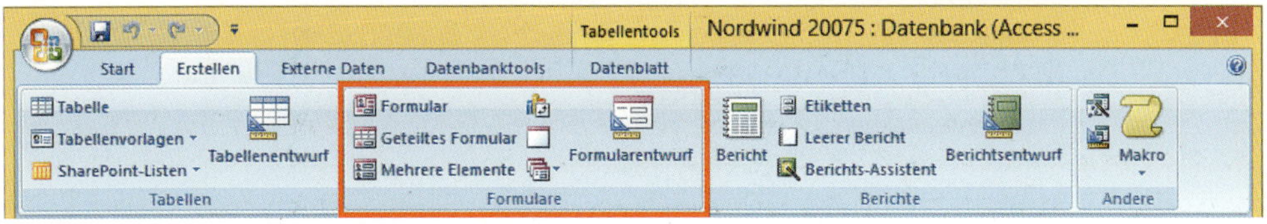

Für die Erstellung von Formularen in Access stehen verschiedene Möglichkeiten zur Verfügung:

(1) Das AutoFormular

Wie der Name schon sagt, erstellt das AutoFormular das Formular automatisch. Hierbei werden alle Daten einer Tabelle oder Abfrage in Formularform dargestellt. Für die optische Gestaltung steht dem Anwender eine Reihe an Vorlagen und Formatierungsvorlagen zur Verfügung.

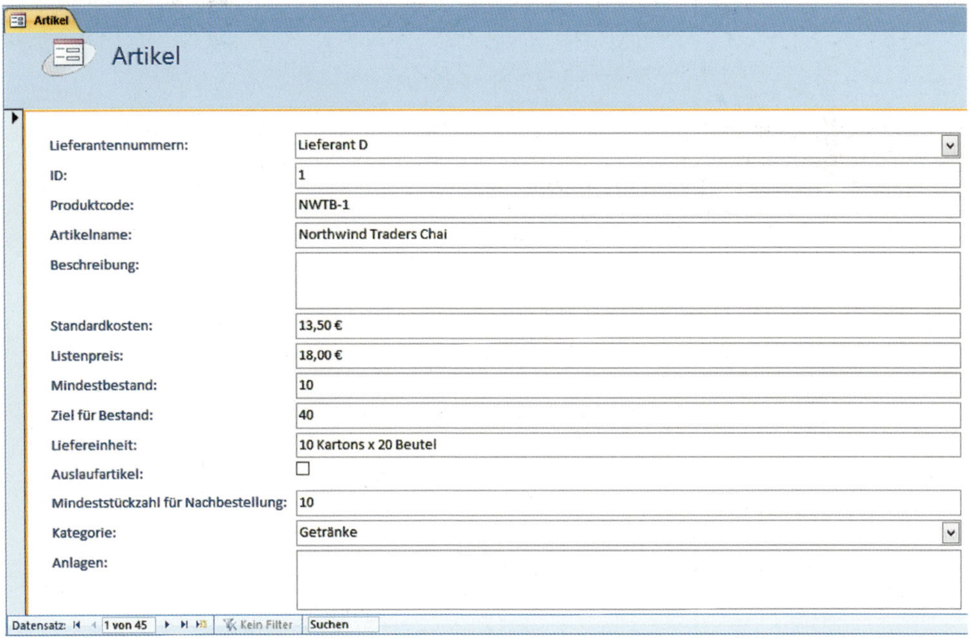

30 Wessel u.a. - ISBN 978-3-8120-0588-3

(2) Formularassistent

Der Formularassistent unterstützt den Anwender Schritt für Schritt bei der Erstellung eines Formulars. Es können gezielt Daten ausgewählt und in Formularen angezeigt werden. Auch hier steht dem Anwender eine Reihe an Layouts zur Verfügung.

(3) Formularentwurf

Die meisten Freiheiten erhält der Anwender mit dem Formularentwurf. Diese Entwurfsansicht ermöglicht das individuelle Gestalten eines Formulars oder das nachträgliche Bearbeiten von bereits erstellten Formularen. Das Arbeiten mit dem Formularentwurf setzt bei dem Anwender das meiste Können voraus.

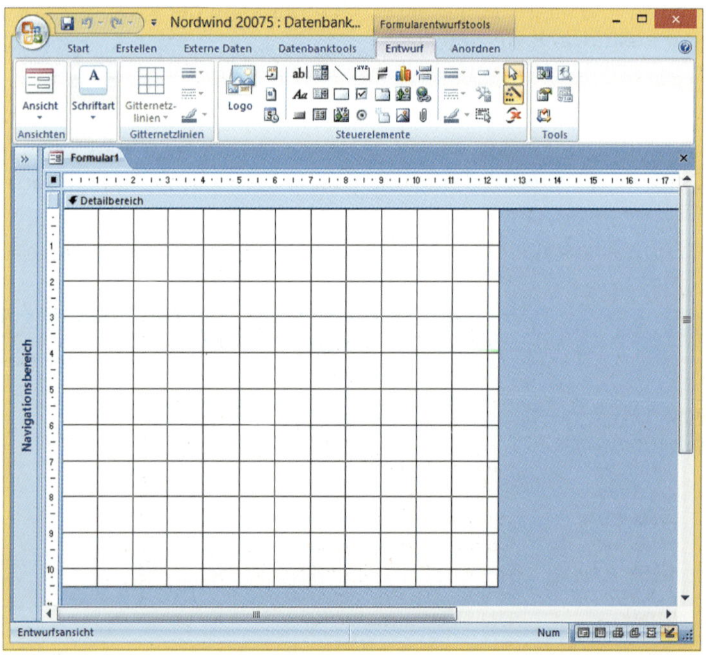

Ein fertiges Formular kann beispielsweise so aussehen:

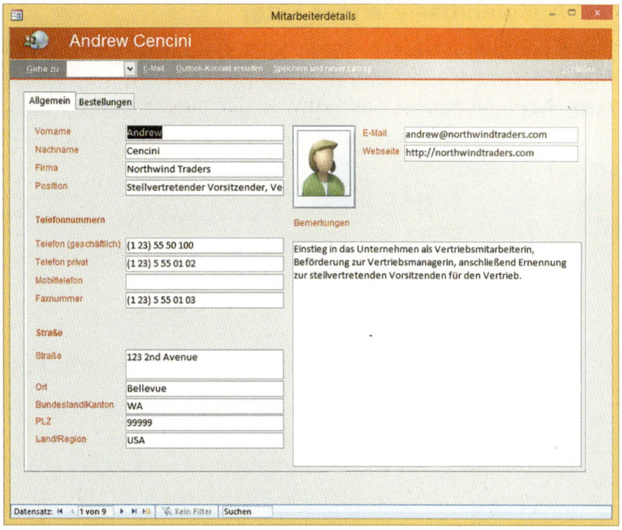

7.8 Filter erstellen

Für das genaue Auswählen bzw. Herausfiltern von Daten und Datensätzen stellt Access dem Anwender verschiedene Filtermethoden bereit. In der Startregistratur befindet sich die Gruppe „Sortieren und filtern", über die je nach Situation der passende Filter ausgewählt werden kann.

(1) Standardfilter und Sortieren

Der Standardfilter kann neben dem Sortieren von Daten bzw. Datensätzen auch bestimmte Daten und Datensätze ein- und ausblenden lassen. Hierfür bedarf es der Setzung einfacher Haken.

Vorab muss der gewünschte Bereich markiert sein und auf das Filternsymbol  geklickt werden.

Beispiel:

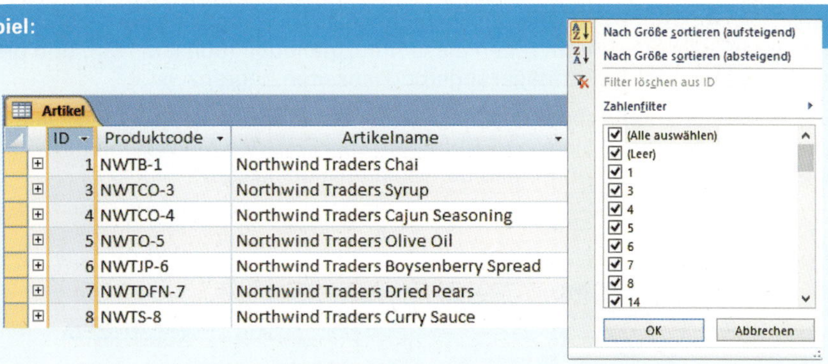

(2) Auswahlbasierender Filter

Der auswahlbasierende Filter hilft, bestimmte Daten bzw. Datensätze aufgrund einer bestimmten Kriterienauswahl einfacher zu finden. Hierfür muss der entsprechende Bereich markiert sein und der auswahlbasierende Filter angeklickt werden.

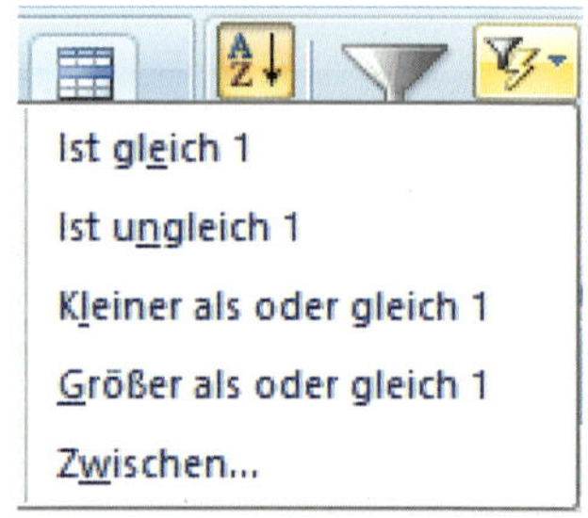

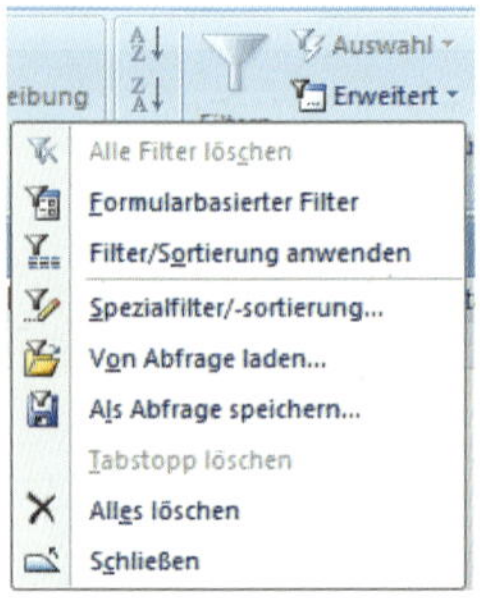

(3) Formularbasierende Filter

Der formularbasierende Filter zeigt nur Datensätze an, die aus der gesamten Tabelle bzw. dem Formular herausgefiltert wurden. Des Weiteren können mehrere Filterkriterien eingegeben werden, so dass noch spezieller und gezielter nach bestimmten Daten und Datensätzen gesucht werden kann. Hierfür muss der entsprechende Bereich markiert sein und auf das Icon „Erweitert" geklickt werden, anschließend kann der formularbasierte Filter ausgewählt werden.

Beachte:

Filter lassen sich nicht speichern. Somit muss der Filter nach jedem Öffnen der Tabelle oder des Formulars neu eingegeben werden. Mithilfe von Abfragen lassen sich ebenfalls Daten und Datensätze herausfiltern; der Vorteil gegenüber dem normalen Filtern ist die Möglichkeit der Speicherung.

7.9 Berichte erstellen

In Tabellen sind Daten bzw. Datensätze tabellarisch und in Formularen in Formularansicht dargestellt. Das Ausdrucken dieser Informationen ist zwar möglich, aber nicht sinnvoll, da das Zusammenstellen und Aufbereiten dieser Informationen mühsam wäre und die Übersicht trotz einer Vielzahl an Formatierungsmöglichkeiten begrenzt ist.

Aus diesem Grund bietet Access das Feature der Berichtserstellung an. Als Datengrundlage dienen Tabellen, Formulare und Abfragen. Das Erstellen eines Berichts erfolgt über die Registerkarte „Erstellen" innerhalb der Multifunktionsleiste.

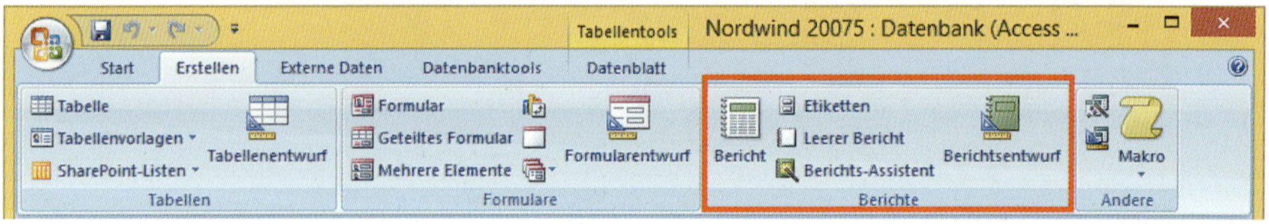

Für die Erstellung von Berichten in Access stehen verschiedene Möglichkeiten zur Verfügung:

(1) Der AutoBericht

Wie der Name schon sagt, erstellt der AutoBericht den Bericht automatisch. Hierbei werden alle Daten einer Tabelle, eines Formulars oder einer Abfrage in Berichtsform dargestellt. Für die optische Gestaltung steht dem Anwender eine Reihe an Vorlagen und Formatierungsmöglichkeiten zur Verfügung.

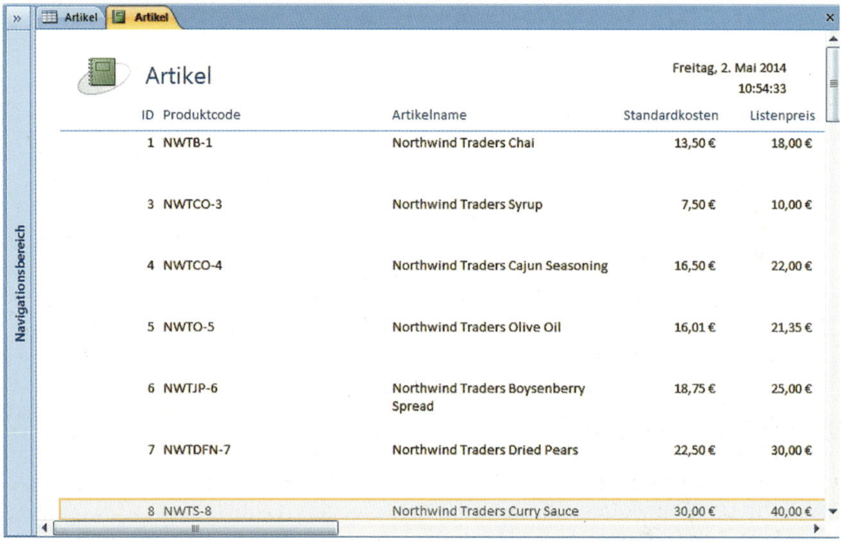

(2) Berichtsassistent

Der Berichtsassistent unterstützt den Anwender Schritt für Schritt bei der Erstellung eines Berichtes. Es können gezielt Daten ausgewählt und in Berichten angezeigt werden. Auch hier stehen dem Anwender im weiteren Verlauf eine Reihe an Layouts zur Verfügung.

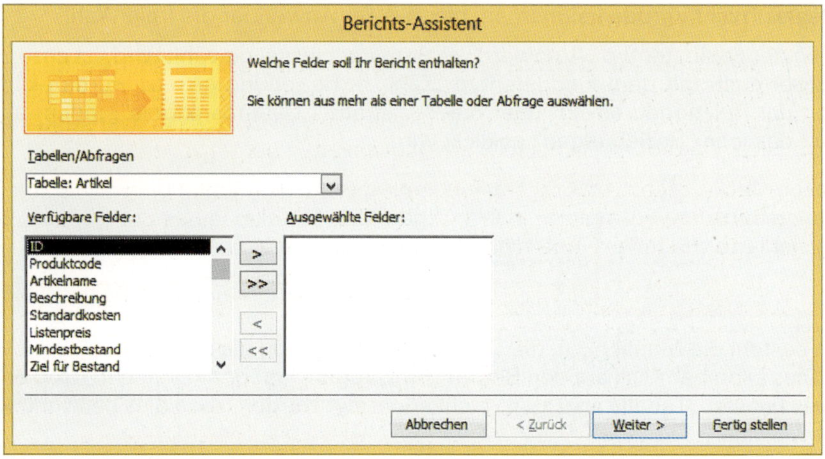

(3) Berichtsentwurf

Die meisten Möglichkeiten erhält der Anwender mit dem Berichtsentwurf. Diese Entwurfsansicht ermöglicht das individuelle Gestalten eines Berichtes oder das nachträgliche Bearbeiten von bereits erstellten Berichten. Das Arbeiten mit dem Berichtsentwurf setzt bei dem Anwender das meiste Können voraus.

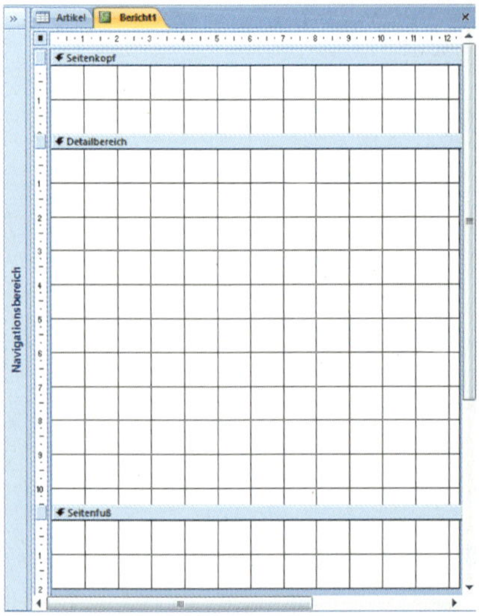

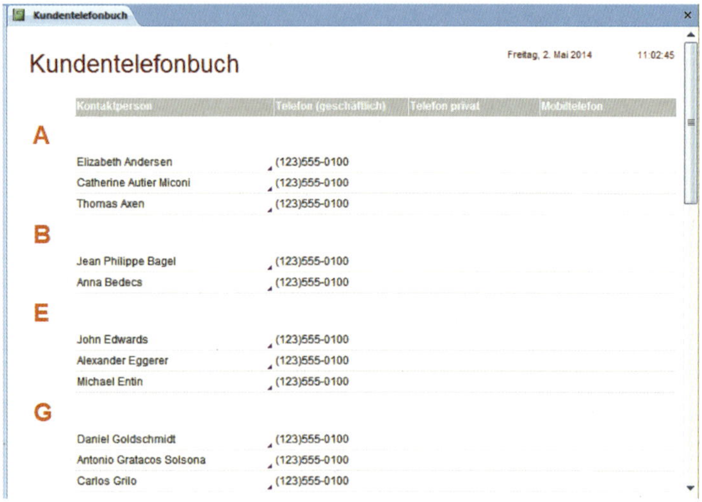

7.10 Relationen erstellen

Um Relationen (Beziehungen) zwischen zwei Tabellen herzustellen, muss der Primärschlüssel der ersten Tabelle (Mastertabelle) mit dem Fremdschlüssel der zweiten Tabelle (Detailtabelle) in Beziehung gesetzt werden. Es ist darauf zu achten, dass die Schlüsselfelder den identischen Felddatentyp besitzen, da nur so eine Relation möglich ist. Diese Vorgabe besteht nicht für den Feldnamen, hier hat der Anwender die freie Wahl.

Da häufig der Felddatentyp „Autowert" als Primärschlüssel gewählt wird, ist anzumerken, dass dieser auch mit dem Felddatentyp „Zahl" in Beziehung gesetzt werden kann. Das Erstellen der Relationen erfolgt über die Registratur „Datenbanktools", indem anschließend auf das Icon „Beziehungen" geklickt wird.

Danach besteht die Möglichkeit, die Tabellen auszuwählen, die in Relation gesetzt werden sollen. Dies kann per Klick auf den Button „Hinzufügen" oder per Drag and Drop erfolgen. Sollte das Fenster „Tabelle anzeigen" nicht angezeigt werden, kann dies per Kontextmenü erzeugt werden.

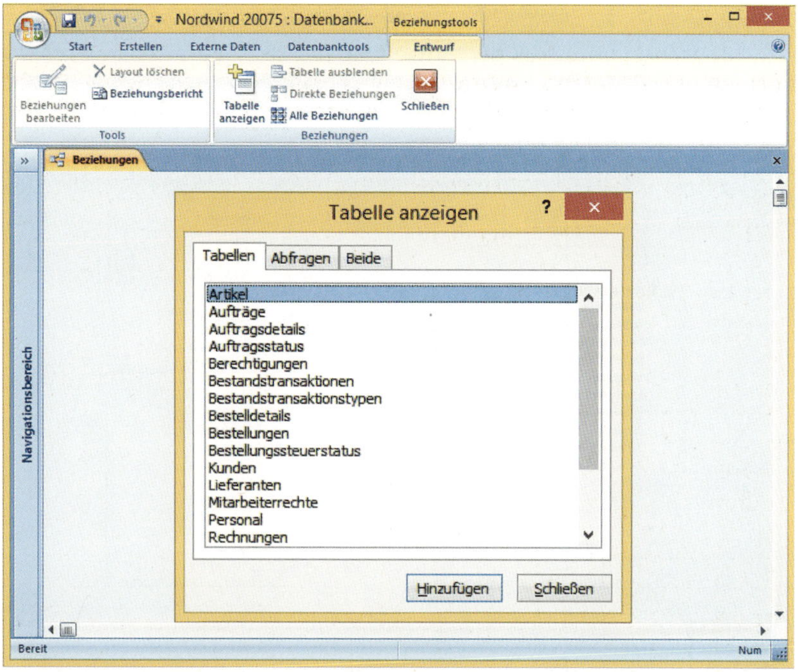

Nachdem die gewünschten Tabellen ausgewählt wurden, können per Drag and Drop die Schlüsselfelder miteinander in Beziehung gesetzt werden.

Beachte:

Access kann nur 1-zu-1- und 1-zu-n-Beziehungen herstellen. Um n-zu-m-Beziehungen zu gewährleisten, müssen sogenannte Verknüpfungstabellen erstellt werden.

Beispiel:

Die Goslarer Büromöbel AG hat Kunden, die Artikel bestellen. Diese bestellen im Laufe der Zeit in der Regel mehrere Artikel. Identische Artikel können von mehreren Kunden bestellt werden. Somit liegt hier eine n-zu-m-Beziehung vor, die von Access nicht umgesetzt weden kann.

Das Einfügen der Verknüpfungstabelle „Bestellungen" löst das Problem. Ein Kunde hat mehrere Bestellungen und ein Artikel wird häufiger bestellt. Zwischen den Tabellen bestehen nur noch eine 1-zu-n- bzw. n-zu-1-Beziehung.

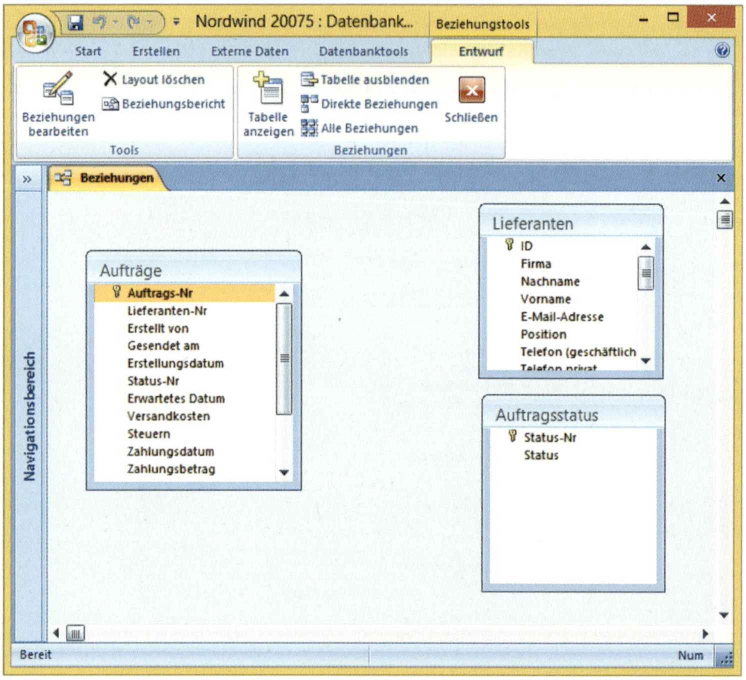

Beim Verbinden des Primärschlüssels „Status-Nr." der Tabelle Auftragsstatus (Mastertabelle) mit dem Fremdschlüssel „Status-Nr." der Tabelle Aufträge (Detailtabelle) erscheint nebenstehendes Bearbeitungsfenster:

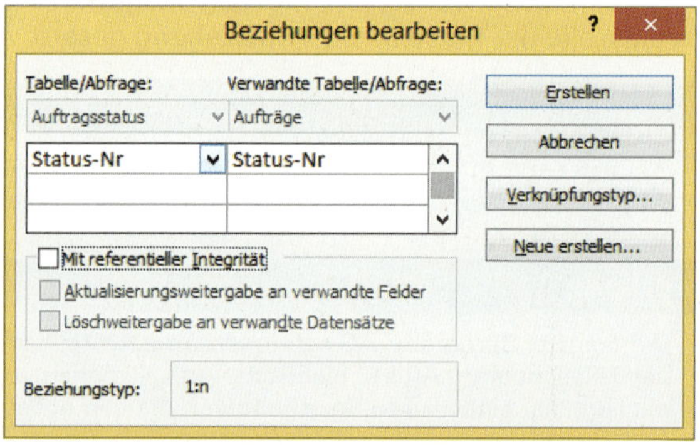

Im unteren Bereich des Fensters wird der Beziehungstyp angezeigt. In diesem Fall bestünde zwischen den Tabellen Auftragsstatus und Aufträge eine 1-zu-n-Beziehung. Durch einen einfachen Klick auf den „Erstellen"-Button wäre die Beziehung in Access umgesetzt und funktionsfähig. Dieses Vorgehen ist in der Regel aber nicht zu empfehlen, da so die Möglichkeit diverser Einstellungen und die damit verbundenen Vorteile unberücksichtigt blieben. Zu den Einstellungsmöglichkeiten in diesem Fenster zählen u.a. die folgenden Features:

referentielle Integrität	Durch das Hakensetzen bei der referentiellen Integrität werden die weiteren Auswahlschaltflächen erst aktiv. Die referentielle Integrität stellt sicher, dass die Relationen auch funktionieren. Es kommt beispielsweise zu einer automatischen Fehlermeldung in Access, wenn bei der Eingabe der Fremdschlüssel Fehler unterlaufen. Das heißt, es können nur Fremdschlüssel eingegeben werden, die in der Mastertabelle auch als Primärschlüssel vorhanden sind.

Aktualisierungsweitergabe an verwandte Felder	Die Aktualisierungsweitergabe stellt beispielsweise sicher, dass durch das Ändern von Primärschlüsseln die passenden Fremdschlüssel ebenfalls automatisch mit abgeändert werden, damit die Relationen funktionsfähig bleiben.
Löschweitergabe an verwandte Datensätze	Die Löschweitergabe stellt beispielsweise sicher, dass Datensätze, die in der Mastertabelle gelöscht und auf die sich Daten beziehen (Fremdschlüsseltabelle), automatisch mit gelöscht werden.

Die Beziehung ist hergestellt, nachdem der Haken bei der referentiellen Integrität gesetzt und auf den „Erstellen"-Button oder die Taste „Enter" gedrückt wurde.

So entsteht Stück für Stück ein komplexeres Beziehungsgeflecht.

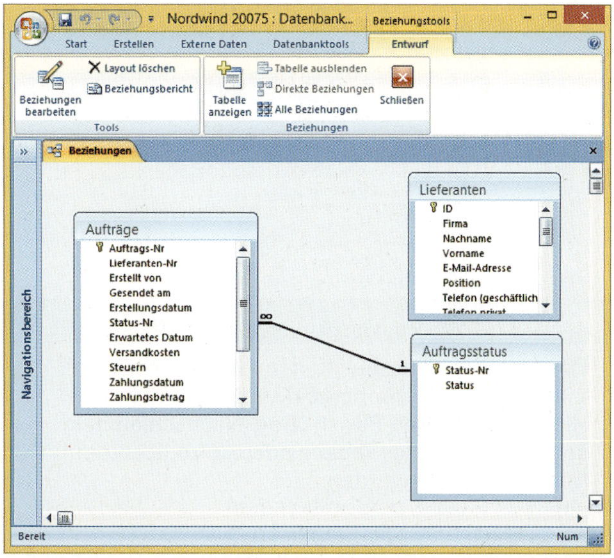

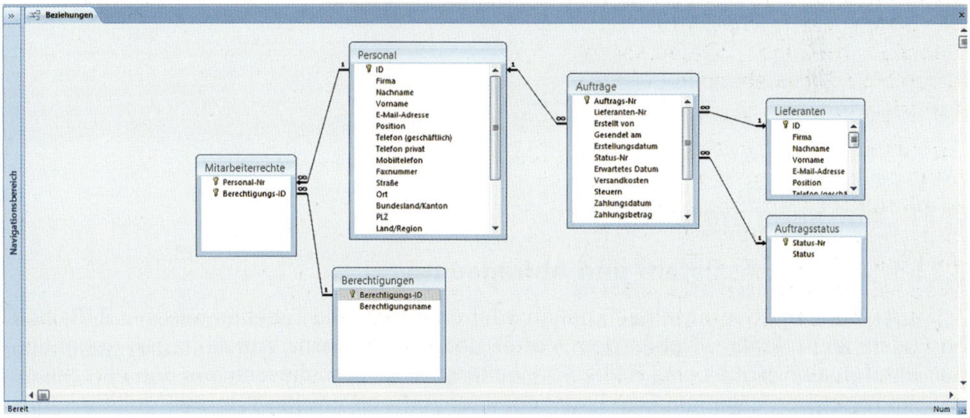

Beachte:

Durch einen Doppelklick auf eine Beziehungslinie kann diese Beziehung nachträglich bearbeitet werden. Das Entfernen der Linien erfolgt über das Kontextmenü oder die „Entf"-Taste.

In der Datenblattansicht erhalten Tabellen, die in Relation gesetzt wurden, ein kleines Plus vor jedem Datensatz. Durch einen Klick auf dieses Plus werden die Daten aus der mit der Mastertabelle verbundenen Detailtabelle angezeigt. Es besteht auch die Möglichkeit, bei den oben beschriebenen Einstellungen Veränderungen vorzunehmen. Neue Datensätze lassen sich ebenfalls hinzufügen.

Beachte:

Das Erstellen einer Relation in Access kann auch mithilfe des Nachschlage-Assistenten erfolgen. Hierfür muss der Punkt „Das Nachschlagefeld soll die Werte einer Tabelle oder Abfrage entnehmen" angeklickt werden.

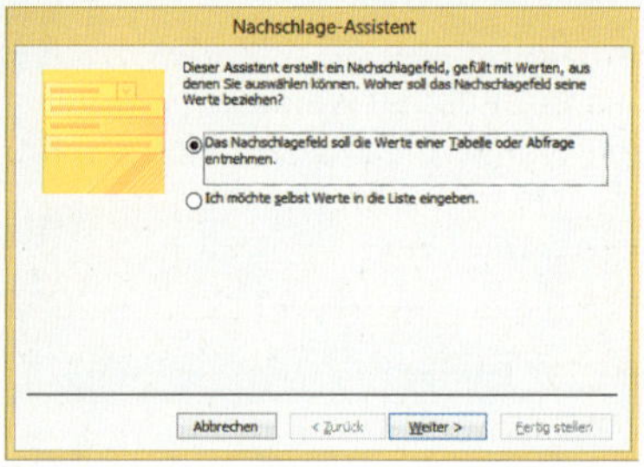

7.11 Abfragen erstellen

7.11.1 Abfrage-Assistent und Abfrageentwurf

Abfragen können über einzelne Tabellen oder über mehrere Tabellen (wenn z.B. Relationen bestehen) erfolgen. Neben dem Vorteil des Abspeicherns von Abfragen gegenüber der Filterfunktion gibt es eine Reihe von weiteren Vorteilen, die sich aus den verschiedenen Abfragetypen ergeben. Das Erstellen einer Abfrage erfolgt über die Multifunktionsleiste und die „Erstellen"-Registratur. Anschließend bietet sich die Möglichkeit, innerhalb der Gruppe die folgenden zwei Punkte zu wählen:

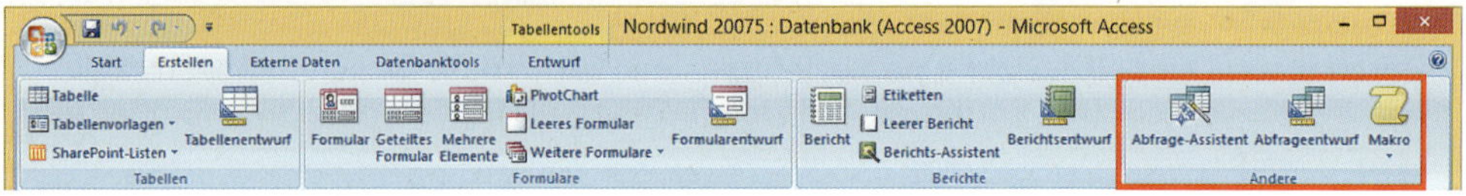

(1) Abfrage-Assistent

Der Abfrage-Assistent unterstützt den Anwender Schritt für Schritt bei der Erstellung der gewünschten Abfrage. Es können gezielt Daten ausgewählt werden, um im weiteren Verlauf die passenden Parameter einzustellen.

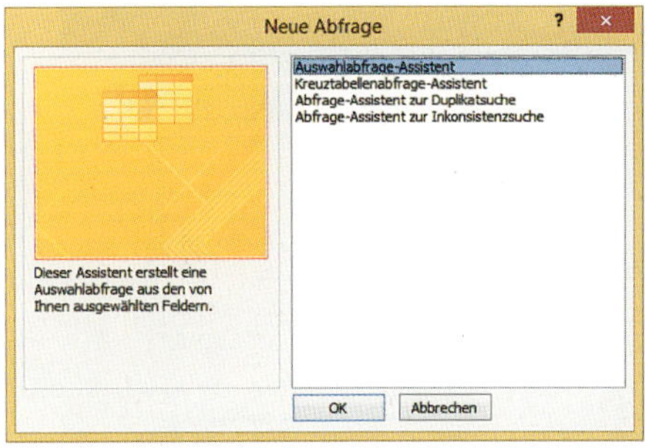

(2) Abfrageentwurf

Beim Abfrageentwurf landet der Anwender direkt in der Entwurfsansicht der Abfrage. Es müssen beispielsweise alle Tabellen und Datenfelder manuell per Drag and Drop ausgewählt werden. Es lassen sich auch bereits erstellte Abfragen öffnen und bearbeiten.

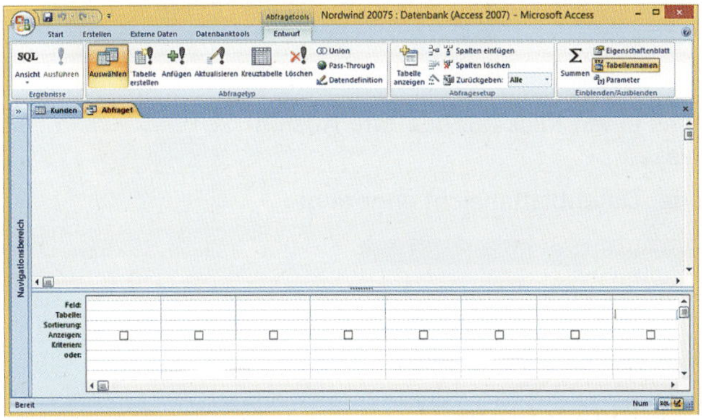

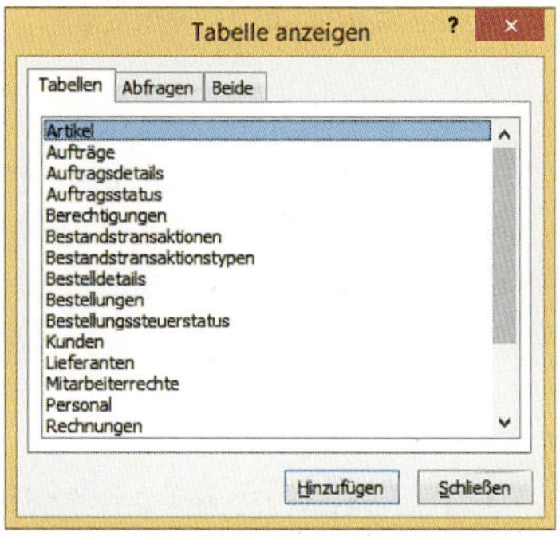

Das eigentliche Erstellen der Abfrage erfolgt bei beiden Methoden in der speziellen Entwurfsansicht für Abfragen. Hierfür springt die Registratur automatisch auf den Punkt „Entwurf" und es ergeben sich neue Möglichkeiten.

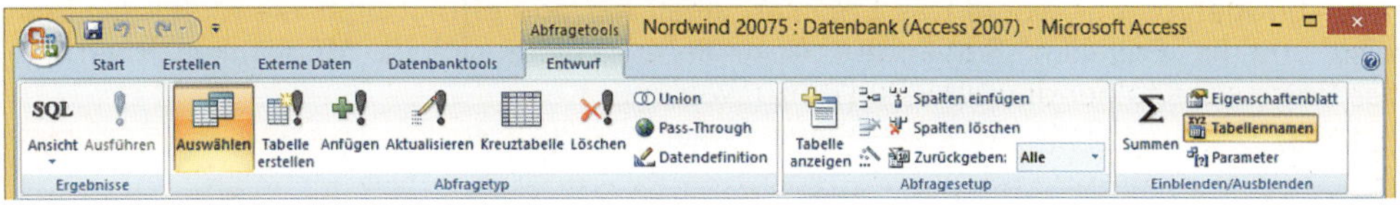

7.11.2 Abfragetypen und deren Funktion

(1) Auswahlabfragen

Mit einer Auswahlabfrage können einfache Kriterien abgefragt werden.

Beispiel:

Es sollen alle Listenpreise abgefragt werden, die größer als 10,00 EUR und kleiner als 50,00 EUR sind. Hierfür wurden aus der Tabelle Artikel der Artikelname und der Listenpreis ausgewählt. Da alle Listenpreise angezeigt werden sollen, die größer als 10,00 EUR und kleiner als 50,00 EUR sind, wurde im Feld Kriterien beim Listenpreis die passende Syntax eingegeben.

Die Syntax lautet: Zwischen 10 und 50

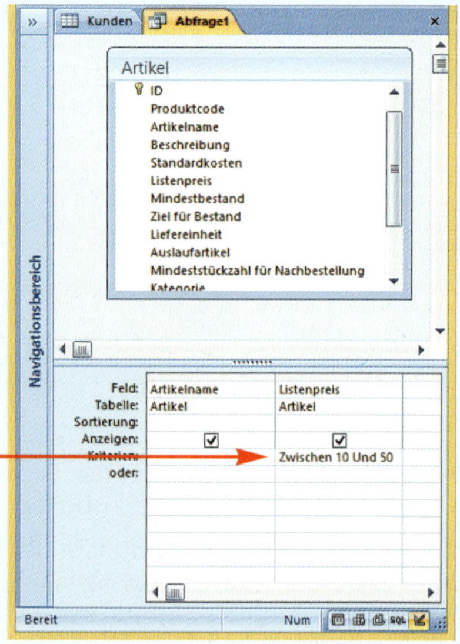

Um die Abfrage auszuführen, bedarf es einen Klick auf das rote Ausführungszeichen in der Gruppe „Ergebnisse".

Die Ergebnisse werden daraufhin in der Datenblattansicht angezeigt.

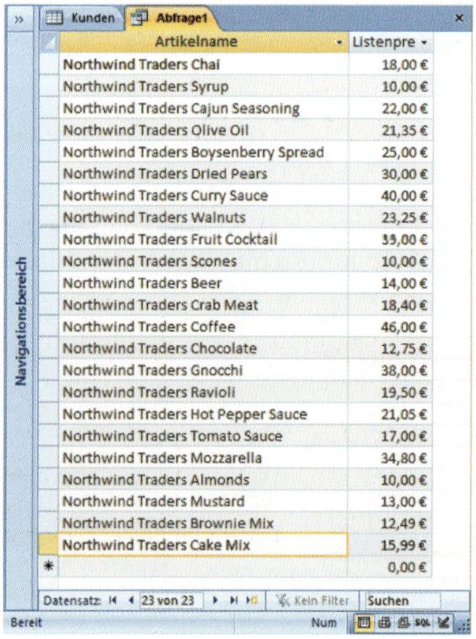

Artikelname	Listenpre
Northwind Traders Chai	18,00 €
Northwind Traders Syrup	10,00 €
Northwind Traders Cajun Seasoning	22,00 €
Northwind Traders Olive Oil	21,35 €
Northwind Traders Boysenberry Spread	25,00 €
Northwind Traders Dried Pears	30,00 €
Northwind Traders Curry Sauce	40,00 €
Northwind Traders Walnuts	23,25 €
Northwind Traders Fruit Cocktail	39,00 €
Northwind Traders Scones	10,00 €
Northwind Traders Beer	14,00 €
Northwind Traders Crab Meat	18,40 €
Northwind Traders Coffee	46,00 €
Northwind Traders Chocolate	12,75 €
Northwind Traders Gnocchi	38,00 €
Northwind Traders Ravioli	19,50 €
Northwind Traders Hot Pepper Sauce	21,05 €
Northwind Traders Tomato Sauce	17,00 €
Northwind Traders Mozzarella	34,80 €
Northwind Traders Almonds	10,00 €
Northwind Traders Mustard	13,00 €
Northwind Traders Brownie Mix	12,49 €
Northwind Traders Cake Mix	15,99 €
*	0,00 €

Datensatz: 23 von 23 · Kein Filter · Suchen

Bereit · Num

Soll die Abfrage verändert, erweitert oder bearbeitet werden, genügt ein Klick auf die Schaltfläche der Entwurfsansicht.

Wie bei den Gültigkeitsregeln steht für die Abfrage eine Vielzahl an logischen Operatoren zur Verfügung:

Logischer Operator	Bedeutung
=	gleich
<>	ungleich
>	größer
<	kleiner
>=	größer oder gleichgroß
<=	kleiner oder gleichklein
UND / &	Verbindungsoperator
ODER	eine der Bedingungen muss erfüllt sein
NICHT	darf nicht eingegeben werden

(2) Parameterabfragen

Die Parameterabfrage ermöglicht die Eingabe eines bestimmten Kriteriums in Form eines Popup-Fensters. Dadurch kann ein Datenbankuser, der beispielsweise nicht computeraffin ist, sein Kriterium benutzerfreundlich eingeben. Ein weiterer Vorteil ist, dass verschiedene Kriterien eingegeben werden können, ohne die komplette Abfrage zu ändern.

Beispiel:

Bei der Suche nach einem bestimmten Artikel ist es empfehlenswert, eine Parameterabfrage zu erstellen, da sich der gesuchte Artikel im Laufe der Zeit ändern kann.

Der Text, der in die eckige Klammer geschrieben wird, hat keine Bedeutung für die Syntax. Er dient lediglich der Information für den Datenbankanwender, damit dieser weiß, welche Parameter er eingeben kann bzw. soll.

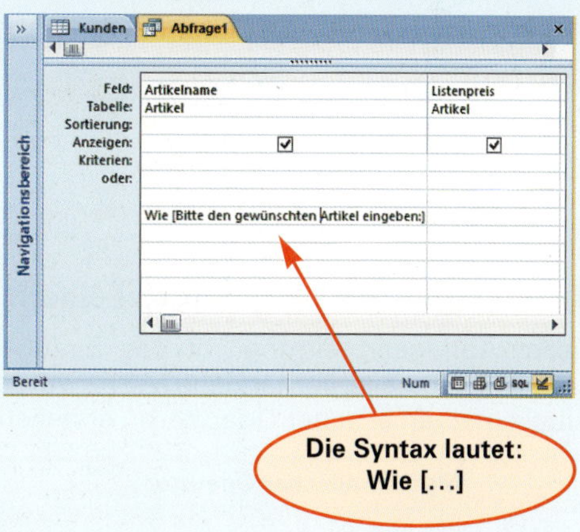

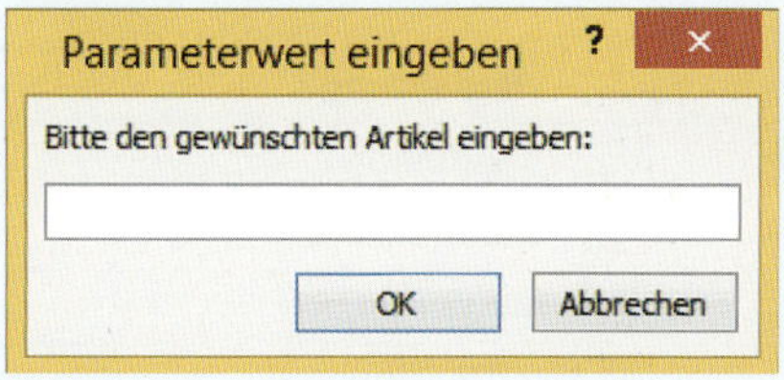

Wird in diesem Popup-Fenster ein bestimmer Artikel eingegeben, wird auch nur dieser Artikel in der Datenblattansicht angezeigt.

(3) Aktionsabfragen

Durch eine Aktionsabfrage wird eine bestimmte Aktion ausgeführt. Folgende Optionen stehen zur Verfügung:

Aktionsabfrage	Bedeutung
Tabellenerstellung	Es wird eine neue Tabelle erstellt.
Anfügen	Es werden die Ergebnisse einer Abfrage an das Ende einer ausgewählten Tabelle gehängt.
Löschen	Es werden gezielt Daten bzw. Datensätze innerhalb einer Tabelle gelöscht.
Aktualisierung	Es werden ausgewählte Daten aktualisiert.

Die Eingabe der Syntax ist mit denen der Auswahlabfrage identisch. Die Aktionsabfragen lassen sich ganz einfach über die entsprechenden Icons in der Abfrageregistratur auswählen.

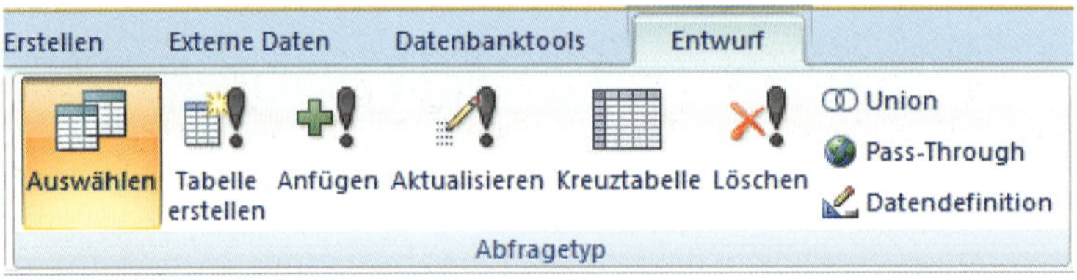

Sollten durch Ihre Aktionsabfrage gravierende Änderungen entstehen, erfolgt eine Warnung durch Access.

(4) Abfragen mit berechneten Feldern

Dieser Abfragetyp ermöglicht das Einfügen von berechneten Feldern. Hierbei kann Access auf bereits vorhandene Werte zurückgreifen oder neue Werte bzw. Ergebnisse mittels mathematischer Operatoren erstellen lassen.

Mathematischer Operator	Bedeutung
+	Addition
–	Subtraktion
*	Multiplikation
/	Division
^	Hoch/Potenzierung

Beispiel:

Es soll ein neues Feld „Neu-Listenpreis“ erstellt werden, in dem alle Listenpreise um den Wert 10 erhöht sind.

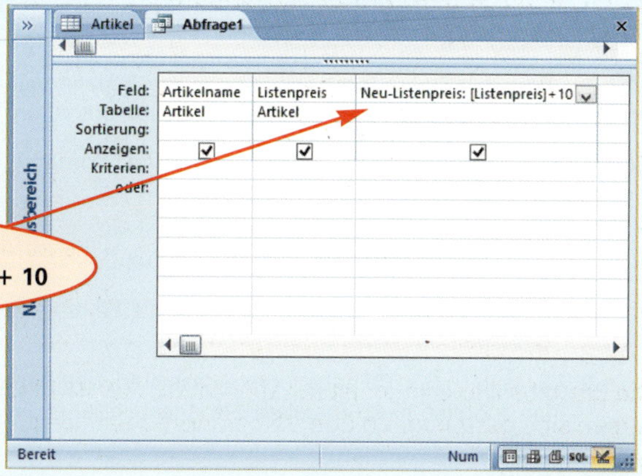

Die Syntax lautet:
Neuer Listenpreis: [Listenpreis] + 10

Beachte:

Die Syntax muss in eine Frei-Zelle unter „Feld:“ eingetragen werden. Der Name der neuen Spalte ist frei wählbar. Zum Heranziehen eines bereits vorhandenen Feldes muss dies in eckige Klammern […] gesetzt werden.

Das Ergebnis sieht wie folgt aus:

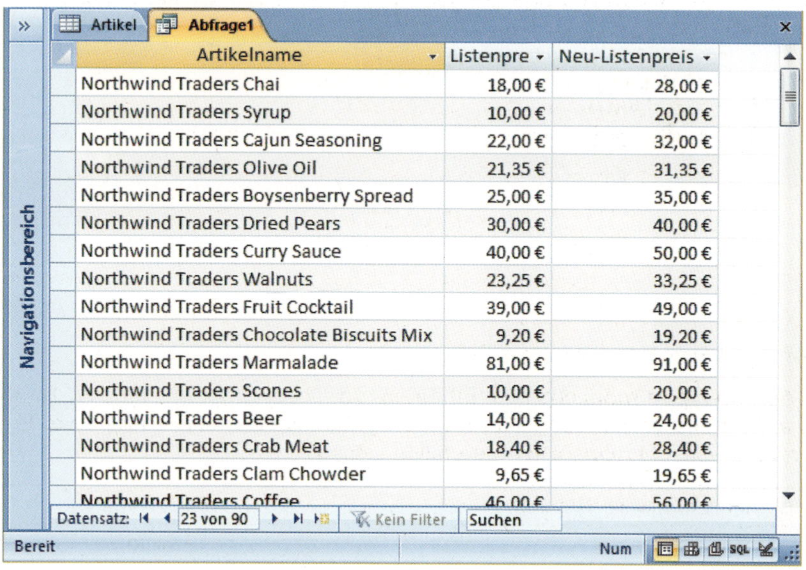

Artikelname	Listenpre	Neu-Listenpreis
Northwind Traders Chai	18,00 €	28,00 €
Northwind Traders Syrup	10,00 €	20,00 €
Northwind Traders Cajun Seasoning	22,00 €	32,00 €
Northwind Traders Olive Oil	21,35 €	31,35 €
Northwind Traders Boysenberry Spread	25,00 €	35,00 €
Northwind Traders Dried Pears	30,00 €	40,00 €
Northwind Traders Curry Sauce	40,00 €	50,00 €
Northwind Traders Walnuts	23,25 €	33,25 €
Northwind Traders Fruit Cocktail	39,00 €	49,00 €
Northwind Traders Chocolate Biscuits Mix	9,20 €	19,20 €
Northwind Traders Marmalade	81,00 €	91,00 €
Northwind Traders Scones	10,00 €	20,00 €
Northwind Traders Beer	14,00 €	24,00 €
Northwind Traders Crab Meat	18,40 €	28,40 €
Northwind Traders Clam Chowder	9,65 €	19,65 €
Northwind Traders Coffee	46,00 €	56,00 €

Übungsaufgaben

179 Lösen Sie die Handlungsaufgaben aus der Lernsituation 7!

180 1. Erstellen Sie für Ihren selbst erstellten Pizzaservice eine einfache Datenbank. Die Datenbank soll mindestens die folgenden Tabellen enthalten:

- Kunden (Kundennummer, Name, Vorname, Straße inkl. Hausnummer, Ort, PLZ, Telefon).
- Pizzen (Pizzanummer, Name).
- Bestellung (Auftragsnummer, Datum).

Achten Sie beim Erstellen u. a. auf die Felddatentypen, Gültigkeitsregeln/-meldungen und Beschreibungen.

2. Erweitern Sie die Tabellen so, dass sinnvolle Beziehungen/Relationen zwischen den Tabellen möglich sind. Erstellen Sie anschließend die Relationen/Beziehungen und geben Sie 5 fiktive Datensätze ein.
3. Erstellen Sie ein passendes Formular sowie einen passenden Bericht für Ihren Pizzaservice.

181 Führen Sie bei der Tabelle „Artikel“ aus der Beispieldatenbank Nordwind folgende Abfragen durch:

- Kategorie: Nur Gewürze
- Listenpreis: Beträge zwischen 10,00 EUR und 20,00 EUR
- Artikelnummer: Parameterabfrage zur Artikelnummer
- Abfrage mit berechneten Feldern: Der Mindestbestand für den Sommer soll um 10 höher sein als der reguläre Mindestbestand

Stichwortverzeichnis

31 Wessel u.a. - ISBN 978-3-8120-0588-3

T

U

V

W

Z

Aus unserem Programm:

Bücher und Arbeitshefte für die FOS Wirtschaft in Niedersachsen

Boller | Hartmann
Volkswirtschaft
für die Fachoberschule Wirtschaft
ISBN 978-3-8120-0589-0

Wessel u.a.
Betriebswirtschaft und ReWe | Controlling
für die Fachoberschule Wirtschaft
Klasse 11
ISBN 978-3-8120-0587-6

Wessel u.a.
Betriebswirtschaft und ReWe | Controlling
für die Fachoberschule Wirtschaft
Klasse 12
ISBN 978-3-8120-0588-3

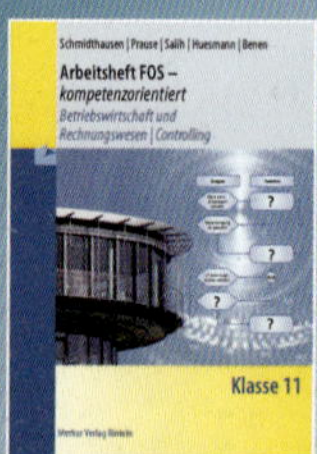

Schmidthausen u.a.
Arbeitsheft FOS –
kompetenzorientiert
Betriebswirtschaft und ReWe | Controlling
Klasse 11
ISBN 978-3-8120-1587-5

Schmidthausen u.a.
Arbeitsheft FOS –
kompetenzorientiert
Betriebswirtschaft und ReWe | Controlling
Klasse 12
ISBN 978-3-8120-1588-2

Korte
Projektarbeit –
fit für Ausbildung und Studium
Lern- und Arbeitsheft zur Projektarbeit
ISBN 978-3-8120-1030-6

Hahn
Geschäftsprozesse –
praxisorientierte Übungen
mit einem ERP-Programm (NAV®)
ISBN 978-3-8120-0581-4